LES
ORATEURS POLITIQUES
DE LA FRANCE

LA TRADITION ET L'ESPRIT FRANÇAIS EN POLITIQUE

CHOIX DE DISCOURS
PRONONCÉS DANS LES ASSEMBLÉES POLITIQUES FRANÇAISES
ÉTATS GÉNÉRAUX, CONSEILS, PARLEMENTS, CHAMBRES

1302 - 1830

RECUEILLIS ET ANNOTÉS

PAR

ALBERT CHABRIER

Professeur de rhétorique au lycée Louis-le-Grand.

PARIS
LIBRAIRIE HACHETTE ET Cie
79, BOULEVARD SAINT-GERMAIN, 79

1888

LES
ORATEURS POLITIQUES
DE LA FRANCE

COULOMMIERS. — IMP. P. BRODARD ET GALLOIS.

LES
ORATEURS POLITIQUES
DE LA FRANCE

LA TRADITION ET L'ESPRIT FRANÇAIS EN POLITIQUE

CHOIX DE DISCOURS PRONONCÉS
DANS LES ASSEMBLÉES POLITIQUES FRANÇAISES

ÉTATS GÉNÉRAUX, CONSEILS, PARLEMENTS, CHAMBRES

1302 - 1830

RECUEILLIS ET ANNOTÉS

PAR

ALBERT CHABRIER

Professeur de rhétorique au lycée Louis-le-Grand.

PARIS
LIBRAIRIE HACHETTE ET Cie
79, BOULEVARD SAINT-GERMAIN, 79

1888

PRÉFACE

Aux nombreux *recueils de morceaux choisis*, *extraits*, etc., déjà publiés, je n'aurais pas encore ajouté celui-ci, si le dessein n'en était un peu différent et le but un peu particulier. Ce recueil ne contient que des discours, et des discours de l'ordre politique. Bonne ou mauvaise, voici à quelle pensée j'ai obéi en le composant.

L'esprit français a produit, dans la littérature et les arts, des œuvres qui en sont l'expression vive et variée. Du moyen âge au xixe siècle on peut suivre ce courant qui va de nos vieux conteurs à Voltaire, tantôt élargi, tantôt rétréci, souvent limpide et apparent, quelquefois troublé et presque invisible, mais, grâce au ciel, toujours renaissant. On sait les écrivains qui ont été les représentants les plus parfaits de ce génie national et qui se sont transmis à travers les âges l'héritage — jamais amoindri — de nos instincts, de nos goûts, de nos traditions. Eh bien, celui qui suit attentivement le développement de l'histoire de France retrouve dans les choses du gouvernement et de la politique les mêmes caractères de l'esprit français : en un mot, comme il y a une littérature française, il y a une politique française, où se reflète, où se marque l'esprit du peuple français — je ne dis pas de la race, car y a-t-il une race française?

Mais si l'esprit littéraire se traduit dans des œuvres de prose ou de vers, l'esprit politique se traduit surtout dans des faits, et il semble bien difficile d'en saisir de nettes manifestations, car les batailles et les traités sont soumis à bien des hasards, et les délibérations des princes sont en général secrètes. Toutefois les discours de quelques-uns de nos rois ou de leurs chanceliers, les comptes rendus des États généraux et des séances des parlements nous fournissent une matière oratoire déjà assez abondante, où nous pouvons rechercher et où nous trouverons d'éloquentes définitions de la politique française; de plus, il y a bientôt un siècle que la France vit sous le régime parlementaire, et le silence relatif d'autrefois a été amplement compensé.

Eh bien, il m'a paru intéressant et utile de présenter au public, réunies en un volume, quelques-unes de ces manifestations oratoires de l'esprit politique français, leçons à la fois d'histoire, de patriotisme et de bon langage. Peut-on craindre que ces leçons ne soient aujourd'hui ou superflues ou inopportunes?

Il n'y a dans le choix des discours ici recueillis aucun parti pris : ancien ou nouveau régime, monarchie ou république, c'est tout un, pourvu que l'homme et son œuvre soient français! Aucun parti n'a le monopole du patriotisme et de la sagesse. Il y a plus : on pourra s'étonner de voir figurer Danton à côté de Henri IV, ou réciproquement. C'est cependant la morale de ce petit livre : Quiconque aura, une fois dans sa vie politique, représenté et défendu les vrais intérêts, les traditions françaises; quiconque, portant en lui l'âme de la France, a été, ne fût-ce qu'un jour, « la voix de la patrie », celui-là — malgré ses erreurs, s'il en a commis — a sa place parmi les vrais orateurs français, dignes d'être lus et imités. Et que de noms — inégalement illustres — dans cette liste, depuis saint Louis, L'Hôpital et Henri IV, jusqu'à leurs continuateurs plus modestes, utiles encore au pays parce qu'ils se sont inspirés des principes de leurs grands devanciers! Quant à ceux qui n'ont pu s'élever au-dessus des intérêts, ou des nécessités de parti, ou des calculs d'une ambition plus égoïste encore, quel qu'ait été d'ailleurs leur talent, loin de publier leurs noms et leurs discours, il faudrait pouvoir faire autour d'eux le silence et l'oubli.

Ce livre n'est pas un livre savant : il ne contient pas non plus d'inédit, sauf peut-être un discours de Broussel, et encore ne me flatterai-je pas de l'avoir découvert. Je l'ai copié dans un manuscrit des Archives nationales dont j'ai trouvé l'indication dans le très intéressant ouvrage de M. Charles Aubertin : *l'Éloquence politique et parlementaire en France avant 1789.* Mais la collation minutieuse des textes et l'inédit n'étaient pas essentiels au but que je me proposais. Cependant on peut lire en toute confiance : j'ai emprunté les discours que je cite aux meilleures éditions; j'ai, toutes les fois que je l'ai pu, comparé des versions différentes et choisi celle qui m'a paru avoir le plus d'autorité. Enfin, je ne dirai pas combien de temps et de soins m'a coûté, sans qu'il y paraisse, ce très modeste recueil : car cela, je le sais, ne fait rien à l'affaire.

Cet ouvrage, par la nature des morceaux qui le

composent, s'adresse particulièrement à ceux qui s'occupent de politique; et, comme la politique est, je ne dis pas l'unique, mais la grande affaire de presque tous les Français, on pourrait raisonnablement espérer qu'il trouvera beaucoup de lecteurs. Ce serait peut-être une illusion. Les gens qui s'inquiètent d'éclairer leurs convictions, et qui demanderaient volontiers au passé des lumières et des leçons pour juger le présent, forment une minorité négligeable; la grande majorité se contente de la politique rationnelle, et, satisfaite de fortifier son opinion par la lecture quotidienne du journal qui la dirige, se soucie peu, je le crains, de L'Hospital et de Mirabeau. — Soyons donc plus modeste dans nos vœux. — Je souhaite pour mon petit livre l'entrée aux bibliothèques scolaires. Personne, je l'espère, ne voudra l'en exclure comme dangereux ou suspect. Je l'offre encore et le recommande à mes collègues, les professeurs d'histoire et de rhétorique, heureux s'ils veulent bien engager leurs élèves à en lire un chapitre à leurs moments perdus..... Mais les élèves ont-ils des moments perdus, avec les programmes, les écoles, les examens et les concours?

Ce tableau raccourci de l'éloquence politique française pourrait être agrandi et étendu; car on n'a que l'embarras du choix dans l'excellent. Ce sera l'affaire d'une seconde édition, si la première est favorablement accueillie.

A. C.

LES
ORATEURS POLITIQUES
DE LA FRANCE

INTRODUCTION

Que la parole ait toujours eu de l'influence sur les hommes assemblés, et qu'ainsi il y ait eu, de tout temps, une certaine éloquence, relative à la civilisation, à la culture des esprits et à l'état de la langue, c'est ce qui paraît naturel et vraisemblable. Mais l'érudition ne se contente pas d'hypothèses, et, pour ne parler que de la France, elle a voulu, remontant jusqu'aux époques les plus lointaines de notre histoire, trouver dans les siècles obscurs du moyen âge, dans les souvenirs de la domination romaine et jusque dans la période gauloise pure, la preuve authentique que les Gaulois, les Gallo-Romains, les Francs de Clovis, de Charlemagne et des premiers Capétiens parlaient et que quelques-uns parlaient bien. Elle a patiemment fouillé les chroniques, et, sur d'habiles rapprochements de textes, elle a établi une solide démonstration.

Nous ne prendrons pas les choses d'aussi loin, et nous ne remonterons pas au delà de 1302[1]. Nous parcourrons le xive et le xve siècle : nous n'y trouverons pas beaucoup de monuments oratoires, soit qu'on ait négligé de recueillir les discours

---

[1]. Ce n'est pas que nous dations de 1302 l'avènement de la politique française : y a-t-il un roi plus français que saint Louis? mais la parole de saint Louis, c'est Joinville qui nous la transmet, et ses *Etablissements* ne sont pas une œuvre oratoire.

prononcés dans les assemblées politiques, soit que ceux qui nous les ont transmis les aient traduits en latin [1]. Mais la parole a joué un si grand rôle dans ces deux siècles agités où, plusieurs fois, l'existence même de la France a été l'enjeu des combats avec l'étranger et de nos luttes intérieures, que nous ne devons pas les passer sous silence. Nous ferons un exposé sommaire des États généraux du xive et du xve siècle [2]; cette rapide revue nous paraît une nécessaire introduction à notre recueil.

Philippe le Bel.
1285-1314.

États de 1302 [3]. — Boniface VIII avait réuni un concile à Rome pour travailler à la réformation du royaume, à la correction du roi et au bon gouvernement de la France.... — Le pape invitait Philippe à y comparaître : celui-ci répondit en convoquant les États généraux. Discours du roi [4] :

Ce royaume de France que nos prédécesseurs, avec la grâce de Dieu, ont conquis sur les barbares par leur propre courage et par la vaillance de leur peuple, qu'ils ont su gouverner ensuite avec fermeté, qu'ils n'ont jamais tenu de personne que de Dieu, nous, qui l'avons reçu de leurs mains par la volonté divine, désirant les imiter selon notre pouvoir, nous sommes prêt à exposer notre corps, nos biens et tout ce que nous possédons pour conserver libre

---

1. Les *Grandes Chroniques de France* et d'autres recueils contiennent d'assez nombreux discours prononcés aux États généraux ou dans les assemblées plus restreintes réunies par les rois de France. Mais il est difficile de juger de leur authenticité, et, du moins pour la forme, de démêler la part des rédacteurs.
2. Pour toute cette première période, voir : les *Grandes Chroniques*; le *Recueil des États généraux*; le *Recueil des ordonnances* des rois de France; Froissart; le Religieux de Saint-Denis; Monstrelet; Juvénal des Ursins; Boulainvilliers, *Lettre sur les anciens parlements*; Aug. Thierry, *Essai sur le tiers état*; Geruzez, *l'Éloquence politique et religieuse en France aux* xive, xve *et* xvie *siècles*; Ch. Aubertin, *l'Éloquence politique et parlementaire en France avant 1789*, etc.
3. Réunis à Notre-Dame le 10 avril.
4. Guillaume de Nangis, I, 315. — Voir *Histoire des États généraux*, par Georges Picot, t. I.

de toute atteinte l'indépendance du royaume; et nous réputons ennemis de ce royaume et de notre personne tous ceux qui enfreindront notre présente ordonnance et adhéreront aux bulles du pape [1].

Les trois ordres donnèrent pleine satisfaction au roi :

1. Les démêlés du roi et du pape duraient depuis cinq ans. Boniface avait déjà exposé ses prétentions dans la bulle *Clericis Laïcos*; Philippe y avait répondu dans un langage modéré, affirmant l'indépendance de l'autorité royale :

... « Est-ce pour les clercs seuls que le Christ est mort et qu'il est ressuscité? Non. Y a-t-il exception de personnes auprès du Seigneur, de manière que les clercs seuls auraient faveur dans ce monde et gloire dans l'autre? Non, mille fois non; mais aucune différence n'est établie dans ceux qui croient, dans ceux qui font le bien par foi et par charité; ceux-là ont en espoir, ont devant eux la récompense éternelle.... »

Prenant l'offensive à son tour, il lançait contre les mœurs du clergé cette accusation qui éclatera en foudroyantes invectives dans la bouche de Calvin, et que nous retrouverons à tous les États généraux, dans les cahiers, dans les discours, non seulement des députés du tiers, mais souvent de ceux même du clergé.

« Vous empêchez, vous, vicaires de Jésus-Christ, de donner des tributs à César, vous frappez d'anathème les clercs qui voudraient servir l'autorité civile; mais vous ne les empêchez pas de donner à des histrions, à des amis charnels, tout l'argent qu'ils demandent, de négliger les pauvres et de faire des dépenses excessives en robes, en chevaux, en repas, et dans les autres pompes du siècle », etc.

A la bulle *Ausculta Fili*, long exposé des griefs du pape, et réquisitoire contre le roi, Philippe répondit en la faisant brûler publiquement. En même temps on répandit dans le public une lettre insolente « destinée, non à être envoyée à son adresse, mais à avilir la dignité pontificale » :

« Philippe, par la grâce de Dieu, roi des Francs, à Boniface, prétendu pape, peu ou point de salut.

« Que ta très grande fatuité sache que, pour les choses temporelles, nous ne sommes soumis à personne; nous prétendons que la collation des bénéfices ecclésiastiques et des prébendes nous appartient de droit, que nous pouvons nous en approprier les fruits; les collations que nous avons faites et celles que nous ferons seront valides pour le passé et pour l'avenir, et nous défendrons vigoureusement ceux que nous aurons nommés; ceux qui croient autre chose, nous les considérons comme des fous et des insensés. »

— Voir *Histoire du différend de Boniface VIII et de Philippe le Bel*, par Dupuy. — Voir aussi Henri Martin, t. IV; Geruzez, *l'Éloquence politique au XIVᵉ siècle*; Ed. Boutaric, *la France sous Philippe le Bel*.

En 1308, à Tours, Philippe convoque de nouveau les États généraux, pour obtenir d'eux une manifestation contre les **Templiers**.

En 1314, à Paris, pour obtenir des subsides pour la **guerre de Flandre**.

Philippe le Long.
1316-1322.

États de 1317. — Proclamation de la **loi Salique** (Louis X étant mort sans enfant mâle).

Philippe VI de Valois.
1328-1350.

États de 1329. — Confirment les droits de **Philippe VI**.

États de 1338. — Établissent le libre vote de l'impôt [1].

Jean le Bon.
1350-1364.

Guerre de Cent Ans. — **États généraux du roi Jean.** — Session de **1355** [2] **(2 décembre)**, connue surtout par l'**ordonnance du 28 décembre 1355**.

Session de **1355 (1er mars)** [3] : ordonnance du **12 mars**, supprime la gabelle et le droit sur les ventes, et les remplace par un impôt sur les revenus.

Session de **1356 (8 mai), ordonnance du 26 mai**. Ces trois sessions sont particulièrement remarquables par la prétention élevée par les États d'intervenir dans la direction des affaires.

Bataille de Poitiers **(19 septembre 1356)**. Captivité du roi.

---

1. Ces États sont très peu connus. En 1576 les députés du clergé demandèrent au roi de renouveler l'ordonnance faite aux États du temps de Philippe de Valois, de l'an 1338, qui portait qu'il ne serait fait aucun impôt sur ses sujets sans leur consentement. (États de Blois, 1576; Boulainvilliers, *Lettres sur les parlements*.)
2. A ces États apparaît pour la première fois Étienne Marcel, représentant du tiers État.
3. Il y a ici comme dans plusieurs autres cas une anomalie apparente dans les dates. Mais à cette époque l'année commençait le jour de Pâques. Une ordonnance royale de l'année 1564 décida qu'elle commencerait au 1er janvier.

Le dauphin convoque les **trois États de la langue d'oil**. — Les députés se réunissent à Paris le **17 octobre 1356** [1], au nombre de huit cents ; nomment une commission de quatre-vingts membres, qui proposent des mesures nouvelles, véritable ébauche de royauté constitutionnelle. — Longs pourparlers avec le dauphin ; il va à Metz (5 décembre 1356) ; revient (14 janvier 1356), et trouve Paris aux mains d'**Etienne Marcel**.

Les **États** se réunissent le **5 février 1356**. — Le 3 mars, discours de **Robert Lecoq** : « Il fit un tableau rapide de la mauvaise administration du royaume, peignit les souffrances du peuple et les fautes des gouvernants, auxquels devait remonter toute la responsabilité des malheurs publics [2] ». L'orateur de la noblesse **(J. de Picquigny)** et celui des bonnes villes **(E. Marcel)** « avouèrent » l'évêque de Laon. — Nomination d'une **commission de trente-six membres,** chargés de veiller à l'exécution des mesures votées par l'assemblée. — Inutile protestation du roi Jean.

Réunion d'avril 1357. — Les **trente-six** font naître des mécontentements, dont le dauphin profite. Il fait un voyage dans les provinces (août 1357) ; mais, trompé par Étienne Marcel, il rentre à Paris, convoque de nouveau

Les **États (7 novembre 1357)**. — Délivrance de **Charles de Navarre**.

Sessions du **2 janvier et du 11 février 1357**. — Émeute. — Le Louvre envahi. — Le régent prisonnier, surveillé par son conseil (Robert Lecoq, Robert de Corbie, Charles Toussac, Jehan de Lisle, membres de la **commission des trente-six**). — Il s'évade, réunit à Provins les **États de Champagne,** et convoque les

États généraux pour le 1er mai 1358, à Compiègne. — Réaction en faveur de Charles contre les meneurs parisiens. — « L'assemblée de Compiègne, si intéressante au point de vue du pouvoir royal, a un caractère qu'il ne faut pas oublier. Elle a su être, malgré la réaction qu'elle représente, profondément modérée. Prêtant son appui au dauphin afin de réagir contre les actes révolutionnaires de la capitale, elle a montré assez d'in-

---

1. Nous possédons un procès-verbal de ces États imprimé au tome VIII du *Recueil des États généraux*.
2. *Grandes Chroniques*, t. VI, p. 53-54.

dépendance pour protester hautement contre les fraudes monétaires et les désordres financiers. » (G. Picot, t. Ier, p. 79.) — **La Jacquerie**. — Mort d'Etienne Marcel (1er août 1358) [1].

États de 1359 (25 mai). — Ils repoussent le traité conclu à Londres par le roi Jean. A la lecture du traité, les députés répondirent qu'ils aimaient mieux « endurer et porter encore le grand méchef et misère où ils étoient, que de laisser défrauder le noble royaume de France [2] ».

Mort du roi Jean, 8 avril 1364.

Charles V.
1364-1380.

États de Chartres-Sens (1367). — Ce ne sont pas des États généraux, mais des assemblées de prélats, nobles et gens de ville de quelques provinces, l'Auvergne, le Berry, le Bourbonnais, le Nivernais, la Bourgogne et la Champagne. Organisation de la défense contre les **Grandes Compagnies**.

États de Paris (1369, mai). — Ils approuvent la politique du roi, et dans une seconde réunion **(décembre 1369)** votent des subsides pour la guerre.

On lit dans les *Grandes Chroniques* que, le jour de la première réunion (le mercredi 9 mai 1369), après l'exposé de la situation, fait par le chancelier **Jean de Dormans,** le roi se leva et dit à tous :

… que si ils voyoient qu'il eust fait chose qu'il ne dust, ils le dissent, et il corrigeroit ce qu'il avoit fait, car il étoit encore temps de réparer, s'il avoit fait trop ou pas assez ».

---

1. « L'histoire… doit relever de l'anathème la mémoire de l'homme qui a été le premier représentant du génie politique de la grande cité et qui a dirigé le premier essai du gouvernement représentatif en France…. Marcel reste la plus grande figure du XIVe siècle. » (H. Martin, t. V.)
Voir deux lettres d'Étienne Marcel, l'une au duc de Normandie (Henri Martin, t. V, appendice), l'autre aux communes de Flandre (A. Thierry, *le Tiers État*). — Perrens, *Etienne Marcel*.

2. *Grandes Chroniques*, p. 154.

Et le surlendemain, vendredi 11 mai, les trois ordres assemblés furent unanimes à louer le roi et à approuver sa conduite. Grave résolution qui autorisait la reprise des hostilités avec l'Angleterre.

Mort de Charles V, 16 septembre 1380.

Charles VI.
1380-1422.

États de 1412. — La bourgeoisie parisienne avait été écrasée par la terrible réaction de 1383 [1]. Les longues années de désordres qui suivirent exaspérèrent le peuple et amenèrent en 1412 le mouvement démagogique des **Cabochiens**; mais, au milieu des excès mêmes de cette insurrection, le bon sens national et l'esprit de patriotisme trouvèrent des interprètes dans le **corps de ville** [2] et dans l'**Université** [3].

1. On sait que les oncles du jeune roi ne purent obtenir de subsides des assemblées de 1380 et de 1382; mais que, vainqueur des Gantois (batailles de Comines et de Roosebeke), Charles VI fit cruellement expier à la bourgeoisie parisienne ses refus. Supplices, confiscations de biens et de privilèges, abolition de l'échevinage, de la milice, etc., ruinèrent et dispersèrent la classe supérieure; ainsi, dans les troubles postérieurs, arrivèrent au premier rang les hommes violents de la plèbe.

2. « Le corps municipal de Paris, écrivant aux autres villes et leur rendant compte de ses actes, disait : « Cette présente poursuite « est pour garder que l'état de la chose publique de ce royaume ne « verse en désolation ainsi qu'elle était en voie,.... à quoi en temps « de nécessité comme le temps présent, un chacun se doit employer « et préférer la pitié du pays à toutes les autres, soit de parents, « frères ou autres quelconques, car elle les comprend toutes.... » (Archives de l'hôtel de ville de Noyon). « C'étaient là de nobles paroles, dignes d'annoncer la grande charte de réforme, œuvre commune du corps de ville et de l'université; mais, cette loi administrative de la vieille France, il se trouva des hommes pour la concevoir, il ne s'en trouva point pour l'exécuter et la maintenir. » (Aug. Thierry, *Essai sur l'histoire du Tiers Etat.*)

3. Il est à remarquer que le Parlement, invité à se joindre à l'Université et au corps municipal, refusa son concours.... « Il ne convient pas, répondit-il, à une cour établie pour rendre la justice au nom du roi, de se rendre partie plaignante pour la demander..... L'Université et le corps de ville sauront bien ne faire nulle chose

« A la fin de l'automne (1411), de fâcheuses nouvelles vinrent au roi pendant qu'il délibérait sur les affaires de l'État avec les seigneurs de la cour et ses conseillers; le duc de Clarence courait la Guyenne sans obstacle. Le sire de Helly déclara que, si l'on n'envoyait une puissante armée de ce côté, les Anglais seraient certainement bientôt maîtres de plusieurs places qu'on ne pourrait leur reprendre sans peines et dépenses infinies.... Le trésor royal était vide,... on décida qu'on manderait de la part du roi aux bourgeois des provinces du royaume d'envoyer à Paris un certain nombre de députés, pour aviser aux mesures à prendre.... Il fut décidé aussi que les bourgeois de Paris et l'Université assisteraient à cette réunion. Le **30 janvier**, le roi, assis sur son trône, tint en son hôtel royal de Saint-Paul l'**assemblée générale**. Le **chancelier de Guyenne** fit connaître les intentions du roi. Il exposa la triste situation du royaume. « Il est un point, dit-il, sur lequel je dois appeler « votre attention : c'est que l'armée anglaise est très nom-« breuse et qu'il faudra plus de soldats et des dépenses plus « considérables. Le roi vous accorde six jours pour en délibé-« rer.... » (Le Religieux de Saint-Denis, liv. XXXIII.)

La chambre du clergé fut prête la première. Un document précieux, le rapport de Jehan Le Roy, procureur du roi, rapport publié dans la *Bibliothèque de l'École des Chartes* (1845, p. 283) [1], nous a conservé les réponses du clergé de cinq provinces, Paris, Reims, Sens, Rouen, Lyon. La netteté et la hardiesse des propositions du clergé de la province de Lyon, présentées par l'**abbé du Moustier Saint-Jehan** [2], sont particulièrement remarquables. Voici de notables fragments de la harangue :

qui ne soit à faire.... » Le Parlement devait se montrer bientôt plus audacieux.

1. *Rapport fait par moy, Jehan Le Roy, procureur du roy nostre sire es causes de son hostel, le IIIe jour de feuvrier, l'an mil CCCC et douze, d'un propos fait, cedict jour, par l'université de Paris et par les prelas et clergie des provinces cy après nomez, et sur III requestes à eulx faictes, lundi desrain passé, pour ledict sire, par la bouche de messire Jehan de Neelles, chancelier de monseigneur le duc de Guienne; lesd. requeste et responce, lundi et hui, faites à Paris, en la presence d'icelluy sire, lors étant aud. lieu de Paris en son hostel les Saint-Pol.* (Bibliothèque de l'École des Chartes, t. Ier, 2e série, p. 281.)

2. Le Religieux de Saint-Denis apprécie et résume ainsi le discours de l'abbé du Moustier Saint-Jehan : « Le lendemain, le vénérable abbé du monastère de Saint-Jean, personnage renommé pour son

L'âbbé du Moustier Saint-Jehan répont et dit que par contraincte il a accepté cette charge, et qu'il n'y a de ladite province prélat que luy en ceste ville, et que aulcuns nobles et habitans des bonnes villes sont venus et en petit nombre ; et néanmoins, pour obéyr au roy, ils se sont assemblés et aussy sur les trois requestes faites, lundy desrain passé, par le roy ; sur quoy il respondoit ce qui s'ensuict, et suplioit qu'il ne despleusist à nulun de chose qu'il dist, car il ne le dit pas de soy ne pour poindre aulcun, mais pour soy aquiter de ce qui a esté conclud qu'il doyt dire de par ledit province. — Que pour norrir paix en ce royaulme, il y fault unyon, et que nosseigneurs soyent tous unys et ensemble..., et pour ce, ils apreuvent molt la paix faite entre nosseigneurs [1], et en ont moult grand joye, et en mercyent moult le roy.... — Il dit qu'ils ont avisé qu'il faut nettement dire au roy que présentement il saura bien, s'il veult, trover une grand finance ; car il a entour luy plusieurs officiers qui ont governé ses finances, qui estoient gens de néant et de petit estat, quand ils entrèrent en son service, comme recepveurs, trésoriers généraux, mesme clercs, qui sont maintenant grands, riches, puissans des biens du roy, et ont les grans etas (charges) et possessions par luy ; pourquoi ils sont tous plus tenus à luy, et qu'il en trovera promptement deux ou trois cents tels, et que, se chascun d'eulx

---

éloquence (*vir utique tulliana facundia pollens*), qui prit la parole au nom de la province de Lyon, développa dans un brillant discours, avec l'approbation de tous les assistants, l'opinion émise par le précédent orateur (de la province de Rouen) ; il s'attaqua aux collecteurs et dispensateurs des deniers publics, dénonça hautement leur insatiable cupidité et les ruses coupables à l'aide desquelles ils détournaient à leur profit, tant que le roi le sût, des sommes considérables qu'ils auraient dû verser dans le trésor, et ne craignit pas de dire que, s'il plaisait à Sa Majesté de leur faire rendre ce qu'ils s'étaient indûment approprié, elle aurait suffisamment de quoi subvenir aux réparations des maisons royales, qui, pour la plupart, tombaient en ruines, et poursuivre la guerre. » (Le Religieux de Saint-Denis, liv. XXXIII, trad. Bellaguet.)

1. Il s'agit de la paix d'Auxerre.

ne preste au roy de bonne volonté, il mecte sus une réformation sur ce point et qu'elle sera faite que cent francs, il en ora tantost vingt ou trente mille francs. — Dit qu'ils ont avisé qu'il est très expédient que le roy mette sus une bonne réformation sur ce point, et qu'elle soit faicte par bons preudomes, et non pas en grant nombre, et qu'il en issira (sortira) bien pour payer lesdicts emprunts. — Dit qu'ils ont avisé que le roy et plusieurs officiers qui ne se contentent pas d'une office, mais en ont deux ou trois ou quatre, et si ont grans gages de chascune office, et n'en sont pas contens, mais leur fault encores dons, et se mettent entremis à leursdiz offices, pillans et gastans tout d'un costé, et les aultres d'aultre, et par ainsy, le peuple est mangié, et les finances du roy perdues, et, pour ce, ils sont d'opinion que l'on réforme cest inconvénient, et que ceulx qui ont plus d'un office en soient deschargiés, et aussy que ceulx qui ne deservent leurs offices, fors par commis, en soient deschargiés ou qu'ils les deservent eulx-mesmes, et avec ce, que ceulx qui auront eu tels offices et dons, ne aient plus de dons, de si à quatre ans, et avec ce, qu'ils n'ayent, d'ici quatorze ans, que la moitié des gaiges ; et le roy y trovera une très grant finance, et qu'il est bien faisable, car tels officiers n'ont pas esté contens des gaiges ordinaires et anciens, mais ont eu, comme dict est, dons, et, s'ils ont eu filz ou filles à marier, il a falu que le roy les ayt mariés, et leur ait aidé ou acheté terres et possessions. — Dit aussi qu'il fault pourveoir à la multitude des officiers ; car le roy en a trop, et sont cause que n'y entrent, fors pour prendre sur luy et non pas pour le servir à son prouffit, si comme il appert, parce qu'ils prennent sur luy ce qu'ils y peuvent prendre, et, quand ils y entrent, ils sont povres, et en yssent (sortent) riches, comme receveurs, trésoriers généraulx ; et qu'il a maintenant sept trésoriers et moult grand nombre de receveurs d'aydes, et de sergens, et d'eslus, qui prennent grans gaiges et dons, desquels l'on s'aperçoit bien, et que les ordinaires feroient bien l'office, et pour ce, l'on les devroit restreindre et oster, et que les juges ordinaires feroient bien l'office des eslus, les receveurs du domaine feroient bien la recette des aydes, et les sergens aussi, et de tant sera moins le peuple oppressé et moins de gens occupés : car moult grand nombre y en a occupés, pour le fait des aydes, chascun jour, et que, en ce, le roy épargnera grant finance, tant de gaiges comme de dons.... — Dit que les aydes furent mises sus pour les affaires de la guerre du roy, et puis, comment les guerres ont commencé à cesser, le roy en a donné partie à nosseigneurs et que, ainsy qu'il les a donnés, il les peut reprendre, et qu'il ne cuide pas que nosseigneurs n'en aydent le roy, et du leur propre, et qu'ils ne soyent prêts de luy ayder et secourir; car ils sont yssus de son sang; ils sont ses subgects, ils teignent (tiennent) de luy tant de si belles possessions et leur a faict tant de biens, qu'il n'est pas doubte que ce sont eulx qui premièrement au roy vouldroient ayder; et dit qu'il est expédient que le roy leur retire la moitié des aydes qu'il leur a donnés, et que l'aultre leur doit bien suffire, vu les biens qu'ils ont tiré au roy d'autre costé. — Dit que le roy a des terres enclavées en terres de nosseigneurs, dont nosseigneurs prennent les aydes, et que ce n'est mie (pas) raison, et les doibt reprendre le roy entièrement, et qu'il faut pourveoir à ce que les finances en soyent bien distribuées, et qu'il ne suffit pas de les faire distribuer en la manière que l'on a accoustumé, mais y faut mettre bons preudommes, sans avarice, qui tendent au bien public et au profit commun, et qu'ils n'y baillent (donnent) riens, fors par délibération du grand conseil; et dit que, le tems passé, l'on a fait des paiemens qui ont peu valu; car si le roy devoit à aulcun cinq cents francs, il en bailloit sa descharge et quittance pour trois cents, et par ainsy le roy payoit tout, et si ne l'avoit pas le créancier, et l'argent alloit on sçait bien à qui. — Dit qu'ils ont avisé que, pour pourveoir à ces choses, il fault mettre sus justice, et que les officiers de justice soient craints, portés et soubstenuz contre tout homme, et que l'on y mecte bons officiers, expers, non affamés, et qu'ils ne soyent pas gens de néant, qui ne craignent déshonneurs et qui n'aiment justice, et que, pour ce faire, il fault mectre sus une réformation, pour en oster les mauvais et les punir, et rémunérer les bons et advanchir (avancer), et en oster les indignes, qui, par importunités et puissance (crédit) de seigneurs et d'argent, y sont institués, et qu'il ne suffit pas réformer les petits, mais fault commencer aux grans, et à secouer la court de parlement, tout premièrement, où il (y) en a plusieurs qui ne vallent rien, et, en la chambre des comptes du trésor, des généraulx et d'aultres, et ailleurs ; sy ne regneront pas les abus et trompes (tromperies) qui ont regné.... — Dit encores qu'ils veoient un aultre grant abbus des estats que un chacun veult avoir maintenant, et que tantost que (aussitôt que) un truandeau aura été gueres (un peu de temps) clerc à un receveur, à un secrétaire, à un trésorier, ou à un général, il sera vestu et fourré de martres et d'autres riches habits, tellement que l'on ne les cognoist, et ne sont pas contens, et vuellent avoir sur le cul la sainture de Brehaigne (la ceinture de Bohême) et ne daigneront donner à disner à aulcun, s'ils n'avoient le ypocras, et que toutes ces despenses viennent du roy ; et dit que, pour cause de ces estats, certaines ordonnances furent pieça (jadis) faictes, et requièrent qu'elles soyent commises et vues, pour les entretenir et y ajouster ou en oster et corriger ce que bon semblera ; car chascun veult estre de si grant estat que l'on ne cognoist maistres de varlez.

L'assemblée fut remise au 9 février. Ce jour-là le roi donna audience à la vénérable **Université** et aux **bourgeois de Paris** dans la galerie qui entourait la cour de l'hôtel Saint-Paul.... Ce fut **M⁰ Benoît Gentien,** religieux de Saint-Denis et savant professeur de théologie, qui porta la parole. Il loua la paix d'Auxerre, paraphrasa en termes vagues le verset de l'Évangile : *Il commanda aux vents et à la mer et il se fit un grand calme,* en fit une application blessante au duc de Bourgogne ; il attaqua aussi les dilapidateurs, mais trop superficiellement

— *superficialiter nimis loquens*, — abusant des métaphores; il termina cependant par ces mots plus précis :

Si, à l'occasion des guerres présentes, vous vouliez seulement révoquer pour trois ans les concessions que votre royale munificence a faites à vos parents des taxes publiques qui ont pesé sur le peuple, vous trouveriez par ce moyen autant d'argent qu'il vous en faut, sans surcharger vos sujets; vous apaiseriez le vent de cupidité qui règne dans tout le royaume, et l'on pourrait dire que, grâce à vous, *il s'est fait un grand calme.*

Le discours de **Benoît Gentien** parut insuffisant, « attendu qu'il n'avait pas dévoilé les dilapidations secrètes et les malversations commises depuis longtemps par chacun des officiers royaux au préjudice du roi », et les docteurs et maîtres de **l'Université** en firent dresser un mémoire détaillé, qu'un docteur de l'ordre du Carmel (**Eustache de Pavilly**) prononça devant le roi le 14 février. « Il lut, dit le Religieux de Saint-Denis, d'un bout à l'autre, à haute et intelligible voix, un grand rôle qui avait été dressé à ce sujet, désignant par leurs noms tous les officiers du roi qui avaient épuisé son trésor en détournant à leur profit les revenus du royaume. » Malheureusement le chroniqueur déclare que, de peur d'ennuyer ses lecteurs — *ne attediant lectores* —, il ne reproduira pas ce mémoire et se contentera d'en rapporter la substance [1].

Ce mémoire, remarquable par la netteté des remontrances et la précision du détail, n'était rien moins qu'un programme complet de réformes; applaudi par tous les députés, il fut la base de la célèbre **ordonnance du 24 mai 1413**, qui, malheureusement, imposée au roi par la violence, fut annulée (5 septembre 1413) dès que les conseillers du roi ne craignirent plus [2].

---

1. Voir la *substance*, déjà fort ample, de ce mémoire à la fin du présent volume, appendice I.
2. L'éloquence religieuse de cette époque a laissé d'intéressants souvenirs, mais nous n'avons pas à nous en occuper. (Voir Geruzez, ouvrage cité; Aubertin, *Histoire de la littérature française au moyen âge.*) Quant aux harangues de J. Petit et de l'abbé de Sérisy, relatives au meurtre du duc d'Orléans, quoiqu'elles touchent par leur objet à l'histoire politique, elles n'ont rien de commun avec l'éloquence.

1420. — On hésite à donner le nom d'**États généraux** à l'assemblée de **1420** qui sanctionna le déplorable **traité de Troyes** : de quelque nom qu'on l'appelle, elle consentit la déchéance des rois français et remit la couronne aux rois d'Angleterre.

Charles VII.
1422-1461.

Pendant ce temps, le dauphin, que la mort de Charles VI (1422) allait faire vrai roi de France, errait, reconnu par quelques provinces au sud de la Loire, peu digne encore de l'héritage qu'il venait de recevoir et de la mission qu'il avait à remplir. — De nombreux **États provinciaux** l'aident à soutenir la guerre (**États de Bourges, de Selles, 1422 ; — de Carcassonne, 1423 ; de Selles, de Montpellier, 1424 ; — de Méhun-sur-Yèvre, 1425**). Ces diverses assemblées votèrent surtout des subsides ; les **États de Chinon, 1428**, offrirent le spectacle d'une assemblée vraiment française, consciente de ses devoirs, prête à tous les sacrifices qu'imposaient les circonstances, digne de comprendre et de soutenir les efforts de celle en qui venait de s'incarner l'âme même de la France.

Jeanne d'Arc.
1409-1431.

Jeanne, dont la vie et la carrière furent si courtes, remplit toute cette période ; elle domine tout, elle inspire tout ; elle attire tous les regards et toutes les attentions. Elle doit être, elle est notre premier culte national. Nous n'aurions pu passer ce grand nom sous silence dans un livre qui veut donner quelque idée de l'esprit français. Elle en fut un des plus glorieux représentants. Jeanne était ignorante ; elle a agi, elle a peu parlé, peu écrit. Et cependant cette ignorante a tenu tête aux sophismes d'un tribunal de théologiens, et son robuste bon sens, sa simplicité éloquente a vaincu leurs savantes subtilités. — Il faudrait citer, au moins par fragments, l'émouvant interrogatoire de **Rouen** [1] :

---

1. Des traductions (celle de M. O'Reilly, tout récemment celle de M. Joseph Fabre) ont répandu dans le public le procès de

obligés de nous borner, citons seulement la lettre de **Jeanne** aux Anglais :

Roi d'Angleterre, Jhesus Maria! et vous, duc de Bedford, qui vous dites régent du royaume de France; vous Guillaume de la Poule, comte de Sufolk, Jehan, sire de Talbot, et vous Thomas, sire de Scales, qui vous dites lieutenant dudit duc de Bedford, faites raison au ciel; rendez à la Pucelle, qui est ici envoyée de par Dieu, le Roi du ciel, les clefs des Bonnes Villes que vous avez prises et volées en France. Elle est ici venue de par Dieu pour réclamer le sang royal. Elle est toute prête de faire paix, si vous lui voulez faire raison; par ainsi, que vous laisserez là la France, et paierez ce que vous y avez pris. Et entre vous, archers compagnons de guerre, gentilshommes et autres qui êtes devant la ville d'Orléans, allez-vous-en en votre pays, de par Dieu. Et si ainsi ne le faites, attendez des nouvelles de la Pucelle, qui vous ira voir bien fièrement à votre grand dommage. Roi d'Angleterre, si ainsi ne le faites pas, je suis chef de guerre, et, en quelque lieu que j'atteindrai vos gens en France, je les en ferai aller, qu'ils le veuillent ou non. Et s'ils ne veulent obéir, je les ferai tous occire. Je suis ici envoyée de par le Roi du ciel, pour vous bouter hors de toute la France; et, s'ils veulent obéir, je les prendrai à merci; et n'ayez point en votre opinion que vous tiendrez le royaume de Dieu, le Roi du ciel, fils de sainte Marie; ains le tiendra le roi Charles, le vrai héritier; car Dieu, le Roi du ciel, le veut. Et cela lui est révélé par la Pucelle, et il entrera dans Paris avec bonne compagnie. Si vous ne voulez croire les nouvelles de par Dieu et la Pucelle, en quelque lieu que nous vous trouverons, nous frapperons tout à travers, et ferons un si grand hahay, qu'il n'y en a pas eu si grand en France, depuis mil ans, si vous ne faites raison. Et croyez fermement que le Roi du ciel enverra plus de forces à la Pucelle, que vous

Jeanne d'Arc, publié par M. Quicherat. On ne saurait trop recommander cette lecture, bien propre à inspirer, avec la haine du sophisme, l'amour de Jeanne d'Arc et de la France.

ne sauriez en mener à tous vos assauts contre elle et ses bons gens d'armes; et aux horions l'on verra qui a meilleur droit. Vous, duc de Bedfort, la Pucelle vous prie que vous ne me fassiez pas détruire; si vous lui faites raison, vous pouvez venir en sa compagnie, où les Français feront le plus beau fait que oncques fut fait pour la chrétienté, et faites réponse si vous voulez faire la paix en la cité d'Orléans, et, si vous ne la faites, de vos bien grands dommages il vous souviendra grièvement.

Ecrit ce samedi de la semaine sainte [1].

Sauvé et rétabli par **Jeanne d'Arc**, servi par ses généraux, **Charles VII** fut encore grandement secondé par les **États**, qu'il réunit plusieurs fois pendant son règne : **Orléans, 1439**, connus par l'ordonnance d'Orléans qui constitue l'unité de l'armée et l'unité de l'impôt; — **Nevers, 1441**, remontrances de la noblesse.

Toutes ces assemblées, partielles ou générales, méritent le souvenir particulier et la reconnaissance du pays; car, par la constance de leur patriotisme, leur confiance dans le roi national, les sacrifices généreusement consentis, elles concoururent, au moins autant que les hommes de guerre, au salut de la France. Malheureusement, pour la plupart, l'histoire détaillée de leurs délibérations nous manque.

Louis XI.
1461-1483.

États de Tours, 1467. — Fatiguée de cet effort, la nation se montra moins jalouse de ses droits et les résigna sans regrets dans les mains de **Louis XI**, qui la consulta une seule fois **(1467, États de Tours)**, moins pour obtenir des subsides que pour affirmer sa popularité et provoquer une grande manifestation au moment d'ouvrir la lutte avec la noblesse, appuyée sur Charles de Bourgogne et l'Angleterre : cette assem-

---

1. Voir A. Chartier; Wallon, *Jeanne d'Arc*; Michelet, *Histoire de France*; H. Martin, *Histoire de France*; Quicherat, *Procès de condamnation et de réhabilitation de Jeanne d'Arc*, 5 vol.

blée consacre l'alliance du roi et du peuple. Le chancelier **Guillaume Juvénal des Ursins** exposa le but de la réunion :

C'est assavoir les différends qui sont entre le roi et monsieur Charles son frère, pour le fait du duché de Normandie, et de l'apanage dudit monsieur Charles ; — pareillement des grands excès et entreprises que le duc de Bretagne a faits contre le roi, en prenant ses places et sujets, en lui faisant guerre ouverte ; — tiercement, de l'intelligence et appointement qu'on dit qu'a le duc de Bretagne avec les Anglais, pour les faire descendre en ce royaume, et pour leur bailler en leurs mains les places qu'il tient en Normandie [1].

Nous ne connaissons qu'un seul des discours prononcés : c'est celui du frère du chancelier, **Jean Juvénal des Ursins**, archevêque de Reims ; malgré quelques passages assez fermes de ton, ce discours ne m'a pas paru digne d'être reproduit [2].

Charles VIII.
1483-1498.

États de Tours. Philippe Pot. — Louis XI mort, une vive réaction se produit contre sa politique. La noblesse, le parlement, le clergé, le peuple unissent leurs griefs et se rapprochent dans une égale joie et une commune espérance. Charles VIII était encore mineur ; **Anne de Beaujeu** était régente. Aux innombrables revendications, surgissant de toutes parts, elle répondit par la convocation des États généraux. Ils s'assemblèrent à **Tours le 5 janvier 1483** [3]. Ces États sont particulièrement remarquables. Des députés de toutes les provinces y siégèrent : on y discuta les plus hautes questions de la politique et du gouvernement avec passion et indépendance ; le

1. Procès-verbal de Le Prevost, *Recueil des États généraux*.
2. *États généraux*, t. IX.
3. *Journal des États généraux de France*, rédigé par Jehan Masselin (Documents inédits sur l'histoire de France). On a publié le journal d'un autre député, J. de Saint-Délis ; mais il ne nous a pas conservé le texte des discours de Masselin et de Philippe Pot.

principe nouveau de la souveraineté nationale y fut posé avec assurance, développé dans un libre langage. Le gouvernement lui-même encourageait ces discussions ; le chancelier, **Guillaume de Rochefort**, les avait même provoquées dans son très habile discours d'ouverture ; des hommes d'un haut mérite les dirigeaient. On doit en distinguer deux tout spécialement, **Jean Masselin** et **Philippe Pot**. Le premier, chanoine et député de Rouen, nous a laissé une relation complète des travaux de l'assemblée, dont il fut un des membres les plus actifs et des orateurs les plus marquants ; l'autre, député de la noblesse de Bourgogne, homme très éloquent, prononça un discours célèbre où se trouvent admirablement posés les principes du droit politique moderne. Nous n'en avons malheureusement pas le texte, **Masselin**[1] l'ayant traduit en latin dans son compte rendu ; il est trop important pour le négliger ; contentons-nous de la traduction : ce discours fut prononcé dans la discussion relative à la formation du Conseil du roi : cette question était capitale ; c'était en réalité la question du pouvoir des États.

Si je ne savais, dit-il, que la plus pure et la meilleure partie de cette assemblée comprend et veut défendre le libre pouvoir des États, je n'aurais pas eu la hardiesse de prendre la parole. Je veux vous exposer, selon la force de mon intelligence, ce que j'ai appris des grands hommes et des sages sur l'autorité des États. J'espère qu'à ma voix ceux qui ont une si grande peur de choisir des conseillers, qui fuient et rejettent ce soin loin d'eux, comme un péril imminent, concevront de plus justes idées. D'abord, que veut-on dire quand on parle des lois du royaume? Sur ce point, il n'y a aucun lien légal qui engage la question, aucune ordonnance fondamentale qui attribue aux princes du sang ou à l'un d'entre eux la direction des affaires. Tout est donc à régler ; et il faut le faire sans hésiter. Ne laissons rien flotter dans le vague, n'abandonnons pas le salut de l'État à l'arbitraire d'un petit nombre ; car qui nous garantit que les princes seront toujours justes et bons?

---

1. *Journal des États de 1484*, par Masselin, publié par Bernier, in-4º, 1885.

En cette circonstance comme toujours, il faut fixer une règle et tracer une conduite.

Or il est constant que la royauté est une dignité, et non la propriété du prince; l'histoire raconte qu'à l'origine le peuple souverain créa les rois par son suffrage, et qu'il préféra particulièrement les hommes qui surpassaient les autres en vertu et en habileté. En effet, c'est dans son propre intérêt que chaque nation s'est donné un maître. Les princes ne sont pas revêtus d'un immense pouvoir afin de s'enrichir aux dépens du peuple, mais pour enrichir l'État et le conduire à des destinées meilleures. S'ils font quelquefois le contraire, ce sont des tyrans, et ils ressemblent à des pasteurs qui, loin de défendre leurs brebis, les dévoreraient comme des loups cruels. Il importe donc extrêmement au peuple quelle loi et quel chef le dirige : si le roi est bon, la nation grandit; s'il est mauvais, elle s'appauvrit et s'abaisse. Qui ne sait et qui ne répète que l'État est la chose du peuple? S'il en est ainsi, comment le peuple pourrait-il en abandonner le soin? Comment de vils flatteurs attribuent-ils la souveraineté au prince qui n'existe lui-même que par le peuple?

Dès lors, quelle est la puissance en France qui a le droit de régler la marche des affaires, quand le roi est incapable de gouverner? Évidemment cette charge ne retourne ni à un prince, ni au conseil des princes, mais au peuple *donateur du pouvoir*. Le peuple a deux fois le droit de diriger ses affaires, parce qu'il en est le maître, et parce qu'il est toujours victime, en dernière analyse, d'un mauvais gouvernement.... Il n'a pas le droit de régner, mais, entendez-le bien, il a le droit d'administrer le royaume par ceux qu'il a élus. J'appelle peuple, non seulement la plèbe et les vilains, mais encore tous les hommes de chaque ordre, à ce point que, sous le nom d'États généraux, je comprends même les princes.... Ainsi vous, députés des trois états, vous êtes les dépositaires de la volonté de tous.... Dès lors pourquoi craignez-vous d'organiser le gouvernement? Que signifient ces lettres de convocation qui vous le demandent? Quel sens donnez-vous au discours du

chancelier, qui vous trace ce devoir en première ligne?...
Les princes ont institué un conseil à la mort de Louis XI :
c'est vrai ; il fallait pourvoir aux besoins urgents de l'État;
vous n'étiez pas réunis. On a nommé un conseil provisoire, on a bien fait. Grâces soient rendues à ceux qui ont pris cette mesure! Mais, aujourd'hui que les États sont réunis, toute autorité est revenue à eux; le conseil, en réalité, n'existe plus : rien n'a de force sans votre sanction; aucune institution ne subsiste légalement si elle n'est établie par vous ou conforme à votre volonté régulièrement exprimée.... Combien d'exemples l'histoire ne nous offre-t-elle pas?... Apprenez d'ailleurs que de l'accomplissement de ce devoir dépend la prospérité de la nation ou sa ruine. Vous êtes ici pour dire et pour conseiller librement ce que, par l'inspiration de Dieu et de votre conscience, vous croirez utile aux pays. Et néanmoins vous vous taisez! vous abandonnez le point capital, le principe et le but de vos efforts! Sans un conseil émané de vous, que deviendront vos travaux? Qui, je vous prie, entendra vos plaintes? Qui jugera vos doléances?... Je ne vois pas vraiment pourquoi vous prendriez la peine d'aller plus avant... Pourquoi hésitons-nous? Le conseil lui-même n'a été institué que jusqu'à la décision des États. Direz-vous que les princes s'opposent à vos actes? Non, car ils le permettent; ils vous aident et vous pressent. Quel est donc l'obstacle? Je n'en vois qu'un seul : votre faiblesse et cette pusillanimité qui intimide vos esprits et qui seule vous rend indignes de la plus noble entreprise. Eh bien! très illustres seigneurs, ayez grande confiance en vous-mêmes, de grandes espérances et une grande fermeté; songez à cette liberté des États que vos ancêtres ont mis tant de zèle à défendre; ne souffrez point qu'elle soit ébranlée à cause de votre mollesse. Ne vous montrez pas plus faibles que vos pères; craignez qu'un jour la postérité ne vous condamne pour avoir perdu l'État, et qu'au lieu de la gloire qui serait due à vos travaux vous n'emportiez un opprobre éternel.

La théorie soutenue par **Philippe Pot** ne prévalut pas. Les députés hésitèrent devant cette réforme essentielle et première, la reconstitution du conseil du roi, ou plutôt les compétitions égoïstes des provinces la firent échouer [1].

Fatiguée par deux mois de session, vaincue par les menées des princes, l'assemblée se sépara sans oser aller jusqu'au bout de ses hardiesses et sans assurer les réformes qu'elle avait réclamées. Ses travaux ne furent cependant pas perdus. **Louis XII** réalisa une partie de ses vœux.

Louis XII.
1498-1515.

États de 1506. — Ils décernent à **Louis XII** le titre de **Père du peuple** et lui demandent de fiancer sa fille **Claude** à **François d'Angoulême**.

Ces États eurent ce caractère particulier qu'on n'y entendit ni demande de subsides de la part du roi, ni les doléances et revendications accoutumées du côté des ordres assemblés. Ce fut comme une réunion de famille, donnant le spectacle rare et consolant d'un accord parfait entre le roi et les représentants de la nation, tel, en un mot, qu'on se le figure volontiers d'après les traits que l'histoire et la légende donnent à **Louis XII**, le **Père du peuple**.

---

1. Voyez Masselin, *Journal des États;* de Cherrier, *Histoire de Charles VIII*, t. II, p. 64 et suiv.

LIVRE PREMIER

L'ANCIEN RÉGIME
1500 — 1789

CHAPITRE PREMIER

ANNE DU BOURG — CALVIN — LES GUISES

---

§ 1ᵉʳ. — Anne Du Bourg (1521-1559).

Le XVIᵉ siècle est une période d'agitations et d'orages : à tous les autres éléments de trouble s'ajoute le plus redoutable, la passion religieuse. — La France offre un triste spectacle : les hasards des guerres étrangères, les horreurs de la guerre civile ; sur le trône, tour à tour la témérité, l'indolence, la faiblesse, l'astuce, la cruauté ; autour du trône, des rivalités implacables, des haines, des ambitions toujours inassouvies ; des crimes sans excuse, des répressions sans pitié, la persécution, le guet-apens, d'odieuses surprises et d'infâmes représailles, enfin la démence, l'aveuglement, l'oubli du patriotisme et l'éclipse du sentiment national. Et pourtant dans ce tumulte rien ne périt du patrimoine sacré : les grands principes ont leurs défenseurs ; la sagesse, le véritable esprit politique, leurs représentants ; la justice, la tolérance, la liberté, leurs avocats ; la vertu, ses héros ; la vérité, ses apôtres ; le devoir, ses martyrs. Des voix courageuses et éloquentes protestèrent au nom du bon sens, de la patrie, de l'humanité. Recueillons-en ici quelques échos.

François Iᵉʳ, plutôt favorable qu'hostile à **la Réforme**, n'avait cependant pu résister aux sommations du fanatisme ; les protestants avaient été, sous son règne, trop souvent persécutés. La plus illustre victime de l'intolérance avait été **Etienne Dolet,** condamné par la Sorbonne et le Parlement (1546).

Henri II fut plus rigoureux encore. Les poursuites, les supplices se multiplièrent. — L'**édit de 1555** supprime la justice laïque. Le **parlement de Paris** proteste. Le roi, excité par le **cardinal de Lorraine,** songe à établir l'**Inquisition.** Le pape **Paul IV** répond à son appel et expédie la bulle décrétant l'établissement du nouveau tribunal. Le Parlement résiste [1], renouvelle ses remontrances et, dans de nombreuses délibérations, réclame la tolérance. **Henri II** se transporte en personne dans la salle des séances, assiste à la délibération; irrité des courageuses revendications de quelques conseillers, appuyé d'ailleurs par certains présidents, — **Le Maistre, Minard,** — (car le Parlement n'était pas unanime dans ses sentiments), il fait saisir sur leurs bancs les conseillers **du Bourg, A. Dufour,** les envoie à la Bastille; institue, contrairement aux droits des membres du Parlement, une commission extraordinaire chargée de les juger; mais il meurt avant la fin du procès, qui se continue sous **François II.**

Du Bourg épuise les juridictions et est condamné [2] (22 décembre 1559). Ce n'est pas qu'il n'eût trouvé bien des sympathies parmi ses juges. Toutes ses récusations avaient été admises. Un instant même, on put croire que son avocat Marillac l'avait sauvé en lui prêtant un repentir qu'on ne lui donna pas le temps de désavouer; mais le lendemain il envoyait à la cour une longue requête d'une rare netteté et d'une grande vigueur; il y désavouait son avocat, affirmait sa foi, et s'enlevait ainsi lui-même tout espoir de salut. Voici un fragment de ce manifeste:

. . . .

... Moy donc, cognoissant les grandes erreurs, abus et superstitions auxquels j'ay esté plongé par cy devant,

---

1. « La France était arrivée à l'une des crises les plus décisives de son histoire. Entre le papisme et le calvinisme, entre les deux factions que l'inintelligence de la royauté a laissé grandir, l'une en la favorisant, l'autre en l'exaltant par la persécution, la vraie France est, à cette heure, au Parlement. C'est là que va frapper la faction ultramontaine. » (H. Martin, t. VIII, p. 497.)

2. Voir le détail dans les histoires: H. Martin, Michelet, etc., et surtout dans les écrits du temps: Pierre de la Place, de Thou, Régnier de la Planche; Mémoires de Condé, t. I, p. 217 à 304.

maintenant je renonce à toutes idolâtries et faulses doctrines, qui sont contraires et contrevenantes à la doctrine de mon maistre Jésus-Christ, qui est la saincte et pure parole de Dieu contenue aux livres canoniques du Vieil et Nouveau Testament, révélée par le Saint-Esprit, laquelle je prends pour ma guide et conduicte en ceste vie mortelle, comme la colonne de feu conduisant les enfants d'Israël par le désert jusques en la terre promise et désirable ; ce sera la lanterne de mes pieds. Ensemble je promets pour l'advenir et résidu de ma vie cheminer et vivre selon sa doctrine le mieux que sera à moy possible, moyennant l'esprit de Dieu qui m'assistera et dirigera en toutes mes voyes, sans lequel je ne puis rien, avec lequel je puis tout, tellement que tout sera à la louange du Seigneur, à l'advancement du royaume de son fils, à l'édification de toute son Église et au salut de mon âme, auquel seul je rends grâces éternelles, lequel aussi je prie, au nom de son fils Nostre-Seigneur, me vouloir confermer et entretenir par son Sainct-Esprit en ceste foy jusques à la fin, et me donner grâce, vertu et puissance de la confesser de cueur et de la bouche, tant devant fidèles que infidèles tyrans et bourreaux de l'Ante-Christ, jusques à la dernière goutte de mon sang. Je désire grandement vivre et mourir en ceste foy, sçachant et estant bien asseuré qu'elle a pour fondement la seule parole du Seigneur, et qu'en icelle ont vescu et sont morts tous les saincts pères patriarches, prophètes et apostres de Jésus-Christ. C'est la vraye cognoissance du Seigneur en laquelle gist et consiste la béatitude et félicité de l'homme, comme dit sainct Jean en l'évangile 17 : « Ceste est la vie éternelle, ô père, que l'on te cognoisse seul vray Dieu et celuy que tu as envoyé Jésus-Christ ». Voici la foy en laquelle je veux vivre et mourir : et ay signé ceste présente mienne confession de mon sang, prest de la sceller de mon propre sang, pour maintenir la doctrine du fils de Dieu. Lequel je prie humblement et de bon cueur vous ouvrir l'entendement de la foy afin que vous puissiez cognoistre la vérité. Ce que luy demande en la manière que nous sommes par luy-mesmes

enseignés de le prier en disant : « Nostre Père qui estes ès cieulx, etc. » . . . .
. . . .

Laisserons-nous fouler aux pieds nostre rédemption, et le sang de celuy qui l'a si libéralement respandu pour nous? N'obéirons-nous point à nostre roy, qui veult que nous le défendions, qui nous cherche, qui nous soustient, et qui est le premier en la presse? Quoy donc! la peur nous peut-elle faire chanceler, nous doit-elle esbranler? ne serons-nous pas plustost hardis, voire invincibles, cognoissans une si petite résistance contre nous, comme est celle des hommes? Hélas! vermine misérable, ceste gent veult que nous permettions qu'on blasphème nostre Dieu, elle veult que nous lui soyons traistres, et, pour ne le vouloir, on nous taxe de sédition. Nous sommes, disent-ils, désobéissants aux princes, d'autant que nous n'offrons rien à Baal. O nostre bon Dieu! permettras-tu régner tousjours un désir desbordé de gloire et oultrecuidance en la fantaisie des hommes te voulans servir à leur guise sans se vouloir ranger et soubs mettre à ta volonté, seule juste et raisonnable? Aye cependant pitié de nous, ô nostre bon Père, aide-nous et conduy-nous par ta grâce à soutenir constamment ta vérité. Monstre, monstre-leur, Seigneur, que ce sont eux-mesmes qui sont desloyaux à leur prince et je leur prononceray. Est-ce désobéissance, est-ce desloyauté à son prince et supérieur que de luy bailler ce qu'il nous demande, voire jusques à nos chemises, s'il avait besoin en cela de nous? Est-ce désobéissance à nostre roy que de prier Dieu pour sa prospérité, que son règne soit gouverné en paix, et que toutes superstitions et idolâtries soyent bannies de son royaume? de requérir à Dieu qu'il le remplisse, et tous ceux qui sont soubs luy nos supérieurs, de sa cognoissance, en toute prudence et intelligence spirituelle afin qu'ils cheminent tous dignement au Seigneur, et luy soyent agréables? N'estimera-t-on point plustost estre obéissance de deshonorer Dieu, le courroucer par tant de manières d'impiétés, endurer que l'on transfère sa gloire aux créatures, et au reste nous accommoder à l'invention des hommes, lesquels ne sont que mensonges? Faire vertu de blasphémer son nom, approuver les mille insolences qui ne sont point réprimées!

Or, messieurs, si vous avez le glaive de Dieu seulement pour servir à son ire et prendre vengeance de ceux qui font mal, voyez, je vous prie, comment vous nous condemnez, et considérez de près le mal faict que nous avons commis, et décidez devant toutes choses s'il est juste de vous ouïr plustost que Dieu. Estes-vous si enyvrés en coupe de la grand'beste, qu'elle vous fasse boire si doucement la poison au lieu de médecine? N'estes-vous pas ceux qui faites pécher le pauvre peuple, puisque vous le détournez du vray service de Dieu? Et si vous avez quelques esgards aux hommes plus qu'à Dieu, sondez en vos cueurs en quelle estime vous pouvez estre aux autres pays, et le rapport que l'on fait de vous à tant d'excellents princes, de tant de prinses de corps que vous décernez au mandement de ce rouge Phalaris.

Que puisses-tu, cruel tyran, par ta misérable mort, mettre fin à nos gémissements! Lequel a pour luy seul, bon gré mal gré, remis sus une puissance d'éphores, non pour la conservation de la République, mais pour tout tourner à sa fantaisie. A sa volonté, vous nous allongez tellement les membres innocens que vous-mesmes en avez pitié et compassion. O quelle rigueur en vous-mesmes! Je voy plorer aucun de vous. Pourquoy plorez-vous? Que denonce cest adjournement, sinon que vous ressentez vostre conscience chargée, et les piteux cris contraignent de lamenter vos yeux de crocodile! Ores donc vous apprenez comment vos consciences sont poursuyvies du jugement de Dieu, et voylà les condemnés s'esjouyssent du feu, et leur semble qu'ils ne vivent jamais mieux, sinon quand ils sont au milieu des flammes. Les rigueurs ne les espouvantent point, les injures ne les affoiblissent point, récompensons leur honneur par la mort. De manière que ce proverbe vous convient fort bien, messieurs : le vainqueur meurt, et le vaincu lamente. Qu'ay-je à me contrister pour estre guindé? Je scay, Seigneur Dieu, que, si toute transgression et désobéissance a receu juste rétribution de son loger, que nous n'eschapperons pas si nous mettons à nonchalance un si grand bénéfice que celuy que nous recognoissons par Nostre-Seigneur Jésus-Christ. J'embrasse, ô Seigneur Dieu, ceste parole que tu as mise en la bouche d'un tien fidèle martyr, que doublement est condemnable celuy qui désavoue la doctrine de nostre Sauveur, et doublement doit être puny, pour avoir esté traistre à son Fils, et pour ce qu'il deçoit les hommes. Non, non, messieurs, nul ne pourra nous séparer de Christ, quelques laqs qu'on nous tende, et quelque mal que nos corps endurent. Nous sçavons que nous sommes dès longtemps destinés à la boucherie comme brebis d'occision. Donc qu'on nous tue, qu'on nous brise, pour cela les morts du Seigneur ne délaisseront de vivre, et nous ressusciterons ensemble.

Quoy qu'il y ait, je suis chrestien, voire je suis chrestien, je crieray encores plus hault mourant pour la gloire de mon Seigneur Jésus-Christ. Et puis qu'ainsi est, que tardé-je? happe-moy, bourreau, mène-moy au gibet.

Et ayant encore repris son propos par une grande véhémence jusques à faire larmoyer ses juges, leur disoit qu'ils l'envoyent mourir pour n'avoir voulu reconnoistre justice, grâce, purgation, mérite, intercession, satisfaction et salut ailleurs qu'en Jésus-Christ et qu'il mouroit pour la doctrine de l'Evangile. Et après avoir continué longuement ce discours, il dict pour conclusion :

Cessez, cessez vos bruslements, et retournez au Seigneur en amendement de vie, afin que vos péchés soient effacés, que le meschant délaisse sa voye et ses pensées perverses, et qu'il retourne au Seigneur; et il aura pitié de luy. Vivez donc et méditez en iceluy, ô sénateurs, et moy je m'en vay à la mort.

« Ainsi fut mené lié, en la manière accoustumée, dedans une charette à la place nommée Sainct Jean en Grève, estant accompagné de quatre ou cinq cens hommes armés, monstrant tousjours un visage asseuré, jusques mesmes à despouiller, estant venu au lieu du supplice, luy-mesme ses habillemens, et, estant nud, jettant de grands soupirs, il disait au peuple :

O Dieu, mes amis, je ne suis point icy comme un larron ou meurtrier, mais c'est pour l'Evangile.

Et comme on l'élevoit en l'air, disoit souvent :

Mon Dieu, ne m'abandonne point, afin que je ne t'abandonne !

jusques à ce qu'il fust exécuté, pendu et estranglé, sans sentir le feu, ceste grâce luy ayant été faite par ses juges. Ainsi il scella de son propre sang ce qu'il avoit signé de sa main, comme il avoit protesté par sa confession [1]. »

1. Extrait de Pierre de la Place (*Mémoires relatifs à l'histoire de France*). — Un autre contemporain, Régnier de la Planche, nous a laissé une relation du procès de du Bourg. « Or, n'étoit-il point en la prison sans beaucoup souffrir ; car on le tenoit bien étroitement en la Bastille, et n'avoit point le traitement que requéroit son état : ains quelquefois étoit là au pain et à l'eau. La communication de tous ses amis lui étoit interdite, tellement qu'il ne pouvoit être secouru ni soulagé ; et quelquefois, pour soupçon qu'on avoit qu'il se faisoit entreprinse pour le délivrer par le bris des prisons, on le restreignoit en une cage, en laquelle il avoit tous les malaises, comme on peut penser. Ce nonobstant il se réjouissoit toujours et glorifioit Dieu, ores empoignant son luth pour lui chanter psaumes, ores le louant de sa voix. Plusieurs tâchoient de le détourner ; mais ils y perdirent leur peine, étant repoussés d'une grande constance ; car il remontroit toujours l'équité de sa cause, et qu'il n'étoit retenu que pour la confession de Notre-Seigneur Jésus-Christ ; et pourtant ne falloit qu'il fût si lâche et déloyal que de faire chose aucune pour racheter sa vie et la bonne grâce des hommes, au déshonneur de Jésus-Christ et au péril de son âme. Même son affection étoit telle qu'il dressoit une requête au Parlement avec une confession ample de sa foi, et la présenta, de peur qu'ils ne fussent assez satisfaits de ses réponses. Étant après ces cérémonies ramené à la Conciergerie du Palais, on fit courir le bruit qu'il s'étoit dédit, et qu'à cette cause, l'on avoit envoyé au roi pour obtenir sa grâce ; mais ce bruit se faisoit expressément pour rendre inutiles les entreprises qu'on craignoit être faites pour sa délivrance.

« Or, la coutume ancienne du Parlement étoit qu'aux quatre fêtes annuelles qu'on appelle, on réservoit à mort les plus grands malfaiteurs, voleurs, brigands ou parricides, afin que la punition fût plus mémorable. Mais depuis trente ou quarante ans, que la persécution fut émue contre les luthériens, ce sort échut sur les plus doctes et renommés d'entre eux, comme étant leur fermeté blâmée

Le procès de du Bourg avait tenu deux mois l'Europe attentive. Bien loin d'avoir effrayé et découragé les réformés, cette condamnation avait enflammé leur enthousiasme et aussi leur espoir. Ils devenaient un parti puissant, conduit par des chefs dévoués et habiles, capable de lutter pendant trente-cinq ans, par les armes aussi bien que par la parole.

§ 2. — Calvin (1509-1564).

Un homme qui ne sut pas se garder lui-même du fanatisme plaida en une belle langue et avec une grande force de logique et de bon sens la cause de la justice et du droit : c'est **Calvin** ; ne voyons en lui ni le réformateur ni le théologien, mais l'avocat éloquent de la liberté de conscience : toute la préface de l'*Institution chrétienne* est à lire. Citons seulement ce passage sur les Pères :

. . . .

S'ils veulent que les limites des Pères qu'ils entendent soient observées, pourquoy eux-mêmes, quand il leur vient à plaisir, les outrepassent-ils si audacieusement? Ceux

plus que les méchancetés des pires garnements du monde. Par ainsi du Bourg fut réservé à Noël. Le samedi donc de devant cette fête, que l'on comptoit le 21 de décembre, on assembla 400 hommes de pied et 200 de cheval et plus, tous armés à blanc. Et à ce qu'on ne put savoir où se feroit l'exécution, et que les embûches fussent inutiles (si aucunes y en avoit), les juges délégués firent dresser des potences et mener du bois par tous les carrefours de Paris pour ce accoutumés. Et en cet équipage, le vingt-troisième de décembre, du Bourg fut mené en Saint-Jean en Grève, et là brûlé et son corps réduit en cendres. Il n'est possible de décrire la constance et fermeté de ce personnage; car elle étoit admirable sur tous ceux qui ont souffert pour cette querelle. Bref, sa magnanimité surmonta la violence de ses ennemis, quelque grande qu'elle fût. Car ceux qui voyoient sa contenance depuis que son arrêt lui fut prononcé, racontoient merveilles de ses propos et grandes sentences. Et combien que l'on fut observé de près, si est-ce que plusieurs disoient haut et clair qu'il ne pouvoit se faire que ce personnage ne fût conduit de l'esprit de Dieu, l'estimant très heureux de ce qu'il mouroit si constamment pour maintenir la vérité, et que le salut de sa patrie et l'honneur de la justice lui avoient été plus précieux que sa propre vie. » (*Panthéon littéraire*, p. 235, etc.)

étoyent du nombre des Pères desquels l'un a dit que Dieu ne beuvoit, ne mangeoit, et pourtant (par conséquent) qu'il n'avoit que faire de plats ni de calice ; l'autre que les sacrements des Chrétiens ne requièrent ni or, ni argent, et ne plaisent point à Dieu par or. Ils outrepassent donc ces limites, quand dans leurs cérémonies ils se délectent tant d'or, d'argent, marbre, yvoire, pierres précieuses et soyes ; et ne pensent point que Dieu soit droitement honoré sinon en affluence et superfluité de ces choses. C'estoit aussi un Père qui disoit que librement il osoit manger chair en quaresme quand les autres s'en abstenoient, d'autant qu'il étoit chrétien. Ils rompent donc les limites, quand ils excommunient la personne qui aura en quaresme gousté de la chair. Ceux estoyent Pères desquels l'un a dit qu'un moine qui ne laboure point de ses mains doit estre réputé comme un brigand ; l'autre qu'il n'est pas licite aux moines de vivre du bien d'autrui, mesmes quand ils seroyent assiduels en contemplation, en oraison, en estudes. Celui estoit Père qui a dit que c'estoit une horrible abomination de voir une image ou de Christ ou de quelques saints aux temples des chrestiens. Il s'en faut beaucoup qu'ils ne gardent ces limites quand ils ne laissent anglet (coin) vide de simulacre en leurs temples. Un autre Père a conseillé qu'après avoir par sépulture exercé office d'humanité envers les morts on les laissast reposer. Ils rompent ces limites quand ils requièrent qu'on ait perpétuelle sollicitude sur les trépassés. C'estoit bien un Père qui a dit que la substance et nature du pain et du vin demeuroit au sacrement de la Cène, comme la nature humaine demeure en Nostre-Seigneur Jésus-Christ estant conjointe avec son essence divine. Ils ne regardent point ceste borne quand ils font accroire qu'incontinent après que ces paroles sacramentelles sont récitées, la substance du pain et du vin est anéantie. Celui estoyt au nombre des Pères qui a nié qu'au sacrement de la Cène, sous le pain soit enclos le corps de Christ, mais que seulement c'est un mystère de son corps ; ils excèdent donc la mesure quand ils disent que le corps du Christ est là contenu, et le font adorer d'une façon charnelle comme là enclos localement s'il estoit. C'estoit un des Pères qui reprochoit à Montanus qu'entre autres hérésies il avoit le premier imposé loix de jeusner. Ils ont aussi outrepassé ces limites quand, par droite loy, ils ont ordonné les jeusnes. C'estoit un Père qui a soustenu le mariage ne devoir estre défendu aux ministres de l'Église, et a déclaré la compagnie de femme légitime estre chasteté, et ceux qui se sont accordés à son austorité estoient Pères. Ils sont eschappés outre de ceste borne quand ils ont ordonné l'abstinence de mariage à leurs prestres. Celui qui a escrit qu'on doit escouter un seul Christ qui est le premier de tous : celui-là, dis-je, estoit des plus anciens Pères. Ils ne se sont point tenus entre ces barres, et n'ont point permis que les autres s'y tinssent, quand ils ont constitué, tant par-dessus eux que par-dessus les autres, des maîtres nouveaux outre Christ.

Tous les Pères d'un même courage ont eu en abomination, d'une même bouche ont détesté que la sainte parole de Dieu fust contaminée par subtilités sophistiques et enveloppée de combats et contentions philosophiques. Se gardent-ils dedans ces marches, quand ils ne font autre chose en toute leur vie que d'ensevelir et obscurcir la simplicité de l'Escriture par contritions intimes et questions plus que sophistiques.

Et, néantmoins, ils sont d'une impudence si effrontée, qu'ils nous osent reprocher que nous outrepassons les bornes anciennes [1] !

---

[1]. Ce mouvement est si oratoire que nous l'avons cité, quoique Calvin ne soit pas, à proprement parler, un orateur, et qu'il n'ait pas figuré dans les assemblées politiques. On peut voir par là qu'il avait reçu de la nature le don de l'éloquence ; qu'on en juge encore par ce portrait de Luther : « Lorsque la vérité de Dieu était étouffée sous tant et de si épaisses ténèbres, lorsque la religion était souillée de tant de superstitions impies, lorsque le culte de Dieu était corrompu par tant d'horribles sacrilèges, et que sa gloire gisait prosternée ; que le bienfait de la rédemption était enfoui sous tant d'opinions perverses, et que les hommes, enivrés par la confiance funeste en leurs œuvres, cherchaient leur salut ailleurs qu'au Christ, que l'administration des sacrements, en partie déchirée et dissipée, en partie corrompue par un mélange de fictions étrangères, était profanée par de

LES GUISES 33

§ 3. — Les Guises.

Le pamphlet est une des formes que prennent parfois la passion politique et l'éloquence [1]. Elle ne manqua pas au xvi⁰ siècle, mais cette arme fut plus habilement maniée par les huguenots que par les catholiques [2]. Les plus violents de ces pamphlets furent à l'adresse des **Guises**.

« Je connois ta jeunesse si envieillie en son obstination, disoit à l'un d'eux l'auteur anonyme du *Tigre de France* [3], et tes mœurs si dépravées, que le récit de tes vices ne te sauroit émouvoir. »
Quand je te diray que, pour avoir diminué la France de ses forces, tu as fait perdre au feu roy une bataille et la ville de Saint-Quentin; quand je te diray que, pour rompre à force de la justice de France et pour avoir les juges corrompus et semblables à toy, tu as introduit un sémestre [4]

honteux marchés, que le gouvernement de l'Église n'était plus qu'un brigandage désordonné, lorsque ceux qui siégeaient au rang des pasteurs, après avoir blessé l'Église par le dérèglement de leurs mœurs, exerçaient sur les âmes une effroyable tyrannie, et que, comme un troupeau, l'humanité était poussée vers l'abîme à travers l'erreur, du sein de ce désordre, Luther s'éleva; avec lui se rencontrèrent d'autres hommes qui, réunissant leurs efforts et leur zèle, cherchèrent des moyens et des voies par où la religion pût être lavée de toutes ses souillures, rétablie dans la pureté de sa doctrine, et ramenée de cet abîme de misère à son antique splendeur. Nous suivons la route qu'ils nous ont tracée. »

1. « La guerre de pamphlets se renouvelait avec furie. Ces inspirations de la Némésis calviniste atteignent parfois à l'âpre éloquence de La Boétie; chaque ligne semble écrite à la pointe du glaive, avec le sang des martyrs. » (H. Martin, t. IX, p. 42.)
2. Le plus éloquent des pamphlets catholiques fut celui de l'avocat Louis d'Orléans (1586) : *Advertissement d'un catholique anglais aux catholiques français.* — Ce pamphlet se trouve au tome XI des *Archives curieuses.*
3. Ce pamphlet a été retrouvé par le bibliothécaire de Reims, M. L. Pâris. L'imprimeur du *Tigre de France* fut découvert et pendu à Paris.
4. Il s'agit ici d'une mesure fiscale qui consistait à introduire dans le parlement de nouveaux conseillers qui, pendant un semestre de

à la cour du Parlement; quand je te diray que tu as faict venir le feu roy pour servir de ministre à ta meschanceté et impiété; quand je te diray que les fautes des finances de France ne viennent que de tes larcins; si je te dis encore que tu t'es emparé du gouvernement de la France et as desrobé cest honneur aux princes du sang pour mettre la couronne en ta maison : que pourras-tu répondre? Si tu confesses cela, il te faut pendre et étrangler; si tu le nies, je te convaincrai.

Le mouvement oratoire de la fin est très remarquable :

C'est à toy, cardinal [1], plus rouge de notre sang que d'autre teinture, c'est, dis-je, à tes parjures et desloyautez, à ton ambition et avarice, à la furie de tes frères [2], exécuteurs de tes maudites et sanglantes entreprinses, auxquels la France redemande la vie de tant de gentilshommes et grands seigneurs que tu as envoyez à la boucherie en Italie, en Allemagne, en Corsègue, en Escosse, bref en toutes les parties du monde; et nommément c'est à toi qu'elle redemande l'un de ses princes, feu Monseigneur d'Enghuien [3] cruellement occis à l'occasion de tes maudits conseils. C'est à toy qu'elle redemande par mesme raison les frontières de Champagne, de Bourgogne, de Lyonnais, de Dauphiné et Provence, puisque tu l'as amenée en nécessité de s'en devestir; car elle dit, devant Dieu et les hommes, que c'est toy qui as contre Dieu et raison obligé la simplicité du feu roy ton maistre à la peine d'un parjure, que c'est toy qui

l'année, exerçaient les mêmes fonctions que les anciens. Les charges étaient ainsi doublées. Le roi percevait le prix de ces nouvelles charges; mais le revenu en était diminué de moitié. Les parlements réclamèrent souvent contre cette mesure.

1. Charles de Guise, cardinal de Lorraine, frère de François de Guise.
2. François de Lorraine, duc de Guise, Louis de Lorraine, cardinal de Guise, René d'Elbeuf, tous trois fils de Claude de Lorraine, premier duc de Guise.
3. Au siège de Saint-Quentin (1557).
Le connétable de Montmorency, méprisant tous les avis, se refusait à battre en retraite. Soudain, attaqué, il est défait, blessé, fait

as consumé et baigné en sang l'Italie [1], par la conjuration avec les neveux des deux papes, que c'est toy qui nous as fait voir, avec le grand opprobre de la France, ce que jamais on n'avait vu, c'est à savoir le Pape, le Turc et le Français conjoincts à la poursuite d'une mesme querelle. C'est de toy que se plaignent tant de pauvres esclaves de tout sexe, ordre et qualité, surprins ès rivages d'Espagne,

prisonnier. « C'est là qu'un Bourbon, Jean, comte d'Enghien, jeune, marié depuis trois mois à une princesse dont il avait été longtemps épris, fut entouré d'Allemands et sommé de se rendre. « Jà Dieu
« ne plaise, s'écria-t-il, qu'on die jamais de moy que je me suis rendu
« à telle canaille! » Et il se fit tuer. » (Forneron, *les Ducs de Guise et leur époque*, t. I, p. 214.)

1. « Les projets du second fils (de Claude de Guise), promu cardinal à vingt-trois ans, étaient encore plus vastes; après avoir échoué dans sa prétention de prendre le titre de cardinal d'Anjou, le cardinal Charles demanda au roi, le 15 novembre 1547, à être aidé dans une entreprise sur le royaume de Naples, où l'appelaient, disait-il, les partisans de la maison d'Anjou : « ils me bailleront
« gens et argent et me mettront dans ledit royaume pour le bailler
« à un de mes frères »; il voulait que le roi lui assurât « l'appui du
« Grand Seigneur », ou pour le moins « du roi d'Alger », qui pourraient prêter quarante ou cinquante galères. Tandis qu'il s'efforçait d'attirer une invasion de musulmans dans l'Italie méridionale, le jeune cardinal s'occupait de faire désigner comme pape au prochain conclave son oncle Jean, le premier cardinal de Lorraine. » (Forneron, *les Ducs de Guise et leur époque*, t. I, p. 97.)

« Froidement reçu par le connétable, Caraffa « s'adresse à la
« seconde faveur, qui étaient MM. de Guise », et il ranime subitement du premier regard chez chacun d'eux les projets de l'ambition la plus insatiable et les pensées de grandeur qui dépassaient les rêves les plus chimériques. C'est l'ancienne maison d'Anjou qui va renaître; le duc de Guise sera roi de Naples et chef de la dynastie angevine, du droit de la naissance et aussi des droits de sa femme, la petite-fille de Louis XII; à son frère, le duc d'Aumale, la Lombardie; au cardinal de Lorraine, la succession de Paul IV. La tiare, convoitée autrefois par le premier cardinal de Lorraine, semblait se rapprocher enfin de la tête du second. » (*Id.*, p. 193.)

L'expédition de Naples eut lieu : elle ne fut pas heureuse. Mais François de Guise en était le chef; il sut du moins conserver son armée, et la ramener en France, suprême ressource pour la royauté et le pays. Philippe II avait envahi le nord, pressait le siège de Saint-Quentin. La situation était des plus graves... Le 6 janvier 1558, le duc de Guise avait repris Calais.

de Provence et d'Italie par les ennemis de la Chrestienté. C'est toy qui as divisé les forces de ce royaume pour te faire pape, et ton frère roy de Sicile, dont, puis après, sont survenus tant de malheurs. C'est à toy qu'on demande compte de tant de millions d'or, en partie desrobés manifestement et partie employés à ton appétit. C'est à toy que tant de femmes veuves demandent leurs maris, tant de pères leurs enfants, tant d'orphelins leurs pères et mères, criant juste vengeance à Dieu contre toy et contre les tiens.

C'est toy, Cardinal, qui nous as donné ton frère pour second roy sous ombre de lieutenant général, laquelle ignominie et servitude il faut que tu saches que jamais la France n'oubliera. C'est à toy que le royaume demande son roy avec MM. ses frères et la reine mère que tu nous as ravis. C'est toy qui, pour donner authorité aux édits que tu forges chaque jour à ton appétit, n'abuses pas seulement du nom du roy, mais aussi des princes du sang, comme s'ils avoient été présents à l'expédition des édits et lettres patentes que tu bastis avec tes complices, estant assis au lieu duquel tu as débouté ceux auxquels appartient d'y estre avant nul autre. C'est à toy qu'elle demande la couronne d'Escosse perdue par ton outrecuidance démesurée. C'est de toy que se plaignent les cours et parlements lesquels tu as deshonorez et degradez et eschaffaudez en toute sorte. Car c'est toy qui as amené en France ceste coutume de faire mourir les hommes secretement sans forme ni figure de procès ; qui as changé et rechangé toute police et rempli les parlements de plusieurs infasmes et deshonnêtes personnes attitrées à exécuter tes volontez ; qui as désappointé les fidèles serviteurs du roy pour appointer tes complices. Bref, c'est toy, malheureux, duquel nos ancêtres se plaignent aujourd'huy en leurs sépulchres de ce qu'il n'y a bonne loy ni ordonnance qui ne soit vilainement et effrontement foullée aux pieds par toy et par ceux de ta faction [1].

---

[1]. On peut rapprocher de ce morceau ce passage du pamphlet de Chateaubriand contre Napoléon. Le mouvement est le même.
  Lorsque Bonaparte chassa le Directoire, il lui adressa ce discours :

LES GUISES 37

Voici un fragment d'un pamphlet où sont exposés avec logique et passion les griefs de la noblesse française contre les Guises :

... On sait bien que ce n'est pas nous qui nous disons yssus de la droite ligne de Charlemagne, qui maintenons celle de Hue Capet avoir usurpé sur nous le sceptre, qui avons voulu distraire de la couronne la souveraineté de Barrois, Anjou et Provence, pour l'annexer à la maison de Lorraine, qui avons consulté quel droit nous pouvons prétendre à occuper le règne, qui cependant avons mis nos serviteurs par toutes les places fortes, chassons les anciens du roy, qui avons empesché aux princes du sang les gouvernements, qui avons amassé et transporté hors de France

« Qu'avez-vous fait de cette France que je vous ai laissée si brillante? Je vous ai laissé la paix, j'ai retrouvé la guerre; je vous ai laissé des victoires, j'ai trouvé des revers; je vous ai laissé les millions de l'Italie, et j'ai trouvé partout des lois spoliatrices et la misère. — Qu'avez-vous fait de cent mille Français que je connaissais tous, mes compagnons de gloire? Ils sont morts. Cet état de choses ne peut durer : avant trois ans, il nous mènerait au despotisme, mais nous voulons la république, la république assise sur les bases de l'égalité, de la morale, de la liberté civile et de la tolérance politique », etc. Aujourd'hui, homme de malheur, nous te prendrons par tes discours, et nous t'interrogerons par tes paroles. Dis, qu'as-tu fait de cette France si brillante? Où sont nos trésors, les millions de l'Italie, de l'Europe entière? Qu'as-tu fait, non pas de cent mille, mais de cinq millions de Français que nous connaissions tous, nos parents, nos amis, nos frères? Cet état de choses ne peut durer; il nous a plongés dans un affreux despotisme. Tu voulais la république, et tu nous as apporté l'esclavage. Nous, nous voulons la monarchie assise sur les bases de l'égalité des droits, de la morale, de la liberté civile, de la tolérance politique et religieuse. Nous l'as-tu donnée, cette monarchie? Qu'as-tu fait pour nous? Que devons-nous à ton règne? Qui est-ce qui a assassiné le duc d'Enghien, torturé Pichegru, banni Moreau, chargé de chaînes le souverain pontife, enlevé les princes d'Espagne, commencé une guerre impie? C'est toi. Qui est-ce qui a perdu nos colonies, anéanti notre commerce, ouvert l'Amérique aux Anglais, corrompu nos mœurs, enlevé les enfants aux pères, désolé les familles, ravagé le monde, brûlé plus de mille lieues de pays, inspiré l'horreur du nom français à toute la terre? C'est toi. Qui est-ce qui a exposé la France à la peste, à l'invasion, au démembrement, à la conquête? C'est encore toi! Voilà ce que tu n'as pu demander au Directoire, et ce que nous te demandons aujourd'hui.

infinies sommes d'argent, qui avons exigé un estat non
ouy de vice-roi, image des anciens maires du palais. Si
nous avions fait toutes ces choses, il y auroit cause de
nous soupçonner; mais, la mort des princes du sang ne
nous apportant aucun profit comme à eux, ains évident
dommage, il est raisonnable que nous en demeurions deschargés. Maiz nous les en ferons voir coulpables. Et combien qu'ils parlent comme roys et leurs lettres semblent à
plusieurs oracles, si avons-nous sur eux cest avantage que
nos voisins savent et confessent notre vie estre paisible
et porteront tesmoignage pour nous que nous ne faisons
tort à aucun. Beaucoup moins nous tiendront-ils suspects
d'avoir voulu commettre les horribles mesfaits que ces

Combien es-tu plus coupable que ces hommes que tu ne trouvais pas
dignes de régner! Un roi légitime et héréditaire qui aurait accablé
son peuple de la moindre partie des maux que tu nous as faits, eût
mis son trône en péril, et toi, usurpateur et étranger, tu nous devien-
drais sacré en raison des calamités que tu as répandues sur nous!
Tu régnerais encore au milieu de nos tombeaux! Nous rentrons
enfin dans nos droits par le malheur; nous ne voulons plus adorer
Moloch; tu ne dévoreras plus nos enfants : nous ne voulons plus de
ta conscription, de ta police, de ta censure, de tes fusillades noc-
turnes, de ta tyrannie. Ce n'est pas seulement nous, c'est le genre
humain qui t'accuse. Il nous demande vengeance au nom de la religion, de la morale et de la liberté. Où n'as-tu pas répandu la désolation? Dans quel coin du monde une famille obscure a-t-elle échappé
à tes ravages? L'Espagnol dans ses montagnes, l'Illyrien dans ses
vallées, l'Italien sous son beau soleil, l'Allemand, le Russe, le Prus-
sien dans ses villes en cendre, te redemandent leurs fils que tu as
égorgés, la tente, la cabane, le château, le temple où tu as porté la
flamme. Tu les as forcés de venir chercher parmi nous ce que tu
leur as ravi, et reconnaître dans tes palais leur dépouille ensan-
glantée. La voix du monde te déclare le plus grand coupable qui ait
jamais paru sur la terre; car ce n'est pas sur des peuples barbares
ou sur des nations dégénérées que tu as versé tant de maux, c'est
au milieu de la civilisation, dans un siècle de lumière, que tu as voulu
régner par le glaive d'Attila et les maximes de Néron. Quitte enfin
ton sceptre de fer; descends de ce monceau de ruines dont tu avais
fait un trône! Nous te chassons comme tu as chassé le Directoire.
Va! puisses-tu, pour seul châtiment, être témoin de la joie que ta
chute cause à la France, et contempler, en versant des larmes de
rage, le spectacle de la félicité publique! » (Bonaparte et les Bourbons,
30 mars 1814, *Mélanges politiques*. Œuvres, t. XVIII, p. 44, éd. Lefèvre.)

calomniateurs nous imputent; mais quant à eux, il n'est en ce royaume ne grand ne petit qui ne les connoisse pour génération de vipère, prompte à tous vices et malignité, n'ayant au cœur que meschanceté et en la bouche qu'hypocrisie; il n'est nul qui ne souffre contrainct leur superbe domination, nul qui ne porte les traces de leur cruauté et avarice. Les consciences des juges forcées, les gendarmes et soldats non payés, la noblesse faite roturière et réduite à payer argent, l'ancienne ronge[1] des gabelles regrattée, les financiers dévalisez, les anciens serviteurs du roi mis hors d'estat ou reculez, les décimes, en temps de paix, augmentés, les emprunts immodérez, le peuple accablé d'imposts, tous les estats réduits à extresme contraincte et povreté, soubsigneront à nostre dire.

Et plus loin :

Qu'on interroge ceux qui s'esmeuvent pour le fait de la religion : qu'on interroge la noblesse pourquoy elle se mescontente si fort; qu'on s'enquière des gens de justice pourquoy ils sont prêts à tout quitter et abandonner; qu'on examine les communautés des villes, les marchands, le commun peuple et gens de toutes sortes, d'où vient qu'ils sont ainsi esmuz et esbranlez; voire qu'on sonde même les cœurs du clergé et de ceux dont le cardinal fait profession de s'appeler à fausses enseignes le défenseur et le protecteur, pourquoy en leur conscience ce cardinal leur est puant et abominable : tous répondront d'une voix que c'est pour les cruautés, pour les vilenies, pilleries, oppressions, pour l'avarice insatiable et fierté intolérable de cette race maudite de Dieu et des hommes [2].

1. Ce mot s'employait autrefois pour *rongement, action de ronger.*
2. On ne peut nier la cupidité, l'orgueil des Guises, leur prétention de s'élever au-dessus des princes du sang, leurs ambitieuses visées, leur habile persévérance à mettre leur maison hors de pair, leur funeste influence dans les conseils des Valois, la part qui leur revient dans les troubles religieux de l'époque. — Il serait injuste aussi de nier les services que l'un d'eux au moins a rendus à la

France. François de Guise fut, au témoignage des contemporains et des juges compétents, un grand homme de guerre. Le siège de Metz, la prise de Calais, le siège de Thionville lui donnèrent une grande et légitime popularité. Catholiques et huguenots saluèrent en lui le vainqueur de l'Espagne et le sauveur de la France. Sa mort consterna le pays. Sauf quelques fanatiques, tout le monde pleura « Monsieur de Guyse le Grand, le plus heureux de nos capitaines,... en toutes ses parties excellent, surtout aux reconnaissances des places, duquel le naturel se fust porté non à la ruine, mais à l'étendue de la France, en une autre saison et sous un autre frère ». (D'Aubigné.)

Voilà le jugement d'un écrivain protestant. Les *Commentaires* de Montluc sont pleins de l'éloge de François de Guise : « ... Il n'y avoit homme qui ne le jugeast un des plus vigilans et diligens lieutenans de roy qui ait esté de notre temps. Au reste, si plein de jugement à sçavoir prendre son parti qu'après son opinion il ne falloit pas penser à en trouver une meilleure. C'estoit un prince si sage, si familier et courtois qu'il n'y avoit homme en son armée qui ne se fust volontiers mis à tout hasard pour son commandement, tant il sçavoit gagner le cœur. »

L'ambition et l'amour de la gloire s'alliaient chez lui à un vif sentiment de la gloire nationale et à un véritable patriotisme. Témoin son emportement devant l'entêtement de Henri II et sa hâte de signer le traité de Cateau-Cambrésis. On sait que le roi de France aurait pu obtenir de sérieux avantages, qu'il sacrifiait gratuitement pour le médiocre honneur de donner sa fille Élisabeth en mariage à Philippe II. Il rendait cent cinquante forteresses. « Sire, s'écria le duc de Guise, quand vous ne feriez que perdre durant trente ans, si ne sçaurez-vous perdre ce que vous voulez donner en un seul coup; mettez-moi dans la pire ville de celles que vous voulez rendre, je la conserveray plus glorieusement sur la bresche. » Cette noble colère ne prévalut pas contre l'indolence du roi.

Le fils de François de Guise, Henri Ier de Lorraine, duc de Guise, hérita de ses qualités militaires; en Hongrie, contre les Turcs, à Jarnac, à Moncontour, à la défense de Poitiers, à Dormans, où il battit l'armée allemande, il se montra soldat courageux et habile général. Le charme de sa personne, les séductions de son esprit sont proverbiales. Malheureusement il n'avait pas la largeur de vues de son père. Soit sincérité de conviction, soit pure ambition, soit ressouvenir de l'attentat d'Orléans, il se fit le champion fanatique du catholicisme. La Saint-Barthélemy, l'établissement de la Ligue pèsent sur sa mémoire; il ne recula même pas devant l'alliance de Philippe II. — Il fut assassiné aux États de Blois, ainsi que son frère le cardinal, par ordre de Henri III (1588). (Voir *Histoire des ducs de Guise*, par René de Bouillé.)

CHAPITRE II

MICHEL DE L'HOSPITAL

Les États de 1558. — L'assemblée de Fontainebleau (1560). Les États d'Orléans (décembre 1560). — Bazin. Grimaudet. — Les États de Pontoise (août 1561). — Le colloque de Poissy. — L'Hospital et les Parlements.

§ 1er. — Les Élections. — Grimaudet.

François Ier avait donné de la gloire à la France et avait pu ainsi se passer du concours de la nation; mais, sous **Henri II**, l'esprit public se réveilla et réclama de nouveau la convocation des **États généraux**. Ils furent réunis le **3 janvier 1557-1558**. **Henri II** demanda trois millions [1]; tandis qu'on délibérait, on reçut la nouvelle de la **prise de Calais**. Les députés votèrent d'enthousiasme les trois millions, et la session se termina au milieu de l'allégresse commune. Aussi bien le nombre des députés était si petit et ils avaient été choisis avec un tel soin par les agents du roi, que l'assemblée de 1558 est plutôt une assemblée des notables.

Il n'en fut pas de même de la grande **assemblée de 1560**.

---

[1]. Le roi « vouloit trouver trois mille personnes en son royaume qui lui prestassent chacune mille escus ». Le clergé avait offert mille prêteurs. Mais, comme le roi pressait les députés de désigner les deux mille autres, et d'en faire le « rolle », ceux-ci, sortant de la séance, « advisèrent entre eux que, pour le devoir de leurs charges, ils ne devoient bailler aucun rolle, parce qu'il est impossible de pouvoir cognoistre la faculté des particuliers; car tel a réputation d'avoir argent qui n'en a point ». (*Discours des Estats tenus à Paris par le très chrestien roi de France, Henry second, au moys de janvier de ceste présente année 1558.*)

Sous **François II** la situation s'aggrave. Aux rivalités politiques se mêlent les querelles religieuses. Les persécutions, les résistances des protestants, la **conjuration d'Amboise**, la pénurie du trésor, les intrigues de la cour, les ambitions des princes redoublent les difficultés. On se résout à la convocation des **États généraux**: mais auparavant on réunit les **notables** à Fontainebleau (20 août 1560).

L'Hospital était chancelier depuis deux mois. « Dans un langage simple et ferme, et avec une sorte de familiarité gauloise, il exposa l'état des affaires, fit voir la religion, la justice, la noblesse également menacées et corrompues, le peuple opprimé et mécontent. Il ajouta qu'il fallait remonter à la source de ces désordres et appliquer le remède non pas aux symptômes du mal, mais à son principe. » (Geruzez.) On entendit l'évêque de Valence, **Jean de Montluc** [1], et l'archevêque de Vienne, **Charles de Marillac**. Le discours de ce dernier obtint un grand succès : il dépeignit les maux de l'Église, le désordre de l'État, et indiqua les **États généraux** comme le seul remède. **Coligny**, le **duc de Guise**, le **cardinal de Lorraine**, dans des discours bien différents et par les idées et par le ton, conclurent de la même manière, et les **États généraux** furent convoqués à **Meaux** pour le 10 décembre ; mais les **Guises**, craignant ou feignant de craindre un coup de main du **prince de Condé**, firent désigner **Orléans**, et c'est dans cette ville qu'en effet ils durent se réunir. Dans l'intervalle, le **prince de Condé** avait été jugé et condamné à mort.

Les esprits étaient très excités, et les élections se firent au milieu d'une agitation inaccoutumée. Malgré les pressantes recommandations envoyées par les **Guises** aux baillis de combattre et d'empêcher l'élection de certains candidats réputés dangereux, de courageux orateurs bravèrent les menaces et surent, dans les réunions préparatoires, faire entendre des vérités désagréables au pouvoir. Deux discours eurent un succès particulier et retentirent dans toute la France : celui de **Jean Bazin** à Blois, celui de **François Grimaudet** à Angers. Nous donnerons quelques extraits de celui de **Grimaudet** :

Par son mandement (*du roi*) sont exprimées trois causes de la dicte assemblée : la première pour ouyr les doleances

---

[1]. Frère du maréchal Blaise de Montluc, l'auteur des *Commentaires*.

de toutes personnes; la seconde pour composer et pacifier les troubles de la religion; la troisième pour soulager le peuple des tributs et imposts qui tant le foullent qu'il est tout courbe. La principale, pour la triste face des affaires présentes, est la religion, en laquelle il y a deux poincts : le premier, des sacremens et choses spirituelles; le second est la doctrine et police sacerdotale. . . . .
. . . .

Tous doyvent obéyssance aux rois et princes, sans exception d'apostre, prophète ou évangéliste, et à moindre raison, de presbtre, moine ou clerc; car telle obéyssance n'a rien de répugnant avec la doctrine de l'Évangile et de la religion chrestienne. . . . .
. . . .

Il est clair et manifeste qu'il appartient au roy corriger, chastier et réprimer les abus, et mauvaises vies des presbtres et gens d'Église de son royaume, et ne se peut soutenir le contraire sans offenser Sa Majesté. Or ne fut oncques saison qui requist plus vigoureuse et sévère réformation de la vie des presbtres que le temps présent, où voyons les presbtres n'avoir rien de religion, estre opposites et contraires à ceux de la primitive Église, qui estoyent pauvres des biens du monde, riches en choses spirituelles, instruits et savants en la loy de Dieu, travaillant jour et nuict à instruire le peuple, luy enseigner l'Evangile, vivans en saincteté, intégrité de vie, chasteté, amour et union. Les presbtres du jourd'huy sont riches des biens du monde, pauvres des biens spirituels, vivans en délices le jour et la nuit, lubriques, paillards, simoniaques, et si ambitieux qu'ils demandent les premières séances, voulant en tous lieux estre appellés messieurs; combien qu'ils sont les plus rudes et indoctes presbtres qui ont été depuis l'advènement de Jésus-Christ. Et, comme dict sainct Hierosme des presbtres de son temps, ils ont faulsé la loy de Dieu, l'ont divisée, sont cause des schismes pour le scandale de leurs mauvaises vies. Et pour cognoistre leur avarice, par laquelle latentement ils ont souillé le ministère sacerdotal, l'enfant n'est baptisé sans argent; les presbtres

mêmes ne sont promus aux ordres de l'Église sans argent ; l'homme et femme ne peuvent solemnier leurs noces sans bailler argent aux presbtres ; ils en vendent les bancs six, sept et huict escus, font marchandise des pardons et absolutions des péchés du peuple, ne font les prières au temple de Dieu sans argent. Et combien qu'il soit dict en l'Escripture que la terre soit au Seigneur, qui l'a baillée à ses créatures à posséder, et, par ordonnance politique des chrétiens, en chacune paroisse en soit laissée partie pour la sépulture des morts, toutesfois ils se l'attribuent en propriété, la vendent et détaillent, ne permettent les sépultures des trespassés sans payer l'ouverture de la terre. Les cimetières, ils les vendent aux pauvres, les temples aux riches, et en tirent grandes sommes ; tellement qu'en aucunes (quelques) églises de ceste ville, s'en payent dix livres pour chascun corps. Un pauvre passant, s'il meurt, ou un homme, s'il est tué, les presbtres ne souffrent qu'ils soyent enterrés sans avoir permission de l'évesque, qu'ils appellent un *cadaver*, ne rougissent d'en prendre un escu ou deux. Et pour comprendre en bref leur bonne vie, ils ont tourné les œuvres de piété en quest [1] sordide ; de l'administration des sacrements, en ont faict magazin et boutique de marchandise. Comme sont-ils vestus de drap de soye, le plus souvent découpés, enrichis de pourfilures et broderies? Sont testonnés, espongés et parfumés, tellement qu'ils ressemblent mieux des amoureux ou presbtres de Vénus que de Jésus-Christ. . . . .
. . . .
Les anciens conciles, mesmes celuy de Carthage, grandement célébré et loué par la présence de sainct Augustin, ont deffendu la pluralité des bénéfices, sans différence s'ils ont charge d'âmes ou non. Les presbtres de maintenant ont fait des bénéfices simples, et les autres ayant charge d'âmes ; et, par invention cacodemonique, ont trouvé moyens de se faire dispenser, et de fagotter les bénéfices les uns sur les autres, de frauder les sainctes constitutions

---

1. *Quest* signifie « gain ».

deffendant la pluralité des bénéfices, desquels ils usent comme d'esponges grasses ou mouillées, les estreignent pour en tirer la substance et l'humeur, puis les laissent reposer jusques à ce qu'ils soyent rengressés et remouillés, pour derechef les estreindre. Quant à leurs charges de résidence et faire leurs offices, il leur semble advis faire pleinement leur devoir par une diabolique clause, dont ils usent en leurs contracts de baux à ferme, de les acquitter vers Dieu et les hommes. Les évesques et supérieurs en ce pèchent avec les inférieurs, les dispensant de non résider, et pour ce prennent argent. L'Escripture, parlant aux ministres de l'Eglise, leur commande repaistre le troupeau, veiller sur la garde d'iceluy. Nos prélats et curés ont quitté et abandonné les troupeaux aux loups, qui y sont entrés, les ont divisés en factions, sectes et parties que nous y voyons aujourd'hui ; qui a faict que les brebis ont oublié et descogneu leurs pasteurs, desquels Dieu se vengera les punissant de la garde du troupeau, mettant autres en leur place, comme il feit des enfants d'Heli, Ophni et Phinées. Ces fautes, ces vices sont espandus par tout le corps du clergé depuis la teste jusques aux pieds ; ils ont été et sont endormis et négligens en la réformation de leurs vies, chascun d'eux y dissimule, connille [1] et diffère y faire ce qui est de nécessité ; confessent leurs fautes, leurs mauvaises vies et mœurs corrompues ; disent qu'il les faut corriger et amender ; mais, de peur de perdre le goust et plaisir de leurs délices et voluptés, n'y veulent toucher, et s'efforcent passer le tout par délais et connivences.

Grimaudet poursuit cette vive satire, et passe ensuite à la noblesse et aux gens de justice. — Il traite vertement et avec une éloquente ironie les nobles dégénérés :

Aucuns nobles présents n'ont rien retenu de leurs anciens pères, fors le nom et les armes, lesquels ont dif-

---

[1]. Vieux mot dérivé du substantif *connil* (lapin, *cuniculus*) et qui signifie « user de subterfuges, se dérober, se tapir comme un lapin ».

famé et mis en obscurité par oisiveté. Leur faict d'armes est de faire assemblées illicites et ports d'armes contre les edicts du roy. Sont au village à battre et outrager le pauvre homme, voler le bien du pauvre marchant, faire infinies forces au peuple, avec grands blasphèmes du nom de Dieu en grande furie. Se disent fort magnanimes comme Hercules pour terrer [1] et intimider le pauvre peuple ; et toutefois ès nécessités des guerres publiques, et lors qu'il faut prendre les armes pour la deffense du roy et du royaume, sont chrestiens si débonnaires qu'ils ne bougent de leurs maisons de peur d'offenser leurs frères chrestiens ennemys du roy et du royaume. Tels nobles ne sont vrays enfants de leurs prédecesseurs, mais avortons et dégénérans de noblesse. Parmy les nobles, il y a infinies ronces, qui veulent croistre et se mesler entre les nobles. Sont infinis faulx-nobles, les pères et prédecesseurs desquels ont manié les armes, et faict acte de chevalerie ès boutiques de blasterie [2], vinaterie, draperie, au moulin, et ès fermes de terres des seigneurs, et toutesfois quand ils parlent de leur lignage, ils sont descendus de la couronne, extraits du sang de Charlemagne, de Pompée ou de César. Tels usurpateurs de noblesse ne sont à souffrir. Ils sont à la foule [3] du peuple, parce qu'ils se veulent deschargés des tributs, et leur cotte est départie sur le reste du commun. Est expédient que tels violents oppresseurs du peuple soyent réformés par le prince, et les usurpateurs de noblesse soyent réunis en l'estat du commun, duquel ils se sont voulu dérober.

En cest endroict nous ne pouvons nous contenir de parler des gens de justice, lesquels, combien qu'ils ne fassent estat à part, toutesfois ils tiennent lieu en la république fort éminent. Sur eux est éprouvée la sentence de Caton estre véritable, qui est : qu'il y a longtemps que nous avons perdu les vrays noms et appellations des choses.

1. Épouvanter (*terrere*).
2. Commerce de blé, de grains.
3. Ici, « charge, oppression, vexation ».

Ce mot, gens de justice, est le nom qui sépare le licite d'avec l'illicite, le juste d'avec l'injuste, l'équité d'avec l'iniquité, et pour ce sont appellés prélats de la déesse Justice; desquels la première protestation est : mespriser toute œuvre mercenaire et questaire, parce que la science des droicts est très saincte, qui ne se doibt priser ni souiller par or ni argent. Lequel par aucuns est prins si desmesureement qu'au lieu de ce mot gens de justice, ils doyvent être nommés sangsues du peuple, qui en tirent et sucent le sang et substance, duquel les affamés s'engraissent, pauvres s'enrichissent, et acquestent les grandes terres et seigneuries, font les somptueux et superbes bastiments. Leur ministère, jurisdiction ou distribution de justice, n'est autre chose qu'une boutique où se détaillent par le menu leurs offices qu'ils ont achetés en gros. Le noble, l'homme d'Église, le roturier, le pèlerin, la veuve, l'orphelin, l'impotent et mendiant n'auront aucune sentence, soit interlocutoire ou définitive, qui ne soit taxée, prisée et payée auparavant la prononcer. L'offensé, l'enfant du tué, n'auront décrets d'adjournement personnel, ou prinse de corps, sans argent. L'accusé prisonnier ne sera interrogé par le juge, sinon qu'il avance son salaire. Vengeance du delict et crime public ne sera faicte et poursuyvie, sinon que les juges soyent assceurés estre payés de leurs vacations sur les biens des accusateurs ou accusés. Et encores, le mal est ès ministres de justice qui, au moyen qu'ils sont perpétuels et qu'ils ne rendent compte de leur administration, sont si ambitieux, si craints et redoutés, que nul n'ose parler de leurs fautes. Et, en ceste conscience d'impunité, aucun tombent en licence de faire infinis maux, et plusieurs contrats d'acquets, et d'autres commerces, plus par impression de la grandeur des dignités et offices qu'ils soustiennent que par la libre volonté de ceux qui contractent avec eux [1].

1. « Les chats fourrez sont bestes moult horribles et espouvantables : ilz mangent les petits enfants et paissent sur des tables de marbre.... Ont aussi les gryphes tant fortes, longues et acérées, que rien ne leur eschappe, depuis que une foys l'ont miz entre leurs serres....

Grimaudet insiste, et passe en revue les excès des juges, de leurs sergents et officiers, et arrive au tiers État :

Reste le tiers Etat, lequel trouvons sans macule publique. C'est celuy qui soustient les guerres, au temps de paix entretient le roy, laboure la terre, fournit de toutes choses nécessaires à la vie de l'homme, toutesfois est grandement taillé de subsides et taxes insupportables. Le roy et messieurs de son conseil en ont eu pitié, ont commencé à luy faire diminution des tributs qu'il avoit. Est nécessaire faire remontrance à Sa Majesté de l'indigence de ce pauvre commun, auquel sont tant imposées de tailles, qu'il travaille jour et nuict et ne peut du salaire de ses journées et labeur de ses mains fournir à les payer ; et pour y suppléer est souvent contrainct vendre sa vache, son porc, son lict, ne manger et boire que du pain et de l'eau, et coucher sur la dure. . . . .
. . . .

Et notez que si vivez encore six olympiades, vous voyrrez ces chats fourrez seigneurs de toute l'Europe et possesseurs pacifiques de tout le bien et domaine qui est en ycele, si en leurs hoyrs par divine punition soudain ne dépérissayt le bien et revenu par eux injustement acquiz. Parmy eulx règne la sexte essence, moyennant laquelle ils grippent tout, dévorent tout et déguastent tout : ils brûlent, escartèlent, décapitent, meurdrissent, emprisonnent, ruinent et minent tout sans discrétion de bien et de mal. Car, parmy eulx, vice est vertu appelé, meschanceté est bonté surnommée, trahison ha nom de feaulté, larrecin est dict libéralité ; pillerye est leur devise, et par eux faicte est prouvée bonne de tous humains, exceptez moy, les hérétiques : et le tout font avecques souveraine et irréfragable autorité. Si jamais peste on (au) monde, famine ou guerre, voraiges, cataclismes, conflagrations, malheurs adviennent, ne les attribuez, ne les référez aux conjunctions des planètes maleficques, aux abus de la cour romaine, ou tyrannie des roys et princes terriens, à l'imposture des caphars, hérétiques et faulx prophètes, à la malignité des usuriez, faulx monnayeurs, rogneurs de testons ; ne à l'ignorance et imprudence des médecins, cirurgiens, apothécaires ; ne à la perversité des femmes adultères, vénéficques, infanticides ; attribuez le tout à la rage indicible, incroyable et inestimable meschanceté laquelle est continuellement forgée et exercée en l'officine de ces chats fourrez et n'est au monde connue non plus que la cabale des Juifs : pourtant n'est-elle détestée, corrigée et punye, comme seroit de raison. » (Rabelais.)

Le pauvre bonhomme est comme la brebis qui tend le dos pendant qu'on luy oste la laine; il est pauvre, destitué de biens et d'amis contre la richesse et support des fermiers et officiers du grenier. Dieu commande à vous, messieurs les nobles et de l'Église, qui avez les biens du monde, prendre la cause de ces pauvres rustiques en main, porter leurs plaintes au roy. Il est prince clément et débonnaire, gouverné et conduict par une très excellente, très sage et très pitoyable dame, madame sa mère, par très prudents et sages princes et seigneurs amateurs du peuple. Il oyra volontiers ceste plainte, la plus juste et lamentable qui sera faicte aux Estats. Le moyen d'y remédier est le supplier recevoir le peuple à amortir ce tribut, comme ont esté receus les manans et habitants de Poictou; ou s'il ne luy plaist, à tout le moins son plaisir soit recevoir le pauvre peuple à supprimer tous les officiers du grenier et imposer sur le peuple comme il reçoit des proffits des greniers. Et ce faisant, le prince sera sans intérest, et le peuple soulagé du plus grief tribut qu'il ait. . .

. . . .

§ 2. — Les États d'Orléans (1560). — L'Hospital.

François II mourut le **5 décembre 1560**; les **États** se réunirent le **13**. — **L'Hospital**, en sa qualité de chancelier, prononça le discours d'ouverture :

Messieurs,

Dieu qui donna la volonté au roy François II d'assembler et semondre les Estats de son royaume en ceste ville d'Orléans, a ycelle continué au roy Charles son frère, notre souverain seigneur, et à la royne mère des deux rois. Et combien que, par la mort dudict feu roy, semblast que les Estats deussent être interrompeus, et que le changement du roy deust apporter avec soy mutation de beaucoup de choses, comme voyons souvent advenir, mesme quand les roys sont jeunes et en bas aage, qui donne occasion aux mauvais de mal faire : toutesfois ce changement n'a apporté non seulement aulcunes nouvelles émeutes et séditions, ains a apaisées et amorties celles qui lors estoient.

Et comme nous veoyons, à ung jour obscur et plein de nuées et brouillards, que le soleil à sa venue rompt et dissipe la nuée, et rend le temps clair et serein; ainsi le visage de nostre jeune roy a percé jusques au fond des cœurs des princes du sang, et aultres seigneurs, a chassé et osté tous soupçons, passions et affections qu'ils pouvaient avoir, les a pacifiés, liés et unis tellement ensemble qu'il n'y a maison privée, où les frères soient si bien unis, accordans et obéissans à leur père, comme sont lesdicts princes et seigneurs avec le roy leur seigneur, pour lui obeyr et à la reine sa mère.

Après s'être félicité de la concorde qui règne entre tous les membres de la famille royale, **L'Hospital** parle de l'habitude de convoquer les **États généraux** [1] et des avantages qu'en reçoivent le roi et le peuple :

Aulcuns ont doubté s'il estoit utile et profitable aux roys de tenir les Estats, disant que le roy diminue aulcunement sa puissance de prendre l'adviz et conseil de ses subjects, n'y étant obligé ne tenu. Et aussi, qu'il se rend trop familier à eulx, ce qui engendre mespriz et abaisse la dignité et majesté royale.

Telle opinion me semble avoir peu de raison. Premièrement, je dis qu'il n'y a acte tant digne d'ung roy, et tant propre à luy, que tenir les Estats, que donner audience générale à ses subjects et faire justice à chascung. Les roys ont été esleus premièrement pour faire la justice, et n'est acte tant royal faire la guerre que faire justice; car les tyrans et les maulvais font la guerre autant que les roys, et bien souvent le maulvais la faict mieux que le bon.

Aussi, dedans le scel de France n'est empreinte la figure

---

[1]. Cet historique des États généraux était un lieu commun officiel des discours des chanceliers.

du roy armé et à cheval, comme en beaucoup d'aultres parties ; mais séant en son throsne royal, rendant et faisant la justice. . . . .

Davantage les roys, tenant les Estats, oient la voix de vérité qui leur estoit souvent cachée par leurs serviteurs ; pour cette cause, ung bon et ancien autheur les admoneste de lire les histoires et livres qui enseignent comme il fault gouverner les royaumes : car, par la leçon d'iceulx, les roys connoistroient ce que leurs amys ne leur osent ou veulent dire.

Combien de pauvretez, d'injures, de forces [1], d'injustices qui se font aux peuples, sont cachées aux roys, qu'ils peuvent ouyr et entendre, tenant les Estats! Cela retire les roys de trop charger et grever leur peuple, d'imposer nouveaulx subsides, de faire grandes et extraordinaires despenses, de vendre offices à maulvais juges, de bailler éveschez et abbayes à genz indignes, et d'aultres infinis maulx, que souvent, par erreur, ilz commettent ; car la pluspart des roys ne veoyent que par les yeux d'aultruy, et n'oient que par les oreilles d'aultruy : et, au lieu qu'ils deussent mener les aultres, se laissent mener.

Qui est la cause qu'aulcuns bons roys, se défiant de ceulx qui sont autour eulx, se sont déguisez et meslez entre le peuple inconneu, pour sçavoir et entendre que l'on disoit d'eulx, non pour punir ceulx qui en disoient mal, mais pour soy amender et corriger. Le bon roy Loys douzième prenoit plaisir à ouyr jouer farces et comédies, mesme celles qui étoient jouées en grande liberté, disant que, par là, il apprenoit beaucoup de choses qui estoient faictes en son royaume, qu'aultrement il n'eust sceu.

Ceulx qui disent : le roy diminue sa puissance, ne le prennent bien ; car, encore que le roy ne soit contrainct et nécessité prendre conseil des siens, toutesfois il est bon et honneste qu'il fasse les choses par conseil ; aultrement, il fauldroit oster toutes manières de conseil, comme le privé conseil, parlement et aultres.

1. Violences.

Théopompe fut roy de Sparte; il créa des magistrats qui furent appelez les éphores, et ordonna que les roys ne feroient aulcune chose d'importance sans leur conseil : sa femme le tança, luy disant que c'estoit honte à luy de laisser à ses enfans la puissance royale moindre qu'il ne l'avoit reçeue de ses prédécesseurs. A quoy respondit Théopompe : « Moindre n'est-elle, mais plus modérée; et ores qu'elle fust moindre, elle sera, par ce moyen, de plus longue durée; car toutes choses violentes ne durent guères. »

. . . .

Or, les Estats assemblés en ce lieu ont été délibérez par le feu roi à Fontainebleau.... pour trouver moyen d'apaiser les séditions.

L'Hospital examine les diverses causes de séditions, et passe en revue les griefs du clergé, de la noblesse et du tiers état :

Les rois debvroient être contents de leurs pays et royaumes, ôster l'ambition qui leur fait désirer aultres nouveaux royaumes (*Exemples : Alexandre, Pyrrhus et Cinéas*). — Je vouldrois aussi que les roys se contentassent de leur reveneu, chargeassent le peuple le moins qu'ils pourroient, estimassent que les biens de leurs dicts subjets leur appartiennent *imperio, non dominio et proprietate*[1]; aussi les subjects l'aimassent et reconnussent pour roy et seigneur, l'aidassent de leurs personnes et biens, luy obéissent, non de bouche seulement, et par luy faire révérences et aultres semblables honneurs, mais par vraye obeyssance, qui est de garder ses vrays et perpetuels commandemens, c'est-à-dire ses loyx, édicts et ordonnances, auxquels tous doyvent obeyr, et y sont subjects, excepté le roy seul.

L'estat de l'Eglise[2] recognoisse sa grande puissance, qui est sur nos âmes, la meilleure partie de nous, voire sur celle du roy, les honneurs et dignités qu'il a en ce royaume,

---

1. « En souveraineté, non en propriété. »
2. Le clergé..., *sous-entendu* que..., je souhaite que....

les biens meubles et immeubles admortis par les roys, qu'il tient à liberté des roys, ducs, comtes, barons et aultres personnes privées qui, pour ce, font serment au roy. Se souviennent qu'ils ne sont qu'administrateurs, et qu'ils rendront compte; se contentent de l'usage desdicts biens, et distribuent le reste aux povres, ne prennent or ne argent pour les saints sacrements, et ne vendent les choses sainctes.

Le noble, qui pour sa noblesse a infinis privilèges, est exempt de toutes tailles, impositions et subsides, seul capable de tenir grands et petits fiefs, a justice sur les subjects du roy, puissance sur leurs vies et biens, tient les premiers honneurs de ce royaume, soit en guerre, soit en paix, connestableries, mareschaulsées, grandes maistrises, bailliages, seneschaulsées et aultres, tout par le don et libéralité du seigneur; et ne doibt pour ce s'enorgueillir, car la noblesse vient de la vertu de ses parens, et se souvienne du dire de Platon, que tous roys et princes sont veneus et descendeus des serfs, et tous serfs des roys. — Et d'aultant qu'il a plus de force et puissance, d'autant doibt être plus humain et gracieux, user de l'espée contre l'ennemi, et à la conservation des amys et povres subjects du roy.

Le peuple se doibt contenter de sa fortune, qui n'est petite, s'il est laboureur de terre. Les roys et consuls et les plus grands personnages anciennement ne desdaignaient mettre la main à la charrue.

La marchandise [1] faict les grandes richesses, qui font honorer et estimer les hommes, les font vivre à leur ayse, leur donnent moyen de bien faire à aultres, et ne doibt ledict tiers Etat estre marry si les aultres sont plus honorés que luy; car, comme en ung corps y a des membres plus honnestes les uns que les aultres, et les moins honnestes toutefois plus nécessaires, ainsi est des hommes, desquels aulcuns non nobles sont plus nécessaires et utiles que les nobles. Aussi nulle porte d'honneur est

---

1. Le commerce.

close audict tiers Etat; il peut venir aux premiers estats de l'église et de la justice, et, par faicts d'armes, peut acquérir noblesse et aultres honneurs.

Conclusion, si chacun estat se contente de sa fortune et biens, s'abstient du bien d'autruy, et de faire injures à aultres, se sousmet à l'obéyssance de son prince, et de ses loyx et ordonnances, nous vivrons en paix et repos.

L'on dict que l'aultre et principale cause de la sédition est la religion, chose fort estrange et presque incroyable.

Le prétexte de la religion est inadmissible; et une pareille excuse ne saurait justifier la révolte :

Si c'est religion chrétienne, ceux qui la veulent planter avec armes, espées et pistolets, font bien contre leur profession, qui est de souffrir la force, non la faire. Et, sur ce que dit Chrysostome, que sommes différens des gentils, qui usent de forces et contraincte, les chrestiens de parolles et persuasions, ne vault l'argument dont ils s'aydent, qu'ils prennent les armes : *Mitte gladium tuum in vaginam*[1]. Notre religion n'a prins son commencement par armes, n'est reteneue et conservée par armes.

Si l'on disoit que les armes qu'ils prennent ne sont pas pour offenser aulcung, mais pour se défendre seulement, ceste excuse vauldroit peult-estre contre l'estranger, non contre le roy, leur souverain seigneur : car il n'est loisible au subject de se défendre contre le prince, contre ses magistrats, non plus qu'au fils contre son père, soit à tort, soit à droict, soit que le prince et magistrat soit maulvais et discole[2], ou soit qu'il soit bon. Encore sommes-nous plus teneus d'obeyr au prince qu'au père.

Ainsi ont faict les bons chrestiens qui ont vaincu par patience, ont prié Dieu pour les empereurs et juges qui les persécutoient[3]. Les payens mesmes ont cogneu cela, et

---

[1] « Mets ton glaive dans le fourreau. »
[2] Ancien mot, qui signifie, « en colère, de mauvaise humeur ».
[3] Ils font des vœux pour nous qui les persécutons.
(Corneille, *Polyeucte*.)

ont loué ceulx qui ont porté patiemment les injures qu'ilz avoient receues de leur patrie, blasmé ceulx qui se vengeoient.

Et nous, chrestiens, ne debvons recevoir ny approuver l'opinion des Grecs et des Romains touchant l'honneur qu'ilz baillent aux tyrannicides. La vérité est telle que, si les hommes estoient bons et parfaicts, ilz ne viendroient jamais aux armes pour la religion ; mais aussi nous ne pouvons nier que la religion, bonne ou mauvaise, ne donne telle passion aux hommes que plus grande ne peult estre.

C'est folie d'espérer paix, repos et amytié entre les personnes qui sont de diverses religions, et n'y a opinion qui tant perfonde[1] dedans le cœur des hommes, que l'opinion de religion, ny tant les sépare les uns les autres.

L'opinion de religion désunit les nations, les familles....

Si donc la diversité de religion sépare et disjoinct les personnes qui sont liées de si prochains liens et degrés, que peut-elle faire entre ceux qui ne se touchent de si près ? La division des langues ne faict la séparation des royaumes, mais celle de la religion et des loys, qui d'un royaume en faict deux. De là sort ce vieil proverbe : Une foy, une loy, un roy. Et est difficile que les hommes, estans en telle diversité et contrariété d'opinions, se puissent contenir de venir aux armes : car la guerre, comme dit le poëte, suyt de près et accompagne discorde et desbat.

A ce est besoing oster la cause du mal, et y donner quelque bon ordre par un sainct concile, comme fut advisé dernièrement à Fontainebleau, duquel le pape nous a donné espérance, au grand et instant pourchas et requestes du feu roy François.

. . . .
. . . .

Cependant, messieurs, gardons et conservons l'obeyssance à nostre jeune roy ; ne soyons si prompts et faciles

---

1. Se répande, pénètre.

à prendre et suyvre nouvelles opinions, chascung à sa mode et façon; délibérons long-temps devant, et nous les instruirons : car il n'est question de peu de chose, mais du sauvement de nos asmes. Aultrement, s'il est loisible à ung chascung prendre nouvelle religion à son plaisir, veoyez et prenez garde qu'il n'y ait autant de façons et manières de religions qu'il y a de familles ou chefs d'hommes.

Tu dis que ta religion est meilleure, je défends la mienne : lequel est plus raisonnable, que je suive ton opinion, ou toy la mienne? ou qui en jugera, si ce n'est ung sainct concile?

Cependant ne remuons rien légèrement, ne mectons la guerre à nostre royaume par sédition, ne brouillons et confondons toutes choses; je vous promets et asseure que les roy et royne n'oublieront rien pour advancer le concile, et, où ce remède fauldroit, useront de toutes aultres provisions, dont ses prédécesseurs roys ont usé, et messieurs les prélats et aultres gens d'Église, s'il leur plaist, feront mieux qu'ilz n'ont faict cy-devant.

Considérons que la dissolution de nostre Église a esté cause de la naissance des hérésies, et la Réformation pourra estre cause de les esteindre. Nous avons cy-devant faict comme les maulvais capitaines qui vont assaillir le fort de leurs ennemys avecques toutes leurs forces, laissant dépourveuz et desnuez leurs logis. Il nous faut doresnavant garnir de vertus et bonnes mœurs, et puis les assaillir avec les armes de charité, prières, persuasions, parolles de Dieu, qui sont propres à tel combat. . . . .
. . . .

La bonne vie, comme dict le proverbe, persuade plus que l'oraison; le cousteau vaut peu contre l'esprit, si ce n'est à perdre l'âme ensemble avec le corps.

La bonne vie des pasteurs vaut plus pour la conversion des dissidents que les prêches et sermons.

Regardez comment et avec quelles armes vos prédécesseurs, anciens Pères, ont vaincu les hérétiques de leur temps ; nous devons par tous moyens essayer de retyrer ceulx qui sont en erreur, et ne faire comme celuy qui, voyant l'homme ou beste chargée dedans le fossé, au lieu de la retirer, luy donne du pied ; nous la devons ayder sans attendre qu'on nous demande secours ; qui fait aultrement est sans charité : c'est plus haïr les hommes que les vices.

Prions Dieu incessamment pour eulx, et faisons tout ce que possible nous sera, tant qu'il y ait espérance de les réduyre et convertir ; la douceur profictera plus que la rigueur. Ostons ces mots diaboliques, noms de partis, factions et séditions, luthériens, huguenots, papistes : ne changeons le nom de chrestien. . . . .

Le chancelier engage les députés à veiller à ce que les villes fassent elles-mêmes leur police et se gardent des séditieux, à l'exemple d'Amiens et autres villes frontières qui « estiment à grand bienfaict, privilège et honneur de se garder contre l'ennemy, et estre exemptes de loger de soldats ». Il expose ensuite la détresse « du mesnaige du roy, qui est en si pauvre et piteux estat, que je ne pourrois le vous dire, ne vous l'ouïr sans larmes et pleurs. Car jamais père, de quelque estat ou condition qu'il fust, ne laissa orphelin plus engagé, plus endebté, plus empesché que nostre jeune prince est demeuré par la mort des roys ses père et frère. » Il finit en engageant les députés à faire entendre en toute liberté leurs plaintes et leurs réclamations.

Tel est ce remarquable discours [1]. « On ne pouvait entendre un plus noble appel au sentiment patriotique de l'assemblée. L'Hospital était, à dater de ce jour, le représentant de ce qu'il y avait de plus élevé dans l'esprit parlementaire, à la fois conservateur et modéré, dévoué à l'unité française et attaché aux principes traditjonnels du tiers état. » (G. Picot, *Histoire des États généraux*, t. II.)

La séance royale eut lieu le 1er janvier 1560 (1561). **Jean Quintin**, pour le clergé, prononça un discours diffus et violent dans lequel il attaquait sans mesure les protestants,

---

[1]. *États généraux*, t. X. — *Œuvres de l'Hospital.* Dufey de l'Yonne, t. Ier.

appelait sans détour la persécution, mais souhaitait la réforme de la discipline ecclésiastique, et demandait l'exemption des impôts. Le **seigneur de Rochefort**, au nom de la noblesse, demanda la réforme du clergé et la confirmation des privilèges de la noblesse. **Jean de Lange**, orateur du tiers, prononça une harangue dont nous ne pouvons donner une idée plus exacte qu'en renvoyant à celle de **Grimaudet**.

L'Hospital prit encore la parole dans la séance du 13 janvier et dans la séance de **clôture**, le **31 janvier**.

Il avait, le 13 janvier, avoué le déficit énorme du Trésor, 43 millions. Épouvantés, les députés, alléguant l'insuffisance de leur mandat, refusèrent tout impôt et demandèrent à retourner dans leurs provinces pour obtenir de leurs commettants d'autres pouvoirs. Ils durent se réunir de nouveau, d'abord à **Melun**, puis à **Pontoise**, le 1er août 1561.

§ 3. — Les États de Pontoise.

Vingt-six députés[1] se réunirent en effet à **Pontoise** à la date fixée, pleins de foi dans leur mission et d'ardeur pour le bien public. La session s'ouvrit le 1er août.

Le chancelier fit entendre encore dans sa harangue ce langage modéré, digne d'un homme politique dont peut-être on ne comprenait pas encore toute l'élévation.

... Ceux qui conseilleront au roy de se mestre tout d'un costé, font autant que s'ils lui disoient qu'il prînt les armes pour faire combattre les membres par les membres à la ruyne du corps; et vouldrois bien sçavoir quels sont les capitaines, soldats et gens de guerre que l'on vouldroit bailler pour une telle exécution, et quelle seureté l'on se pourroit promettre en l'événement. Oultre qu'il n'y a personne qui ne confesse que la victoire ne sçauroit être que dommageable, quelque part qu'elle peust cheoir; celuy qui est esgal entre les deux parties, s'y comportant sans passion, est celuy qui se propose et

---

1. Deux par grands gouvernements. Le tiers et la noblesse furent seuls représentés; le clergé envoya ses élus au colloque de Poissy.

suit le meilleur chemin, et celuy qui n'empesche point qu'on ne punisse les malfaiteurs................

Et encore :

Il y en a qui disent que le roy se debvroit monstrer estre d'ung costé ou d'aultre, et que, par là, on pourroit appaiser la division; qui est autant, à mon jugement, que dire que le roy, s'étant déclaré d'ung côté, debvroit assembler une armée pour ruyner l'aultre; chose qui est non seulement répugnante au nom de chrestien, mais à toute humanité. Davantage, que pouvons-nous nous promettre de l'issue de la victoire, qui est en la main de Dieu? et encore, de quels gens de guerre composerons-nous nostre armée. Tels que nous cuyderons estre de nostre costé, tant capitaines que soldats, seront peut-être du party contraire. Et, encore qu'ils soient de mesme religion que nous, je ne sçays comment l'on les pourroit faire combattre, quand ils verroient de l'autre costé ou leurs pères, ou leurs fils, ou leurs frères, ou leurs femmes, ou leurs proches. Et, en oultre, la victoire, de quel costé qu'elle fust, ne pourroit estre que dommageable tant aux vainqueurs qu'aux vaincus, tout ainsy que si les parties du corps se défaisoient l'une l'aultre....

Je n'ignore pas que l'on m'opposera que je veux derechef mettre en délibération ce qui a été jà proposé et décidé, tant par l'assemblée des evesques, faite à Poissy, que par l'advis de la Court de parlement, où étoient le roy de Navarre, princes et aultres. A quoy je responds que je ne veux mettre en dispute les controverses de la religion, en appartenant le jugement auxdicts gens d'Église, qui a été traité à Poissy; mais seulement ce qui appartient à la police, pour contenir le peuple en repos et tranquillité.

Quant à l'édict [1] fait suivant l'advis de la Court de parlement de Paris, faut considérer qu'il y a deux sortes de

1. Édit de juillet. (Voyez le détail dans H. Martin, t. IX, p. 84.)

loix : aux unes on ne peut déroger sans contrarier aux ordonnances de Dieu, et celles-là demeureront inviolables; aultrement seroit renvoyer Dieu à la garde-robbe, pour ung temps, et ne sçait-on s'il voudroit revenir quand on le rechercheroit. Tous états et républiques sont entreteneus et conservés par l'observation des loix; et le mespris et violation d'icelles leur apporte ruyne; lesquelles se perdent ou tout en ung coup, ou avec longueur de temps et peu à peu,.... et ainsi, quand l'on oste tantôt une tuile, tantôt l'aultre, à la fin la maison se ruyne; de mesme la continuation du mespris des lois apporte éversion de l'Estat. — Il y a d'aultres loyx qui sont comme indifférentes, et despendent de la grâce et bienfaict du prince; celles-là peuvent être relâchées sans danger; d'ailleurs, les loyx se abrogent souvente fois par un taisible consentement, comme ceste-cy, laquelle a esté rejectée; de sorte que jamais n'a esté en usage. — Davantage, jaçoit que (en supposant que) en soi elle feust juste et raisonnable, si est-ce que l'expérience a démontré qu'elle estoit impossible. Et à ceste heure je deschargerai les judges de ce que je leur avois mis sus auparavant. Il ne faut considérer seulement si la loy est juste en soy, mais si elle est convenable aux temps et aux hommes pour lesquels elle est faicte.... Ainsy cest édict en soi est beau, et l'expérience a montré qu'il étoit impossible....

L'on dira que l'on a mis en délibération plusieurs fois une mesme chose, pour à la fin obtenir ce que l'on désiroit; mais il n'est pas ainsi; ains, comme le malade cherche tous moyens de remède pour obvier à ses maulx. Je dys ceci pour ce que plusieurs me pourroient calomnier comme ils font. Je leur diray, comme dict un bon évêque (du nom duquel il ne me soubvient) qui avoit les cheveux et la barbe blanche, comme moy, quelques-uns qui médisoient de lui, et dict, touchant sa barbe : *Cum hæc liquefacta fuerit, lutum fiet*[1], c'est-à-dire que quand ils auroient changé, ils auroient peut-être pis.

1. « Quand ceci sera fondu, ce sera de la boue. »

Le moment est favorable pour remédier aux maux dont souffre le pays.

Combien de gens pensez-vous qui, depuis ces troubles, se sont amendés et corrigés de leur mauvoise vie? J'en cognois plusieurs.

Il y a des gens d'Église qui, oyant qu'on se plaignoit de leurs grandes richesses et de leurs vies, ont apperçu le danger où ils estoient, se sont réformés. . . . .

A cause de quoy le roy veult que lui donniez advis, s'il permettra les assemblées ou non.

Le roy ne veult point que vous entriez en dispute quelle opinion est la meilleure; car il n'est pas ici question *de constituenda religione, sed de constituenda republica*[1], et plusieurs peuvent estre *cives, qui non erunt christiani*[2]; mesme l'excommunié ne laisse pas d'estre citoyen.

S'il y a aussi quelque chose de particulier qui concerne les provinces d'où vous estes, vous le pouvez faire entendre au roy, et dire tous aultres moyens que vous y considérez être commodes pour appaiser la religion. Mais je vous prie, messieurs, considérant les affaires du roy, qui est empesché ailleurs, ne dire rien qui ne soit à propos, et tascher plus tost à bien dire que longuement et avec ornement.

Les **États** exigèrent la publication de l'**ordonnance d'Orléans** et consentirent enfin à remettre leurs cahiers au roi.

Cette remise eut lieu le 26 août à Saint-Germain, où était la cour. Le tiers état avait choisi pour orateur le maire (*Vierg*) d'Autun, **de Bretaigne**, député de Bourgogne. Il parla avec violence contre le clergé et fit entendre que c'était aux biens ecclésiastiques que le roi devait demander les ressources dont il avait besoin. Les députés de la noblesse et du tiers refusèrent toute augmentation d'impôts. Ils votèrent cependant une taxe sur le vin, et le clergé vota une somme considérable (environ vingt millions).

---

1. ... « de constituer la religion, mais de constituer l'État ».
2. ... « citoyens, qui ne seront pas chrétiens ».

Ainsi se terminèrent les **États de Pontoise**. A ses délibérations faisaient écho les discussions du **colloque de Poissy**, controverses oiseuses dont le résultat fut d'aviver encore les haines qu'elles devaient éteindre.

Les **États d'Orléans** et **de Pontoise** méritent l'admiration de la postérité. Aucune assemblée politique n'eut à un si haut degré le sentiment des besoins présents et des institutions convenables à la France. Les cahiers de la noblesse et du tiers témoignent d'une maturité, d'une sagesse, d'une éducation politique rares ; on doit regretter amèrement les funestes passions qui rendirent vaines de si belles promesses et noyèrent dans le sang les espérances des gens de bien [1].

§ 4. — L'Hospital au colloque de Poissy.

Ce n'est pas seulement devant les **États généraux** que **L'Hospital** professait cette politique de libérale tolérance et d'égale justice envers tous les sujets du roi : il parlait de même devant les prélats assemblés à **Poissy** et devant le **Parlement**, auquel il demandait l'enregistrement des édits.

La question de la religion, disait-il aux évêques (1er septembre 1561), est de telle importance qu'il est besoing qu'on y procède avec la plus meure délibération que faire se pourra, sans qu'on soyt transporté d'aultre affection particulière, ains conduict seulement d'ung sainct désir d'ycelle décider au salut des hommes et de la tranquillité publique.

A cette cause, toutes les fois que l'on délibère d'appaiser les différends survenus pour le faict de la religion, entre aultres choses qui doivent estre observées, ycelle est la principale qu'on use de toute doulceur et bénignité.

... Et de faict nous avons veu de nostre temps, depuis que le nombre de ceulx qui se seroient soubstraits de l'obeyssance du pape a commencé de multiplier en ce

---

1. Voyez A. Thierry, *Essai sur le Tiers Etat* ; H. Martin, *Hist. de France*, t. IX, p. 94.

royaulme, que, combien qu'il n'y avoyt de rigueur qu'on ne les ayt faict passer l'espace de trois ans, si est-ce que cela n'a de rien servy pour exterminer ou moindrir le nombre, lequel, au contraire, est tellement augmenté que, nonobstant toutes peines, il est aujourd'huy infiny. Ce qui nous doibt maintenant servir de bon advertissement, qu'il est besoing de garder ung aultre moyen, si on veult mettre une bonne paix en ce royaulme.

Et pourtant, s'il est question de donner ung bon adviz au roy sur ce faict, il fault commencer par là : à savoir de adoulcir les rigueurs passées pour le regard de ceulx qui se sont reculés en ung ordre qu'on appelle l'Église, ayant une confession de foy commune en ce, pour les raisons et considérations qui s'ensuyvent.

Premièrement, c'est une chose convenable au debvoir et office du roy, d'aimer et procurer non seulement la prospérité extérieure de ses subjects, mais principalement le salut de leurs âmes et paix en leur conscience ; or la conscience est de telle nature qu'elle ne peult être forcée, mais doibt être enseignée, et n'être point domptée ny violée, mais persuadée par vraies et suffisantes raisons ; et mesme la foy seule, à estre contraincte, elle n'est plus la foy.

Or, si ceux qui ont laissé les cérémonies anciennes estoient teneus en force avant la résolution d'un bon concile ou assemblée, seroit faulser leur conscience.... Et ce qui nous doibt émouvoir davantage, c'est l'offre de ceux qu'on appelle évangélistes, lesquels ont toujours offert d'eulx assujetir à la parolle de Dieu ; laquelle ils disent recognoistre par la seule règle de vérité, et ont toujours demandé estre oys en ladicte deffense, mesmes aujourd'huy le demandent par une requête présentée au roy.

Il n'est, du reste, pas facile de les convaincre d'hérésie....

... Ils receoivent l'Escriture saincte, le symbole des apostres ou les quatre principaulx conciles, et la confession par eulx dressée, et tout leur différend est en cela qu'ils veulent aujourd'huy que l'Église soyt réformée en la façon de la primitive.

Cependant ils croyent en Dieu, la Trinité, confessent la saincte Escriture, ne cherchent d'autre salut qu'en Dieu Jésus-Christ.

Il est merveilleux qu'on a vu par cy-devant, en la mort de plusieurs d'entr'eux, exécutez pour la religion, une conscience admirable et une voye plus que humaine, par laquelle ils surpassoient les frayeurs et appréhensions de la mort; mais chantant au milieu des flammes[1], invoquant à haulte voix le nom de Notre-Seigneur Jésus-Christ; et, en quelque partie qu'on l'interprète, si est-ce qu'il appert clairement par cela que telles gens sont résoleus et persuadez qu'ils tiennent une bonne doctrine, et ne sont comme plusieurs séditieux qui ont mauvoise conscience, et contre le témoignage d'ycelle taschent néantmoins à empoisonner le peuple de leurs erreurs; et pourtant ne fault procéder contre les ungs comme on faict contre les aultres.

Pour lesquelles choses il appert que, s'il plaist à la majesté du roy d'avoir soing de la conscience et salut de ses subjects, comme il est très raisonnable, il doibt user de moyen doulx, paisible et propre; à quoi il faut adjouter la considération du service du roy et repos de son peuple.

Auxquelles choses si on a bien esgard, comme il appartient, on trouvera qu'il est du tout nécessaire de choisir la plus doulce et bénigne voye qu'il sera possible pour appaiser lesdictz différendz : car le nombre desdits évangélistes est si grand aujourd'huy, et si amplement par tout ce royaulme est composé de si grandz et notables personnes, qu'il serait non seulement mal aisé, mais du tout quasy impossible d'arracher une chose qui a tant et si profonde racine.

Et, quand cela se pourroit faire par le moyen de l'espée, ce seroit autant diminuer les forces, attendu que la plus-

---

1. Comparez le *Saint-Genest* de Rotrou.

part des évangélistes sont gens de faict et nobles, lesquels, comme chascung sçait, servent de colonnes au roy, sur lesquels son aucthorité est principalement appuyée.

En fault néantmoins considérer l'accord et l'intelligence qui est entre lesdits évangélistes, leur ordre et discipline, par laquelle, combien qu'ilz soyent espars jusqu'aux plus lointaines provinces de ce royaulme, néantmoins sont tous d'une volonté et mesme propos, qui est une chose admirable, comme se veoit à l'œil aujourd'huy par la requeste et profession de foy présentée au roy de leur part, ayant envoyé en court certains personnages par eux deputés, ayant procuration pour le faire.

Il y a plus; car, combien que la rigueur fust louable en cest endroict, si n'est elle néantmoins utile en ce temps que le roy est en bas aage, et qu'il y a des querelles, mesme entre les grands (peult-estre), qui s'enflammeroient par une telle occasion ouvertement; qui seroit chose préjudiciable.

Davantage, les évangélistes n'ignorent pas que la plupart des princes de ce royaulme, en ceste dernière assemblée des Estats, ont requiz beaucoup de choses en leur faveur, par quoy s'il se faict ordonnance au contraire, il est à craindre que les plus vaillants d'entre eulx se battent de la vérité d'ycelle, et taschent à remuer mesnage, soubs prétexte du bas aage du roy et aucthorité des estats.

Chascung sçait quelle ruyne cela tireroit après soy-mesmes, ès grandz affairez desquels il est maintenant.

A cela s'est veu que depuis quelque temps lesdicts évangélistes ont résisté par force et vigilance à l'oppression du peuple, qui ne s'estoit guère veu auparavant.

Oultre plus y auroit une perte au royaulme, qu'on ne sçauroit estimer; car, à cause des poursuites que l'on feroit, plusieurs seroient contraincts s'en aller; et, par ce moyen, le domayne appauvri du bien qu'ils emporteroient avec eulx, et principalement les desgarnissements de plusieurs genz d'esprit qui pourroient grandement servir à la république.

Quant à leurs assemblées, il ne les fault point séparer de leur religion ; car ils croyent que la parole de Dieu les oblige estroitement de s'assembler pour oyr la prédication de l'Évangile, et participer aux sacrementz, et tiennent cela pour article de foy.

Tellement que, pour leur deffendre [1], ils ne s'en abstiendront pourtant, tout ainsy qu'on ne les a jamais peu faire despartir de leur religion, et est vraysemblable qu'ilz endureront plustost cent mille maulx, que d'être privez de leurs assemblées, lesquelles on a veu par expérience, nonobstant les esdicts des feux roys Henri et François, n'avoir cessé.

Joinct aussi qu'il ne se trouvera pas que les assemblées soyent séditieuses, mais au contraire.

Et est appareu qu'en ycelles on prie Dieu pour le roy, pour les judges de son royaulme, et pour tous les hommes, et est une chose fort contraire au prince de rendre son peuple sans forme de religion et exercice d'ycelle. Car de là proviendroient les athéismes, rébellions et aultres inconvénients qui n'adviendront quand les hommes sont réglez par quelque discipline ; et ne fault persuader que les menaces seules puyssent bien ployer les cœurs des subjects à l'obeyssance de leur prince, s'il ne s'entend en eulx que Dieu les auroit à ce obligez ; et par ce moyen rendront tousjours à leur prince une obeyssance d'aultant plus durable qu'elle sera prompte et volontaire.

Et, puisque les évangélistes ont si bonne opinion des roys, comme ils protestent mesme par leur commune profession de foy au dernier article, il est très équitable, par bon traitement et doulceur, les contenir en ceste bonne et saincte opinion.

On peult aussy considérer que la pluspart des voisins de ce royaulme, comme Anglois, Écossois et Suisses, ayant mesme religion que lesdictz évangélistes, seront totalement aliénez du roy, si les poursuites contre ceulx de ladicte religion ne cessent ; il y auroit danger que telle

---

1. « Quand on les leur défendrait. »

division les fît plus avant entreprendre contre ce royaulme.

Et si on use de doulceur, tous les susdicts inconvénients seront ostez, et ne se trouvera aulcung malcontent. Avecque, le roy demourera tousjours obey, le peuple en repos, et les ecclésiastiques et leurs biens, auxquels ces évangélistes ont souvent déclaré ne prétendre aulcune chose; et de ceste doulceur doibt reluyre quelque bonne espérance.

Mais d'aultre part, à sçavoir continuant les rigueurs, l'on n'y peult veoir que ténèbres et confusions horribles.

La conclusion donc est que, despuis qu'il semble pour le mieux qu'on y doibt procéder doulcement et mettre fin aux poursuytes accoustumées, tant pour le repos de la conscience des subjects du roy que pour le bien de son service : il est besoing en attendre plus ample résolution par bon concile, ne se formalisant contre les évangélistes, et avoir seulement l'œil qu'il n'y ait aulcune sédition, et empescher les esmeutes du peuple, seule cause des séditions, et par ce moyen entretenir les subjects du roy en paix et en son obeyssance. Et si, nonobstant lesdictes considérations, l'on veult passer oultre au jugement de ceste cause, il semble qu'il n'est aulcunement convenable y asseoir jugement avant que lesdicts évangélistes soyent oys; et pourtant sera bon, avant toute chose, supplier le roy leur donner leurs accez pour pouvoir debastre leur affaire et liquider le bon droict qu'ils prétendent estre de leur costé, sans qu'il puisse advenir aulcung dommaige à ceulx qui auront la charge de ce faire, et le tout fidèlement rédigé par escript; le roy avec sa mère delibéreront, et pourra ordonner, comme il verra estre convenable et expédient pour la gloire de Dieu et de son service.

Le 9 septembre s'ouvrit la conférence. Le roi prononça un discours, rédigé par son Conseil. **L'Hospital**, après le roi, prit la parole. Mais sa harangue, par son caractère de haute et impartiale tolérance, irrita jusqu'à la fureur le **cardinal de Tournon** et le **cardinal de Lorraine**. On sait d'ailleurs que, malgré les efforts de quelques hommes sages, les conférences ne purent aboutir, et que le signal de la guerre civile fut donné quelques mois après (1er mars 1562) par le **massacre de Vassy**.

---

§ 5. — **L'Hospital et les parlements.**

Le chancelier n'était pas seulement le président du conseil du roi : il dirigeait encore l'administration de la justice. C'est à ce double titre que nous voyons **L'Hospital**, devant les **parlements**, tantôt réclamer l'enregistrement des édits royaux, tantôt faire aux conseillers de graves leçons sur leurs devoirs de juges : ainsi au **parlement de Paris (juillet 1560)** en réclamant l'enregistrement de l'**édit de Romorantin**, que le parlement ajournait :

. . . . . De la justice, cette compagnie, qui est le principal siège, veoit tous les jours les abus des subalternes et n'est exempte de faultes. Ils sont hommes. La prie et admoneste regarder et pourveoir à celles d'ambition et avarice. La pluspart des juges sont à autres que au roy, qui y a la moindre part; et la fin, c'est pour parvenir à plus grands états et honneurs. L'avarice y est meslée. Cent francs de gain au bout de l'an font perdre pour cent mil de réputation.

Au même parlement, le **26 juillet 1567** :

Le roy doibt être le premier servy : c'est le bien de la couronne, non de luy; vous le devez conserver en bonne justice.

Je toucherai un mot de l'ambition; l'ay veue plus grande qu'elle n'est maintenant; je ne sçays si c'est pour ce qu'il y a moins d'occasion. N'est honnesteté que l'on die d'ung président ou conseiller : voilà le chancelier d'un tel seigneur. Ils ne doivent reconnaître que le roy.... L'excuse qu'il n'y a tant de profict n'est bonne. En cecy ne fault mesurer le profict. Les seigneurs qui vous en donnent le

moins le vous vendent bien cher : si vous sçaviez ce
qu'ils dient de vous après vous avoir employés, vous vous
en retireriez : autrement, c'est nundination [1]. Un judge ne
doibt attendre que la rétribution de Dieu, recognoissance et
récompense du roy, et l'estimation de la vertu, qui est
toujours la plus forte.... L'ambition et l'avarice sont deux
tyrans : la vraie ambition est et se loge ès grands lieux et
nobles esprits; que tant s'en fault qu'ils soient ou doib-
vent estre avaricieux, qu'ils despensent le leur pour
acquérir louanges par actes magnanimes. La vostre est
vile et toute contraire, n'ayant but que l'avarice qui doibt
être chassée.

Je pourrois descouvrir plusieurs aultres choses : me
contenteray pour cette heure de ce que j'ay dict d'amitié
et charité, et vous supplie de tout mon cœur le croire
ainsy. Ma nature n'est propre à dissimulation et mon
âge y résiste. *Ætas mea non longe est a sepulcro* [2].
Pourra être que ceste visitation sera ma dernière. Je recognois qu'en moy y a infinie chose à reprendre. Les
admonestemens que je vous fays sont d'office et charge.
Je vous recommande vostre honneur, et ne veulx omettre
une petite chose, qu'il y a, comme j'entends, des judges
céans qui sont timides et craintifs; un judge craintif ne
fera jamais bien. La volonté sera bonne, et la peur qu'il
aura d'offenser le roy ou les grands gâtera tout : il jud-
gera pour le plus fort, et advisera un expédient pour le
contenter qui ne sera justice.... Si vous êtes timides icy,
que serez-vous *in facie principis et potentum* [3] ? dict Demos-
thenes aux Athéniens, qui n'osaient parler devant Anti-
pater, ambassadeur de Philippe ou d'Alexandre ? Puisque
vous craignez un rayon, que feriez-vous devant le soleil ?

Le judge homme de bien fait son office envers Dieu et
les hommes, et ne craint personne. Le roy ne vous commande chose qui vous puisse blesser. Vous avez liberté

---

1. Vénalité.
2. « Mon âge me rapproche du tombeau. »
3. « En face du prince et des puissants. »

de luy remonstrer, si vous pensez le contraire, et, les remonstrances faites, vous estes deschargés.

Vous n'avez juré de garder tous les commandemens du roy, bien de garder ses ordonnances, qui sont ses vrays commandemens. Après qu'elles sont publiées, n'y fault désobéyr. Avant que les publier, avec reverence, faictes bien de vous acquitter de ce que pensez être utile au roy et royaulme ; mais, après la publication, dire ou penser que n'estes obligés à l'observation, ne seroit règle ne ordre. . . . .

Je vous recommande ceste maison, de laquelle ces statues et aultres ornemens et murailles font la mémoire des grands personnages qui ont esté devant vous, admonestent de bien administrer la justice. Par adventure, que vos prédécesseurs ne sçavoient tant de loix que vous ; mais ils étoient tels, que les empereurs et aultres grands princes estrangiers se soumettoient à leur judgement ; s'ils ne sçavoient tant de loix, ils sçavoient bien les garder.

Est néantmoins besoing sçavoir les loix et ordonnances du roy. . . . .

Si j'ay été long, excusez-moi ; c'est pour la conservation de l'aucthorité de la justice. Il me reste quelques petits mémoires que je réciterai.

Suivent quelques remontrances sur des objets particuliers [1].

Au parlement de Rouen, le **17 août 1563**, au lendemain de la prise du Havre, et à l'occasion de la déclaration de la **majorité de Charles IX**.

... Je reviens à vous, qui tenez la justice du roy, dont moy, indigne, suis le chef : il me desplaît beaucoup du désordre qui est en la justice. L'on dict bien qu'il est besoing de réformer l'Église ; mais la justice a aussy grand besoing de réformation que l'Église.

Messieurs, je ne parlerai de préceptes qui enseignent la manière de bien juger, car vous en avez les livres pleinz : vous admonesteray seulement comment vous debvez vous

---

1. Voyez Œuvres de L'Hospital, t. II, p. 122.

composer et comporter en vos jugements, sans blasme, tenant la droicte voye, sans décliner à dextre, ni à sénestre [1].

Vous jurez à vos réceptions garder les ordonnances, et entrez en vos charges par serment; jurez et promettez les garder et faire garder; les gardez-vous bien? La plupart d'icelles est mal gardée, et en faictes comme de cire et ainsy qu'il vous plaist.

Messieurs, messieurs, faictes que l'ordonnance soit pardessus vous. Vous dictes estre souverains : l'ordonnance est le commandement du roy; et vous n'estes pas pardessus le roy. Doncques le serment que vous faites d'icelles garder est vain.

Lysias, ancien orateur, disoit que, tout ainsy qu'en la lyre ou luth, les cordes répondent à la main, au semblable fault que la volonté des juges s'accorde avec l'intention du législateur : le roy faict une ordonnance; vous l'interprétez, vous la corrompez, vous allez au contraire : ce n'est pas à vous. Les juges qui ne se veulent conformer au législateur sont comme les voleurs qui tirent au contraire du gouverneur [2], et pourtant font péricliter le navire; ou comme le père de famille qui n'est obéy des siens en sa maison.

Si vous trouvez, en pratiquant l'ordonnance, qu'elle soit dure, difficile, mal propre et incommode pour le pays où vous estes juges, vous la debvez pourtant garder, jusqu'à ce que le prince la corrige, n'ayant pouvoir de la muer, changer ou corrompre, mais seulement user de remonstrance.

Au demourant, messieurs, prenez garde, quand vous viendrez au jugement, de n'y apporter point d'amitié, ne de faveur, ne de préjudice. Je veois beaucoup de juges qui s'ingèrent et veulent estre du jugement des causes de ceulx à qui ils sont amys ou ennemys. Je vois chascung jour des hommes passionnez, ennemys ou amys des per-

---

1. « A droite, ni à gauche. »
2. *Gouverneur* est pris ici dans le sens de « pilote ».

sonnes, des sectes et factions, et jugent pour ou contre, sans considérer l'équité de la cause.

Vous estes juges du pré ou du champ, non de la vie, non des mœurs, non de la religion. Vous pensez bien faire d'adjuger la cause à celuy que vous estimez plus homme de bien ou meilleur chrestien; comme s'il estoit question entre les parties lequel d'entre eulx est le meilleur poëte, orateur, peintre, artisan, et enfin de l'art, doctrine, force, vaillance, ou aultre quelconque suffisance, non de la chose qui est amenée en jugement.

Si ne vous sentez assez forts et justes pour commander vos passions, et aimer vos ennemys selon que Dieu commande, abstenez-vous de l'office de juges. Il y en a de grandes plainctes, et est le roy en voye de vous oster la cognoissance de beaucoup de causes, à son regret, craignant par ce moyen confondre l'ordre ancien des sièges et juridictions.

Il est aulcungs juges qui craignent la réputation et opinion du peuple, disant : Si je juge aultrement que au désir du peuple, que dira le peuple? Il est écrit en *Exode* : *In judicio non sequeris turbam, neque plurimorum sententiæ acquiesces ut a vero devies* [1].

> *Invidiam placare paras, virtute relictâ* [2]?

dit le poëte; regardez la vérité, et ce qu'il appartient, et ce que Dieu veult et le roy; et ne craignez poinct le peuple. Faictes comme celui de qui dict le poëte :

> Non ponebat enim rumores ante salutem [3].

Je viens aux dons et présens :

Messieurs, vous sçavez que la justice, si faire se pouvoit, debvroit estre gratuite. C'est une vierge pure et chaste,

---

1. « Dans le jugement tu ne suivras pas la foule : tu n'acquiesceras pas à l'opinion de la multitude pour dévier de la vérité. »
2. « Espères-tu apaiser l'envie en abandonnant la vertu? » (Horace, *Sat.* II, 3.)
3. « Il ne plaçait pas l'opinion au-dessus du salut. » (Ennius.)

non pas seulement de corps, mais de mains et de toutes aultres parties. Anciennement en France, les juges ne prenoient rien des parties pour faire justice, si ce n'est ce qu'on appelloit espices, qui sont depuis converties, par une vilaine métamorphose, en or et argent, et par connivence ou dissimulation, permises, modérément toutefois.

A présent, en beaucoup de lieux, elles sont doublées et triplées, et tellement que le juge ne faict plus rien sans argent. Vous ne pouvez retenir le nom de sénateurs, de preud'hommes et bons juges avec la convoitise de vil gaing. Certes, celuy qui tasche à s'enrichir par de tels moyens, de riche de biens debviendra pauvre d'honneur.

La marchandise est chère que l'on achète avec perte de loz et gloire. J'aimerais mieulx la pauvreté du président de La Vacquerie que la richesse du chancelier à qui son maistre feut contrainct dire : C'est trop, Rollin [1].

Les bonnes gens se plaignent aussy de la longueur et multiplication des procez. Ce n'est pas la louange d'ung juge que de vider beaucoup de procez.

>... Vir bonus est quis?
> Quo multæ magnæque secantur judice lites.

Le vrai loz du juge est de diminuer et esteindre et garder qu'il n'y ait nul procez, si faire se peult : tout ainsy que les loys sont meilleures qui empeschent que les crimes n'adviennent que celles qui les punissent, j'aimerois mieulx le médecin qui empescheroit que la maladie ne vinst, que celuy qui la guériroit. Ainsi est-il des juges qui cherchent la louange de beaucoup de procez; mais, en manière que de leurs jugements sourdent plus grand

---

1. Jean de La Vacquerie, premier président du parlement de Paris sous Louis XI. Le roi ayant demandé au parlement la vérification d'états onéreux, le premier président se rendit à la cour et dit au roi : « Sire, nous venons remettre la charge entre vos mains, et souffrir tout ce qu'il vous plaira plutôt que d'offenser nos consciences ».

Rollin, chancelier du duc de Bourgogne, célèbre par ses richesses.

nombre de desbats que devant; tellement que, comme l'on dict, *Litem ex lite ferunt* [1]. Vous donnez des arrests qui engendrent des procez plus grands qu'ilz n'estoient auparavant, tant s'en fault qu'ilz y mettent fin.

Regardez au temps passé, qu'il estoit autant de genz comme de présent, icy, n'avoit qu'ung échiquier [2] qui n'estoit séant que trois semaines ou ung mois, et depeschoit, en si peu de temps, tous les procez.

A présent vous estes, tout l'an, trois chambres ordinaires toujours assiz, et néantmoins les procez ne diminuent point, c'est-à-dire que chascung veult vivre de son mestier, et iceluy faire durer et valoir : vous ferez bien d'y donner ordre.

Vous vous plaingnez des révélations des secrets de la cour faictes au roy, que telz personnaiges sont méchants et parjures. Je ne pense poinct les révélateurs des opinions genz de bien, s'ils les révèlent par ambition et pour gaigner la grâce des roys et seigneurs ; mais qui feroit les choses bonnes et de bonne sorte, ne craindroit poinct qu'elles feussent veues et congneues, veoire comme faictes en ung théâtre, et feroit peu de compte des révélateurs.

L'œil de justice veoit tout, le roy veoit tout, et le temps découvre tout : ne faictes rien que ce vous vouldrez estre sçu.

Ung Romain voulant acheter une maison, on lui dict qu'il y avoit plusieurs veues dessus ; à quoy il répondit qu'il l'en aimoit mieulx, parce qu'il ne faisoit rien qu'il ne vouleust bien que l'on vist. Les révélateurs des jugements et de la cour sont punissables ; mais ceulx qui, par bon zèle et affection, révèlent les contraventions qui se font aux ordonnances du roy, ne sont telz, et ne sont à blasmer.

Vous estes teneus, mesme vous, président, remonstrer les choses qui se font contre les ordonnances, et en advertir le roy. Au temps passé, il y avoit des commissaires du roy

---

1. « Ils font sortir un procès d'un procès. »

2. « On appelle échiquier, en Normandie, assemblée de hautes justices, auxquelles il appartient corriger et amender tout ce que les baillis et les autres moindres justiciers ont malement jugé. » (*Ducange.*)

et mesme les conseillers du grand conseil, qu'on dict à présent privé conseil, qui alloient et entroient en parlement pour entendre comme tout y alloit, et le rapporter audict seigneur.

L'ordonnance vous enjoinct tenir les mercuriales [1], et icelles rapporter au roi, afin que ledict seigneur soit informé de ce qui se faict en ses courts de parlement contre ses ordonnances, et les faultes qui se commettent.

C'est bien au roy à le sçavoir, puisqu'il fault qu'il en réponde devant Dieu : et ne luy servyra dire que ce n'est luy qui a faict la faulte, mais ceulx qu'il auroit commis; car il dust s'enquérir des faultes de ses juges et officiers.

Ne trouvez point estrange ce que je vous en dis; car souvent sont rapportez au roy de vos jugemens qui semblent, de prime face, fort éloignez de toute droicture et équité, auxquelz toutesfois le roy ne veult toucher, ne répondre les requestes des parties, que ne vous ayt mandé auparavant lui envoyer les raisons sur lesquelles le jugement est fondé.

Vous ne devez pas trouver cela estrange; car les plus grands, soit connestables, mareschaulx, ou chancelier de France, rendent chascung jour compte au roy du faict de leurs charges, et ne trouvent mauvais d'en estre reprins et blasmez par le roy quand ilz faillent.

A Sa Majesté appartient de sçavoir comme sa justice est administrée et si ses juges y font leur debvoir : c'est trop grande arrogance quand les juges maintiennent qu'ilz ne peuvent errer ou faillir, qui est commun à tous les hommes, et comme dict ung ancien philosophe : « La république est mal servie, où les magistrats sont exempts de rendre compte de leurs jugements et ordonnances ».

Vous ne debvez vous sentir grevez de rendre bon compte

---

1. On appelait *mercuriale* une assemblée du parlement de Paris tenue le premier *mercredi* après la Saint-Martin et le premier *mercredi* après la semaine de Pâques, où le premier président relevait et blâmait les irrégularités ou les fautes commises dans l'administration de la justice.

à vostre roy, à vostre maistre, de qui tenez vos honneurs et magistrats ², à titre de précaire, et tant qu'il lui plaira.

Ez aultres pays, les juges sont syndiquez ¹ aprez leur magistrat ² fini; icy vos magistrats ² sont perpétuelz : n'en abusez point, et ne changez cet honneur légitime en tyrannie; et, pour faire une fin, obéissez au roy, à ses ordonnances.

Ce faisant, vous n'avez eu roy qui soit plus amateur de vous, et qui mieulx le recognoisse en vostre endroict; faisant le contraire, il aura plus de respect au bien et salut de son peuple qu'à la personne des mauvais juges.

La remontrance terminée, **L'Hospital** appela une cause et la fit juger par le jeune roi.

L'année suivante, **L'Hospital**, accompagnant la cour dans son grand voyage en Champagne, en Bourgogne, en Dauphiné, en Provence, en Guyenne, tint avec le roi et la reine mère un lit de justice au **parlement de Bordeaux**. Son discours, mélange de bonhomie et d'indignation, éclaire d'un triste jour les mœurs de la magistrature de cette époque. — Citons au moins ce portrait du *roi justicier*.

Les roys anciens ont aimé être appelés expugnateurs de villes, aigles, foudres et semblables noms, qui démonstrent leurs mœurs dépravées et tyranniques. Nos roys ont mieux aimé prendre nom de généralité, figure et condition de leur corps, comme Charles le Chauve, le Bel; ou de leurs mœurs adonnées au repos, comme le Débonnaire, le Simple, Père du peuple; ou, pour monstrer qu'ilz estoient, comme roys très chrestiens, plus enclins au repoz qu'aux armes, ne se sont faicts figurer, à leurs scels et armoiries, comme les aultres roys, grands princes et seigneurs, tout armez, ayant le glaive à la main, mais d'une figure et image de roys paisibles et aimant la justice, avec un long manteau royal qui est vestement de paix, tenant en leur main le sceptre, qui signifie puissance, et de l'aultre la

---

1. Censurés, critiqués (sens disparu).
2. Magistrature, charge.

main de justice, déclarant par là que le propre estat et office d'ung roy est de faire la justice à ses subjects, et de ne venir jamais aux armes sans grand besoing.

§ 6. — Mémoire adressé à Charles IX. — Disgrâce de L'Hospital. — Sa mort.

La principal soin de **L'Hospital** était toujours de maintenir la politique royale dans une mesure de justice et de tolérance entre les partis ; mais il sentait chaque jour son impuissance. Les promesses faites aux protestants avaient été tant de fois violées qu'il n'était plus possible d'apaiser leurs défiances et de les faire désarmer. — **L'Hospital** luttait vainement. — Il remontrait à la cour, dans un dernier mémoire, que les protestants avaient été toujours traités de telle sorte qu'on pouvait les considérer comme en état de légitime défense.

Il n'y a, disait-il, homme si saint et si parfait au monde qui n'en fît autant, étant la défense et conservation de soi une loi inviolable, de nature plus forte que toutes les autres lois.... Je sais que ceci sera trouvé âpre et que je pourrais parler plus doucement ; mais la nécessité arrache malgré moi ces paroles de mon cœur, et me fait préférer la rude vérité à la douce flatterie ; car c'est piper ou trahir que de celer ou déguiser la vérité, quand il est question de la chose publique.

L'expérience, maîtresse des loyx, nous avait donné un bel enseignement pour nous porter doulcement envers eulx ; mais nous l'avons pris à contrepoil ; et ne fault point demander quelles faultes nous avons faites en matières d'estat, mais quelles sont celles que nous n'avons point faictes, car nous les avons faictes toutes.

Le seul moyen qui nous reste aujourd'huy de rompre leurs intelligences, c'est de leur oster la nécessité d'y entendre, en interrompant premièrement les nostres, qui ne tendent qu'à nostre ruyne en les ruynant ; les traicter comme amis et subjects justiciables, membres, avec nous, de la république, et partie du corps dont le roy est le chef.

Car, examinant les choses de près, on trouvera qu'ils ont été cy-devant traictés en rebelles, ce qui leur a faict chercher des moyens extraordinaires, et remuer toutes pierres pour se conserver;... c'est ce qui leur a mis les armes ès mains, et qui a engendré ces horribles desgats et difformités; car les mesures qu'on bastissait contre eulx de toutes parts étaient si peu finement et secrètement conduictes, la défaveur tant évidente, le desdaing si apparent, les menaces de la rupture de l'édict de pacification et de la publication du concile tant ouvertes, et l'injustice tant manifeste, qu'ils eussent bien mérité le traictement qu'on leur apprestait, s'ils n'eussent évité la feste. Les bestes brutes sentent venir l'orage et cherchent des cachettes; ne trouvons point estrange si les hommes le font. Nos menaces ont esté messagères de nos complots, ainsy que l'éclair du tonnerre; nous leur avons faict voir nos appresuts : cessons donc de nous esbahir s'ils ont un pied en l'air et l'œil en la campaigne. Je ne veulx pourtant pas les excuser du tout; mais il n'y a homme de bon sens qui ne les juge plustost dignes de pitié que de peine. Au surplus, quand ils ne verront plus rien qui les doibve faire craindre, ne doubtons qu'ils ne s'alentissent et détournent et s'appliquent du tout à leurs affaires domestiques. Ils ne seraient pas Français aultrement....

Si, depuis l'an soixante-deux, on les eust dextrement maniés, la France serait heureuse; mais ceulx qui les ont piqués et harcelés par mille injures, violences, menaces et calomnies, en cuidant affaiblir leurs ennemys, les ont fortifiés et fait entrer en extrême défiance, et finalement en hautes et hardies entreprises, auxquelles pour rien ils n'eussent voulu penser. Les conseillers du roy, au lieu d'esteindre doulcement le brasier, l'ont si asprement soufflé que la flamme est preste à les consumer, et déjà en a devoré aulcuns : ce sont donc les premiers boutefeux et vrays autheurs de ces misérables troubles, pour ne dire pis. Je parle des cours et aultres

qui les ont tant durement traictés et esfarouchés, menant
le peuple à leur plaisir, et le hallant ¹ comme un chien
après ces pauvres gens, et qui, par la rigueur, les ont tousjours tenus en cervelle ², comme souffrans ou attendans
à toute heure l'injure et l'outrage, et sentant tousjours
l'ennemy à leurs costés....

Arrière donc ces pestes qui, d'un cœur felon et sanguinaire, pour assouvir leur vengeance particulière, taschent de corrompre (ce que Dieu destourne !) la naïfve et
naturelle bonté de nostre prince, de la reyne sa mère, et
de messeigneurs ses frères ; qui les veulent dégénérés de
l'ancienne tant célèbre et plus chrestienne qu'humaine
debonnoyreté de leurs majeurs roys de France avec leurs
subjects, qui a esté le nerf et le lien qui si longuement a
maintenu cette couronne, recogneue et servie d'un cœur
franc et loyaulté française, et non par tyrannie, par effusion de sang et par cruauté ; telles gens sont de mauvais
augure à ceste couronne, et semblent vouloir advancer le
destin d'ycelle, c'est-à-dire le jugement de Dieu, humiliant les choses élevées, et anéantissant les plus fermes,
liant les esprits, et esblouissant les entendemens et les
discours....

Parlant de lui dans un court mémoire adressé à la reine mère
et au roi, ce sage désabusé disait :

Je n'ay jamais cherché tant ce nom de bonhomme,
faisant plaisir à tous, que d'estre ferme, sçachant que la
définition de justice est une constante et perpétuelle
volonté de garder et bailler à chascung le sien, en ce qui
lui appartient, mesme en ce temps corrompu, qu'il fault,
pour venir à la droicture, plier au contraire comme l'arc
ou la verge courbe.

Et pour ce, je dirois volontiers ce qu'ung ancien disoit :
Vous ne me pouvez souffrir ni endurer, ni moy vous ; et

1. Lançant, excitant.
2. En inquiétude.

toutesfois, ès choses indifférentes, ou qui despendent de la seule grâce du prince, sans injures des privés, je me rends aisé et facile.

Le service du roi, c'est-à-dire de la France, voilà sa seule règle de conduite.

Et ce n'est pas en une partye de ma vie, et de mes actions que je tiens ceste regle, c'est en toutes : ... c'est au faict de la justice, c'est aux finances, c'est à l'Église. Ce n'est avec une sorte de gens : c'est avec tous, à grands et petits, riches, puissants, faibles, pauvres, cardinaulx, preslats, princes et seigneurs, parlements, aultres gens de justice, gouverneurs, baillifs, seneschaulx ; avec cet honneur toutefois et révérence qui leur appartient ; et au regard des estrangers, papes, roys d'Espagne, d'Angleterre, car je n'ay qu'ung roy à qui j'ai faict le serment, pour lequel je ne crains aulcune offense, appuyé de luy seul, espérant en luy seul, et l'aymant par le debvoir d'amour naturel et d'obligation, non pour espérance de credict, de faveur et de biens....

Dieu mercy, l'on ne me charge d'avarice, ne corruption, ne d'ambition, ne de cruaulté, encore que il semble qu'elle approche de sévérité.... Ce qui offense le plus, c'est que je soutiens les affligés contre ceulx qui les veulent opprimer, les faibles contre les forts, les pauvres contre les riches. Je désire les loyx et ordonnances avoir lieu en tous estats, en l'esglise, en la justice, en la noblesse, au peuple, Dieu estre servi et le roy obéy.

Mais cet honnête homme n'avait plus de place dans un gouvernement qu'emportaient la violence et la passion. Il se retira dans sa terre de Vignay [1] (7 octobre 1568). Mais son patriotisme ne pouvait abdiquer : ne pouvant plus diriger les affaires, il exposa dans son testament politique le résultat de son expérience et les conseils de sa sagesse. Il confiait ses regrets à ses amis, particulièrement à **Christophe de Thou**.

---

1. Près d'Étampes.

Oh! combien la mort seroit adoucie pour moi dans ma vieillesse, si je voyois mes rois rétablis dans leur pouvoir et mes concitoyens affermis dans la liberté.

Un gouvernement fort et une nation libre, est-ce donc l'utopie d'un esprit généreux ?
L'Hospital reçut à Vignay le contre-coup de la **Saint-Barthélemy** (24 août 1572). Ce crime abattit son courage. *Excidat illa dies!* disait-il dans son désespoir. Il ne voulut pas mourir cependant sans adresser ses derniers adieux à **Charles IX.**
Voici sa lettre :

AU ROY.

Sire,

La royne vostre mère m'a faict entendre vostre volonté et la sienne, par Monsieur de Chiverny, touchant mes estats[1] qui sont vostres, et que j'ay receu de vous, comme tout le bien que j'ay en ce monde, dont vous en disposerez et ordonnerez tout ainsy qu'il vous plaira, et je vous obeyray, non seulement pour le debvoir que doibt le subject à son roy et seigneur, mais aussy de bonne et franche volonté, amour et honneur que je vous ay tousjours portés depuis vostre enfance et commencement de vostre règne, comme vous pourra le témoigner madicte dame et royne, qu'en toutes vos affaires j'ay plustost oublié mon profit que vostre servyce, et suivy tousjours le grand chemin royal, sans me destourner à droicte ny à gauche, ne m'adonner à aulcune privée faction. Et maintenant que mes maladies et mon aage m'ont rendeu inutile à vous faire servyce, comme avez veu les vieilles galères, au port de Marseille, délaissées, sans équipaige, que l'on veoit toutesfois volontiers, ainsy, je vous en supplie très humblement me regarder, tant en mon estat au temps présent qu'au passé, qui sera un renseignement et exemple à tous vos bons subjects et serviteurs de vous bien servyr, espérant d'avoir telle ou pareille recognoissance de leurs servyces. Je laisse à Mon-

---

1. Charges, offices.

sieur de Chiverny à vous représenter ma volonté, et désir de vous obéyr, comme j'ay tousjours cy-devant faict.

Dieu vous donne la grâce de choisir de plus suffisans servyteurs et conseillers que moy et d'aussy affectionnez à vostre servyce que je suis.

Sire, je supplie à Dieu de vous donner sa grâce et conduire de sa main en toutes vos affaires, et au gouvernement de ce grand et beau royaulme, qu'il a mis en vos mains, avecque toute doulceur et clémence envers vos bons subjects, à l'imitation de luy, qui est si bon et si patient à porter nos offenses, et prompt à nous remectre et pardonner nos faultes.

Vostre très humble, fort obeyssant, et très obligé subject et serviteur,

M. L'HOSPITAL.

De Belesbat, ce 12 janvier 1573.

L'Hospital mourut deux mois après, 15 mars 1573 [1], laissant à la postérité le modèle du patriotisme le plus pur, le plus éclairé. La sagesse, l'esprit de justice, de tolérance et de modération ne suffisent peut-être pas pour gouverner les hommes. Il y faut quelque chose de plus, qu'avait **Henri IV** et qui manqua à **L'Hospital**.

1. Il était né à Aigueperse (Auvergne), non loin de Riom, en 1505; son père, enveloppé dans la proscription du connétable de Bourbon, s'était enfui en Italie. Il alla l'y rejoindre et y termina ses études. Rentré en France, il fut conseiller au parlement de Paris, surintendant des finances (1554), chancelier à la mort d'Olivier (1560). Voyez *Œuvres complètes* de L'Hospital. — *Essai sur sa vie et ses ouvrages*, par Dufey de l'Yonne. — Villemain, *Éloge de L'Hospital*.

CHAPITRE III

**ÉTATS DE 1576. — HENRI III. — JEAN BODIN
L'ÉDIT DE JUILLET 1585. — LE PARLEMENT
ÉTATS DE 1588. — ÉTIENNE BERNARD**

---

§ 1ᵉʳ. — États de 1576. — Henri III. — Jean Bodin.

Les **États d'Orléans** et de **Pontoise** avaient abouti aux mémorables **ordonnances d'Orléans** (1562) et de **Moulins** (1566), rédigées par **L'Hospital** d'après les cahiers des États. Mais ce triomphe de la raison devait être de courte durée. Les passions religieuses allaient encore prévaloir sur la sagesse politique. La royauté, privée de **L'Hospital**, allant, sans indépendance et sans fermeté, des catholiques aux huguenots et des huguenots aux catholiques, passait des concessions de la peur aux crimes de la faiblesse : aux édits de pacification succédait la **Saint-Barthélemy**; mais, quatre ans après le coup d'État, **Henri III** subissait les revendications du parti vaincu et signait la **paix de Monsieur (1576)**, qui accordait aux protestants de nombreux privilèges et démembrait la France au profit des princes.

Cette politique irrite le parti catholique et donne à la **Ligue**, avec une audace plus grande, un programme plus net et une ambition plus précise.

C'est au milieu de ces nouveaux conflits que s'ouvrirent les **États**, dont la convocation, demandée depuis plusieurs années, avait été une des clauses de la paix de Monsieur.

L'influence de la **Ligue** fut très grande dans les élections, et les trois ordres envoyèrent à **Blois** des députés presque tous prévenus pour l'unité religieuse.

Les **États** s'ouvrirent le **6 décembre 1576**. Le roi prononça une harangue qui, au dire de tous les contemporains, obtint le plus grand succès.

« Toute l'assemblée étoit fort attentive, et avoient tous les yeux tournés vers le roi, quand d'une bonne grâce, parole ferme, haute et diserte, il commença à parler ainsi :

Messieurs, il n'y a personne de vous qui ne sache les causes desquelles j'ai été mû à convoquer cette assemblée : pour ce, n'est-il besoin de consommer le tems en paroles, pour vous le faire entendre. Je crois aussi qu'il n'y a celui qui ne soit venu bien instruit et préparé pour satisfaire à tout ce que j'ai mandé par mes commissions publiées en chacune province, et m'assure davantage qu'il n'y a homme en cette compagnie qui n'y ait apporté le zèle et affection qu'un bon et loyal sujet doit avoir envers son roi et le salut de sa patrie.

Présupposant cela, j'espère qu'en cette assemblée de tant de gens de bien, d'honneur et d'expérience, se trouveront les moyens pour mettre ce royaume en repos, pourvoir aux désordres et abus qui y sont entrés par la licence des troubles, délivrer mon peuple d'oppression, et en somme donner remède aux mœurs dont le corps de cet état est tellement ulcéré qu'il n'a membre sain ni entier, au lieu qu'il souloit être le royaume plus florissant, plus heureux, et sur tous autres renommé de religion envers Dieu, d'intégrité en justice, d'union entre les sujets, d'amour et obéissance envers leur roi, et de bonne foi entre les hommes. Toutes lesquelles choses se voient maintenant tant altérées, et en plusieurs endroits si effacées, qu'à peine s'en reconnoît ombre ni marque.

Certainement quand je viens à considérer l'étrange changement qui se voit partout depuis le temps des rois de très louable mémoire, mon père et aïeul, et que j'entre en comparaison du passé au présent, je connois combien heureuse étoit leur condition, la mienne dure et difficile. Car je n'ignore pas que, de toutes les calamités publiques et privées qui adviennent en un État, le vulgaire peu clairvoyant en la vérité des choses, de tous maux il s'en prend à son prince, l'en accuse et appelle à garant, comme s'il étoit en sa puissance d'obvier à tous sinistres accidents, ou d'y remédier aussi promptement que chacun le demande. Bien me conforte qu'il n'y a personne de sain jugement qui ne sache la source dont sont dérivés les troubles qui nous ont produit tant de misères et de calamités : de la coulpe et blâme desquelles le bas âge auquel le feu roi mon frère et moi étions alors, nous justifie assez.

Et quant à la reine ma mère, il n'y a personne de ce tems-là qui ait pu ignorer les incroyables peines et travaux qu'elle prit pour obvier aux commencemens des malheurs et les empêcher ; mais autre fut la détermination de la providence divine, dont elle porte les angoisses et ennuis qui ne se peuvent comprendre, et pour la singulière affection qu'elle avoit à ce royaume, amour et maternelle charité envers nous ses enfants, voyant le danger de la dissipation de notre paternel et légitime héritage, la conservation duquel, après Dieu, je lui dois, et tous universellement qui aiment la France, sont tenus de lui en rendre immortelles louanges de la grande vigilance, magnanimité, soin et prudence avec lesquelles elle a tenu ce gouvernail pour sauver ce royaume et notre minorité contre l'injure des vagues et l'impétuosité des mauvais vents de partialité et division, dont cet état étoit de toutes parts agité.

Pareillement il n'y a personne qui ne me doive rendre ce témoignage, qu'aussitôt que j'eus atteint l'âge de porter les armes et faire service au feu roi mon frère et à ce royaume, je n'ai épargné labeur ni peine ; j'ai exposé ma personne et vie à tous hasards de la guerre ; où il a été besoin de les pacifier par réconciliation, nul plus que moi ne l'a désiré, ni plus volontiers que moi n'a prêté l'oreille à toutes honnêtes et raisonnables conditions de paix que l'on a voulu mettre en avant.

Nul n'ignore aussi le devoir où je me mis de pacifier ce royaume avant que d'en partir pour m'en aller en Pologne.

Il est pareillement notoire à tous en quelle combustion je trouvai les choses à mon retour, plusieurs villes et places fortes occupées, les revenus de la couronne en plusieurs lieux usurpés, le commerce failli, partie des sujets débordés en toute licence ; bref, tout ce royaume plein de confusion.

Ce que voyant à mon arrivée, je m'efforçai, par tous les offices et moyens de douceur qui me furent possibles, de faire poser les armes, lever les défiances, assurer chacunes, rendre tous mes sujets capables de mon intention, que ma volonté ne tendoit qu'à pacifier les troubles par une bonne réconciliation, et faire vivre tous mes sujets en paix et repos sous mon obéissance.

Toutefois je travaillai lors en vain, et demeura ma bonne intention frustrée. Ce que voyant à mon très grand regret, je fus contraint de recourir aux extrêmes remèdes que je m'efforçois d'éviter, comme un rocher dans la mer : ayant jà par expérience connu les maux que les guerres intestines apportent à un État, combien de misères les sujets de ce royaume avoient jà supportées par l'injure d'icelles, et que, si le malheur étoit qu'elles continuassent, je serois aussi contraint de continuer les charges et tributs sur mon peuple, voire à l'aventure les multiplier, comme les dépenses des guerres sont infinies et inestimables.

Je considérois davantage que toutes occasions et moyens me seroient tollus[1], au commencement de mon règne, de faire goûter à mes sujets le fruit de ma bénignité et de la volonté avec laquelle je venois les soulager tous, gratifier chacun selon son mérite, prévoyant de là qu'au lieu de ce que plus je désirois, adviendroit ce que plus j'abhorrois ; pouvant affirmer en vérité que, de tous les accidents de ces dernières guerres, je n'ai rien senti si grief, ni qui m'ait pénétré plus avant dans le cœur, que les oppressions et misères de mes pauvres sujets, la compassion desquels m'a souvent ému à prier Dieu de me faire la grâce de les délivrer en bref de leurs maux ou terminer en cette fleur de mon âge mon règne et ma vie,

---

1. Enlevés.

avec la réputation qui convient à un prince descendu par longue succession de tant de magnanimes rois, plutôt que de me laisser envieillir entre les calamités de mes sujets, sans y remédier, et que mon règne fût en la mémoire de la postérité remarqué par exemple de règne malheureux.

Bien dois-je rendre grâce à Dieu que, en toutes ces cogitations d'orages et tempêtes, il m'a toujours conforté d'une ferme confiance, qu'il ne m'a point mis cette couronne sur ma tête pour ma confusion, ni le sceptre en main pour verge de son ire ; mais qu'il m'a colloqué en ce souverain degré de royale dignité pour être instrument de sa gloire, ministre et dispensateur de ses grâces et bénédictions sur le nombre infini de créatures qu'il a mis sous mon obéissance et protection. Aussi le puis-je appeler à témoin que je me suis proposé pour unique fin le bien, salut et repos de mes sujets, et que à cela tendent tous mes pensemens et desseins, comme au port de la plus grande gloire et félicité que je puisse acquérir en ce monde.

En cette intention, après avoir bien considéré les hasards et inconvéniens qui étoient de tous côtés à craindre, j'ai finalement pris la voie de douceur et de réconciliation, de laquelle l'on a jà recueilli ce fruit, que elle a éteint le feu de la guerre, dont tout le royaume étoit enflambé, et en danger de le consommer entièrement, qui n'eût jeté cette eau dessus.

Je sais bien que d'une si grande combustion, qui a duré si longtemps que celle des troubles de ce royaume, il est demeuré beaucoup de reliques, lesquelles pourroient facilement rallumer le feu qui ne les amortiroit du tout, à quoi je veux principalement travailler, accommodant, autant que possible sera, toutes choses pour affirmer et assurer une bonne paix, laquelle je tiens être comme le remède seul et unique pour conserver le salut de cet État : aussi est-il trop évident que, sans la paix, toutes les ordonnances, provisions et règlemens que je ferois ici pour soulager mes sujets, ne profiteroient de rien.

Soyons donc, par la raison, par les exemples des malheurs d'autrui, et le trop d'expérience des nôtres, enseignés. Je crois aussi que, si chacun fait son devoir, avec l'aide de Dieu, cette assemblée ne se départira [1] point que n'ayons fait le fondement d'un repos assuré, trouvé les remèdes pour soulager mon pauvre peuple, pourvoir aux abus, et ranger tous états en leur bon ordre et discipline ; car il n'y a rien si difficile dont, avec le travail et universel contentement de mes sujets (tous lesquels vous représenterez ici), je ne me puisse promettre l'issue que je désire.

Pour ces causes, je vous prie et conjure tous, par la foy et loyauté que me devez, par l'affection que me portez, par l'amour et charité qu'avez envers votre patrie, au salut de vous, vos femmes, enfants, postérité, qu'en cette assemblée, toutes passions mises en arrière, veuillez tous, de cœur et volonté unis, mettre vivement la main avec moi à ce bon œuvre, pour m'aider à assurer ce repos si nécessaire, extirper, autant que faire se pourra, les racines et semences de division, réformer les abus, remettre la justice en son intégrité, et en somme repurger les mauvaises humeurs de ce royaume, pour le remettre en sa bonne santé, vigueur et disposition ancienne.

Quant à moi, ayez, je vous prie, cette opinion, que je reconnois de la grâce de Dieu ce que je suis, que je ne veux pas ignorer pourquoi il m'a mis en ce plus haut lieu d'honneur et dignité, et moins veux mal user de la souveraine puissance qu'il m'a donnée.

Je sais que j'aurai une fois à lui rendre compte de ma charge, et veux aussi protester devant lui, en cette assemblée, que mon intention est de régner comme bon, juste et légitime roi, sur les sujets qu'il a mis sous ma conduite ; que je n'ai autre fin que leur salut, repos et prospérité, nul si grand désir que de les voir unis et vivre en paix, et, sous mon obéissance, voir mon pauvre peuple soulagé, mon royaume repurgé des abus qui y ont pris

---

1. Ne se séparera point.

pied par l'injure du temps, et le bon ordre et discipline rétablis en tous états. Vous assurant que à cette fin je travaillerai jour et nuit, j'y emploierai tous mes sens, mon soin et mes labeurs, sans y épargner mon sang et ma vie, s'il en est besoin.

Au demeurant, soyez certains, je vous le promets en parole de roi, que je ferai inviolablement garder et entretenir tous les règlements et ordonnances qui seront en cette assemblée par moi faites; je ne donnerai dispense au contraire, ne permettrai qu'elles soient aucunement enfreintes.

Par quoi, si vous correspondez à mon intention, il n'y a rien qui puisse empêcher le fruit de nos labeurs; car il faut croire que Dieu assistera cette congrégation en si sainte entreprise, de laquelle si je puis venir à chef, j'espère que l'on verra sous mon règne, ma couronne aussi fleurissante, et mes sujets autant heureux, qu'ils aient jamais été en autre temps de mes prédécesseurs. Chose qu'avec tous mes vœux et plus affectueuses prières, je requiers incessamment à Dieu, comme le plus haut point d'honneur et gloire où je saurois atteindre en ce monde, et auquel si je puis parvenir, je me sentirai très heureux et content.

M. le chancelier vous fera entendre plus amplement ma volonté.

« **Le roi** ayant fini, dit le procès-verbal, toute l'assemblée se leva pour le saluer, d'autant bonne affection que jamais roi fut salué et honoré de ses sujets, pour le grand contentement qu'ils avoient pris de l'ouïr si bien, disertement et élégamment parler, sans élever ou baisser sa voix, qui étoit si bonne qu'il fût si facilement entendu de tous les assistants, bien que la salle soit grande; sans interposer ou répéter une syllabe, sans hésiter ou se troubler aucunement, combien que la harangue fût longue, et que, pendant qu'il disoit, on fît tel bruit à la porte qu'il fut contraint de commander par deux fois qu'on fît faire silence.

« Et ce qui ravit davantage l'assemblée en admiration, est qu'ayant par le passé fait preuve de sa magnanimité et vaillance, ayant donné tant de bons et suffisants témoignages de son intégrité, piété et justice, il montra en cet acte qu'il n'étoit seulement *né à bien faire*, mais *aussi à bien dire*, chose qui ne s'est encore remarquée en un si grand prince tel qu'il est. Et non seulement à bien dire, mais aussi à bien persuader, montrant une si naïve affection, une si bonne et vraiment paternelle volonté envers tous ses sujets, un si grand désir de les conserver et rendre heureux, qu'il n'y eut celui de tous ceux qui l'entendirent qui se put contenir de soupirer et pleurer. Ce qui ne sera trouvé étrange de ceux qui voudront attentivement lire cette belle harangue, peser toutes choses, et se proposer leur roi parlant en si beaux et graves termes, ayant cette grâce attrayante, de laquelle il est doué, conjointe avec la royale dignité. Car je m'assure qu'ils se sentiront si fort émus, que, pour confirmation de mon dire, ils ne demanderont autres témoins qu'eux-mêmes [1]. »

Cette harangue si vantée est bien un peu diffuse; elle est néanmoins assez habile; cet appel ému à la conciliation, ces promesses d'impartialité, ce désir de paix, enfin ces paroles de modération et de clémence conviennent à un roi. Aussi, frappés du désaccord entre le langage et la conduite de **Henri III**, les historiens ont attribué ce discours, les uns à **de Morvilliers**, ancien garde des sceaux, conseiller du roi, les autres à **Duperron**.

Le **chancelier de Birague** compléta et précisa les déclarations du roi.

Les **États** délibérèrent.

Les trois ordres furent d'abord unanimes à demander l'unité religieuse, le clergé et la noblesse, même *par les moyens violents*, le tiers par les *voies de douceur*. Mais, en refusant les subsides, le **tiers état** rendit inutiles les ardeurs des deux premiers ordres.

La question religieuse était la question principale.

Mais d'autres intérêts arrêtèrent encore l'attention des députés : la législation, l'enseignement, les finances, le commerce.

Parmi les membres du tiers se trouvait un homme des plus remarquables, **Jean Bodin**, historien, philosophe, auteur de la *République*, esprit large, opposé aux excès de la Ligue; son influence fut grande dans les délibérations de son ordre, et c'est lui qui détermina le tiers à refuser tout subside. Il est re-

---

[1]. *Des États généraux et autres assemblées nationales*, t. XIII, p. 171 et suiv.

grettable qu'il n'ait pas été choisi comme orateur du tiers. A défaut du discours d'usage [1], il nous a laissé le compte rendu des délibérations des **États** [2].

Des cahiers des États sortit l'**ordonnance de Blois** (mai 1579).

Les États se séparèrent le 1er mars 1577. **Henri III** reprit les négociations et signa la **paix de Bergerac (septembre 1577)**. La **Ligue** perdait ses avantages. Mais elle allait travailler à les reprendre.

§ 2. — L'Édit de juillet 1585. — L'Édit d'octobre 1585. Le Parlement.

En 1584 la **mort du duc d'Anjou**, frère du roi, fait prévoir l'avènement probable du **roi de Navarre** au trône de France. Aussitôt le parti catholique s'inquiète et s'agite; la **Ligue** se développe, les **Guises** fomentent dans le pays le mouvement qui doit les pousser au trône. **Sixte-Quint** excommunie **Henri de Bourbon** et le déclare inapte à succéder à la couronne, et **Henri III**, cédant à la pression des rebelles, signe l'**édit de juillet 1585**, véritable édit de proscription contre les huguenots. Tout le fruit de la sagesse des politiques était perdu. L'œuvre de **L'Hospital** était anéantie; la **Ligue** triomphait, avec elle l'esprit d'intolérance et de faction.

Le 18 juillet, le roi alla au **Parlement** pour faire enregistrer l'édit.

Il y réussit, non sans peine; mais, quand trois mois après il demanda l'enregistrement de l'**édit d'octobre**, plus violent et plus rigoureux que celui de juillet, et de la **bulle du pape**, parue dans l'intervalle (9 septembre), il dut entendre ces courageuses remontrances :

Les gens tenant votre cour de Parlement, ayant délibéré sur l'édit de la bulle que Votre Majesté leur a envoyée, vous supplient de recevoir en bonne part les humbles remontrances qu'ils désirent vous faire entendre avant que les vérifier ou homologuer. Car combien que le peu d'accès que nos prières ont eu ci-devant envers Votre

---

1. L'orateur choisi fut Versoris, dont le discours, aussi long que médiocre, trompa l'attente de l'ordre.
2. *Recueil des États généraux*. t. XIII.

Majesté nous rende presque muets, nous ôtant toute espérance de remporter autre réponse cette fois que les précédentes, néanmoins, tant qu'il plaise à Votre Majesté nous continuer en nos charges, nous sommes obligés de continuer en notre fidélité accoutumée, à la décharge de votre conscience et des nôtres; ce que nous faisons maintenant sous le bon plaisir et permission de Votre Majesté, avec tant plus de hardiesse et liberté que les ennemis de votre État estiment avoir plus de licence d'abuser de votre piété et dévotion pour couvrir leur impiété et rébellion.

Et, s'il eût plu à Dieu que les raisons qui furent discourues en votre présence sur la publication de l'édit de juillet dernier passé eussent pu pénétrer jusqu'à l'oreille de la patiente et bonne affection que Votre Majesté avait accoutumée de réserver à la voix de cette compagnie, nous ne serions maintenant en cette extrémité; car vous eussiez connu dès lors, Sire, que ceux qui, pour une espérance fort incertaine de réunir vos sujets à une religion, engagèrent votre autorité et conscience à la ruine très certaine de votre État, n'étaient ligués et unis que pour désunir vos sujets de votre obéissance, en laquelle, par une singulière grâce de Dieu, ils demeuroient tous unis nonobstant la désunion de la religion.

Qu'encore que leurs armées soient fort grandes et redoutables eu égard aux grands maux et oppressions que votre peuple en reçoit, si est-il facile à juger, par l'expérience du passé, qu'elles sont trop débiles pour exécuter leurs propositions. Que quand ils auroient moyen de ce faire, Votre Majesté ne s'en doit servir, d'autant que le crime que vous voulez châtier est attaché aux consciences, lesquelles sont exemptes de la puissance du fer et du feu, et se peuvent manier par autres moyens plus convenables à l'affection paternelle que votre peuple a toujours trouvée en vous, vu même que ceux qu'on a voulu tant de fois forcer par la force offrent volontairement de s'en soumettre à la raison et aux moyens approuvés de tout temps à l'Église.

Mais, puisque ce qui a été ordonné ne peut plus se

révoquer, et que l'édit qui est sur le bureau n'est que l'exécution et la suite du précédent, nous ne désirons vous remontrer autre chose, sinon qu'il plaise à Votre Majesté se souvenir que les rois sont les pasteurs (des peuples), et les édits les houlettes par lesquelles ils les conduisent sous un gouvernement doux et gracieux, et plus utile au troupeau même qu'au pasteur : car Votre Majesté connaîtra d'elle-même que le nom d'édit ne peut s'accommoder à cette sanglante proscription qui contient en termes si exprès l'occision générale du troupeau, par conséquent l'anéantissement de la charge et autorité du pasteur.

Quand tout le parti des huguenots seroit réduit en une seule personne, il n'y auroit celui de nous qui osât conclure à la mort contre elle, si préalablement son procès ne lui étoit solennellement fait; et partant, si elle n'étoit dûment atteinte et convaincue de crime capital et énorme, condamnant le malfaiteur, aurions-nous regret de perdre un bon citoyen. Qui sera-ce donc qui, sans forme de justice aucune, osera dépeupler tant de villes, détruire tant de provinces, et convertir tout ce royaume en un tombeau? Qui osera, dis-je, prononcer le mot pour exposer tant de millions d'hommes, femmes et enfants, à la mort, voire sans cause ni raison apparente, vu qu'on ne leur impute aucun crime que d'hérésie, hérésie encore inconnue, ou pour le moins indécise ; hérésie qu'ils ont soutenue en votre présence, contre les plus fameux théologiens de votre royaume, en laquelle ils sont nés et nourris depuis trente ans par la permission de Votre Majesté et du feu roi votre frère d'heureuse mémoire, laquelle ils remettent au jugement d'un concile universel, général ou national?

La rupture de l'édit de pacification nous a apporté tant de calamités qu'il n'y a langue qui puisse suffisamment les exprimer ; mais il seroit difficile de remarquer un seul bienfait qu'en ait reçu en contre-change, sinon qu'elle a trop plus de sujets qu'elle ne pensoit. Car ceux qui font si bon marché de la peau des huguenots ne vous eussent jamais amené à leur opinion, s'ils eussent pu croire que le nombre en eût été si grand qu'il se voit aujourd'hui qu'ils sont contraints de s'assembler; et qui est celui qui se puisse imaginer le massacre d'une telle multitude, sans horreur, et qui y puisse consentir sans dépouiller tout sentiment d'humanité?

Considérez, Sire, quelle affection peuvent avoir à votre service ceux qui ont si grand soif de votre sang : quelle fidélité ils apportent à la conservation de cet État si caduc et ancien, lui tirant ce qui lui reste de force et de vigueur par une saignée si démesurée que ceux qui en seront les *barbiers*[1] sont en danger de se noyer eux-mêmes : car nous avons appris, hélas trop chèrement! que trente ou quarante mille huguenots, armés pour la défense de leurs vies et de tout ce qu'ils ont de plus cher en ce monde, ne se peuvent défaire qu'il ne demeure à peu près nombre égal des catholiques, lesquels, ne marchant en cette guerre qu'à regret, pourront à peine égaler les forces de ceux qui n'ont espérance qu'au désespoir et auxquels il ne reste plus rien que le courage et les armes.

Si donc la vengeance divine nous poursuit tant, qui pourra obéir à ce dernier édit, si ces deux partis viennent à s'acharner jusqu'à l'entière ruine, défaite de l'une ou de l'autre partie? Qui s'osera promettre de demeurer pour jouir de la victoire, si victoire se peut trouver après une telle destruction? Ou plutôt que restera-t-il à la peste et à la famine qui disputent déjà contre la guerre l'honneur de l'extrême ruine de votre royaume?

Mais que dira la postérité, si elle entend jamais que votre cour de Parlement ait mis en délibération d'honorer du nom paternel de vos édits les articles d'une ligue assemblée contre l'État, armée contre la personne du roi et qui s'élève contre Dieu même et qui dépite la nature, commandant aux pères de n'être plus pères à leurs enfants, et défendant aux mères de n'être plus mères à leurs filles, invitant l'ami à trahir son ami, et appelant

---

1. Inutile de rappeler qu'autrefois c'étaient les barbiers qui saignaient les malades.

l'assassin à la succession de celui qu'il aura assassiné?

Nous ne particulariserons point davantage sur les iniquités et injustices assemblées en nombre infini sous cette forme d'édit, par lequel ceux qui en sont les auteurs espèrent pouvoir gagner le royaume après qu'ils vous l'auront fait perdre; mais nous supplions Votre Majesté ne se guider par leurs conseils, qui ne procèdent que d'une ambition aveugle, et ainsi suivre plutôt, comme vous avez commencé, l'exemple tant célébré de la sapience et justice de Salomon. Car, comme il feignoit vouloir être cruel pour discerner la vraie mère de la supposée, nous espérons que Votre Majesté, ayant fait semblant de communiquer aux désirs tyranniques de ces ligués pour les découvrir, se gardera bien de les accomplir, ains en fera son profit pour la conservation de ces naturels et obéissants sujets.

Nous n'excuserons pas, Sire, la prise de Montélimar et d'une infinité d'autres places surprises par ceux de la prétendue religion, et ne désirons rien tant qu'une bonne paix rende l'autorité et la force à votre justice pour vous faire raison; mais la nature, permettant à tous hommes de défendre leurs vies par tous moyens, excuse aucunement ceux qui sont réduits à cette nécessité; et, au contraire, le péché de ceux-là est inexcusable, lesquels conseillant une guerre très pernicieuse à Votre Majesté, pour la friandise et confiscation des biens des huguenots, les ont contraints avec tant de rigueurs de se récompenser de leurs pertes à vos dépens et confisquer tout ce qu'ils peuvent entreprendre sur Votre Majesté.

Quant à la bulle sainte, la cour en trouve le style nouveau et si éloigné de la modestie des *avant* papes, qu'elle ne reconnoît aucunement la voix d'un successeur des apôtres, et d'autant que nous ne trouvons point par nos registres, ni par toute l'antiquité que les princes de France aient jamais été sujets à la justice du pape, ni que les sujets aient pris connoissance de la religion de leurs princes, la cour ne peut délibérer sur icelle que premièrement le pape ne fasse apparoir du droit qu'il prétend en la translation des royaumes établis et ordonnés de Dieu avant que le nom de pape fût au monde, qu'il ne nous ait déclaré à quel titre il s'entremêle de la succession d'un prince plein de jeunesse et vigueur, et qui naturellement doit avoir ses héritiers en ses reins ; qu'il n'ait instruit notre religion avec quelle apparence de justice ou équité il dénie le droit des gens aux prévenus d'hérésie, contre la disposition des saints canons et anciens décrets, lesquels ne permettent qu'aucun soit tenu hérétique qu'il n'ait été librement ouï en ses raisons et qu'il n'ait été admonesté par plusieurs synodes et jugé par un concile légitimement assemblé. Il faut qu'il nous enseigne avec quelle espèce de piété et sainteté il donne ce qui n'est pas sien, il ôte à autrui ce qui lui appartient légitimement, il mutine les vassaux et les sujets contre leurs seigneurs et princes souverains, et renverse les fondements de toute justice et ordre politique ; bref, il nous doit montrer en quelle autorité il entreprend de condamner votre sang au feu, et envoyer, par manière de dire, une partie de votre âme en enfer.

Mais puisque le nouveau pape, au lieu d'instruction, ne respire en sa bulle que destruction, et change la houlette pastorale en un flambeau effroyable, pour perdre entièrement ce qu'il doit regagner au troupeau de l'Église, s'ils en sont égarés, la cour ne peut délibérer plus longuement l'homologation d'une telle bulle si pernicieuse au bien de toute la chrétienté et à la souveraineté de votre couronne, jugeant dès à présent qu'elle ne mérite aucune récompense que celle qu'un de vos prédécesseurs nous fit faire à une pareille bulle qu'un prédécesseur de ce pape leur avoit envoyée, à savoir, de la jeter au feu en présence de toute l'Église gallicane, et enjoignit à votre procureur général de faire diligente perquisition de ceux qui ont poursuivi l'expédition en cour de Rome, pour en faire si bonne et brève justice qu'elle serve d'exemple à toute la postérité.

Car qui ne connoît que tous ces artifices sont apostés par tous les ennemis de cet État, lesquels, sous le nom de vos hoirs, s'adressent directement à votre propre personne, s'imaginant déjà être parvenus par leurs pratiques au-dessus de leurs attentes, ne leur restant plus rien à faire que vous tirer par la cappe hors de votre place pour prendre pleine possession de ce qu'ils abbaient [1] et poursuivent de si longtemps.

Les choses sont si claires et ont été tant éclaircies qu'en vain nous abuserions de votre patience pour vous en faire plus amples remontrances, lesquelles nous n'espérons point de voir de plus grande efficace et vertu que les précédentes. Mais, si tant est que nos péchés nous aient du tout fermé l'oreille de votre clémence et justice, faites-nous cette grâce, Sire, de reprendre en vos mains les états [2] dont il a plu à Votre Majesté et aux rois vos prédécesseurs nous honorer, afin que vous soyez délivré des importunes difficultés que nous sommes contraints de faire sur tels édits, et nos consciences déchargées de la malédiction que Dieu prépare aux mauvais magistrats et conseillers.

La nécessité de vos affaires nous a souventefois contraints ci-devant de conniver [3] à plusieurs surcharges et pernicieuses inventions.

L'opinion que Votre Majesté avoit conçue que ceux de la prétendue religion en quitteroient aisément l'exercice, et que ce parti se pourroit abattre sans grande effusion de sang et sans une évidente ruine de cet État, a eu encore tant de force sur nos avis que de nous faire passer la révocation de tant d'édits si solennellement jurés.

Nous voyons, à notre très grand regret et confusion, combien notre lâcheté vous est peu profitable, combien elle a été dommageable à tous vos sujets et honteuse à nous et à notre postérité. Notre patience ne sera plus obéissance, mais une stupidité inexcusable, si se veut étendre plus loin et passer outre en nonchalance et mépris de tout bien public.

Il est donc plus expédient à Votre Majesté d'être sans

---

1. Mot bien expressif pour dire « convoiter ».
2. Charges, offices.
3. Verbe tombé en désuétude, signifiant « collaborer à, être complice de... »; il est resté dans le mot « connivence ».

7

cour de Parlement que de la voir inutile, comme nous sommes, et nous est aussi trop plus honorable de nous retirer privés en nos maisons et pleurer en notre sein les calamités publiques avec le reste de nos concitoyens que d'asservir la dignité de nos charges aux malheureuses intentions des ennemis de votre couronne [1].

L'édit fut enregistré. Le **roi de Navarre** y répondit par ses lettres aux trois états de France, qu'on pourra lire plus loin (appendice II).

Les deux partis se préparent à la lutte. **Bataille de Coutras** (20 octobre 1587).

Mesures prises par les **Seize** à Paris. **Journée des Barricades** (12 mai 1588). Le roi quitte Paris et, malgré les protestations de **Guise**, refuse d'y rentrer.

Il convoque les **États généraux** à **Blois** pour le mois de septembre.

§ 3. — États de 1588. — Étienne Bernard.

Le parti de la **Ligue** l'emporta dans les élections.

Les **États** se réunirent le **16 septembre** et s'ouvrirent le **16 octobre**, **Henri III** eut le même succès d'éloquence et de bonne grâce qu'en 1576.

Les **États** préparèrent leurs cahiers, et le 4 janvier les remirent au roi.

La clôture eut lieu les **15** et **16 janvier** : le 23 décembre le **duc de Guise** avait été **assassiné**; le 5 janvier, **Catherine de Médicis** était morte.

« Le **15 janvier 1589**, jour de dimanche, **M. l'archevêque de Bourges** pour le **clergé** de France, et **M. de Brissac** pour la **noblesse**, firent leurs harangues dans la grande salle du château de Blois, le roy y séant en son lit de justice.

« Ledit **sieur de Brissac** dit qu'il lui suffiroit seulement, comme en la dispute des deux musiciens Piton et Cephisius, Pirrhus fit jugement que Polybercon étoit meilleur capitaine, qu'aussi Sa Majesté voyant discourir les deux torrents d'éloquence, **M. de Bourges** et **M. Bernard**, elle jugeroit qu'il n'étoit là qu'un soldat.

1. *Mémoires de la Ligue*, t. I, p. 222.

« **M. Bernard**, pour le **tiers état** du royaume, monta dessus le théâtre préparé pour les orateurs, et, après avoir fait les trois révérences accoutumées, se mettant à genoux pour parler, le roy lui dit qu'il remettoit son propos au lendemain à pareille heure que les autres, parce qu'il étoit trop tard.

« Le **lundi 16**, l'assemblée étant fort grande et la salle plus remplie que le jour précédent, Sa Majesté, en arrivant, manda par un gentilhomme audit **sieur Bernard** qu'il eût à représenter ce que ledit **sieur Brissac** avait omis touchant le règlement de la gendarmerie et discipline militaire. A quoi n'ayant point pensé ni prévu auparavant, ne laissa sur-le-champ de le faire d'un même ordre et style que le reste de son discours, lequel il commença sur une heure et demie, continua et finit jusque après trois heures, sans peur, changement ni variation quelconque, fut ouï avec telle attention qu'une syllabe ne s'en perdit, et le prononça tout semblable que depuis il a été imprimé :

Sire, vos très humbles et très obéissans sujets du tiers État de votre royaume assemblés par vos commandements louent Dieu et vous rendent grâces tout d'une même voix, esprit et volonté, de reconnaître (comme ils l'ont toujours fait) votre ferme constance, zèle et sainte résolution à la défense de la vraie et ancienne religion de leurs pères, seul ornement de votre couronne et fondement de votre état.

Ils ont aussi occasion de se consoler et bien espérer plus que jamais de voir le jour, tant souhaité, auquel Votre Majesté est disposée d'ouïr leurs plaintes, entendre leurs remontrances, prendre leurs avis, et recevoir leurs humbles supplications.

Leurs remontrances, Sire, pour être au bien de votre service, salutaires et profitables au public, ne seront par eux fardées ou déguisées de quelque langage affecté.

Ils les veulent et entendent faire simples, libres, justes et véritables, sachans que les anciens avoient accoutumé de peindre la vérité toute nue, pour montrer qu'elle vouloit être ouïe, vue et connue à découvert sans voile, sans fard ni ornement quelconque, principalement quand on s'adresse aux rois, que c'est tout un peuple qui parle, et qu'il y va du salut commun....

Nous sommes à cela invités et contraints d'ailleurs par la franchise des états, par la liberté donnée, par la sûreté promise, nécessité de nos charges publiques, et obligations particulières de nos serments.

Que quand nous n'aurions vos assurances et promesses, que nous tenons sacrées et inviolables, une seule raison nous pousseroit aux libres discours de nos plaintes et doléances : c'est, Sire, qu'ayant le principal intérêt à la restauration et conservation de votre État, vous seul avez jeté la vue et dressé vos prudents conseils pour la convocation des trois ordres de votre peuple, vrai, ancien et ordinaire remède pour défendre, sauver et garantir le royaume de sa ruine, décadence et péril d'un prochain naufrage.

Et si [1] plus particulièrement vous nous avez de tant favorisés qu'à la première ouverture des États il auroit plu à Votre Majesté porter propos, et faire un discours rare, enrichi de son bien dire accoutumé, digne d'un roi très chrestien, utile à vous-même, et nécessaire à votre peuple.

Y avoit-il meilleur moyen de remettre (la France) en sa première santé, force et convalescence, nettoyer le royaume de toute impiété, et nous rendre le ciel favorable, que de nous promettre l'entière exécution de votre saint édit d'union?

Mais qu'ai-je dit promettre? Vous l'avez solennellement juré et, par l'avis de vos États, établi pour loi fondamentale de votre royaume, avec un si grand contentement et allégresse publique de vos bons sujets que la France ne s'est jamais vue un jour si prospère et heureuse.

Vous avez par ce seul acte, outre les autres marques de vos piétés, acquis un nom immortel et sacré votre mémoire à la postérité.

Suit l'éloge de l'édit d'union....

Il faut croire que, par l'exécution de votre édit d'union qui se fera d'un franc désir (la cause de Dieu et de son

---

1. Ainsi.

Église requérant d'être franchement poursuivie), les hérésies seront chassées, comme les nuées se dissipent au soleil, et que, du désordre passé, la France sera aussi florissante entre les siens, et redoutable aux étrangers, qu'elle fut oncques.

Mais la suppression de l'hérésie ne suffit pas....

Le reste du corps ne laisse d'être fort corrompu, et sera toujours languissant, s'il n'est pourvu à ses autres infirmités.

D'abord la simonie....

Et ce n'est pas seulement aux ecclésiastiques qu'il faut reprocher cette lèpre spirituelle et crier si souvent contre eux une réformation, quoiqu'elle soit plus nécessaire au clergé qu'elle ne fut oncques.

Nous avouons et reconnoissons que c'est un poison qui se laisse insensiblement goûter par la noblesse, et une contagion qui n'infecte pas moins le tiers Etat.

Car en ces deux ordres il y en a plusieurs qui ne font point de conscience de prendre sur l'autel, qui ont des amis dépositaires, les autres prennent le revenu des bénéfices par leurs mains, se disent les garder pour l'un de leurs enfants, et, par ce moyen, font un mélange du bien spirituel et ecclésiastique avec leur hoirie et succession paternelle.

De là procède une partie de nos malheurs : les églises ruinées, les dévotions éteintes, les fondations négligées, les sacrements profanés; les pauvres, auxquels une portion du bien ecclésiastique est affectée, crient à la faim, et se perd la crainte de Dieu de jour à autre.

Au torrent de tels abus nous avons trouvé et opposé deux certains remèdes, savoir l'élection requise à la forme de nos cahiers, et la prohibition de la pluralité des bénéfices. Les moyens en sont bons et propres; mais la pratique et l'exécution y est plus nécessaire que le conseil.

Cette simonie n'a pas eu seulement son règne pour les

bénéfices, mais, jetant son venin plus loin, s'est couplée à deux de ses sœurs, espèces de sacrilèges, non moins périlleuses à l'État que dommageables à votre peuple.

C'est qu'à notre regret nous avons vu le gouvernement des villes, places et châteaux en commerce entre les gentilshommes, et les pactions permises à beaux deniers comptant, quoiqu'elles soient suspectes, interdites comme de choses sacrées et religieuses....

Nous laissons au jugement de Votre Majesté s'il est raisonnable que la fidélité de vos sujets, la sûreté de leurs vies et biens, l'état de leurs familles, l'amour de leurs femmes et enfants soient exposés au hasard, merci et commandement des moyens et richesses d'un capitaine mal affectionné.

Par ainsi votre tiers Etat vous supplie que ci-après il y soit autrement pourvu, que les seuls mérites, la générosité, la vertu, la fidélité fassent les bons gouverneurs et capitaines.

Quant à la simonie qui plus opprime tous vos autres sujets, c'est la multitude effrénée et monstrueuse de tant d'officiers inutiles, la vénalité et nondination[1] des états de judicature où la corruption a été si grande, que l'ambition des plus riches ignorants de votre royaume leur a fait trouver place aux premières dignités.

Le temps et siècle sont si misérables qu'on aime mieux être fils ou héritier de quelque riche usurier que d'avoir de l'entendement.

L'entendement se tire plutôt de la bourse que non pas des livres, ni des cerveaux bien composés; — les hommes plutôt reconnus à la dorure de leurs états, que par leur vertu, savoir et prud'homie....

Combien y en a-t-il, Sire, qui se sont frayé le chemin aux états et dignités, non à la pointe de la vertu, selon qu'il se doit faire, mais comme plus offrants et derniers enchérisseurs, qui n'ont que la robe d'officier pour couvrir leur ignorance!

---

1. Trafic, marché.

Cependant l'argent les a faits juges, et juges si nécessaires qu'il faut que la vie, l'honneur, les biens, les personnes des ecclésiastiques, nobles et plébéiens, passent à leur mot, avis et jugement, aussi bien que s'ils étoient dignement choisis, élus et nommés.

Le mal de vendre et acheter les offices de judicature a été reconnu si grand et préjudiciable à l'État que par les sanctions d'empereurs, par les lois anciennes, par les ordonnances de vos prédécesseurs et par les vôtres, le trafic et vénalité en a été interdite.

Il a plu encore à Votre Majesté y pourvoir de nouveau par la promesse solennelle, publique et jurée faite à l'ouverture de vos présents États, avec assurance d'élever et honorer les bons et doctes de votre royaume, au prix et recommandation de leur savoir et intégrité. C'est pourquoi nous nous contenterons de voir et expérimenter les effets d'une si sainte et nécessaire résolution, sans en faire plus long discours.

Mais bien vous dirons-nous franchement que le débordement du passé a été l'une des causes de nos plus grièves misères; car, étant la splendeur de la justice offusquée, les élections aux bénéfices et offices violées, les bonnes coutumes perverties, la vertu bannie et exilée, le vice en autorité, la rapine marchant par votre royaume à enseigne déployée, tout cela a excité l'ire de Dieu, changé les saisons, irrité les éléments et bandé le ciel contre nous par divers châtiments de pertes, de famines, guerres, et autres calamités.

Camille, grand capitaine romain, savoit bien dire en son paganisme, que, quand la justice étoit mal reconnue, et la vertu ingratement traitée, les dieux en étoient courroucés et ne souffroient cela sans vengeance et quelques coups d'en haut.

Quand nous parlons de la guerre, nous ne faisons pas seulement plainte des troubles suscités et nourris depuis vingt-huit ans par les hérétiques, les armées étrangères, passage des ennemis, et autres émotions civiles.

Nous nous plaignons justement de l'insolence de votre

gendarmerie et violence des soldats, lesquels, comme furieux et vrais parricides, ont pillé, déchiré, meurtri, violé et saccagé cette France, notre mère commune, ont égaré les villageois avec une hostilité si barbare que la plupart des terres sont sans culture, les lieux fertiles déserts, les maisons vides, tout le plat pays dépeuplé, et toutes choses réduites en un désordre épouvantable. Leurs cruautés, blasphèmes et rançonnemens ne se peuvent rapporter que la larme à l'œil, le soupir à la bouche, les plaintes et clameurs jusqu'au ciel.

Le seul soulagement attendu par les villageois de l'assemblée des Etats, le fruit qu'ils en espèrent n'est autre que de voir ci-après votre gendarmerie réglée et le soldat nourri avec l'ancienne façon et discipline militaire; autrement leur simplicité et crainte se tournera en audace et vengeance, et la nécessité les portera au désespoir.

L'un des meilleurs règlemens sera que tous soldats soient levés sous vos commissions, marchent sous vos enseignes, qu'ils emploient leur valeur, vie et personnes pour votre service, et qu'ils soient conduits par chefs fidèles et gens d'honneur, à l'exemple desquels les membres se puissent conformer.

Il y a bien d'autres particularités plus nécessaires et qu'il me serait malséant de déduire, quand bien je le pourrais.... Il n'est pas raisonnable que celui qui n'a jamais ouï son de trompette, qui n'a jamais vu escadron en campagne, siège de ville, ni brèche faite, s'oublie tant que de déduire le fait de la milice, l'ordre de la gendarmerie et manière de vivre du soldat.

C'est pourquoi, Sire, nous remettons le reste à votre prudence, et, continuant nos plaintes, vous représenterons que la guerre n'a pas été seulement faite à votre peuple par des soldats enrôlés et levés sous vos commissions, mais aussi par une autre sorte d'ennemis qui n'ont pas moins travaillé vos sujets qu'une levée et venue de reîtres.

Ce sont, Sire, les partisans; ce sont ceux qui par importunité, immensité de dons et subtile invention du comptant, ont épuisé vos finances et nous ont mis à la besace ; ce sont les inventeurs de subsides et édits nouveaux, les exécuteurs des commissions extraordinaires, courtiers et maquignons d'offices, vermine d'hommes et couvée de harpies écloses en une nuit, lesquels, par leurs recherches, ont fureté votre royaume jusqu'aux cendres de nos maisons.

Ils marchoient orgueilleux et en crédit, le sergent en croupe, pour exécuter à leur mot vos sujets, les évocations en mains pour nous distraire et faire venir plaider à un conseil des parties, ainsi proprement appelé parce que l'on diroit que quelques-uns de nos juges étoient nos parties mêmes; ils avoient les jussions à leur commandement pour forcer la conscience des bons, violenter l'autorité et religion de vos cours souveraines par barremens [1] de gages, interdictions d'entrées et séances....

J'ai parlé de la conscience des bons, et qu'elle a été forcée, parce que l'on a trouvé des âmes vénales et corrompues qui avoient part au butin, étoient juges et solliciteurs tout ensemble, lesquels, pour une composition première du parti à 10 000 écus, en ont tiré, par violentes et injurieuses exécutions, plus de 50 000.

Votre pauvre peuple a été si affligé, leurs biens si souvent diminués, le sang tant sucé par ces voies extraordinaires, que la plupart de vos sujets croyoient toutes choses à l'abandon, en confusion, et réduites au désordre d'un premier chaos.

Cependant c'étoit chose étrange que telles inventions se souffroient au profit de quelques particuliers, qui, au milieu de leur luxe et jeux, se rioient de nos pleurs, se réjouissoient de nos misères, et triomphoient de nos dépouilles.

Cette oppression, Sire, ne vous regardoit pas moins que vos sujets; car, étant les nerfs du corps foulés et les membres languidés, il faut par nécessité que le chef se

---

1. Suppressions.

ressente de l'indisposition, tout ainsi que, le chef malade, les membres le sont aussi. — Or, nous savons que la gendarmerie a été sans montre [1], le soldat sans solde, les gages de vos officiers barrés et retranchés, les pensions des étrangers dues, les rentes non acquittées, le domaine engagé, et toutes les finances dissipées.

Et néanmoins l'on projetoit encore faire accrue de nouveaux subsides et levées de deniers, sur qui, Sire? sur un pauvre passant, détroussé, nu, et mis en chemise; ainsi faut-il parler de votre peuple.

Mais il a plu à Votre Majesté, par sa bonté naturelle, nous donner espérance de quelque rabais et modération. C'est le plus sûr moyen d'affermir votre autorité et assurer l'État; car la modération apportera du contentement; le contentement, de l'amour; l'amour, de l'obéissance. L'amour du peuple est le fondement du royaume et la sûreté de votre sceptre. Les bonnes volontés de vos sujets, ce sont châteaux de frontières, places fortes et citadelles imprenables contre tous ennemis, domestiques et étrangers.

Le conseil que nous vous donnons d'une modération de tailles et révocation de subsides est nécessaire; car la levée en sera impossible.

Nous ne laissons d'examiner et connaître que, les troubles naissant de toutes parts, l'exécution de votre édit d'union étant nécessaire, Votre Majesté a besoin d'être aidée; mais la difficulté a été grande de vous trouver les moyens, puisque nos bonnes volontés sont retenues et empêchées par nos misères, impuissances et nécessités.

Or, n'y a-t-il point de plus prompt remède que de répéter les deniers de ceux qui, à la foule [2] et oppression de vos sujets, ont butiné tant de richesses? il est temps de comprimer l'éponge trop remplie, et purger la rate trop enflée à la langueur des autres membres.

1. *Montre*, « revue de gens de guerre, revue passée pour le payement de la solde », et, par extension, « un mois, un quartier de solde ».
2. « En pressurant, surchargeant. » Ce sens est resté dans le verbe « fouler ».

Le secours en sera prompt, facile et agréable, parce que les deniers ne sont hors du royaume, ni en Allemagne, ou à la banque de Venise ; ils sont aux coffres de quelques particuliers, qui, abusant de vos grâces et faveurs, se sont enrichis et élevés excessivement.

C'est du sang qui n'est pas perdu ni épanché : il est seulement retiré en une partie du corps, qu'il faut reprendre, replacer et remettre aux veines vides, pour vivifier le chef et animer les parties les plus nobles.

Le conseil et remède n'en est pas nouveau.... Nos pères françois en ont usé aux afflictions et pareilles nécessités du royaume.... Nous serons plus modérés et retenus que nos pères, ores que[1] nous ne soyons moins affectionnés au public.... Que si, pour leur recherche, nous avons article exprès dans nos cahiers, ce n'est pas de chaleur de foie, ardeur, ou animosité, selon que ceux y ayant intérêt l'ont publié, c'est un article juste et raisonnable.

Les grands magasins de leurs trésors, la crue de leurs biens sans travail, leurs richesses soudaines, fondent une accusation légitime et approuvée par l'ancien proverbe que jamais homme de bien n'est tôt devenu riche.

... C'est une maxime d'État très certaine que l'administrateur de la république, officier et bon conseiller du prince ne peut avec bonne renommée dignement exercer sa charge et amasser beaucoup de bien tout ensemble. Il est impossible qu'un office enrichisse et honore les hommes tout d'un coup.

Puis donc que la recherche et accusation est juste et légitime, nous espérons que la chambre nécessaire pour la punition, et par vous accordée, sera au premier jour érigée et établie.

Il en adviendra beaucoup de bons effets : votre justice en sera louée, le peuple soulagé, les bons en auront du contentement, les mauvais seront retenus en crainte, et si[2] cela apprendra à tous vos conseillers d'État, finan-

---

1. Bien que.
2. Ainsi.

ciers, officiers de votre couronne, aux François et étrangers approchant de votre personne, et fréquentant la cour, qu'il ne faut bâtir leur fortune à la ruine, foule et oppression de vos sujets. . . . .

Voilà, Sire, comme des sujets bien affectionnés doivent parler à leur prince, comme des États libres et bien composés doivent donner avis, sans aucune prévarication de la cause publique, avec tel respect néanmoins que Votre Majesté n'en soit rien offensée.

Suit l'éloge des vertus du roi....

Mais le mal a été que la lumière de vos vertus a été empêchée, et n'a pu jeter ses rayons ni les faire pénétrer sur la misère et affliction de son pauvre peuple et désolé royaume, par l'artifice et pratique de quelques mauvais conseillers....

Ce que nous disons, Sire, c'est après vous, qui, le premier, reconnaissant le mauvais menage, désordre et confusion déplorable, avez commencé d'y mettre ordre, par changement de conseil, par une révocation de plusieurs principaux édits, par la tenue de vos États et juste intention d'établir de bonnes lois. Le seul moyen de bien régner et se maintenir est d'avoir des conseillers fidèles, craignant Dieu, plus amateurs du peuple que de leur profit, non sujets à la rapine et à l'avarice.

Énumération d'exemples empruntés à l'histoire.

... Que sert-il de prendre des exemples aux empires étrangers, vu que nous en avons des domestiques en si grand nombre que Votre Majesté seroit ennuyée du long discours qui s'en feroit? Il suffira d'alléguer que le roi Charles VIIe restaura son royaume à demi perdu et occupé, par l'avis des évêques de Clermont, comte de Dunois, brave chevalier, et messire Jean Louvet, président de Provence. C'étoient vraiment des conseillers nés et disposés au service de leur roi, à l'amour et repos du peuple, et non à l'avarice ni à la grandeur de leurs maisons, tels qu'il les faut à présent, et que Votre Majesté les saura bien choisir. Quant aux lois et ordonnances, il n'est pas beaucoup de besoin d'en faire de nouvelles : il faudroit seulement que celles jà faites fussent religieusement exécutées et inviolablement gardées....

Les étrangers louent les François d'établir et conclure les plus belles lois du monde ; mais ils se rient de ce qu'elles sont seulement imprimées et ne se gardent point. Ils ont eu plus de raison ces années passées de nous faire ce reproche que jamais. Car l'ordonnance dernière de Blois, projetée à votre avènement à la couronne, est fort sainte et nécessaire, et toutefois, faute d'exécution, inutile, et en beaucoup d'articles négligée. L'assemblée des États fut en 1576 ; le cahier compilé et présenté par les trois ordres ne fut vu que trois ou quatre ans après, et la publication de vos ordonnances remise en un temps qu'il n'y avoit article qui ne fût renversé, perverti et corrompu par nouveaux édits, avec des dérogations toutes contraires à vos justes et saintes résolutions.

Ce n'est pas la façon qu'il faut user des lois : Platon les compare aux belles peintures, lesquelles sont facilement corrompues et effacées par l'injure et longueur du temps, si elles ne sont bien conservées, entretenues et renouvelées par quelques traits de pinceau. De même les ordonnances....

La force des lois consiste en exécution ; la vertu, la justice des princes et de toutes personnes se connoît, consomme et rend parfaite par la seule action.

... Maintenant, Sire, que vous êtes à bâtir et remettre la justice en son intégrité, lui dresser un nouveau temple, où les hommes n'entrent que par la porte de la vertu, que tout trafic d'états et marchandise en sera chassé, il nous faut seulement l'exécution entière de vos saints propos ; que nous tenons jà autant assurée que nous savons Votre Majesté véritable.

Votre volonté y est disposée, vous en avez la puissance ; le bien de votre royaume le requiert. Par ainsi, Sire, ne permettez pas que ci-après par nouveaux édits, prétexte de la nécessité de vos affaires, l'on fasse brèche à aucun article de vos ordonnances, et chassez loin ceux qui vous conseilleront le contraire.

Que sert-il de garder les portes closes d'une ville, pour empêcher qu'elle ne soit surprise, si quelque mauvais habitant introduit l'ennemi de dehors par escalade ou autre stratagème propre à la trahison?

Que profiteront tant de lois et ordonnances? Que deviendront les avis de vos États? Que serviront nos labeurs et voyages, contre les surprises ordinaires des partisans, si par leur importunité et conjuration notre repos est ci-après troublé, le désordre remis, et vos édits enfreints et violés?

C'est pourquoi, Sire, nous vous supplions humblement que l'œil de votre prudence soit toujours ouvert à la défense de votre pauvre peuple, décharge et soulagement d'icelui, et que vos salutaires résolutions ne soient en rien changées et altérées.

Nous espérions que, par une plus longue vie, la reine votre très sage et très honorée dame et mère nous y profiteroit beaucoup pour la preuve et expérience qu'a eue la France de ses bons et utiles avis; mais puisque ses jours étoient bornés et que sa dignité de reine et princesse ne lui donnoit privilège de prolonger ses années et se promettre un lendemain, il faut que la volonté de Dieu et la nécessité du tombeau vous servent de consolation et patience, et si (ainsi) il faut espérer que son âme bienheureuse fera des prières au ciel qui seront plus certains et profitables à Votre Majesté et à l'État que tous les conseils du monde.

Cependant nous aurons notre recours à la faveur et bienveillance de la reine votre très chère épouse, en laquelle vos sujets ont vu reluire tant de dévotion, piété et vertu chrétienne, qu'ils attendent de son aide le soulagement par eux espéré, avec une confirmation de vos bonnes et justes intentions, suivies et assistées de celles des princes catholiques de votre sang.

Le reste dépend en partie du chef de votre justice et garde de vos sceaux, lequel, choisi pour ses mérites et au bruit certain de son intégrité, ne permettra pas que des ordonnances faites de son temps et avènement soient violées de son temps même. Il est par nous reconnu d'une conscience si entière qu'il aura plus de souci de continuer son bon nom que de conserver sa dignité. Il sait qu'un bon Romain avoit accoutumé de dire qu'il aimoit mieux vivre en bonne opinion du peuple que d'être au consulat ou dictature perpétuelle....

En ce faisant, nous ne regretterons plus les saints règlemens des anciens rois.... Nos livres ne seront remplis que de votre sagesse, justice, clémence et amour; le ciel s'ouvrira pour faire découler sur votre chef et couronne toute manne de prospérité.

Dieu vous fera la grâce de voir de votre lignée, laquelle, en toute valeur, fera valoir le nom de Valois, nom duquel la continuation continuera le salut à la France.

Et en outre la douceur d'une saison si heureuse et la jouissance des fruits par nous espérés de la conclusion des États, nous confirmera au service que nous devons à Votre Majesté, lequel de nouveau est par nous assuré par un serment solennel en corps d'états et pour loi fondamentale, pour en toute fidélité aimer, honorer et obéir Votre Majesté; et parce que la saison se présente où nous pouvons faire preuve des effets de nos bonnes volontés, et que, d'ailleurs, le défaut de moyens commande à plusieurs de nous un bref départ.

J'ai charge expresse de vous supplier de nous donner congé, afin que, retirés en nos provinces, les uns soient porteurs de vos saintes et louables inspirations, les autres autorisés du magistrat[1] qu'ils portent, vous y fassent obéir, et que, tous ensemblement courant même fortune, nous nous tirions d'un péril commun, et nous rendions certains témoignages que nous sommes et demeurerons très

---

1. De la magistrature, de la fonction.

fidèles, très humbles et très obéissants sujets jusqu'aux derniers soupirs de nos vies [1].

1. « Harangue prononcée devant le Roy, seant en ses Estats généraux tenus à Blois, le lundi seizième jour de janvier 1589, par Monsieur Bernard, eslu orateur pour le tiers estat de France. Paris, chez Jamet Mélinger, imprimeur ordinaire du roi, 1589. » — Bibliothèque Mazarine, *Recueil de pièces,* 19394.

CHAPITRE IV

GUILLAUME DU VAIR [1]. — LES ÉTATS DE 1593
LA LOI SALIQUE

Un des plus illustres héritiers de l'éloquence et de la politique de **L'Hospital** est certainement **Guillaume Du Vair**, un de ces parlementaires vertueux et éprouvés qui, dans la période si troublée de la fin du xvie siècle, au milieu des fureurs des partis et des compétitions qui se disputaient le trône, sut discerner avec netteté la politique vraiment nationale, la soutint avec courage et éloquence et contribua à son triomphe définitif.

Né en 1556, et destiné à la carrière ecclésiastique, mais beaucoup plus attiré par le barreau que par l'Église, **Du Vair** était, à vingt-huit ans, conseiller au parlement de Paris; il se fit de bonne heure une place parmi ces hommes sages qui, entre les catholiques et les protestants, avaient formé le parti vraiment français des politiques, dont le chef le plus illustre est **L'Hospital** et qui compte dans ses rangs les **Lemaître**, les **Potier**, les **Hurault du Fay**, les **Brisson**, l'intrépide **Achille de Harlay**.

C'était le 12 mai 1588, la **journée des Barricades**; les troupes royales avaient été forcées par l'émeute. **Henri III** fuyait, laissant le **duc de Guise** maître de la capitale.

Celui-ci vint, avec quelques-uns des siens, visiter **Achille de Harlay**. « Il le trouva qui se promenoit dans son jardin, lequel s'étonna si peu de leur venue qu'il ne daigna seulement pas tourner la tête ni discontinuer sa promenade commencée, laquelle achevée qu'elle fut, et étant au bout de son allée, il retourna, et en retournant il vit le **duc de Guise** qui venoit à lui; alors ce grave magistrat, haussant la voix, lui dit :

« C'est grand'pitié quand le valet chasse le maître; au reste,

---

1. Œuvres de Du Vair. Paris, 1606. — Sapey, *Notice historique sur Du Vair*, 1858.

« mon âme est à Dieu, mon cœur est à mon roi, et mon corps
« est entre les mains des méchants ; qu'on en fasse ce qu'on
« voudra. »

Le **Parlement** se réunit au lendemain des Barricades, et on
lui proposa, de la part de la ville, « de s'unir avec le peuple, et
adviser au bien public de l'Etat ». — Les cris de! « Vive le duc
de Guise! » retentissaient au dehors. — La situation était grave
et périlleuse. C'est dans ces circonstances que, pour la première
fois, retentit la parole honnête et éloquente du jeune conseiller
Du Vair :

Aux plus grandes tempestes, les passagers donnent quelquefois de bons avis aux pilotes. Si, par même raison, il ne m'est point malséant, en une saison si turbulente et si importante délibération, de mêler ma voix peu expérimentée parmy celle des plus anciens et plus prudents de cette compagnie, je pense ne pouvoir commencer plus à propos que par où commença un jour Ulpius Silanus au Sénat romain : Il est meshuy bien tard, pères conscripts, de délibérer des affaires publiques : car c'est proprement faire comme les imprudents malades, qui attendent d'envoyer vers le médecin quand ils sont hors d'espérance de guérir. Si, cependant que l'état du royaume et l'autorité de cet ordre étoit dans leur entier, nous eussions apporté la constance que nous devions à maintenir les lois du royaume et l'autorité de la justice, nous ne serions pas maintenant empêchés à nous défendre de l'insolence du peuple. Mais pour avoir eu lors trop peu de courage, nous endurons maintenant beaucoup d'indignité, et rendons par notre exemple cette sentence trop vraie : Beaucoup de gens trouvent leur malheur en le fuyant. Quant à ceux qui par violence ont étouffé la légitime liberté de cette compagnie, et nous ont ôté la seule voix qui nous restoit pour leur représenter les plaintes et les soupirs du pauvre peuple affligé, ils éprouvent maintenant combien la licence d'un peuple débauché est plus rude et insolente que n'étoient nos humbles remonstrances.... Mais il ne nous faut souvenir de nos fautes passées que pour les amender : car si nous y mêlons de l'aigreur et du blâme, au lieu de nourrir entre nous la concorde qui est la mère des bons conseils, nous nous diviserons d'esprit et de volonté, et nos délibérations n'auront d'autre issue que celle de la discorde, qui est la ruine et désolation des États.

Après cet exorde, l'orateur expose successivement, et dans un langage énergique et coloré, les désordres du royaume. « L'ambition et l'avarice » lui paraissent « les deux ulcères qui ont entièrement gâté et infecté le corps de cet état... ».

Nous avons vu d'un côté la faveur qui, passant sur le ventre aux lois et la raison, dejettoit les anciens officiers de l'état de leurs rangs et charges, leur ravissoit des mains les titres d'honneur et la récompense de leurs vertus, ne leur laissant de reste qu'un juste dépit et indignation. Et d'autre côté l'avarice d'un nombre d'hommes qui avoit tellement vendangé ce royaume, et mis nos biens et nos personnes sous le pressoir, qu'il n'en restoit plus que le marc. Je croy, de vérité, que ce sont là les deux sources de nos maux.

Et, cherchant le remède, **Du Vair** propose la réunion des **États généraux** :

De moy, pour m'en abréger, je ne voy plus qu'un port à nos misères, qui est le remède pratiqué des anciens aux maladies désespérées. Ils déposoient les malades que les médecins ordinaires ne pouvoient guérir aux portes de leurs temples, afin que chacun passant par là donnât avis de ce qu'il pensoit pouvoir servir à la guérison d'un tel mal. Il est temps de faire le semblable de cet État ; et puisque les remèdes que chacun a voulu y apporter en particulier ont été si nuisibles, il faut en avoir l'avis des ordres assemblés que nous appelons les États. Là s'avisera des moyens pour la conservation de la religion ; là s'assurera la succession du royaume ; là se composeront les différends d'entre les grands ; là se rendra le repos à la France ; et là, d'un commun consentement, sera pourvu des moyens de faire exécuter ce qui sera résolu....

Mais il est un mal pressant, immédiat : c'est la situation de Paris. Qu'elle se prolonge, on ne peut pas imaginer en quelle piteuse désolation nous nous verrons retomber.

Représentons-nous d'un côté notre prince au milieu de grandes forces de François et d'étrangers, dont les uns feront, comme en guerre civile, toutes sortes de vengeances, les autres se gouverneront comme en un pays de conquête et estimeront la colère du roi un juste titre à toutes les cruautés qu'ils voudront commettre. D'autre côté imaginons-nous un peuple en fureur, tout désespéré, qui ne jouissant plus de son revenu, ni de ses rentes, ni de ses fermes, et ayant perdu la commodité du commerce, et le profit journalier de son métier, bref tous moyens de vivre, nourri parmi la licence des armes, jettera incontinent, comme un homme enragé, les mains sur ceux que l'on lui présentera ou qu'il trouvera devant lui, puis courra après ceux qui s'enfuiront; et enfin, ne trouvant plus personne à qui faire querelle, se battra lui-même la tête contre les murailles, se défigurera et se déchirera soi-même. Que personne ne se flatte ou se trompe en la faveur qu'il a reçue aujourd'hui du peuple, que nul n'espère lors être exempt de sa fureur; ceux qu'il aura le plus chérys et suivis, seront ceux sur lesquels il écumera plus furieusement sa rage, comme sur la cause de ses maux.

A ce mal **Du Vair** propose un remède : c'est que le **Parlement** s'interpose entre le peuple et le roi, et qu'il le fasse sans hauteur, avec un vif sentiment des maux du peuple et des égards dus à la majesté royale.

Il est aisé à ceux qui ont accoutumé d'effleurer les faveurs des grands, et sauter, comme un oiseau de branche en branche, d'une fortune affligée à une florissante, de se montrer hardis contre leur prince en son adversité. Mais pour moi la fortune des rois me sera toujours vénérable, et principalement des affligés, pour ce qu'il me semble qu'ès âmes généreuses l'affliction des grands exige plus rigoureusement qu'en toute autre saison le respect et les autres offices d'humanité. C'est pourquoi j'estime qu'allant vers le roi, comme j'en suis d'avis, pour le supplier d'embrasser son peuple, oublier ce qui s'est passé, tenir ses États, et pourvoir au bien public, nous ne devons rien mêler en cette légation, par où il puisse juger que nous voulons prendre avantage de son infortune et insulter à son affliction....

On sait que **Henri III** répondit à la **journée des Barricades** par l'**assassinat du duc de Guise** et de son frère. Cette perfide vengeance accrut la colère des Parisiens et le despotisme des **Seize**. — Paris fut en proie à tous les excès d'un fanatisme exalté. Le premier président, **A. de Harlay**, s'était vu dans l'église Saint-Gervais désigné à la colère publique par un fougueux prédicateur; et quelques jours après, — le 16 janvier 1589, — le chef des Seize, **Bussy le Clerc**, pénétrait dans le Parlement et ordonnait au premier président de le suivre à l'hôtel de ville. Cinquante conseillers l'accompagnèrent. Ils furent tous conduits et enfermés à la Bastille. **Du Vair**, qui n'était pas de ce nombre, usa de sa liberté pour obtenir l'élargissement de ses collègues, en négociant un échange.

Après l'emprisonnement du Parlement, on proposa à Messieurs qui étaient prisonniers, qu'ils fissent délivrer les princes et autres députés que le roi tenoit, et on les délivreroit; ils me nommèrent pour aller vers le roi, l'en supplier en leur nom; je m'étois préparé pour lui faire cette supplication de leur part aux termes qu'elle est ici; mais, comme j'étois prêt de monter à cheval, mon voyage fut rompu par l'artifice de quelques-uns, qui désiroient la place de ceux qui étoient prisonniers, et craignoient leur délivrance.

La harangue que devait entendre **Henri III** ne fut donc pas prononcée : elle fut publiée plus tard dans les œuvres de **Du Vair**. — Elle est mesurée, respectueuse, ferme et parfois pathétique. Nous n'en citerons rien, préférant prendre nos citations dans des discours prononcés. Aussi bien la matière ne manque pas.

Le **5 août 1589**, **Du Vair** prononce au **Parlement** un remarquable discours sur les **assemblées illicites**; on y trouve une vive peinture de ces conciliabules qui, dans les époques troublées, exercent une autorité occulte et despotique sur le gouvernement.

... Il n'y a ville qui se puisse conserver, s'il est permis aux personnes privées de tenir conseil sans l'autorité du magistrat [1].... Ce sont gens que l'on ne connoît point que par les effets, qui ont bien puissance de nuire, mais nulle de faire raison, qui se tapissent dans des antres et cavernes, et puis, tout d'un coup, sortent comme des vents que l'on sent et ne voit-on point, troublent la mer et y excitent des tempêtes, et puis s'en revont, ne sait-on où [2]....

Au mois de **février 1590**, c'est à l'**hôtel de ville** que **Du Vair** s'élève avec une éloquente indignation contre la proposition antinationale de faire entrer à Paris une garnison d'étrangers.

... A cela je n'y vois nulle nécessité, nulle commodité, et au contraire une grande servitude, ruine et désolation à la fin.... Cette ville est grande, pleine de peuple, et de tel nombre que nous pouvons sortir dehors pour garder nos tranchées : comment ne garderons-nous pas la ville? Conservons, Messieurs, tant que nous pourrons, notre liberté et la sûreté de nos familles, et croyons que, quand nous serons réduits à ces termes-là, d'avoir des étrangers chez nous, nous ne devrons plus rien craindre, car le pis qui nous puisse arriver, nous sera advenu.... La liberté et sûreté de notre ville est l'unique refuge et consolation de tout le pays d'alentour; quand nous l'aurons perdue par les garnisons, et que nous aurons de nouveaux et rudes maîtres en nos maisons, il ne nous restera plus, ni à nos voisins, que le désespoir. Vous ne savez pas, Messieurs, ce que c'est que de voir chez vous des goujats rompre vos coffres et crocheter vos serrures, des soldats accoster vos

---

1. Sens collectif : « des magistrats ».
2. *Œuvres de Du Vair*, p. 34, éd. 1606.

filles et solliciter vos femmes. Dieu veuille que vous ne le sachiez jamais [1].

Le patriotisme de **Du Vair** le désignait aux poursuites des **Seize** : il fut proscrit en effet et n'échappa à la mort que par le plus grand des hasards. La convocation des **États de 1593** allait donner à son éloquence et à son bon sens si français une nouvelle et plus belle occasion de se montrer.

Deux monuments de l'éloquence et du patriotisme de **Du Vair** se rattachent à cette tenue des **États**. — L'un est un long mémoire, dans lequel **Du Vair** expose la triste situation de la France déchirée par les ambitions avouées ou occultes qui se disputent le trône, et où il pose avec netteté les droits absolus de **Henri IV**. C'est le manifeste des honnêtes gens. La harangue de Daubray dans la *Satire Ménippée* l'a fait oublier, mais elle mérite de survivre. Le développement y est large, lumineux, plein de mouvement et de vie, et l'auteur y atteint parfois la véritable éloquence.

Du Vair, dans un magnifique tableau, oppose d'abord à la prospérité d'autrefois l'état actuel du pays. Puis il examine les titres des divers prétendants.

Considérons donc, de tous ceux qu'on nous propose, qui peut être celui sous lequel nous puissions voir en ce royaume l'honneur et le service de Dieu conservé, l'estat et le repos du peuple restauré ; car je crois que voilà les points où nous devons tendre....

Le premier que l'on met sur le tapis, c'est le roi d'Espagne, comme le plus grand prince, qui a plus de forces et de moyens pour ruiner le parti contraire, conquérir cet État et le conserver. Si on nous eût proposé cela autrefois, lorsque nous avions quelqu'amour de notre patrie, et l'affection que nous devions au nom français, le cœur nous eût aussitôt bondi. Et comme la nature, sans autre avertissement, abhorre ce qui lui est contraire et mortel, nous eussions, sans en vouloir davantage discourir, à ce seul mot d'Espagnol, rejeté une telle proposition et vomi dessus notre colère.

1. *Œuvres de Du Vair*, p. 38, éd. 1606.

L'hypothèse de l'élection du **roi d'Espagne** est très longuement examinée et démontrée inacceptable. — Inacceptable aussi **le duc de Savoie**, inacceptable le **duc du Mayne** :

... Quand il seroit chatouillé d'un désir ambitieux de monter à ce degré d'honneur (passion qui entre aisément ès cœurs des princes), il n'ignore pas que ce seroit une grande simplesse d'accepter ce titre en l'état où il est. Il faut conquérir le royaume, et quand on y est établi, on y prend tel titre que l'on veut. Mais de prendre le titre auparavant que d'en être maître, c'est se charger d'envie sans profit. Ainsi Charles Martel commanda-t-il en France longuement sans être roi, et laissa prendre racine à sa puissance, se contentant que son fils en cueillit la fleur. Ainsi Hugues le Grand eut l'autorité et les forces en main sans attenter à la couronne, ains laissa à son fils de le faire lorsqu'il fut paisible de tout....

L'élection d'un membre catholique de la maison de **Bourbon** est un expédient sans lendemain.

Je dis donc que, de tous les moyens proposés ci-dessus, il n'y en a un seul qui puisse, selon que le jugement humain peut comprendre, apporter remède à nos maux, et rendre à ce pauvre et désolé royaume le repos et à la religion sa sûreté. Or, après ceux-là n'en reste-t-il qu'un seul, qui est de faire le roi de Navarre catholique et roi de France.

... J'ai ploré, croyez-moi ; et du cœur et des yeux, je dis avec des larmes aussi chaudes que j'en versai jamais, quand j'ouïs un des plus grands de l'Église, discourant que ce seroit un grand bien, voire seul remède des maux de ce pauvre royaume, et de la religion, que le roi de Navarre se fît catholique, et, sur ce qu'un prélat lui disoit qu'il le falloit donc sommer de se faire catholique, il répondit que *non era del decoro della sede apostolica* [1]. Quoi donc ! en l'Église comme parmi les folies du monde, on hasardera pour le point d'honneur le salut de tant d'âmes et la ruine

---

1. « Cela n'était pas de l'honneur du siège apostolique ».

d'un si grand royaume! O vanité indigne non d'un chrétien, mais d'un homme bien sensé! Les cœurs des rois sont en la main de Dieu. Quand... nous le supplierons d'amollir et redresser le courage et la volonté de ce prince, au premier son de notre voix, d'un vaisseau d'ire il en fera un vaisseau de grâce et d'élection. Joint que, pour dire la vérité, ce prince n'a point le naturel mauvais, ses mœurs sont douces, gracieuses, et même ce que l'on blâme en lui tient beaucoup de l'humanité....

La royauté de **Henri IV**, voilà le salut. Nul doute que **M. du Mayne** et les princes n'y donnent les mains....

... Mais quand toutes ces raisons-là cesseroient, et qu'autre chose ne les y pousseroit, voire forceroit, que la pitié et compassion qu'ils doivent avoir de ce pauvre royaume qui les a tant aimés, chéris et honorés, si faudroit-il qu'ils le fissent. Ce ne sont plus maux que les nôtres, ce sont ruines, et non point ruines particulières, ains ruines totales, et exterminations universelles, avec tant d'horribles misères, d'effroyables aventures, d'épouvantables désolations, qu'il semble que la nature se soit vaincue pour apporter à notre peine des monstres et prodiges de méchancetés, et qu'elle ait abruti les hommes qui devoient servir à dégrader et ravager notre pauvre pays, pour d'une bestiale férocité servir contre nous par nouveaux exemples de cruauté. Dieu a permis pour nos péchés que nous avons tous prêté la main à notre peine, et que nous soyons tous coupables des maux que nous avons jusques aujourd'hui endurés. N'en accusons personne que nous et nos pères qui ont vécu devant nous. Mais maintenant que la douleur nous a percés jusques aux entrailles, et que nos cœurs, attendris par les durs fléaux de si rigoureuses afflictions, soupirent si pitoyablement et implorent d'un même vœu et consentement la bonté et miséricorde de Dieu, à ce qu'il luy plaise lier les mains à notre fureur, et, par la douceur de sa paix, étancher les torrents de nos guerres civiles; vous, rois, princes et seigneurs, que Dieu prépose au gouvernement de ses peuples, joignez vos soupirs aux leurs, et, de la puissance et autorité que vous avez parmi eux, soulagez leur extrême calamité. Ils vous en prient, supplient et conjurent. Que si la jalousie de votre particulière grandeur et quelqu'ambitieuse passion ferme vos oreilles à leurs cris, faisant que leurs prières et remontrances soient rejetées de vous en terre, craignez que leurs plaintes et leurs soupirs dressés au ciel contre vous n'y soient reçus, et que Dieu, avec compassion de leur mérite et indignation de votre cruauté, ne vienne à leur secours avec son bras de fureur, dont il brise et casse comme pots de terre les plus redoutables puissances du monde, et qu'il ne rende signalée la salvation de son peuple par la ruine de ceux qui n'en ont point de pitié !...

Ces patriotiques adjurations disposaient ceux qui les lisaient à accepter **Henri IV**; mais **Du Vair** eut bientôt une occasion de servir plus directement encore la cause du **Béarnais** et les intérêts de la France. Nous voulons parler de son discours au **Parlement** sur la **loi Salique**.

Du Vair était député aux **États**. — Les propositions anti-françaises s'y succédaient, et tout était à redouter d'une majorité vénale et intimidée.

Les ministres du **roi d'Espagne** proposèrent d'abord la proclamation de la royauté de l'**infante**. La résistance et la retraite du **procureur général Molé** firent échouer cette proposition.

Les Espagnols proposèrent alors le mariage de l'**infante** avec l'**archiduc Ernest**; vaincus une seconde fois, ils proposèrent de partager le trône entre l'**infante** et un **prince français** conjointement élus, proposition d'une perfide habileté, car elle excitait, par son obscurité même, les convoitises des princes lorrains. — **Du Vair** proteste et quitte l'assemblée avec tous les députés de l'Ile-de-France. Mais, le 20 juin, les **États** consacraient le principe de l'élection d'un roi.

Or, depuis les Barricades, les **Parlements** avaient cessé d'être des corps judiciaires pour être en même temps des corps politiques. — Le **conseil d'État de la Ligue**, **Mayenne**, les **États généraux** avaient reconnu au Parlement le droit de vérifier leurs actes législatifs. — Il fallait donc que le vote du **20 juin** fût consacré par le Parlement. — Il fut, le **28 juin**, l'objet d'une discussion mémorable dans laquelle **Du Vair** prononça un discours qui est son chef-d'œuvre :

J'eusse fort désiré, et aussi m'eust-il esté plus sûr et plus seant en une affaire si importante au salut de toute la France, de suivre plustost l'advis de messieurs mes anciens, que de leur faire ouverture du mien. Mais puisqu'ils jugent que le fondement de cette délibération est de sçavoir ce qui se traite en l'assemblée des Estats, et par là m'invitent, comme un des députés, d'en parler le premier, je satisferay à leur désir, espérant que la bonne fortune de ce royaume qui nous a assemblez icy, m'inspirera maintenant l'heureuse adresse que je recevois autrefois de la chenue prudence de ceux qui vouloient guider par la lumière de leurs opinions le cours des miennes. De si loing que j'ay veu ce dernier orage des guerres civiles venir fondre sur la France, j'ay creu fermement, comme je le crois encore, que c'estoit un jugement de Dieu qui tomboit sur nous, et n'ay point estimé qu'il en fallust chercher la cause ailleurs qu'en sa justice, ny le remède qu'en sa miséricorde. Aussi avons-nous veu que tout ce que la sagesse des hommes a voulu apporter pour y pourvoir, n'y a rien advancé, que les remèdes nous ont quasi plus travaillés que la maladie, et que, pendant que chacun a pensé abonder en bon sens, et s'est estimé ou plus sainct ou plus sage que son voisin, nous avons tous, sans exception, qui d'une façon, qui d'une autre, contribué nos passions à la ruine publique; ne nous restant autre excuse, sinon que nous avons tous fait ce que personne ne vouloit faire. Mais aussi ay-je jugé et présagé que, si tost que l'ire de Dieu commenceroit à s'apaiser et que sa bonté, touchée de la compassion de nos misères, tendroit la main de sa clémence pour nous relever de cette cheute, vostre singulière prudence, joincte avec vostre légitime authorité, seroient les principaux outils avec lesquels Dieu opéreroit la conservation de la religion et la restauration de l'Estat. Cette journée vous en offre l'occasion si heureuse, qu'il semble qu'elle vous ait été expressément réser-

vée pour vous en déférer toute la gloire. Car les étrangers qui, jusques aujourd'huy, avaient, par artificieux présents et secrettes menées, tasché de renverser les fondements de ce royaume, afin d'en pouvoir recueillir les ruines, maintenant, à découvert et enseignes déployées, publient leurs desseins, les advancent, les établissent. Et, au contraire, tous ceux qui ont encores le cœur françois, indignés de se voir trompés, estonnez de se voir quasi perdus, résolus de se sauver, jettent les yeux sur vous, vous appellent au secours des lois, attendent si votre prudence guidera leur courage, si votre authorité fortifiera leurs armes, ou si votre connivence et dissimulation les abandonnera à une honteuse servitude, vous précipitera, vous et vos enfants, à une luxueuse misère, et, qui pis est, vous condamnera à une infamie éternelle. C'est le point, Messieurs, où nous sommes aujourd'huy réduicts, c'est le précipice où nous nous trouvons portés, dont, à mon advis, il nous sera fort aisé de nous sauver et avec honneur nous mettre en seureté, si vous ne perdez point le cœur, et que, pour en sortir, vous veuillez considérer, pendant que je vous le représente, le chemin par lequel, sans y penser, vous y avez esté conduicts. . . . .
. . . .

La nation espagnole est brave, ambitieuse, jalouse de la France. Désespérant de la réduire par les armes, elle a fomenté des troubles dans son sein, et essayé d'ébranler l'autorité du prince en divisant le parti catholique... « et, ostant le respect des lois et des magistrats, couper les nerfs qui maintenoient et soutenoient le royaume »…. En conséquence on a vu le conseil d'État de la France se tenir à Paris en la maison de **dom Bernardin de Mendoze.**

« Là ont été prises toutes les belles résolutions qui ont été exécutées pour extirper les lois et la mémoire du nom et de l'autorité royale, pour établir une servitude et captivité parmi vous plus dure que celle des Indes. »

Là fut pris le conseil d'emprisonner le Parlement, en exécution duquel vous vistes entrer en ceste maison sacrée une trouppe de voleurs, composée des plus bas et vils ministres de la justice : lesquels, l'espée au poing, vindrent arracher de dessus les sièges sacrez ces vénérables vieillards, aux pieds desquels ils étoient à genoux et tête nue deux jours auparavant [1]. Vous fustes tous menez en triomphe à la Bastille, sans excepter mesmes ceux que ces pendarts estimoient de leurs amis et plus zelez à leur party. Car aussi n'estoit-ce pas aux personnes qu'ils en vouloient, c'estoit à leur dignité et à leur magistrat [2] : c'estoit au nom de la justice à qui ils faisoient la guerre, c'estoit elle qu'il falloit exterminer pour introduire la confusion et le brigandage. Cet accident, ayant donné un épouvantement à tous les gens de bien et d'honneur, leur fit vider la ville et abandonner leurs familles, et lors aussi tost leurs biens furent mis en proye, toute cette ville ne fut qu'un sac, que pillages, proscriptions, recherches, menaces. . . . .

Du Vair expose à grands traits les événements qui ont précédé la convocation des États : les efforts de **Mayenne** pour rallier les Français en un corps, pour se porter un jour tous où le bien commun le requérait; son soudain départ; — l'entrée à Paris d'une garnison allemande, les intrigues espagnoles auprès des gouverneurs de province; — la **bataille d'Ivry**; — le **siège de Paris**; — l'armée du **prince de Parme**; — la **délivrance de Paris**; — le **siège de Rouen**; — les nouvelles et plus insolentes prétentions de l'Espagne; — l'ultimatum du prince de Parme; — la **convocation des États à Paris**; — l'habile résistance de **Mayenne** aux manœuvres du parti espagnol; — la conférence avec les princes catholiques, traversée par l'ambassadeur espagnol.... « Toutefois la constance et l'égalité de M. du Mayne vainquit toutes les oppositions. Il fit voir les lettres à l'assemblée avec une infinie allégresse au cœur de tous

---

1. Le 16 janvier 1589, Bussi le Clerc, à la tête de ligueurs armés, envahit le Parlement, et déclara qu'il avait l'ordre de s'assurer de quelques présidents et conseillers, partisans de Henri de Valois. Il désigna Harlay et de Thou. Les membres présents protestèrent qu'ils suivraient leurs chefs. Ils furent conduits à la Bastille au milieu des huées de la populace. Le Parlement, ainsi épuré, rendit, le 19 janvier, un arrêt par lequel il adhérait à la Ligue.

2. Ici sens latin : « caractère de magistrat, magistrature ».

les bons François qui voyoient là quelqu'ouverture de réconciliation et de remède à nos misères ; mais, quand ce vint à y faire réponse, il ne se peut dire combien la malice de ceux qui ont conjuré la ruine de cet état trouva d'artifices pour interrompre le cours de ce traité, et faire avec cette conférence cesser tout espoir de repos. »

. . . .

Néantmoins elle fut continuée si heureusement que ceux du party contraire se sont accommodés à tout ce que l'on a désiré, se sont obligés de faire que le roy de Navarre envoyeroit vers nostre sainct Père pour obtenir son absolution. Il sembloit, Messieurs, qu'à ce mot les esprits les plus esmeus se deussent apaiser, que toute force de traictez avec l'estranger se deussent lors assoupir et puis qu'une telle occasion se présentoit d'asseurer la religion en ce royaume, donner le repos, non seulement à toute la France, ains aussi à toute la chrestienté, pour convertir nos armes contre les infidèles : ç'a été au contraire le poinct où l'effrénée ambition de ceux qui ne peuvent eslever leur particulière grandeur que par les ruines publiques s'est plus furieusement desbordée, et, comme agitée d'un entier désespoir, a, sans considération d'honneur ou de piété, fait toutes sortes de choses irréconciliables. Alors se sont mises les langues vénales, qui régnoient dans les chaires, à exalter la grandeur, la valeur et la magnanimité de la nation espagnole, et déprimer la françoise, comme vile, abjecte et née pour servir ; et ce tout ainsi que s'ils eussent parlé en langage castillan au milieu de la grande église de Tolède [1]. Alors se sont entendues des prédications publiques par lesquelles on a voulu monstrer en poinct de théologie que la loy salique n'étoit qu'une chanson, et qu'il la falloit abroger. Alors on a fait courir des billets par lesquels le roy d'Espagne promettait d'acquitter tous les arrerages des rentes de l'hostel de ville : alors les pacquets d'argent ont trotté publiquement par les maisons

1. Voir, entre autres ouvrages, *les Prédicateurs de la Ligue*, par Ch. Labitte.

de ceux qui en ont voulu recevoir et s'en contaminer : et, qui pis est et plus honteux, les rescriptions de l'ambassadeur d'Espagne à son trésorier se sont apportées écrites en espagnol sur les bureaux des chambres des Estats, pour faire payer les députés de ce que l'ambassadeur d'Espagne leur ordonnoit[1] pour leur entretenement, suivant lesquelles les payements ont été faits. Après cela, les Espagnols sont venus en pleins Estats, et, par la bouche du docteur Inigo de Mendoce, ont fait entendre les droits que l'Infante prétend au royaume : non, disoit-il, pour en rendre juges ces Estats, mais pour leur faire sçavoir que, le droict lui appartenant, on ne pouvoit espérer de seureté en la religion, de repos au royaume, qu'en la recongnoissant royne comme elle estoit.

Toutesfois comme ceux qui font ces poursuittes sont gens qui ne manquent point de résolution ny d'audace, toute cette sepmaine le même traicté s'est continué en privé entre peu de personnes, et a passé si avant qu'hier, en pleins Estats, les trois chambres assemblées, il fut proposé qu'il avoit esté advisé entre les princes d'offrir aux ambassadeurs d'Espagne que les Estats passeroient procuration à monsieur du Mayne pour envoyer vers le Roy d'Espagne des Ambassadeurs qui luy nommeroient pour roy de France un prince auquel il donneroit l'Infante en mariage.

Voilà, Messieurs, l'estat où sont les affaires. Je vois vos visages pallir et un murmure plein d'estonnement se lever parmy vous, et non sans cause ; car jamais, peut-être, il ne s'ouït dire que si licencieusement, si effrontément on se jouast de la fortune d'un si grand et puissant royaume, si publiquement on traffiquast d'une belle couronne, si impudemment on mît vos vies, vos biens, vostre honneur, vostre liberté à l'enchère, comme l'on fait aujourd'huy : et en quel lieu ? Au cœur de la France, au conspect des lois, à la veue de ce sénat ; afin que vous ne soyez pas seulement participans, mais coulpables de toutes les calamitez

---

1. On dirait aujourd'hui « ordonnancer ».

que l'on ourdit à la France. Resveillez-vous donc, Messieurs, et déployez aujourd'huy l'authorité des lois, desquelles vous estes gardiens ; car si ce mal peut recevoir quelque remède, vous seuls l'y pouvez apporter; c'est vostre patience, c'est votre dissimulation¹, qui donnent à ceux qui entreprennent telles choses le moyen et le courage de les exécuter, c'est elle-même qui ferme la bouche aux princes, aux seigneurs et à tous les gens de bien, et au commun peuple de ce royaume, et les empesche de s'y pouvoir aussi vertueusement opposer qu'indignement ils supportent, et que toutefois ils endurent pour ce que l'on leur dict, que c'est avec vostre authorité et vostre consentement que toutes ces choses sont proposées. Quelle pitié que nous ayons veu, ces jours passez, seize coquins de la ville de Paris faire vente au roi d'Espagne de la couronne de France, lui en donner l'investiture sous leurs seings, et luy en prester le premier hommage, et que nous voyons maintenant une autre espèce de gens, stipendiés publiquement par les Espagnols, conjurer et travailler jour et nuit pour renverser les fondements de l'Estat, transférer la couronne en une race estrangère, et y allumer pour jamais un feu de guerres civiles !............

Il y a sans doute beaucoup de gens d'honneur qui gémissent de cet état de choses;... mais les menaces, l'intimidation, l'intrigue, la lassitude ont fini par établir cette opinion, que la couronne de France peut se transférer à une maison étrangère par le consentement des peuples, et par le *mandement* même du **Parlement**, à sa vue et de son autorité....

Arrachez, Messieurs, cette espérance des âmes ambitieuses de ceux qui espèrent acheter ou vendre cette couronne. Effacez de l'esprit des peuples cette opinion, que ce royaume se puisse légitimement transférer en une race estrangère par les suffrages d'un petit nombre de gens aschetez et corrompus, et vous aurez pourveu à tout cela; un seul arrest le fera quand vous déclarerez que c'est chose

1. Ce mot a ici le sens de « silence, abdication ».

contraire aux lois du royaume, que ceux qui sont assemblez n'ont point de pouvoir d'en disposer, et que vous condamnerez ceux qui feroient le contraire, et les jugerez coulpables, comme ils sont, d'avoir violé les lois fondamentales de l'Estat. On ne peut pas douter que vous n'ayez le pouvoir de ce faire, vous qui avez la garde des lois et la tutelle du Royaume en voz mains, vous par l'authorité desquels est faite cette assemblée ; veu que ce qui a accoustumé de se résoudre aux Estats généraux de la France, bien et légitimement assemblez, n'a force ny vigueur qu'après qu'il a esté vérifié par vous seans au throsne des rois, au lict de leur justice, en la cour des Pairs.

Il en est temps encore : il est plus sûr d'aller au-devant du mal que de l'attendre. Les choses sont encore en état que personne n'a « espérance bien assurée » ; mais il faut prendre garde qu'un des partis ne se sente plus de force, parce qu'alors son audace croîtrait.

Et comme l'on court ordinairement, mais plus en cette saison qu'en nulle autre, au soleil levant, tout s'esbranlera vers eux. Et lors devenus puissants et recongnoissans voz justes intentions (car il ne se peut que cette délibération ne les esvente), ils vous accableront avant que vous ayez loisir de respirer, et le feront avec tant d'artificieux prétextes qu'ils vous feront perdre l'honneur avec l'authorité, et peut-être l'authorité avec la vie.

Ménasgez donc cest heureux loisir que la bonne fortune vous donne, et faictes maintenant ce que vous devez, à quoy vostre honneur, vostre seureté et le salut de la France vous convie. Quand nous aurions oublié qui nous sommes, que les vestements que nous portons, les tapis sur lesquels nous séons ne nous ramenteraient point que nous sommes les principaux officiers de ce royaume, gardes et dépositaires des droits de la couronne, si est-ce que le langage que nous parlons nous feroit souvenir que nous sommes François. Et s'il est vray que dans tous les cœurs des hommes bien nez la nature ayt imprimé un charitable amour envers leur patrie, qui les enflamme à rechercher son salut, les estonne, les attriste, les désespère par la crainte de sa ruine : si les plus illustres louanges, les plus glorieuses recommandations qui ayent eslevé la mémoire de ceux que l'antiquité a admirés, a esté ce qu'ils ont fait ou pour la conservation ou pour l'accroissement de leur pays, quand ils s'y sont généreusement dévouez, quel blasme seroit le nostre aujourd'huy si, la France nous ayant nourris en une si douce liberté, faict sentir un si gracieux règne que celui de nos rois, honorez des plus illustres charges du royaume et faict seoir coste à coste des ducs et des princes, nous lui refusions notre simple parolle, nous lui desrobions en sa nécessité la deffence des lois qu'elle nous a données en garde? Car c'est aujourd'huy que l'on entreprend de les renverser toutes et d'un coup; c'est à la loy salique que l'on en veut............

« ... Or la loy salique est la loi fondamentale du royaume. » **Du Vair** fait ensuite une peinture de ce qu'il y aurait à craindre si les Espagnols devenaient maîtres de Paris. Il rappelle dans un énergique langage ce que l'on a précédemment souffert. « Cette nation, dit-il, a de grands, sages et profonds conseils pour assurer ses conquêtes; mais certes entre autres vertus qu'elle a admirables, c'est qu'elle sait bien châtier ceux qui ou par trahison lui vendent, ou par lâcheté lui abandonnent leur pays. » Suit le tableau des excès de la garnison espagnole.

Mais pourquoy cherchons-nous des instructions hors l'enclos de ce palais? toutes et quantesfois que nous jettons la veuë sur ces sièges, et que nous y recherchons de l'œil ceux que nous y avons vus seoir parmy nous, avec tant de réputation en ce royaume et d'admiration par toute l'Europe; ne nous souvenons-nous pas que ç'a été le conseil des Espagnols qui, avec les mains des brigands de cette ville, les a arrachés d'icy pour les traîner dans les prisons, les meurtrir, les mettre en spectacle au milieu de vos places? Le seul président [1] qui restoit en ce Parlement,

---

1. Barnabé Brisson, d'abord avocat au parlement de Paris, successivement avocat général (1575), président à mortier (1583), ambassadeur en Angleterre, conseiller d'État, président de la Chambre

qu'on pouvoit nommer à bon droict la merveille des lettres, l'ornement de la France, l'estonnement de toutes les nations estrangères, qui ont quelque goût des sciences, venant au Palais, a esté pris, traîné, terrassé, emprisonné, condamné par des personnes non seulement privées, mais infâmes et scélérées, bourrelé et exposé en trophée à la veue du peuple, sans que ses enfants et parents osassent seulement regarder le corps pour luy donner l'honneur de la sépulture. Et quel étoit son crime, Messieurs? Il étoit François, il étoit éminent en dignité, il étoit célèbre en érudition; la France en tels hommes avoit encore des arcs-boutants et des estançons de sa grandeur. Toutefois je confesse qu'il y en avoit un autre, lequel (sans troubler néantmoins le repos des morts et blâmer leur mémoire) je croy ne se devoir point taire en cet endroict : c'est que trop mollement il s'étoit opposé aux violences, aux brigandages de ceux qui l'ont assassiné. Il a nourry les tigres qui se sont repus de son sang : et pour avoir peu considérément pensé que la patience ramèneroit ces gens à la raison, il a laissé croître l'audace jusqu'à cette effrénée pétulance de laquelle il a senti les plus aigres effets. Et ainsi, pour avoir trop crainct, il a souffert ce qu'il craignoit; et, ce qui est plus déplorable en sa fortune, c'est qu'il ne lui est rien advenu qui ne luy ait esté prédict et dénoncé, voire ceans et publiquement; vous vous en souvenez, Messieurs, et par qui.

Du Vair développe longuement les dangers de guerre européenne qui peuvent sortir de l'élection d'un prince étranger;

royale, — nommé premier président du Parlement par les ligueurs, pendant la captivité d'Achille de Harlay; — devenu suspect aux Seize, il fut arrêté le 15 novembre 1591, à neuf heures du matin, confessé à dix, pendu à onze; son corps fut exposé à la Grève avec un écriteau. Brisson a été diversement jugé. En général les contemporains lui sont peu favorables. On voit clairement ici, à travers les ménagements obligés, le reproche de faiblesse. — « Cette catastrophe, dit Mezerai, était indigne d'un homme si docte et si excellent; mais elle est ordinaire à ceux qui pensent nager entre deux partis. » Si son caractère et sa conduite politique sont diversement jugés par les historiens, tous sont d'accord pour louer son érudition.

— puis il raffermit le courage des conseillers, — et conclut que « le **Parlement** fasse une solennelle déclaration en faveur de la **loy salique**, et que remontrances soient faites à **M. du Mayne** par un des présidents, assisté du plus grand nombre de conseillers que faire se pourra....

Je suis d'advis de déclarer dès à présent tous traictez, faits ou à faire cy après pour l'établissement de prince ou princesse estrangers, nuls et de nul effect et valeur, comme faicts au préjudice de la loy salique, et autres lois fondamentales du royaume, et tous ceux qui y presteront aide, faveur et consentement, criminels de lèze-majesté au premier chef.

Et, pour ce que cette remontrance est pleine de quelque envie, laquelle beaucoup de gens, qui d'ailleurs sont personnages d'honneur, ne pourroient pas peut-être si hardiment soutenir, comme la condition de l'affaire le désire, et aussi, que pour la pouvoir bien faire, il est besoing d'avoir veu ce qui s'est passé aux Estats, il me semble que nous devons tous prier Monsieur le président Le Maistre d'en prendre la charge, m'asseurant que, comme aux autres occasions qui se sont présentées il a montré un courage plein de vertu, en celle-cy, la plus importante pour le public, la plus honorable pour cette compagnie, la plus glorieuse pour luy, qui puisse jamais arriver, il apportera tout ce que nous pourrons désirer d'une âme vrayment généreuse et françoise, et digne du lieu d'honneur où il est assis.

Cette harangue si nette, si française de sentiment et d'allure, raffermit le courage du **Parlement**. L'arrêt proposé par **Du Vair** passa par son avis, et une commission de cinq membres alla le notifier au **duc de Mayenne**.

L'arrêt du Parlement eut un grand effet. Les partis y virent l'annonce de la paix et la ruine de leurs projets. Ils s'adressèrent au cardinal de Sega, légat du pape, et obtinrent de lui un « écrit qu'il fît imprimer et publier partout, pour mettre en scrupule les âmes les plus timorées, et leur persuader qu'on ne pouvoit entrer en aucun traité avec le roi, ni le reconnoître en saine conscience ».

Du Vair acheva ce qu'avaient si bien commencé son *Exhortation à la paix* et sa *Suasion de l'arrêt pour la loi salique*, en répondant à la lettre du légat par la *Réponse d'un bourgeois de Paris* [1], dans laquelle il réfutait les dernières objections, et « dissipoit les artificieux nuages des opinions auxquelles on vouloit entretenir » les Français.

Henri IV triomphait : au mois de juillet 1593 il abjurait; le **22 mars 1594** il entrait dans Paris pacifié.

Du Vair avait grandement contribué à rendre **Henri IV** à la France, et la France [2] à elle-même.

Monté enfin sur le trône qu'il avait eu tant de peine à conquérir, **Henri IV** n'oublia pas ceux qui l'avaient aidé à y monter. **Du Vair** s'était désigné à la confiance du roi. Aussi fut-il successivement chargé d'une mission politique auprès de la reine d'Angleterre, puis envoyé dans le Midi pour y réprimer les désordres qui y avaient éclaté et ramener à l'obéissance cette province travaillée par les Espagnols et tyranniquement gouvernée par des magistrats usurpateurs [3].

Cette mission de **Du Vair** n'était pas sans danger. C'est une besogne délicate que de calmer les peuples aveuglés par les passions, aigris par les misères, et déshabitués de la règle et du devoir par le désœuvrement et la licence.

Les œuvres de **Du Vair** contiennent un discours prononcé à **l'hôtel de ville de Marseille** en **1596** : nous le louerons assez en disant qu'en le lisant on pense quelquefois à Bossuet.

… Les plus subtils et avisés peuples se laissent tant de fois ramener aux mêmes dangers dont ils sont sortis, pourvu seulement qu'on leur en change les prétextes. Chose étrange que l'expérience même des misères passées, qui est une rude et trop chère maîtresse, ne les peut rendre sages. . . . .

… Si les affaires du monde se gouvernoient par souhaits, je souhaiterois et vous tous, comme je crois, que cela ne fust jamais advenu. Mais puisque cela ne se peut, il ne reste qu'un seul remède, qui est que l'oubliance en

---

1. *Œuvres de Du Vair*, p. 145-195.
2. On sait le mot de Henri IV : « Ces robins, avec leurs bonnets carrés, m'ont été plus utiles que mes soldats ».
3. Louis d'Aix et Cazeaux.

étouffe la mémoire, ou pour le moins que le silence la couvre. . . . .

En cette furieuse et j'ose quasi dire fatale confusion, qui est celui qui se veuille prétendre si heureux et si hors de la condition commune des autres que d'avoir dû être exempt d'injure et d'offense, et d'avoir pu être en sûreté, lorsqu'il sembloit que les fondements du monde fussent ébranlés pour l'ensevelir en sa ruine? Croyez-moi, Messieurs, qu'il arrive en ces accidents-là le semblable qu'aux alarmes qui se donnent de nuit : l'on frappe quelquefois sur ceux que l'on aime le plus, et tel à la fin pleure celui qu'il a lui-même blessé. C'est un secret jugement de Dieu qui vient en son temps sur les hommes et leur ôte toute connoissance, afin qu'ils servent à la juste punition les uns des autres, dont puis après, pour dernier supplice, ils en portent une honte en eux-mêmes et un regret éternel. . .
. . . .

Après cela, Messieurs, Sa Majesté m'a chargé de vous avertir et admonester d'user avec prudence et considération des privilèges et libertés qu'il vous a accordés et confirmés, vous en servir pour votre bien et salut et ne les pas convertir à votre propre ruine, comme vous avez fait autrefois.

Il se trouve toujours parmi les peuples des hommes pernicieux et désespérés, qui, ayant dessein de bâtir leur fortune de la ruine de leur pays, vont flattant l'ignorant populaire et lui chatouillant les oreilles de ce doux nom de liberté. Le vulgaire imprudent, charmé de ce doux nom, autorise les factieux et séditieux, et les assiste pour renverser la puissance légitime du prince et s'emparer du commandement; tant qu'étant fortifiés par le sang et le pillage, de leurs meilleurs citoyens ils descendent aux médiocres, des médiocres aux plus petits, et, après avoir tout pillé et ravagé, vendent enfin les villes au plus offrant, comme avoient fait Louis d'Aix et Casau. Soyez, Messieurs, toujours en garde contre telles gens; veillez, veillez soigneusement sur ces empoisonneurs de peuples, qui, sucrant de cette venimeuse douceur d'apparente liberté le poison d'une dure et tyrannique servitude, le leur font avaler sans qu'ils le sentent, et les endorment tellement sur leur mal qu'ils se connoissent aussitôt morts que malades.

A ce langage ferme, à cette période sonore, on reconnaît sinon le grand orateur, du moins un des plus utiles précurseurs de la grance éloquence. Quant au fond, il nous donne l'idée même de la politique honnête et loyale qui fut toujours celle des grands rois et des grands ministres français. Citons encore ce passage du discours de **Du Vair** à l'ouverture des **États de Provence** en **1597** :

... Pour vous, Messieurs de la noblesse, qui portez en titre les ornements de la vertu de vos pères, qui jouissez des fiefs de cette province comme du partage de votre vaillance, qui êtes sortis du sein de vos mères la cuirasse sur le dos, il est superflu d'employer des paroles pour enflammer davantage vos généreux courages, non échauffés, mais embrasés de cette vive et brûlante ardeur de consumer vos biens, répandre votre sang, sacrifier vos vies pour la défense de votre pays. C'est vous qui en êtes les vrais remparts, votre vertu la plus sûre frontière : si quelque danger la menace, c'est une moisson de gloire qui se présente à vous, c'est vous seuls qui avez le goût de cette louange immortelle qui suit la vaillance comme l'ombre le corps. C'est vous seuls qui savez mépriser toutes choses pour acquérir de l'honneur; et pour ce, ayant ce piquant aiguillon dans les cœurs, toute autre exhortation vous seroit superflue.

Quant à vous, Messieurs des communes, je sais bien à la vérité que vous avez beaucoup souffert : vous êtes grandement endettés des guerres passées, affligés du mauvais ménage qui s'est fait en vos affaires; mais il ne faut pas pour cela perdre courage; mais comme le pèlerin qui, lassé d'une longue et dure journée, voyant le gite où il doit arriver, redouble ses forces et quasi se délasse en travaillant, il faut que vous franchissiez par une ferveur d'affection ce peu qui reste de mauvais chemin. . . . . .

La mission que le roi lui avait donnée étant terminée, **Du Vair** fut nommé **premier président du parlement de Provence**. Il occupa cette haute situation pendant dix-sept ans, partagé entre les devoirs de sa charge et les soins de l'amitié[1]. Il eut quelques démêlés avec l'autorité ecclésiastique, et sut, dans des conjonctures délicates, concilier le respect dû à l'Église et à la religion avec les droits imprescriptibles de l'État, dont il fut toujours un gardien jaloux. Voici un fragment d'une lettre à **Louis XIII** sur ce sujet :

... Aussi ne sera-t-il jamais dit qu'en l'administration que vous lui avez commise de votre justice souveraine, elle (votre cour) manque en rien ni au respect, ni à la protection de cet ordre saint, médiateur entre Dieu et les hommes : elle croirait en cela trop vous desservir. Mais, Sire, si quelque particulier, ou par zèle inconsidéré ou par ambitieux dessein, se veut servir de ce prétexte pour altérer la police du royaume, ou entreprendre sur votre autorité, on ne verra jamais que, pour fuir la haine ou l'envie dont on voudroit la charger, elle relâche rien de l'obligation qu'elle a aux lois et au bien du royaume.... Une venimeuse ambition a saisi l'esprit de plusieurs, et les a tellement dénaturés de l'humeur françoise, qu'ils estiment blasphème ce que nos ancêtres ont cru droits sacrés, et ne parlent des appellations comme d'abus et privilèges de l'Eglise gallicane que comme d'un prestige et abomination, bien que ce soient droits qui n'ont été introduits principalement que par les ecclésiastiques et pour leur soulagement.

Sire, on ne peut pas ôter cette gloire à votre clergé, qu'il ne soit composé pour la plupart des plus grands et illustres personnages de l'Europe, luisant de grande piété et de beaucoup d'érudition ; mais aussi ne peut-on dissi-

---

[1]. Il était très lié avec Peiresc, l'ami de Malherbe, et avec Malherbe lui-même. « Je suis extrêmement aise d'avoir su la guérison de M. le premier Président devant que sa maladie : c'est une tristesse qui m'a été épargnée. J'aime et estime peu d'hommes au monde, et celui-là est de ce petit nombre ; tant que Dieu aimera la Provence, il le lui conservera.... » (Malherbe à Peiresc, 28 octobre 1609.) Voir Lettres de Malherbe à Peiresc, *passim*.

muler qu'il s'en trouve toujours quelqu'un qui, poussé d'ambition, pour se faire renommer et profiter de l'apparence de son zèle, foule aux pieds les lois de l'État et les droits de votre couronne.... Vous les devez, Sire, tellement honorer et révérer, que, comme ès choses qui concernent la religion ils ne doivent avoir rien au-dessus d'eux, ainsi en l'ordre public et gouvernement de cet État ils doivent être entièrement soumis à vos lois et à vos magistrats, et ne devez souffrir en aucune occasion, pour si petite qu'elle soit, qu'ils entament votre autorité, laquelle, pour si peu qu'elle soit ébréchée, est aisée à entr'ouvrir. . . . . . .

C'est là la pure doctrine française, la seule conforme à la justice et à la dignité de l'État; c'est celle qu'ont toujours enseignée et pratiquée les rois, les ministres vraiment français; nous la voyons toujours soutenue par les esprits sages, quelque forme de gouvernement que la France ait acceptée ou se soit donnée : espérons qu'elle ne succombera jamais, malgré les colères et les impatientes revendications de ceux qui ne voient de place pour la religion dans un État que la première.

Du Vair fut en 1616 mandé à Paris, et **Marie de Médicis** lui confia les **sceaux**.

Disgracié, puis rappelé, nommé évêque de Lisieux, il accompagna Louis XIII dans le Midi, et mourut à Tonneins (1621) d'une fièvre épidémique qui s'était répandue dans l'armée.

De cette deuxième période de la vie de Du Vair nous n'avons presque rien à retirer pour l'objet de ce livre. Le **Du Vair** de l'éloquence est le **Du Vair** de la **Ligue** et des **États de 1593**. Nous donnerons cependant la lettre pleine de dignité que **Du Vair** adressa à **Louis XIII** en résignant les sceaux.

Sire, quand il a plu à Votre Majesté me commander de la venir trouver et de recevoir le sacré dépôt de ses sceaux, j'ai fait ce que j'ai pu pour en faire agréer mes excuses à Votre Majesté, prévoyant bien les difficultés qu'il y auroit d'accommoder les mœurs de ma vie passée à celles de la cour, en la disproportion qu'il y avoit, et que difficilement lui pourrois-je être aussi utile de par deçà qu'il eût été nécessaire. Enfin, après plusieurs commandements réitérés, je les lui rapporte, mais c'est beaucoup plus volontiers que je ne les étois venu recevoir.

Votre Majesté se peut assurer que, pendant le temps que j'en ai eu la garde, ils n'ont été employés à autoriser aucune chose qui soit contraire à son service, ni à ce qu'elle daigna me commander en me les baillant, ni encore moins au serment qu'elle m'en fit prêter.

Je souhaite que celui qui y succédera y serve Votre Majesté plus heureusement que moi, car plus fidèlement je suis assuré qu'il ne pourra le faire.

Je prierai Dieu pour Votre Majesté et qu'il lui plaise l'assister de bons conseils, car elle en a besoin.

CHAPITRE V

HENRI IV [1]

Ce que poursuivit **L'Hospital**, ce que souhaita **Du Vair**, **Henri IV** le réalisa. Mais il eut de plus qu'eux sa naissance, son génie et les circonstances.

Amour du pays, esprit de mesure, haine de tout excès, de tout fanatisme, exact et fier sentiment des droits supérieurs de l'État, pleine indépendance de l'esprit unie à une grande géné-

---

[1]. « Henri IV, c'est L'Hospital armé; sa victoire fut, après trente-quatre ans d'hésitation publique, de tentatives prématurées et de violents retours en arrière, celle des principes de l'immortel chancelier de Charles IX. Le roi qui délivra les consciences de l'oppression religieuse et le pays de l'influence étrangère fut un de ces grands réparateurs venus après les grands désordres pour relever les ruines amoncelées et faire germer les semences de bien éparses parmi les décombres. Une fois qu'il eut conquis la paix au dedans et au dehors, douze ans lui suffirent pour effacer la trace des guerres civiles, renouveler la face du pays par une prospérité toujours croissante, et fonder sur de nouvelles bases la politique nationale. Il avait une intelligence universelle, un esprit souple et pénétrant, des résolutions promptes et une fermeté inébranlable dans ce qu'il avait résolu. A la sagesse des hommes pratiques, à cet instinct qui va droit à l'utile et au possible, qui prend ou rejette sans prévention et sans passion, au commandement le plus absolu, il joignait la séduction des manières et une grâce de propos inimitable. Ses hautes vertus mêlées d'étranges faiblesses ont fait de lui un type unique de roi à la fois aimable et imposant, profond de sens et léger de goûts, plein de grandeur d'âme et de calcul, de sympathie pour le peuple et d'orgueil de race, et toujours et avant tout, patriote admirable. — Il y a trois choses dans l'œuvre du vainqueur de la Ligue : l'établissement définitif de la liberté de conscience et de l'état civil des dissidents, la restauration et le progrès de tout ce qui constitue la richesse publique, enfin la conception d'une politique française fondée sur le maintien des nationalités et l'équilibre des puissances européennes.... » (Aug. Thierry, *Essai sur le Tiers État*, chap. vi.)

rosité de cœur, finesse, franche bravoure, imagination charmante et souverain bon sens, nous reconnaissons en lui la plus complète réunion des qualités qui constituent l'esprit français, et nous saluons en lui le plus français de nos rois.

On lira dans d'autres recueils des lettres où brillent l'esprit aimable, la vive et gracieuse imagination de **Henri IV**. Fidèle à notre plan, nous ne voulons le montrer que dans son métier de roi : nous recueillerons donc quelques paroles caractéristiques adressées par lui à ses **soldats**, aux **parlements**, aux **délégués du clergé**.

1° Le 20 octobre 1587, avant la bataille de Coutras :
Au prince de Condé et au comte de Soissons :

Vous voyez, mes cousins, que c'est à notre maison que l'on s'adresse. Il ne seroit pas raisonnable que ce beau danseur et ces mignons de cour en remportassent les trois principales testes que Dieu a réservées pour conserver les autres avec l'Estat. Ceste querelle nous est commune, l'issue de ceste journée nous laissera plus d'envieux que de malfaisans ; nous en partagerons l'honneur en commun.

Aux capitaines et aux soldats :

Mes amis, voicy une curée qui se présente bien autre que vos butins passés : c'est un nouveau marié qui a encores l'argent de son ménage en ses coffres ; toute l'élite des courtisans est avec luy. Courage! Il n'y aura si petit entre vous qui ne soit désormais monté sur des grands chevaux et servy en vaisselle d'argent. Qui n'espéreroit la victoire vous voyant si bien encouragez? Ils sont à nous : je le juge par l'envie que vous avez de combattre ; mais pourtant nous devons tous croire que l'événement est en la main de Dieu, lequel, sçachant et favorisant la justice de nos armes, nous fera voir à nos pieds ceux qui debvroient plustôt nous honorer que combattre. Prions-le donc qu'il nous assiste. Cet acte sera le plus grand que nous ayons faict : la gloire en demeurera à Dieu, le service au roy, nostre souverain seigneur, l'honneur à nous, et le salut à l'Estat.

Henri IV avait **abjuré** le calvinisme **(1593)**; il était entré à Paris (1594). La majorité de la nation s'était ralliée à lui; mais toutes les résistances n'étaient pas vaincues, et l'Espagne n'avait pas renoncé à la lutte. Trois provinces en particulier, la Bourgogne, la Picardie et la Bretagne, excitées et soutenues par elle, refusaient de se soumettre.

Au **printemps de 1595, Henri IV** partit pour la Bourgogne. — Le **Parlement** vint prendre congé de lui. — Le roi répondit au premier président :

Je pensois que ne fussiés venus que pour prendre congé de moy comme vous m'avés dict; c'est pourquoy je ne suis préparé à vous respondre; ce que j'eusse faict en aussy bons termes que ceulx que vous avés dicts.

Je seray tousjours bien aise que recherchiés avec messieurs qui sont de mon conseil les moyens de soulager mes subjets par le payement des rentes : ç'a tousjours esté mon intention d'y satisfaire; je l'ay tousjours aussi dict, je ne pense poinct aultre chose; ce que j'ay à la bouche, je l'ay au cœur.

Je m'en vais dans mon armée le plus mal accommodé que peut estre prince. Vous m'avés par vos longueurs tenu icy trois mois; vous verrés le tort qui a esté faict à mes affaires, quatre mois vous le feront voir. J'ay trois armées dans le royaume, je les iray trouver, j'espère en avoir la raison; j'y porteray ma vie et l'exposeray librement, Dieu ne me délaissera poinct. Il m'a miraculeusement appellé à la couronne et m'a assisté jusques icy; il m'assistera toujours; ses œuvres ne seront poinct imparfaites. Je vous ay remis en vos maisons; vous n'étiés que dans des sales et petites chambres; je vous ay remis dans mon palais. Je vous recommande le debvoir de vos charges : soyés aussi soigneux de ce qui est du public que de tout ce qui vous touche en particulier. Gardés que le venin de la passion n'entre dans le cœur. Je vous aime autant que roy peut aimer; mes paroles ne sont poinct de deux couleurs : ce que j'ay à la bouche, je l'ay au cœur. Le naturel des François est de n'aimer poinct ce qu'ils voyent : ne me voyant plus, vous m'aimerés, et quand vous m'aurés perdu, vous me regretterés. Je vous recommande encore le debvoir de vos charges, et empeschés que le poison n'arrive jusques au cœur. La France est l'homme, Paris est le cœur. J'ay trois armées estrangères dans mon royaume ; Dieu me fera la grâce de les chasser, et lors j'iray tenir mon lit de justice [1].

Au mois de février, **Henri IV** avait aussi répondu à **M. de Nicolaï**, premier président de la **Chambre des Comptes**, qui, à la tête d'une députation de cette compagnie, était venu lui faire des remontrances sur la création des trésoriers provinciaux des parties casuelles.

Messieurs, je reçois de bonne part vos remontrances : je sçay bien que tous les édicts nouveaux sont toujours odieux. Je l'ay faict avec autant de regret que vous en avés, et, sans la nécessité de mes affaires, vous ne seriés en peine de m'en venir faire remontrances, que je reçoy bien. Mais quand vous avez sceu ma volonté, vous deviés passer oultre et ne vous arrester aux formalités que pouviés faire en aultre temps.

J'ay, depuis quelques années, faict vivre ma gendarmerie presque miraculeusement, sans argent, à la ruyne toutefois de mon peuple, qui n'a plus aulcun moyen. Il faut donc que j'aye recours aux moyens qui me restent. Cest édict a été veu en mon conseil et par moy, qui avons assez de jugement pour cognoistre ce qui est pour le bien de cest Estat. Nous trouvons qu'il se doibt faire et que j'en tireray un grand secours, sans lequel je ne puis m'acheminer en mon voyage de Lyon, où il est nécessaire que j'aille promptement pour faire teste à mes ennemys, sur lesquels j'espère remporter la victoire, et après, établir meilleur ordre dans mes affaires que par le passé.

Vous m'avés dict la charge qu'a portée cest édict en mes finances, et que vous cognoissés ma nécessité ; mais vous ne m'apportés point de remedde pour m'en tirer, et

---

[1]. *Lettres missives*, t. IV, p. 414.

moins pour faire vivre mes armées. Si vous me faisiés offre de deux ou trois mil escus chascun, ou me donniez advis de prendre vos gages ou ceux des trésoriers de France, ce seroit un moyen pour ne point faire des édicts : mais vous voulés estre bien payés, et pensés avoir beaucoup faict quand vous m'avés faict des remontrances pleines de beaux discours et de belles paroles; et puis vous allés chauffer et faire tout à vostre commodité. Car si seulement il y a vacation, vous ne la voulés perdre, quelque affaire pressée que ce soit[1] !...

Succès du roi en Bourgogne et en Franche-Comté. **Combat de Fontaine-Française.** Le pape absout Henri IV. Soumission de Mayenne. (Juin, juillet, août 1595.)

Pendant ces événements, le général espagnol **Fuentès**, gouverneur des Pays-Bas, envahissait la **Picardie**.

Henri IV, qui s'était rendu à Lyon pour conclure les négociations avec les chefs ligueurs du Midi **(septembre 1595)**, part brusquement pour le Nord, où Fuentès assiégeait **Cambrai**.

En passant à Paris, il se rend au **Parlement** pour demander de l'argent (1er octobre). Voici sa harangue :

J'ay faict un long voyage; mais non pas si long que j'eusse désiré; car si j'eusse peu estre encores six semaines par delà, j'eusse nettoyé toutes mes affaires, qui sont grandes; mais Dieu m'aidera comme il a tousjours faict. Je suis venu en poste, sur l'advis de mes meilleurs serviteurs que ma présence étoit nécessaire. J'ay eu de l'advantage sur mes ennemys, mais la force ne vient poinct de moy, mais de Dieu seul. Vous dictes que là où je suis tout se porte bien. Il est vray, j'en loue Dieu, le connestable de Castille n'a rien emporté sur moy. Je ne puis pas estre partout; vous sçavés ce qui s'est passé en Picardie; je vouldrois ne m'en poinct souvenir. Je ne veulx accuser personne de faulte de courage, au contraire, il y en a eu qui n'en avoient que trop. Si j'y eusse été, cela ne fust pas advenu, ny si l'on eust gardé l'ordre que j'y avois donné.

---

1. *Lettres missives*, t. IV, p. 414.

Vous m'avez dict que je me hazarde trop, je ne le fais volontiers, mais j'y suis contrainct parce que si je n'y vais, les aultres n'y iront poinct. Ce sont tous volontaires, que je ne puis pas forcer. Si j'avois de quoy payer les gens de guerre, j'aurois des personnes asseurées qu'enverrois aux hazards, et je n'irois poinct; mais je n'ay personne. Force troupes me viennent trouver, mais quand je les ay tenues quinze jours, je ne sçais qu'elles deviennent.

J'espère dans ce temps-là veoir les ennemys, et ne laisser poinct deux mil chevaux, qui y sont, sans rien faire. Si je fais mal, je ne vous en apporteray poinct de nouvelles, car j'y demeureray; si je fais bien, vous m'en aimerés davantage.

Mais il me fault de l'argent, et n'en peux avoir de plus clair que des édicts que vous avés à passer dès demain; et dictes à ceulx qui y apportent des difficultez, qu'ils sont cause de faire hazarder ma personne. Si vous les passés, je vous en auray double obligation : l'une, que vous aurés faict quelque chose pour mes prières; l'aultre, que je n'iray pas tant aux hazards; car, quand j'auray de quoy donner à mes gens de guerre, ils iront, et je les laisseray faire.

Mes Suisses m'ont promis de venir jusques à la rivière de Marne, mais ils ne passeront point sans argent. Faictes donc cela pour moy; faisans pour moy, vous faictes pour vous aultres.

Je m'en vais mercredy, je me porte bien; je suis venu au pas, et retourne au galop. Il ne me fault rien que de l'argent. J'ai perdu mes meilleurs chevaux; il fault que j'en achepte d'aultres icy pour mon voyage. Ce n'est poinct pour faire des masques et des ballets, c'est pour chasser les ennemys en leur pays; j'espère les y mener battans, ayant mes forces. J'ay six mil François; Sancy [1] m'amène trois mil lansquenets; les Estats m'envoyent des gens de guerre, et j'auray quelque secours d'Angleterre. Tout ira

---

1. Nicolas Harlay de Sancy (1546-1629), l'un des plus dévoués amis de Henri IV; capitaine des Cent-Suisses, surintendant des finances; fécond en expédients pour procurer au roi de l'argent et des troupes.

bien si j'ai de l'argent. Aidés-moy, et vous cognoistrés que vous ne pouvés avoir un meilleur roy qui vous aime plus et qui doubte moins hazarder sa vie [1].

La fortune ne favorisait pas les armées françaises dans le Nord. — **Cambrai** avait été pris, **Calais** s'était rendu. — Le roi était dans un grand embarras. Il avait surtout besoin d'argent. Pour s'en procurer, il convoqua à **Rouen** une **assemblée des notables**. — Elle se réunit le **4 novembre 1596**. Le roi ouvrit la session par ce discours [2] :

Si je voulois acquérir le titre d'orateur, j'aurois appris quelque belle et longue harangue, et la vous prononcerois avec assés de gravité ; mais, Messieurs, mon désir me poulse à deux plus glorieux titres, qui sont de m'appeler libérateur et restaurateur de cest Estat. Pour à quoy parvenir je vous ay assemblez. Vous sçavés à vos despens, comme moy aux miens, que lorsque Dieu m'a appelé à ceste couronne, j'ay trouvé la France, non seulement quasy ruinée, mais presque toute perdue pour les François. Par la grâce divine, par les prières et bons conseils de mes serviteurs qui ne font profession des armes, par l'espée de ma brave et généreuse noblesse (de laquelle je ne distingue point les princes, pour estre notre plus beau tiltre, foy de gentilhomme!), par mes peines et labeurs, je l'ay sauvée de la perte : sauvons-la astheure de la ruine. Participés, mes chers subjets, à cette seconde gloire avecques moy, comme vous avez faict à la première. Je ne vous ay point appellez comme faisoient mes prédécesseurs pour vous

---

1. *Lettres missives*, t. IV, p. 414.
2. On peut voir au 4ᵉ volume (p. 656) des *Lettres missives* (Berger de Xivrey) le fac-similé de la copie de ce discours. Il est tout entier de la main de Henri IV. On y remarque la trace très intéressante du travail de rédaction dans plusieurs corrections substituées à de premières leçons qui se peuvent lire encore sous ces ratures. — Voir : Berger de Xivrey, *Lettres missives de Henri IV*, 7 vol. (Documents inédits relatifs à l'histoire de France); — Poirson, *Histoire de Henri IV*; — Jung, *Henri IV écrivain*; — Sainte-Beuve, *Causeries du lundi*, t. XI et XIII; — *Revue des Deux Mondes*, 15 avril 1884 : *La politique de Henri IV*.

faire approuver leurs volontez : je vous ay assemblez pour recevoir vos conseils, pour les crere, pour les suivre, bref, pour me mettre en tutelle entre vos mains : envie qui ne prend gueres aux roys, aux barbes grises et aux victorieux. Mais la violente amour que je porte à mes subjects et l'extrême envie que j'ay d'adjouster ces deux beaux tiltres à celuy de roy, me font treuver tout aysé et honorable. Mon chancelier vous fera entendre plus amplement ma volonté [1].

L'assemblée prit un peu trop au sérieux les paroles du roi. Elle proposa des mesures qui restèrent sans effet : et d'ailleurs **Sully** se chargea de procurer des ressources à son maître.

Henri IV ferme l'assemblée des notables, contraint le parlement de Rouen à enregistrer enfin l'**édit de 1577** en faveur des protestants, et revient à Paris (février 1597).

On apprend tout à coup que les Espagnols ont surpris **Amiens** (11 mars). — Cette nouvelle inquiète et ébranle les amis et les alliés du roi; elle encourage ses ennemis. **Henri** montre un courage, une activité égale au péril. Il part aussitôt pour la Picardie afin d'organiser la guerre et de rassurer les populations. Souffrant, il revient pour quelques jours à Paris; il fait en ces termes appel au patriotisme du **Parlement** (19 avril 1597) :

Messieurs, ce n'est pas seulement le soin de pourveoir à ma santé qui m'a fait revenir de la fontière de Picardie, mais bien pour exciter un chacun de penser aux nécessités qui paroissent, estimant que nul ne pouvoit ny mieux ny avec plus de force représenter le mal et procurer les remèdes. Vous avez, par votre piété, secouru l'année passée infinis pauvres souffreteux qui étoient dans votre ville ; je vous viens demander l'aulmosne pour ceux que j'ay laissez sur la frontière. Vous avez secouru des personnes qui estoient dans les rues, sur les tabliers [2], ou accaignardez près du feu ; je vous demande l'aulmosne pour des gens qui ont servi, qui servent nuict et jour, et employent leur vie pour vous tenir en repos. Je désire, Messieurs, qu'on

---

1. *Lettres missives,* t. IV, p. 743.
2. Parquets des ponts.

tienne une assemblée générale en cette ville mardy prochain, affin que, comme aultrefois en pareilles occasions, on a fait un effort pour secourir l'Estat, qui n'estoit si faible ni si alanguy qu'il est à présent, et, par conséquent, la charité plus aisée, chacun contribue à ce besoing. J'ay esté sur la frontière ; j'ay fait ce que j'ay peu pour asseurer les peuples ; j'ay trouvé, y arrivant, que ceulx de Beauvois s'en venoient en ceste ville, ceulx des environs d'Amiens à Beauvois. J'ay encouragé ceulx du plat pays, j'ay faict fortifier leurs clochers, et fault que vous dye, Messieurs, que, les oyant crier à mon arrivée : Vive le roy ! ce m'estoit aultant de coups de poignard dans le sein, voyant que je serois constrainct de les abandonner au premier jour. Il n'y fit jamais plus beau sur la frontière : nos gens de guerre pleins de courage et d'ardeur, le peuple mesme, qui est entre Amiens et Dourlens, plus voisins des ennemys, plus résolus de s'opposer à leurs armes. Nous avons des nécessités, nos ennemys n'en sont pas exempts ; c'est chose que nous avons apprins par leurs lettres mesmes. Ils n'ont encore eu moyen de jetter des hommes dans Amiens, et ce m'est un regret incroyable de voir perdre tant de belles occasions. J'ay tenté des entreprises ; nous y avons apporté tout ce qui estoit dés hommes ; Dieu ne l'a pas voulu ; il a fallu subir à son ordonnance ; encore est-ce beaucoup d'avoir essayé à les exécuter, et beaucoup de terreur à nos ennemys de l'avoir osé entreprendre. Messieurs, je feray ma diette[1] à Saint-Germain, sans qu'elle m'empesche d'entendre les affaires générales, mais bien les particulières, à quoy on n'a que trop songé. Je vous prie, assemblés-vous, car, si on me donne une armée, j'apporteray gaiement ma vie pour vous sauver et relever l'Estat ; sinon, il faudra que je recherche des occasions, en me perdant, donner ma vie avec honneur, aimant mieux faillir à l'Estat que si l'Estat me failloit. J'ay assez de courage et pour l'un et pour l'autre [2].

1. « Cure, régime » ; quelquefois : « retraite, repos ».
2. *Lettres missives.* t. IV, p. 765.

Le Parlement différait de jour en jour l'enregistrement des **Édits bursaux** [1]. Il résista plus d'un mois. Le **roi** vint en personne l'y contraindre le 21 mai.

Ce m'est un extresme desplaisir, Messieurs, que, la première fois que je suis venu en mon Parlement, ce soit esté pour le sujet qui m'y mene. J'eusse bien plus désiré y venir tenir mon lit de justice, vous ramentevoir vos devoirs, vous recommander, en l'administration d'icelle, vos consciences et la mienne ; mais le malheur du temps ne l'a voulu permettre. Je suis donc esté poussé de venir icy par vos longueurs, vos opiniastretez et vos desobeyssances, et enquor pour le salut de l'Estat, duquel je vous ay fait voir le péril éminent, qui toutesfois ne vous a esmeu. Or je suis poussé de telle passion à la conservation d'icelluy, qu'elle me feroit peut-estre parler avec plus d'aigreur non que je devrois, mais que la corruption du siècle ne le requiert. Qui me fait taire et commander à mon chancelier de vous faire entendre plus amplement mes volontez [2].

Le roi quitte Paris, reprend **Amiens** (19 septembre 1597).
L'année suivante la Bretagne était reconquise et pacifiée sans coup férir.
Il restait à pacifier les esprits et à terminer la guerre religieuse. Ce fut l'œuvre de l'**Édit de Nantes (13 avril 1598).**
Le 28 septembre 1598, les **députés du clergé** vinrent adresser à **Henri IV** des doléances. — Le roi leur répondit :

A la vérité je recognois que ce que vous m'avés dict est véritable. Je ne suis poinct auteur des nominations; les

---

[1]. Ce terme général s'applique à tous les édits ayant pour objet de procurer de l'argent au trésor royal. Il s'agit ici d'expédients imaginés par Sully pour parer aux nécessités urgentes : on créait de nouveaux offices ; — on demandait une décime au clergé ; — on levait un emprunt forcé sur les membres les plus riches des cours souveraines ; — on se proposait d'établir une augmentation de quinze sous par minot de sel. Les parlements protestaient surtout contre la création des nouveaux offices, et résistaient à la volonté royale. (Voir *Histoire de Henri IV*, de Poirson).

[2]. *Lettres missives*, t. V, p. 33.

maux estoient introduits auparavant que je fusse venu. Pendant la guerre, j'ay couru où le feu étoit plus allumé, pour l'estouffer; maintenant que la paix est revenue, je feray ce que je dois faire en ce temps de paix. Je sais que la Religion et la Justice sont les colonnes et fondemens de ce Royaume [1] qui se conserve de justice et de piété; et quand elles ne seroient, je les y vouldrois établir, mais pied à pied, comme je feray en toutes choses. Je feray en sorte, Dieu aidant, que l'Église sera aussi bien qu'elle étoit il y a cent ans; j'espère en descharger ma conscience et vous donner contentement. Cela se fera petit à petit : Paris ne fust pas fait en un jour. Faictes par vos bons exemples que le peuple soit autant excité à bien faire comme il en a esté précédemment esloigné.

Vous m'avez exhorté de mon debvoir; je vous exhorte du vostre. Faisons bien vous et moy. Allés par un chemin et moy par l'autre, et si nous nous rencontrons, ce sera bien tost faict. Mes prédécesseurs vous ont donné des paroles avec beaucoup d'apparat; et moy avec jaquette grise je vous donneray les effets. Je n'ay qu'une jaquette grise ; je suis gris par le dehors, mais tout doré en dedans [2].

1. Allusion à la devise du roi Charles IX : Deux colonnes avec les mots : *Pietate et justitia*.
2. « Dans tous les discours, la composition est nulle; Henri IV réussit contre toutes les règles de l'art; le désordre même est sa défense, et l'on serait, ce semble, embarrassé pour répondre; il offre peu de prise.... Les orateurs prennent séparément les sentiments divers, les émeuvent successivement, et traitent chacun avec ampleur: Henri IV les éveille ou plutôt les attaque, les quitte, les reprend, les mêle et les tempère les uns par les autres; la prière corrige la menace; une parole affectueuse corrige la raillerie.... L'auditeur est à la fois surpris et charmé, réprimandé et attiré, moqué et séduit.... Ce n'est pas là sans doute la haute et grande éloquence; mais elle a quelque chose d'original et de si personnel qu'elle ne peut être un modèle, ni faire école.... L'éloquence de Henri IV n'emprunte rien à personne; elle n'appartient qu'à lui; elle le montre tout entier et ne montre que lui; elle a reçu et garde l'empreinte de son caractère : présence d'esprit dans la vivacité, justesse dans la soudaineté, mesure dans la hardiesse, bonne humeur fine et bon sens railleur; à phrases courtes, sans transitions qui perdent le temps, sans rien d'inutile ou

Il était peut-être naturel que le clergé se plaignît et fit entendre des réclamations au sujet de l'**Édit de Nantes**.

Il est plus étonnant de voir la résistance des **parlements**. — **Henri IV** manda au Louvre les députés de toutes les chambres de celui de Paris et leur parla ainsi (7 février 1599) :

Devant que vous parler de ce pour quoy je vous ay mandés, je vous veulx dire une histoire que je viens de ramentevoir au mareschal de la Chastre. Incontinent après la Sainct-Barthélemy, quatre, qui jouions aux dez sur une table, y vismes paroistre des gouttes de sang, et, voyant qu'après les avoir essuyées par deux fois, elles revenoient pour la troisième, je dis que je ne jouois plus, que c'étoit un mauvais augure contre ceulx qui l'avoient respandu. M. de Guise estoit de la troupe.

Ce propos fini, le roi leur dit :

Vous me voyez en mon cabinet où je viens parler à vous non point en habit royal ou avec l'espée et la cappe, comme mes prédécesseurs, ny comme un prince qui vient parler aux ambassadeurs étrangers, mais vêtu comme un père de famille, en pourpoint, pour parler familièrement avec ses enfants. Ce que je veux dire, c'est que je vous prie vérifier l'édict que j'ai accordé à ceulx de la Religion. Ce que j'en ay faict est pour le bien de la paix ; je l'ai faicte au dehors, je la veux faire au dedans de mon royaume. Vous me devez obéir quand il n'y auroit considération que de ma qualité, et obligation que m'ont mes subjects et particulièrement vous de mon Parlement. J'ay remis les uns en leurs maisons, dont ils étoient bannys, les aultres en la foy qu'ils n'avoient plus. Si l'obéissance étoit due à mes prédécesseurs, il m'est (dû) autant ou plus de dévotion, parce que j'ay rétably l'État, Dieu m'ayant choisy pour me mettre au Royaume qui est mien par héritage et acquisition. Les

de purement oratoire; adroite et ferme, gaie et élevée, ironique et chaleureuse, où se mêlent à de nombreuses saillies de l'esprit quelques accents du cœur. » (Jung, *Henri IV écrivain*, p. 36.)

gens de mon Parlement ne seroient en leurs sièges sans moy. Je ne me veux vanter, mais je veux bien dire que je n'ay exemple à invoquer que de moy-même. Je scay bien qu'on faict des brigues au Parlement, que l'on a suscité des prédicateurs factieux ; mais je donneray bien ordre contre ceulx-là et ne m'en attendray à vous. C'est le chemin que l'on prit pour faire des barricades et venir par degrez à l'assassinat du feu Roy. Je me garderay bien de tout cela, je couperay la racine à toutes factions et à toutes les prédications séditieuses, faisant accourcir tous ceulx qui les suscitent. J'ay sauté sur des murailles de ville, je sauteray bien sur des barricades. Ne m'alléguez point la religion catholique : je l'aime plus que vous, je suis plus catholique que vous : je suis fils aîné de l'Église : nul de vous ne l'est ni le peut être. Vous vous abusez si vous pensez être bien avec le Pape; j'y suis mieux que vous. Quand je vous l'entreprendray, je vous feray tous déclarer hérétiques, pour ne me vouloir pas obéir. J'ay plus d'intelligences que vous; vous avez beau faire, je sauray ce que chacun de vous dira ; je scay tout ce qu'il y a en vos maisons; je scay tout ce que vous faictes, tout ce que vous dictes ; j'ai un petit démon qui me le révèle. Ceux qui ne désirent que mon édict passe me veulent la guerre : je la déclareray demain à ceulx de la Religion ; mais je ne la leur feray pas, vous irez tous avec vos robes et rassemblerez la procession des Capucins, qui portoient le mousquet sur leurs habits. Il vous feroit beau voir. Quand vous ne voudrez passer l'édict, vous me ferez aller au Parlement. Vous serez ingrats, quand vous m'aurez créé ceste envie. J'appelle à tesmoing ceux de mon conseil qui ont trouvé l'édict bon et nécessaire pour le bien de mes affaires : M. le connétable, MM. de Bellièvre, de Sancy, de Sillery et de Villeroy. Je l'ay faict par leur advis, et des ducs et pairs de mon Royaume. Il n'y en a pas un qui osât se dire protecteur de la religion catholique, ny qui osât nier qu'il ne m'ayt donné cet avis. Je suis protecteur de la religion, je dissiperay bien les bruits que l'on veult faire.

L'on s'est plainct à Paris que je voulois faire des levées de

Suisses, ou aultres amas dé troupes. Si je le faisois, il en faudroit bien juger, et seroit pour un bon effect, par la raison de mes déportements[1] passés; témoing ce que j'ay faict pour la reconqueste d'Amiens, où j'ay employé l'argent des dicts édicts, que vous n'eussiez passés, si je ne fusse allé au Parlement. La nécessité m'a faict faire ces édicts pour la même nécessité (que) j'ay faict celluy-ci. J'ay autrefois faict le soldat; on en a parlé, et n'en ay pas faict semblant. Je suis roy maintenant et parle en Roy. Je veulx être obéi. A la vérité les gens de justice sont mon bras droict, mais si la gangrenne se met au bras droict, il faut que le gauche le coupe. Quand mes régiments ne me servent pas, je les casse. Que gaignerez-vous quand vous ne me vérifierez mon dict édict? Aussi bien sera-t-il passé; les prédicateurs ont beau crier, comme a faict le frère de M. de Sillery à qui je veux parler en ceste compagnie.

A M. de Sillery [2].

Je vous avois bien adverti qu'on m'avoit faict plainctes de votre frère, et vous avois commandé de l'admonester que fust sage. J'avois cru au commencement que ce n'étoit rien, de ce que l'on disoit qu'il avoit prêché contre l'édict, parce qu'il ne s'en trouvoit point de preuve; mais il est bien vray pourtant; et enfin il prêcha à Sainct-André où mon procureur général l'a oy prêcher séditieusement contre le dict édict. Cela m'a été révélé comme il falloit. On le veult excuser, qu'il est emporté du zèle et sans des-

1. Synonyme de « ma conduite »; sens vieilli.
2. *Nicolas Brulart de Sillery*, conseiller au parlement de Paris en 1573, fut chargé par Henri III d'une mission de conciliation auprès du roi de Navarre (1585). Ambassadeur chez les Suisses (1589 et 1593); — nommé, en récompense de ses services, président au Parlement; — chargé par Henri IV de plusieurs missions diplomatiques; — enfin, garde des sceaux (1603) et chancelier de France (1607). Remplacé par Du Vair en 1616, il reçut de nouveau les sceaux en 1623, mais fut, sur les conseils de Richelieu, disgracié en 1624. — Il se retira et mourut à l'âge de quatre-vingts ans. — Son frère, *Noël Brulart de Sillery*, chevalier de Malte, dit le Commandeur, fut ambassadeur de France en Espagne.

seing; mais soit par occasion ou aultrement c'est toutesfois mal, et le zèle inconsidéré mérite punition.

Il n'y en a pas un d'entre vous qui ne me trouve bon, quand il a affaire de moy, et n'y en a pas un qui n'en ayt affaire une fois l'an, et toutesfois à moy, qui vous suis si bon, vous m'êtes si mauvais. Si les aultres parlements, pour ne m'avoir assisté à ma volonté, ont été cause que ceulx de la Religion ont demandé choses nouvelles, je ne veulx pas que soyez cause d'aultres nouveautés par un refus. L'an mil cinq cent quatre-vingt-quinze, quand je vous envoyay une déclaration sur l'édict de l'an soixante et seize, pour la provision des officiers, j'avois promis que je ne pourveoirois à aulcun des estats de mon Parlement; depuis, le temps a changé. Toutesfois j'auray une assurance de ceux que je mettray aux charges, qu'ils se gouverneront comme ils doivent. Ne parlons point haut de la religion catholique, ny tous les grands criards catholiques et ecclésiastiques! Que je leur donne à l'un deux mil livres de bénéfices, à l'autre une rente, ils ne diront plus un mot. Je juge de même contre tous les aultres qui vouldront parler. Il y a des meschants, qui monstrent haïr le péché, mais c'est pour crainte de peine; au lieu que les bons le haïssent pour l'amour de la vertu. J'ay aultrefois appris deux vers latins :

Oderunt peccare boni virtutis amore.
Oderunt peccare mali formidine pœnæ.

Il y a plus de vingt ans que je ne les ay redicts qu'à ceste heure. Pour Dieu! que je cognoisse ceux de vous qui haïssent le péché pour l'amour de la vertu, afin de châtier ceulx qui le haïssent crainte de la peine, et après cela me remercieront du châtiment comme un fils faict à son père.

Je n'avois pensé à vous mander que hier fort tard. Considérés que l'édict dont je vous parle, c'est l'édict du feu Roy. Il est aussi le mien, car il a été faict avec moy. Aujourd'hui que je le confirme, je ne trouve pas bon d'avoir une chose en desseing et écrire une aultre; et si d'aultres l'ont faict, je ne le veulx faire. La dernière parole que vous aurez de moy est que vous suiviez l'exemple de M. du

Maine. L'on l'a voulu inciter de faire des menées contre ma volonté : il a répondu qu'il m'étoit trop obligé et tous mes subjects aussy ; entre lesquels il seroit toujours de ceulx qui exposeroient leur vie pour me complaire, parce que j'ay rétably la France, malgré ceulx qui l'ont voulu remuer ; au lieu que par le passé il a faict tous ses efforts pour renverser l'Estat : et le chef de la Ligue a parlé ainsy comme parleront tous ceulx que j'ai remis en foy. Ceulx d'estat, que j'ay remis en leurs maisons, que doibvent-ils faire au prix?

Donnez à mes prières ce que n'auriez voulu donner à mes menaces ; vous n'en aurez poinct de moy. Faictes ce que je vous commande au plus tôt, dont je vous prie. Vous ne le ferez seulement pour moy, mais aussy pour vous et pour le bien de la paix [1].

Après le parlement de Paris, ce sont les délégués des **parlements de Bordeaux et de Toulouse** (3 novembre 1599).

« Le roy se jouant et s'égayant avec ses petits enfants en la grande salle du chastel de Saint-Germain en Laye, et voyant de l'autre côté de ladite salle messieurs les depputés, laissant ses enfants, les va accoster disant :

Ne trouvez poinct étrange de me voir icy folatrer avec ces petits enfants. Je scay faire les enfants et défaire les hommes. Je viens de faire le fol avec mes enfants ; je m'en vay maintenant faire le sage avec vous et vous donner audience.

« Et étant entré en une chambre avec messieurs le chancelier et le maréchal d'Ornano, lieutenant pour le roy en Guyenne, et messieurs les depputez seulement, et ayant ouy le dict sieur **président Chessac** qui portoit la parole et qui harangua cinq quarts d'heure, le roy répondant dit :

Monsieur de Chessac, non seulement vous ne m'avez poinct ennuyé par trop grande longueur ; ains plutôt je vous ay trouvé court, tant j'ay pris de plaisir à vôtre bien dire ; car il faut que je confesse en votre présence, que je n'ay jamais

---

1. *Lettres missives*, t. V, p. 89.

ouy mieux dire ; mais je voudrois que le corps répondît au vêtement ; car je vois bien que vos maximes et propositions sont les mêmes et semblables qu'étoient celles que faisoit jadis le feu cardinal de Lorraine au feu Roy [1] en la ville de Lyon, retournant de Pologne, tendant à ce remuement d'État.

Nous avons obtenu la paix tant désirée, Dieu mercy, laquelle nous coûte trop pour la commettre en troubles. Je la veux continuer, et châtier exemplairement ceux qui voudroient apporter l'altération. Je suis votre Roy légitime, votre chef ; mon Royaume en est le corps ; vous avez cest honneur d'en être membres, d'obéir, et d'y apporter la chair, le sang, les os et tout ce qui en dépend. Vous dictes que votre parlement seul en ce Royaume est demeuré en l'obéissance de son Roy, et par tant que ne devez avoir pire condition que le parlement de Paris et Rouen, qui, devant les débordements et les orages de la Ligue, se sont devoyez. Certes, ce vous a été beaucoup d'heur ; mais, après Dieu, il en faut rendre louange, non-seulement à vous autres, mais à feu monsieur le maréchal de Matignon [2] qui vous tenoit la bride courte, qui vous

---

1. Henri III fut, à son retour de Pologne, rejoint à Lyon par sa mère, Catherine de Médicis (6 septembre 1574). Pendant son séjour dans cette ville, le roi, malgré des promesses de paix, malgré les conseils pacifiques de Montluc, cédant aux instances de sa mère, décidait la guerre, l'organisait même, distribuait les commandements, etc. — Le cardinal de Lorraine était auprès de Henri III. La nouvelle de la mort de la princesse de Condé assombrit tout à coup le roi. On lui fit quitter Lyon. « A peine arrivé à Avignon, il organisa une procession où il figura, avec tous les seigneurs de la cour, les pieds nus, les épaules nues, et des cordes à la main pour se flageller. Le cardinal de Lorraine y prit froid. La nuit suivante, il eut une fièvre,... dont il mourut après quelques jours de maladie (26 décembre). » (Forneron, *les ducs de Guise*.)

2. *Jacques Goyon de Matignon*, homme de guerre distingué du XVIe siècle, remarquable par son attachement à la royauté pendant les luttes de Guise et de Montmorency. Lieutenant général en Normandie et en Guyenne, il fut, pour sa modération et son esprit de justice, également estimé des catholiques, qu'il commandait, et des protestants, qu'il combattait. Il mourut en 1597 ; il était né en 1525.

en a empêché. Il y a longtemps qu'étant seulement roy de Navarre, je conaissois dès lors bien avant votre maladie; mais je n'avois les remèdes en main; maintenant que je suis Roy de France, je les connois encore mieux, et ay les matières en main pour y remédier et en faire repentir ceux qui voudront s'opposer à mes commandements.

J'ait faict un édict, je veux qu'il soit gardé : et, quoy que ce soit, je veux être obéy; bien vous en prendra, si le faites. Mon chancelier vous dira plus en plein ce que est ma volonté [1].

« Le roy parlant à messieurs les députés de **Tholose**, auxquels il donne audience le même jour, entre aultre chose leur dict en colère :

C'est chose étrange que ne pouvez chasser vos maulvaises volontez. J'aperçois bien que vous avez encore de l'Espagnol dedans le ventre. Et qui donc voudroit croire que ceux qui ont exposé vie, bien, et état, et honneur pour la deffense et conservation de ce Royaume, seront indignes des charges honorables et publiques comme ligueurs perfides et dignes qu'on leur courût sus et qu'on les bannisse du Royaume? Mais ceux qui ont employé le vert et le sec pour perdre cest Estat seroient vus comme bons François, dignes et capables de charges! Je ne suis aveugle, j'y vois clair, je veux que ceulx de la Religion vivent en paix en mon Royaume et soient capables d'entrer aux charges; non pas pour ce qu'ils sont de la Religion, mais d'autant qu'ils ont été fidelles serviteurs à moy, et à la couronne de France. Je veux être obéi, que mon édict soit publié et exécuté par tout mon Royaume. Il est temps que nous tous, saouls de guerre, devenions sages à nos dépens.

Les **Jésuites** avaient été admis en France en 1561. Un arrêt de bannissement les en chassa [2] en 1594. En 1603 **Henri IV** voulut

---

1. *Lettres missives,* t. V, p. 180.
2. C'est l'attentat de Jean Chastel qui décida l'expulsion réclamée par le parti gallican et national, mais à laquelle le Parlement était d'abord peu favorable.

les rappeler. Le **Parlement** lui fit des remontrances sur ce projet. Voici comment il y répondit **(24 décembre 1603)** [1] :

Je vous sçay bon gré du soin que vous avés de ma personne et de mon Estat. J'ay toutes vos conceptions en la mienne, mais vous n'avés pas la mienne aux vostres. Vous m'avés proposé des difficultez qui vous semblent grandes et considerables, et n'avés sceu que tout ce que vous avés dict a esté pensé et considéré par moy il y a huict ou neuf ans, et que les meilleures résolutions pour l'advenir se tirent de la considération des choses passées, desquelles j'ay plus de cognoissance qu'autre qui soit. On recognut à Poissy, non l'ambition des jésuites, mais leur suffisance [2], et je ne sçay comme vous trouvés ambitieux ceux-là qui refusent les dignitez et prélatures, et qui font vœu de n'y point aspirer.

Pour les ecclésiastiques qui se formalisent d'eulx, c'est de tout temps que l'ignorance en a voulu à la science, et j'ay remarqué que, quand j'ay commencé à parler de les establir, deux sortes de personnes s'y opposèrent particulièrement : ceulx de la religion et les ecclésiastiques mal vivans ; et c'est ce qui les a faict estimer davantage : si la Sorbonne les a condamnez, ç'a esté sans les cognoistre.

L'université a occasion de les regretter, puisque, par leur absence, elle a esté comme déserte, et les escholiers, nonobstant tous vos arrests, les ont esté chercher dedans et dehors mon Royaume. Ils attirent à eulx les beaux esprits, et choisissent les meilleurs, et c'est de quoy je les estime. Je désirerois que l'on choisist les meilleurs soldats, et que nul n'entrast en vos compagnies qui n'en fust bien digne ; que partout la vertu fust la marque et fist la distinction des hommes. Ils entrent comme ils peuvent : aussy font bien les aultres : et suis moy-mêmes entré comme j'ay peu. Il faut advouer qu'avec leur patience et bonne vie ils viennent à bout de tout, et que le grand soing qu'ils

---

1. *Lettres missives*, t. VI, p. 182.
2. Capacité, intelligence.

ont de ne rien changer ny altérer leur première institution les fera durer longtemps.

Quant à ce qu'on reprend à leur doctrine, je ne l'ay peu croire, parce que je n'ay trouvé un seul d'un si grand nombre de ceux qui ont changé leur religion, qui ayt soustenu leur avoir ouy dire ou enseigner qu'il estoit permis de tuer les tyrans ni d'attenter sur les roys. Barrière [1] ne fut pas confessé par un jésuite en son entreprise, et un jésuite luy dit qu'il seroit damné s'il osoit l'entreprendre. Quand Chastel [2] les auroit accusez, comme il n'a faict, et qu'un jésuite mesme eust faict ce coup (duquel je ne me veux plus souvenir, et confesse que Dieu voulut alors m'humilier et sauver, dont je luy en rends grâces), faudroit-il que tous les jésuites en pastissent, et que tous les apostres fussent chassez pour un Judas? S'ils sont obligez plus estroitement que les autres au commandement du Pape, c'est pour ce qui regarde la conversion des infidelles, et je n'estime pas que les vœux d'obeissance qu'ils font les obligent plus que le serment de fidélité qu'ils me feront. Mais vous ne dictes pas que l'on a trouvé mauvais à Rome que le cardinal Bellarmin [3] n'a donné en ses escripts autant de jurisdiction et d'auctorité au Pape sur les choses temporelles que les autres luy en donnent ordinairement.

Il ne leur faut plus reprocher la Ligue : c'estoit l'injure du temps; ils croyoient de bien faire, et ont esté trompez comme plusieurs autres; je veux croire que ç'a esté avec

---

1. *Pierre Barrière* avait conçu le projet d'assassiner Henri IV; il communiqua son intention à un dominicain, dont la révélation sauva le roi. Barrière prétendit avoir été poussé à l'assassinat par Aubry, curé de Lyon, et par le P. Varade, recteur des Jésuites à Paris.

2. Le 27 novembre 1594, Henri IV revenait d'Amiens; il était à peine entré dans sa chambre, pleine de courtisans, quand un tout jeune homme lui porta à la gorge un coup de couteau qui, heureusement, n'atteignit le roi qu'à la lèvre. L'assassin s'appelait Jean Chastel et était élève des Jésuites.

3. *Robert Bellarmin* (1542-1621), théologien italien, jésuite, savant et prédicateur très distingué, cardinal, archevêque de Capoue; se démit de ces fonctions pour être conservateur de la bibliothèque du Vatican.

moins de malice que les autres, et m'asseure que la même conscience joincte à la grace que je leur fais les rendra autant, voire plus affectionnez à mon service qu'à la Ligue. L'on dit que le roy d'Espagne s'en sert : je dis aussy que je veux m'en servir, et que la France ne doibt estre de pire condition que l'Espagne, puisque tout le monde les juge utiles.

Je les tiens nécessaires à mon Estat, et, s'ils y ont esté par tolérance, je veux qu'ils y soient par arrest. Dieu m'a reservé la gloire de les y restablir par édict. Ils sont nez en mon Royaume et sous mon obeyssance; je ne veux entrer en ombrage de mes naturels subjects, et, si l'on craint qu'ils communiquent mes secrets à mes ennemys, je ne leur communiquerai que ce que je voudray.

Laissés-moi conduire ceste affaire; j'en ay manié d'autres bien plus difficiles, et ne pensés plus qu'à faire ce que je vous dis [1].

[1]. La harangue d'Achille de Harlay, à laquelle Henri IV fit cette réponse, est ainsi analysée par Pierre Mathieu : « Quoique la cour fust advertie que ces remonstrances ne seroient agréables, elle ne voulut pourtant changer l'arrest de les faire.... Le premier président, accompagné, selon la coustume, des principaux du Parlement, vint trouver le roy la veille de Noël sur les deux heures après midy, et parla trois quarts d'heure avec tant de grâce et de gravité, que ceux qui aimoient et favorisoient la cause des jésuites trembloient que ces raisons ne fussent plus fortes que celles du Roy. C'étoit un recueil de tout ce qui avoit esté dit et escript contre eux, et en substance : « qu'au colloque de Poissy l'ambition des jésuites fut cogneue et « leur arrogance condamnée lorsqu'ils ne faisoient que naistre; que « les ecclésiastiques se plaignoient d'eux, la Sorbonne ne pouvoit les « souffrir, l'Université les tenoit préjudiciables à la jeunesse, et tous les « trouvoient pleins d'artifice pour attirer la personne et les biens des « meilleures familles à leurs maisons et les peupler des plus beaux « esprits; qu'ils étoient obligez d'un vœu particulier au Pape, obser- « voient ric à ric leur institution, estoient instrument des conseils d'Es- « pagne, avoient enfanté et nourry la Ligue jusques à la mort, ensei- « gnoient qu'il estoit loisible de tuer les roys, qu'ils appeloient tyrans, « et qu'ensuite de ce on avoit attenté sur la personne de Sa Majesté ». Après une grande énumération des maux que la France avoit recogneus par le passé, et qu'elle appréhendoit pour l'advenir en la personne du roy et au bien de son Estat par le moyen des jésuites, il finit par ces paroles : « Nous, qui sommes vos très humbles sub- « jects, officiers et serviteurs, n'avons peu vous taire le grand danger

Il est curieux de voir Henri IV se faire l'avocat des Jésuites. Il pensait et parlait en roi.

Réponse du roi Henri IV à M. Pierre de Villars, archevêque de Vienne, **sur les remontrances à lui faites au nom du clergé de France**, dans le Jardin des Tuileries, le 5 décembre 1603.

Je ne sçaurois rien répondre ni adjouter à ce que vous avés dict : Je reconnois que tout cela est véritable; l'Église est affligée; je le sçay bien; je désire apporter tout ce qui despendra de moy pour la restaurer. Vous m'avés parlé du concile : j'en ay désiré et désire la publication; mais, comme vous avés dict, les considérations du monde combattent souvent celles du ciel. Néantmoins je porterois toujours mon sang et ma vie pour ce qui sera du bien de l'Église et du service de Dieu. Pour ce qui est

« où vous vous exposés, et vostre Estat et vostre personne, en les
« rappelant. Nostre conscience en eust esté chargée, et la postérité,
« qui sentira les effects de leurs ruses et des artifices dont ils sont
« pleins, en eust blasmé notre mémoire. C'est donc le bien de vostre
« Estat et l'affection que nous devons tous avoir à la conservation
« de vostre personne, qui nous ont portez, sous vostre auctorité, à
« les chasser loin de vous; et les mesmes raisons nous forcent main-
« tenant à vous supplier de ne trouver mauvais si nous ne pouvons
« consentir à leur restablissement. »

Tel est le récit de P. Mathieu. De Thou raconte les choses un peu différemment :

« Le roi répondit à ce discours avec beaucoup de douceur, et remercia en termes pleins d'affection son Parlement du zèle qu'il montrait pour sa personne et pour la sûreté du royaume : quant au danger qu'il y avait à rétablir les jésuites, il témoigna s'en mettre fort peu en peine, et réfuta sans aigreur les raisons alléguées à ce sujet. Il dit qu'il avait mûrement réfléchi sur cette affaire, et qu'il s'était enfin déterminé à rappeler la Société bannie du royaume; qu'il espérait que, plus on l'avait jugée criminelle dans le temps, plus elle s'efforcerait d'être fidèle après son appel; que, pour le péril qu'on se figurait, il s'en rendait garant; qu'il en avait déjà bravé de plus grands par la grâce de Dieu, et qu'il voulait que tout le monde fût en repos par rapport à celui-ci; qu'il veillait au salut de tous ses sujets, qu'il tenait conseil pour eux tous; qu'une vie aussi traversée que la sienne lui avait donné assez d'expérience pour être en état d'en faire des leçons aux plus habiles de

des simonies et confidences [1], commencés à vous guérir vous-mêmes et excités les autres par vos bons exemples à bien faire. Quant aux élections, vous voyez comme j'y procedde. Je suis glorieux de voir ceux que j'ay establis estre bien differens de ceux du passé ; le recit que vous en avés faict me redouble encore le courage de mieux faire à l'advenir. Enfin asseurés-vous de mon affection et bonne volonté en tout ce qui touche le service de Dieu et vostre protection en particulier.

Je vous veux maintenant dire un mot en père. Je suis offensé de la longueur de vostre assemblée et du grand nombre de vos députez. L'on assemble ainsy un grand nombre de personnes quand on a envie de ne rien faire qui vaille ; je m'en suis autrefois aidé [2]. Je me suis estonné des brigues qui se font parmy vous autres ; vous réjouissés par vos divisions ceux qui ne vous aiment point. Je veux à l'advenir que l'on ne face point un si grand nombre de députez ; et, pour le présent, regardés d'abré-

---

son royaume ; ainsi qu'ils pouvaient se reposer sur lui du soin de sa personne et de l'État ; et que ce n'était que pour le salut des autres qu'il voulait se conserver lui-même. Il finit comme il avait commencé, et il remercia encore une fois le Parlement de son zèle et de son affection.

« J'ai été témoin de ces discours avec beaucoup d'autres personnes ; et je me suis étudié à en donner ici un extrait fidèle, pour faire voir la fausseté de la relation italienne publiée un an après à Tournon en Vivarais ; relation où l'on a inséré bien des traits injurieux au Parlement, dont aucun ne sortit alors de la bouche de ce bon prince, et où, sur des bruits populaires, on lui fait dire des choses puériles et des points misérables, pour répondre à certaines choses auxquelles Harlay n'avait pas pensé. » (De Thou, livre CXXXII.)

Il faut ajouter que ce discours, faux selon de Thou, est celui que donnent P. Mathieu et le P. Daniel. Cependant M. Berger de Xivrey l'insère dans ses *Lettres missives* sans une observation, et M. Jung ne doute pas de son authenticité (*Henri IV écrivain*, p. 34).

1. *Confidence*, action illicite qui a lieu lorsque le titulaire d'un bénéfice ne l'acquiert qu'à condition de le résigner à un autre dans un certain temps, ou lorsqu'il conserve le titre pour lui, mais à la charge d'en donner les fruits ou partie des fruits au résignant ou à une autre personne. (*Dict. de Trévoux.*)

2. Allusion aux États de Paris de 1594.

ger, ou autrement je vous retrancheray. Il y en a qui sont à faire bonne chère en ceste ville aux despens des pauvres curez, et qui font mesnage pour trouver plus grande espargne à leur retour. Souvenés-vous que nous allons entrer en caresme, quelles sont vos charges, et que vos présences sont nécessaires en vos églises. Vous mettés par vos longueurs les pauvres curés à la faim et au désespoir. Je me veux joindre avec eux et avec les plus gens de bien de vostre compagnie (il en est bon nombre, et tous en vouldront estre, puisqu'il est question de gens de bien) pour faire donner ordre à la longueur du temps qu'il y a que vous estes icy ; je serai le chassavant [1]. Au reste asseurés-vous de mon affection au service de Dieu et à vostre protection.

Ne voulant donner ici que les discours *prononcés* par Henri IV, je ne fais aucun choix parmi les lettres très nombreuses (et je ne parle ni des lettres intimes, ni des lettres purement administratives) où se marquent, non moins que dans ses discours, ses sentiments royaux et français. Je fais toutefois une exception pour la quadruple déclaration adressée le 1ᵉʳ janvier 1585 aux trois états de la France et à la ville de Paris, et je place en appendice [2] ces quatre pièces où le roi de Navarre proteste avec tant de cœur et de franchise contre le funeste édit de 1585 [3], établit les responsabilités, et détermine son rôle et son but dans la lutte civile qui va s'engager.

Je ne crois pas que ces actes soient entièrement de lui, et j'y reconnais le *faire* de du Plessis-Mornay ; mais, si ce n'est pas le style du roi, c'est bien sa pensée, et, à de certains traits, on sent la retouche du maître.

1. Celui qui excite les autres.
2. Voyez, à la fin du volume, l'appendice nº II.
3. Voyez plus haut, chap. III, p. 98.

CHAPITRE VI

RICHELIEU

Les États généraux de 1614. — Savaron. — Robert Miron. Les assemblées des notables (1617-1626.)

---

§ 1ᵉʳ. — Les États généraux de 1614 [1].

Le véritable successeur de **Henri IV, Richelieu,** ne devait prendre définitivement le pouvoir qu'en 1624. La France traversa donc quelques dures années pendant lesquelles la faiblesse du pouvoir et l'égoïsme de la noblesse faillirent compromettre l'œuvre du grand roi.

Quatre ans à peine après la mort de Henri IV, effrayée par le manifeste de Condé, la régente convoqua les **États généraux.** Ils se réunirent à Paris en **octobre 1614.**

Richelieu, évêque de Luçon, était un des députés du clergé.

Les délibérations furent marquées par de vifs conflits entre la noblesse et le tiers. La Guyenne proposa de demander au roi la suspension du droit annuel, ou paulette [2], la révocation ou du moins la surséance des pensions, et enfin la réduction des tailles à huit millions.

La **noblesse** et le **clergé** voulaient *disjoindre* ces trois propositions ; le **tiers** entendait qu'elles fussent présentées *ensemble* et en faisceau. C'est ce qui causa les premières difficultés. L'orateur du tiers, **Savaron,** disait à la noblesse :

---

1. Florimond Rapine, *Compte rendu des États de 1614.* — *Recueil des États généraux,* t. XVI et XVII.

2. Droit du 60ᵉ prélevé sur la valeur, reconnue ou présumée, des offices de judicature et de finances. Ce droit s'appelait *paulette* du nom de celui qui l'avait établi, le traitant Paulet, le père d'Angélique Paulet qui tint une si grande place dans la société de Mᵐᵉ de Rambouillet. (Voyez V. Cousin, *la Société française au* XVIIᵉ *siècle.*)

... Que ce n'était point le droit annuel qui fermait à la noblesse la porte par laquelle l'on entrait aux charges, mais bien la vénalité des offices, introduite depuis François Ier; vénalité qui n'avait apporté que corruptèle en la justice; que c'était ce qu'ils devaient demander avec plus d'affection que la surséance du droit annuel, qui ne guérirait pas la maladie, quand il serait du tout révoqué, si la vénalité demeurait; qu'au reste les pensions étaient venues jusqu'à ce point que le roi ne trouvait plus de serviteurs, s'il ne leur donnait pension, et que cela allait à la foule (charge) et oppression du peuple, lequel il craignait qu'à la fin il ne se portât au désespoir et secouât le joug, comme les anciens Français l'avaient secoué aux Romains, à cause des grands tributs et impositions qu'on levait sur eux; que les édits, sans être vérifiés, ne pouvaient être censés édits, et qu'au surplus ils ne pouvaient disjoindre la suppression des pensions et la surséance des tailles d'avec la paulette; que, partant, il la suppliait de concourir en vœux et intentions avec son ordre pour éviter la suite d'un si dangereux exemple que celui de ces anciens Français qui n'avaient jeté les premiers fondements de la monarchie que par cette soustraction d'obéissance et retraite du joug des Romains; que le peuple est si chargé de tailles qu'il est à craindre qu'il n'en arrive une pareille chose, et priait Dieu qu'il fût mauvais prophète.

Il disait au clergé :

... Vous nous avez fait croire que vous trouviez toutes ces demandes justes, et que vous les vouliez embrasser les unes après les autres pour en requérir l'entérinement de Sa Majesté; mais vous nous avez voulu faire goûter par des discours sucrés une viande [1] que nous ne pouvons bonnement digérer; car à quel propos voulez-vous disjoindre nos requêtes pour favoriser les unes à présent, et rejeter les autres dans vos cahiers, que vous dites être remplis des mêmes choses que nous demandons?

1. Viande signifie « aliment ».

Quand vous vous buttez à l'extinction du droit annuel, ne donnez-vous pas à connaître que votre intention n'est autre que d'attaquer les officiers qui possèdent les charges dans le royaume, puisque vous supprimez ce que vous devriez demander avec plus d'instance, à savoir l'abolition des pensions qui tirent bien d'autres conséquences que le droit annuel? Vous voulez ôter des coffres du roi 1 600 000 livres qui lui reviennent par chacun an de la paulette, et voulez surcharger de cinq millions de livres l'état que le roi paie tous les ans pour acheter à deniers comptant la fidélité de ses sujets. Quel bien, quelle utilité peut produire au royaume l'abolition de la paulette, si vous supportez la vénalité des offices qui cause seule le dérèglement en la justice? Vous voulez aucunement flatter et adoucir le mal, mais non pas du tout guérir la maladie; c'est, Messieurs, cette maudite racine qu'il faut arracher, c'est ce monstre qu'il faut rudement combattre, que la vénalité des offices qui éloigne et recule des charges les personnes de mérite et de savoir, procurant l'avancement de ceux qui, sans vertu, bien souvent, se produisent sur le théâtre et le tribunal de la justice, par la profusion d'un prix déréglé, qui fait perdre l'estime et l'espérance même d'y pouvoir atteindre à ceux que Dieu a institués en une honnête médiocrité.

Par ainsi, Messieurs, nous vous supplions bien humblement de ne nous refuser, en si saintes demandes, l'union de votre ordre. C'est pour le peuple que nous travaillons, c'est pour le bien du roi que nous nous portons; c'est contre nos propres intérêts que nous combattons.

Le **17 novembre**, les trois ordres se rendirent au Louvre et exposèrent au roi leur requête.

Savaron parla au nom du tiers. Son discours, plaidoyer ému en faveur du peuple, mérite d'être cité, au moins en partie.

Sire, vos très humbles et très obéissans sujets, les gens du tiers État, prosternez à vos pieds, supplient Votre Majesté d'ouïr et recevoir favorablement leurs très justes remonstrances. Si Votre Majesté est relevée en grandeur et puissance par-dessus tous les rois de la chrestienté; si votre nom trois fois auguste environne la terre et trajette les eaux, si vos doubles couronnes vous ont acquis le titre illustre de roy très chrestien, c'est aujourd'huy, Sire, que vous le devez faire connaistre aux provinces de vostre royaume, representées par les députez des Estats qu'il a plu à V. M. de convoquer en vostre ville capitale de Paris, pour reformer les abus qui ont terni depuis longues années la beauté de vostre Estat. Sire, le lys est une belle plante, droite et d'une naïve blancheur; vos actions doivent être royales, justes, pleines de piété et de miséricorde; c'est le fondement par lequel vous devez asseoir le superbe édifice de vostre grandeur. C'est le sentier par lequel toutes vos intentions doivent passer, si vous voulez affermir votre principauté et la laisser aussi florissante aux vostres comme elle vous a été conservée par les rois qui vous ont précédé.

Le premier Louis, qui porta le titre en ce royaume de roi chrestien, consultant un jour l'oracle de Saint-Remy archevesque de Rheims, lui demanda par quels moyens il pourrait tellement estançonner et affermir son royaume qu'il le rendist durable à ses successeurs. Il lui répondit en deux mots : *par la piété et la justice*. Ce sont les deux riches colonnes sur lesquelles vous devez poser les fondemens de vostre Estat. Quant à la piété, vous la tenez par succession : qui dit un roy de France dit un roy pieux et très chrestien; vous en avez rendu et rendez tous les jours tant de tesmoignages que cette vertu vous est autant familière comme est le fruict qu'elle produit en vostre âme royale; mais la justice vous est aussi naturelle. Qui avait appris à V. M. en l'age de quatre ans, de trouver mauvais qu'un jeune seigneur, en vostre présence, foulât aux pieds par plaisir des insectes et petits vermisseaux, sinon une justice naturelle qui vous suggérait de la pitié et compassion de voir ainsi cruellement traitter de faiblettes créatures? Sire, ce ne sont point des insectes et des vermisseaux qui réclament votre justice et miséricorde : c'est votre pauvre peuple ; ce sont des créatures raisonnables, ce sont les enfans desquels vous estes le père, le tuteur, et le protecteur ; prestez-leur vostre main favorable pour les relever de l'oppression sous le faix de laquelle ils ployent continuellement. Que diriez-vous, Sire, si vous aviez vu dans vos pays de Guyenne et d'Auvergne, les hommes paistre l'herbe à la manière des bestes? Cette nouveauté et misère inouïe en vostre Estat ne produirait-elle pas dans votre âme royale un désir digne de V. M. pour subvenir à une calamité si grande? et cependant cela est tellement véritable, que je confisque à V. M. mon bien et mes offices, si je suis convaincu de mensonge.

Mes co-députés et moi sommes chargés de vous faire ouverture des moyens qu'il plaira à V. M. de tenir pour soulager votre peuple. Il vous demande très humblement la révocation de toutes les commissions extraordinaires et nouveaux offices contenues en cet état et de toutes les autres portées par votre déclaration du mois de juillet 1610, qui rongent et sucent vos provinces jusqu'aux os, à votre insu, n'enrichissent ou accroissent les deniers de votre épargne, mais engraissent une quantité de partisans qui dévorent la substance de vos sujets. Il vous demande encore très instamment surséance du quart de la taille et crues [1] y incorporées, afin de lui donner quelque loisir de respirer sous le faix de tant de misères....

A quel sujet demander l'abolition de la paulette, si V. M. ne supprime de tout point la vénalité des offices? Or, Sire, c'est ici où vous, qui commandez sur un nombre innombrable d'hommes, devez commander et dominer sur vous-même : c'est contre ce monstre hideux que vous devez éprouver vos forces, et non pas contre l'introduction de la paulette seulement qui a donné être et naissance au droit annuel. La vénalité des offices est cette mère hideuse et effroyable, qui a conçu dans ses entrailles une fille si affreuse (la paulette), un avorton de nature, que

---

1. Augmentations.

tout le monde deteste comme peste pernicieuse à vostre
Estat. Il faut arracher la racine, si vous voulez faire mourir
la plante.... Mais on vous demande, Sire, que vous abo-
lissiez la paulette, que vous retranchiez de vos coffres
seize cent mille livres que vos officiers vous paient tous
les ans, et cependant l'on ne parle pas que vous suppri-
miez l'excès des pensions qui sont tellement effrences qu'il
y a de grands et puissans royaumes qui n'ont pas tant
de revenu que celui que vous donnez à vos sujets pour
acheter leur fidelité. N'est-ce pas ignorer et mespriser la
loy de nature, de Dieu, et du royaume, de servir son roy
à prix d'argent, et qu'il soit dit que V. M. ne soit point
désormais servie, sinon par des pensionnaires?...

... Quelle pitié qu'il faille que V. M. fournisse par
chacun an cinq millions six cent soixante mille livres, à
quoy se monte l'estat des pensions qui sortent de vos
coffres! Si cette somme était employée au soulagement du
peuple, n'aurait-il pas de quoi bénir vos royales vertus?
Et cependant l'on ne parle rien moins que de cela; l'on en
remet la modération aux cahiers, et veut-on à présent que
V. M. surseoie les quittances de la paulette. Le Tiers État
accorde l'un et demande très instamment l'autre, non avec
des paroles de soie, mais avec très humble supplication, et
avec la modestie qu'il faut observer en parlant à son roi.

Ce langage irrita plus encore la noblesse, qui en fit des
plaintes au clergé.

Le clergé, désireux de réconcilier les deux ordres, délégua
Richelieu comme intermédiaire; mais le rapprochement fut
de courte durée; les passions s'irritèrent encore : **le baron de
Senecey**, président de la noblesse, se plaignit du tiers au roi en
termes injurieux, qui, répétés, aigrirent encore les esprits.

Enfin, après beaucoup de démarches et de pourparlers, un
apaisement apparent se produisit. Les députés procédèrent à la
rédaction des cahiers. La discussion de l'article relatif à
l'indépendance de la couronne vis-à-vis de l'Église fut
l'objet de longues discussions et de démarches du clergé, soutenu de la noblesse, auprès du tiers état. On doit signaler
l'habile discours prononcé par **le cardinal Duperron** contre

l'article, discours que **Richelieu** rapporte en substance dans ses Mémoires (t. I, p. 229). Le tiers se montra dans ses résistances l'interprète des sentiments de la majorité de la nation [1].

1. « 1er article du cahier de Paris et de l'Isle-de-France.
« Que pour arrêter le cours de la pernicieuse doctrine qui s'introduit depuis quelques années contre les rois et puissances souveraines, établies de Dieu, par des esprits séditieux qui ne tendent qu'à les troubler et subvertir, le roi sera supplié de faire arrêter en l'assemblée de ses États pour loi fondamentale du royaume, qui soit inviolable et notoire à tous, que, comme il est reconnu souverain en son État, ne tenant sa couronne que de Dieu seul, il n'y a puissance en terre, quelle qu'elle soit, spirituelle ou temporelle, qui eût aucun droit sur son royaume, pour en priver les personnes sacrées de nos rois, ni dispenser ou absoudre leurs sujets de la fidélité et obéissance qu'ils lui doivent, pour quelque cause ou prétexte que ce soit. Que tous les sujets, de quelque qualité ou condition qu'ils soient, tiendront cette loi pour sainte et véritable, comme conforme à la parole de Dieu, sans distinction équivoque, ou limitation quelconque; laquelle sera jurée et signée par tous les députés des États, et dorénavant par tous les bénéficiers et officiers du royaume, avant que d'entrer en possession de leurs bénéfices, et d'être reçus en leurs offices, tous précepteurs, régents, docteurs et prédicateurs tenus de l'enseigner et publier. Que l'opinion contraire, (même) qu'il soit loisible de tuer ou déposer nos rois, s'élever et rebeller contre eux, secouer le joug de leur obéissance, pour quelqu'occasion que ce soit, est impie, détestable, contre vérité et contre l'établissement de l'État de la France, qui ne dépend immédiatement que de Dieu. Que tous livres qui enseignent cette fausse et perverse opinion seront tenus pour séditieux et damnables; tous étrangers qui l'écriront et publieront, pour ennemis jurés de la couronne; tous sujets de Sa Majesté qui y adhéreront, de quelque qualité et condition qu'ils soient, pour rebelles, infracteurs des lois fondamentales du royaume et criminels de lèse-majesté au premier chef. Et s'il se trouve aucun livre ou discours écrit par quelqu'étranger, ecclésiastique ou d'autre qualité, qui contienne proposition contraire à ladite loi, directement ou indirectement, seront les ecclésiastiques du même ordre établis en France, obligés d'y répondre, les impugner et contredire incessamment, sans respect, ambiguïté, ni équivocation, sur peine d'être punis de même peine que dessus, comme fauteur des ennemis de cet État. » (Fl. Rapine, *États généraux*, t. XVI, p. 285.)
Lecture faite de ce premier article, les douze provinces le déclarèrent bon et saint. La Normandie, la Champagne, Lyon disent que semblable article se trouve dans leurs cahiers particuliers.
On sent dans cette unanimité le souvenir poignant de la Ligue et

Le président **Miron**, répondant au **cardinal Duperron**, affirma le droit du tiers état à maintenir l'article :

« Si MM. du clergé et de la noblesse, dit-il, viennent en ce lieu pour protester le contraire, ce sera un honneur au tiers État de professer seul ce qu'il devait faire en compagnie, voire même le dernier, ayant égard à son rang, et non à son affection. Si la question est un point de religion problématique, c'est le moindre passedroit en fait de religion, que les sujets se portent à l'opinion la plus favorable en bien de leur maître. »

Sur ces entrefaites, le **Parlement** voulut intervenir au débat et affirma solennellement la doctrine gallicane. — L'article fut évoqué par le roi.

Discussion sur les tailles, sur la suspension des pensions, sur les mariages espagnols, la réception du Concile de Trente, etc.[1].

Enfin, le **lundi 23 février**, les députés présentèrent au roi les cahiers. **Richelieu** parla au nom du clergé, **Senecey** pour la noblesse, **Robert Miron** pour le tiers. Le discours de l'orateur de la noblesse est banal; celui de **Miron** est long, verbeux, diffus, chargé, dans le goût du temps, d'érudition, d'images et de fleurs de rhétorique : quelques passages plus vigoureux et plus émus rappellent et reproduisent le discours de **Savaron**.

Miron rappelle l'ancienne coutume d'assembler les États :

Plût à Dieu que cette forme grandement salutaire, depuis empruntée par les rois voisins, n'eût point été altérée par le cours du temps, et fût demeurée en sa vigueur entre nous! La discipline publique florissant sous nos pères ne fût en rien déchirée; l'État eût été conservé en son lustre, non terni, non affaibli, et Votre Majesté ne serait aujourd'hui empêchée à retrancher les abus que la licence a insensiblement introduits.

C'est pourquoi on ne peut trop remercier le roi.

A cette occasion, Sire, je parais derechef aujourd'hui devant vous, au nom du tiers état de votre royaume,

de l'assassinat de Henri IV, le besoin de garantir la royauté, qui dorénavant ne fait qu'un avec la nation, d'affranchir la société civile.

1. Voyez le détail de ces travaux dans Florimond Rapine, *Compte rendu des États généraux*, t. XVI et XVII. — Aug. Thierry, *Essai sur l'histoire du Tiers État*, chap. VII. — Georges Picot, t. III.

grandement incommodé et affaibli par diversité d'indispositions qui le travaillent, pour vous représenter ses douleurs et ses plaies, afin que par votre prudence et celle de la reine votre mère, les remèdes nécessaires puissent y être apportés.

Il faut d'abord connaître ses maux.

Il y a, Sire, deux principaux points, qui ont toujours été la base et l'appui de cet État : la piété et la justice; elles sont changées toutes deux.

Critique de l'État du clergé : bénéfices occupés par des laïques, — multiplicité des bénéfices réunis en une seule main, etc.

Quant à la noblesse, il s'y est glissé tant d'excès, tant de mépris de la justice et des juges, tant de contraventions à vos ordonnances, soit pour les duels, rencontres feintes et simulées, oppression des pauvres, détention injuste des bénéfices, violences contre les plus faibles, et autres désordres, que quelques-uns, pour leurs mauvaises mœurs, donneraient tout sujet de ne les plus reconnaître en ce degré où la vertu de leurs ancêtres les a élevés et placés, et leurs défauts propres les en peuvent à bon droit faire déchoir.

Les grands privilèges dont jouissent les nobles et les grands fiefs qu'ils possèdent leur ont été octroyés pour leur servir d'aiguillons à la vertu, afin qu'ils fussent comme victimes dévouées au salut et repos de l'État, que ce fussent des digues très puissantes contre les efforts et violences des étrangers. Aujourd'hui leurs principales actions se consomment en jeux excessifs, en débauches, en dépenses superflues, en violences publiques et particulières, monstres et prodiges de ce siècle, qui obscurcissent l'éclat et le lustre ancien de cet ordre respectable et redouté par tout le monde.

Désordres causés par la mauvaise administration de la justice. Misère du peuple :

Il faut avoir un triple acier, et un grand rempart de diamant à l'entour du cœur pour en parler sans larmes et sans soupir : le pauvre peuple travaille incessamment, ne pardonnant ny à son corps, ny quasi à son âme, c'est-à-dire à sa vie, pour nourrir l'universel du royaume : il laboure la terre, il l'améliore, la dépouille, il met à profit ce qu'elle rapporte; il n'y a saison, mois, semaine, jour ni heure qui ne requiere son travail assidu; et en un mot, il se rend ministre et quasi médiateur de la vie, que Dieu nous donne, et qui ne peut être maintenue sans les biens de la terre ; et de son travail il ne lui en reste que la sueur et la misère : ce qui luy demeure de plus present s'emploie à l'acquit des tailles, de la gabelle, des aydes, et autres subventions qui se paient à V. M. et, n'ayant plus rien, encore est-il forcé d'en trouver pour certaines personnes, lesquelles, abusant du nom sacré de V. M., déchirent votre pauvre peuple par commissions, recherches et autres mauvaises inventions trop tolérées.

C'est miracle qu'il puisse fournir à tant de demandes; aussi s'en va-t-il accablé; la nourriture de V. M., de tout l'Etat ecclésiastique, de la noblesse et du tiers Etat, est assignée sur ses bras. Sans le labeur du pauvre peuple, que valent à l'Eglise les dixmes, les grandes possessions? à la noblesse, leurs belles terres, leurs grands fiefs? au tiers Etat, leurs maisons, leurs rentes et leurs héritages? Il faut passer plus outre : qui donne à V. M. les moyens d'entretenir la dignité royale, fournir aux dépenses nécessaires de l'Estat, tant dedans que dehors le royaume? qui donne le moyen de lever des gens de guerre, que le laboureur? Les tailles et le taillon, que le peuple paye, ordonnées en France pour l'entretenement des gens de guerre, les font mettre sus, et ils ne sont pas si tost en pied qu'ils escorchent le pauvre peuple qui les paye; ils le traitent de telle façon, qu'ils ne laissent point de mots pour exprimer leurs cruautés. Combien ont été plus doux les passages des Sarrazins, quand on les a vus en France, que ne sont aujourd'hui les rafraîchissements des gens de guerre!

Les tigres, les lions et autres bêtes plus farouches, que

la nature semble avoir produits quand elle a été en colère contre les hommes, font du bien, ou du moins ne font point de mal à ceux qui les nourrissent... et cette race de vipères (il est impossible d'en parler sans passion) étouffent leurs pères nourriciers, innocens de tous maux, sinon d'avoir nourri cette engeance serpentine.

Si V. M. n'y pourvoit, il est à craindre que le désespoir ne fasse connaître au pauvre peuple que le soldat n'est autre chose qu'un paysan portant les armes; que, quand le vigneron aura pris l'arquebuse, d'enclume qu'il est, il ne devienne marteau. Ainsi tout le monde sera soldat; il n'y aura plus de laboureur; les villes, la noblesse, l'Église, les princes et les plus grands mourront de faim.

J'ai excusé la noblesse de ce crime; je ne m'en veux pas dédire toutefois aucunement; car, à dire vrai, la noblesse ne fait pas le mal; mais si elle voulait bien travailler, elle en empêcherait une grande partie, parce que les nobles sont exempts de telles oppressions, ou ils endurent et dissimulent; et en cela il y a quelque chose à redire, puisque la charité condamne non seulement celui qui fait le mal, mais encore celui qui le laisse faire, le pouvant empêcher; combien de gentilshommes ont envoyé les gens d'armes chez leurs voisins, et quelquefois en leurs propres villages, pour se venger d'eux, ou de corvées non faites, ou de contributions non payées!.... De sorte, Sire, qu'à bien considérer tous les états de votre royaume, on trouvera la vertu de nos pères entièrement tarie en nous; cette sainte humeur radicale de la crainte de Dieu et du respect des lois, conservant la vertueuse générosité, piété et justice, est desséchée; il n'y a plus en nous de santé : la gangrène du vice a tantôt gagné les plus nobles parties de ce corps.

Qui pourvoira donc à ces désordres, Sire? Il faut que ce soit vous. C'est un coup de majesté.

Vous avez assez le moyen de le faire : votre pauvre peuple, qui n'a que la peau sur les os; qui se présente devant vous tout abattu, sans force, ayant plutôt l'image de mort que d'homme, vous en supplie au nom de Dieu éternel, qui vous a fait régner, qui vous a fait homme pour avoir pitié des hommes, qui vous a fait père de votre peuple pour avoir compassion de vos enfants.

. . . .

La gloire des princes ne gît pas tant à faire multitude d'ordonnances qu'à les bien exécuter....

Résumé des remèdes proposés par le **tiers état** : juste collation des cures et bénéfices; — protection efficace donnée à **l'Université**; — diminution des charges de juges; — suppression des offices inutiles; — abolition de la vénalité des offices.

Nous supplions aussi très humblement Votre Majesté d'ouvrir l'œil de sa prudence sur la conduite de cette généreuse noblesse qui l'environne, bannissant d'elle pour jamais les duels, les querelles, les rencontres apostées, les jeux excessifs, les juremens et blasphèmes, les dépenses superflues, les violences et oppressions des pauvres, la détention des bénéfices contre les saints décrets, le divertissement de votre service, et le manquement de respect et obéissance dus à Votre Majesté; et, comme par vos vertus, vous donnez à tous l'exemple de bien faire, donnez-leur pareillement la crainte de votre juste indignation et de la sévérité de vos châtiments en cas de contravention à vos ordonnances, et reconnaissez par récompense des honneurs et des charges ceux de cet ordre qui se savent contenir dans le respect des lois.

Rétablissement de la police; — encouragement donné au commerce; — meilleure administration des finances, afin qu'il y ait quelque épargne dans le trésor, dont on puisse gratifier les plus dignes.

Et faites en sorte que vos saintes et salutaires résolutions ne soient en rien changées ni altérées, comme ne pouvant être que très bonnes, avec l'assistance de la reine votre mère, à laquelle la France est grandement obligée d'avoir porté Votre Majesté à cette sainte entreprise; et comme nous avons la preuve et expérience du passé, de ses bons et utiles avis et sages conseils, aussi nous espérons, voire nous nous assurons qu'elle continuera ses mêmes bons offices envers Votre Majesté, et cette bienveillance accoutumée envers vos sujets, comme nous l'en supplions tous, et signamment envers le tiers état, mêmement à l'endroit des plus pauvres, et ceux qui portent entièrement leur industrie et tout leur soin au travail personnel, par qui nous sommes nourris, logés, vêtus, servis et secourus de toutes les nécessités humaines, desquels Votre Majesté peut recevoir plus de bénédictions, puisque le nombre en est beaucoup plus grand, et le travail plus utile que du reste de vos sujets.

Ce pauvre peuple qui n'a pour partage que le labeur de la terre, le travail de ses bras et la sueur de son front, accablé de taille, d'impôt du sel, doublement retaillé par les recherches impitoyables et barbares de mille partisans et donneurs d'avis, en suite de trois années stériles, qui ont témoigné l'ire de Dieu en plusieurs provinces, a été vu manger l'herbe au milieu des prés avec les bêtes brutes; autres plus impatients sont allés à milliers en pays étrange, désertant leur terre natale, ingrate de leur avoir dénié la nourriture, fuyant leurs compatriotes, pour avoir impiteusement contribué à leur oppression, en tant qu'ils n'ont pu subvenir à leurs misères.

Madame, Dieu a commis et déposé ce royaume à votre soin et vigilance dont, pendant votre régence, vous vous êtes très dignement acquittée, au contentement de tous les gens de bien; et, puisque le roi vous en confie derechef le gouvernement, comme il lui a plu nous le déclarer, et avons charge de le supplier de continuer cette sainte résolution, conduisez-le, par vos bons avis et sages conseils, à la remise de tant d'impôts qui surchargent le peuple, amplement décrits dans nos cahiers, afin qu'étant juste et légitimement prince, comme il est, il ne désire pas plus, en sa souveraine fortune, d'être vu grand que bon et miséricordieux.

Miron termine son discours par des vœux pour le bonheur du roi et de sa mère, et par des conseils qu'il croit devoir, comme prévôt des marchands de la bonne ville de Paris, donner aux sujets du roi.

Le discours de **Richelieu** est généralement considéré comme l'œuvre supérieure d'un esprit vraiment politique. Le voici : on démêle facilement, au milieu des lieux communs et du fonds d'idées inspiré par les délibérations de l'ordre, l'accent personnel et la marque de l'homme d'Etat [1].

Sire,

On célébrait autrefois à Rome une fête annuelle en laquelle, par l'espace de plusieurs jours, il était permis aux serviteurs de parler librement de toutes choses à leurs maîtres, jusqu'à leur reprocher, sans crainte, le mauvais traitement qu'ils auraient reçu d'eux, et les peines qu'ils avaient souffertes pendant toute l'année.

Votre Majesté ayant assemblé tous ses sujets en la ville capitale de son royaume, Rome de la France, siège ordinaire de ses rois, et ne leur permettant pas seulement, mais

---

1. « L'évêque de Luçon avait été choisi comme orateur du clergé : la harangue qu'il prononça fut la première révélation de son génie, et fit entrevoir à la France la véritable éloquence politique, l'éloquence mâle, sobre, nerveuse, affranchie des digressions pédantesques et des ornements parasites, l'éloquence des choses et des idées, non plus des mots. » (H. Martin, *Hist. de France*, t. XI.) Suit l'appréciation détaillée du discours, p. 82.

« Son discours, admirablement écrit, ne contenait ni cet abus des images, ni ces phrases vides et sonores qui étaient les seules ressources des orateurs de ce temps. Le style était simple et élevé, d'une clarté vraiment éloquente.... Si jamais un discours a été prononcé par un orateur avec le dessein arrêté d'arriver au pouvoir et d'obtenir, au delà du succès oratoire, le triomphe de ses vues personnelles, c'est sans contredit celui qui sortait de la bouche de l'évêque de Luçon le 23 février 1615, quelques mois avant de devenir le conseiller et l'inspirateur de Marie de Médicis, et neuf ans avant d'occuper le ministère. » (G. Picot, *Hist. des États généraux*, t. III.) Il y a, à mon sens, un peu d'exagération dans ces éloges.

Le compte rendu de Florimond Rapine ne donne que le discours de Miron (*États généraux*, t. XVII, p. 79.) — On trouvera celui de Senecey dans le *Recueil de Barrois*, t. VIII; celui de Richelieu, dans ses *Mémoires*.

leur commandant de déposer aujourd'hui toute crainte et prendre une honnête hardiesse, pour lui déclarer les maux qui les pressent et les accablent, il semble que son intention soit d'introduire une fête semblable en son État.

Après quelques variations sur ce thème, **Richelieu** expose avec précision les doléances de son ordre.

Premier grief : **excessives dépenses et vénalité des charges.**

Il faut avouer que la plupart des maux de toutes les communautés du monde, et particulièrement de cet État, tirent leur origine des excessives dépenses, et des dons immenses qui se distribuent sans règle et sans mesure.

Si nous jetons premièrement les yeux sur le peuple, dont l'Église, qui est mère des pauvres et des affligés, doit avoir soin, nous connaîtrons aussitôt que sa misère procède principalement de cette cause, puisqu'il est clair que l'augmentation des mises [1] fait par nécessité croître les recettes ; et que, plus on dépense, plus est-on contraint de tirer des peuples, qui sont les seules mines de la France.

S'il faut rechercher la cause originaire des défauts qui se remarquent en la justice, des grands frais qu'on est contraint de faire pour obtenir ce que les princes devraient libéralement départir à leurs sujets, n'est-il pas certain que la source principale de ces maux est la vénalité des charges et des offices, qui n'ont été mis en commerce que pour subvenir aux nécessités où l'État a été réduit par les profusions et l'excès des dépenses?

Et, comme on a vu que, vendant les offices, plus il y en aurait, plus pourrait-on avoir d'argent, on les a multipliés par une infinité de nouvelles créations. Et ainsi, les maux s'entresuivant et se prêtant la main, la vénalité des charges en a apporté la multiplicité qui achève d'accabler le peuple, augmentant le faix qu'on lui impose, à raison des gages attribués à tous offices et diminuant les forces qui lui sont

---

1. *Mises* signifie « dépenses » ; sens vieilli.

nécessaires pour porter tel fardeau; attendu que plus il y a d'officiers exempts de subsides et de tailles, moins reste-t-il de sujets pour les payer; et, ce qui est à noter, ceux qui demeurent sont tous pauvres, les riches se tirant du pair par le moyen de leur argent qui leur donne des charges.

On penserait peut-être que les grandes dépenses, les dons immenses et profusions des rois fussent utiles à la noblesse, comme étant la plus proche pour recevoir ce qui tombe de leurs mains; mais pour peu qui s'en enrichissent, tout le commun des nobles en pâtit et participe aux maux qui en arrivent, particulièrement à celui de la vénalité, vu qu'étant aussi pauvres d'argent que riches en honneur et en courage, ils ne peuvent avoir ni charges en la maison du Roi, ni offices en la justice, puisqu'on ne parvient plus à tels honneurs que par des moyens dont ils sont dépourvus.

De là vient la ruine de l'Église; car, la noblesse ne pouvant plus être obligée par les voies ordinaires et sortables à leur profession, on s'est relaché jusque là que de leur départir les biens de Dieu, et les récompenser au préjudice de l'Église, aux maux de laquelle je m'arrêterai davantage, y étant obligé par ma profession, et parce que, ayant plusieurs plaies en un corps, la guérison veut qu'on s'attache plus à la guérison de celles qui sont aux parties nobles, d'autant qu'elles sont plus dangereuses que les autres.

Richelieu déplore la déchéance des prélats, jadis les conseillers des rois, aujourd'hui avilis dans leur dignité.

Nous trouvons en l'histoire plusieurs chanceliers de leur ordre : un seul auteur en remarque trente-cinq. Nous les voyons parrains des rois; on leur en commet l'éducation, la tutelle de leurs personnes, et la régence de leur État. La croyance qu'on a que la religion qui les lie à Dieu rend leur foi inviolable fait qu'on désire leur parole pour caution des promesses de leurs maîtres : on les demande, et les accepte-t-on pour otages des rois, conjointement avec leurs enfants, comme si leur dignité rendait aucunement leurs personnes royales. Enfin ils sont honorés jusques à ce point que leurs propres princes les rendent arbitres de leurs différends et se soumettent à leur jugement, quoiqu'ils soient sous leur puissance. Et ce qui est grandement considérable est que les plus grands de nos rois sont ceux qui s'en sont servis davantage; ce qui se justifie clairement, en ce que ce grand prince qui le premier joignit en sa personne le diadème de l'Empire à la couronne de France ne faisait rien, ni en paix, ni en guerre, sans l'avis des évêques dont, pour cet effet et plusieurs autres, on assemblait des synodes presque tous les ans.

Lors les prélats étaient employés de leurs princes, l'église gallicane était pleine de majesté; au lieu que maintenant elle est tellement déchue de cette ancienne splendeur qu'elle n'est pas reconnaissable; car, tant s'en faut qu'on recherche les conseils des ecclésiastiques en ce qui regarde l'État, qu'au contraire il semble que l'honneur qu'ils ont de servir Dieu les rende incapables de servir leur Roi, qui en est la plus vive image.

S'il leur est libre d'entrer au conseil, c'est seulement par forme : ce qui paraît assez, puisqu'ils y sont reçus avec tel mépris qu'il suffit d'être laïque pour avoir lieu de préséance par-dessus eux, là où anciennement leur ordre, qui les rend préférables à tous autres, les y rendait aussi préférés.

Ainsi l'on avilit la dignité de ceux qui servent aux saints autels; et de plus, bien qu'ils rendent au Roi ce que chacun rend à son Dieu, lui donnant volontairement la dîme de leurs biens, on ne laisse de les dépouiller de tout le reste pour en favoriser des personnes du tout incapables de le posséder, ou pour s'être dédiés au monde et non à Dieu, ou pour être dépourvus de la foi et ennemis de l'Église, des biens temporels de laquelle on ne peut jouir que sacrilègement, si on ne participe aux spirituels.

Encore qu'ils soient exempts de tous impôts, il y en a peu à quoi on ne les veuille assujettir. On les prive de leur juridiction, on souffre que les ennemis de la foi polluent tous les jours impunément les lieux les plus sacrés par leurs profanes sépultures, de plus, que, contre les édits et la raison, ils retiennent par force et violence leurs églises, empêchant d'y publier la parole de Dieu, pour y annoncer celle des hommes.

Et partant on peut dire avec vérité que l'Église se trouve en même temps privée d'honneurs, dépouillée de biens, frustrée d'autorité, profanée et tellement abattue qu'il ne lui resterait pas des forces pour se plaindre, si, se ressentant aux derniers abois, et voyant devant elle le médecin de qui seul elle peut recevoir guérison, elle ne faisait un dernier effort pour lui toucher le cœur de telle sorte, qu'il soit mu. par pitié, convié par religion et forcé par raison, à lui rendre la vie, le bien et l'honneur tout ensemble.

Énumération de la suite des griefs du clergé :
La collation des bénéfices à des laïques ;
Les réserves ;
Les exemptions d'impôts ;
Les juridictions ecclésiastiques ;
Enfin la profanation commise dans l'église de Millau par des réformés.

Voilà, Sire, pour ce qui est de nos maux et de nos plaintes ce que nous aurons à mettre ici devant les yeux de Votre Majesté, que j'ai réduit au moins de chefs, et traité le plus succinctement qu'il m'a été possible, pour n'être pas importun à vos oreilles, pour donner lieu à ceux qui doivent parler après moi [1] de s'étendre sur certains points qui les touchent de près, que je n'ai qu'effleurés, et parce enfin que, même en ce qui concerne l'Église, il suffit et est à propos de ne représenter ici qu'en général les désordres qui sont particulièrement déduits en nos cahiers avec leurs remèdes : désordres, Sire, qui ne peuvent être négligés qu'on n'ait juste sujet d'appréhender, pour Votre Majesté et pour son État, des événements du tout contraires

---

1. L'orateur du clergé parlait le premier ; puis celui de la noblesse ; ensuite celui du tiers état. — J'ai ici interverti l'ordre régulier.

à ceux que nous leur souhaitons : puisque, comme la piété et la religion sont cause de la prospérité des princes et de la durée des républiques, ainsi le mépris des choses saintes est-il occasion de leur malheur et de leur fin. Les menaces que Dieu fait à ceux qui ne feront compte de sa loi et de ses saints commandements, et les funestes châtiments dont elles ont été suivies, nous apprennent cette vérité. La chute de l'empire d'Orient, la ruine des anciennes Gaules, l'anéantissement de plusieurs États, qui ont vu leur fin peu éloignée de leur commencement, nous le confirment ; et, si nous avons du sentiment, plusieurs punitions exemplaires que notre France a reçues par le passé, en la première et seconde race de ses rois, ne nous peuvent permettre d'en douter.

. . . .

La gloire étant un aiguillon qui pique vivement les généreux esprits, nous ne pouvons douter que vous n'entrepreniez cette réformation tant glorieuse. Les marques évidentes de votre inclination aux choses bonnes, de votre piété envers Dieu, de votre affection envers vos sujets nous en assurent ; et, qui plus est, nous sommes confirmés en cette assurance par la digne action que fit Votre Majesté, lorsqu'en sa majorité, après avoir reçu et pris en main les rênes de ce grand empire, elle les remit en celle de la Reine sa mère, afin que, sous son autorité, elle eût, pour quelques ans, la conduite de son État. Car, encore que nous puissions dire de nos rois ce qu'on a remarqué d'un certain peuple des Indes dont les enfants naissent tous chenus, et que particulièrement l'esprit de Votre Majesté produise des traits de sagesse et de prudence qui surpassent son âge, si est-ce toutefois que, le gouvernement d'un grand royaume étant plein d'un monde de difficultés qui naissent tous les jours des diverses occurrences et rencontres des choses humaines, la science ne s'en peut acquérir que par le temps, pendant lequel heureux le Roi à qui Dieu donne une mère pleine d'amour envers son État et d'expérience pour la conduite de ses affaires !

Puis, s'adressant directement à la reine mère :

Vous avez beaucoup fait, Madame; mais il n'en faut pas demeurer là : en la voie de l'honneur et de la gloire ne s'avancer et ne s'élever pas c'est reculer et déchoir. Que si, après tant d'heureux succès, vous daignez encore vous employer courageusement à ce que ce royaume recueille les fruits qu'il se promet et qu'il doit recevoir de cette assemblée, vous étendrez jusqu'à l'infini les obligations qu'il vous a, attirerez mille bénédictions sur le Roi, pour vous avoir commis la conduite de ses affaires; sur vous, pour vous en être si dignement acquittée; sur nous, pour la supplication très humble et très ardente que nous faisons à Sa Majesté de vous continuer cette administration. Et lors, vos mérites ajoutant mille couronnes de gloire à celle qui entoure votre chef, pour comble de récompense le Roi ajoutera aussi au titre glorieux que vous avez d'être sa mère celui de mère de son royaume, afin que la postérité, qui lira ou entendra proférer votre nom, et aperçoive et reconnaisse des marques de votre piété envers son État, et de la sienne envers vous, voyant que votre zèle envers la France ne vous aura pas plutôt fait mériter un titre de gloire immortelle que l'amour filial qu'il vous porte ne vous l'ait donné.

Nous croyons, Madame, que vous n'oublierez rien pour faire que cette assemblée, mise en pied par vos conseils, réussisse à notre avantage : les maux qui nous pressent vous y convient; votre affection envers nous vous y porte; votre honneur et celui du Roi (qui vous est si cher) le requièrent, et l'intérêt de votre conscience vous y oblige tous deux.

C'est, Sire, ce qui fait que plus hardiment nous conjurons Votre Majesté de ne nous point licencier d'auprès d'elle que nous ne remportions à nos provinces de quoi contenter leur attente et les consoler en leurs misères.

Nous espérons, Sire, de votre bonté cette grâce, et plusieurs autres nécessaires pour la guérison de nos maux, et, qui plus est, devant que de finir, j'ose dire que, si l'on peut mériter par affection, nous le méritons pour l'extrême passion que nous avons à son service, passion, Sire, dont toutes nos actions seront autant de témoignages ; protestant devant Dieu, en présence de Votre Majesté, à la face de toute la France, qu'avec l'avancement de la gloire du Tout-Puissant, le plus grand soin que nous veuillons avoir est d'imprimer plus par exemple qu'autrement aux cœurs de vos sujets qui reçoivent instruction de nous le respect et l'obéissance qu'ils vous doivent, mendier du ciel, par vœux continuels, une abondante effusion de bénédictions sur Votre Majesté, supplier celui qui en est le maître, de détourner son ire de dessus cet État ; et, au cas qu'il le voulût punir, nous offrir à supporter en ce monde le feu de ses foudres, pour en garantir votre personne, à qui nos souhaits sont si avantageux, que, quelques maux qui nous pressent, jamais nous ne serons touchés d'aucun désir qui égale celui que nous avons de voir la dignité royale tellement affermie en elle qu'elle y soit comme un ferme rocher qui brise tout ce qui le heurte.

Ce sont, Sire, les désirs de vos très humbles et très fidèles sujets et serviteurs les ecclésiastiques de votre royaume, et les vœux qu'ils présentent à Dieu, le suppliant qu'il ouvre en sorte l'œil de sa Providence pour la direction de Votre Majesté, échauffe sa bonté pour sa conservation, arme son bras pour sa défense, qu'elle puisse régner sagement, longuement et glorieusement, étant la règle de son État, la consolation de ses sujets, et la terreur de tous ses ennemis [1].

Les cahiers remis, le roi dit : « Messieurs, je vous remercie de tant de peines qu'avez prises pour moi depuis quatre mois; je ferai voir vos cahiers et les répondrai promptement et favorablement ». — Les députés rapportèrent dans leurs provinces des promesses, vite oubliées, et les discussions des États furent sans profit pour le bien public.

1. Voir dans les ouvrages cités (*Compte rendu* de Florimond Rapine ; — *Hist. de France* de Henri Martin ; etc.) comment se terminèrent les États généraux de 1614.

§ 2. — Les assemblées des notables (1617-1626).

Deux ans après, à l'instigation de **de Luynes**, une première **assemblée des notables** se réunissait (**novembre 1617**), sans plus de résultat.

En 1626 **Richelieu**, ministre depuis deux ans, voulut appuyer ses grands desseins de l'approbation publique, et convoqua une **seconde assemblée des notables**. La session s'ouvrit le **2 décembre 1626**. Le garde des sceaux, **Marillac**, et le **maréchal de Schomberg** parlèrent, le premier sur l'ensemble des affaires, le second plus particulièrement sur la guerre.

Richelieu prit encore la parole :

Il n'est pas besoin à mon avis, Sire, de représenter à cette célèbre compagnie les grandes actions que Votre Majesté a faites depuis un an, tant parce que M. le garde des sceaux s'en est fort dignement acquitté, que parce qu'elles parlent d'elles-mêmes....

Il n'est pas besoin aussi de leur faire entendre les grandes dépenses qui ont été causées par ces signalées actions....

Il n'y a personne d'entre vous, Messieurs, qui ne sache avec quelle pureté ces dépenses ont été ménagées, et combien elles étaient nécessaires. La probité de ceux qui ont administré les finances justifie le premier point, et l'oppression des alliés de cette couronne, la rébellion que ceux qui sont rebelles à Dieu ont faite en ce royaume, les mouvemens projetés et formés au même temps par personnes qui voulaient, contre les intentions du roi et de tout ce qui le touche de plus près, se prévaloir par la perte de la France, des occupations que Sa Majesté avait pour la rétablir en la première splendeur, font assez connaître la vérité du second.

Les affaires sont maintenant, grâce à Dieu, en assez bon état; mais on n'oserait se promettre qu'elles y demeurent toujours; et il faudrait n'avoir point de jugement pour ne connaître pas qu'il faut les pousser plus avant.

Il faut par nécessité ou laisser ce royaume exposé aux entreprises et aux mauvais desseins de ceux qui en méditent tous les jours l'abaissement et la ruine, ou trouver des expédients assurés pour l'en garantir.

L'intention du roi est de le régler, en sorte que son règne égale et surpasse le meilleur des passés, et serve d'exemple et de règle à ceux de l'avenir....

Puisqu'il n'y a que Dieu qui fasse quelque chose de rien, pour parvenir à de si bonnes fins, il faut de nécessité ou diminuer les dépenses ordinaires de l'épargne, ou en augmenter les recettes, ou faire tous les deux ensemble.

Il est impossible de toucher aux dépenses nécessaires pour la conservation de l'État : y penser seulement serait un crime ; c'est pourquoi Sa Majesté, préférant le bien public à son particulier, veut de son mouvement retrancher sa maison ès choses mêmes qui touchent sa propre personne, vous laissant à juger comme il en faudra user au reste.... En l'ordre qu'on veut établir, les grands et les petits trouveront leur compte, tous auront prix selon qu'ils feront bien.... Les règles les plus austères sont et semblent douces aux plus déréglés esprits quand elles n'ont en effet comme en apparence autre but que le bien public et le salut de l'État....

Ès grandes tempêtes il faut partager son bien avec la mer pour soulager le vaisseau et éviter le naufrage : la prudence requiert que l'on en use ainsi, afin de ne perdre pas tout, en voulant tout sauver ; l'intérêt des particuliers n'y oblige pas moins que celui du public : rien n'étant plus vrai que ce qu'a dit un ancien prélat de ce royaume, qu'il est impossible que l'abondance et les richesses des personnes privées puissent subsister quand l'État est pauvre et nécessiteux.

Par tels ménages, on pourra diminuer les dépenses ordinaires de plus de trois millions, somme considérable en elle-même, mais qui n'a point de proportion aux fonds qu'il faut trouver pour égaler la recette à la dépense.

Reste donc à augmenter les recettes, non par nouvelles

impositions, que les peuples ne sauraient plus porter, mais par moyens innocents, qui donnent lieu au roi de continuer ce qu'il a commencé à pratiquer cette année, déchargeant ses sujets par la diminution des tailles.

Par cet effet il faut venir au rachat des domaines, des greffes et autres droits engagés, qui montent à plus de vingt millions, comme à chose non seulement utile, mais juste et nécessaire.

Il n'est pas question de retirer par autorité ce dont les particuliers sont en possession de bonne foi; le plus grand gain que puissent faire les rois et les États est de garder la foi publique qui contient en soi un fonds inépuisable, puisqu'elle en fait toujours trouver; il faut subvenir aux nécessités présentes par d'autres moyens.

... Si l'on vient à bout de ce dessein et que la France jouisse tous les ans du revenu de ces rachats, ce qui semble à présent impossible, et qui toutefois est nécessaire pour le bien de l'État, sera lors très facile à Sa Majesté; les peuples qui contribuent maintenant, plus par leur sang que par leurs sueurs, aux dépenses de l'État, seront soulagés, en sorte que, ne levant plus rien sur eux que ce qui sera nécessaire, de peur qu'ils n'oublient pas leur condition et perdent la coutume de contribuer aux frais publics, au lieu de sentir ce qu'on tirera d'eux, ils estimeront qu'on leur donnera beaucoup.

Quand il sera question de résister à quelque entreprise étrangère, à quelque rébellion intestine (si Dieu en permet encore pour nos péchés), quand il sera question d'exécuter quelque dessein utile et glorieux pour l'État, on n'en perdra point l'occasion faute d'argent; il ne faudra plus avoir recours à des moyens extraordinaires; il ne faudra plus courtiser des partisans pour avoir de bons avis d'eux, et mettre la main dans leur bourse, bien que souvent elle ne soit pleine que des deniers du roi. On ne verra plus les cours souveraines occupées à vérifier des édits nouveaux....

... Enfin toutes choses seront en l'état auquel dès longtemps elles sont désirées des gens de bien....

On dira volontiers, et peut-être le penserai-je moi-même, que c'est aisé de se proposer de si bons desseins, qu'il est chose agréable d'en parler, mais que l'exécution en est difficile. Et cependant, après y avoir bien pensé, j'ose dire, en la présence du roi, qu'il se peut trouver des expédiens par lesquels dans six ans on verra la fin et la perfection de cet ouvrage.

Le roi, Messieurs, vous a assemblés expressément pour les chercher, les trouver, les examiner et les résoudre avec vous....

Les malades mourant aussi bien quelquefois pour être surchargés de remèdes que pour en être entièrement privés, j'estime être obligé de dire en passant que, pour rétablir cet État en sa première splendeur, il n'est pas besoin de beaucoup d'ordonnances, mais bien de réelles exécutions.

Cette assemblée par ce moyen pourra finir plus promptement, bien qu'elle doive être perpétuelle quant à la durée du fruit qu'elle produira : peu de paroles et beaucoup d'effets témoigneront et les bonnes intentions et le jugement de ceux dont elle est composée.

Le roi ne doute point, Messieurs, que vous ne fassiez tout ce qui est de votre devoir en cette occurrence : vous connaîtrez aussi par l'événement que Sa Majesté se surpassera soi-même pour procurer le bien de son État.

La gloire de le faire renaître de nouveau est réservée à la vertu d'un si grand prince. Vous devez beaucoup à sa bonté de ce qu'elle a daigné vous y donner part ; et je me sentirais très particulièrement redevable à Dieu en cette occasion s'il me prenait incontinent après l'accomplissement d'un si haut, si glorieux et si saint dessein [1].

---

1. Une première fois ministre (octobre 1616-avril 1617), Richelieu n'entreprit sa grande œuvre qu'en 1624, et la poursuivit sans relâche jusqu'à sa mort (1642). Sa pensée, sa politique, nous la voyons à découvert dans les actes de ce long et laborieux ministère. On peut la lire aussi, écrite de sa main, dans son testament politique, dans ses mémoires, dans ses lettres : son ferme esprit, sa courageuse raison, sa passion pour le bien et la gloire de l'Etat, son âme fran-

çaise s'y peignent au vif.... Voici quelques fragments du testament. Ils sont extraits du portrait du conseiller d'Etat (*Testament*, édition de 1764, 1re partie, chapitre VIII, sections 1, 2, 3, 4, 5, 6, 7. Tout ce chapitre est à lire). « Beaucoup de qualités sont requises pour faire un conseiller parfait; on les peut néanmoins réduire à quatre : sçavoir à la capacité, à la fidélité, au courage et à l'application, qui en comprennent plusieurs autres. La capacité des conseillers ne requiert pas une capacité pédantesque; il n'y a rien de plus dangereux pour l'Etat que ceux qui veulent gouverner les royaumes par les maximes qu'ils tirent de leurs livres. Ils les ruinent souvent tout à fait par ce moyen, parce que le passé ne se rapporte pas au présent, et que la constitution des temps, des lieux et des personnes est différente. Elle requiert seulement bonté et fermeté d'esprit, solidité de jugement, vraie source de la prudence, teinture raisonnable des lettres, connaissance générale de l'histoire et de la constitution présente de tous les Etats du monde, et particulièrement de celui auquel on est.... Les plus grands esprits sont plus dangereux qu'utiles au maniement des affaires.... Je puis dire avec vérité, le sachant par expérience, que la légèreté de telles gens n'est pas moins dangereuse en l'administration des affaires publiques que la malice de beaucoup d'autres. Il y a beaucoup à craindre des esprits dont la vivacité est accompagnée de peu de jugement; et, quand ceux qui excellent en la partie judiciaire n'auraient pas une grande étendue, ils ne laisseraient pas de pouvoir être utiles aux Etats.... La probité d'un ministre public ne suppose pas une conscience craintive et scrupuleuse; au contraire, il n'y a rien de plus dangereux au gouvernement de l'Etat, vu qu'ainsi que du manquement de conscience il peut arriver beaucoup d'injustices et de cruautés, le scrupule peut produire beaucoup d'émotions et d'indulgences préjudiciables au public, et qu'il est très certain que ceux qui tremblent aux choses les plus assurées, par la crainte de se perdre, perdent souvent les Etats lorsqu'ils pourraient se sauver avec eux.... La probité d'un conseiller d'Etat... n'est pas contraire à la sévérité dont il faut user par nécessité en beaucoup d'endroits, au contraire elle le conseille et la prescrit quelquefois, et oblige souvent à être impitoyable.... La probité d'un conseiller d'Etat doit être active, elle méprise les plaintes et s'attache aux effets solides dont le public peut retirer du fruit.... Si un homme est sujet à ses vengeances, le mettre en autorité est mettre l'épée à la main d'un furieux; s'il suit en ses actions ses appétits et non sa raison, c'est exposer l'Etat à être plutôt servi de gens de faveur que de mérite, dont il arrive beaucoup d'inconvénients.... Si la probité d'un conseiller d'Etat requiert qu'il soit à l'épreuve de toutes sortes d'intérêts et de passions, elle veut qu'il le soit aussi des calomnies, et que toutes les traverses qu'on lui sçaurait donner ne le puissent décourager de bien faire. Il doit sçavoir que le travail qu'on fait pour le public, n'est souvent reconnu d'aucun particulier, et qu'il n'en faut espérer d'autres récompenses en terre que celles de la renommée, propre à payer les grandes âmes. Il doit aussi sçavoir de plus que les grands hommes qu'on met au gouvernement des Etats sont comme ceux qu'on condamne au supplice, avec cette différence seulement, que ceux-ci reçoivent la peine de leurs fautes, et les autres de leur mérite. De plus, il doit sçavoir qu'il n'appartient qu'aux grandes âmes de servir fidèlement les rois, et supporter la calomnie que les méchants et les ignorants imputent aux gens de bien, sans dégoût, et sans se relâcher du service qu'on est obligé de leur rendre. Il doit sçavoir encore que la condition de ceux qui sont appelés au maniement des affaires publiques est beaucoup à plaindre, en ce que, s'ils font bien, la malice du monde en diminue souvent la gloire, réputant qu'on pouvait faire mieux, quand même cela serait tout à fait impossible. Enfin il doit sçavoir que ceux qui sont dans le ministère de l'Etat sont obligés d'imiter les astres, qui, nonobstant les abois des chiens, ne laissent pas de les éclairer et de suivre leur cours, ce qui doit l'obliger à faire un tel mépris de pareilles injures que sa probité n'en puisse être ébranlée, ni lui détourné de marcher avec fermeté aux fins qu'il s'est proposées pour le bien de l'Etat.... »

CHAPITRE VII

LE PARLEMENT. — LA FRONDE. — BROUSSEL. LOUIS XIV. — LE XVIIIe SIÈCLE.

§ 1er. — Le Parlement. — La Fronde. — Broussel.

L'œuvre monarchique de **Richelieu** fut continuée par **Mazarin**, qui était de la race des hommes d'État, et qui servit habilement la royauté et la France. Nous ne le compterons pas cependant parmi les grands représentants de l'*idée française*. Il était étranger; de plus, son caractère ne valait pas son esprit; enfin il fut un politique de cabinet, et nous n'avons pas de lui de discours ni de ces lettres faites pour être répandues dans le public. Mais sous son ministère, et pendant les troubles de la **Fronde**, quelques voix s'élevèrent dans le sein du **Parlement** en faveur des libertés publiques contre les empiétements du pouvoir.

Le Parlement devait rendre la justice, mais il s'arrogea peu à peu des droits politiques; il prétendit au rôle de conseiller, de censeur de la couronne; une fois au moins, il osa lutter ouvertement contre elle, et, soutenu par le peuple, élever une nouvelle autorité en face de la sienne. — Que cette ambition fût légitime ou que le parlement excédât ses droits, certains de ses membres surent du moins affirmer quelques-uns des principes du droit public français dans un fier langage, et quelques-uns de leurs discours, malgré une rhétorique parfois pédantesque et surannée, mériteraient d'être connus.

Voici le compte rendu d'une séance du **Parlement**.

« On sait dans quelles circonstances, au mois de **juin 1648**, les **quatre cours souveraines**, c'est-à-dire le Parlement, la Chambre des Comptes, la Cour des Aides et le Grand Conseil se liguèrent pour résister ensemble au pouvoir royal exercé, sous Louis XIV mineur, par sa mère et par le cardinal Mazarin. On sait que cette coalition des compagnies judiciaires, faite au nom de leur intérêt privé pour le maintien gratuit du droit annuel, se tourna bientôt vers la défense des intérêts publics et la réforme de l'État. Le signal d'opposition donné par la haute magistrature rallia autour d'elle tout ce qui avait souffert ou souffrait encore du régime dictatorial imposé à la France par Richelieu, et conservé après lui sans sa force d'âme et son génie.... Les justes griefs du peuple accablé d'impôts et les rancunes de la noblesse amoindrie dans ses privilèges; les traditions de liberté soit des États généraux, soit des provinces ou des villes, et l'idée d'une liberté supérieure née des études classiques et du progrès de l'intelligence moderne; un besoin plus ou moins vague de garanties légales et de constitution régulière; enfin le travail des imaginations échauffées par l'exemple que donnait alors l'Angleterre, voilà de quels mobiles réunis vint aux événements de la première Fronde leur caractère de puissance et de nouveauté; voilà, en un mot, ce qui fit sortir un commencement de révolution du conflit tant de fois élevé entre la cour et les titulaires d'offices de judicature. »

Cette page d'Aug. Thierry est le meilleur commentaire de la séance dont on va lire le compte rendu.

Du mercredy 17 juin 1648.

Ce jour, les gens du roy mandés, M° Omer Talon, avocat dudit Seigneur portant la parole, ont dit à la Cour, toutes les chambres assemblées, qu'avaient pris leurs conclusions sur ce qui s'était passé et sur l'arrest du Conseil du 15 juin dernier, qu'ils ont mis sur le bureau, et eux retirés, a été la délibération commencée, et l'heure ayant sonné, l'affaire remise au premier jour.

N. que M° Talon présentant l'arrest du Conseil, ayant demandé la permission d'expliquer leurs conclusions, par écrit, il a commencé son discours par la grandeur du sujet de la délibération, et du péril éminent (*sic*) dans lequel il semblait que, le Parlement s'opposant aux volontés du prince, et le prince persistant en ses résolutions, il y eût quelqu'opposition d'autel contre autel et que la contestation fût venue au point ou de diminuer la dignité de la Compagnie ou de rabaisser et dégrader l'autorité royale.

A ces mots de rabaissement et dégradation de l'autorité royale, la Compagnie ne pouvant retenir son indignation, il s'est élevé un fort grand bruit, lequel arrêta le fil du discours de M⁰ Talon.

Il le reprit par des assurances de la sincérité de ses intentions et netteté de sa conscience, et de son zèle pour son service qui l'obligeait de lui représenter la misérable condition de ceux des Compagnies, lesquels avaient beaucoup à souffrir en ce rencontre, si la bonté de la Compagnie ne se préparait par de promptes voyes à les secourir. Il voulait s'étendre sur ce point ; mais la Compagnie ne put encore souffrir ces remontrances, lesquelles ne lui avaient pas été agréables les jours précédens, ce qui éleva plusieurs voix qui l'interrompaient, luy disant qu'il eût seulement à donner ses conclusions, ce qui l'obligea à reprendre son discours pour la troisième fois, et de prier la compagnie de considérer de quelle importance étaient les mouvemens présens par lesquels le peuple, concevant un mépris pour le gouvernement, avait coutume de troubler l'État par des séditions capables d'en attirer la ruine, que toute la France en avait vu un funeste exemple en 1586.... Il voulut continuer et parler des Barricades, mais cet exemple a offensé tellement toute l'assemblée, comme si l'on eût voulu imputer la sédition des barricades de Paris au Parlement, et que l'on eût voulu menacer les résolutions d'une pareille suite que le bruit, qui s'est élevé plus fort qu'auparavant, a obligé les gens du roy de se retirer sans achever leur discours, ce qui a donné lieu à M⁰ de Mesmes de dire qu'il était inouï que l'on eût ôté la parole aux gens du roy ; à quoi lui a été reparti par M⁰ Lecocq que MM. avec justice ne pouvaient souffrir que les gens du roy fissent distinction de l'autorité du Parlement d'avec celle du roy, n'y ayant personne dans la Compagnie qui ne fût prest à mourir pour son service. Ces paroles, ayant été bien reçues, ont rendu le silence pour la délibération avant laquelle les conclusions du procureur général du roy ont été lues, par lesquelles il requérait que très humbles remontrances fussent faites sur l'arrest du Conseil.

Mᵉ Crespin, doyen, a suivi les conclusions.

Mᵉ Chevalier a proposé des remontrances par écrit, après avoir répondu à l'exemple de 1585, rapporté par les gens du roi, par les témoignages mêmes de Henri III, auquel la cour ayant envoyé ses députés, après les Barricades pour s'en justifier, il leur répondit qu'il était persuadé de sa fidélité invincible pour son service et qu'il savait bien qu'elle n'avait point trempé en ces désordres.

Mᵉ de Broussel approuva la confusion dans laquelle les gens du roy avaient été réduits, et, s'étendant sur les mérites du Parlement, attribua à son admirable tempérance la gloire, la grandeur et la durée de la monarchie, que cependant l'on imputait ses conseils à des crimes, et l'on taxait ses résolutions d'attentat à l'autorité royale, jusque-là que de le vouloir forcer de souscrire à sa condamnation en mettant ces invectives dans ses registres parmi ce grand nombre d'arrêts sur lesquels la monarchie est appuyée comme sur un fondement inébranlable, que ceux lesquels donnaient ainsi de mauvais conseils à la reine n'avaient jamais pénétré dans l'harmonieux concert de toutes les parties de cet État, dans lequel les extrémités sont tellement conjointes par le tempérament admirable de cette cour dépositaire de la liberté publique, que le peuple obéit facilement aux justes commandements de son prince, et le prince, ne pouvant abuser de son autorité, se maintient dans l'amour et la bienveillance de ses sujets, de manière que, loin d'imputer [1] les résistances que rend [2] cette illustre Compagnie aux pernicieux conseils de ceux qui sont à l'oreille des princes, et des entreprises contre l'autorité royale, qu'au contraire ils l'affermissent par leur opposition, la rendant douce et tolérable aux peuples.

L'on dit que le roi Ptolomé n'ayant pu obtenir des ambassadeurs romains qu'à leur retour ils acceptassent les grands présents qu'il leur offrit, ce prince, désirant par

1. Sens absolu « incriminer; mettre au compte moral de quelqu'un ».
2. *Rendre* : ici synonyme de « faire, opposer des résistances », comme « rendre des combats » pour « livrer des combats ».

quelques voies se concilier leur amitié, les invita à un festin, sur la fin duquel il leur fit présenter à chacun une couronne enrichie de pierreries ; ce présent était trop ambitieux pour la frugalité de ces convives, mais il était présenté d'une main trop obligeante pour la mépriser par un refus ; ils arrêtèrent donc entr'eux de le recevoir ; mais, par une action digne de leur générosité, ils les ôtèrent de dessus leurs têtes et les posèrent ensuite sur celles des statues de ce roy. L'on peut observer la même modération dans la conduite du Parlement dans les prérogatives qu'il a reçues de nos rois ; s'il maintient son autorité, c'est pour affermir celle du prince ; s'il défend sa liberté, c'est pour la conservation de celle de l'État ; et s'il accepte la qualité de souverain (les rois la lui ont octroyée), c'est pour en accroître l'ornement de leur trône et la grandeur de leur couronne. Cela est si vrai qu'il est sans exemple qu'aucun de cette Compagnie se soit jamais départi du respect qu'il doit à l'autorité royale, et que, loin de se servir de conseils factieux qu'on lui objecte pour faire barrière à la puissance du roy, elle a toujours agi par très humbles remontrances et protesté qu'elle n'avait d'autres moyens de résister que la raison, de quoi il ne faut point de preuve plus convaincante que l'exemple de 1589, auquel temps on avait vu cet auguste sénat forcé par un simple procureur au Chatelet et conduit avec ignominie par les rues de Paris dans la prison de la Bastille [1] : quelle plus grande injure pouvait donc être faite à cette Compagnie, que d'assurer ses conseils de sédition et ses arrêts de révolte ? Certes, ces paroles sont trop sensibles à son honneur pour les dissimuler ; mais, attendu la colère du prince — *Junonem* [2] *iratam habemus* — dont les oreilles se sont fermées à nos justes ressentimens, il semble être de la prudence de la Cour de surseoir sa délibération sur cet arrêt, et, conformément aux exemples du passé, d'ordonner qu'il sera mis dans le greffe dans un coffre séparé, afin de délibérer sur iceluy

---

1. Voir plus haut G. Du Vair, p. 125.
2. Allusion à Anne d'Autriche.

en temps et lieu, et cependant que les arrêts ci-devant donnés soient exécutés.

Ce grand personnage s'étendit assez longtemps sur cette conclusion dans laquelle il rapporta l'exemple d'un soldat de Varus, lequel ayant été défait en Allemagne par ces peuples qu'il voulait tyranniser et, contre leurs privilèges, assujetir aux loix et coutumes romaines, ce soldat, dit-il, voyant que le désordre était si grand dans l'armée que l'aigle était prête de tomber ès mains des ennemis, laquelle d'ailleurs était si pesante qu'il était difficile de la garantir dans la fuite, il abandonna le bâton qui la soutenait, et, se contentant de la petite effigie de l'aigle qu'il soutenait, la mit dans son sein et l'empêcha par ce moyen de tomber ès mains des barbares. Cet exemple, dit-il, vous doit instruire en ce rencontre. Le peuple est opprimé sous le poids injuste des subsides, la noblesse épuisée par la guerre, les officiers ruinés par les taxes et nouvelles créations, la liberté du royaume violée par les emprisonnemens et violences dernières : que faire donc en ce rencontre ? Il faut prendre les fleurs de lis et les cacher en notre cœur, c'est-à-dire qu'il faut recueillir ce qui nous reste de force et de zèle pour nos loix, et d'affection pour le royaume, afin de s'en servir en temps et lieu, lorsque l'occasion sera plus favorable, pour donner ordre à ces violences.

M. le président Viole se plaignit que l'on interprétait son zèle pour la Compagnie et la sincérité de ses intentions à des ressentiments particuliers et à colère, jusque-là que de lui en faire des reproches entrecoupés de menaces pour l'intimider ; néanmoins que ces artifices seraient toujours très faibles et principalement en ce rencontre, dans lequel il voit que la Compagnie a besoin de fermeté et de constance. *In ea tempora nati sumus, in quibus necesse est firmare animum potentibus exemplis* [1].

(N. que le bruit était que peu avant ce temps on lui avait refusé la charge de chancelier de la reine.)

---

1. « Nous sommes nés dans des temps où il est nécessaire de fortifier son cœur par de virils exemples. »

Après cette opinion, et dix heures ayant frappé, M. le premier Président s'est levé et a prié la Compagnie de le trouver bon, à cause de quelque indisposition qui l'empêchait de se tenir plus longtemps en sa place ; ainsi chacun s'étant rendu en sa chambre, MM. de la troisième désirant aviser aux moyens de secourir ceux de leurs confrères, lesquels pourraient en après souffrir pour la cause publique, soit par exil ou emprisonnement de leurs personnes, ainsi qu'il avait été déjà fait en la première chambre, M° de La Barre président, tâchant d'éluder la délibération, proposa d'envoyer à la première chambre pour s'informer au vray de son arrêté, ce qu'étant appuyé de M° Bitaut, M° Quatresols remontra que c'était faire tort à celui de MM. qui assurait la Compagnie, et qu'il était de l'ordre et devoir de MM. les présidents de mettre toute proposition en délibération, lorsqu'elle était agréable à une bonne partie de la Compagnie, et que l'on était astreint de suivre l'exemple et l'autorité des autres chambres : cet incident vint à tel point que M° Bitaut se leva pour frapper M° de Quatresols sur quelques paroles aigres qui furent dites ; mais, toute la chambre s'étant interposée, la délibération fut empêchée, au grand déplaisir de toute la chambre.

Plus vives d'allure et de langue sont les **remontrances** faites au **roi** et à la **reine** par le **Parlement** le **22 janvier 1649**.

Il faut se rappeler qu'au mois de décembre 1648, la Cour avait gagné **Condé**, que les troupes de Flandre avaient été mandées, que la reine, ses deux fils et une grande partie de la cour avaient fui à Saint-Germain (5 et 6 janvier) et que l'armée royale allait assiéger Paris.

Votre Parlement, outré de douleur, investi et pressé par des armes commandées sous votre nom, dans la ville capitale du royaume, exclus de tout accès à V. M. et à la reine votre mère, vous adresse cette remontrance et supplication très humble, accompagnée des sentimens de tous vos fidèles sujets....

... On espérait que le jeune roi et sa mère n'auraient pas de premier ministre influent.

D'ailleurs, votre Parlement avait sujet de croire que la propre expérience de la reine votre mère lui serait une garde fidèle pour la garantir de cet accident, ayant vu pendant le temps de son mariage en deux notables exemples du maréchal d'Ancre et du cardinal de Richelieu combien l'élévation d'un sujet en trop grande faveur et autorité avait été difforme, jusques à quel point elle avait été redoutable au roi, et intolérable à ses peuples..............
... Et cependant... il est arrivé que le cardinal Mazarin, élevé par le cardinal de Richelieu, nourri dans ses maximes ambitieuses et formé dans ses artifices, succédant à son ministère, a succédé pareillement à ses desseins.............
... De là il est arrivé, Madame, que, comme les intérêts de ceux qui entreprennent sur l'autorité souveraine, sont toujours contraires à l'intérêt du souverain, nous avons vu sous son ministère un usage *de politique étrange et toute opposée à nos mœurs*: les vrais intérêts de l'État abandonnés ou trahis, la continuation de la guerre, l'éloignement de la paix, les peuples épuisés, les finances dissipées ou détournées, tout ce qu'il y a de considérable dans le royaume ou corrompu ou opprimé, pour assujettir tous les Français sous la puissance d'un seul étranger, et finalement l'État au point où il est, à la veille de sa ruine, si Dieu n'y met puissamment la main.
Qui ne voit que le cardinal Mazarin a toujours voulu continuer la guerre et éloigner la paix, afin de se rendre plus nécessaire et avoir plus de prétexte de lever de grandes sommes de deniers pour s'enrichir? Qui n'a découvert qu'en plusieurs occasions il a empêché nos succès pour faire balancer ses affaires? témoin nos armées perdues faute de subsistance devant Lérida, les faibles secours de Naples envoyés à contretemps, le siège de Crémone, la perte de Courtrai, et autres actions de cette qualité.... Il a retardé et entravé la paix.... On peut encore raisonnablement tirer cette induction de son procédé qu'il avait la

pensée de partager un jour la France avec l'Espagnol, et nous sommes peut-être à la veille de l'éprouver.

Quant à l'abus et la déprédation des finances, le cardinal Mazarin oserait-il dire qu'il y ait eu quelques limites à sa convoitise? Sire, les souverains, légitimes tuteurs des peuples, regardent leur bien comme le bien d'autrui pour en user; et, pour le conserver, ils le considèrent comme leur bien propre; de manière qu'ils n'y mettent jamais la main sans nécessité, ni sans mesure. Mais les usurpateurs de l'autorité souveraine regardent le bien du peuple comme leur proie, sont avides de sa substance, et la dernière goutte de son sang est la seule borne de leur cupidité.

Telle a été celle du cardinal Mazarin,... de sorte que si votre Parlement, touché des sentimens de votre service et des motifs de la charité, n'eût arrêté le cours de ses insupportables exactions, le moindre mal eût été que vos peuples fussent tombés dans l'impuissance ou dans le désespoir avant la fin de la dernière année. Et il serait inutile de marquer toutes les voies qu'il a tenues pour faire une telle déprédation. Les seuls fonds immenses qu'il a consommés dans la marine, dont il a disposé sans en rendre compte, seraient capables d'épuiser vos finances. Il suffit de dire qu'il est le maître; qu'il prend tout ce qu'il peut toucher, comme s'il était sien; qu'il a conservé et augmenté le nombre des partisans et gens d'affaire qui sont les sangsues qui lui facilitent le moyen pour avoir de l'argent comptant; qu'il a levé plus de 80 000 000 de livres par an; qu'il nous a engagés de 150; et que l'on ne trouve plus presque d'or ni de bonne monnaie en France. Jugez de là, Sire, où il est.

... Il entreprend sur l'autorité du roi,... il attaque les princes, les grands,... il a voulu perdre le **Parlement**.

A peine le cardinal Mazarin a-t-il été dans les affaires qu'il a commencé par la proscription et l'emprisonnement d'un nombre de sénateurs, pour frapper une partie du corps et imprimer la terreur dans l'autre. Et certes l'emprisonnement du président Baullon, conduit dans une citadelle hors du royaume, mort peu de mois après sa détention, laissant le soupçon funeste d'une cause violente de sa fin, qui a été une des plus cruelles actions que nous ayons vues depuis que nous éprouvons la tyrannie des puissans favoris, était bien capable de faire craindre des courages médiocres. Mais, comme il est malaisé de soumettre par cette passion un si grand corps, qui ne craint que de manquer à son devoir, ces exemples de violence ne l'ont pas empesché qu'avec l'avis des compagnies souveraines, voyant le peuple oppressé par des impositions, des levées, des taxes, et autres telles vexations qui se commettaient par voie de fait ou par la seule autorité des arrests du Conseil, il n'ait, pour satisfaire aux obligations de sa charge, pris connaissance des causes de ce désordre et n'en ait aucunement arrêté le cours. Et nous pouvons dire à V. M. sans exagérer que, si votre Parlement n'eut interposé votre autorité pour empêcher ces oppressions, le peuple eût été bientôt ou dans l'impuissance ou dans le murmure : ce premier mal est la faiblesse des États, et le dernier est la disposition aux révoltes, que les sages politiques doivent toujours prévenir, sachant bien que la patience des hommes est limitée et que Dieu ne met pas même la constance des justes à toutes épreuves. Les services que nous avons rendus à V. M., Sire, en soulageant vos sujets et vous remettant en possession de vos revenus, ont empêché ces accidents ; mais ils ont allumé la haine du cardinal Mazarin contre votre Parlement, le voyant un obstacle à sa tyrannie ; et c'est ce sujet qui l'a fait recourir à de nouveaux moyens pour le perdre....

L'accusation continue, plus véhémente que juste.

Sire, nous appelons ici tout ce qu'il y a d'âmes vraiment françaises, pour se joindre à nos sentiments et à notre conduite, à l'exemple de ces personnages illustres qui ont signalé déjà leur zèle en cette occasion; afin de confondre promptement l'auteur de tous ces maux, délivrer votre personne de ses mains, et retirer votre État de la ruine. C'est là l'unique voie de salut; et, si son parti subsiste quelque temps, la France est perdue sans ressource..................

... Votre conservation, Sire, et celle du royaume est la cause de notre défense et le motif de notre arrest, qui ordonne que Paris prendra les armes; notre salut particulier n'est pas notre seul objet; en cette occasion nous ne le regardons que comme un moyen nécessaire au vôtre........

... Recevez donc, s'il vous plaît, notre résolution de prendre les armes, non pas comme un acte de rébellion, mais comme un effet de notre devoir. Nous ne nous défendrions pas en cette extrémité, si nous le pouvions omettre sans crime et sans encourir le reproche de Dieu et des hommes d'avoir laissé lâchement périr notre roi par un faux zèle plein d'ignorance, parce que celui qui nous opprime pour vous perdre ensuite est revêtu de son nom et de son autorité..................................

... V. M. mettront le calme dans l'État, leurs personnes et la fortune publique en sûreté, la France hors du péril imminent d'être envahie et partagée entre cet ennemi domestique et les étrangers; et tous les Français d'un esprit unanime se rallieront pour forcer l'Espagne de consentir à la paix tant désirée de toute la chrétienté, et si nécessaire au bonheur de vos peuples [1]....

§ 2. — **Louis XIV**.

Malgré les fautes de son orgueil, **Louis XIV**, au jugement des hommes compétents et impartiaux, reste, en somme, un roi, et un roi français. On peut lui reprocher d'avoir exagéré les privilèges de son rang, non d'en avoir méconnu ni trahi les devoirs. Il est, même avec des erreurs et des fautes impardonnables, le digne héritier de **Henri IV** et de **Richelieu**. Il avait du bon sens, le cœur droit, l'âme élevée; il pensait juste et parlait bien. Mais c'est dans ses mémoires, ses lettres et ses instructions diplomatiques qu'il faut chercher sa pensée. Ce

---

1. Journal manuscrit des débats du Parlement (1648 et 1649). — Archives nationales, U, 336. — Aubertin, ouvrage cité.

n'est pas dans des discours publics qu'il l'a exprimée. Cependant je citerai sa fameuse **circulaire aux gouverneurs des provinces (1709)**, qui a le caractère d'une lettre publique et comme d'un appel à l'opinion [1].

Monsieur, l'espérance d'une paix prochaine était si généralement répandue dans mon royaume, que je crois devoir à la fidélité que mes peuples m'ont témoignée pendant le cours de mon règne la consolation de les informer des raisons qui empêchent encore qu'ils ne jouissent du repos que j'avais dessein de leur procurer.

J'aurais accepté, pour le rétablir, des conditions bien opposées à la sûreté de mes provinces frontières; mais plus j'ai témoigné de facilité et d'envie de dissiper les ombrages que mes ennemis affectent de conserver de ma puissance et de mes desseins, plus ils ont multiplié leurs prétentions; en sorte qu'ajoutant par degrés de nouvelles demandes aux premières, et se servant ou du nom du duc de Savoie, ou du prétexte de l'intérêt des princes de l'Empire, ils m'ont également fait voir que leur intention était seulement d'accroître aux dépens de ma couronne les États voisins de la France, et de s'ouvrir des voies faciles pour pénétrer dans l'intérieur de mon royaume toutes les fois qu'il conviendrait à leurs intérêts de commencer une nouvelle guerre. Celle que je soutiens et que je voulais finir ne serait pas même cessée quand j'aurais consenti aux propositions qu'ils m'ont faites; car ils fixaient à deux mois le temps où je devais de ma part exécuter le traité, et pendant cet intervalle ils prétendaient m'obliger à leur livrer les places qu'ils me demandaient dans les Pays-Bas et dans l'Alsace, et à raser celles dont ils demandaient la démolition. Ils refusaient de prendre de leur côté d'autre engagement que de faire cesser tous actes d'hostilités jusqu'au premier du mois d'août, se réservant la liberté d'agir alors par la voie des armes, si le roi d'Espagne, mon petit-fils, per-

1. On sait dans quelles douloureuses circonstances Lous XIV écrivit cette lettre : désastres militaires, froids excessifs, misère du peuple, prétentions exorbitantes des alliés, concessions inutiles du roi, etc.

sistait dans la résolution de défendre la couronne que Dieu lui a donnée, et de périr plutôt que d'abandonner des peuples fidèles, qui, depuis neuf ans, le reconnaissent pour leur roi légitime. Une telle suspension, plus dangereuse que la guerre, éloignait la paix plutôt que d'en avancer la conclusion : car il était non seulement nécessaire de continuer la même dépense pour l'entretien de mes armées; mais, le terme de la suspension d'armes expiré, mes ennemis m'auraient attaqué avec les nouveaux avantages qu'ils auraient tirés des places où je les aurais moi-même introduits, en même temps que j'aurais démoli celles qui servent de remparts à quelques-unes de mes provinces frontières. Je passe sous silence les insinuations qu'ils m'ont faites de joindre mes forces à celles de la ligue, et de contraindre le roi mon petit-fils à descendre du trône, s'il ne consentait pas volontiers à vivre désormais sans États et à se réduire à la simple condition d'un particulier. Il est contre l'humanité de croire qu'ils aient seulement eu la pensée de m'engager à former avec eux une pareille alliance; mais, quoique ma tendresse pour mes peuples ne soit pas moins vive que celle que j'ai pour mes propres enfants, quoique je partage tous les maux que la guerre fait souffrir à des sujets aussi fidèles, et que j'aie fait voir à toute l'Europe que je désirais sincèrement de les faire jouir de la paix, je suis persuadé qu'ils s'opposeraient eux-mêmes à la recevoir à des conditions également contraires à la justice et à l'honneur du nom français.

Mon intention est donc que tous ceux qui depuis tant d'années me donnent des marques de leur zèle en contribuant de leurs peines, de leurs biens et de leur sang à soutenir une guerre aussi pesante, connaissent que le seul prix que mes ennemis prétendaient mettre aux offres que j'ai bien voulu leur faire était celui d'une suspension d'armes, dont le terme, borné à l'espace de deux mois, leur procurait des avantages plus considérables qu'ils ne peuvent en espérer de la confiance qu'ils ont en leurs troupes. Comme je mets la mienne en la protection de Dieu, et que j'espère que la pureté de mes intentions attirera sa bénédiction sur mes armes, je veux que mes peuples, dans l'étendue de votre gouvernement, sachent de vous qu'ils jouiraient de la paix s'il eût dépendu seulement de ma volonté de leur procurer un bien qu'ils désirent avec raison, mais qu'il faut acquérir par de nouveaux efforts, puisque les conditions immenses que j'aurais accordées sont inutiles pour le rétablissement de la tranquillité publique [1].

Signé : Louis.

Villars a raconté dans ses Mémoires la scène des **adieux de Marly** :

Le vieux roi pleura devant son général favori : « Vous voyez mon état, Monsieur le maréchal : il y a peu d'exemples de ce qui m'arrive, et que l'on perde, dans le même mois, son petit-fils, sa petite-fille, et leur fils, tous de très grande espérance, et très tendrement aimés! Dieu me punit ; je l'ai bien mérité ; j'en souffrirai moins dans l'autre monde! » Puis, se relevant héroïquement : « Laissons mes malheurs domestiques, continua-t-il, et voyons à prévenir ceux du royaume. Je vous remets les forces et le salut de l'État. La fortune peut vous être contraire : s'il arrivait ce malheur à l'armée que vous commandez, quel serait votre sentiment sur le parti que j'aurais à prendre pour ma personne? » Villars demeura quelques moments en silence : « Je ne suis pas bien étonné, reprit le roi, que vous ne répondiez pas bien promptement. En attendant que vous me disiez votre pensée, je vous dirai la mienne. Je sais les raisonnements des courtisans : presque tous veulent que je me retire à Blois, si mon armée était battue. Pour moi, je sais que des armées aussi considérables ne sont jamais assez défaites pour que la plus grande partie de la mienne ne pût se retirer sur la Somme, rivière très difficile à passer. Je compterais aller à Péronne ou à Saint-Quentin, y ramasser tout ce que j'aurais de troupes, faire un dernier effort avec vous, et périr ensemble ou sauver l'État [2]. »

1. *Mémoires de Torcy*, t. I, p. 349.
2. *Mémoires de Villars*, p. 207. — Henri Martin, t. XIV.

De tels sentiments et un tel langage rachètent bien des fautes, et l'on reconnaît le vrai roi à de tels accents. Il faudra, pour en entendre de pareils, attendre de longues années.

L'éloquence politique, au xviii° siècle, est pauvre. C'est encore le Parlement qui nous en fournirait quelques spécimens dans son opposition au **système de Law** et, plus tard, aux projets financiers de l'**abbé Terray**, de **Calonne**, de **Brienne**; dans sa lutte si longue, si opiniâtre en faveur des doctrines et des libertés gallicanes contre l'ultramontanisme et la **bulle Unigenitus**; dans ses résistances (et ici il faut parler aussi des parlements de provinces qui unirent leurs remontrances à celles du parlement de Paris) à la cour à propos des abus d'autorité du Grand Conseil et de l'augmentation des impôts (1756). « Les remontrances de toutes les cours sont très remarquables; le ton vif et libre, l'éloquence dégagée de tout pédantisme, sinon de toute déclamation, attestent des gens qui ont lu l'*Esprit des Lois*, et qui en ont fait leur profit au point de vue traditionnel. Ils attaquent sans ménagement le *pernicieux dessein* d'établir le *gouvernement arbitraire*, ne cessent d'en appeler aux lois fondamentales et immuables, aux formes consacrées et nécessaires. » (H. Martin, *Hist. de France*, t. XV.)

Dans ces diverses querelles, le Parlement marchait d'accord avec le sentiment public. Il avait un sens moins exact des choses quand il combattait l'**Encyclopédie**, quand il condamnait **Rousseau**, quand il entravait les réformes de **Turgot**.

Un orateur se distingua plus particulièrement dans l'affaire des Jansénistes, c'est l'**abbé Pucelle**. (Voyez Aubertin, ouvrage cité, 3° partie, chap. ii.) Je me contente de le nommer, nous avons déjà entendu plusieurs orateurs affirmer ces mêmes principes qu'il développa avec chaleur, parfois avec éloquence.

LIVRE II

LA RÉVOLUTION FRANÇAISE
1789 — 1815

CHAPITRE PREMIER

L'ASSEMBLÉE CONSTITUANTE
5 mai 1789 — 30 septembre 1791.

---

§ 1. — **Mirabeau.** — **Les États de Provence.** — **Les États généraux.** — **M. de Dreux-Brézé.** — **La contribution du quart.**

Au mois d'août 1788, la réunion des **États généraux** fut décidée : l'ouverture en fut fixée au **1ᵉʳ mai 1789**.

Les questions relatives à leur organisation préoccupèrent dès lors tout le monde, et une **seconde assemblée des notables** fut convoquée pour les trancher. — Sans tenir compte de leur avis, la cour ordonna que le nombre total des députés serait de mille au moins;... que tous les gentilshommes participeraient aux élections de la noblesse, et que le nombre des députés du tiers état serait égal à celui des deux premiers ordres réunis.

La **noblesse** des **États de Provence** protesta contre les ordres de la cour (janvier 1789).

Mirabeau, convoqué aux termes des règlements, les défendit (discours du 30 janvier).

Mais la noblesse et le clergé repoussèrent ses propositions. **Mirabeau** répondit par le discours célèbre qui devait être prononcé le **3 février**, et qui, la séance ayant été prorogée, fut publié :

. . . .

» Mais un mot suffit : j'atteste le procès-verbal, dont la rédaction sera exacte ; la déclaration soudaine et solennelle des députés du tiers, leur vigoureux élan au moment où l'on n'a pas rougi de me dénoncer ; l'ardeur avec laquelle ils ont revendiqué l'honneur d'avoir porté les premiers mon vœu. Qu'ai-je donc fait de si coupable? J'ai désiré que mon ordre fût assez habile pour donner aujourd'hui ce qui lui sera infailliblement arraché demain ; j'ai désiré qu'il s'assurât la mérite et la gloire de provoquer l'assemblée des trois ordres que toute la Provence demande à l'envi.

Voilà le crime de l'ennemi de la paix ! ou plutôt j'ai cru que le peuple pouvait avoir raison.... Ah ! sans doute un patricien souillé d'une telle pensée mérite des supplices! Mais je suis bien plus coupable qu'on ne le suppose ; car je crois que le peuple qui se plaint a toujours raison, que son infatigable patience attend constamment les derniers excès de l'oppression pour se résoudre à la résistance ; qu'il ne résiste jamais assez longtemps pour obtenir la réparation de tous ses griefs ; qu'il ignore trop que, pour se rendre formidable à ses ennemis, il lui suffirait de rester immobile ; et que le plus innocent comme le plus invincible des pouvoirs est celui de refuser à faire. Je pense ainsi : punissez l'ennemi de la paix.

Mais vous, ministres d'un Dieu de paix, qui, institués pour bénir et non pour maudire, avez lancé sur moi l'anathème, sans daigner même essayer de me ramener à d'autres maximes ! Et vous, amis de la paix, qui dénoncez au peuple avec la véhémence de la haine le seul défenseur qu'il ait trouvé hors de son sein ; qui, pour cimenter la concorde, remplissez la capitale et la province de placards propres à armer le peuple des campagnes contre celui des villes, si vos faits ne réfutaient pas vos écrits ; qui, pour préparer les voies de conciliation, protestez contre le règlement provisoire de convocation des États généraux, parce qu'il donne au peuple un nombre de députés égal à ceux des deux ordres réunis, et contre tout ce que fera l'assemblée nationale, si ses décrets n'assurent pas le triomphe de vos prétentions, l'éternité de vos privilèges! Généreux amis de la paix, j'interpelle ici votre honneur, et je vous somme de déclarer quelles expressions de mon discours ont attenté au respect dû à l'autorité royale ou aux droits de la nation.

Nobles provençaux, l'Europe est attentive, pesez votre réponse. Hommes de Dieu, prenez garde : Dieu vous écoute.

Que si vous gardez le silence, si vous vous renfermez dans les vagues déclamations que vous avez lancées contre moi, souffrez que j'ajoute un mot : Dans tous les pays, dans tous les âges, les aristocrates ont implacablement poursuivi les amis du peuple; et si, par je ne sais quelle combinaison de la fortune, il s'en est élevé quelqu'un dans leur sein, c'est celui-là surtout qu'ils ont frappé, avides qu'ils étaient d'inspirer la terreur par le choix de la victime. Ainsi périt le dernier des Gracques de la main des patriciens; mais, atteint du coup mortel, il lança de la poussière vers le ciel, en attestant les dieux vengeurs; et de cette poussière naquit Marius, Marius moins grand pour avoir exterminé les Cimbres que pour avoir abattu dans Rome l'aristocratie de la noblesse.

Mais vous, Communes, écoutez celui qui porte vos applaudissements dans son cœur sans en être séduit. L'homme n'est fort que par l'union, il n'est heureux que par la paix. Soyons fermes, et non pas opiniâtres; courageux, et non pas tumultueux; libres, mais non pas indisciplinés; sensibles, mais non pas enthousiastes. Ne vous arrêtez qu'aux difficultés importantes, et soyez alors entièrement inflexibles; mais dédaignez les contentions de l'amour-propre, et ne mettez jamais en balance un homme et la patrie. Surtout hâtez autant qu'il est en vous l'époque de ces États généraux qu'on vous accuse d'autant plus âprement de reculer qu'on en redoute davantage les résultats; de ces États généraux où tant de prétentions seront déjouées, tant de droits rétablis, tant de maux réparés; de ces États généraux enfin où le monarque lui-même désire que la France se régénère.

Pour moi qui, dans ma carrière publique, n'ai jamais craint que d'avoir tort; moi qui, enveloppé de ma conscience et armé de principes, braverais l'univers : soit que mes travaux et ma voix vous soutiennent dans l'assemblée nationale, soit que mes vœux seuls vous y accompagnent, de vaines clameurs, des protestations injurieuses, des menaces ardentes, toutes les convulsions, en un mot, des préjugés expirants, ne m'en imposeront pas. Eh! comment s'arrêterait-il aujourd'hui dans sa course civique celui qui, le premier d'entre les Français, a professé hautement ses opinions sur les affaires nationales, dans un temps où les circonstances étaient bien moins urgentes et la tâche bien plus périlleuse? Non les outrages ne lasseront pas ma constance ; j'ai été, je suis, je serai jusqu'au tombeau l'homme de la liberté publique, l'homme de la constitution. Malheur aux ordres privilégiés, si c'est là plutôt être l'homme du peuple que celui des nobles! car les privilèges finiront, mais le peuple est éternel [1].

1. Mirabeau (Gabriel-Honoré de Riquetti, comte de), né en 1749, au Bignon (entre Sens et Nemours). Il fut d'abord officier; se maria, s'endetta, fut enfermé dans diverses prisons. Au cours d'une vie orageuse il ne cessa de travailler, et se trouva prêt quand éclata la Révolution. Député du tiers état de Provence, il prit part à presque toutes les discussions, eut dans l'Assemblée une influence considérable; grand orateur, il s'y montra aussi sage politique. Il mourut le 2 avril 1791. (Voir Sainte-Beuve, *Causeries du Lundi*, t. IV.)

« Le plus audacieux des chefs populaires, celui qui, toujours en avant, ouvrait les délibérations les plus hardies, était Mirabeau. Les absurdes institutions de la vieille monarchie avaient blessé des esprits justes et indigné des cœurs droits; mais il n'était pas possible qu'elles n'eussent froissé quelque âme ardente et irrité de grandes passions. Cette âme fut celle de Mirabeau qui, rencontrant dès sa naissance tous les despotismes, celui de son père, du gouvernement et des tribunaux, employa sa jeunesse à les combattre et à les haïr. Il était né sous le soleil de la Provence, et issu d'une famille noble. De bonne heure il s'était fait connaître par ses désordres, ses querelles et une éloquence emportée. Ses voyages, ses observations, ses immenses lectures, lui avaient tout appris, et il

Après de longues discussions sur l'éligibilité des possédant-fiefs, et des non possédant-fiefs, **Mirabeau** est exclu (11 février) de l'assemblée de la noblesse, comme n'ayant ni *propriété ni possession de fief en Provence*. Cette exclusion lui donne une très grande popularité, et il est nommé député du tiers état à **Aix** et à **Marseille**. Il opte pour Aix.

Les **États généraux** s'ouvrent le **5 mai** : longs débats à cause de la vérification des pouvoirs. Le **tiers état** et une partie du **clergé** réunis adoptent le nom d'**Assemblée nationale**.
Serment du Jeu de Paume (20 juin).
Séance royale du **23 juin**. — Après le discours du roi, l'Assemblée est invitée à se séparer. — Le tiers reste immobile. Le grand maître des cérémonies, **M. de Dreux-Brézé**, rappelle l'ordre du roi. **Mirabeau** lui répond :

Les communes de France ont résolu de délibérer. Nous avons entendu les intentions qu'on a suggérées au roi; et vous, qui ne sauriez être son organe auprès de l'Assemblée nationale; vous, qui n'avez parmi nous ni place, ni voix, ni droit de parler, allez dire à votre maître que nous sommes ici par la volonté du peuple, et qu'on ne nous en arrachera que par la puissance des baïonnettes.

L'Assemblée nationale déclare que la personne de chacun des députés est inviolable, que tous individus, toutes corporations, tribunal, cour ou commission, qui oseraient,

avait tout retenu. Mais, outré, bizarre, sophiste même quand il n'était pas soutenu par la passion, il devenait tout autre par elle. Promptement excité par la tribune et la présence de ses contradicteurs, son esprit s'enflammait; d'abord ses premières vues étaient confuses, ses paroles entrecoupées, ses chairs palpitantes; mais bientôt venait la lumière : alors son esprit faisait en un instant le travail des années, et à la tribune même tout était pour lui découverte, expression vive et soudaine. Contrarié de nouveau, il revenait plus pressant et plus clair, et présentait la vérité en images frappantes ou terribles. Les circonstances étaient-elles difficiles, les esprits fatigués d'une longue discussion ou intimidés par le danger, un cri, un mot décisif s'échappait de sa bouche; sa tête se montrait effrayante de laideur et de génie, et l'Assemblée, éclairée ou raffermie, rendait des lois ou prenait des résolutions magnanimes. (Thiers, *Révolution française*, tome Ier.) — Voir Timon, *Livre des orateurs : Mirabeau*.

14

pendant ou après la présente session, poursuivre, rechercher, arrêter ou faire arrêter, détenir ou faire détenir un député pour raison d'aucunes propositions, avis, opinions ou discours par lui faits aux États généraux, de même que toutes personnes qui prêteraient leur ministère à aucun desdits attentats, de quelque part qu'ils soient ordonnés, sont infâmes et traîtres envers la nation, et coupables de crime capital.

L'Assemblée nationale arrête que, dans ce cas susdit, elle prendra toutes les mesures nécessaires pour faire rechercher, poursuivre et punir ceux qui en seront les auteurs, instigateurs ou exécuteurs.

M. de Brézé se retire, **Sieyès** dit :

« Nous sommes aujourd'hui ce que nous étions hier : délibérons. »

Et comme l'Assemblée se recueille pour délibérer sur le maintien de ses précédents arrêtés (Thiers, I, p. 57) :

« Le premier de ces arrêtés, dit **Barnave**, a déclaré ce que vous êtes; le second statue sur les impôts, que vous seuls avez droit de consentir; le troisième est le serment de faire votre devoir. Aucune de ces mesures n'a besoin de la sanction royale. Le roi ne peut empêcher ce qu'il n'a pas à consentir. »

2 juillet. — Le clergé se réunit à l'Assemblée nationale.

11 juillet. — **Necker** quitte le ministère.

14 juillet. — **Prise de la Bastille.**

Irritation populaire. Une délégation de vingt-quatre députés va prier le roi de faire retirer les troupes de Paris. **Mirabeau** les arrêtant :

Dites-lui que les hordes étrangères dont nous sommes investis ont reçu hier la visite des princes, des princesses, des favoris, des favorites, et leurs caresses, et leurs exhortations et leurs présents; dites-lui que toute la nuit ces satellites étrangers, gorgés d'or et de vin, ont prédit dans leurs chants impies l'asservissement de la France, et que leurs vœux brutaux invoquaient la destruction de l'Assemblée nationale; dites-lui que, dans son palais même, les courtisans ont mêlé leurs danses au son de cette musique barbare, et que telle fut l'avant-scène de la Saint-Barthélemy.

Dites-lui que ce Henri dont l'univers bénit la mémoire, celui de ses aïeux qu'il voulait prendre pour modèle, faisait passer des vivres dans Paris révolté, qu'il assiégeait en personne, et que ses conseillers féroces font rebrousser les farines que le commerce apporte dans Paris fidèle et affamé.

Deux grands objets occupèrent tout d'abord l'Assemblée : **la constitution et les finances. Mirabeau** prit la plus grande part à toutes ces discussions.

Necker, revenu au pouvoir, avait proposé un plan, que l'Assemblée avait adopté; mais quelques députés interrogeaient le rapporteur sur certains détails **(26 septembre 1789)**.

Messieurs, dit Mirabeau, demander des détails sur des objets de détail, c'est s'éloigner de la question. Il y a déjà trois jours que le ministre des finances vous a peint les dangers qui nous environnent, avec l'énergie que réclame une situation presque désespérée; il vous demande les secours les plus urgents; il vous indique des moyens; il vous presse de les accepter. Votre comité des finances vient de vous soumettre un rapport parfaitement conforme à l'avis du ministre : c'est sur cet avis et sur ce rapport qu'il s'agit de délibérer.

Mais telle est ici la fatalité de nos circonstances; nous avons d'autant moins le temps et les moyens nécessaires pour délibérer que la résolution à prendre est plus décisive et plus importante. Les revenus de l'État sont anéantis; le trésor est vide, la force publique est sans ressort; et c'est demain, c'est aujourd'hui, c'est à cet instant même, que l'on a besoin de votre intervention.

Dans de telles circonstances, Messieurs, il me paraît impossible soit d'offrir un plan au ministre des finances, soit d'examiner celui qu'il nous propose.

Offrir un plan n'est pas notre mission, et nous n'avons pas une seule des connaissances préliminaires indispensables pour essayer de se former un ensemble des besoins de l'État et des ressources.

Examiner le projet du ministre des finances, c'est une

entreprise tout à fait impraticable. La seule vérification de ses chiffres consumerait des mois entiers; et si les objections qu'on pourrait lui faire ne portent que sur des données hypothétiques, les seules que la nature de notre gouvernement nous ait permis jusqu'ici de nous procurer, n'aurait-on pas mauvaise grâce de trop presser des objections de cette nature dans des moments si pressés et si critiques?

Il n'est pas de votre sagesse, Messieurs, de vous rendre responsables de l'événement, soit en vous refusant à des moyens que vous n'avez pas le loisir d'examiner, soit en leur en substituant que vous n'avez pas celui de combiner et de réfléchir. La confiance sans bornes que la nation a montrée dans tous les temps au ministre des finances, que ses acclamations ont rappelé, vous autorise suffisamment, ce me semble, à lui en montrer une illimitée dans les circonstances; acceptez ses propositions sans les garantir, puisque vous n'avez pas le temps de les juger; acceptez-les de confiance dans le ministre, et croyez qu'en lui déférant cette espèce de dictature provisoire, vous remplissez vos devoirs de citoyens et de représentants de la nation.

M. Necker réussira, et nous bénirons ses succès, que nous aurons d'autant mieux préparés, que notre déférence aura été plus entière et notre confiance plus docile. Que si, ce qu'à Dieu ne plaise! le ministre des finances échouait dans sa pénible entreprise, le vaisseau public recevrait sans doute une grande secousse sur l'écueil où son pilote chéri l'aurait laissé toucher; mais ce heurtement ne nous découragerait pas; vous seriez là, Messieurs; votre crédit serait intact; la chose publique resterait tout entière.

Acceptons de plus heureux présages; décrétons les propositions du ministre des finances, et croyons que son génie, aidé des ressources naturelles du plus beau royaume du monde et du zèle fervent d'une Assemblée qui a donné et qui doit encore de si beaux exemples, saura se montrer au niveau de nos besoins et de nos circonstances.

Ce discours entraîne l'Assemblée; on allait, par acclamation, adopter le décret suivant : *L'Assemblée nationale, vu l'urgence des circonstances, décrète un secours extraordinaire du quart des revenus de chaque citoyen, et renvoie, pour le mode, au pouvoir exécutif.* L'orateur reprend :

En énonçant mon avis, je n'ai point entendu, Messieurs, rédiger ma proposition en décret. Un décret d'une importance aussi majeure ne peut être imaginé et rédigé au milieu du tumulte. J'observe que le décret, tel qu'il vient de vous être proposé, ne peut pas être le mien, et je désapprouve la sécheresse de ces mots, *renvoie, pour le mode, au pouvoir exécutif.* Encore une fois, Messieurs, la confiance illimitée de la nation dans le ministre des finances justifiera la vôtre ; mais il n'en faut pas moins que l'émanation [1] du décret que vous avez à porter soit expressément provoquée par le ministre. Je vois encore un nouvel inconvénient dans la rédaction du décret : il faut bien se garder de laisser croire au peuple que la perception et l'emploi de la charge que vous allez consentir ne seront ni sûrs ni administrés par ses représentans. En demandant, Messieurs, que votre délibération soit prise sans délai, je demande aussi que la rédaction du décret soit mûrement réfléchie et je me retirerai de l'Assemblée pour me livrer à ce travail, si vous me l'ordonnez.

Invité à se retirer, **Mirabeau** quitte l'Assemblée, et, quelque temps après, reparaît avec le projet de décret suivant :

L'Assemblée nationale, délibérant sur le discours lu par le premier ministre des finances à la séance du 24, ouï le rapport du comité des finances, frappée de l'urgence des besoins de l'État, et de l'impossibilité d'y pourvoir assez promptement, si elle se livre à un examen approfondi et détaillé des propositions contenues dans ce discours ; considérant que la confiance sans bornes que la nation entière a témoignée à ce ministre, l'autorise et lui impose en quelque sorte l'obligation de s'abandonner entièrement à

---

[1]. L'emploi du mot dans ce sens est contraire à l'usage ; mais il est régulier et logique.

son expérience et à ses lumières, a décrété et décrète d'adopter textuellement les propositions du premier ministre des finances relatives aux mesures à prendre actuellement pour subvenir aux besoins instants du trésor public, et, pour donner les moyens d'atteindre à l'époque où l'équilibre entre les revenus et les dépenses pourra être rétabli d'après un plan général et complet d'imposition, de perception et de dépense, autorise en conséquence le premier ministre des finances à lui soumettre les projets d'ordonnances nécessaires à l'exécution de ces mesures, pour recevoir l'approbation de l'Assemblée, et être ensuite présentés à la sanction royale.

D'Eprémenil, en combattant ce projet, témoigne sa surprise de trouver l'éloge de **Necker** dans un projet de décret rédigé par **Mirabeau**. L'orateur dit :

Il me semble que j'ai rarement été inculpé de flagornerie. Lorsque, dans l'arrêté dont l'Assemblée m'a chargé de lui présenter le projet, j'ai rappelé la confiance sans bornes que la nation a montrée au premier ministre des finances, c'est un fait que j'ai raconté, ce n'est pas un éloge que j'ai donné. Je me suis rigoureusement conformé à l'esprit de la décision que l'Assemblée nationale paraissait adopter : je veux dire l'acceptation de confiance d'un plan que les circonstances ne nous laissaient pas le loisir d'examiner, et la déclaration que cette confiance dans le ministre nous paraissait autorisée par celle que lui avaient montrée nos commettants.

Lorsque je me suis retiré pour préparer ce que l'Assemblée avait bien voulu me charger de rédiger, on a beaucoup dit que j'allais rapporter de l'éloquence et non un décret. Lorsque je reviens, on accuse mon projet de décret de sécheresse, d'aridité, de malveillance. Les amis du ministre insinuent que je veux le compromettre, en sauvant de toute responsabilité, dans une occasion si délicate, l'Assemblée nationale. D'un autre côté, on semble croire que je veux faire manquer les mesures du gouvernement, en spécifiant dans le décret de l'Assemblée qu'elle accepte le plan du ministre, de confiance en l'homme et sans discuter son projet.

La vérité ne se trouve jamais qu'au milieu des assertions exagérées; mais, s'il est difficile de répondre à des imputations contradictoires, il me sera facile de mettre à leur aise ceux qui font de grands efforts pour tâcher de me deviner.

Je n'ai point l'honneur d'être l'ami du premier ministre des finances; mais je serais son ami le plus tendre que, citoyen avant tout, et représentant de la nation, je n'hésiterais pas un instant à le compromettre plutôt que l'Assemblée nationale. Ainsi l'on m'a deviné ou plutôt on m'a entendu; car je n'ai jamais prétendu me cacher. Je ne crois pas, en effet, que le crédit de l'Assemblée nationale doive être mis en balance avec celui du premier ministre des finances; je ne crois pas que le salut de la monarchie doive être attaché à la tête d'un mortel quelconque; je ne crois pas que le royaume fût en péril quand M. Necker se serait trompé; et je crois que le salut public serait très compromis, si une ressource vraiment nationale avait avorté, si l'Assemblée avait perdu son crédit et manqué une opération décisive.

Il faut donc, à mon avis, que nous autorisions une mesure profondément nécessaire, à laquelle nous n'avons, quant à présent, rien à substituer; il ne faut pas que nous l'épousions, que nous en fassions notre œuvre propre, quand nous n'avons pas le temps de la juger.

Mais, de ce qu'il me paraîtrait profondément impolitique de nous rendre les garants du succès de M. Necker, il ne s'ensuit pas qu'il ne faille, à mon sens, seconder son projet de toutes nos forces et tâcher de lui rallier tous les esprits et tous les cœurs.

Personne n'a le droit de me demander ce que je pense individuellement d'un plan sur lequel mon avis est que nous ne devons pas nous permettre de discussion. Cependant, afin d'éviter toutes les insinuations qui ne tendent qu'à aiguiser ici les méfiances, je déclare que j'opposerais à ce plan de grandes objections s'il s'agissait de le juger. Je crois que, dans les circonstances infiniment critiques qui nous enveloppent, il fallait créer un grand moyen sans la ressource du crédit; qu'il fallait, en s'adressant au patriotisme, craindre ses réponses; craindre surtout cet égoïsme concentré, fruit de la longue habitude du despotisme; cet égoïsme qui désire de grands sacrifices à la sûreté publique, pourvu qu'il n'y contribue pas; qu'on devait redouter cette multitude d'incidents qui naissent chaque jour, et dont les mauvais effets circulent dans le royaume longtemps après qu'ils ont pris fin autour de nous; que, les circonstances ne promettant pas un retour de confiance assez prochain pour en faire usage immédiatement, se servir du crédit des ressources volontaires, c'était exposer de très bonnes mesures à être usées, quand les sujets d'alarmes ne subsisteront plus; qu'en un mot, c'était d'une contribution forcée qu'il fallait attendre des succès. Et qu'on ne dise pas que ce genre de contribution était impossible; car de deux choses l'une : ou nous pouvons encore compter sur la raison des peuples et sur une force publique suffisante pour effectuer une mesure nécessaire à leur salut, ou nous ne le pouvons plus. Dans le premier cas, si la contribution était sagement ordonnée, elle réussirait; dans le second, peu nous importerait qu'elle échouât, car il serait prouvé que le mal serait à son dernier période.

Mais cette opinion, comme toute autre, n'est pas une démonstration; je puis avoir tort, et je n'ai pas même le temps de m'assurer si j'ai tort ou raison. Forcé de choisir en un instant pour la patrie, je choisis le plan que, de confiance pour son auteur, elle préférerait elle-même; et je conseille à l'Assemblée nationale de prendre le parti qui me paraît devoir inspirer à la nation le plus de confiance sans compromettre ses véritables ressources.

Quant à la prétendue sécheresse du décret que je propose, j'ai cru jusqu'ici que la rédaction des arrêts du Corps législatif ne devait avoir d'autre mérite que la concision et la clarté. J'ai cru qu'un arrêté de l'Assemblée nationale ne devait pas être un élan de rhéteur ou même d'orateur; mais je suis loin de penser qu'il faille négliger en cette occasion les ressources de l'éloquence et de la sensibilité. Malheur à qui ne souhaite pas au premier ministre des finances tous les succès dont la France a un besoin si éminent. Malheur à qui pourrait mettre des opinions ou des préjugés en balance avec la patrie. Malheur à qui n'abjurerait pas toute rancune, toute méfiance, toute haine sur l'autel du bien public! Malheur à qui ne seconderait pas de toute son influence les propositions et les projets de l'homme que la nation elle-même semble avoir appelé à la dictature! Et vous, Messieurs, qui, plus que tous autres, avez et devez avoir la confiance des peuples, vous devez plus particulièrement sans doute au ministre des finances votre concours et vos recommandations patriotiques. Écrivez une adresse à vos commettants, où vous leur montriez ce qu'ils doivent à la chose publique, l'évidente nécessité de leurs secours, et leur irrésistible efficacité, la superbe perspective de la France, l'ensemble de ses besoins, de ses ressources, de ses droits, de ses espérances, ce que vous avez fait, ce qu'il vous reste à faire, et la certitude où vous êtes, que tout est possible, que tout est facile à l'honneur, à l'enthousiasme français.... Composez, Messieurs, publiez cette adresse; j'en fais la motion spéciale; c'est, j'en suis sûr, un grand ressort, un grand mobile de succès pour le chef de vos finances. Mais, avant tout, donnez-lui des bases positives; donnez-lui celles qu'il vous demande, par une adhésion de confiance à ses propositions; et que, par votre fait du moins, il ne rencontre plus d'obstacles à ses plans de liquidation et de prospérité.

Lally-Tollendal propose d'adopter le plan de **Necker** et de renvoyer la rédaction du décret au comité des finances. Cette motion fait naître des contestations très vives sur ces deux manières d'approuver le plan du ministre. — **Mirabeau** reprend en ces termes :

Messieurs, au milieu de tant de débats tumultueux, ne pourrai-je donc pas ramener à la délibération du jour par un petit nombre de questions bien simples? Daignez, Messieurs, daignez me répondre.

Le premier ministre des finances ne vous a-t-il pas offert le tableau le plus effrayant de votre situation actuelle?

Ne vous a-t-il pas dit que tout délai aggravait le péril? qu'un jour, une heure, un instant pouvaient le rendre mortel?

Avons-nous un plan à substituer à celui qu'il nous propose? *Oui*, a crié quelqu'un dans l'Assemblée. Je conjure celui qui répond *oui* de considérer que son plan n'est pas connu, qu'il faut du temps pour le développer, l'examiner, le démontrer; que, fût-il immédiatement soumis à notre délibération, son auteur a pu se tromper; que, fût-il exempt de toute erreur, on peut croire qu'il s'est trompé; que, quand tout le monde a tort, tout le monde a raison; qu'il se pourrait donc que l'auteur de cet autre projet, même en ayant raison, eût tort contre tout le monde, puisque, sans l'assentiment de l'opinion publique, le plus grand talent ne saurait triompher des circonstances. Et moi aussi je ne crois pas les moyens de M. Necker les meilleurs possibles; mais le ciel me préserve, dans une situation si critique, d'opposer les miens aux siens. Vainement je les tiendrais pour préférables : on ne rivalise pas en un instant une popularité prodigieuse, conquise par des services éclatants, une longue expérience, la réputation du premier talent de financier connu, et, s'il faut tout dire, des hasards, une destinée telle qu'elle n'échut en partage à aucun autre mortel. Il faut donc en revenir au plan de M. Necker.

Mais avons-nous le temps de l'examiner, de sonder ses bases, de vérifier ses calculs? Non, non, mille fois non. D'insignifiantes questions, des conjectures hasardées, des tâtonnements infidèles, voilà tout ce qui, dans ce moment, est en notre pouvoir. Qu'allons-nous donc faire pour le renvoi de la délibération? Manquer le moment décisif, acharner notre amour-propre à changer quelque chose à un ensemble que nous n'avons pas même conçu, et diminuer par notre intervention indiscrète l'influence d'un ministre dont le crédit financier est et doit être plus grand que le nôtre.... Messieurs, certainement il n'y a là ni sagesse, ni prévoyance, mais du moins y a-t-il de la bonne foi?

Oh! si des déclarations moins solennelles ne garantissaient pas notre respect pour la foi publique, notre horreur pour l'*infâme mot de banqueroute*, j'oserais scruter les motifs secrets, et peut-être, hélas! ignorés de nous-mêmes, qui nous font si imprudemment reculer au moment de proclamer l'acte d'un grand dévouement, certainement inefficace s'il n'est rapide et vraiment abandonné. Je dirais à ceux qui se familiarisent peut-être avec l'idée de manquer aux engagements publics, par la crainte de l'excès des sacrifices, par la terreur de l'impôt : « Qu'est-ce donc que la banqueroute, si ce n'est le plus cruel, le plus inique, le plus inégal, le plus désastreux des impôts? »

Mes amis, écoutez un mot, un seul mot.

Deux siècles de déprédations et de brigandages ont creusé le gouffre où le royaume est près de s'engloutir. Il faut le combler, ce gouffre effroyable. Eh bien! voici, la liste des propriétaires français. Choisissez parmi les riches afin de sacrifier moins de citoyens. Mais choisissez; car ne faut-il pas qu'un petit nombre périsse pour sauver la masse du peuple? Allons, ces deux mille notables possèdent de quoi combler le déficit. Ramenez l'ordre dans vos finances, la paix et la prospérité dans le royaume. Frappez, immolez sans pitié ces tristes victimes; précipitez-les dans l'abîme, il va se refermer.... Vous reculez d'horreur.... Hommes inconséquents! hommes pusillanimes! Eh! ne voyez-vous donc pas qu'en décrétant la banqueroute, ou, ce qui est plus odieux encore, en la rendant inévitable sans la décréter, vous vous souillez d'un acte mille fois plus criminel, et, chose inconcevable, gratuitement criminel; car enfin cet horrible sacrifice ferait du moins disparaître le déficit. Mais croyez-vous, parce que vous n'aurez pas payé, que vous ne devrez plus rien? Croyez-vous que les milliers, les millions d'hommes qui perdront en un instant, par l'explosion terrible ou par ses contre-coups, tout ce qui faisait la consolation de leur vie, et peut-être leur unique moyen de la sustenter, vous laisseront paisiblement jouir de votre crime? Contemplateurs stoïques des maux incalculables que cette catastrophe vomira sur la France, impassibles égoïstes, qui pensez que ces convulsions du désespoir et de la misère passeront comme tant d'autres, et d'autant plus rapidement qu'elles seront plus violentes, êtes-vous bien sûrs que tant d'hommes sans pain vous laisseront tranquillement savourer les mets dont vous n'aurez voulu diminuer ni le nombre ni la délicatesse?.. Non, vous périrez; et dans la conflagration universelle que vous ne frémissez pas d'allumer, la perte de votre honneur ne sauvera pas une seule de vos détestables jouissances.

Voilà où nous marchons. J'entends parler de patriotisme, d'élans du patriotisme, d'invocations du patriotisme. Ah! ne prostituez pas ces mots de patrie et de patriotisme. Il est donc bien magnanime l'effort de donner une portion de son revenu pour sauver tout ce qu'on possède. Eh! Messieurs, ce n'est là que de la simple arithmétique, et celui qui hésitera ne peut désarmer l'indignation que par le mépris que doit inspirer sa stupidité. Oui, Messieurs, c'est la prudence la plus ordinaire, la sagesse la plus triviale, c'est votre intérêt le plus grossier que j'invoque. Je ne vous dis plus comme autrefois : Donnerez-vous les premiers aux nations le spectacle d'un peuple assemblé pour manquer à la foi publique? Je ne vous dis plus : Eh! quels titres avez-vous à la liberté? Quels moyens vous resteront pour la maintenir, si dès votre premier pas vous surpassez les turpitudes des gouvernements les plus corrompus, si le besoin de votre concours et de votre surveillance n'est pas le garant de votre constitution? Je vous dis : vous serez tous entraînés dans la ruine universelle; et les premiers intéressés au sacrifice que le gouvernement vous demande, c'est vous-mêmes.

Votez donc ce subside extraordinaire qui puisse-t-il être suffisant! Votez-le parce que, si vous avez des doutes sur les moyens (doutes vagues et non éclaircis), vous n'en avez pas sur sa nécessité et sur notre impuissance à le remplacer, immédiatement du moins. Votez-le parce que les circonstances publiques ne souffrent aucun retard, et que nous serions comptables de tout délai. Gardez-vous de demander du temps, le malheur n'en accorde jamais....

Eh! messieurs, à propos d'une ridicule motion du Palais-Royal, d'une risible insurrection qui n'eut jamais d'importance que dans les imaginations faibles ou les desseins pervers de quelques hommes de mauvaise foi, vous avez entendu naguère ces mots forcenés : Catilina est aux portes de Rome, et l'on délibère! Et certes, il n'y avait autour de nous ni Catilina, ni périls, ni factions, ni Rome [1].... Mais aujourd'hui la banqueroute, la hideuse banqueroute est là ; elle menace de consumer vous, vos propriétés, votre honneur,... et vous délibérez!

Ce discours détermina le décret suivant, rédigé par **Mirabeau** :

Vu l'urgence des circonstances, et ouï le rapport du comité des finances, l'Assemblée nationale accepte de confiance le plan de M. le premier ministre des finances.

Le mois d'octobre avait été marqué par de grands mouvements populaires (scènes des 4, 5, 6 octobre). — Marche sur Versailles. — Invasion de l'Assemblée. — Attaque du château. — Le roi à Paris, etc.

Pendant tous ces troubles, **La Fayette** et **Bailly** avaient contenu l'émeute et conjuré de grands malheurs. — Rassurée par les promesses de la Commune, l'Assemblée s'était transportée à Paris. **Bailly** et **La Fayette** vinrent à la première séance, présenter à l'Assemblée leurs félicitations et l'assurance de leur dévouement. **Mirabeau** répondit :

Messieurs, la première de nos séances dans la capitale n'est-elle point la plus convenable que nous puissions choisir pour remplir une obligation de justice et, je puis ajouter, un devoir de sentiment?

---

[1]. On croyait que Mirabeau était à la tête d'un parti qui voulait changer l'ordre de la succession au trône. Et c'était au Palais-Royal que se réunissaient les membres de ce complot. Or, dans une séance de l'Assemblée nationale où il avait été question d'arrêter ces désordres, un député du tiers état, Goupil de Préfeln, avait paru à la tribune et, indiquant Mirabeau, s'était écrié : « Vous délibérez et Catilina est aux portes de Rome; il menace le Sénat ». Il faut ajouter que cette sortie avait produit très peu d'effet.

Deux de nos collègues, vous le savez, ont été appelés par la voix publique à occuper les deux premiers emplois de de Paris, l'un dans le civil, l'autre dans le militaire. Je hais le ton des éloges, et j'espère que nous approchons du temps où l'on ne louera plus que par le simple exposé des faits. Ici les faits vous sont connus. Vous savez dans quelle situation, au milieu de quelles difficultés vraiment impossibles à décrire, se sont trouvés ces vertueux citoyens. La prudence ne permet pas de dévoiler toutes les circonstances délicates, toutes les crises périlleuses, tous les dangers personnels, toutes les menaces, toutes les peines de leur position dans une ville de 700 000 habitants, tous en fermentation continuelle, à la suite d'une Révolution qui a bouleversé tous les anciens rapports; dans un temps de troubles et de terreurs, où des mains invisibles faisaient disparaître l'abondance et combattaient secrètement tous les efforts des chefs pour nourrir l'immensité de ce peuple, obligé de conquérir, à force de patience, le morceau de pain qu'il avait gagné par ses sueurs.

Quelle administration, quelle époque où il faut tout craindre et tout braver; où le tumulte renaît du tumulte; où l'on produit une émeute par les moyens qu'on prend pour la prévenir; où il faut sans cesse de la mesure et où la mesure paraît équivoque, timide, pusillanime; où il faut déployer beaucoup de force, et où la force paraît tyrannie; où l'on est assiégé de mille conseils, et où il faut le prendre de soi-même; où l'on est obligé de redouter jusqu'à des citoyens dont les intentions sont pures, mais que la défiance, l'inquiétude, l'exagération rendent presque aussi redoutables que des conspirateurs; où l'on est réduit même, dans des occasions difficiles, à céder par sagesse, à conduire le désordre pour le retenir, à se charger d'un emploi glorieux, il est vrai, mais environné d'alarmes cruelles; où il faut encore, au milieu de si grandes difficultés, déployer un front serein, être toujours calme, mettre de l'ordre jusque dans les plus petits objets, n'offenser personne, guérir toutes les jalousies, servir sans cesse, et chercher à plaire, comme si l'on ne servait point!

Je vous propose, Messieurs, de voter des remerciements à ces deux citoyens pour l'étendue de leurs travaux et leur infatigable vigilance. On pourrait dire, il est vrai, que c'est un honneur réversible à nous-mêmes, puisque ces citoyens sont nos collègues. Mais ne cherchons point à le dissimuler : nous sentirons un noble orgueil si l'on cherche parmi nous les défenseurs de la patrie et les appuis de la liberté ; si l'on récompense notre zèle en nous donnant la noble préférence des postes les plus périlleux, des travaux et des sacrifices.

Ne craignons donc point de marquer notre reconnaissance à nos collègues, et donnons cet exemple à un certain nombre d'hommes qui, imbus de notions faussement républicaines, deviennent jaloux de l'autorité, au moment même où ils l'ont confiée, et lorsqu'à un terme fixé ils peuvent la reprendre ; qui ne se rassurent jamais ni par la précaution des lois, ni par les vertus des individus ; qui s'effrayent sans cesse des fantômes de leur imagination ; qui ne savent pas qu'on s'honore soi-même en respectant les chefs qu'on a choisis ; qui ne se doutent pas assez que le zèle de liberté ne doit point ressembler à la jalousie des places et des personnes ; qui accueillent trop aisément tous les faux bruits, toutes les calomnies, tous les reproches. Et voilà cependant comment l'autorité la plus légitime est énervée, dégradée, avilie ; comment l'exécution des lois rencontre mille obstacles ; comment la défiance répand partout ses poisons ; comment, au lieu de présenter une société de citoyens qui élèvent ensemble l'édifice de la liberté, on ne ressemblerait plus qu'à des esclaves mutins qui viennent de rompre leurs fers, et qui s'en servent pour se battre et se déchirer mutuellement.

Je crois donc, Messieurs, que le sentiment d'équité qui nous porte à voter des remerciements à nos deux collègues est encore une invitation indirecte, mais efficace, une recommandation puissante à tous les bons citoyens de s'unir à nous pour faire respecter l'autorité légitime, pour la maintenir contre les clameurs de l'ignorance, de l'ingratitude ou de la sédition, pour faciliter les travaux des chefs, leur inspection nécessaire, l'obéissance aux lois, la règle, la discipline, la modération, toutes ces vertus de la liberté. Je pense enfin que cet acte de remerciement prouvera aux habitants de la capitale que nous savons, dans les magistrats qu'ils ont élus, honorer leur ouvrage et les respecter dans leur choix. Nous unirons, dans ces remerciements, les braves milices, dont l'intrépide patriotisme a dompté le despotisme ministériel; les représentants de la Commune et les comités des districts, dont les travaux civiques ont rendu tant de services vraiment nationaux.

§ 2. — Mirabeau et l'abbé Maury.

On a souvent entendu parler des luttes de **Mirabeau** et de l'**abbé Maury** [1]. Nous citerons seulement deux traits qui donneront quelque idée de la façon hautaine dont le grand orateur répondait aux allusions, aux attaques détournées de son subtil adversaire.

Il s'agissait de la **vérification de la dette** (séance du 22 janvier 1790). **Mirabeau** soutenait qu'elle était impossible. **Maury** l'apostropha et dit :

Je le demande à ces hommes à qui la nature a refusé toute espèce de courage, et qu'elle n'en a dédommagés que par celui de la honte; qu'ils me répondent dans cette assemblée !...

De vifs murmures accueillent cette phrase, et un membre demande l'exclusion de l'abbé **Maury**. **Mirabeau** s'y oppose; il fait valoir d'abord les considérations générales en disant :

1. Maury (Jean-Siffrein), né en 1746, à Valréas (Vaucluse), vint de bonne heure à Paris, et y prêcha. Il fut lié avec Marmontel (voir ses *Mémoires*) et d'Alembert, et par leur influence entra à l'Académie française. Député aux Etats généraux, il y fut le défenseur de la royauté et du clergé, et osa, parfois avec succès, tenir tête à Mirabeau. Il émigra, devint évêque de Montefiascone, rentra en France en 1804, fut nommé archevêque de Paris, se retira en 1814, et alla mourir à Rome (1817). On a de lui des discours politiques, des sermons, des panégyriques, et un Essai sur l'Éloquence de la chaire. Voir Sainte-Beuve, *Causeries du Lundi*, t. IV.

Je vous demanderai la permission de faire observer que l'emportement même de M. l'abbé Maury, s'il ne peut être justifié ni toléré, entraîne avec lui une sorte d'excuse. Certainement M. l'abbé Maury n'était pas à lui-même lorsqu'il a parlé si maladroitement. Sa coupable apostrophe n'est dirigée sur personne qu'on puisse nommer. S'il eût voulu désigner l'assemblée, ce serait une démence sacrilège, qui ne devrait peut-être lui assurer que le supplice des sots. S'il eût nommé quelqu'un de nous, vous devriez au membre insulté la réparation de cette injure; mais il n'y a rien de pareil. Le fait de M. l'abbé Maury n'est qu'un emportement scandaleux qui ne mérite, selon moi, qu'un châtiment de simple discipline; et mon avis est que M. l'abbé Maury soit censuré, et que la censure soit portée sur le procès-verbal.

Maury veut se justifier et demande à **Mirabeau** en quoi son raisonnement a été absurde et la phrase injurieuse. Il se plaint d'être interrompu par les *hurlements de la rage*. — Alors **Mirabeau** :

Je pourrais me dispenser de parler de l'absurdité du raisonnement, puisque ce n'est pas là le fait pour lequel M. l'abbé Maury est en cause, et qu'il me paraît extrêmement libre à chacun de déraisonner autant qu'il peut et qu'il veut. Mais, pour répondre à l'interpellation, je dirai que j'ai trouvé absurde de conclure de ce que l'assemblée voulait vérifier la dette non constituée, qu'elle ne voulait pas vérifier la dette constituée, et de faire une déclaration violente sur une prétendue opinion que personne n'avait soutenue dans l'assemblée.

Quant à ce que je trouve d'injurieux dans les expressions de M. l'abbé Maury, je suis fâché qu'il me force à en parler de nouveau; mais je le ferai succinctement et avec simplicité.

Si M. l'abbé Maury n'eût dit que cette partie de sa phrase : « Je le demande à ces hommes à qui la nature a refusé toute espèce de courage, et qu'elle n'en a dédommagés que par celui de la honte », on pourrait soutenir que ce n'est là qu'une figure de rhéteur inconvenante et de mauvais goût ; mais ces mots *qu'ils me répondent*, lors même qu'on les isolerait, comme il le veut, de ceux-ci : *dans cette assemblée*, sont une apostrophe très directe, et par conséquent très impossible à justifier. Or nous les avons si bien entendus, du moins dans la partie de la salle où je suis placé, que nous nous sommes écriés : L'abbé Maury seul peut faire la demande et la réponse.

Mais, Messieurs, tout ce débat est si triste et si fastidieux qu'à Dieu ne plaise que je le prolonge par d'inutiles réflexions. Il me semble qu'il serait bon, pour l'intérêt même de M. l'abbé Maury, de l'abréger, et je doute que son plaidoyer, orné des *hurlements de la rage*, contribue à faire trouver trop sévères mes conclusions, dans lesquelles je persiste.

L'abbé Maury fut censuré. Trois mois plus tard (avril 1790), le même **abbé Maury**, essayant de seconder par ses motions dans l'Assemblée les mouvements contrerévolutionnaires que fomentait dans les provinces le clergé mécontent de la vente des biens de l'Église, proposait la dissolution de l'assemblée et de nouvelles élections, se fondant sur la prochaine expiration des pouvoirs donnés par le peuple à ses élus. — L'assemblée, dit-il, en prolongeant des pouvoirs temporaires, entreprend sur la souveraineté de la nation,... elle outrepasse son mandat en se constituant, en face du roi, en convention souveraine....

Mirabeau répondit :

Je ne puis me défendre d'une indignation profonde, lorsque j'entends de malveillants rhéteurs opposer sans cesse la nation à l'Assemblée nationale, et s'efforcer de susciter entre elles une sorte de rivalité, comme si ce n'était pas par l'Assemblée nationale que la nation a connu, recouvré, reconquis ses droits ! comme si ce n'était pas par l'Assemblée nationale que les Français, agrégation inconstituée de peuples désunis, sont véritablement devenus une nation ! comme si, entourés des monuments de nos travaux, de nos dangers, de nos services, nous pouvions devenir suspects au peuple, redoutables aux libertés du peuple! comme si les regards des deux mondes attachés sur vous, le fanatisme heureux d'une grande révolution, le spectacle de votre gloire, la reconnaissance de tant de millions d'hommes, l'orgueil même d'une conscience généreuse qui aurait trop à rougir de se démentir, n'étaient pas une caution suffisante de votre fidélité, de votre patriotisme et de vos vertus!

Un des préopinants, en combattant avec infiniment d'art le système du Comité, a défini la Convention nationale *une nation assemblée par ses représentants pour se donner un gouvernement.* Cette définition est évidemment très inexacte ou très incomplète. Eh! pourquoi la nation qui peut former une Convention pour se donner un gouvernement, ne le pourrait-elle pas aussi pour le changer, pour le modifier, pour le réformer? Sans doute M. l'abbé Maury ne niera pas que les Français, assemblés en Convention, n'eussent, par exemple, le droit d'augmenter la prérogative royale.

Le même préopinant a demandé comment de simples députés de bailliages nous nous étions tout à coup transformés en Convention nationale. Je répondrai : Le jour où, trouvant la salle qui devait nous rassembler fermée, hérissée, souillée de baïonnettes, nous courûmes vers le premier lieu qui pût nous réunir, jurer de périr plutôt que de laisser subsister un tel ordre de choses; ce jour-là même, si nous n'étions pas Convention nationale, nous le sommes devenus : les députés du peuple ont formé une Convention nationale lorsque, par un acte de démence vraiment sacrilège, le despotisme a voulu les empêcher de remplir leur mission sacrée; ils ont formé une Convention nationale pour détruire le pouvoir arbitraire et défendre de toute violence les droits de la nation.

Vous le voyez, Messieurs, je dédaigne les arguties, je méprise les subtilités; ce n'est point par des distinctions métaphysiques que j'attaque des serments particuliers, des serments indiscrets ou téméraires, que l'Assemblée nationale ne veut point juger, des serments dont elle ne doit pas connaître. Je ne profiterai pas même de tous mes avantages : je ne demanderai pas si, envoyés pour faire une Constitution, nous n'avons pas reçu par cela même le droit de faire tout ce qui serait nécessaire pour l'achever, pour l'établir, pour l'affermir ; si les mandats qui nous chargeaient de régénérer la France ne nous conféraient pas, par cela même, des pouvoirs illimités sur cet objet ; si le roi lui-même n'avait pas prononcé le mot de régénération, et reconnu par cela même toutes ses conséquences ; si, dans les circonstances révolutionnaires qui nous ont agités, nous pouvions, nous devions interroger nos commettants, perdre en consultations pusillanimes le temps d'agir, et laisser frapper de mort la liberté naissante pour ménager les scrupules des nombreux prosélytes qu'a toujours toute autorité établie ; je dis que, quels que fussent nos pouvoirs à l'époque où, convoqués par une autorité légitime, nous nous sommes rassemblés, ils ont changé de nature le 20 juin, parce que cela était nécessaire au salut de la patrie ; que, s'ils avaient besoin d'extension, ils l'ont acquise le jour mémorable où, blessés dans notre dignité, dans nos droits, dans nos devoirs, nous nous sommes liés au salut public par le serment de ne nous séparer jamais que la Constitution ne fût établie et affermie.

Les attentats du despotisme, les périls que nous avons conjurés, la violence que nous avons réprimée, voilà nos titres : nos succès les ont consacrés, l'adhésion tant de fois répétée de toutes les parties de l'Empire les a légitimés, les a sanctifiés.

Que ceux qui nous ont fait cet étrange reproche de nous être servis de mots nouveaux pour exprimer des sentiments et des principes nouveaux, des idées et des institutions nouvelles, cherchent maintenant dans la vaine nomenclature des publicistes la définition de ces mots : *Convention nationale!* Provoquée par l'invincible tocsin de la nécessité, notre Convention nationale est supérieure à toute imitation comme à toute autorité ; elle ne doit de compte qu'à elle-même et ne peut être jugée que par la postérité.

Messieurs, vous connaissez tous le trait de ce Romain qui, pour sauver sa patrie d'une grande conspiration, avait été contraint d'outrepasser les pouvoirs que lui conféraient les lois. Un tribun captieux exigea de lui le serment de les avoir respectées. Il croyait, par cet interrogat insidieux, placer le consul dans l'alternative d'un parjure ou d'un aveu embarrassant : « *Je jure*, dit le grand homme, *je jure que j'ai sauvé la République* ». Messieurs, je jure que vous avez sauvé la chose publique.

§ 3. — Déclaration des Droits de l'homme.

Une partie du mois d'août fut occupée à la discussion de la **Déclaration des Droits de l'homme**. **Mirabeau** prit part à la rédaction et à la discussion ; nous ne ferons que deux courtes citations.

La discussion était longue et orageuse. — Comme la déclaration devait être le prologue de la Constitution, **Mirabeau** proposa un jour de renvoyer la rédaction définitive au moment où « les autres parties de la Constitution seraient elles-mêmes entièrement convenues et fixées ». On murmure ; on applaudit. **Mirabeau** fait une nouvelle motion, accueillie, elle aussi, par des murmures. Un membre la présente comme l'effet de cette supériorité de talents avec laquelle **Mirabeau** sait guider l'Assemblée vers des buts contraires :

Messieurs, je commencerai, pour toute réponse aux attaques personnelles dont quelques préopinants ont jugé à propos de m'accueillir, par manifester un sentiment qui porte plus de douceur dans mon âme que les traits décochés contre moi n'y peuvent jeter d'amertume. Si, par impossible, quelqu'un de vos décrets me paraissait blesser la justice ou la raison, j'ai tant de respect pour cette assemblée que je n'hésiterais pas à vous le dénoncer, à vous dire que vous devez montrer un mépris profond pour cet absurde dogme d'infaillibilité politique qui tendrait à accumuler sur chaque siècle la rouille des préjugés de tous les siècles, et soumettrait les générations à venir aux erreurs des générations passées. . . . .

Sans doute, au milieu d'une jeunesse très orageuse, par la faute des autres, et surtout par la mienne, j'ai eu de grands torts, et peu d'hommes ont, dans leur vie privée, donné plus que moi prétexte à la calomnie, pâture à la médisance; mais, j'ose vous en attester tous, nul écrivain, nul homme public n'a plus que moi le droit de s'honorer de sentiments courageux, de vues désintéressées, d'une fière indépendance, d'une uniformité de principes inflexibles. Ma prétendue supériorité dans l'art de vous guider vers des buts contraires est donc une injure vide de sens, un trait lancé de bas en haut que trente volumes repoussent assez pour que je dédaigne de m'en occuper.

Quelques jours plus tard vinrent en discussion trois articles relatifs à la religion et au culte. **M. de Castellane** proposa de les remplacer par l'article suivant : « Nul homme ne doit être inquiété pour ses opinions religieuses, ni troublé dans l'exercice de sa religion ». **Mirabeau** soutint cet article :

Je ne viens pas prêcher la tolérance. La liberté la plus illimitée de religion est, à mes yeux, un droit si sacré, que le mot tolérance, qui voudrait l'exprimer, me paraît en quelque sorte tyrannique lui-même, puisque l'existence de l'autorité qui a le pouvoir de tolérer attente à la liberté de penser par cela même qu'elle tolère et qu'ainsi elle pourrait ne pas tolérer. . . . .
. . . .
Je soutiens donc l'article de M. de Castellane; et, sans entrer en aucune manière dans le fond de la question, je supplie ceux qui anticipent par leurs craintes sur les désordres qui ravageront le royaume, si l'on y introduit la liberté des cultes, de penser que la tolérance, pour me servir du mot consacré, n'a pas produit chez nos voisins des fruits empoisonnés, et que les protestants, inévitablement damnés dans l'autre monde, comme chacun sait, se sont très passablement arrangés dans celui-ci, sans doute par une compensation due à la bonté de l'Être suprême.

Nous, qui n'avons le droit de nous mêler que des choses

de ce monde, nous pouvons donc permettre la liberté des cultes, et dormir en paix. . . . .
. . . .

Veiller à ce qu'aucun culte, pas même le vôtre, ne trouble l'ordre public, voilà votre devoir; mais vous ne pouvez pas aller plus loin. On vous parle sans cesse d'un culte dominant. *Dominant!* Messieurs, je n'entends pas ce mot, et j'ai besoin qu'on me le définisse. Est-ce un culte oppresseur que l'on veut dire? Mais vous avez banni ce mot, et des hommes qui ont assuré le droit de liberté ne revendiquent pas celui d'oppression. Est-ce le culte du prince que l'on veut dire? Mais le prince n'a pas le droit de dominer sur les consciences, ni de régler les opinions. Est-ce le culte du plus grand nombre? Mais le culte est une opinion. Tel ou tel culte est le résultat de telle ou telle opinion. Or les opinions ne se forment pas par le résultat des suffrages; votre pensée est à vous, elle est indépendante, vous ne pouvez pas l'engager.

Enfin, une opinion qui sera celle du grand nombre n'a pas le droit de dominer. C'est un mot tyrannique qui doit être banni de notre législation; car, si vous l'y mettez dans un cas, vous pouvez l'y mettre dans tous : vous aurez donc un culte dominant, une philosophie dominante, des systèmes dominants. Rien ne doit dominer que la justice; il n'y a de dominant que le droit de chacun : tout le reste y est soumis. Or c'est un droit évident et déjà consacré par vous, de faire tout ce qui ne peut nuire à autrui.

. . . .

§ 4. — Mirabeau. — Barnave. — Le droit de guerre et de paix.

En mai **1790** Louis XVI ordonna et fit notifier à l'Assemblée l'équipement de quinze vaisseaux de ligne. Ce message hâta la discussion sur *le droit de guerre et de paix*. On disait que **Mirabeau**, gagné par la cour, soutiendrait la prérogative royale; ses ennemis crurent avoir trouvé l'occasion de compromettre sa popularité, et **Barnave** [1] fut chargé de lui répondre. Presque

---

1. Barnave, né à Grenoble en 1761, avocat au Parlement, fut élu député aux États généraux, et s'y fit remarquer même à côté de

seuls, ces deux orateurs épuisèrent la question. **Mirabeau** parla le premier, et dans un discours long, mesuré, politique, il s'attacha à montrer à quels dangers on s'exposait en excluant l'un ou l'autre des deux pouvoirs du droit de déclarer la guerre et de faire la paix.

. . . .

Si je prends la parole sur une matière soumise depuis cinq jours à de longs débats, c'est seulement pour établir l'état de la question, laquelle, à mon avis, n'a pas été posée ainsi qu'elle devait l'être.

Un pressant péril dans le moment actuel, de grands dangers dans l'avenir, ont dû exciter toute l'attention du patriotisme; mais l'importance de la question a aussi son propre danger. Ces mots de guerre et de paix sonnent fortement à l'oreille, réveillent et trompent l'imagination, excitent les passions les plus impérieuses, la fierté, le courage, se lient aux plus grands objets, aux victoires, aux conquêtes, au sort des empires, surtout à la liberté, surtout à la durée de cette Constitution naissante que tous les Français ont juré de maintenir : et, lorsqu'une question de droit public se présente dans un si imposant appareil, quelle attention ne faut-il pas sur soi-même pour concilier, dans une discussion aussi grave, la raison froide, la profonde méditation de l'homme d'État, avec l'émotion bien excusable que doivent inspirer les craintes qui nous environnent!

Faut-il déléguer au roi l'exercice du droit de faire la paix et la guerre? ou doit-on l'attribuer au Corps législatif? C'est ainsi, Messieurs, c'est avec cette alternative, qu'on a jusqu'à présent énoncé la question, et j'avoue que cette manière de la poser la rendrait insoluble pour moi-même. Je ne crois pas que l'on puisse, sans anéantir la Constitution, déléguer au roi l'exercice du droit de

---

Mirabeau, qu'il combattit souvent. Il fut un des députés chargés de ramener Louis XVI à Paris après la fuite de Varennes. Arrêté à Grenoble, transféré à Paris, il fut condamné et exécuté (novembre 1793). (Voir Sainte-Beuve, *Causeries du Lundi*, t. II.)

faire la paix ou la guerre ; je ne crois pas non plus que l'on puisse attribuer exclusivement ce droit au Corps législatif, sans nous préparer des dangers d'une autre nature et non moins redoutables. Mais sommes-nous forcés de faire un choix exclusif? Ne peut-on pas, pour une des fonctions du gouvernement qui tient tout à la fois de l'action et de la volonté, de l'exécution et de la délibération, faire concourir au même but, sans les exclure l'un par l'autre, les deux pouvoirs qui constituent la force de la nation et qui représentent sa sagesse? Ne peut-on pas restreindre les droits, ou plutôt les abus de l'ancienne royauté, sans paralyser la force publique? Ne peut-on pas, d'un autre côté, connaître le vœu national sur la guerre et sur la paix par l'organe suprême d'une assemblée représentative, sans transporter parmi nous les inconvénients que nous découvrons dans cette partie du droit public des républiques anciennes et de quelques États de l'Europe? En un mot, car c'est ainsi que je me suis proposé à moi-même la question générale que j'avais à résoudre, ne doit-on pas attribuer concurremment le droit de faire la paix et la guerre aux deux pouvoirs que notre Constitution a consacrés?

Avant de nous décider sur ce nouveau point de vue, je vais d'abord examiner avec vous, si, dans la pratique de la guerre et de la paix, la nature des choses, leur marche invincible, ne nous indiquent pas les époques où chacun des deux pouvoirs peut agir séparément, les points où leur concours se rencontre, les fonctions qui leur sont communes, et celles qui leur sont propres, le moment où il faut délibérer et celui où il faut agir. Croyez, Messieurs, qu'un tel examen vous conduira bien plus facilement à la vérité que si nous nous bornions à une simple théorie. .
. . . .
. . . .

Je vous demande à vous-mêmes : sera-t-on mieux assuré de n'avoir que des guerres justes, équitables, si l'on délègue exclusivement à une assemblée de sept cents personnes l'exercice du droit de faire la guerre? Avez-vous prévu jusqu'où les mouvemens passionnés, jusqu'où l'exaltation du courage et d'une fausse dignité pourraient porter et justifier l'imprudence? Nous avons entendu un de nos orateurs vous proposer, si l'Angleterre faisait à l'Espagne une guerre injuste, de franchir sur-le-champ les mers, de renverser une nation sur l'autre, de jouer dans Londres même, avec ces fiers Anglais, au dernier écu, au dernier homme, et nous avons tous applaudi! et je me suis surpris moi-même applaudissant! et un mouvement oratoire a suffi pour tromper un instant votre sagesse! Croyez-vous que de pareils mouvemens, si jamais le corps législatif délibère directement et exclusivement, ne vous porteront pas à des guerres désastreuses, et que vous ne confondrez pas le conseil du courage avec celui de l'expérience? Pendant qu'un des membres proposera de délibérer, on demandera la guerre à grands cris; vous verrez autour de vous une armée de citoyens. Vous ne serez pas trompés par des ministres : ne le serez-vous jamais par vous-mêmes?

Il est un autre genre de danger qui n'est propre qu'au corps législatif dans l'exercice exclusif du droit de la paix et de la guerre; c'est qu'un tel corps ne peut être soumis à aucune espèce de responsabilité. Je sais bien qu'une victime est un faible dédommagement d'une guerre injuste; mais, quand je parle de responsabilité, je ne parle pas de vengeance : ce ministre que vous supposez ne devoir se conduire que d'après son caprice, un jugement l'attend, sa tête sera le prix de son imprudence. Vous avez eu des Louvois sous le despotisme : en aurez-vous encore sous le régime de la liberté?

On parle du frein de l'opinion publique pour les représentans de la nation; mais l'opinion publique, souvent égarée, même par des sentimens dignes d'éloges, ne servira qu'à la séduire; mais l'opinion publique ne va pas atteindre séparément chaque membre d'une grande assemblée.

Ce Romain qui, portant la guerre dans les plis de sa toge, menaçait de secouer, en la déroulant, tous les fléaux de la guerre, celui-là devait sentir toute l'importance de sa mission : il était seul; il tenait dans ses mains une grande destinée : il portait la terreur. Mais le Sénat nombreux qui l'envoyait au milieu d'une discussion orageuse et passionnée, avait-il éprouvé cet effroi que le redoutable et douteux avenir de la guerre doit inspirer? On vous l'a déjà dit, Messieurs : voyez les peuples libres; c'est par des guerres plus ambitieuses, plus barbares, qu'ils se sont toujours distingués.

Voyez les assemblées politiques, c'est toujours sous le charme de la passion qu'elles ont décrété la guerre. . . .

. . . .

Voici des considérations bien plus importantes. Comment ne redoutez-vous pas, Messieurs, les dissensions intérieures qu'une délibération inopinée sur la guerre, prise sans le concours du roi par le corps législatif, pourra faire naître, et dans son sein et dans tout le royaume? Souvent entre deux partis qui embrasseront violemment des opinions contraires, la délibération sera le fruit d'une lutte opiniâtre, décidée seulement par quelques suffrages; et, en pareil cas, si la même division s'établit dans l'opinion publique, quel succès espérez-vous d'une guerre qu'une grande partie de la nation désapprouvera?... Nous allons donc mettre un germe de dissension civile dans notre constitution, si nous faisons exercer exclusivement le droit de la guerre par le corps législatif : et, comme le *veto* suspensif que vous avez accordé au roi ne pourrait pas s'appliquer à de telles délibérations, les dissensions dont je parle n'en seront que plus redoutables. . . . .

. . . .

Écartons, s'il le faut, le danger des dissensions civiles : éviterez-vous aussi facilement celui de la lenteur des délibérations sur une telle matière, si vous n'en bornez pas l'objet aux seuls cas où le concours, où la volonté du corps législatif est indispensable? Ne craignez-vous pas que votre force publique ne soit paralysée?... Ne craignez-vous pas que cette lenteur n'augmente encore, soit parce que notre Constitution prend insensiblement les formes d'une grande confédération, soit parce qu'il est inévitable que les départemens acquièrent une grande influence sur le corps législatif? Ne craignez-vous pas que le peuple, instruit que ses représentans déclarent directement la guerre en son nom, ne reçoive par cela même une impulsion dangereuse vers la démocratie, ou plutôt l'oligarchie? que le vœu de la guerre et de la paix ne parte du sein des provinces, ne soit compris bientôt dans les pétitions, et ne donne à une grande masse d'hommes toute l'agitation qu'un objet aussi important est capable d'exciter? Ne craignez-vous pas que le corps législatif, malgré sa sagesse, ne soit porté à franchir les limites de ses pouvoirs, par les suites presque inévitables qu'entraine l'exercice exclusif du droit de la guerre et de la paix? Ne craignez-vous pas que, pour seconder le succès d'une guerre qu'il aura votée sans le concours du monarque, il ne veuille influer sur sa direction, sur le choix des généraux, surtout s'il peut leur imputer des revers; et qu'il ne porte sur les démarches du chef de la nation cette surveillance inquiète, qui serait, par le fait, un second pouvoir exécutif?

Ne comptez-vous encore pour rien l'inconvénient d'une assemblée non permanente, obligée de se rassembler dans le temps qu'il faudrait employer à délibérer? l'incertitude, l'hésitation qui accompagneront toutes les démarches du pouvoir exécutif, qui ne saura jamais jusqu'où les ordres provisoires pourront s'étendre? les inconvénients même d'une délibération publique et inopinée sur les motifs de se préparer à la guerre ou à la paix; délibération dont tous les secrets d'un État (et longtemps encore nous aurons de pareils secrets) sont souvent les éléments?

Enfin ne comptez-vous pour rien le danger de transporter les formes républicaines à un gouvernement qui est tout à la fois représentatif et monarchique? Je vous prie de considérer ce danger par rapport à notre Constitution, à nous-mêmes et au roi.

Mirabeau développe amplement ces trois points.

. . . .

Mais ne pourrait-on pas faire concourir le corps législatif à tous les préparatifs de la guerre, pour en diminuer le danger? Ne pourrait-on pas les faire surveiller par un comité pris dans l'Assemblée nationale? — Prenez garde : nous confondrions tous les pouvoirs en confondant l'action avec la volonté, la direction avec la loi; bientôt le pouvoir exécutif ne serait que l'agent d'un comité; nous ne ferions pas seulement les lois, nous gouvernerions; car quelles seront les bornes de ce concours, de cette surveillance? C'est en vain que vous voudrez en assigner : elles seront toutes violées.

Prenez garde encore : ne craignez-vous pas de paralyser le pouvoir exécutif par ce concours de moyens? Lorsqu'il s'agit de l'exécution, ce qui doit être fait par plusieurs personnes n'est jamais bien fait par aucune. Où serait d'ailleurs, dans un tel ordre de choses, cette responsabilité qui doit être l'égide de notre nouvelle Constitution?

Mirabeau parcourt et réfute les diverses objections qu'on peut faire à son système. Il excite des applaudissements auxquels se mêlent des murmures :

Il serait difficile et inutile de continuer une discussion déjà bien longue au milieu d'applaudissements et d'improbations également exagérés, également injustes. J'ai parlé parce que je n'ai pas cru pouvoir m'en dispenser dans une occasion aussi importante; j'ai parlé d'après ma conscience et ma pensée; je ne dois à cette assemblée que ce qui me paraît la vérité, et je l'ai dite. Je l'ai dite, assez fortement peut-être, quand je luttais contre les puissances; je serais indigne des fonctions qui me sont imposées, je serais indigne d'être compté parmi les amis de la liberté, si je dissimulais ma pensée, quand je penche pour un parti mitoyen entre l'opinion de ceux que j'aime et que j'honore et l'avis des hommes qui ont montré le plus de dissentiment avec moi depuis le commencement de cette assemblée.

Vous avez saisi mon système : il consiste à attribuer concurremment le droit de faire la paix et la guerre aux deux pouvoirs que la Constitution a consacrés. . . . .
. . . .

Mirabeau termine par la lecture du décret qu'il a préparé, en exprimant le regret que **Sieyès** n'ait pas voulu le rédiger.

Le lendemain, 21 mai, **Barnave** répond au discours de **Mirabeau**.

Jamais objet plus important n'a fixé les regards de cette assemblée; la question qui s'agite aujourd'hui intéresse essentiellement votre Constitution; c'est de là que dépend sa conservation. Il ne vous reste plus à constituer que la force publique; il faut le faire de manière qu'elle s'emploie avec succès pour repousser les étrangers et arrêter les invasions, mais qu'elle ne puisse jamais retomber sur nous. Au point où nous en sommes, il ne s'agit plus de discuter sur les principes et sur les faits historiques, ou sur toute autre considération; il faut réduire la question à ses termes les plus simples, en chercher les difficultés, et tâcher de les résoudre. Excepté ceux qui, depuis le commencement de nos travaux, ont contesté tous les principes, personne ici n'a nié les principes théoriques qui doivent déterminer votre décision. Je ne parlerai point de la souveraineté du peuple; elle a été consacrée dans la Déclaration des droits; quand vous avez commencé la Constitution, vous avez commencé à appliquer ce grand principe. Il est donc inutile de le rappeler; il s'agit seulement de savoir à qui doit être délégué le droit de déclarer la guerre ou la paix, de chercher à qui l'utilité publique invite à le déléguer.

On a universellement reconnu le principe de la division des pouvoirs; on a reconnu que l'expression de la volonté générale ne pouvait être donnée que dans les assemblées élues par le peuple, renouvelées sans cesse, et par là même propres à en imprimer l'opinion, parce que sans cesse on en reconnaît l'impression. Vous avez senti que l'exécution de cette volonté exigeait promptitude et ensemble, et que, pour combiner cet ensemble, il fallait absolument le confier à un seul homme. De là vous avez conclu que l'Assemblée nationale aurait le droit de faire la loi, et le roi celui de la faire exécuter. De là il résulte que la détermination de faire la guerre, qui n'est autre chose que l'acte de la volonté générale, doit être dévolue aux représentans du peuple. On ne peut contester que l'acte qui nécessite après lui l'augmentation des impositions, la disposition des propriétés ; que l'acte qui peut anéantir la liberté publique, dissoudre la machine politique, doit être confié à ceux qui doivent exprimer la volonté générale. Les fonctions du monarque ne sont pas moins évidentes : il a l'inspection des résolutions nationales ; il peut prendre les précautions nécessaires pour la sûreté de l'empire. Non seulement il doit diriger la guerre, avoir en sa disposition les forces destinées au secours de l'État, nommer des négociateurs, mais encore il est chargé de pourvoir de son propre mouvement à la sûreté de ses frontières ; il a le droit de faire les préparatifs de guerre ; il a encore un plus grand caractère, celui de représenter le peuple français auprès des autres peuples. Les actes dévolus au corps législatif sont indispensables pour la liberté. Tout ce qui porte un caractère de majesté, nous l'avons mis sur la tête du roi : pourvoir à la sûreté de cet empire, veiller à ce qu'il ne soit porté aucune atteinte à sa dignité, tel est le caractère du chef de la nation.

Voilà, d'après les différentes discussions, quel m'a paru être le but de tous ceux qui avaient des principes conformes à notre Constitution. Je laisse de côté tous les projets de décret qui attribuent au roi le droit de faire la guerre ; ils sont incompatibles avec la liberté ; ils n'ont pas besoin d'être approfondis. La contestation existe entre les décrets puisés dans le système général. Plusieurs opinants, MM. Pétion, de Saint-Fargeau, de Menou, ont présenté des décrets qui, avec des différences de rédaction, arrivent aux mêmes résultats. M. de Mirabeau en a offert un autre qui, destiné, je le crois, à remplir le même objet, ne le remplit pas à mes yeux ; c'est celui-là que je vais discuter. L'examen que j'en ferai est tellement lié à la question principale que, lorsque j'en aurai examiné toutes les parties, j'arriverai immédiatement à mon résultat.

Je présenterai d'abord deux observations de détail : le

premier article est inutile, j'en ai déduit la raison : c'est que la souveraineté du peuple est consacrée. Le second article ne renferme pas ce qu'il veut dire, ou il est vicieux. Dans tous les cas, il doit être rejeté. Il est impossible que le pouvoir de déclarer la guerre soit exercé concurremment et par le roi et par les représentants du peuple. Cette concurrence n'est autre chose qu'une confusion de pouvoirs politiques et une *anarchie constitutionnelle*. Ce défaut de rédaction ne serait rien, si le résultat du décret ne l'interprétait point. Le vice radical du projet de M. de Mirabeau, c'est qu'il donne de fait au roi, exclusivement, le droit de faire la guerre. C'est par la confusion d'une chose bien différente de celle de déclarer la guerre qu'il a attribué ce droit au roi.

Il est universellement reconnu que le roi doit pourvoir à la défense des frontières et à la conservation des possessions nationales. Il est reconnu que, sans la volonté du roi, il peut exister des différends entre les individus de la nation et des individus étrangers. M. de Mirabeau a paru penser que c'était là que commençait la guerre ; qu'en conséquence, le commencement de la guerre étant spontané, le droit de déclarer la guerre ne pouvait appartenir au corps législatif. En partant de cette erreur, en donnant une grande latitude aux hostilités, en les portant jusqu'à la nécessité de défendre les droits nationaux, M. de Mirabeau a donné au roi le droit de faire toute espèce de guerre, même les guerres injustes, et laissé à la nation la frivole ressource, le moyen impuissant d'arrêter la guerre, quand sa cessation devient impossible. Cependant il est universellement reconnu, je ne dis pas seulement par les militaires, par les marins, par les rois, mais par tous ceux qui connaissent le droit des gens, mais d'après le sentiment de Montesquieu et de Mably, que des hostilités ne sont rien moins qu'une déclaration de guerre ; que des hostilités premières ne sont que des duels de particuliers à particuliers ; mais que l'approbation et la protection que donne la nation à ces hostilités constituent seules la déclaration de guerre.

En effet, si le commencement des hostilités constituait

les nations en état de guerre, ce ne serait plus ni le pouvoir législatif, ni le pouvoir exécutif qui la déclarerait ; ce serait le premier capitaine de vaisseau, le premier marchand, le premier officier, qui, en attaquant un individu, ou en résistant à son attaque, s'emparerait du droit de déclarer la guerre. Il est bien vrai que ces hostilités deviennent souvent des principes de guerre ; mais c'est toujours par la volonté de la nation que la guerre commence ; on rapporte l'offense à ceux qui ont l'exercice de ce droit ; ils examinent s'il y a intérêt à soutenir l'offense, à demander une réparation. Si on la refuse, c'est alors que la guerre est ou repoussée ou entreprise par la volonté nationale. J'en présente un exemple récent : chacun sait ce qui s'est passé sur la mer du Sud entre l'Angleterre et l'Espagne. Eh bien ! je demande s'il y a actuellement guerre entre les deux nations, si le pouvoir qui dispose de ce droit l'a déclarée, si les choses ne sont pas entières ? Qu'arriverait-il si l'Espagne avait une assemblée nationale ? Les agents du pouvoir exécutif donneraient aux représentants de la nation espagnole connaissance des hostilités commencées ; d'après ces connaissances, l'assemblée examinerait s'il est de la justice, de l'intérêt de la nation de continuer la guerre. Si la justice l'exigeait, elle accorderait une réparation ; si, au contraire, elle trouvait juste de refuser cette réparation, elle déciderait la guerre, et chargerait le roi d'exécuter cette décision. Voilà le cas où se trouve la nation française. Des hostilités, de quelque nature qu'elles soient, seront toujours de simples hostilités, du moment où la législature n'aura pas déclaré la guerre ; ainsi des hostilités peuvent conduire la nation à la guerre, mais ne peuvent jamais la priver du droit de déclarer qu'elle préfère se soumettre aux plus grands sacrifices. Donc jamais un État ne peut être constitué en guerre sans l'approbation de ceux en qui réside le droit de la faire. Le raisonnement de M. de Mirabeau n'est donc qu'un moyen d'éluder la question, qu'un écart de la question. Quelque résolution que vous preniez, soit que vous déléguiez ce pouvoir au corps législatif, soit que vous le déléguiez au pouvoir exécutif, le décret de M. de Mirabeau sera toujours imparfait ;

car il est indispensable de savoir le moment où la nation est en guerre; il est indispensable de savoir à qui il appartient de la déclarer en son nom; et, dans les deux cas, il nous laisse la même incertitude. Du moment où on décide que le roi la déclarera concurremment avec la nation, il est évident qu'on confère ce droit au pouvoir exécutif, puisque ces fonctions précèdent l'agression, et que c'est lui qui prononce si les hostilités seront continuées. Je demande si la faculté qu'on laisse au corps législatif de décider si la guerre cessera n'est pas illusoire; si, lorsque la guerre sera commencée, lorsqu'elle aura excité les mouvements de puissances redoutables, il sera possible alors de déclarer qu'elle ne sera pas continuée. C'est donc au roi qu'il attribue constitutionnellement le droit de déclarer la guerre; c'est si bien là son système qu'il l'a appuyé par tous les raisonnements dont s'étaient servies les personnes qui soutiennent cette opinion. Les propositions et les maximes qu'il a présentées sont tellement tendantes à prouver qu'il faut déléguer au roi le droit de faire la guerre que, pour répondre à son système, je ne vais qu'examiner ses propositions et ses maximes.

Deux points sont divisés dans le discours de M. de Mirabeau :

1° Les inconvénients d'attribuer aux législateurs le droit de déclarer la guerre;

2° Les inconvénients de l'accorder au pouvoir exécutif et le moyen de remédier à ces mêmes inconvénients.

Il s'est attaché à établir qu'ils étaient immenses pour les législatures, et qu'ils étaient moindres pour le pouvoir exécutif; enfin, il a proposé les moyens de pallier ces derniers inconvénients; il a dit que le droit de faire la guerre exigeait de l'unité, de la promptitude et du secret, et qu'il ne pouvait en supposer dans les délibérations du corps législatif. En s'appuyant de l'exemple des républiques anciennes, on n'a pas cessé de comparer notre constitution avec la démocratie de la place publique d'Athènes, avec le sénat aristocratique de Rome qui tâchait de distraire le peuple de la liberté par la gloire; on l'a confondue avec celle de Suède, où il existe quatre ordres différents divisés en quatre chambres, le roi et le sénat, où les pouvoirs publics sont dispersés entre six pouvoirs différents, qui sans cesse se combattent, et qui, après avoir combattu la délibération, combattent encore l'exécution, ainsi que vous l'avez vu dans la dernière révolution; on l'a comparée avec celle de la Hollande; on n'a pas craint même de l'assimiler à celle de Pologne, où des aristocrates rassemblés, exerçant personnellement un *veto* personnel, sont obligés de prendre à l'unanimité leurs délibérations, où les guerres extérieures doivent toujours être malheureuses, puisque la guerre intestine est presque constitutionnelle dans ce pays.

Il est donc impossible de tirer aucune conséquence de ces constitutions pour les appliquer à la France, où les intérêts sont discutés par une assemblée unique composée d'hommes qui n'existent pas par leurs droits, mais élue par le peuple, renouvelée tous les deux ans, suffisamment nombreuse pour parvenir à un résultat mûr. Cherchons maintenant dans la nature même des choses.

Il est vrai qu'accorder aux législatures le droit de faire la guerre, ce serait enlever la promptitude et le secret qu'on regarde comme absolument nécessaire; quant à la promptitude, il me semble qu'en confiant au roi le droit de faire tous les préparatifs qu'exigent pour le moment la sûreté de l'État et les mesures nécessaires pour l'avenir, on a levé tous les inconvénients. Il fait mouvoir toutes les troupes à son gré, quand il juge que le mouvement d'un empire exige qu'on s'oppose avec célérité à ses dispositions nuisibles, s'il pouvait en avoir. Le corps législatif s'assemble tous les ans pendant quatre mois; s'il est séparé, il sera aisé de le convoquer; ce rassemblement se fera pendant les préparatifs qui précèdent toujours une action. Le roi et ses agents auront tous les moyens de repousser une attaque subite, et de prendre les mesures pour le danger à venir; ainsi la promptitude sera la même, et vous aurez pourvu à votre indépendance et à votre liberté. Quant au secret, je demanderai d'abord si ce secret existe; on a prouvé, avant moi, qu'il n'existe pas réellement; mais, s'il pouvait exister, serait-il utile? Je pourrais, pour répondre, m'appuyer de l'autorité bien imposante de M. l'abbé de Mably; il a constamment pensé que la politique de la nation française devait exister, non dans le secret, mais dans la justice. Ce n'était pas, comme on l'a dit, un simple théoricien : il a écrit plusieurs volumes sur la politique moderne; il a fait le meilleur traité sur le droit politique de l'Europe; s'il n'a pas négocié lui-même, c'est uniquement à cause de ses vertus; c'est qu'il a échappé aux sollicitations du gouvernement.

M. de Mably pensait que, pour la puissance dominante de l'Europe, il n'y avait pas d'autre politique que la loyauté et une fidélité constante. Il a démontré que, de même que dans les finances, la confiance double le crédit, de même il existe un crédit politique qui place en vous la confiance des nations, et qui double votre influence. Mais dans quel cas le secret serait-il nécessaire? C'est lorsqu'il s'agit des mesures provisoires, des négociations, des opérations d'une nation avec une autre; tout cela doit être attribué au pouvoir exécutif. Il aura donc encore le moyen de s'appuyer du secret; les seules choses que vous ferez sont inutiles à cacher. L'acceptation définitive des articles d'un traité de paix, la résolution de faire la guerre, rien de tout cela ne peut être dissimulé. Tout ce que vous réservez ne peut et ne doit donc être fait qu'au grand jour. Dans toute constitution où le peuple a une influence quelconque, la faculté de délibérer oblige à la même publicité. Lorsque l'Angleterre délibère sur l'octroi des subsides, n'est-elle pas obligée de discuter en même temps si la guerre qui les rend nécessaires est juste et légitime?

Après avoir écarté les principaux motifs par lesquels on a cherché à prouver que le droit de la guerre ne pouvait être attribué au corps législatif, il reste à examiner les inconvénients qui résulteraient de confier ce droit au pouvoir exécutif. On a dit qu'en le confiant aux législatures, elles se laisseraient entraîner par l'enthousiasme des passions et même par la corruption : est-il un seul de ces dangers qui ne soit plus grand dans la personne des ministres que dans l'Assemblée nationale? Contestera-t-on qu'il ne soit plus facile de corrompre le conseil du roi que sept cent vingt personnes élues par le peuple? Je pourrais continuer cette comparaison entre les législatures et le ministre unique qui guide les délibérations du conseil, soit dans le danger des passions, des ressentiments et des motifs d'intérêt personnel.

Il arrivera peut-être que la législature pourra s'égarer; mais elle reviendra, parce que son opinion sera celle de la nation, au lieu que le ministre s'égarera presque toujours, parce que ses intérêts ne sont pas les mêmes que ceux de la nation. Le gouvernement dont il est agent est pour la guerre, et par conséquent opposé aux intérêts de la nation; il est de l'intérêt d'un ministre qu'on déclare la guerre, parce qu'alors on est forcé de lui attribuer le maniement des subsides immenses dont il a besoin; parce qu'alors son autorité est augmentée sans mesure; il crée des commissions, parce qu'il nomme à une multitude d'emplois; il conduit la nation à préférer la gloire des conquêtes à la liberté; il change le caractère des peuples et les dispose à l'esclavage; c'est par la guerre surtout qu'il change le caractère et les principes des soldats. Les braves militaires qui disputent aujourd'hui de patriotisme avec les citoyens rapporteraient un esprit bien différent, s'ils avaient suivi un roi conquérant, un de ces héros de l'histoire, qui sont presque toujours des fléaux pour les nations.

Enfin, tout sollicite le corps législatif de conserver la paix, tandis que les intérêts les plus puissants des ministres les engagent à entreprendre la guerre. Vainement on oppose la responsabilité et le refus des impôts. La responsabilité ne s'applique qu'à des crimes; la responsabilité est absolument impossible autant que dure la guerre au succès de laquelle est nécessairement lié le ministre qui l'a commencée; ce n'est pas alors qu'on cherche à exercer contre lui la responsabilité; est-elle nécessaire quand la guerre est terminée, lorsque la fortune publique est diminuée? Lorsque vos concitoyens et vos frères auront péri, à quoi servira la mort d'un ministre? sans doute elle présentera aux nations un grand exemple de justice; mais vous rendra-t-elle ce que vous aurez perdu? Non seulement la responsabilité est impossible en cas de guerre, mais chacun sait qu'une entreprise de guerre est un moyen banal pour échapper à une responsabilité déjà encourue lorsqu'un déficit est encore ignoré : le ministre déclare la guerre pour couvrir, par des dépenses simulées, le fruit de ses déprédations. L'expérience du peuple a prouvé que le meilleur moyen que puisse prendre un ministre habile pour ensevelir ses crimes, est de se les faire pardonner par des triomphes : on n'en trouverait que trop d'exemples ailleurs que chez nous. Il n'y avait point de responsabilité quand nous étions esclaves. J'en cite un seul : je le prends chez le peuple le plus libre qui ait existé. Périclès entreprit la guerre du Péloponèse quand il se vit dans l'impossibilité de rendre ses comptes : voilà la responsabilité.

Le moyen du refus des subsides est tellement jugé et décrié dans cette assemblée que je crois inutile de m'en occuper. Je dirai seulement que l'expérience l'a démontré inutile en Angleterre. Mais il n'y a pas de comparaison à cet égard entre l'Angleterre et nous. L'indépendance nationale y est mise à couvert et protégée par la nature : il ne faut en Angleterre qu'une flotte. Vous avez des voisins puissants : il vous faut une armée. Refuser les subsides, ce ne serait pas cesser la guerre, ce serait cesser de se défendre, ce serait mettre les frontières à la merci de l'ennemi.

Il ne me reste à examiner que le dernier moyen offert par M. de Mirabeau. Dans le cas où le roi ferait la guerre en personne, le corps législatif aurait le droit de réunir des gardes nationales en tel lieu et en tel nombre qu'il jugerait convenable pour les opposer à l'abus de la force publique, à l'usurpation d'un roi général d'armée. Il me semble que ce moyen n'est autre chose que de proposer la guerre civile pour s'opposer à la guerre. Un des avantages dominants du gouvernement monarchique, un des plus grands motifs d'attachement à la monarchie pour ceux qui cherchent la liberté, c'est que le monarque fait le désespoir de tous les usurpateurs. Or, avec le moyen proposé, je demande s'il ne se trouvera jamais un législateur ambitieux qui veuille devenir usurpateur, un homme qui, par ses talents et son éloquence, aura assez de crédit sur la législature pour l'égarer, sur le peuple pour l'entraîner? Si le roi est éloigné, ne pourra-t-il pas lui reprocher ses succès et ses triomphes? Ne peut-il pas lui venir dans la tête d'empêcher le monarque des Français de rentrer dans la France? Il y a plus : la législature ne commanderait-elle pas elle-même, il lui faudrait un chef, et l'on sait qu'avec des vertus, des talents et des grâces on se fait aisément aimer de la troupe qu'on commande. Je demande quel serait le vrai roi, et si vous n'auriez pas alors un changement de race ou une guerre civile? Je ne m'attacherai pas plus longtemps à réfuter ce moyen; mais j'en tire une conséquence très naturelle.

Il faut que M. de Mirabeau ait aperçu de très grands inconvénients dans le plan qu'il a présenté puisqu'il a cru nécessaire d'employer un remède si terrible. On m'objectera qu'une partie des maux que je redoute se trouvera dans la faculté de déclarer la guerre accordée au pouvoir législatif. Le corps législatif se décidera difficilement à faire la guerre. Chacun de nous a des propriétés, des amis, une famille, des enfants, une foule d'intérêts personnels que la guerre pourrait compromettre. Le corps législatif déclarera donc la guerre plus rarement que le ministre; il ne la déclarera que quand notre commerce sera insulté, persécuté, les intérêts les plus chers de la nation attaqués. Les guerres sont presque toujours heureuses — l'histoire de tous les siècles prouve qu'elles le sont — quand la nation les entreprend. Elle s'y porte avec enthousiasme : elle y prodigue ses ressources et ses trésors : c'est alors qu'on fait rarement la guerre et qu'on la fait toujours glorieusement. Les guerres entreprises par les ministres sont souvent injustes, souvent malheureuses, parce que la nation les réprouve, parce que le corps législatif fournit avec parcimonie le moyen de les soutenir. Si les ministres font seuls la guerre, ne pensez pas à être consultés. Les ministres calculent froidement dans leur cabinet; c'est l'effusion du sang de vos frères, de vos enfants qu'ils ordonnent. Ils ne voient que l'intérêt de leurs agents, de ceux qui alimentent leur gloire; leur fortune est tout, l'infortune des nations n'est rien! voilà une guerre ministérielle. Consultez aujourd'hui l'opinion publique; vous verrez, d'un côté, des hommes qui espèrent s'avancer dans les armées, parvenir à gérer les affaires étrangères; les hommes qui sont liés avec les ministres et leurs agents, voilà les partisans du système qui consiste à donner au roi, c'est-à-dire aux ministres, ce droit terrible. Mais vous n'y verrez pas le peuple, le citoyen paisible, vertueux, ignoré, sans ambition, qui trouve son bonheur et son existence dans l'existence commune, dans le bonheur commun. Les vrais citoyens, les vrais amis de la liberté n'ont donc aucune incertitude. Consultez-les, ils vous diront : « Donnez au roi tout ce qui peut faire sa gloire et sa grandeur : qu'il commande seul, qu'il dispose de nos armées, qu'il nous défende quand la nation l'aura voulu; mais n'affligez pas son cœur en lui confiant le droit terrible de nous entraîner dans une guerre, de faire couler le sang avec abondance,... de perpétuer ce système de rivalité, d'inimitié réciproque, ce système faux et perfide qui déshonorait les nations. » Les vrais amis de la liberté refuseront de conférer au gouvernement ce droit funeste, non seulement pour les Français, mais encore pour les autres nations, qui doivent tôt ou tard imiter notre exemple.

Je vais vous lire un projet de décret qui ne vaut peut-être pas mieux, qui vaut peut-être moins que ceux de MM. Petion, de Saint-Fargeau, de Menou : n'importe, je vais vous le soumettre. — Au roi, dépositaire suprême du pouvoir exécutif, appartient le droit d'assurer la défense des frontières, de protéger les propriétés nationales, de faire à cet effet les préparatifs nécessaires, de diriger les forces de terre et de mer, de commencer les négociations, de nommer les ambassadeurs, de signer les traités, de faire au corps législatif sur la paix et la guerre les propositions qui lui paraîtraient convenables; mais le corps législatif exercera exclusivement le droit de déclarer la guerre et la paix et de conclure les traités [1]. Dans le cas où la situation politique des nations voisines obligerait à faire des armements extraordinaires, il les notifiera au corps législatif, s'il est assemblé, ou, s'il ne l'est pas, il le convoquera sans délai.

Le discours de **Barnave** eut un très grand succès, et une partie de l'Assemblée voulait même que l'on votât sur-le-champ sur le projet qu'il avait présenté. Cependant la délibération est ajournée au lendemain. — Les ennemis de **Mirabeau** croient l'occasion favorable pour le perdre; on le dit vendu à la cour : on répand un libelle : LA GRANDE TRAHISON DU COMTE DE MIRABEAU. — Le lendemain, à son entrée dans la salle, on lui en remet un exemplaire. « J'en ai assez, dit-il, en voyant le titre; on m'emportera de l'Assemblée triomphant ou en lambeaux. » Après quelques députés, il monte à la tribune :

C'est quelque chose, sans doute, pour rapprocher les oppositions que d'avouer nettement sur quoi l'on est d'accord et sur quoi l'on diffère. Les discussions amiables valent mieux pour s'entendre que les insinuations calomnieuses, les inculpations forcenées, les haines de la rivalité, les machinations de l'intrigue et de la malveillance. On répand depuis huit jours que la section de l'Assemblée nationale, qui veut le concours de la volonté royale dans l'exercice du droit de la paix et de la guerre, est parricide de la liberté publique; on répand les bruits de perfidie, de corruption; on invoque les vengeances populaires pour soutenir la tyrannie des opinions. On dirait qu'on ne peut, sans crime, avoir deux avis dans une des questions les plus délicates et les plus difficiles de l'organisation sociale. C'est une étrange manie, c'est un déplorable aveuglement que celui qui anime ainsi les uns contre les autres des hommes qu'un même but, un sentiment indestructible devraient, au milieu des débats les plus acharnés, toujours réunir; des hommes

---

[1]. La prétention d'enlever au roi le droit de déclarer la guerre et de faire la paix avait été élevée aux États de Pontoise (1561). Voir G. Picot, t. II, p. 78.

qui substituent ainsi l'irascibilité de l'amour-propre au culte de la patrie, et se livrent les uns les autres aux préventions populaires.

Et moi aussi, on voulait, il y a peu de jours, me porter en triomphe ; et maintenant on crie dans les rues : LA GRANDE TRAHISON DU COMTE DE MIRABEAU.... Je n'avais pas besoin de cette leçon pour savoir qu'il est peu de distance du Capitole à la roche Tarpéienne ; mais l'homme qui combat pour la raison, pour la patrie, ne se tient pas aisément pour vaincu. Celui qui a la conscience d'avoir bien mérité de son pays, et surtout de lui être encore utile ; celui que ne rassasie pas une vaine célébrité, et qui dédaigne les succès d'un jour pour la véritable gloire ; celui qui veut dire la vérité, qui veut faire le bien public, indépendamment des mobiles mouvements de l'opinion populaire, cet homme porte avec lui la récompense de ses services, le charme de ses peines et le prix de ses dangers ; il ne doit attendre sa moisson, sa destinée, la seule qui l'intéresse, la destinée de son nom, que du temps, ce juge incorruptible, qui fait justice à tous. Que ceux qui prophétisaient depuis huit jours mon opinion sans la connaître, qui calomnient en ce moment mon discours sans l'avoir compris, m'accusent d'encenser des idoles impuissantes au moment où elles sont renversées, ou d'être le vil stipendié des hommes que je n'ai pas cessé de combattre ; qu'ils dénoncent comme un ennemi de la révolution celui qui peut-être n'y a pas été inutile, et qui, cette révolution fût-elle étrangère à sa gloire, pourrait, là seulement, trouver sa sûreté ; qu'ils livrent aux fureurs du peuple trompé celui qui depuis vingt ans combat toutes les oppressions, qui parlait aux Français de liberté, de constitution, de résistance, lorsque ses vils calomniateurs suçaient le lait des cours et vivaient de tous les préjugés dominants : que m'importe ? Ces coups de bas en haut ne m'arrêteront pas dans ma carrière. Je leur dirai : Répondez, si vous pouvez ; calomniez ensuite tant que vous voudrez.

Je rentre donc dans la lice, armé de mes seuls principes et de la fermeté de ma conscience. Je vais poser à mon tour le véritable point de la difficulté avec toute la netteté dont je suis capable, et je prie tous ceux de mes adversaires, qui ne m'entendront pas, de m'arrêter, afin que je m'exprime plus clairement; car je suis décidé à déjouer les reproches tant répétés d'évasion, de subtilité, d'entortillage; et, s'il ne tient qu'à moi, cette journée dévoilera le secret de nos loyautés respectives. M. Barnave m'a fait l'honneur de ne répondre qu'à moi; j'aurai pour son talent le même égard; et je vais à mon tour essayer de le réfuter.

Mirabeau combat, article par article, le système de **Barnave**.

. . . .
. . . Il est plus que temps de terminer ces longs débats. Désormais j'espère que l'on ne dissimulera plus le vrai point de la difficulté. Je veux le concours du pouvoir exécutif à l'expression de la volonté générale en fait de paix et de guerre, comme la constitution le lui a attribué dans toutes les parties déjà fixées de notre système social.... Mes adversaires ne le veulent pas. Je veux que la surveillance de l'un des délégués du peuple ne l'abandonne pas dans les opérations les plus importantes de la politique; et mes adversaires veulent que l'un des délégués possède exclusivement la faculté du droit de la guerre, comme si, lors même que le pouvoir exécutif serait étranger à la confection de la volonté générale, nous avions à délibérer sur le seul fait de la déclaration de la guerre; et que l'exercice du droit n'entraînât pas une série d'opérations mixtes, où l'action et la volonté se pressent et se confondent.

Voilà la ligne qui nous sépare. Si je me trompe, encore une fois, que mon adversaire m'arrête, ou plutôt qu'il substitue, dans son décret, à ces mots : *le corps législatif*, ceux-ci : *le pouvoir législatif*, c'est-à-dire un acte émané des représentants de la nation et sanctionné par le roi; et nous sommes parfaitement d'accord, sinon dans la pratique, du moins dans la théorie; et nous verrons alors si mon décret ne réalise pas mieux que tout autre cette théorie.

On vous a proposé de juger la question par le parallèle de ceux qui soutiennent l'affirmative et la négative. On vous a dit que vous verriez, d'un côté, des hommes qui espèrent s'avancer dans les armées ou parvenir à gérer les affaires étrangères, des hommes qui sont liés avec les ministres et leurs agents; de l'autre, « le citoyen paisible, vertueux, ignoré, sans ambition, qui trouve son bonheur et son existence dans l'existence, dans le bonheur communs ». Je ne suivrai pas cet exemple. Je ne crois pas qu'il soit plus conforme aux convenances de la politique qu'aux principes de la morale d'affiler le poignard dont on ne saurait blesser ses rivaux sans en ressentir bientôt sur son propre sein les atteintes. Je ne crois pas que des hommes qui doivent servir la cause publique en véritables frères d'armes, aient bonne grâce à se combattre en vils gladiateurs, à lutter d'imputations et d'intrigues, et non de lumières et de talents; à chercher dans la ruine et la dépression les uns des autres de coupables succès, des trophées d'un jour, nuisibles à tout, et même à la gloire. Mais je vous dirai : Parmi ceux qui soutiennent ma doctrine vous compterez tous les hommes modérés qui ne croient pas que la sagesse soit dans les extrêmes, ni que le courage de démolir ne doive jamais faire place à celui de reconstruire; vous compterez la plupart de ces énergiques citoyens qui, au commencement des États généraux (c'est ainsi que s'appelait alors cette convention nationale, encore garrottée dans les langes de la liberté), foulèrent aux pieds tant de préjugés, bravèrent tant de périls, déjouèrent tant de résistances pour passer au sein des communes, à qui ce dévouement donna les encouragements et la force qui ont vraiment opéré notre révolution glorieuse; vous y verrez ces tribuns du peuple que la nation comptera encore, malgré les glapissements de l'envieuse médiocrité, au nombre des libérateurs de la patrie; vous y verrez des hommes dont le nom désarme la calomnie, et dont les libellistes les plus effrénés n'ont pas essayé de ternir la réputation ni d'hommes privés, ni d'hommes publics ; des hommes, enfin, qui, sans tâche, sans intérêt et sans crainte, s'honoreront jusqu'au tombeau de leurs amis et de leurs ennemis.

Je conclus à ce que l'on mette en délibération mon projet de décret, amendé par M. Le Chapelier.

L'opinion de **Mirabeau** triomphe, et son décret, amendé par **Chapelier**, est adopté.

§ 5. — Constitution civile du clergé. — Mirabeau. L'abbé Maury. — Juin-Juillet-Novembre 1790.

Après avoir organisé la justice et l'administration, l'Assemblée nationale voulut régulariser aussi le service de la religion, ramener les circonscriptions épiscopales et les cures à plus d'égalité, et soumettre les curés et les évêques à l'élection populaire.

Ce projet, appelé la **Constitution civile du clergé**, souleva les colères du clergé, qui prêcha et organisa la résistance contre le décret de l'Assemblée.

Le **roi** en référa au **pape**.

Cependant quelques évêques députés répandirent un libelle qui encourageait la désobéissance et la révolte.

Mirabeau défendit l'autorité de l'Assemblée et justifia la sagesse de ses desseins. Voici son discours :

Messieurs, tandis que, de toutes parts, les ennemis de la liberté publique vous accusent d'avoir juré la perte de la religion, je me lève en ce moment pour vous conjurer, au nom de la patrie, de soutenir de toute la force dont la nation vous a revêtus cette religion menacée par ses propres ministres et qui ne chancela jamais que sous les coups dont l'orgueil et le fanatisme des prêtres l'ont trop souvent outragée !

Quelle est, en effet, cette *exposition* qui vient, à la suite de protestations et de déclarations turbulentes, susciter de nouvelles interruptions à vos travaux, et de nouvelles inquiétudes aux bons citoyens? Ne balançons pas à le dire,

Messieurs; c'est encore ici la ruse d'une hypocrisie qui cache, sous le masque de la piété et de la bonne foi, le punissable dessein de tromper la religion publique et d'égarer le jugement du peuple. C'est l'artifice d'une cabale formée dans votre propre sein, qui continue à méditer des mesures pour le renversement de la constitution, en affectant le ton de la paix, et qui met en mouvement tous les ressorts du trouble et de la sédition, lorsqu'elle se donne pour ne pouvoir plaider que la cause de Dieu et revendiquer les droits de la puissance spirituelle.

Non, Messieurs, ce qu'on veut n'est pas que vous apportiez des tempéraments et des modifications à ce que vous avez statué sur la constitution civile du clergé, mais que vous cessiez d'être sages, que vous renonciez à toute justice; qu'après avoir réglé le dehors de la religion, vous en attaquiez le fond; que vous fouliez aux pieds la foi de vos pères, que vous anéantissiez un culte dont vous avez lié la destinée à celle de l'empire, afin que votre chute dans l'impiété vous imprime un caractère odieux et semble intéresser la piété des peuples à la dispersion des législateurs de qui la France attendait sa régénération.

Mais s'il était vrai que le sacerdoce français dût à la religion et à sa propre conscience d'opposer des réclamations à vos décrets, ces réclamations devraient-elles être conçues, rédigées, publiées par les évêques députés à l'Assemblée nationale? Si cette *exposition* est un devoir indispensable pour le corps des pasteurs, pourquoi nos collègues dans la représentation nationale se rendent-ils les organes d'une résistance qui, fût-elle nécessaire, aurait toujours ses inconvénients et ses dangers? Pourquoi faut-il que ce soit du fond de ce sanctuaire même de la loi qu'il s'élève des voix pour la ruine de la loi? N'était-ce pas là une commission délicate et terrible dont la prudence voulait qu'on choisît les instruments au dehors du corps législatif, et dans une classe d'hommes libres des ménagements et des bienséances que la nation impose aux dépositaires de sa confiance et de son autorité? Ce ténébreux phénomène ne s'explique, Messieurs, que par la détermination, prise depuis longtemps, de faire haïr des persécuteurs du christianisme dans les fondateurs de la liberté, et de réveiller contre vous l'ancien et infernal génie des fureurs sacrées. Un tel dessein demande des agents suscités du milieu de vous. Leur caractère public donne du poids à leurs calomnies. On a voulu, pour imprimer au ressort contre-révolutionnaire une teinte constitutionnelle et nationale, que les moteurs en fussent pris parmi les spectateurs et les compagnons de vos travaux. Il résulte de là un signal solennel de scission qui ranime toutes les espérances, et qui, sans les vertus personnelles du prince que vous avez appelé le restaurateur de la liberté française, promettrait au despotisme abattu des forces pour briser son tombeau et pour redresser son trône sur les cadavres des hommes échappés à ses fers.

Pour démêler, Messieurs, ce caractère faux et perfide, qu'on s'est vainement efforcé de couvrir de tous les voiles d'une raison modérée et d'une religion sage et tranquille, il vous suffira de remarquer les paroles qui terminent cette étrange *exposition* : « Nous pensons que notre premier devoir est D'ATTENDRE AVEC CONFIANCE la réponse du successeur de saint Pierre, qui, placé dans le centre de l'unité catholique et de la communion, doit être l'interprète et l'organe du vœu de l'Église universelle ».

Concevez-vous, Messieurs, comment des pasteurs qui sont dans l'attente d'une décision suprême et très prochaine de la part d'un tribunal dont ils veulent à tout prix reconnaître la souveraineté, tombent dans l'inconséquence de prévenir ce jugement, et de s'établir les précurseurs du conseil de Rome, qui doit apparemment armer la France catholique contre la France libre? N'est-ce pas là publier que l'on sait à l'avance, parce qu'on l'a dictée, une réponse à laquelle on veut attacher les destins de cet empire? N'est-ce pas laisser transpirer la connivence établie entre le clergé français et le clergé romain pour combiner des manœuvres de contre-révolution et déconcerter, par la perspective sinistre d'un schisme, la force qui nous a soutenus jusqu'ici contre tant d'orages? ou plutôt, Messieurs, on vous prévient sans détour que vous êtes destinés à subir ce dernier joug, si vous ne vous hâtez de recommencer la constitution du clergé *sur les principes exposés par les évêques députés à l'Assemblée nationale.* « Nous voulons, disent-ils, employer tous les moyens de sagesse et de charité pour prévenir les troubles dont une DÉPLORABLE SCISSION peut devenir l'ouvrage. Nous ne pouvons pas transporter le schisme dans nos principes, quand nous cherchons les moyens d'en préserver la nation. » Et ce sont des représentants des Français qui tiennent à leurs commettants ce langage menaçant et séditieux, et ce sont les ministres du Dieu de paix, les pasteurs des hommes, qui soufflent l'esprit de discorde et de révolte parmi leurs troupeaux !

Jamais l'incrédulité systématique n'ourdit de manœuvres si dangereuses ni si profondément destructives de tous les principes du christianisme. Aucun impie n'en a tenté la ruine en lui incorporant les intérêts et les passions les plus incompatibles avec la durée de son règne et en semant dans son sein tous les germes d'une inquiétude et d'une fermentation si incurable, que, pour le voir s'évanouir et se perdre dans les gouffres du temps, il n'y ait plus qu'à l'abandonner à sa propre destinée. Voilà, Messieurs, ce que font les évêques députés à l'Assemblée nationale ; ils veulent charger la religion du soin de vous punir et de les venger. Ils savent à quels dangers ils l'exposent ; mais ils en ont fait le sacrifice. Ils sont résolus à lui faire courir tous les hasards de ce choc terrible et à la voir s'écrouler sur ses antiques et augustes fondements, pourvu qu'en tombant elle enveloppe dans ses ruines vos lois et la liberté.

Certes, Messieurs, quand on vous reproche de rétrécir l'ancienne juridiction de l'Église et de méconnaître la nécessité et l'étendue d'un pouvoir *qu'elle exerçait sous les empereurs païens et dans les temps des persécutions,* n'est-ce pas vous inviter à soumettre à une revision sévère le système d'organisation sacerdotale que vous avez adopté ? à ramener la religion à l'existence qu'elle avait sous le gouvernement des anciens Césars, et à la dépouiller de toute correspondance et de toute relation avec le régime de l'empire? Quelle merveille que des empereurs païens, pour qui la religion n'était rien, et dans un temps où l'institution chrétienne n'était ni reçue dans l'État, ni reconnue par l'État, ni entretenue sur les fonds de l'État, aient laissé cette institution se régir dans son indivisibilité, suivant des maximes qui ne pouvaient avoir d'effets publics, et qui ne touchaient par aucun point l'administration civile! Le sacerdoce, entièrement détaché du régime social, et dans son état de nullité politique, pouvait, du sein des cavernes où il avait construit ses sanctuaires, dilater et rétrécir, au gré de ses opinions religieuses, le cercle de ses droits spirituels et de ses dépendances hiérarchiques. Il pouvait régler, sans exciter nulle sensation, ces limites et ces démarcations diocésaines, qui ne signifiaient alors que le partage des soins apostoliques, et qui n'obscurcissaient et n'embarrassaient en rien la distribution des provinces romaines.

Alors, Messieurs, la religion n'était que soufferte. Alors les prêtres ne demandaient pour elle aux maîtres du monde que de la laisser épancher dans le sein de l'homme ses bienfaits inestimables. Alors ses pontifes bénissaient les puissances de laisser reposer le glaive qui avait immolé tant de pasteurs vénérables, et de regarder les modestes organes de l'Évangile avec bienveillance, ou même sans colère. Alors ces ouvriers austères et infatigables ne connaissaient d'autre ressource de leur frugale subsistance que les aumônes de ceux qui recevaient l'Évangile et qui employaient leur ministère.

Concevez-vous, Messieurs, quels eussent été les transports de ces hommes, si dignes de la tendre et religieuse vénération qu'ils inspirent, si la puissance romaine eût ménagé de leur temps à la religion le triomphe que lui assurent aujourd'hui les législateurs de la France? Et c'est ce moment où vous rendez sa destinée inséparable de celle de la nation, où vous l'incorporez à l'existence de ce grand empire, où vous consacrez à la perpétuité de son règne et de son culte la plus solide portion de la substance de l'État; c'est le moment où vous la faites si glorieusement intervenir dans cette sublime division du plus beau royaume de l'univers, et où, plantant le signe auguste du christianisme sur la cime de tous les départements de la France, vous confessez, à la face de toutes les nations et de tous les siècles, que Dieu est aussi nécessaire que la liberté au peuple français; c'est ce moment que nos évêques ont choisi pour vous dénoncer comme violateurs des droits de la religion, pour vous prêter le caractère des anciens persécuteurs du christianisme, pour vous imputer, par conséquent, le crime d'avoir voulu tarir la ressource de l'ordre public et éteindre le dernier espoir de la vertu malheureuse!

Et nous ne pouvons pas douter, Messieurs, que ce ne soit dans une intention aussi malveillante qu'on cherche à insinuer que la religion est perdue, si c'est le choix du peuple qui décerne les places ecclésiastiques; car nos évêques savent, comme toute la France, à quel odieux brigandage la plupart d'entre eux sont redevables du caractère qu'ils déploient maintenant avec tant de hardiesse contre la sagesse de vos lois. Certes il en est plusieurs qui auraient trop à rougir de voir se dévoiler au grand jour les obscures et indécentes intrigues qui ont déterminé leur vocation à l'épiscopat; et le clergé, dans sa conscience, ne peut se dissimuler ce que c'était que l'administration de la feuille des bénéfices. Je ne veux pas remuer ici cette source impure qui a si longtemps infecté la France de sa corruption profonde, ni retracer cette iniquité publique et scandaleuse qui repoussait loin des dignités du sanctuaire la portion saine et laborieuse de l'ordre ecclésiastique, qui faisait ruisseler dans le sein de l'oisiveté et de l'ignorance tous les trésors de la religion et des pauvres, et qui couronnait de la tiare sacrée des fronts couverts du mépris public et flétris de l'empreinte de tous les vices; mais je dirai que des prélats d'une création aussi anti-canonique, des prélats entrés dans le bercail du troupeau du Seigneur par une porte aussi profane, sont les véritables *intrus* que la religion réprouve, et qu'ils ne peuvent, sans blesser toute pudeur, condamner la loi qui leur assigne pour successeurs ceux qui obtiendront l'estime toujours impartiale et pure de leurs concitoyens.

« On sait, disent-ils, à quel point la forme qu'on propose pour les élections est contraire aux règles anciennes.... Il n'y a pas d'exemple d'une forme d'élection sur laquelle le clergé n'ait pas eu la principale influence; cette influence est anéantie; il y a des départements dans lesquels on ne compte pas un ecclésiastique parmi les électeurs. » Vous deviez bien frémir, ô vous qui brûlez de tant de zèle pour la restauration de l'ancienne discipline, lorsque, sous l'ancien régime, le clergé se mêlait si peu du choix des premiers pasteurs, et qu'un ministre, vendu aux volontés et aux caprices de ce qu'il y eut jamais de plus pervers et de plus dissolu autour du trône, distribuait en mercenaire les honneurs et les richesses de l'Église de France au commandement des mêmes oppresseurs qui se jouaient des larmes du peuple, et qui trafiquaient impunément du bonheur et du malheur des hommes! Pourquoi donc ne vit-on jamais sortir de ces assemblées du clergé ni doléances, ni réclamations, ni remontrances contre un abus qui tuait si visiblement la religion dans ses plus intimes éléments, et qui corrompait si scandaleusement toutes les sources de morale?

Non, messieurs, on ne veut pas sincèrement l'ordre et la justice; on ne veut que brouiller et bouleverser. On n'est irrité que de la force de la digue que vous avez opposée au torrent des passions sacerdotales. On cherche à paralyser la constitution de l'État pour faire revivre l'ancienne constitution du clergé; on aspire à faire évanouir tous vos travaux dans les longueurs et la continuité des interruptions qu'on y apporte, et à voir toutes nos scènes politiques se dénouer dans les horreurs d'une guerre religieuse. . . . .
. . . .

Mais, je l'ai dit, l'intérêt de rappeler les droits de l'Église n'est ici que le prétexte de l'entreprise de nos évêques, et l'on ne peut méconnaître la véritable cause de leur résistance.

Les vrais amis de la constitution et de la liberté ne peuvent se dissimuler que nos pasteurs et nos prêtres persévèrent à composer une classe à part et à mettre au nombre des devoirs de leur état l'étude des mesures qui peuvent arrêter la révolution. Ce sont des prêtres qui rédigent et qui font circuler les feuilles les plus fécondes en explosions frénétiques contre vos travaux; et ces prêtres sont soutenus de toute la prélature aristocratique : on exalte leur dévouement aux anciens abus comme l'héroïsme du zèle apostolique; on les honore comme les réclamateurs imperturbables des droits de Dieu et des rois; on les encense, on les canonise comme les *Ambroise* et les *Athanase* de leur siècle; il ne leur manque que de mourir victimes de leur fanatisme et de leurs transports séditieux pour recevoir les couronnes de l'apothéose et pour obtenir la gloire d'être inscrits sur le tableau des martyrs de la religion.

Pontifes, qui partagez avec nous l'honneur de représenter ici la nation française, à Dieu ne plaise que j'attire sur vous ni sur vos collègues dispersés dans leurs églises, des reproches qui vous compromettraient aux yeux d'un peuple dont le respect et la confiance sont nécessaires au succès de vos augustes fonctions! Mais, après cette dernière éruption d'une inquiétude qui menace tout, pouvons-nous croire que vous ne prêtez ni votre appui ni votre suffrage aux écrivains anti-constitutionnels qui décrient la liberté au nom de l'Évangile, et qui ne visent à rien moins qu'à présenter la révolution sous les couleurs d'une manœuvre impie et sacrilège? Et quand vous vous seriez bornés au silence de la neutralité et de l'insouciance, le silence n'eût-il pas déjà été lui-même un scandale public? Des premiers pasteurs peuvent-ils se taire dans ces grandes crises où le peuple a un si pressant besoin d'entendre la voix de ses guides, de recevoir de leur bouche des conseils de paix et de sagesse? Oui, j'étais déjà profondément scandalisé de ne pas voir l'épiscopat français adresser à ses ouailles de fréquentes et fortes instructions pastorales sur les devoirs actuels des citoyens, sur la nécessité de leur subordination, sur les avantages à venir de la liberté, sur. l'horreur du crime que commettent tous ces esprits perturbateurs et malveillants qui méditent des contre-révolutions à exécuter dans le sang de leurs concitoyens. J'étais enfin scandalisé et indigné de voir des pasteurs inférieurs affecter la même indifférence, écarter de leurs instructions publiques tout ce qui pourrait affermir le peuple dans l'amour de son nouveau régime, laisser plutôt transpirer des principes favorables à la résurrection de l'ancien despotisme, et se permettre souvent des réticences perfides. Je m'arrête pour éviter des inductions trop fâcheuses.

Prélats et pasteurs, je ne possède pas plus qu'un autre mortel le don de prophétie ; mais j'ai quelque connaissance du caractère des hommes et de la marche des choses. Or savez-vous ce qui arrivera, si les âmes ecclésiastiques, persévérant à se fermer à l'esprit de la liberté, viennent enfin à faire désespérer de leur conversion à la constitution, et, par conséquent, de leur aptitude à être citoyen ? L'indignation publique, montée à son comble, ne pourra plus souffrir que la conduite des hommes demeure confiée aux ennemis de la prospérité ; et ce qui serait peut-être encore aujourd'hui une motion violente ne tardera pas à acquérir le caractère d'une mesure raisonnable, sage, et commandée par la nécessité d'acheter le salut de l'État. On proposera à l'Assemblée nationale, comme l'unique moyen de nettoyer le sein de la nation de tout l'ancien levain qui voudrait se refiltrer [1] dans ses organes ; on proposera de décréter la vacance universelle des places ecclésiastiques conférées sous l'ancien régime, pour les soumettre toutes à l'élection des départements, pour mettre le peuple à portée de se donner des pasteurs dignes de sa confiance, et de pouvoir chérir dans les apôtres de la religion les amis de sa délivrance et de sa liberté.

Et ce projet, Messieurs, tout brusque qu'il pourrait paraître au premier coup d'œil, attirera d'autant plus l'attention des députés qui sont animés d'un véritable zèle

---

1. Néologisme, comme plus haut *réclamateur* : l'analogie demanderait, ce semble, *réinfiltrer*.

pour répandre partout l'esprit de la constitution que son exécution ne pourra jamais entraîner que le déplacement de ceux qui ont donné lieu à la défiance publique, qui sont bien' décidément réputés fauteurs ou approbateurs des menées de l'aristocratie et, par conséquent, incapables de faire aucun bien réel dans les places qu'ils occupent; car le peuple est juste, et son choix maintiendrait ceux de ses pasteurs qui auraient fait preuve de patriotisme, ou qui auraient rejeté le scandale de la résistance à la loi.

Le ciel et mon âme me sont témoins que personne ne souhaite plus sincèrement que moi de voir nos évêques et nos curés prévenir le recours de l'Assemblée à ce moyen pénible; et je les conjure de réfléchir à la nécessité que leur caractère leur impose de coordonner l'Église à la constitution, et d'aider la patrie, encore chancelante sur ses nouvelles bases, à s'étayer de la force de la religion. Mais je dois ajouter, pour ne rien laisser en arrière des vraies dispositions dont je suis affecté, que, si jamais je perds l'espoir de voir les ministres du christianisme sortir du coupable silence dont ils s'enveloppent au milieu des écarts dont quelques-uns déshonorent le sacerdoce, je serai aussi le plus ardent à solliciter l'application du remède sévère dont je viens de parler; et je suis fondé à penser que des suffrages imposants par leur poids et par leur nombre soutiendront victorieusement ma voix. En attendant le moment où vous jugerez qu'il sera de votre sagesse de terminer et de décider cette grande question, il me paraît nécessaire qu'après avoir statué sur l'étonnante démarche des prélats députés à l'Assemblée nationale, vous preniez en considération quelques articles relatifs à l'institution ecclésiastique qui ont aussi une relation trop directe à nos principes constitutionnels pour être étrangers à la sollicitude du Corps législatif. . . . .
. . . .
... Telles sont les considérations que depuis quelque temps j'ai eu vivement à cœur d'exposer à l'Assemblée, et dont l'objet paraît de nature à provoquer toute la vigilance et toute la sollicitude des représentants de la nation.

Ce discours fut vivement applaudi, et l'Assemblée en décréta l'impression.

Le 28 novembre, l'**abbé Maury** y répondit et, non sans habileté, essaya de prouver que l'Assemblée, en mettant la main dans le *spirituel*, dépassait ses droits et son mandat : « On vous invite par ce seul acte à exercer tout à la fois le pouvoir de l'Église, l'autorité du législateur et la puissance du magistrat. C'est cette réunion de pouvoirs que je vous dénonce à vous-mêmes comme la violation de vos décrets. »

L'**abbé Maury**, dans sa péroraison, déclara que les prêtres étaient prêts pour la persécution et le martyre :

En les louant comme la postérité les louera, je sers la chose publique ; car, prenez-y garde, il n'est pas bon de faire des martyrs. Les hommes qui ont la conscience de leurs devoirs sacrés feront voir que le sacrifice des biens de ce monde, que le sacrifice de la vie ne leur coûte rien pour remplir ces devoirs, qu'ils n'existent pas pour le temps présent, que c'est un autre temps qu'ils attendent, que c'est là qu'ils trouveront de véritables biens, une véritable vie,... vous traiterez alors en ennemis de la patrie ceux qui oppriment sans intérêt des hommes qui prient pour vous.... (*Rires et murmures.*) Oui, il n'y a que les ennemis de la chose publique qui puissent tourmenter, persécuter des hommes qui prient pour ceux qui les insultent, des hommes qui, dans la séance d'hier, ont donné des preuves d'une grande longanimité, qui veulent rendre à César ce qui appartient à César, et qui, en périssant, s'il le faut, pour leurs devoirs, montreront à l'univers entier que, s'ils n'ont pu obtenir votre bienveillance, ils ont du moins mérité votre estime.

Les sophismes de **Maury** ne prévalurent pas contre la grande parole de **Mirabeau**. — L'Assemblée décréta le serment. Ce fut le signal d'une scission. Les ecclésiastiques qui refusèrent le serment eurent la liberté d'exercer leur culte à part ; les autres occupèrent les églises.

Mais un pareil schisme était fait pour agiter la population, et l'Assemblée, sur la motion de l'**abbé Grégoire**, crut devoir dans une adresse au peuple français, expliquer quelle pensée avait inspiré son décret (14 janvier 1791).

Voici le projet d'adresse, rédigé par **Mirabeau** :

Français, au moment où l'Assemblée nationale coordonne le sacerdoce à vos lois nouvelles, afin que, toutes les institutions de l'empire se prêtant un mutuel appui, votre liberté soit inébranlable, on s'efforce d'égarer la conscience des peuples. On dénonce de toutes parts la constitution civile du clergé, décrétée par vos représentants, comme dénaturant l'organisation divine de l'Eglise chrétienne, et ne pouvant subsister avec les principes consacrés par l'antiquité ecclésiastique.

Ainsi nous n'aurons pu briser les chaînes de notre servitude sans secouer le joug de la foi?... Non : la liberté est loin de nous prescrire un si impraticable sacrifice. Regardez, ô citoyens! regardez cette Église de France, dont les fondements s'enlacent et se perdent dans ceux de l'empire lui-même : voyez comme elle se régénère avec lui, et comme la liberté, qui vient du ciel aussi bien que notre foi, semble montrer en elle la compagne de son éternité et de sa divinité.

On fait trois reproches aux représentants de la nation. Ils vont répondre, moins pour se justifier que pour prémunir les vrais amis de la religion contre les clameurs hypocrites des ennemis de la Révolution.

1er grief : N'avoir pas déclaré la religion catholique nationale.

Mirabeau discute ce reproche et le combat tour à tour par le raisonnement, l'ironie, et la passion :

Déclarer *nationale* la religion chrétienne eût été flétrir le caractère le plus intime et le plus essentiel du christianisme. En général, la religion n'est pas, elle ne peut être un rapport social; elle est un rapport de l'homme privé avec l'Être infini. Comprendriez-vous ce que l'on voudrait dire si l'on vous parlait d'une *conscience nationale*? Eh bien! la religion n'est pas plus *nationale* que la conscience : car un homme n'est pas véritablement religieux parce qu'il est de la religion d'une nation ; et, quand il n'y aurait qu'une religion dans l'univers, et que tous les hommes se seraient accordés pour la professer, il serait encore vrai que chacun d'eux n'aurait un sentiment sincère de la religion qu'autant que chacun serait de la sienne ; c'est-à-dire qu'autant qu'il suivrait encore cette religion universelle, quand le genre humain viendrait à l'abjurer. . . . .

Ministres de l'Évangile, vous croyez que le christianisme est le profond et éternel système de Dieu, qu'il est la raison de l'existence d'un univers et du genre humain ; qu'il embrasse toutes les générations et tous les temps ; qu'il est le lien d'une société éparse dans tous les empires du monde, *et qui se rassemblera des quatre vents de la terre* pour s'élever dans les splendeurs de l'inébranlable empire de l'éternité. Et avec ces idées si vastes, si universelles, si supérieures à toutes les localités humaines, vous demandez que, par une loi constitutionnelle de notre régime naissant, ce christianisme, si fort de sa majesté et de son antiquité, soit déclaré la religion des Français ! Ah ! c'est vous qui outragez la religion de nos pères ! Vous voulez que, semblable à ces religions mensongères, nées de l'ignorance des hommes, accréditées par les dominateurs de la terre et confondues dans les institutions politiques comme un moyen d'oppression, elle soit déclarée la religion de la loi et des Césars !

Sans doute, là où une croyance absurde a enfanté un régime tyrannique ; là où une constitution perverse dérive d'un culte insensé, il faut bien que la religion fasse partie essentielle de la constitution. Mais le christianisme, faible et chancelant dans sa naissance, n'a point invoqué l'appui des lois, ni l'adoption des gouvernements. Ses ministres eussent refusé pour lui une existence légale, parce qu'il fallait que Dieu seul parût dans ce qui n'était que son ouvrage, et il nous manquerait aujourd'hui la preuve la plus éclatante de sa vérité, si tous ceux qui professèrent avant nous cette religion sainte l'eussent trouvée dans la législation des empires.

O étrange inconséquence! quels sont ces hommes qui nous demandaient avec chaleur et une amertume si peu chrétienne un décret qui rendit le christianisme *constitutionnel*? Ce sont les mêmes qui blâmaient la constitution nouvelle, qui la présentaient comme la subversion de toutes les lois de la justice et de la sagesse, qui la dénonçaient de toutes parts comme l'arme de la perversité, de la force et de la vengeance; ce sont les mêmes qui nous disaient que cette constitution devait perdre l'État et déshonorer la nation française. O hommes de mauvaise foi! pourquoi voulez-vous donc introduire une religion que vous faites profession de chérir et d'adorer dans une législation que vous faites gloire de décrier et de haïr? Pourquoi voulez-vous unir ce qu'il y a de plus auguste et de plus saint dans l'univers à ce que vous regardez comme le plus scandaleux monument de la malice humaine? Quel rapport, vous dirait saint Paul, peut-il s'établir entre la justice et l'iniquité, et que pourrait-il y avoir de commun entre Christ et Bélial?

Non, Français! ce n'est ni la bonne foi ni la piété sincère qui suscitent au milieu de vos représentants toutes ces contestations religieuses; ce sont les passions des hommes, qui s'efforcent de se cacher sous des voiles imposants pour couvrir plus impunément leurs ténébreux desseins.

Remontez au berceau de la religion : c'est là que vous pourrez vous former l'idée de sa vraie nature et déterminer le mode d'existence sous lequel son divin fondateur a voulu qu'elle régnât dans l'univers. Jésus-Christ est le seul de tous les sages, qui se sont appliqués à instruire les hommes et à les rendre bons et heureux, qui ne les ait envisagés sous aucun rapport politique, et qui n'ait, en aucune circonstance, mêlé à son enseignement des principes relatifs à la législation des empires. Quelle que soit l'influence de l'Évangile sur la moralité humaine, jamais ni Jésus-Christ, ni ses disciples ne firent entendre que l'institution évangélique dût entrer dans les lois constitutionnelles des nations. Il n'ordonne nulle part à ceux qu'il a choisis pour publier sa doctrine de la présenter aux législateurs du monde comme renfermant des vues nouvelles sur l'art de gouverner les peuples : « Allez, et instruisez les hommes, en disant : Voici que le royaume de Dieu approche ; et, lorsque vous entrerez dans une ville ou dans un hameau, demandez qui sont ceux qui veulent vous écouter, et restez-y autant qu'il le faudra pour leur apprendre ce que vous devez leur enseigner ; mais si l'on refuse de vous écouter, sortez, et soyez en tout prudents comme les serpents, et simples comme les colombes. »

L'Évangile est donc, par son institution, une économie toute spirituelle offerte aux mortels en tant qu'ils ont une destination ultérieure aux fins de l'association civile, et considérée hors de toutes leurs relations politiques ; il est proposé à l'homme comme sa seconde raison, comme le supplément de sa conscience, et non à la société comme un nouvel objet de mesures législatives. . . . .
. . . .

2e grief : La Constitution changeait l'ancienne démarcation des diocèses.

Et que l'on nous dise ce que signifie l'intervention de l'autorité spirituelle dans une distribution toute politique. Une nation qui, recevant dans son sein et unissant à son régime la religion chrétienne, dispose tellement le système de toutes ses administrations que, partout où elle trouve des hommes à gouverner, là aussi elle prépose un premier pasteur à leur enseignement religieux : une telle nation s'attribue-t-elle un pouvoir sacerdotal? entreprend-elle quelque chose sur les consciences, sur les dogmes de la foi, sur ses sacrements, sur ses rapports et ses dépendances hiérarchiques?

. . . .

Que ceux d'entre nos pasteurs qui ont le cœur droit et l'esprit capable d'observation s'élèvent au-dessus des idées et des traditions d'une théologie inventée pour défigurer la religion et la subordonner aux vues ambitieuses de quelques hommes, et ils reconnaîtront que le fondateur du christianisme semble avoir constitué son sacerdoce d'après la prévoyance de sa destinée future, c'est-à-dire qu'il l'a fait tel qu'il pût se prêter à toutes les formes civiles des États où l'institution chrétienne serait adoptée, et s'exercer dans toutes les directions et selon toutes les circonscriptions qui lui seraient assignées par les lois de l'empire.

Est-ce en donnant à chacun d'eux une portion de puissance limitée par des bornes territoriales que Jésus-Christ a institué les apôtres? Non; c'est en conférant à chacun d'eux la plénitude de la puissance spirituelle, en sorte qu'un seul, possédant la juridiction de tous, est établi le pasteur du genre humain : « Allez, leur dit-il ; répandez-vous dans l'univers; prêchez l'Évangile à toute créature.... JE VOUS ENVOIE COMME MON PÈRE M'A ENVOYÉ. »

Si donc, au moment de leur mission, les apôtres se fussent partagé l'enseignement de l'univers, et qu'ensuite les puissances fussent venues changer les circonscriptions qu'ils s'étaient volontairement assignées, aucun d'eux se serait-il inquiété que sa juridiction ne se trouvât point la même? Croit-on qu'ils eussent reproché à l'autorité publique de s'attribuer le droit de restreindre ou d'étendre l'autorité spirituelle? Pense-t-on surtout qu'ils eussent invoqué l'intervention de saint Pierre pour se faire réintégrer dans les fonctions de l'apostolat par une mission nouvelle?

Et pourquoi auraient-ils recouru à ce premier chef de l'Église universelle? Sa primauté ne consistait pas dans la possession d'une plus grande puissance spirituelle ni dans une juridiction plus éminente et plus étendue. Il n'avait pas reçu de mission particulière, il n'avait pas été établi pasteur des hommes par une inauguration spéciale et séparée de celle des autres apôtres. Saint Pierre était pasteur en vertu des mêmes paroles qui donnèrent à tous ses collègues l'univers à instruire et le genre humain à sanctifier. . . . .

3ᵉ grief : La Constitution nouvelle faisait disparaître l'ancienne forme de la nomination des pasteurs, et la soumettait à l'élection des peuples.

Cependant, parce que l'Assemblée nationale de France, chargée de proclamer les droits sacrés du peuple, l'a rappelé aux élections ecclésiastiques, parce qu'elle a rétabli la forme antique de ces élections et tiré de sa désuétude un procédé qui fût une source de gloire pour la religion aux beaux jours de sa nouveauté, voilà que des ministres de cette religion crient à l'usurpation, au scandale, à l'impiété, réprouvent, comme un attentat à la plus imprescriptible autorité du clergé, le droit d'élection restitué au peuple, et osent réclamer le concours, prétendu nécessaire, du pontife de Rome.

Lorsque autrefois un pape immoral et un despote violent fabriquèrent, à l'insu de l'Église et de l'Empire, ce contact profane et scandaleux, ce concordat qui n'était que la coalition de deux usurpateurs pour se partager les droits et l'or des Français, on vit la nation, le clergé à sa tête, opposer à ce brigandage tout l'éclat d'une résistance unanime, redemander les élections, et revendiquer avec une énergique persévérance la *pragmatique* qui seule avait fait jusqu'alors le droit commun du royaume.

Et c'est ce concordat irréligieux, cette convention simoniaque, qui, au temps où elle se fit, attira sur elle tous les anathèmes du sacerdoce français ; c'est cette stipulation criminelle de l'ambition et de l'avarice, ce pacte ignominieux qui imprimait depuis des siècles aux plus saintes fonctions la tâche honteuse de la vénalité, qu'aujourd'hui nos prélats ont l'impudeur de réclamer au nom de la religion, à la face de l'univers, à côté du berceau de la liberté, dans le sanctuaire même des lois régénératrices de l'empire et de l'autel !

Mais, dit-on, le choix des pasteurs, confié à la disposition du peuple, ne sera plus que le produit de la cabale.

Parmi les plus implacables détracteurs du rétablissement des élections, combien en est-il à qui nous pourrions faire cette terrible réponse ! « Est-ce à vous d'emprunter l'accent de la piété pour condamner une loi qui vous assigne des successeurs dignes de l'estime et de la vénération de ce peuple qui n'a cessé de conjurer le ciel d'accorder à ces enfants un pasteur qui les console et les édifie ? Est-ce à vous d'invoquer la religion contre la stabilité d'une constitution qui doit en être le plus inébranlable appui, vous qui ne pourriez soutenir un seul instant la vue de ce que vous êtes, si tout à coup l'austère vérité venait à manifester au grand jour les ténébreuses et lâches intrigues qui ont déterminé votre élévation à l'épiscopat ? vous qui êtes les créatures de la plus perverse administration ? vous qui êtes le fruit de cette iniquité effrayante qui appelait aux premiers emplois du sacerdoce ceux qui croupissaient dans l'oisiveté et l'ignorance, qui fermait impitoyablement les portes du sanctuaire à la portion sage et laborieuse de l'ordre ecclésiastique ? »

La partie droite murmure et s'agite. Un membre du côté gauche, **M. Gérard,** *s'écrie :* « *Ce sont des ventes* ». *Une grande partie de l'Assemblée applaudit.* **Mirabeau** *continue :*

Comment ces hommes qui font ostentation d'un si grand zèle pour assurer aux églises un choix de pasteurs dignes d'un nom si saint, comment ont-ils donc pu se taire si longtemps, lorsqu'ils voyaient le sort de la religion et le partage des augustes fonctions de l'apostolat abandonnés à la gestion d'un ministre esclave des intrigues qui environnaient le trône ? Les occasions de s'élever contre un sacrilège trafic se présentaient au clergé à des époques régulièrement renaissantes. Mais que faisait-il dans ces assemblées ? Au lieu de chercher un remède à la déplorable destinée de la religion et d'éclairer la sagesse d'un prince religieux et juste sur l'impiété qui laissait le soin de pourvoir de pasteurs l'Église de France aux impitoyables oppresseurs du peuple, il portait puérilement aux pieds du monarque un vain et lâche tribut d'adulation et des contributions dont il imposait la charge à la classe pauvre, assidue et résidente des ouvriers évangéliques. . . . . . .
. . . .

A ces mêmes époques où le sacerdoce était l'âme des assemblées convoquées pour l'élection des ministres du sanctuaire, les évêques, pauvres et austères, portaient tout le fardeau du ministère religieux ; les prêtres inférieurs n'étaient que leurs assistants ; c'étaient les évêques seuls qui offraient le sacrifice public, qui prêchaient les fidèles, qui catéchisaient les enfants, qui portaient les aumônes de l'Église dans les réduits de l'infortune, qui visitaient les asiles publics de la vieillesse, de l'infirmité et de l'indigence, qui parcouraient de leurs pieds meurtris et vénérables les vallées profondes et les montagnes escarpées pour répandre les lumières et les consolations de la foi dans le sein des innocents habitants des champs et des bourgades. Voilà des faits précisément parallèles à celui de l'influence des évêques sur le choix des pasteurs. Or voudrait-on transformer *ces faits* en autant de points *du droit* ecclésiastique, et prononcer que la conduite des prélats qui n'évangélisent pas leur troupeau, et qui voyagent dans des chars somptueux, est contraire à la constitution essentielle de l'Église ?

Le mode d'élection adopté par l'Assemblée nationale est donc le plus parfait, puisqu'il est le plus conforme au procédé des temps apostoliques, et que rien n'est si évangélique et si pur que ce qui dérive de la haute antiquité ecclésiastique.

La coupable résistance d'une multitude de prêtres aux lois de leur pays, l'opiniâtreté de leurs efforts pour faire revivre le double despotisme du sacerdoce et du trône, ont aliéné d'eux la confiance de leurs concitoyens, et ils n'ont pas, de nos jours, été appelés en grand nombre dans les corps chargés désormais de proclamer le choix du peuple.

Mais le temps arrivera où une autre génération de pasteurs, s'attachant aux lois et à la liberté, comme à la source de son existence et de sa vraie grandeur, regagnera cette haute considération qui donnait tant d'autorité au sacerdoce de la primitive Église, et rendait sa présence si chère à ces assemblées majestueuses où les mains d'un peuple innombrable portaient solennellement la tiare sacrée sur la tête la plus humble et la plus sage.

Alors les défiances inquiètes et les soupçons fâcheux disparaîtront; la confiance, le respect et l'amour du pauvre ouvriront au prêtre les portes de ces assemblées, comme aux plus respectables conservateurs de l'esprit public et de l'incorruptible patriotisme. On s'honorera de déférer à leurs suffrages; car rien n'est en effet plus honorable pour une nation que d'accorder une grande autorité à ceux que son choix n'a pu appeler aux grandes places de la religion sans leur reconnaître l'avantage des grands talents et le mérite des grandes vertus. Alors le sacerdoce et l'empire, la religion et la patrie, le sanctuaire des mystères sacrés et le temple de la liberté et des lois, au lieu de se croiser et de se heurter au gré des intérêts qui divisent les hommes, ne composeront plus qu'un seul système de bonheur public; et la France apprendra aux nations que l'Évangile et la liberté sont les bases inséparables de la vraie législation, et le fondement éternel de l'état le plus parfait du genre humain.

Voilà l'époque glorieuse et salutaire qu'a voulu préparer l'Assemblée nationale, que hâteront, de concert avec les lois nouvelles, les lumières et les vertus du sacerdoce, mais que pourraient aussi reculer ses préjugés, ses passions, ses résistances.

Mirabeau développe ensuite cette idée que les résistances du clergé servent les calculs de l'impiété :

« ... Le peuple, diront les incrédules charmés, abjurera son christianisme; il maudira ses pasteurs, il ne voudra plus connaître ni adorer que le dieu créateur de la nature et de la liberté; et alors tout ce qui lui retracera le souvenir du dieu de l'Évangile lui sera odieux; il ne voudra plus sacrifier que sur l'autel de la patrie; il ne verra ses anciens temples que comme des monuments qui ne sauraient plus servir qu'à attester combien il fut longtemps le jouet de l'imposture et la victime du mensonge.

« Il ne pourra donc plus souffrir que le prix de sa sueur et de son sang soit appliqué aux dépenses d'un culte qu'il rejette, et qu'une portion immense de la ressource publique soit attribuée à un sacerdoce conspirateur. Et voilà comment cette religion, qui a résisté à toutes les controverses humaines, était destinée à s'anéantir dans le tombeau que lui creuseraient ses propres ministres. »

Ah! tremblons que cette supputation de l'incrédulité ne soit fondée sur les plus alarmantes vraisemblances! Ne croirait-on pas que tous ceux qui se font une étude de décrier, comme attentatoire aux droits de la religion, le procédé que vos représentants ont suivi dans l'organisation du ministère ecclésiastique, ne croirait-on pas qu'ils ont le même but que l'impie, qu'ils prévoient le même dénouement, et qu'ils sont résolus à la perte du christianisme, pourvu qu'ils soient vengés et qu'ils aient épuisé tous les moyens de recouvrer leur puissance et de vous replonger dans la servitude?. . . . .
. . . .

O vous, qui êtes de bonne foi avec le ciel et votre conscience! pasteurs qui n'avez balancé jusqu'à ce jour à sceller de votre serment la nouvelle constitution civile du clergé que par l'appréhension sincère de vous rendre complices d'une usurpation, rappelez-vous ces temps anciens où la foi chrétienne, réduite à concentrer toute sa majesté et tous ses trésors dans le silence et les ténèbres des cavernes, tressaillait d'une joie si pure lorsqu'on venait annoncer à ses pontifes austères et vénérables le repos du glaive de la persécution, lorsqu'on leur apprenait la fin d'un règne cruel et l'avènement d'un prince plus humain et plus sage, lorsqu'ils pouvaient sortir avec moins de frayeur des cavités profondes où ils avaient érigé leurs autels, pour aller consoler et affermir la piété de leurs humbles disciples et laisser jaillir de dessous terre quelques étincelles du flambeau divin dont ils gardaient le précieux dépôt. Or supposons que l'un de ces hommes vénérables, sortant tout à coup de ces catacombes antiques où sa cendre est confondue avec celle de tant de martyrs, vienne aujourd'hui contempler au milieu de nous la gloire dont la religion s'y voit environnée, et qu'il découvre d'un coup d'œil tous ces temples, ces tours qui portent si haut dans les airs les éclatants attributs du christianisme, cette croix de l'Évangile qui s'élance du sommet de tous les départements de ce grand empire.... Quel spectacle pour les regards de celui qui, en descendant au tombeau, n'avait jamais vu la religion que dans les antres des forêts et des déserts! quel ravissement! quels transports! Je crois l'entendre s'écrier, comme autrefois cet étranger à la vue du camp du peuple de Dieu : « O Israël! que vos tentes sont belles! O Jacob! quel ordre, quelle majesté dans vos pavillons! »

Calmez donc, ah! calmez vos craintes, ministres du Dieu de paix et de vérité! rougissez de vos exagérations incendiaires, et ne voyez plus notre ouvrage au travers de vos passions. Nous ne vous demandons pas de jurer contre la loi de votre cœur. Mais nous vous demandons, au nom du Dieu saint qui doit nous juger tous, de ne pas confondre des opinions humaines et des traditions scolastiques avec les règles inviolables et sacrées de l'Évangile. S'il est contraire à la morale d'agir contre sa conscience, il ne l'est pas moins de se faire une conscience d'après des principes faux et arbitraires. L'obligation de *faire* sa conscience est antérieure à l'obligation de *suivre* sa conscience. Les plus grands malheurs publics ont été causés par des hommes qui ont cru obéir à Dieu et sauver leur âme.

Et vous, adorateurs de la religion et de la patrie, Français, peuple fidèle et généreux, mais fier et reconnaissant! voulez-vous juger les grands changements qui viennent de régénérer ce vaste empire? Contemplez le contraste de votre état passé et de votre situation à venir. Qu'était la France il y a peu de mois? Les sages y invoquaient la liberté, et la liberté était sourde à la voix des sages; les chrétiens éclairés y demandaient où s'était réfugiée l'auguste religion de leurs pères, et la vraie religion de l'Évangile ne s'y trouvait pas. Nous étions une nation sans patrie, un peuple sans gouvernement, et une église sans caractère et sans régime. Il n'y avait de régulier et de stable parmi nous que la déflagration de tous les vices, que le scandale de toutes les injustices, que le mépris public du ciel et des hommes, que l'extinction totale des derniers principes de la religion et de la morale. Quel pays que celui où tout se trouve à la disposition absolue de quelques hommes sans frein, sans honneur et sans lumières, et devant qui Dieu et le genre humain sont comptés pour rien! et quelle révolution que celle qui fait succéder tout à coup à ce désordre un spectacle où tout se place et s'ordonne selon l'ancien vœu de la nature, et où l'on ne voit plus dissoner que la fureur impuissante de quelques âmes incapables de s'élever à la hauteur d'un sentiment public, et faites pour rester dans la bassesse de leurs passions personnelles!

Français, vous êtes les conquérants de votre liberté; vous l'avez reproduite au sein de ce vaste empire par les grands mouvements de votre courage; soyez-en maintenant les conservateurs par votre modération et votre sagesse. Répandez autour de vous l'esprit de patience et de raison; versez les consolations de la fraternité dans le sein de ceux de vos concitoyens à qui la révolution a imposé de douloureux sacrifices, et n'oubliez jamais que, si la régénération des empires ne peut s'exécuter que par l'explosion de la force du peuple, elle ne peut non plus se retenir que dans le recueillement des vertus de la paix. Songez que le repos et le silence d'une nation victorieuse de tant d'efforts et de complots dirigés contre son bonheur et sa liberté sont encore la plus redoutable des résistances à la tyrannie qui voudrait tenter de relever ses remparts, et que rien ne déconcerte plus efficacement les desseins des pervers que la tranquillité des grands cœurs.

§ 6. — L'émigration.

Le comité de constitution avait été chargé de présenter un projet de loi sur les *émigrations* (février 1791). Le rapporteur, **Chapelier** [1], demande qu'avant de lire le projet de loi, l'Assemblée décide si elle veut une loi sur ce sujet. **Mirabeau :**

1. *Isaac René Gui Le Chapelier* (1754-1794), avocat distingué du barreau de Rennes, député du tiers état aux États généraux, y fut

C'est une motion d'ordre ; car c'est un décret de l'instant même que je viens de présenter. Je demande en outre une permission dont j'ai rarement usé ; je serai court ; je demande à dire deux mots personnels à moi.

Plusieurs voix : Oui, oui.

J'ai reçu depuis une heure six billets, dont la moitié m'atteste de prononcer la théorie de mes principes, l'autre provoque ma surveillance sur ce qu'on a beaucoup appelé, dans cette assemblée, la nécessité des circonstances. Je demande que, dans la position où je me trouve, dans une occasion où quelqu'un qui a servi les révolutions et qui a déjà fait trop de bruit pour son repos,... je demande, dis-je, qu'il me soit permis de lire une page et demie (peu de discours sont moins longs) d'une lettre adressée, il y a huit ans, au despote le plus absolu de l'Europe. Les gens qui cherchent les principes y trouveront quelque chose de raisonnable, et du moins on n'aura plus le droit de m'interroger.

J'écrivais à Frédéric-Guillaume, aujourd'hui roi de Prusse, le jour de son avènement au trône. Voici comment je m'exprimais :

« On doit être heureux dans vos États, Sire ; donnez la liberté de s'expatrier à quiconque n'est pas retenu d'une manière légale par des obligations particulières ; donnez par un édit formel cette liberté. C'est encore là une de ces lois d'éternelle équité que la force des choses appelle, qui vous fera un honneur infini, et ne vous coûtera pas la privation la plus légère, car votre peuple ne pourrait aller chercher ailleurs un meilleur sort que celui qu'il dépend de vous de lui donner ; et, s'il pouvait être mieux ailleurs, vos prohibitions de sortie ne l'arrêteraient pas.... (*La droite et une partie de la gauche applaudissent.*)

« Laissez ces lois à ces puissances qui ont voulu faire de

---

un orateur écouté. Longtemps membre du comité de constitution, il prit une part active à la plupart des travaux de l'Assemblée. Il s'était retiré en Angleterre ; mais, revenu en France pour défendre ses biens menacés de séquestre, il fut arrêté, traduit au tribunal révolutionnaire sous l'inculpation de conspiration en faveur de la royauté, condamné, et exécuté le 3 floréal an II (22 avril 1794).

leurs États une prison, comme si ce n'était pas le moyen d'en rendre le séjour odieux. Les lois les plus tyranniques sur les émigrations n'ont jamais eu d'autre effet que de pousser le peuple à émigrer contre le vœu de la nature, le plus impérieux de tous peut-être, qui l'attache à son pays. Le Lapon chérit le climat sauvage où il est né : comment l'habitant des provinces qu'éclaire un ciel plus doux penserait-il à le quitter, si une administration tyrannique ne lui rendait pas inutiles ou odieux les bienfaits de la nature? Une loi d'affranchissement, loin de disperser les hommes, les retiendra dans ce qu'ils appelleront alors leur *bonne patrie,* et qu'ils préféreront aux pays les plus fertiles; car l'homme endure tout de la part de la Providence ; il n'endure rien d'injuste de son semblable, et, s'il se soumet, ce n'est qu'avec un cœur révolté. (*Une grande partie de l'Assemblée applaudit.*)

« L'homme ne tient pas par des racines à la terre : ainsi il n'appartient pas au sol. L'homme n'est pas un champ, un pré, un bétail : ainsi il ne saurait être une propriété. L'homme a le sentiment intérieur de ces vérités simples : ainsi l'on ne saurait lui persuader que ses chefs aient le droit de l'enchaîner à la glèbe. Tous les pouvoirs se réuniraient en vain pour lui inculquer cette infâme doctrine. Le temps n'est plus où les maîtres de la terre pouvaient parler au nom de Dieu, si même ce temps a jamais existé. Le langage de la justice et de la raison est le seul qui puisse avoir un succès durable aujourd'hui ; et les princes ne sauraient trop penser que l'Amérique anglaise ordonne à tous les gouvernements d'être justes et sages, s'ils n'ont pas résolu de ne dominer bientôt que sur des déserts, ou de voir des révolutions. » (*On entend les applaudissements isolés dans toutes les parties de la salle.*)

J'ai l'honneur de proposer, non de passer à l'ordre du jour, — il ne faut pas avoir l'air d'étouffer dans le silence une circonstance qui exige une déclaration solennelle et que l'avis du comité rend très mémorable, — mais de porter un décret en ces termes : « L'Assemblée nationale, ouï le rapport de son comité de constitution.... » (*Murmures.*)

Il y a deux choses qui me paraissent incontestables : la première, c'est que M. Chapelier a parlé au nom du comité de constitution; la seconde, c'est que, si j'ai tort, on peut le démontrer. Je reprends la lecture de mon projet de décret.

« L'Assemblée nationale, ouï le rapport de son comité de constitution, considérant qu'une loi sur les émigrants est inconciliable avec les principes de la constitution, n'a pas voulu entendre la lecture du projet de loi sur les émigrants, et a déclaré de passer à l'ordre du jour, sans préjudice de l'exécution des décrets précédemment portés sur les personnes qui ont des pensions ou traitements payés par la nation, et qui sont hors du royaume. » (*Une partie de l'Assemblée veut aller aux voix. Plusieurs députés demandent la parole.*)

J'avais la parole, je l'ai demandée pendant la lecture [1] du projet de loi, et je la réclame.

La formation de la loi ou sa proposition ne peut se concilier avec les excès du zèle, de quelque espèce qu'ils soient; ce n'est pas l'indignation, c'est la réflexion qui doit faire les lois, c'est surtout elle qui doit les porter. L'Assemblée nationale n'a point fait au comité de constitution le même honneur que les Athéniens firent à Aristide, qu'ils laissèrent juge de la moralité de son projet.

Mais le frémissement qui s'est fait entendre à la lecture du projet du comité, a montré que vous étiez aussi bons juges de cette moralité qu'Aristide, et que vous aviez bien fait de vous en réserver la juridiction. Je ne ferai pas au comité l'injure de démontrer que sa loi est digne d'être

---

1. Chapelier avait déclaré que le comité avait reconnu l'impossibilité de faire une loi sur l'émigration, que cependant, pour obéir à l'Assemblée, il avait élaboré un projet, qu'il était prêt à le lire, si l'Assemblée l'exigeait; mais qu'il devait tout d'abord prévenir que ce projet violait tous les principes. Après beaucoup de tumulte, et malgré le discours de Mirabeau, on avait décidé que le projet serait lu. Chapelier, déférant à l'ordre de l'Assemblée, le lut donc. Il proposait d'instituer une *commission dictatoriale*, composée de *trois membres*, qui, dans les temps critiques, désigneraient ceux qui auraient le droit de circuler hors du royaume.

placée dans le code de Dracon, mais qu'elle ne pourra jamais entrer parmi les décrets de l'Assemblée nationale de France ; ce que j'entreprendrai de vous démontrer, c'est que la barbarie de la loi qu'on vous propose est la plus haute preuve de l'impraticabilité d'une loi sur l'émigration. (*Le côté droit et une partie du côté gauche applaudissent; le reste de l'Assemblée murmure.*)

Je demande qu'on m'entende. S'il est des circonstances où des mesures de police soient indispensablement nécessaires, même contre les principes, même contre les lois reçues, c'est le délit de la nécessité ; et, comme la société peut pour sa conservation tout ce qu'elle veut, que c'est la toute-puissance de la nature, cette mesure de police peut être prise par le corps législatif ; et, lorsqu'elle a reçu la sanction du contrôleur de la loi, du chef suprême de la police sociale, elle est aussi obligatoire que toute autre ; mais entre une mesure de police et une loi la distance est immense. La loi sur les émigrations est, je vous le répète, une chose hors de votre puissance, parce qu'elle est impraticable et qu'il est hors de votre sagesse de faire une loi qu'il est impossible de faire exécuter, même en anarchisant toutes les parties de l'empire. Il est prouvé par l'expérience de tous les temps qu'avec l'exécution la plus despotique, la plus concentrée dans les mains des Busiris, une pareille loi n'a jamais été exécutée, parce qu'elle est inexécutable. (*On applaudit et on murmure.*)

Une mesure de police est sans doute en votre puissance ; reste à savoir s'il est de votre devoir de la prononcer, c'est-à-dire s'il est utile, si vous voulez retenir les citoyens dans l'empire autrement que par le bénéfice des lois, que par le bienfait de la liberté ; car de ce que vous pouvez prendre cette mesure il n'est pas dit que vous deviez le faire ; mais je n'entreprendrai pas de le prouver ; je m'écarterais alors de la question : elle consiste à savoir si le projet du comité doit être mis en délibération, et je le nie. Je déclare que je me croirais délié de tout sentiment de fidélité envers ceux qui auraient l'infamie de nommer une commission dictatoriale. (*On applaudit.*)

La popularité que j'ai ambitionnée, et dont j'ai eu l'honneur de jouir comme un autre, n'est pas un faible roseau; c'est dans la terre que je veux enfoncer ses racines, sur l'imperturbable base de la raison et de la liberté.

Si vous faites une loi contre les émigrants, je jure de n'y obéir jamais. (*Les murmures de l'extrême gauche redoublent. — On entend des applaudissements.*)

Voici mon projet de décret :

« L'Assemblée nationale... a décrété qu'elle passerait à l'ordre du jour. »

Un membre propose que tous les comités concourent à la confection d'une loi aussi urgente. — Cette motion obtient la priorité. — **Mirabeau** redemande la parole. — Bruit et interruptions. — **Goupil** s'écrie que **Mirabeau** veut exercer une sorte de dictature sur l'Assemblée.

Monsieur le président, je prie messieurs les interrupteurs de se rappeler que j'ai toute ma vie combattu le despotisme, et d'être persuadés que je le combattrai toute ma vie. Je prie aussi M. Goupil de se souvenir qu'il s'est mépris autrefois sur un Catilina dont il repousse aujourd'hui la dictature [1]. Je supplie maintenant l'Assemblée de considérer qu'il ne suffit pas d'intercaler dans une proposition qui en contient plusieurs autres une motion d'ajournement. (*Murmures à gauche.*)

Il ne suffit pas de compliquer deux ou trois propositions, et de les développer. (*Nouveaux murmures.*)

Silence aux trente voix! Il ne suffit pas, dis-je, d'amalgamer deux ou trois propositions, et de les revêtir du nom d'ajournement, pour obtenir pour elles un ajournement pur et simple. L'ordre du jour vaut bien, je crois, la motion de M. Vernier, à laquelle, si l'Assemblée veut l'adopter, je fais cet amendement : « Qu'il soit décrété que d'ici à l'expiration de l'ajournement il n'y aura pas d'attroupement ».

---

[1]. Voyez plus haut, p. 221.

L'ajournement l'emporta, mais à une très faible majorité.

« **Mirabeau**, dans cette occasion, frappa surtout par son audace ; jamais peut-être il n'avait plus impérieusement subjugué l'Assemblée. Mais sa fin approchait, et c'étaient là ses derniers triomphes. » (Thiers.)

Il prit encore une grande part aux discussions sur le projet de loi relatif à la **régence** et sur les **mines**.

Mirabeau mourut le 2 avril 1791.

CHAPITRE II

L'ASSEMBLÉE LÉGISLATIVE

30 septembre 1791 — 21 septembre 1792.

---

§ 1. — L'émigration. — Isnard.

L'Assemblée législative se réunit le 30 septembre 1791.
Deux graves questions occupèrent ses premières discussions :
la question des **prêtres non assermentés** et celle des **émigrés**.

Le député **Isnard** [1] avait, dans la première discussion, parlé avec conviction et violence; le 29 novembre il prononça, à propos des émigrés et de la politique extérieure, le discours suivant, qui excita dans l'Assemblée le plus vif et le plus bruyant enthousiasme.

Messieurs, l'intérêt, la dignité de la nation exigent que nous adoptions les mesures proposées par M. Daverhoult et amendées par le rapporteur du comité diplomatique. Le véritable intérêt national est de raffermir enfin la constitution sur sa base, de faire cesser l'état d'inquiétude, d'indécision, de dépense, de discrédit qui mine la France, et rend tous les citoyens malheureux; enfin, de ramener bientôt la tranquillité publique, non pas cette tranquillité éphémère et factice qui n'est dans le drame de la Révolution que le repos de l'entr'acte, mais cette tranquillité

---

1. *Isnard* (Maximin), né vers 1755 à Grasse, député du Var à l'Assemblée législative et à la Convention, siégea avec les Girondins, dont il exagéra les principes, et qu'il compromit souvent par les excès de son éloquence méridionale. Il échappa à la proscription de son parti et se retira à Grasse, où il mourut en 1830. (Voir Lamartine, *Histoire des Girondins.* — Thiers, *Révolution française*, etc.)

solide et durable qui ne commence jamais que là où finissent les événements.

Or tout cela ne peut s'obtenir qu'en combattant au plus tôt les ennemis qui nous tourmentent. Quand même les émigrés ne songeraient pas à nous attaquer, il suffit qu'ils soient rassemblés d'une manière hostile, et que ce rassemblement nous retienne dans l'état que j'ai dépeint, pour qu'il nous importe de les dissiper par les armes, et de marcher au dénouement : le projet de décret qui vous est proposé tend à le hâter ; il est donc utile sous ce rapport.

Ce n'est pas assez que d'en venir aux prises avec l'ennemi : il faut que toutes nos démarches tendent à assurer nos succès, et le projet de décret de M. Daverhoult se rapporte encore à ce but.

En effet, puisqu'il est démontré qu'il nous faut combattre, n'est-il pas de notre intérêt, quels que soient nos ennemis, quelles que soient leurs alliances secrètes, d'entrer dans la lice avec une fierté courageuse? Tout combattant qui montre de la crainte rehausse le courage de son adversaire et s'avoue presque vaincu ; mais celui qui le provoque avec fermeté en impose à l'ennemi, et la victoire, compagne du courage, se plaît à le favoriser.

M. Daverhoult nous propose d'inviter le roi à parler avec autorité à tous les petits princes d'outre-Rhin chez qui se forme le rassemblement des émigrés. L'intérêt national commande cette mesure, parce que de deux choses l'une : ou les émigrés ne sont soutenus que par les princes qui leur donnent asile, ou bien d'autres puissances du premier ordre sont décidées à nous faire la guerre : dans le premier cas, le parti que nous avons à combattre est si faible qu'il convient d'exiger impérativement la dispersion des émigrés ; dans le second cas, la mesure proposée est encore convenable, parce que la fermeté de nos résolutions contribuera à nous faire bientôt connaître toutes les puissances que nous aurons à combattre, ce qui sera plus avantageux que de les laisser paisiblement exécuter le plan qu'elles méditent et faire jouer leur mine dans le moment fatal marqué par leur politique....

Et qu'on ne me dise pas qu'en réclamant avec fermeté des princes étrangers ce qu'exige le droit des gens, nous pouvons par cette conduite indisposer tout le corps germanique et provoquer l'agression des puissances supérieures! Non, Messieurs; ce que nous demandons étant juste ne changera rien aux résolutions des autres gouvernements; ces résolutions sont indépendantes du décret que vous allez porter; c'est l'intérêt et la politique qui les ont inspirées, parce que ce sont ces ressorts qui font tout mouvoir dans les cours. Tout prince qui sera persuadé qu'il lui convient de vous faire la guerre vous la fera; les prétextes ne manquent jamais aux rois qui veulent combattre : notre Révolution leur en fournirait mille. Notre démarche, loin de faire déclarer les grandes puissances contre nous, sera propre à les déterminer à la neutralité; et peut-être telle qui médite de nous combattre parce qu'elle croit que nous ne pouvons pas nous défendre, fera des réflexions nouvelles lorsqu'elle verra que nous osons attaquer. C'est ainsi que, sous tous les rapports, la mesure proposée me paraît utile; mais, si elle est conseillée par l'intérêt public, elle est commandée par ce que nous devons à la dignité de la nation.

Le Français est devenu le peuple le plus marquant de l'univers; il faut que sa conduite réponde à sa nouvelle destinée. Esclave, il fut intrépide et grand; libre, serait-il faible et timide? Sous Louis XIV, le plus fier des despotes, il lutta avec avantage contre une partie de l'Europe; aujourd'hui, que ses bras sont déchaînés, craindrait-il l'Europe entière? (*Applaudissements réitérés.*) Traiter tous les peuples en frères, respecter leur repos, mais exiger d'eux les mêmes égards; ne faire aucune insulte, mais n'en souffrir et n'en pardonner aucune; ne tirer le glaive qu'à la voix de la justice, mais ne le renfermer qu'au chant de la victoire; renoncer à toute conquête, mais vaincre quiconque voudrait le conquérir; fidèle dans ses engagements, mais forçant les autres à remplir les leurs; généreux, magnanime dans toutes ses actions, mais terrible dans ses justes vengeances; enfin toujours prêt à combattre, à mourir, à disparaître même tout entier du globe plutôt que de se laisser remettre aux fers; voilà, je crois, quel doit être le caractère du Français devenu libre! Ce peuple se couvrirait d'une honte ineffaçable si son premier pas dans la brillante carrière que je vois s'ouvrir devant lui était marqué par la lâcheté : je voudrais que ce pas fût tel, qu'il étonnât les nations, leur donnât la plus sublime idée de l'énergie de notre caractère, leur imprimât un long souvenir, consolidât à jamais la Révolution, et fît époque dans l'histoire! Et ne croyez pas, Messieurs, que notre position du moment s'oppose à ce que la France puisse, au besoin, frapper les plus grands coups! « On se trompe, dit Montesquieu, si l'on croit qu'un peuple qui est en état de révolution pour la liberté est disposé à être conquis; il est prêt au contraire à conquérir les autres. » Et cela est très vrai, parce que l'étendard de la liberté est celui de la victoire, et que les temps de révolution sont ceux de l'oubli des affaires domestiques en faveur de la chose publique, du sacrifice des fortunes, des dévouements généreux, de l'amour de la patrie, de l'enthousiasme guerrier! Ne craignez donc pas, Messieurs, que l'énergie du peuple ne réponde point à la vôtre; craignez au contraire qu'il ne se plaigne que vos décrets ne correspondent pas à tout son courage.

Si la guerre dont on nous menace n'était relative qu'à des intérêts pécuniaires, nous pourrions alors attendre les événements et faire de très grands sacrifices pour épargner le sang des citoyens; mais dans la circonstance actuelle toute idée de capitulation serait un crime de lèse-patrie! Qui sont en effet les adversaires qui nous menacent? Ce sont les ennemis de notre Constitution sacrée. Que prétendent-ils? Ils veulent, par la faim, le fer et le feu, nous ravir la liberté, augmenter la prérogative royale, ressusciter les parlements et ramener la noblesse. Quoi! nous ravir la liberté, cet héritage céleste, plus précieux que la vie!... Augmenter la prérogative du roi! Et que voudraient-ils donc y ajouter? Augmenter le pouvoir du roi, d'un homme dont la volonté peut paralyser celle de toute

la nation, d'un homme qui reçoit trente millions tandis
que des milliers d'autres citoyens meurent dans la détresse!... (*Vifs applaudissements des tribunes; murmures
dans l'Assemblée.*) Quoi! ressusciter les parlements, ces
corps orgueilleux, sanguinaires, qui achetaient le droit de
vendre la justice!... Ramener la noblesse! Ce seul mot doit
indigner tout homme qui apprécie la dignité de son être.
Ramener la noblesse! Ah! plutôt s'ensevelir mille fois sous
les décombres de cette enceinte! Mais non; dussent tous
les nobles de la terre nous assaillir, ce temple ne s'écrou-
lera pas; du haut de cette tribune nous électriserons tous
les Français; les plus froids s'embraseront des flammes de
notre patriotisme; tous, versant d'une main leur or et
tenant le fer de l'autre, combattront cette race orgueilleuse,
et la forceront d'endurer le supplice de l'égalité!... L'égalité
et la liberté sont devenues au Français aussi nécessaires
que l'air qu'il respire; souffririez-vous, Messieurs, que
quelque puissance au monde les lui ravît? Non, nous ne
tromperons pas ainsi la confiance du peuple! Élevons-
nous dans cette circonstance à toute la hauteur de notre
mission; parlons à nos ministres, à notre roi, à l'Europe,
le langage qui convient aux représentants de la France!
Disons aux ministres que jusqu'ici la nation n'est pas très
satisfaite de leur conduite; que désormais ils n'ont qu'à
choisir entre la reconnaissance publique ou la vengeance
des lois; que ce n'est pas en vain qu'ils oseraient se jouer
d'un grand peuple, et que par le mot *responsabilité* nous
entendons *la mort!* Disons au roi qu'il est de son intérêt,
de son très grand intérêt de défendre de bonne foi la
Constitution; que sa couronne tient à la conservation de
ce palladium! Disons-lui qu'il n'oublie jamais que ce n'est
que par le peuple et pour le peuple qu'il est roi, que la
nation est son souverain, et qu'il est sujet de la loi.
Disons à l'Europe que les Français voudraient la paix;
mais que, si on les force de tirer l'épée, ils en jetteront le
fourreau bien loin, et n'iront le chercher que couronnés
du laurier de la victoire, et que, quand même ils seraient
vaincus, leurs ennemis ne jouiraient pas du triomphe,

parce qu'ils ne régneraient que sur des cadavres! Disons à l'Europe que nous respecterons toutes les constitutions des divers empires; mais que si les cabinets des cours étrangères tentent de susciter une guerre des rois contre la France, nous leur susciterons une guerre des peuples contre les rois! Disons-lui que dix millions de Français, embrasés du feu de la liberté, armés du glaive de la raison, de l'éloquence, pourraient seuls, si on les irrite, changer la face du monde, et faire trembler tous les tyrans sur leurs trônes! Enfin disons-lui que tous les combats que se livrent les peuples par ordre des despotes.... (*Les applaudissements ne discontinuent pas; l'Assemblée est dans une grande agitation.*) Je demande du silence; n'applaudissez pas, Messieurs, n'applaudissez pas; respectez mon enthousiasme; c'est celui de la liberté! Disons-lui que les combats que se livrent les peuples par ordre des despotes ressemblent aux coups que deux amis, excités par un instigateur perfide, se portent dans l'obscurité; le jour vient-il à paraître, ils jettent leurs armes, s'embrassent, et se vengent de celui qui les trompait! De même si, au moment que les armées ennemies lutteront avec les nôtres, le jour de la philosophie frappe leurs yeux, les peuples s'embrasseront à la face des tyrans détrônés, de la terre consolée et du ciel satisfait! (*La salle retentit d'applaudissements.*) Je conclus par demander que l'Assemblée adopte à l'unanimité (*on rit*) le projet de décret proposé : je dis à l'unanimité parce que ce n'est que par cet accord parfait des représentants de la nation que nous parviendrons à inspirer aux Français une entière confiance, à les réunir tous dans un même esprit, à en imposer sérieusement à tous nos ennemis, et à prouver que, lorsque la patrie est en danger, il n'existe qu'une volonté dans l'Assemblée nationale [1].

1. Ce discours eut un succès extraordinaire. Interrompu par les plus vifs applaudissements, il excita le plus grand enthousiasme. Sans doute notre goût y réprouve de l'exubérance et de la déclamation, des éclats fanfarons mêlés à une sentimentalité surannée; mais qu'on tienne compte des circonstances, de l'irritation causée

§ 2. — La patrie en danger. — Vergniaud.
3 juillet 1792.

On était au commencement de l'année 1792. Les menées des émigrés, les relations suspectes du roi avec les puissances étrangères, semaient dans le public une vague inquiétude. La guerre occupait tous les esprits.

Victorieuse au dedans, la Révolution allait avoir à combattre ses ennemis du dehors. **Luckner, Rochambeau, La Fayette** étaient à la tête des armées. Le jeune et actif ministre **Narbonne**[1] hâtait les préparatifs (janvier 1792). Mais il était bientôt renvoyé. Un **ministère girondin** arrivait aux affaires (mars 1792).

Le 22 avril, le roi proposait à l'Assemblée de **déclarer la guerre à l'Autriche et à la Prusse.**

Moins de deux mois après, il renvoyait les ministres et revenait à un **ministère feuillant.**

Dumouriez avait consenti à débarrasser le roi des ministres girondins et à garder dans le nouveau ministère le portefeuille de la guerre, à la condition expresse que le roi sanctionnerait les deux décrets, chers à l'Assemblée, le premier relatif à un **camp de vingt mille hommes** qui devait être réuni sous Paris, le second à l'**expulsion des prêtres non assermentés.** Au dernier moment le roi recula et refusa sa sanction.

La conduite équivoque du roi irrite les partis.

Le **20 juin**, éclate une insurrection, prélude d'une journée plus décisive.

Une grande agitation s'empare des esprits. On apprend la marche des armées ennemies.

C'est dans ces circonstances, au milieu de l'angoisse des patriotes et de l'effervescence publique, que **Vergniaud**[2] pro-

---

par les menées des émigrés, du tempérament de l'orateur, de sa passion pour la liberté, de sa conviction, et l'on comprendra que cette parole ardente et forcenée, mais sincère, répondit aux sentiments du public et de l'Assemblée. Ne sourions pas de ce qu'il y a d'excessif dans un langage qui, en somme, traduit fidèlement l'exaltation du patriotisme. Enfin, les défauts mêmes de ce discours nous serviront à apprécier les beautés éternelles de l'éloquence vraie, simple, grande, celle qui ne craint rien du temps et des changements.

1. Voyez sur Narbonne, Villemain, *Souvenirs contemporains*, t. Ier.
2. *Vergniaud* (Pierre-Victorin) (1759-1793), le plus illustre orateur du

nonça (le **3 juillet 1792**), à propos de la déclaration *du danger de la patrie*, le fameux discours qui déchira tous les voiles et emporta le vote de l'Assemblée.

Messieurs[1], quelle est donc l'étrange position où se trouve l'Assemblée nationale? Quelle fatalité nous poursuit et signale chaque jour par de grands événements qui, portant le désordre dans nos travaux, nous livrent à l'agitation tumultueuse des inquiétudes, des espérances et des passions? Quelle destinée prépare à la France cette terrible effervescence, au sein de laquelle, si l'on connaissait moins l'amour impérissable du peuple pour la liberté, on serait tenté de douter si la Révolution rétrograde ou si elle arrive à son terme?

Au moment où nos armées du Nord paraissent faire des progrès dans le Brabant et flattent notre courage par des augures de victoire, tout à coup on les fait se replier devant l'ennemi; elles abandonnent des positions avantageuses qu'elles avaient conquises; on les ramène sur notre territoire, on y fixe le théâtre de la guerre, et il ne restera de nous chez les malheureux Belges que le souvenir des

---

parti girondin : né à Limoges, député de Bordeaux à l'Assemblée législative, ennemi de la monarchie, il fut un des principaux auteurs de la déchéance de Louis XVI. Réélu à la Convention, il lutta vainement contre la Montagne et succomba avec son parti le 31 mai 1793. Il fut guillotiné le 31 octobre. Son éloquence est facile, abondante, mais inégale, quelquefois chaude et élevée, quelquefois verbeuse et déclamatoire. Il n'en est pas moins un des grands orateurs de la Révolution. (Voir Lamartine, *les Girondins*.)

1. « Un député n'avait pas encore parlé, c'était Vergniaud, membre de la Gironde, et son plus grand orateur; il en était néanmoins indépendant : soit insouciance, soit véritable élévation, il semblait au-dessus des passions de ses amis; et, en partageant leur ardeur patriotique, il ne partageait pas toujours leur préoccupation et leur emportement. Quand il se décidait dans une question, il entraînait par son éloquence et par une certaine impartialité reconnue cette partie flottante de l'Assemblée que Mirabeau maîtrisait autrefois par sa dialectique et sa véhémence.... On avait annoncé qu'il parlerait le 3 juillet; une foule immense était accourue pour entendre ce grand orateur sur une question qu'on regardait comme décisive. » (Thiers, *Histoire de la Révolution française*, t. II, p. 137.)

incendies qui auront éclairé notre retraite ! D'un autre côté, et sur les bords du Rhin, nos frontières sont menacées par les troupes prussiennes dont les rapports ministériels nous avaient fait espérer que la marche ne serait pas si prompte.

Telle est notre situation politique et militaire, que jamais la sage combinaison des plans, la prompte exécution des moyens, l'union, l'accord de toutes les parties du pouvoir à qui la Constitution délègue l'emploi de la force armée, ne furent aussi nécessaires, que jamais la moindre mésintelligence, la plus légère suspension, les écarts les moins graves ne purent devenir aussi funestes.

Comment se fait-il que ce soit précisément au dernier période de la plus violente crise, et sur les bords du précipice où la nation peut s'engloutir, que l'on suspende le mouvement de nos armées; que, par une désorganisation subite du ministère, on ait brisé la chaîne des travaux, rompu les liens de la confiance, livré le salut de l'empire à l'inexpérience de mains choisies au hasard, multiplié les difficultés de l'exécution, et compromis son succès par les fautes qui échappent même au patriotisme le plus éclairé dans l'apprentissage d'une grande administration?

Si l'on conçoit des projets qui puissent faciliter le complétement de nos armées, augmenter nos moyens de vaincre ou de rendre nos défaites moins désastreuses, pourquoi sont-ils précédés auprès du trône par la calomnie, et là étouffés par la plus perfide malveillance? Serait-il vrai qu'on redoute nos triomphes? Est-ce du sang de l'armée de Coblentz ou du nôtre dont on est avare? Si le fanatisme excite des désordres, s'il menace de livrer l'empire au déchirement simultané de la guerre civile et d'une guerre étrangère, quelle est l'intention de ceux qui font rejeter, avec une invincible opiniâtreté, toutes les lois de répression présentées par l'Assemblée nationale? Veulent-ils régner sur des villes abandonnées, sur des champs dévastés? Quelle est au juste la quantité de larmes, de misère, de sang, de morts, qui suffit à leur vengeance? Où sommes-nous enfin? Dans quel abîme veut-on nous entraîner? Et vous, Messieurs, qu'allez-vous entreprendre de grand pour la chose publique?

Vous, dont les ennemis de la Constitution se flattent insolemment d'avoir ébranlé le courage;

Vous, dont ils tentent chaque jour d'alarmer les consciences et la probité en qualifiant l'amour de la liberté de faction, comme si vous pouviez avoir oublié qu'une cour despotique donna aussi le nom de factieux aux représentants du peuple qui allèrent prêter le serment du Jeu de Paume; que les lâches héros de l'aristocratie l'ont constamment prodigué aux vainqueurs de la Bastille, à tous ceux qui ont fait et soutenu la Révolution, et que l'Assemblée constituante crut devoir honorer;

Vous, qu'on a tant calomniés parce que vous êtes presque tous étrangers à la caste que la Constitution a renversée dans la poussière, et que les intrigants qui voudraient la relever, et les hommes dégradés qui regrettent l'infâme honneur de ramper devant elle, n'ont pas espéré de trouver en vous des complices;

Vous, contre qui l'on ne s'est déchaîné avec tant de fureur que parce que vous formez une assemblée véritablement populaire, et qu'en vous on a voulu avilir le peuple;

Vous, qu'on a si lâchement accusés de flétrir l'éclat du trône constitutionnel parce que, plusieurs fois, votre main vengeresse a frappé ceux qui voulaient en faire le trône d'un despote;

Vous, à qui l'on a eu l'infamie et l'absurdité de supposer des intentions contraires à vos serments, comme si votre bonheur n'était pas attaché à la Constitution, ou comme si, investis d'une autre puissance que celle de la loi, vous aviez une liste civile pour soudoyer des assassins contre-révolutionnaires;

Vous, que, par l'emploi perfide de la calomnie et du langage d'une hypocrite modération, on voulait refroidir sur les intérêts du peuple, parce qu'on sait que vous tenez votre mission du peuple, que le peuple est votre appui, et que si, par une coupable désertion de sa cause, vous méritiez qu'il vous abandonnât à son tour, il serait aisé de vous dissoudre;

Vous, que l'on a voulu, et, il faut le dire avec douleur, qu'on est parvenu à affaiblir par de funestes divisions, mais qui, sans doute, dans la crise actuelle où la nation fixe des regards inquiets sur cette enceinte, sentirez le besoin de reprendre tous vos forces; qui ajournerez après la guerre nos bruyantes querelles, nos misérables dissensions; qui déposerez au pied de l'arbre de la liberté notre orgueil, nos jalousies, nos passions; qui ne trouverez pas si doux de vous haïr que vous préfériez cette infernale jouissance au salut de la patrie;

Vous, que l'on a voulu épouvanter par des pétitions armées, comme si vous ignoriez qu'au commencement de la Révolution, le sanctuaire de la liberté fut environné de satellites du despotisme, Paris assiégé par une armée, et que ces jours de dangers furent ceux de la véritable gloire de l'Assemblée constituante;

Vous, sur qui j'ai cru devoir présenter ces réflexions rapides, parce qu'au moment où il importe d'imprimer une forte commotion à l'opinion publique, il m'a paru indispensable de dissiper tous les prestiges, toutes les erreurs qui pourraient atténuer l'effet de vos mesures;

Vous enfin, à qui chaque jour découvre un immense horizon de conjurations, de perfidies et de dangers, qui êtes placés sur les bouches de l'Etna pour conjurer la foudre, quelles seront vos ressources? que vous commande la nécessité, que vous permet la Constitution?

Je vais hasarder de vous présenter quelques idées; peut-être aurais-je pu en supprimer une partie d'après les nouvelles propositions qui vous ont été faites par le roi, mais des événements plus récents me défendent encore cette suppression, qui, d'ailleurs, m'eût paru une bassesse depuis qu'on a voulu influencer nos opinions. Un représentant du peuple doit être impassible devant les baïonnettes comme devant la calomnie.

J'appellerai d'abord votre attention sur les troubles intérieurs : ils ont deux causes : manœuvres nobiliaires, manœuvres sacerdotales; toutes deux tendent au même but, la contre-révolution.

Vous préviendrez l'action de la première par une police sage et vigoureuse : il faut se hâter d'en discuter les bases. Mais lorsque vous avez fait tout ce qui était en vous pour sauver le peuple de la terrible influence de la seconde, la Constitution ne laisse plus à votre disposition qu'un dernier moyen : il est simple; je le crois cependant juste et efficace. Le voici.

Le roi a refusé sa sanction à votre décret sur les troubles religieux. Je ne sais si le sombre génie de Médicis et du cardinal de Lorraine erre encore sous les voûtes du palais des Tuileries; si l'hypocrisie sanguinaire des jésuites Lachaise et Letellier revit dans l'âme de quelques scélérats, brûlant de voir se renouveler la Saint-Barthélemy et les Dragonnades; je ne sais si le cœur du roi est troublé par les idées fantastiques qu'on lui suggère, et sa conscience égarée par les terreurs religieuses dont on l'environne. Mais il n'est pas permis de croire, sans lui faire injure et l'accuser d'être l'ennemi le plus dangereux de la Révolution, qu'il veuille encourager par l'impunité les tentatives criminelles de l'ambition pontificale, et rendre aux orgueilleux suppôts de la tiare la puissance désastreuse dont ils ont également opprimé les peuples et les rois : il n'est pas permis de croire, sans lui faire injure et l'accuser d'être l'ennemi du peuple, qu'il approuve ou même qu'il voit avec indifférence les manœuvres sourdes employées pour diviser les citoyens, jeter les ferments dans le sein des familles, et étouffer au nom de la divinité les sentiments les plus doux dont elle a composé la félicité des hommes; il n'est pas permis de croire, sans lui faire injure et l'accuser d'être l'ennemi des lois, qu'il se refuse à l'adoption des mesures répressives contre le fanatisme, pour porter les citoyens à des excès que le désespoir inspire et que les lois condamnent; qu'il aime mieux exposer les prêtres insermentés, même alors qu'ils ne troublent pas l'ordre, à des vengeances arbitraires, que de les soumettre à une loi qui, ne frappant que sur les perturbateurs, couvrirait les innocents d'une égide inviolable ; enfin il n'est pas permis de croire, sans lui faire injure et l'accuser d'être l'ennemi de l'empire, qu'il veuille perpétuer les séditions, éterniser les désordres et tous les mouvements révolutionnaires, qui poussent l'empire à la guerre civile et le précipiteraient par la guerre civile vers sa destruction.

D'où je conclus que, s'il a résisté à notre vœu, il se regarde comme assez puissant par les lois déjà existantes, par la force redoutable dont elles l'ont armé, pour faire succéder la paix aux troubles et le bonheur aux larmes.

Si donc il arrive que les espérances de la nation et les nôtres soient trompées, si l'esprit de division continue à nous agiter, si la torche du fanatisme menace encore de nous consumer, si les violences religieuses désolent toujours les départements, il est évident que la faute en devra être imputée à la négligence seule ou à l'incivisme des agents employés par le roi, que les allégations et l'inanité de leurs efforts, de l'insuffisance de leurs précautions, de la multiplicité de leurs veilles, ne seront que de méprisables mensonges, et qu'il sera juste d'appesantir le glaive de la justice sur eux comme étant la cause unique de tous nos maux.

Eh bien! Messieurs, consacrez aujourd'hui cette vérité par une déclaration solennelle. Le *veto* apposé sur votre décret a répandu, non cette morne stupeur sous laquelle l'esclave affaissé dévore ses pleurs en silence, mais ce sentiment de douleur généreux qui, chez un peuple libre, éveille les passions et accroît l'énergie. Hâtez-vous de prévenir une fermentation dont les effets sont hors de la prévoyance humaine! Apprenez à la France que désormais les prêtres répondront sur leurs têtes de tous les désordres dont la religion sera le prétexte! Montrez-lui dans cette responsabilité un terme à ses inquiétudes, l'espérance de voir les séditieux punis, les hypocrites dévoilés, et la tranquillité renaître.

Votre sollicitude pour la sûreté extérieure de l'empire et le succès de la guerre vous fit adopter l'idée d'un camp ou d'une armée placée entre Paris et les frontières; vous associâtes cette idée à celle d'une fête civique qui aurait été célébrée à Paris le 14 juillet.... Le 14 juillet!... Vous saviez quelles profondes impressions le souvenir de ce grand jour éveille dans les cœurs; vous saviez avec quel transport les citoyens seraient accourus de tous les départements pour enlacer dans leurs bras les vainqueurs de la Bastille; avec quels élans de joie ils seraient venus, parmi les habitants de la cité qui se glorifie d'avoir donné la première impulsion vers la liberté, répéter le serment de *vivre libres ou de mourir!* Ainsi le plus généreux enthousiasme, l'ivresse d'un sentiment fraternel auraient concouru, avec la certitude des dangers de la patrie, à accélérer l'organisation de la nouvelle armée, et vous, Messieurs, vous auriez en quelque sorte adouci les calamités de la guerre en y mêlant les jouissances ineffables d'une fraternité universelle. Le souffle empoisonné de la calomnie a flétri ce projet patriotique; on a repoussé avec une sécheresse barbare les embrassements et les fêtes; les plans de fédération et d'allégresse se sont changés en mesures de discorde et d'événements funestes : le roi a refusé sa sanction à votre décret. Je respecte trop l'exercice d'un droit constitutionnel pour vous proposer de rendre le ministère responsable des mouvements désordonnés qui auront pu être la suite de ce refus; mais il doit l'être au moins si l'on a omis une seule des précautions que demandait la sûreté de votre territoire, s'il arrive qu'avant le rassemblement des bataillons de gardes nationales dont le roi vous a proposé la formation, le sol de la liberté soit profané par les tyrans. Le roi ne veut pas livrer la France aux armées étrangères; il se fût empressé d'adopter vos vues si l'on ne l'eût persuadé, ou qu'il n'y avait aucune attaque à redouter du côté du Rhin et de la part des Prussiens, ou que nous étions en force pour la repousser. Quelle que soit l'erreur à laquelle on l'ait induit, comme il nous sera doux de louer les ministres, s'ils ont mis l'empire dans un état de défense honorable, il sera juste aussi de les charger du blâme, si cet état de défense est d'une faiblesse qui nous compromette, et vous devez à cet égard une déclaration qui éclaire le peuple sur les soins qu'on prend pour sa gloire et sa tranquillité, et qui ne laisse aucune inquiétude sur le châtiment des traîtres.

Dira-t-on que la sanction dépend de la volonté seule du roi; que les ministres ne participent en aucune manière à cet acte éminent que lui délègue la Constitution; que dès lors il ne peut être à leur égard le prétexte d'aucune responsabilité? Je répliquerai que je n'entends point rendre les ministres responsables du refus de sanction, mais seulement de l'insuffisance ou de l'inexécution trop tardive des moyens de sûreté que commandent les circonstances. Le roi est inviolable; mais seul il jouit de son inviolabilité, qui est incommunicable; il ne répond ni de ses fautes, ni de ses erreurs, mais ses agents en répondent pour lui : ce sont là les deux bases indivisibles de l'organisation du pouvoir exécutif; ce n'est que par elles que, sous un prince insouciant ou conspirateur, et dans de grands dangers, on pourrait sauver l'État; ce n'est que par elles que, sous un pareil tyran, on pourrait épargner à la loi l'insigne affront de voir l'impunité assurée aux plus grands crimes, et préserver les citoyens des malheurs dont un privilège aussi scandaleux pourrait être la source. S'il est des circonstances où le corps législatif ait seulement la faiblesse de les modifier, l'orgueil que nous avons eu de nous croire libres est un délire, et la Constitution n'est plus que le sceau d'un honteux esclavage!

Dira-t-on que la responsabilité ministérielle acquiert un caractère d'injustice par la grande extension que je parais lui donner? Je réponds que l'homme qui s'y soumet volontairement par l'acceptation spontanée d'un ministère renonce à la faculté d'accuser la loi de trop de rigueur.

Mais il ne suffit pas d'avoir prouvé qu'il faudra jeter les ministres eux-mêmes dans l'abîme que leur incurie ou leur malveillance pourrait avoir creusé devant la liberté. Eh! qu'importerait à la patrie opprimée une vengeance tardive? Le sang de quelques ministres coupables expierait-il la mort des citoyens généreux tombés en la défendant sous les coups de ses ennemis? Serait-ce par des échafauds et des supplices qu'elle pourrait se consoler de la perte de ses enfants les plus chers?

Il est des vérités simples mais fortes et d'une haute importance, dont la seule énonciation peut, je crois, produire des effets plus grands, plus salutaires que la responsabilité des ministres, et nous épargner des malheurs que celle-ci ne serait pas un moyen de réparer.

Je vais parler sans autre passion que l'amour de la patrie et le sentiment profond des maux qui la désolent; je prie qu'on m'écoute avec calme, qu'on ne se hâte pas de me deviner pour approuver ou condamner d'avance ce que je n'ai pas l'intention de dire. Fidèle à mon serment de maintenir la Constitution, de respecter les pouvoirs constitués, c'est la Constitution seule que je vais invoquer; de plus, j'aurai parlé dans les intérêts bien entendus du roi, si, à l'aide de quelques réflexions d'une évidence frappante, je déchire le bandeau que l'intrigue et l'adulation ont mis sur ses yeux, et si je lui montre le terme où ses perfides amis s'efforcent de le conduire.

C'est au nom du roi que les princes français ont tenté de soulever contre la nation toutes les cours de l'Europe; c'est pour *venger la dignité du roi* que s'est conclu le traité de Pilnitz, et formée l'alliance monstrueuse entre les cours de Vienne et de Berlin; c'est pour *défendre le roi* qu'on a vu accourir en Allemagne, sous les drapeaux de la rébellion, les anciennes compagnies des gardes du corps; c'est pour *venir au secours du roi* que les émigrés sollicitent et obtiennent de l'emploi dans les armées autrichiennes et s'apprêtent à déchirer le sein de leur patrie; c'est pour joindre ces preux chevaliers de la *prérogative royale* que d'autres preux, pleins d'honneur et de délicatesse, abandonnent leur poste en présence de l'ennemi, trahissent leurs serments, volent les caisses, travaillent à corrompre les soldats, et placent ainsi leur gloire dans la lâcheté, le parjure, l'insubordination, le vol et les assassinats! C'est contre la nation, ou l'Assemblée nationale seule, et pour *le maintien de la splendeur du trône*, que le roi de Bohême et de Hongrie nous fait la guerre, et que le roi de Prusse marche vers nos frontières; c'est au *nom du roi* que la liberté est attaquée, et que, si l'on parvenait à la renverser, on démembrerait bientôt l'empire pour indemniser de leurs frais les puissances coalisées; car on connaît la générosité des rois; on sait avec quel désintéressement ils envoient leurs armées pour désoler une terre étrangère et jusqu'à quel point on peut croire qu'ils épuiseraient leurs trésors pour soutenir une guerre qui ne devrait pas leur être profitable! Enfin tous les maux qu'on s'efforce d'accumuler sur nos têtes, tous ceux que nous avons à redouter, c'est le *nom seul du roi* qui en est le prétexte ou la cause!

Or, je lis dans la Constitution, chap. II, sect. I, art. 6 : « Si le roi se met à la tête d'une armée et en dirige les forces contre la nation, ou s'il ne s'oppose pas par un acte formel à une telle entreprise qui s'exécuterait en son nom, il sera censé avoir abdiqué la royauté ».

Maintenant je me demande ce qu'il faut entendre par un acte formel d'opposition. La raison me dit que c'est l'acte d'une résistance proportionnée, autant qu'il est possible, au danger, et faite dans un temps utile pour pouvoir l'éviter.

Par exemple, si dans la guerre actuelle cent mille Autrichiens dirigeaient leur marche vers la Flandre, cent mille Prussiens vers l'Alsace, et que le roi, qui est le chef suprême de la force publique, n'opposât à chacune de ces deux redoutables armées qu'un détachement de dix ou de vingt mille hommes, pourrait-on dire qu'il a employé des moyens de résistance convenables, qu'il a rempli le vœu de la Constitution et fait l'acte formel qu'elle exige de lui?

Si le roi, chargé de veiller à la sûreté extérieure de l'État, de notifier au corps législatif les hostilités imminentes, instruit des mouvements de l'armée prussienne, et n'en donnant aucune connaissance à l'Assemblée nationale; instruit, ou du moins pouvant présumer que cette armée nous attaquera dans un mois, disposait avec lenteur les préparatifs de répulsion; si l'on avait une juste inquiétude sur les progrès que les ennemis pourraient faire dans l'intérieur de la France, et qu'un camp de réserve fût évidemment nécessaire pour prévenir ou arrêter ces progrès; s'il existait un décret qui rendît infaillible et prompte la formation de ce camp; si le roi rejetait ce décret, et lui substituait un plan dont le succès fût incertain et demandât pour son exécution un temps si considérable que les ennemis auraient celui de la rendre impossible; si le corps législatif rendait les décrets de sûreté générale, que l'urgence du péril ne permît aucun délai, que cependant la sanction fût refusée ou différée pendant deux mois; si le roi laissait le commandement d'une armée à un général intrigant, devenu suspect à la nation par les fautes les plus graves, les attentats les plus caractérisés à la Constitution; si un autre général, nourri loin de la corruption des cours et familier avec la victoire, demandait, pour la gloire de nos armes, un renfort qu'il serait facile de lui accorder; si, par un refus, le roi lui disait clairement : *je te défends de vaincre*; si, mettant à profit cette funeste temporisation, tant d'incohérence dans notre marche politique ou plutôt une si constante persévérance dans la perfidie, la ligue des tyrans portait des atteintes mortelles à la liberté, pourrait-on dire que le roi a fait la résistance constitutionnelle, qu'il a rempli pour la défense de l'État le vœu de la Constitution, qu'il a fait l'acte formel qu'elle lui prescrit?

Souffrez, Messieurs, que je raisonne encore dans cette supposition douloureuse; j'ai exagéré plusieurs faits; j'en énoncerai même tout à l'heure qui, je l'espère, ne se réaliseront jamais, pour ôter tout prétexte à des applications purement hypothétiques; mais j'ai besoin d'un développement complet pour montrer la vérité sans nuage.

Si tel était le résultat de la conduite dont je viens de tracer le tableau, que la France nageât dans le sang, que l'étranger y dominât, que la Constitution fût ébranlée, que la contre-révolution fût là, et que le roi vous dît pour sa justification :

« Il est vrai que les ennemis qui déchirent la France prétendent n'agir que pour relever ma puissance qu'ils supposent anéantie, venger ma dignité qu'ils supposent flétrie, me rendre mes droits royaux qu'ils supposent compromis ou perdus; mais j'ai prouvé que je n'étais pas leur complice; j'ai obéi à la Constitution, qui m'ordonne de m'opposer par un acte formel à leurs entreprises, puisque j'ai mis des armées en campagne. Il est vrai que ces armées étaient trop faibles; mais la Constitution ne désigne pas le degré de force que je devais leur donner. Il est vrai que je les ai rassemblées trop tard; mais la Constitution ne désigne pas le temps auquel je devais les rassembler. Il est vrai que des camps de réserve auraient pu les soutenir; mais la Constitution ne m'oblige pas à former des camps de réserve. Il est vrai que, lorsque les généraux s'avançaient en vainqueurs sur le territoire ennemi, je leur ai ordonné de s'arrêter; mais la Constitution ne me prescrit pas de remporter des victoires; elle me défend même les conquêtes. Il est vrai qu'on a tenté de désorganiser les armées par des démissions combinées d'officiers et par des intrigues, et que je n'ai fait aucun effort pour arrêter le cours de ces démissions ou de ces intrigues; mais la Constitution n'a pas prévu ce que j'aurais à faire sur un pareil délit. Il est vrai que mes ministres ont continuellement trompé l'Assemblée nationale sur le nombre, la disposition des troupes et leurs approvisionnements; que j'ai gardé le plus longtemps que j'ai pu ceux qui entravaient la marche du gouvernement constitutionnel, le moins possible ceux qui s'efforçaient de lui donner du ressort; mais la Constitution ne fait dépendre leur nomination que de ma volonté, et nulle part elle n'ordonne que j'accorde ma confiance aux patriotes et que je chasse les contre-révolutionnaires. Il est vrai que l'Assemblée nationale a rendu des décrets utiles, ou même nécessaires, et que j'ai refusé de les sanctionner; mais j'en avais le droit : il est sacré, car je le tiens de la Constitution. Il est vrai enfin que la contre-révolution se fait, que le despotisme va remettre entre mes mains son sceptre de fer, que je vous en écraserai, que vous allez ramper, que je vous punirai d'avoir eu l'insolence de vouloir être libres : mais j'ai fait tout ce que la Constitution me prescrit : il n'est émané de moi aucun acte que la Constitution condamne : il n'est donc pas permis de douter de ma fidélité pour elle, de mon zèle pour sa défense. »

Si, dis-je, il était possible que, dans les calamités d'une guerre fameuse, dans les désordres d'un bouleversement contre-révolutionnaire, le roi des Français leur tînt ce langage dérisoire; s'il était possible qu'il leur parlât de son amour pour la Constitution avec une ironie aussi insultante, ne seraient-ils pas en droit de lui répondre :

« O roi, qui sans doute avez cru, avec le tyran Lysandre[1], que la vérité ne valait pas mieux que le mensonge et qu'il fallait amuser les hommes par des serments, comme on amuse les enfants avec des osselets; qui n'avez feint d'aimer les lois que pour conserver la puissance qui vous servirait à les braver; la Constitution, que pour qu'elle ne vous précipitât pas du trône où vous aviez besoin de rester pour la détruire; la nation, que pour assurer le succès de vos perfidies, en lui inspirant de la confiance, pensez-vous nous abuser aujourd'hui avec d'hypocrites protestations? Pensez-vous nous donner le change sur la cause de nos malheurs par l'artifice de vos excuses et l'audace de vos sophismes? Était-ce nous défendre que d'opposer aux soldats étrangers des forces dont l'infériorité ne laissait pas même d'incertitude sur leur défaite? Était-ce nous défendre que d'écarter les projets tendant à fortifier l'intérieur du royaume, ou de faire des préparatifs de résistance pour l'époque où nous serions devenus la proie des tyrans? Était-ce nous défendre que de ne pas réprimer un général qui violait la Constitution, et d'enchaîner le cou-

---

1. Général lacédémonien qui termina la guerre du Péloponnèse par la défaite d'Athènes (405 av. J.-C.); — célèbre par sa ruse autant que par sa tyrannie. On lui attribue certains mots souvent cités : « Il faut coudre la peau du renard où manque celle du lion. La vérité vaut mieux que le mensonge; mais il faut se servir de l'une et de l'autre dans l'occasion. » Et encore : « On amuse les enfants avec des osselets, et les hommes avec des serments ». On a aussi prêté ce mot à Philippe de Macédoine.

rage de ceux qui la servaient? Était-ce nous défendre que de paralyser sans cesse le gouvernement par la désorganisation continuelle du ministère? La Constitution vous laissa-t-elle le choix des ministres pour notre bonheur ou notre ruine? Vous fit-elle le chef de l'armée pour notre honte? Vous donna-t-elle enfin ce droit de sanction, une liste civile, et tant de grandes prérogatives pour perdre constitutionnellement la Constitution et l'empire? Non, non, homme que la générosité des Français n'a pu émouvoir, homme que le seul amour du despotisme a pu rendre sensible, vous n'avez pas rempli le vœu de la Constitution! Elle est peut-être renversée; mais vous ne recueillerez pas le fruit de votre parjure! Vous ne vous êtes point opposé par un acte formel aux victoires qui se remportaient en votre nom sur la liberté, mais vous ne recueillerez point le fruit de ces indignes triomphes. Vous n'êtes plus rien pour cette Constitution que vous avez si indignement violée, pour ce peuple que vous avez si lâchement trahi! »

Venant aux circonstances actuelles, je ne pense point que, si nos armées ne sont pas encore entièrement portées au complet, ce soit par la malveillance du roi; j'espère qu'il augmentera bientôt nos moyens de résistance par un emploi utile des bataillons si inutilement disséminés dans l'intérieur du royaume; j'espère aussi que la marche des Prussiens à travers les gardes nationales ne sera pas aussi triomphale qu'ils ont l'orgueilleuse démence de l'imaginer. Je ne suis point tourmenté par la crainte de voir se réaliser les horribles suppositions que j'ai faites; cependant, comme les dangers dont nous sommes investis sont grands, qu'ils nous imposent l'obligation de tout prévoir; comme les faits que j'ai supposés ne sont pas dénués de rapports très frappants avec plusieurs actes et plusieurs discours du roi; comme il est certain que les faux amis qui l'environnent sont vendus aux conjurés de Coblentz, et qu'ils brûlent de le perdre pour transporter le succès de la conjuration sur quelqu'un de leurs chefs; comme il importe à sa sûreté personnelle autant qu'à la tranquillité du royaume que sa conduite ne soit plus environnée de soupçons ; comme il n'y a qu'une grande franchise dans ses démarches et dans ses explications qui puissent prévenir des moyens extrêmes et des querelles sanglantes que ceux-ci feraient naître, je proposerais un message où, après les interpellations que les circonstances détermineront à lui adresser, on lui ferait pressentir les vérités que je viens de développer, on lui démontrerait que le système de neutralité, qu'on semble vouloir lui faire adopter entre Coblentz et la France, serait une trahison insigne dans le roi des Français, qu'il ne lui rapporterait d'autre gloire qu'une profonde horreur de la part de la nation et un mépris éclatant de la part des conspirateurs ; qu'ayant déjà opté pour la France, il doit hautement proclamer l'inébranlable résolution de triompher ou de périr avec elle et la Constitution.

Mais en même temps, convaincu que l'harmonie entre les deux pouvoirs suffit pour éteindre les haines, rapprocher les citoyens divisés, bannir la discorde de l'empire, doubler nos forces contre les ennemis extérieurs, raffermir la liberté, et arrêter la monarchie chancelante sur le penchant de l'abîme, je voudrais que le message eût pour objet de la maintenir ou de la produire, et non de la rendre impossible. Je voudrais qu'on déployât toute la fermeté, toute la grandeur qui conviennent à l'Assemblée nationale et à la majesté des deux pouvoirs ; j'y voudrais la dignité qui impose, et non l'orgueil qui irrite ; l'énergie qui émeut, et non l'amertume qui offense ; en un mot, je voudrais que ce message, auquel j'attache la plus haute importance, fût un signal de réunion, et non un manifeste de guerre. C'est après avoir montré ce calme qui, dans les dangers, est le caractère du vrai courage, que, si nous sommes menacés de quelque catastrophe, ses provocateurs seront hautement désignés par leur conduite, et que l'opinion des quatre-vingt-trois départements sanctionnera d'avance les précautions du corps législatif pour assurer l'impuissance de leurs efforts.

Je passe à une autre mesure provisoire que je crois

instant de prendre ; c'est une déclaration que *la patrie est en danger* : vous verrez, à ce cri d'alarme, tous les citoyens se rallier, les recrutements reprendre leur première activité, les bataillons de gardes nationales se compléter, l'esprit public se ranimer, les départements multiplier les exercices militaires, la terre se couvrir de soldats ; vous verrez se renouveler les prodiges qui ont couvert d'une gloire immortelle plusieurs peuples de l'antiquité ! Eh ! pourquoi les Français seraient-ils moins grands ? Auront-ils des objets moins sacrés à défendre ? N'est-ce pas pour leurs pères, leurs enfants, leurs épouses, pour la patrie et la liberté qu'ils combattront ? La succession des siècles a-t-elle affaibli dans le cœur humain ces sublimes et tendres affections, ou énervé le courage qu'elles inspirent ! Non, sans doute, elles sont éternelles comme la nature dont elles émanent, et ce ne sera pas dans les Français régénérés, dans les Français de 1789, que la nature se montrera dégradée ! Mais, je le répète, il est urgent de faire cette déclaration ; une plus longue sécurité serait le plus grand de nos dangers. Ne voyez-vous pas le sourire insolent de nos ennemis intérieurs qui annonce l'approche des tyrans coalisés contre vous ? Ne pressentez-vous pas leurs espérances coupables et leurs complots criminels ? Seriez-vous sans crainte sur le caractère d'animosité que prennent nos dissensions intestines ? Le jour n'est-il pas venu de réunir ceux qui seront dans Rome et ceux qui sont sur le mont Aventin ? Attendrez-vous que, las des fatigues de la Révolution, ou corrompus par l'habitude de ramper autour d'un château et par les prédications insidieuses du modérantisme, des hommes faibles s'accoutument à parler de liberté sans enthousiasme, et d'esclavage sans horreur ? D'où vient que les autorités constituées se contrarient dans leur marche, que la force armée oublie qu'elle est essentiellement obéissante, que des soldats ou des généraux entreprennent d'influencer le corps législatif, et des citoyens égarés de diriger, par l'appareil de la violence, l'action du chef du pouvoir exécutif ? Est-ce le gouvernement militaire que l'on veut établir ? Des murmures s'élèvent contre la cour; qui osera dire qu'ils sont injustes? On la soupçonne de projets perfides : quels traits citera-t-on d'elles qui puissent dissiper ces soupçons? On parle de mouvements populaires; on parle de lois martiales; on essaye de familiariser l'imagination avec le sang du peuple; le palais du roi des Français s'est tout à coup changé en château fort : où sont cependant ses ennemis? contre qui se pointent ces canons et ces baïonnettes? Les défenseurs de la Constitution [1] ont été repoussés du ministère; les rênes de l'empire ont demeuré flottantes au hasard à l'instant où, pour les soutenir, il fallait autant de vigueur que de patriotisme; partout on fomente la discorde; le fanatisme triomphe : au lieu de prendre une direction ferme et patriotique qui le sauve de la tourmente, le gouvernement se laisse emporter par les vents orageux qui l'agitent; sa mobilité inspire du mépris aux puissances étrangères, accroît l'audace de celles qui vomissent contre nous des armées et des fers, refroidit la bienveillance des peuples qui font des vœux secrets pour le triomphe de la liberté. Les cohortes ennemies s'ébranlent, et peut-être que, dans leur insultante présomption, elles se partagent déjà notre territoire, et nous écrasent de tout l'orgueil d'un tyran vainqueur et implacable! Nous sommes divisés au dedans; l'intrigue et la perfidie trament des trahisons; le corps législatif oppose aux complots des décrets rigoureux, mais nécessaires; une main toute-puissante les déchire....

Pour nous défendre au dehors, nos armées sont-elles assez fortes, assez disciplinées, assez perfectionnées dans cette tactique qui, plus que la bravoure, décide la victoire? Nos fortunes, nos vies, la liberté sont menacées; l'anarchie s'approche avec tous les fléaux qui désorganisent les corps politiques; le despotisme seul, soulevant sa tête longtemps humiliée, jouit de nos misères et attend sa proie pour la dévorer! Appelez, il en est temps, appelez

---

[1]. Servan, Clavière et Roland, ministres girondins, renvoyés au mois de juin (1792).

tous les Français pour sauver la patrie; montrez-leur le gouffre dans toute son immensité! Ce n'est que par un effort extraordinaire qu'ils pourront le franchir; c'est à vous de les y préparer par un mouvement électrique qui fasse prendre l'élan à tout l'empire!

Et ici je vous dirai qu'il existera toujours pour vous un dernier moyen de porter la haine du despotisme à son plus haut degré de fermentation, et de donner au courage toute l'exaltation dont il est susceptible : ce moyen est digne de l'auguste mission que vous remplissez, du peuple que vous représentez; il pourra même acquérir quelque célébrité à vos noms, et vous mériter de vivre dans la mémoire des hommes : ce sera d'imiter les braves Spartiates qui s'immolèrent aux Thermopyles, ces vieillards vénérables qui, sortant du sénat romain, allèrent attendre sur le seuil de leurs portes la mort que des vainqueurs farouches faisaient marcher devant eux! Non, vous n'aurez pas besoin de faire des vœux pour qu'il naisse des vengeurs de vos cendres; ah! le jour où votre sang rougira la terre, la tyrannie, sa gloire, ses palais, ses protecteurs, ses satellites s'évanouiront à jamais devant la toute-puissance nationale et la colère du peuple! Et si la douleur de n'avoir pu rendre votre patrie heureuse empoisonne vos derniers instants, vous emporterez du moins la consolation que votre mort précipitera la ruine des oppresseurs du peuple et que votre dévouement aura sauvé la liberté [1].

---

1. « En prononçant ces derniers mots, la voix de l'orateur était altérée, l'émotion générale. Les tribunes, le côté gauche, le côté droit, tout le monde applaudissait. Vergniaud quitte la tribune, et il est entouré par une foule empressée de le féliciter. Seul jusqu'alors il avait osé parler de la déchéance, dont tout le monde s'entretenait dans le public, mais il ne l'avait présentée que d'une manière hypothétique, et avec des formes encore respectueuses.... » (Thiers, *Rév. Fr.*, t. II, p. 145.)

Dumas veut répondre; mais on l'entend à peine, et le décret proposé par la commission des Douze pour régler les formes d'après lesquelles on déclarerait la patrie en danger, est rendu au milieu des plus vifs applaudissements. Mais on ajourne la déclaration du danger.... (Thiers, *id.*, p. 145.)

§ 3. — La défense. — Vergniaud et Danton.

Le **11 juillet**, l'Assemblée déclarait *la patrie en danger*.

Le **30**, arrive à Paris le **manifeste du duc de Brunswick**, qui porte l'irritation à son comble. — La déchéance du roi est proposée par les sections.

Journée du 10 août.

Le roi est provisoirement suspendu.

L'Assemblée élit de nouveaux ministres. **Danton** est nommé ministre de la justice.

La Fayette quitte son armée et la France.

Dumouriez reçoit le commandement en chef des armées du Nord.

Le **22 août, Longwy** est pris par les Prussiens.

Le **1er septembre** on apprend que le **duc de Brunswick** se porte en avant, et que **Verdun** est assiégé.

Le **2 septembre**, discours de **Vergniaud** et de **Danton** [1].

---

1. *Danton* (Georges-Jacques) (1759-1794), né à Arcis-sur-Aube. Avocat au conseil du roi, agitateur populaire, président du club des Cordeliers, substitut du procureur de la Commune, fauteur du mouvement du 10 août, ministre de la justice de l'Assemblée législative, député à la Convention, il eut, au pouvoir, le sentiment des nécessités de la situation, et déploya une rare énergie pour la défense de la patrie. Il succomba sous les attaques de Robespierre, et fut condamné à mort par le tribunal révolutionnaire, qu'il avait fait instituer.

Le docteur Robinet a récemment publié un ouvrage consciencieux sur Danton.

« Un visage hideux, mais terrible, une voix tonnante, une éloquence qui avait tout le caractère de sa supériorité, le rendaient capable d'exercer, même insolemment, son autorité sur cette bande anarchique (le club des Cordeliers). Associé aux opinions violentes de ses compagnons, il avait sur eux cet ascendant et ce pouvoir que donne le coup d'œil politique uni à la promptitude et à la vigueur de décision. » (De Barante.)

« Ce Danton, inférieur à Mirabeau, à lui seul dépassait de la tête tous les autres conventionnels. Il avait, comme Mirabeau, vu de près, un teint basané, des traits écrasés, un front ridé, une laideur de détails repoussante. Mais, comme Mirabeau, vu de loin, et dans une assemblée, il attirait, il frappait les regards par sa physionomie saisissante et par cette mâle beauté qui est la beauté de l'orateur. Né pour la grande éloquence, Danton eût, dans l'antiquité, avec sa

Vergniaud :

C'est aujourd'hui que Paris doit vraiment se montrer dans toute sa grandeur ; je reconnais son courage à la démarche qu'il vient de faire, et maintenant on peut dire que la patrie est sauvée. Depuis plusieurs jours, l'ennemi faisait des progrès, et nous n'avions qu'une crainte, c'est que les citoyens de Paris se montrassent, par un zèle mal entendu, plus occupés à faire des motions et des pétitions qu'à repousser les ennemis extérieurs. Aujourd'hui ils ont connu les vrais dangers de la patrie : nous ne craignons plus rien. Il paraît que le plan de nos ennemis est de se porter sur Paris en laissant derrière eux les places fortes et nos armées. Or cette marche sera de leur part la plus insigne folie et pour nous le projet le plus salutaire, si Paris exécute les grands projets qu'il a conçus.

En effet, quand ces hordes étrangères s'avanceront, nos armées, qui ne sont pas assez fortes pour les attaquer, le seront assez pour les suivre, les harceler, leur couper les communications avec les armées extérieures. Et si, à un point déterminé, nous leur présentons tout à coup un front redoutable ; si la brave armée parisienne les prend en tête, lorsqu'elles seront cernées par nos bataillons qui les auront suivies, c'est alors qu'elles seront dévorées par cette terre qu'elles auront profanée par leur marche sacrilège. Mais, au milieu de ces espérances flatteuses, il est une réflexion qu'il ne faut pas dissimuler. Nos ennemis ont un grand moyen sur lequel ils comptent beaucoup ; c'est celui des terreurs paniques. Il sèment l'or ; ils envoient des émissaires pour en exagérer l'effet, répandre au loin l'alarme et la consternation ; et, vous le savez, il est des hommes pétris d'un limon si fangeux qu'ils se décomposent à l'idée du moindre danger.

Je voudrais qu'on pût signaler cette espèce à figure humaine et sans âme, en réunir tous les individus dans

voix retentissante, ses gestes impétueux et les colossales figures de ses discours, gouverné du haut de la tribune aux harangues les orages de la multitude », etc. (Timon, livre *des Orateurs*.)

la même ville, à Longwy par exemple, qu'on appellerait la ville des lâches, et là, devenus l'opprobre de la nature, leur rassemblement délivrerait les bons citoyens d'une peste bien funeste d'hommes qui sèment partout des idées de découragement, suspendent les élans du patriotisme, qui prennent des nains pour des géants, la poussière qui vole devant une compagnie de hulans pour des bataillons armés, et désespèrent toujours du salut de la patrie. Que Paris déploie donc aujourd'hui une grande énergie; qu'il résiste à ses terreurs paniques, et la victoire couronnera bientôt nos efforts. Hommes du 14 juillet et du 10 août, c'est vous que j'invoque; oui, l'Assemblée nationale peut compter sur votre courage.

Cependant pourquoi les retranchements du camp, qui est sous les remparts de cette cité, ne sont-ils pas plus avancés? Où sont les bêches, les pioches, et tous les instruments qui ont élevé l'autel de la fédération et nivelé le Champ-de-Mars? Vous avez manifesté une grande ardeur pour les fêtes; sans doute vous n'en aurez pas moins pour les combats; vous avez chanté, célébré la liberté; il faut la défendre. Nous n'avons plus à renverser des rois de bronze, mais des rois environnés d'armées puissantes. Je demande que la commune de Paris concerte avec le pouvoir exécutif les mesures qu'elle est dans l'intention de prendre. Je demande aussi que l'Assemblée nationale qui, dans ce moment-ci, est plutôt un grand comité militaire qu'un corps législatif, envoie à l'instant et chaque jour douze commissaires au camp, non pour exhorter par de vains discours les citoyens à travailler, mais pour piocher eux-mêmes; car il n'est plus temps de discourir, il faut piocher la fosse de nos ennemis; car chaque pas qu'ils font en avant pioche la nôtre.

C'étaient de retentissantes paroles; mais elles ne touchaient pas au réel de la situation militaire; encore moins s'appliquaient-elles à la situation politique.

Danton vint parler un autre langage.

Il est bien satisfaisant, Messieurs, pour les ministres d'un peuple libre d'avoir à lui annoncer que la patrie va être sauvée. Tout s'émeut, tout s'ébranle, tout brûle de combattre. Vous savez que Verdun n'est point encore au pouvoir de nos ennemis.

Vous savez que la garnison a juré d'immoler le premier qui proposerait de se rendre. Une partie du peuple va se porter aux frontières, une autre va creuser des retranchements, et la troisième, avec des piques, défendra l'intérieur de nos villes. Paris va seconder ses grands efforts. Les commissaires de la Commune vont proclamer d'une manière solennelle l'invitation aux citoyens de s'armer et de marcher pour la défense de la patrie. C'est en ce moment, Messieurs, que l'Assemblée nationale va devenir un véritable comité de guerre. Nous demandons que vous concouriez avec nous à diriger ce mouvement sublime du peuple, en nommant des commissaires qui nous seconderaient dans ces grandes mesures. Nous demandons que quiconque refusera de servir de sa personne ou de remettre ses armes soit puni de mort.

Nous demandons qu'il soit fait une instruction aux citoyens pour diriger leurs mouvements; nous demandons qu'il soit envoyé des courriers dans tous les départements pour les avertir des décrets que vous aurez rendus. Le tocsin qu'on va sonner n'est point un signal d'alarme, c'est la charge sur les ennemis de la patrie. (*On applaudit.*) Pour les vaincre, Messieurs, il nous faut de l'audace, encore de l'audace, toujours de l'audace, et la France est sauvée [1]. (*Les applaudissements recommencent.*)

---

[1]. Moins de deux ans plus tard (avril 1794), Danton était traduit devant le tribunal révolutionnaire, et, par une singulière ironie du sort, ce mot célèbre, repris par le président, donnait lieu à un incident remarquable. Danton demandait qu'on fît comparaître les comités, protestant qu'il ne répondrait que devant eux. « Danton, dit le président, l'audace est le propre du crime; le calme est celui de l'innocence. » A ce mot Danton s'écrie : « L'audace individuelle est réprimable sans doute; mais cette audace nationale dont j'ai tant de fois donné l'exemple, que j'ai tant de fois mise au service de la liberté, est la plus méritoire de toutes les vertus. Cette audace est la mienne; c'est celle dont je fais ici usage pour la république

§ 4. — Au camp! — La Commune. — Vergniaud.
(16 et 17 septembre 1792.)

Paris était en proie à une double inquiétude. Les nouvelles de l'armée de **Dumouriez** et les arrestations faites par ordre de la municipalité et des sections, du peuple, ou même de simples individus, entretenaient une grande agitation. Les craintes du public avaient leur écho dans l'Assemblée. — **Vergniaud** s'en fit l'interprète.

Le 16 septembre il fit appel au patriotisme par ces éloquentes paroles.

Les détails que vous a donnés M. Coustard sont sans doute très rassurants; cependant il est impossible de se défendre de quelques inquiétudes quand on a été au camp sous Paris. Les travaux avancent très lentement. Il y a beaucoup d'ouvriers, mais peu travaillent : un grand nombre se reposent. Ce qui afflige surtout, c'est de voir que les bêches ne sont maniées que par des mains salariées et point par des mains que dirige l'intérêt commun. D'où vient cette espèce de torpeur dans laquelle paraissent ensevelis les citoyens restés à Paris? Ne le dissimulons plus : il est temps de dire la vérité. Les proscriptions passées, le bruit des proscriptions futures, les troubles antérieurs ont répandu la consternation et l'effroi. L'homme de bien se cache, quand on est parvenu à ces états de choses que le crime se commette impunément. Il est des hommes, au contraire, qui ne se montrent que dans les calamités publiques, comme il est des insectes malfaisants que la terre ne produit que dans les orages. Ces hommes répandent sans cesse les soupçons, les méfiances, les jalousies, les haines, les vengeances; ils sont avides de sang; dans leurs propos séditieux ils aristocra-

contre les lâches qui m'accusent. Lorsque je me vois si bassement calomnié, puis-je me contenir? Ce n'est pas d'un révolutionnaire comme moi qu'il faut attendre une défense froide.... Les hommes de ma trempe sont inappréciables dans les révolutions.... C'est sur leur front qu'est empreint le génie de la liberté. »

tisent la vertu même pour acquérir le droit de la fouler aux pieds; ils démocratisent le crime pour pouvoir s'en rassasier sans avoir à redouter le glaive de la justice. Tous les efforts tendent à déshonorer aujourd'hui la plus belle des causes, afin de soulever contre elle toutes les nations armées de l'humanité.

O citoyens de Paris, je vous le demande avec la plus profonde émotion, ne démasquerez-vous jamais ces hommes pervers qui n'ont, pour obtenir votre confiance, d'autres droits que la bassesse de leurs moyens et l'audace de leurs prétentions? Citoyens, lorsque l'ennemi s'avance, et qu'un homme, au lieu de vous inviter à prendre l'épée pour le repousser, vous engage à égorger froidement des femmes ou des citoyens désarmés, celui-là est ennemi de votre bonheur : il vous trompe pour vous perdre. Lorsqu'au contraire, un homme ne vous parle des Prussiens que pour vous indiquer le cœur où vous devez frapper, lorsqu'il ne vous propose la victoire que par des moyens dignes de votre courage, celui-là est ami de votre gloire, ami de votre bonheur, il veut vous sauver. Citoyens, abjurez donc vos dissensions intestines : que votre profonde indignation pour le crime encourage les hommes de bien à se montrer. Faites cesser les proscriptions, et vous verrez aussitôt se réunir à vous une foule de défenseurs de la liberté. Allez tous ensemble au camp, c'est là qu'est votre salut.

J'entends dire chaque jour : Nous pouvons éprouver une défaite; que feront alors les Prussiens? Viendront-ils à Paris? Non, si Paris est dans un état de défense respectable; si vous préparez des postes d'où vous puissiez opposer une forte résistance; car alors l'ennemi craindrait d'être poursuivi et enveloppé par les débris mêmes des armées qu'il aurait vaincues, et d'en être écrasé, comme Samson sous les ruines du temple qu'il renversa. Mais si une terreur panique ou une fausse sécurité engourdissent notre courage et nos bras, si nous livrons sans défense les postes d'où l'on pourra bombarder cette cité, il serait bien insensé de ne pas s'avancer vers une ville qui, par son inaction, aurait paru l'appeler elle-même, qui n'aurait pas su s'emparer des positions où elle aurait pu le vaincre! Au camp donc, citoyens, au camp!

Eh quoi! tandis que vos frères, que vos concitoyens, par un dévouement héroïque, abandonnent ce que la nature doit leur faire chérir le plus, leurs femmes, leurs enfants, demeurerez-vous plongés dans une molle oisiveté? N'avez-vous d'autre manière de prouver votre zèle qu'en demandant comme les Athéniens : « Qu'y a-t-il aujourd'hui de nouveau? » Au camp, citoyens, au camp!

Tandis que nos frères, pour notre défense, arrosent peut-être de leur sang les plaines de la Champagne, ne craignons pas d'arroser de quelques sueurs les plaines de Saint-Denis, pour protéger leur retraite.

Je demande que la Commission du camp nous fasse, ce soir, un rapport sur l'état des travaux, et qu'il soit fait une proclamation pour inviter les citoyens à se réunir aux ouvriers; car tout citoyen doit être ouvrier, puisqu'il s'agit de la défense de tous. (*On applaudit.*)

Le lendemain, 17, à propos d'une pétition des prisonniers de Sainte-Pélagie suppliant l'Assemblée de veiller à leur sûreté, et sur l'observation d'un député que la **Commission extraordinaire** et le **Comité de surveillance** ont un rapport à présenter le soir même à ce sujet, **Vergniaud** dénonce courageusement le pouvoir occulte qui répand la terreur dans Paris.

La Commission extraordinaire et le Comité de surveillance se sont déjà concertés; mais il y a un grand nombre de pièces à examiner : le rapport ne pourra être fait que demain, peut-être même à la séance du soir, et il importe de ne pas retarder les précautions. S'il n'y avait que le peuple à craindre, je dirais qu'il y a tout à espérer; car le peuple est juste, et il abhorre le crime. Mais il y a ici des satellites de Coblentz, il y a des scélérats soudoyés pour semer la discorde, répandre la consternation et nous précipiter dans l'anarchie. (*On applaudit.*) Ils ont frémi de la démarche fraternelle que vous avez faite auprès des sections, du succès qu'elle a eu. Ils ont frémi du serment que les citoyens ont prêté de protéger de toutes leurs forces la sûreté des personnes, les propriétés et l'exécution de la loi; de la fédération qu'ils ont formée pour donner de l'efficacité à leur serment. Ils ont dit : on veut faire cesser les proscriptions, on veut nous arracher nos victimes, on ne veut pas que nous puissions les assassiner dans les bras de leurs femmes et de leurs enfants : eh bien! ayons recours aux mandats d'arrêt. Dénonçons, arrêtons, entassons dans les cachots ceux que nous voulons perdre. Nous agiterons ensuite le peuple, nous lasserons nos sicaires; et dans les prisons nous établirons une boucherie de chair humaine, où nous pourrons à notre gré nous désaltérer de sang. (*Applaudissements unanimes et réitérés de l'Assemblée et des tribunes.*)

Et savez-vous, Messieurs, comment disposent de la liberté des citoyens ces hommes qui s'imaginent qu'on a fait la Révolution pour eux, qui croient follement qu'on a envoyé Louis XVI au Temple pour les introner eux-mêmes aux Tuileries? (*On applaudit.*) Savez-vous comment sont décernés les mandats d'arrêt? La Commune de Paris s'en repose à cet égard sur son Comité de surveillance. Ce Comité de surveillance, par un abus de tous les principes ou une confiance bien folle, donne à des individus le terrible droit de faire arrêter ceux qui leur paraîtront suspects. Ceux-ci le subdélèguent encore à d'autres affidés dont il faut bien seconder les vengeances, si l'on veut en être secondé soi-même. Voilà de quelle étrange série dépendent la liberté et la vie des citoyens; voilà entre quelles mains repose la sûreté publique. Les Parisiens aveuglés osent se dire libres! Ah! ils ne sont plus esclaves, il est vrai, des tyrans couronnés, mais ils le sont des hommes les plus vils, des plus détestables scélérats. (*Nouveaux applaudissements.*)

Il est temps de briser ces chaînes honteuses, d'écraser cette nouvelle tyrannie; il est temps que ceux qui ont fait trembler les hommes de bien tremblent à leur tour. Je n'ignore pas qu'ils ont des poignards à leurs ordres. Eh! dans la nuit du 2 septembre, dans cette nuit de proscription, n'a-t-on pas voulu les diriger contre plusieurs députés, et contre moi? Ne nous a-t-on pas dénoncés au peuple comme des traîtres? Heureusement c'était en effet le peuple qui était là; les assassins étaient occupés ailleurs. La voix de la calomnie ne produisit aucun effet, et la mienne peut encore se faire entendre ici; et, je vous en atteste, elle tonnera de tout ce qu'elle a de forces contre les crimes et les tyrans! Eh! que m'importent des poignards et des sicaires! qu'importe la vie aux représentants du peuple, quand il s'agit de son salut?

Lorsque Guillaume Tell ajustait la flèche qui devait abattre la pomme fatale qu'un monstre avait placée sur la tête de son fils, il s'écriait : Périssent mon nom et ma mémoire, pourvu que la Suisse soit libre! (*On applaudit.*) Et nous aussi, nous dirons : Périsse l'Assemblée nationale et sa mémoire, pourvu que la France soit libre! (*Les députés se lèvent par un mouvement unanime en criant : Oui, oui, périsse notre mémoire, pourvu que la France soit libre! Les tribunes se lèvent en même temps et répondent par des applaudissements réitérés aux mouvements de l'Assemblée.*) Périsse l'Assemblée nationale et sa mémoire si elle épargne un crime qui imprimerait une tache au nom français; si sa vigueur apprend aux nations de l'Europe que, malgré les calomnies dont on cherche à flétrir la France, il est encore, et au sein même de l'anarchie momentanée où des brigands nous ont plongés, il est encore dans notre patrie quelques vertus publiques et qu'on y respecte l'humanité! Périsse l'Assemblée nationale et sa mémoire si, sur nos cendres, nos successeurs plus heureux peuvent établir l'édifice d'une Constitution qui assure le bonheur de la France et consolide le règne de la liberté et de l'égalité! Je demande que les membres de la Commune répondent sur leurs têtes de la sûreté de tous les prisonniers. (*Les applaudissements recommencent et se prolongent.*)

A ces éloquentes paroles répondait, le 20 septembre, le canon de **Dumouriez** qui sauvait la France à **Valmy**.

Ce jour même s'ouvrait la **Convention Nationale**.

CHAPITRE III

LA CONVENTION

(20 septembre 1792. — 26 octobre 1795,)

---

§ 1. — Robespierre [1] et Vergniaud. — Le procès du roi.

La **Convention** était à peine réunie qu'éclatait en paroles amères et en violentes récriminations la haine qui séparait les **Girondins** et les **Montagnards**.

Le premier acte de ce drame, qui devait finir au **31 mai** par la proscription des **Girondins**, fut marqué par l'imprudente et courageuse accusation de **Louvet** [2] contre **Robespierre**

1. *Robespierre* (François-Joseph-Maximilien-Isidore) (1759-1794), né à Arras. Avocat, député d'Arras aux États généraux, il s'y distingua par son attitude antimonarchique, et se fit parmi le peuple une réputation de vertu. Député de Paris à la Convention et chef de la Montagne, membre du comité de Salut public, il exerça une véritable dictature jusqu'au 9 Thermidor, qui marqua sa chute et la fin de la Terreur. (Voir Lamartine, *les Girondins*.)
La plus récente histoire de Robespierre est celle de M. Hamel.
2. Voici la péroraison du discours de Louvet. « Tu marchais à grands pas, Robespierre, vers ce pouvoir dictatorial dont la soif te dévore. Qui les arrêta? La force d'inertie de Pétion, la force d'activité de Roland; ce fut encore le mauvais succès de cette lettre dont les anarchiques invitations furent repoussées avec horreur et ce cri d'indignation, qui, parti de tous les points de l'empire, vint retentir jusqu'au centre; ce fut Dumouriez, qui, trop faible encore pour vaincre l'ennemi, fut assez heureux pour l'arrêter.

« Robespierre, je t'accuse d'avoir depuis longtemps calomnié les meilleurs, les plus purs patriotes. Je t'accuse de les avoir calomniés avec plus de fureur dans les jours de septembre, quand tes calomnies étaient des proscriptions. Je t'accuse d'avoir, autant qu'il était en toi, méconnu, persécuté, avili la représentation nationale. Je t'accuse de t'être continuellement produit comme un objet d'idolâtrie, d'avoir

et la triomphante réponse de celui-ci (novembre 1792) [1].

Le mois de décembre fut consacré au **procès de Louis XVI**.

Une discussion préalable s'éleva sur cette question : **Louis XVI sera-t-il jugé?**

Le 3 décembre, la **Convention** déclare qu'elle jugera Louis XVI.

Le 11, **le roi** comparait et est interrogé.

Les avocats du roi sont entendus.

Le 27, la discussion est reprise au sein de l'Assemblée. Le député girondin **Salles** propose l'appel au peuple.

Robespierre combat cette proposition dans un long et habile discours, dont un passage au moins est célèbre.

. . . .

Déjà pour éterniser la discorde et pour se rendre maître des délibérations, on a imaginé de distinguer l'Assemblée en majorité et en minorité, nouveau moyen d'outrager et de réduire au silence ceux qu'on désigne sous cette dernière dénomination. Je ne connais point ici ni minorité, ni majorité : la majorité est celle des bons citoyens; la majorité n'est point permanente, parce qu'elle n'appartient à aucun parti; elle se renouvelle à chaque délibération libre, parce qu'elle appartient à la cause publique et à l'éternelle raison; et quand l'Assemblée reconnait une erreur, comme il arrive quelquefois, la minorité devient alors la majorité. La volonté générale ne se forme pas dans les conciliabules ténébreux, ni autour des tables mi-

souffert qu'on dit de toi que tu étais le seul homme vertueux de France, le seul qui pût sauver la patrie. Je t'accuse d'avoir tyrannisé l'assemblée électorale de Paris. Je t'accuse d'avoir évidemment marché au pouvoir suprême. » *La conclusion était qu'un comité fût chargé d'examiner la conduite de Robespierre. Quelques paroles d'horreur et de dégoût motivaient une seconde conclusion contre Marat* « J'insiste surtout pour qu'à l'instant vous prononciez sur cet homme de sang dont les crimes sont prouvés. Si quelqu'un a le courage de le défendre, qu'il monte à la tribune; pour notre gloire, ne nous séparons pas avant de l'avoir jugé. Je demande sur l'heure un décret d'accusation contre Marat.... Dieux! je l'ai nommé! » (De Barante, *Histoire de la Convention*, p. 52.)

1. Pendant que ces débats occupaient l'Assemblée, l'armée française remportait la victoire de Jemmapes (6 novembre 1792).

nistérielles. La minorité a partout un droit éternel; c'est celui de faire entendre la voix de la vérité, ou de ce qu'elle regarde comme tel.

La vertu fut toujours en minorité sur la terre. (*Des applaudissements partent de la Montagne et des tribunes. — Le président se couvre, et montre le règlement. Le silence se rétablit.*) Sans cela la terre serait-elle peuplée de tyrans et d'esclaves? Hampden [1] et Sydney [2] étaient de la minorité, car ils expirèrent sur un échafaud; les **Critias**, les **Anitus**, les **César**, les **Clodius** étaient de la majorité; mais Socrate était de la minorité, car il avala la ciguë; Caton était de la minorité, car il déchira ses entrailles. Je connais ici beaucoup d'hommes qui serviront, s'il le faut, la liberté à la manière de Sydney, et de Hampden, et n'y en eût-il que cinquante.... Cette seule pensée doit faire frémir tous ces lâches intrigants qui veulent égarer la majorité! En attendant cette époque, je demande au moins la priorité pour le tyran. Unissons-nous pour sauver la patrie, et que cette délibération prenne enfin un caractère plus digne de nous et de la cause que nous défendons! Bannissons du moins tous ces déplorables incidents qui la déshonorent; ne mettons pas à nous persécuter plus de temps qu'il n'en faut pour juger Louis, et sachons apprécier le sujet de nos inquiétudes. Tout semble conspirer contre le bonheur public. . . . .

Le 31, **Vergniaud** prend la parole, et, répondant à **Robespierre**, il soutient l'**appel au peuple**.

1. *Hampden* (John) (1594-1643), membre de la Chambre des Communes, refusa en 1636, de payer la taxe des vaisseaux établie arbitrairement par Charles Ier. Il prit les armes et périt en 1643 dans une escarmouche à Chalgore Field, dans le comté d'Oxford. C'était un grand patriote, un homme vertueux, l'honneur du parti républicain.
2. *Sidney* (Algernon) (1617-1683), républicain ardent, ennemi des Stuarts, attaché à la cause du Long Parlement, refusa de servir le protectorat des deux Cromwell, et ne voulut pas bénéficier de l'amnistie accordée par Charles II. Il fut nommé membre de la Chambre des Communes en 1678, et y soutint le bill d'exclusion contre le duc d'York. Il fut plus tard impliqué dans le complot de Rye-House, et condamné à mort par un jury que présidait le célèbre Jeffryes.

Il développe longuement la doctrine de la souveraineté du peuple, et démontre que, dans le cas actuel, les députés entreprendraient sur les droits du peuple et dépasseraient leur mandat s'ils jugeaient directement **Louis XVI**.

Après cette discussion de droit constitutionnel, **Vergniaud** examine les conséquences probables de l'appel au peuple ; il réfute les objections faites d'avance au système, les craintes de guerre civile ; il développe d'autres considérations, et examine les futurs résultats d'un jugement direct et d'une condamnation capitale :

. . . .

Mais l'intrigue ! l'intrigue sauvera le roi. On a cherché à faire entendre que la majorité de la nation est composée d'intrigants, d'aristocrates, de Feuillants, de modérés, de ces *honnêtes gens* contre-révolutionnaires dont La Fayette a parlé à cette barre ; et, pour accréditer une calomnie atroce contre la majorité de ce peuple, qu'en d'autres circonstances on flagorne avec tant de bassesse, on a eu l'impudeur de diffamer l'espèce humaine. On s'est écrié que la vertu avait toujours été en minorité sur la terre ; mais Catilina fut en minorité dans le sénat romain ; et, si cette minorité insolente eût prévalu, c'en était fait de Rome, du sénat et de la liberté ; mais dans l'Assemblée constituante, jusqu'à la revision du moins, Cazalès et Maury furent aussi en minorité ; et si cette minorité, moitié nobiliaire, moitié sacerdotale, eût réussi, par ses saintes et nobles insurrections, à étouffer le zèle de la majorité, c'en était fait de la Révolution, et vous ramperiez encore aux pieds de ce Louis, qui n'a plus de sa grandeur passée que le remords d'en avoir abusé ; mais les rois sont en minorité sur la terre ; et pour enchaîner les peuples, ils disent aussi que la vertu est en minorité ; ils disent aussi que la majorité des peuples est composée d'intrigants auxquels il faut imposer silence par la terreur, si l'on veut préserver les empires d'un bouleversement général. . . . .

. . . .

On a senti combien il serait facile de dissiper tous ces

fantômes dont on a voulu nous effrayer. Pour atténuer d'avance la force des réponses que l'on prévoyait, on a eu recours au plus lâche, au plus vil des moyens, à la calomnie. On a représenté ceux qui ont adopté l'opinion de Salles comme des conspirateurs contre la liberté, des amis de la royauté. On nous assimile aux Lameth, aux La Fayette, et à tous ces courtisans du trône que nous avons aidé à renverser.

On nous accuse : certes, je n'en suis pas étonné ; il est des hommes dont, par leur essence, chaque souffle est une imposture, comme il est de la nature du serpent de n'exister que pour la distillation du venin.

On nous accuse! Ah! si nous avions l'insolent orgueil ou l'hypocrite ambition de nos accusateurs; si, comme eux, nous aimions à nous targuer du peu de bien que nous avons fait, nous dirions avec quel courage nous avons constamment lutté contre la tyrannie des rois et contre la tyrannie plus dangereuse encore des brigands qui, dans le mois de septembre, voulurent fonder leur puissance sur les débris du trône. Nous dirions que nous avons concouru, au moins par notre suffrage, au décret qui a fait disparaître la distinction aristocratique entre les citoyens actifs et inactifs, et appelé également tous les membres du corps social à l'exercice de la souveraineté. Nous dirions surtout que, le 10 août, nous n'avons quitté ce fauteuil que pour venir à cette tribune proposer le décret de suspension de Louis, tandis que tous ces vaillants Brutus, si prêts à égorger les tyrans désarmés, ensevelissaient leurs frayeurs dans un souterrain, et attendaient l'issue du combat que la liberté livrait au despotisme.

On nous accuse, on nous dénonce, comme on faisait le 2 septembre, au fer des assassins; mais nous savons que Tibérius Gracchus périt par les mains d'un peuple égaré qu'il avait constamment défendu. Son sort n'a rien qui nous épouvante. Tout notre sang est au peuple : en le versant pour lui, nous n'aurons qu'un regret, ce sera de n'en avoir pas davantage à lui offrir.

On nous accuse, si ce n'est de vouloir allumer la guerre civile dans les départements, au moins de provoquer des troubles à Paris en soutenant une opinion qui déplaît aux vrais amis de la liberté ; mais pourquoi une opinion exciterait-elle des troubles? Parce que ces vrais amis de la liberté menacent de la mort les citoyens qui ont le malheur de ne pas raisonner comme eux. Serait-ce ainsi qu'on voudrait nous prouver que la Convention nationale est libre? Il y aura des troubles dans Paris, et c'est vous qui les annoncez ; j'admire la sagacité d'une pareille prophétie. Ne vous semble-t-il pas, en effet, très difficile, citoyens, de prédire l'incendie d'une maison, alors qu'on y porte soi-même la torche qui doit l'embraser?

Oui, ils veulent la guerre civile, les hommes qui font un précepte de l'assassinat, des crimes, de la tyrannie, et qui, en même temps, désignent comme amis de la tyrannie les victimes que leur haine veut immoler ; ils veulent la guerre civile, les hommes qui appellent les poignards contre les représentants de la nation et l'insurrection contre les lois ; ils veulent la guerre civile, les hommes qui demandent la dissolution du gouvernement, l'anéantissement de la Convention ; ils demandent l'anéantissement de la Convention, la dissolution du gouvernement, les hommes qui érigent en principe, non pas — ce que personne ne désavoue — que, dans une grande Assemblée, une minorité peut quelquefois rencontrer la vérité, et la majorité tomber dans l'erreur ; mais que c'est à la minorité à se rendre juge des erreurs de la majorité, à légitimer les insurrections contre le vœu de la majorité ; que c'est aux Catilinas à régler dans le sénat que la volonté particulière doit être substituée à la volonté générale et la tyrannie à la liberté ; ils veulent la guerre civile, les hommes qui enseignent ces maximes éversives de tout ordre social dans cette tribune, dans les assemblées populaires, dans les places publiques ; ils veulent la guerre civile, les hommes qui accusent la raison d'un feuillantisme perfide, la justice d'une déshonorante pusillanimité, et l'humanité, la sainte humanité de conspiration ; ceux qui proclament traître tout homme qui n'est pas à la hauteur du brigandage et de l'assassinat; ceux enfin qui pervertissent toutes les idées de morale, et, par des discours artificieux, des flagorneries hypocrites, ne cessent de pousser le peuple aux excès les plus déplorables.

La guerre civile, pour avoir proposé de rendre un hommage à la souveraineté du peuple! A votre avis, la souveraineté des peuples est donc une calamité pour le genre humain? Je vous entends : vous voulez régner. Votre ambition était plus modeste dans la journée du Champ-de-Mars. Vous rédigiez alors, vous faisiez signer une pétition qui avait pour objet de consulter le peuple sur le sort de Louis revenant de Varennes. Votre cœur n'était point tourmenté par la crainte des discordes. Il ne lui en coûtait rien pour reconnaître la souveraineté du peuple. Serait-ce qu'elle favorisait vos vues secrètes, qu'aujourd'hui elle les contrarie? N'existe-t-il pour vous d'autre souveraineté que celle de vos passions? Insensés! Avez-vous pu vous flatter que la France a brisé le sceptre des rois pour courber la tête sous un joug aussi avilissant?

On a parlé de courage, de grandeur d'âme; ce serait, dit-on, une faiblesse de ne pas faire exécuter votre jugement avant d'avoir pris le vœu du peuple. Je ne connais, pour un législateur, d'autre grandeur que la consistance à ne pas dévier des principes. Je sais que, dans les révolutions, on est réduit à voiler la statue de la loi. Mais il me semble qu'on abuse étrangement de cette maxime. Quand on veut faire une révolution contre la tyrannie, il faut voiler la statue de la loi qui consacre ou protège la tyrannie. Quand vous voilerez la loi qui consacre la souveraineté du peuple, vous commencerez une révolution qui tournera au profit des tyrans. Il fallait du courage, le 10 août, pour attaquer Louis dans sa toute-puissance. En faut-il tant pour envoyer au supplice Louis vaincu et désarmé? Un soldat cimbre entre dans la prison de Marius pour l'égorger; effrayé à l'aspect de sa victime, il s'enfuit sans oser le frapper. Si ce soldat eût été membre d'un sénat, doutez-vous qu'il eût hésité à voter la mort du tyran? Quel courage trouvez-vous à faire un acte dont un lâche serait capable?

On croit nous presser en disant que, si votre jugement est envoyé à la ratification du peuple, vous ne traitez plus Louis comme un autre homme, vous violez les principes de l'égalité. Mais l'a-t-on regardé comme un autre homme, quand on vous a fait décréter que ce serait vous qui le jugeriez? A-t-on respecté les principes de l'égalité, quand on l'a éloigné des tribunaux où sont jugés tous les citoyens, et qu'on a tenté de vous induire à le juger vous-mêmes sans observer aucune forme? Louis n'est pas un accusé ordinaire; on le sait bien. On ne cesse de crier que son existence sera le germe d'une fermentation continuelle. Pourquoi ne pas examiner si sa mort ne causera pas de plus grands désordres?

J'aime trop la gloire de mon pays pour proposer à la Convention de se laisser influencer, dans une occasion aussi solennelle, par la considération de ce que feront ou ne feront pas les puissances étrangères. Cependant, à force d'entendre dire que nous agissions dans ce jugement comme pouvoir politique, j'ai pensé qu'il ne serait contraire ni à votre dignité ni à la raison de parler un instant politique.

Il est probable qu'un des motifs pour lesquels l'Angleterre ne rompt pas encore ouvertement la neutralité et qui déterminent l'Espagne à la promettre, c'est la crainte de hâter la perte de Louis par une accession à la ligue formée contre nous. Soit que Louis vive, soit qu'il meure, il est possible que ces puissances se déclarent nos ennemies; mais sa condamnation donne une probabilité de plus à la déclaration; et il est sûr que, si la déclaration a lieu, sa mort en sera le prétexte.

Vous vaincrez ces nouveaux ennemis, je le crois; le courage de nos soldats et la justice de notre cause m'en sont garants. Cependant, résistons un peu à l'ivresse de nos premiers succès : ce sera un accroissement considérable à vos dépenses; ce sera un nouveau recrutement à faire pour vos armées; ce sera une armée navale à créer; ce sera de nouveaux risques pour votre commerce, qui déjà a tant souffert par le désastre des colonies; ce sera de nouveaux dangers pour vos soldats, qui, pendant que vous disposez ici tranquillement de leurs destinées, affrontent les injures de l'air, les rigueurs de la saison, les fatigues, les maladies et la mort.

Et si la paix, devenue plus difficile, si la guerre, par un prolongement funeste, conduit vos finances à un épuisement auquel on ne peut songer sans frémir; si elle vous force à de nouvelles émissions d'assignats qui feront croître, dans une proportion effrayante, les denrées de première nécessité; si elle augmente la misère publique par des atteintes nouvelles portées à votre commerce; si elle fait couler des flots de sang sur le continent et sur les mers, quel grand service vos calculs politiques auront-ils rendus à l'humanité? Quelle reconnaissance vous devra la patrie pour avoir fait en son nom, et au mépris de sa souveraineté méconnue, un acte de vengeance devenu la cause, ou seulement le prétexte d'événements si calamiteux? Oserez-vous lui vanter vos victoires? Je ne parle pas de défaites et de revers; j'éloigne de ma pensée tous présages sinistres; mais par le cours naturel des événements, même les plus prospères, elle sera entraînée à des efforts qui l'épuiseront insensiblement. Sa population s'affaiblira par le nombre prodigieux d'hommes que la guerre dévore. L'agriculture manquera bientôt de bras. Vos trésors écoulés appelleront de nouveaux impôts. Le corps social, fatigué des assauts que lui livreront au dehors des ennemis puissants, des secousses convulsives que lui impriment les factions intérieures, tombera dans une langueur mortelle. Craignez qu'au milieu de ses triomphes la France ne ressemble à ces monuments fameux qui, dans l'Égypte, ont vaincu le temps. L'étranger qui passe s'étonne de leur grandeur; s'il veut y pénétrer, qu'y trouve-t-il? Des cendres inanimées et le silence des tombeaux.

Citoyens, celui d'entre nous qui céderait à des craintes

personnelles serait un lâche indigne de siéger dans le sénat français ; mais les craintes sur le sort de la patrie, si elles supposent quelquefois des conceptions étroites, des erreurs de l'esprit, honorent au moins le cœur. Je vous ai exposé une partie des miennes; j'en ai d'autres encore ; je vais vous les dire.

Lorsque Cromwell, que l'on vous a déjà cité, voulut préparer la dissolution du parti avec lequel il avait renversé le trône et fait monter Charles Ier sur l'échafaud, il lui fit des propositions insidieuses, qu'il savait bien devoir révolter la nation, mais qu'il eut soin de faire appuyer par des applaudissements soudoyés et de grandes clameurs. Le Parlement céda. Bientôt la fermentation fut générale, et Cromwell brisa sans effort l'instrument dont il s'était servi pour arriver à la suprême puissance.

N'avez-vous pas entendu, dans cette enceinte et ailleurs, des hommes crier avec fureur : Si le pain est cher, la cause en est au Temple; si le numéraire est rare, si nos armées sont mal approvisionnées, la cause en est au Temple; si nous avons à souffrir chaque jour du spectacle de l'indigence, la cause en est au Temple. Ceux qui tiennent ce langage n'ignorent pas cependant que la cherté du pain, le défaut de circulation dans les subsistances, la mauvaise administration dans les armées et l'indigence dont le spectacle nous afflige, tiennent à d'autres causes que celles du Temple. Quels sont donc leurs projets? Qui garantira que ces hommes, qui s'efforcent continuellement d'avilir la Convention, et qui peut-être y auraient réussi si la majesté du peuple, qui réside en elle, pouvait dépendre de leurs perfidies ; que ces mêmes hommes qui proclament partout qu'une nouvelle révolution est nécessaire, qui font déclarer telle ou telle section en état d'insurrection permanente, qui disent à la Commune que, lorsque la Convention a succédé à Louis, on n'a fait que changer de tyran, qu'il faut une autre journée du 10 Août; que ces mêmes hommes qui publient dans les assemblées de section et dans leurs écrits qu'il faut nommer un *défenseur* à la République, qu'il n'y a qu'un *chef* qui puisse la sauver; qui me garantira, dis-je, que ces mêmes hommes ne crieront pas, après la mort de Louis, avec la plus grande violence : Si le pain est cher, la cause en est dans la Convention ; si le numéraire est rare, si nos armées sont mal approvisionnées, la cause en est dans la Convention ; si la machine du gouvernement se traîne avec peine, la cause en est dans la Convention ; si les calamités de la guerre se sont accrues par la déclaration de l'Angleterre et de l'Espagne, la cause en est dans la Convention, qui a provoqué ces déclarations par la condamnation précipitée de Louis ? Qui me garantira qu'à ces cris séditieux de la turbulence anarchique ne viendront pas se rallier l'aristocratie avide de vengeance, la misère avide de changement, et jusqu'à la pitié que des préjugés invétérés auront excitée sur le sort de Louis ? Qui me garantira que dans cette nouvelle tempête, où l'on verra ressortir de leurs repaires les tueurs du 2 Septembre, on ne vous présentera pas, tout couvert de sang et comme un libérateur, ce défenseur, ce chef que l'on dit être devenu si nécessaire ?

Un chef! Ah! si telle était leur audace, il ne paraîtrait que pour être à l'instant percé de mille coups. Mais à quelles horreurs ne serait pas livré Paris ? Paris, dont la postérité admirera le courage héroïque contre les rois, et ne concevra jamais l'ignominieux asservissement à une poignée de brigands, rebut de l'espèce humaine, qui s'agitent dans son sein et le déchirent en tous sens par les mouvements convulsifs de leur ambition et de leur fureur! Qui pourrait habiter une cité où régneraient la désolation et la mort! Et vous, citoyens industrieux dont le travail fait toute la richesse, et pour qui les moyens de travail seraient détruits, vous qui avez fait de si grands sacrifices à la Révolution, et à qui on enlèverait les derniers moyens d'exister, vous dont les vertus, le patriotisme ardent et la bonne foi ont rendu la séduction si facile, que deviendriez-vous ? quelles seraient vos ressources ? quelles mains essuieraient vos larmes et porteraient des secours à vos familles désespérées ?

Iriez-vous trouver ces faux amis, ces perfides flatteurs qui vous auraient précipités dans l'abîme? Ah! fuyez-les plutôt; redoutez leur réponse : je vais vous l'apprendre. Vous leur demanderiez du pain, ils vous diraient : Allez dans les carrières disputer à la terre quelques lambeaux sanglants des victimes que nous avons égorgées; ou : voulez-vous du sang? prenez, en voici; du sang et des cadavres, nous n'avons pas d'autre nourriture à vous offrir. Vous frémissez, citoyens! O ma patrie! je demande acte à mon tour des efforts que je fais pour te sauver de cette crise déplorable............

. . . .

§ 2. — **Danton.** — **Le tribunal révolutionnaire. La taxe sur les riches.**

Mars 1793.

Le 7 mars on apprit que **le général Valence** avait évacué Liège.

Danton arrivait de l'armée; il avait été témoin du désastre; il parla ainsi à la **Convention** :

Nous avons plusieurs fois fait l'expérience que tel est le caractère français qu'il lui faut des dangers pour trouver toute son énergie : eh bien! ce moment est arrivé. Oui, il faut dire à la France entière : « Si vous ne volez pas au secours de vos frères de la Belgique, si Dumouriez est enveloppé en Hollande, si son armée était obligée de mettre bas les armes, qui peut calculer les malheurs incalculables d'un pareil événement? La fortune publique anéantie et la mort de six cent mille Français pourraient en être les suites. »

Citoyens, vous n'avez pas une minute à perdre; je ne vous propose pas en ce moment des mesures générales pour les départements; votre Comité de défense vous fera demain son rapport. Mais nous ne devons pas attendre notre salut uniquement de la loi sur le recrutement : son exécution sera nécessairement lente, et des résultats tardifs ne sont pas ceux qui conviennent à l'imminence du danger qui nous menace. Il faut que Paris, cette cité célèbre et tant calomniée, il faut que cette cité, qu'on aurait voulu renverser pour servir nos ennemis, qui redoutent son brûlant civisme, contribue par son exemple à sauver la patrie. Je dis que cette ville est encore appelée à donner à la France l'impulsion qui, l'année dernière, a enfanté nos triomphes. Comment se fait-il que vous n'ayez pas senti que, s'il est bon de faire les lois avec maturité, on ne fait bien la guerre qu'avec enthousiasme? Toutes les mesures dilatoires, tout moyen tardif de recruter, détruit cet enthousiasme et reste souvent sans succès. Vous voyez déjà quels en sont les misérables effets.

Tous les Français veulent être libres; ils se sont constitués en gardes nationales. Aux termes de leurs serments, ils doivent tous marcher quand la patrie réclame leur secours.

Je demande, par forme de mesure provisoire, que la Convention nomme des commissaires qui, ce soir, se rendront dans toutes les sections de Paris, convoqueront les citoyens, leur feront prendre les armes, et les engageront, au nom de la liberté et de leurs serments, à voler à la défense de la Belgique. La France entière sentira le contre-coup de cette impulsion salutaire. Nos armées recevront de prompts renforts; et, il faut le dire ici, les généraux ne sont pas aussi répréhensibles que quelques personnes ont paru le croire. Nous leur avions promis qu'au 1er février l'armée de la Belgique recevrait un renfort de trente mille hommes. Rien ne leur est arrivé. Il y a trois mois qu'à notre premier voyage dans la Belgique ils nous dirent que leur position militaire était détestable, et que, sans un renfort considérable, s'ils étaient attaqués au printemps, ils seraient peut-être forcés d'évacuer la Belgique entière. Hâtons-nous de réparer nos fautes. Que ce premier avantage de nos ennemis soit, comme celui de l'année dernière, le signal du réveil de la nation. Qu'une armée, conservant l'Escaut, donne la main à Dumouriez, et les ennemis seront dispersés. Si nous avons perdu Aix-la-Chapelle, nous trouverons en Hollande des magasins immenses qui nous appartiennent.

Dumouriez réunit au génie de général l'art d'échauffer et d'encourager le soldat. Nous avons entendu l'armée battue le demander à grands cris. L'histoire jugera ses talents, ses passions et ses vices ; mais ce qui est certain, c'est qu'il est intéressé à la splendeur de la République. S'il est secondé, si une armée lui prête la main, il saura faire repentir nos ennemis de leurs premiers succès.

Je demande que des commissaires soient nommés à l'instant.

Les propositions de **Danton** sont adoptées. Mais l'agitation populaire augmente. Les sections exigent la création d'un **tribunal extraordinaire** et d'une taxe sur les riches (10 mars). — La discussion s'engage sur cette double proposition. — **Danton** parle ainsi :

Les considérations générales qui vous ont été présentées sont vraies ; mais il s'agit moins en ce moment d'examiner les causes des événements désastreux qui peuvent vous frapper que d'y appliquer rapidement le remède. Quand l'édifice est en feu, je ne m'attache pas aux fripons qui enlèvent des meubles, j'éteins l'incendie. Je dis que vous devez être convaincus plus que jamais, par la lecture des dépêches de Dumouriez, que vous n'avez pas un instant à perdre pour sauver la République.

Dumouriez avait conçu un plan qui honore son génie. Je dois lui rendre même une justice bien plus éclatante que celle que je lui rendis dernièrement. Il y a trois mois qu'il a annoncé au pouvoir exécutif, à votre Comité de défense générale, que, si nous n'avions pas assez d'audace pour envahir la Hollande au milieu de l'hiver, pour déclarer sur-le-champ la guerre à l'Angleterre qui nous la faisait depuis longtemps, nous doublerions les difficultés de la campagne en laissant aux forces ennemies le temps de se déployer. Puisque l'on a méconnu ce trait de génie, il faut réparer nos fautes.

Dumouriez ne s'est pas découragé ; il est au milieu de

la Hollande; il y trouvera des munitions; pour renverser tous nos ennemis, il ne lui faut que des Français, et la France est remplie de citoyens. Voulons-nous être libres? Si nous ne le voulons plus, périssons, car nous l'avons tous juré. Si nous le voulons, marchons tous pour défendre notre indépendance. Nos ennemis feront leurs derniers efforts. Pitt sent bien qu'ayant tout à perdre, il ne doit rien épargner. Prenons la Hollande, et Carthage est détruite, et l'Angleterre ne peut vivre que pour la liberté. Que la Hollande soit conquise à la liberté, et l'aristocratie commerciale elle-même, qui domine en ce moment le peuple anglais, s'élèvera contre le gouvernement qui l'aura entraînée dans cette guerre du despotisme contre un peuple libre. Elle renversera ce ministère stupide qui a cru que les talents de l'ancien régime pouvaient étouffer le génie de la liberté qui plane sur la France. Ce ministère renversé par l'intérêt du commerce, le parti de la liberté se montrera, car il n'est pas mort; et, si vous saisissez vos devoirs, si vos commissaires partent à l'instant, si vous donnez la main aux étrangers qui soupirent après la destruction de toute espèce de tyrannie, la France est sauvée, et le monde est libre.

Faites donc partir vos commissaires; soutenez-les par votre énergie; qu'ils partent ce soir, cette nuit même; qu'ils disent à la classe opulente : Il faut que l'aristocratie de l'Europe, succombant sous nos efforts, paye notre dette, ou que vous la payiez; le peuple n'a que du sang; il le prodigue. Allons, misérables, prodiguez vos richesses. (*De vifs applaudissements se font entendre.*) Voyez, citoyens, les belles destinées qui vous attendent. Quoi! vous avez une nation entière pour levier, la raison pour point d'appui, et vous n'avez pas encore bouleversé le monde! (*Les applaudissements redoublent.*) Il faut pour cela du caractère, et la vérité est qu'on en a manqué. Je mets de côté toutes les passions; elles me sont toutes parfaitement étrangères, excepté celle du bien public. Dans des circonstances plus difficiles, quand l'ennemi était aux portes de Paris, j'ai dit à ceux qui gouvernaient alors :

Vos discussions sont misérables; je ne connais que l'ennemi. (*Nouveaux applaudissements.*) Vous qui me fatiguez de vos contestations particulières, au lieu de vous occuper du salut de la République, je vous répudie tous comme traîtres à la patrie. Je vous mets tous sur la même ligne. Je leur disais : Eh! que m'importe ma réputation! Que la France soit libre, et que mon nom soit flétri! Que m'importe d'être appelé buveur de sang! Eh bien, buvons le sang des ennemis de l'humanité, s'il le faut; combattons, conquérons la liberté.

On paraît craindre que le départ des commissaires affaiblisse l'une ou l'autre partie de la Convention; vaines terreurs! portez votre énergie partout. Le plus beau ministère est d'annoncer au peuple que la dette terrible qui pèse sur lui sera desséchée aux dépens de ses ennemis, ou que le riche la payera avant peu. La situation nationale est cruelle; le signe représentatif n'est plus en équilibre dans la circulation; la journée de l'ouvrier est au-dessous du nécessaire : il faut un grand moyen correctif. Conquérons la Hollande; ranimons en Angleterre le parti républicain; faisons marcher la France, et nous irons glorieux à la postérité. Remplissez ces grandes destinées; point de débats, point de querelles, et la patrie est sauvée.

La discussion sur l'établissement du **tribunal révolutionnaire** continue.

La droite et le centre se rallient à la voix de quelques orateurs indignés et votent trois propositions sur les jurés qui devront faire partie du tribunal, et leur nomination.

Mais la nuit approchait, l'Assemblée était fatiguée et allait se retirer pour prendre un peu de repos, lorsque **Danton** s'écrie :

Je somme tous les bons citoyens de ne pas quitter leur poste. (*Tous les membres se remettent en place; un calme profond règne dans l'Assemblée.*) Quoi, citoyens! au moment où notre position est telle que, si Miranda était battu (et cela n'est pas impossible), Dumouriez enveloppé serait obligé de mettre bas les armes, vous pourriez vous séparer sans prendre les grandes mesures qu'exige le salut de la chose publique? Je sens à quel point il est important de prendre des mesures qui punissent les contre-révolutionnaires, car c'est pour eux que ce tribunal est nécessaire; c'est pour eux que ce tribunal doit suppléer au tribunal suprême de la vengeance du peuple. Les ennemis de la liberté lèvent un front audacieux; partout confondus, ils sont partout provocateurs. En voyant le citoyen honnête occupé dans ses foyers, l'artisan occupé dans ses ateliers, ils ont la stupidité de se croire en majorité : eh bien! arrachez-les vous-mêmes à la vengeance populaire; l'humanité vous l'ordonne.

Rien n'est plus difficile que de définir un crime politique. Mais, si un homme du peuple, pour un crime particulier, en reçoit à l'instant le châtiment; s'il est si difficile d'atteindre un crime politique, n'est-il pas nécessaire que des lois extraordinaires, prises hors du corps social, épouvantent les rebelles et atteignent les coupables? Ici le salut du peuple exige de grands moyens et des mesures terribles. Je ne vois pas de milieu entre les formes ordinaires et un tribunal révolutionnaire. L'histoire atteste cette vérité, et, puisqu'on a osé, dans cette assemblée, rappeler ces journées sanglantes sur lesquelles tout bon citoyen a gémi, je dirai, moi, que, si un tribunal eût alors existé, le peuple, auquel on a souvent si cruellement reproché ces journées, le peuple ne les aurait pas ensanglantées; je dirai, et j'aurai l'assentiment de tous ceux qui ont été les témoins de ces événements, que nulle puissance humaine n'était dans le cas d'arrêter le débordement de la vengeance nationale. Profitons des fautes de nos prédécesseurs; faisons ce que n'a pas fait l'Assemblée législative : soyons terribles, pour dispenser le peuple de l'être; organisons un tribunal, non pas bien, cela est impossible, mais le moins mal qu'il se pourra, afin que le glaive de la loi pèse sur la tête de tous ses ennemis.

Ce grand œuvre terminé, je vous rappelle aux armes, aux commissaires que vous devez faire partir, au ministère que vous devez organiser; car, nous ne pouvons le dissimuler, il nous faut des ministres; et celui de la marine, par exemple, dans un pays où tout peut être créé, parce que tous les éléments s'y trouvent, avec toutes les qualités d'un bon citoyen, n'a pas créé de marine; nos frégates ne sont pas sorties, et l'Angleterre lève nos corsaires. Eh bien! le moment en est arrivé, soyons prodigues d'hommes et d'argent; déployons tous les moyens de la puissance nationale, mais ne mettons la direction de ces moyens qu'entre les mains d'hommes dont le contact nécessaire et habituel avec vous vous assure l'ensemble et l'exécution des mesures que vous avez combinées pour le salut public. Vous n'êtes pas un corps constitué, car vous pouvez tout constituer vous-mêmes. Prenez-y garde, citoyens, vous répondez au peuple de nos armées, de son sang, de ses assignats; car si ses défaites atténuaient tellement la valeur de cette monnaie que les moyens d'existence fussent anéantis dans ses mains, qui pourrait arrêter les effets de son ressentiment et de sa vengeance? Si, dès le moment que je vous l'ai demandé, vous eussiez fait le développement de forces nécessaires, aujourd'hui l'ennemi serait déjà repoussé loin de vos frontières.

Je demande donc que le tribunal révolutionnaire soit organisé séance tenante; que le pouvoir exécutif, dans la nouvelle organisation, reçoive les moyens d'action et d'énergie qui lui sont nécessaires. Je ne demande pas que rien soit désorganisé, je ne propose que des moyens d'amélioration.

Je demande que la Convention juge mes raisonnements et méprise les qualifications injurieuses et flétrissantes qu'on ose me donner. Je demande qu'aussitôt que les mesures de sûreté générale seront prises, vos commissaires partent à l'instant; qu'on ne reproduise plus l'objection qu'ils siègent dans tel ou tel côté de cette salle. Qu'ils se répandent dans les départements, qu'ils y échauffent les citoyens, qu'ils y raniment l'amour de la liberté, et que, s'ils ont regret de ne pas participer à des décrets utiles, ou de ne pouvoir s'opposer à des décrets mauvais, ils se souviennent que leur absence a été le salut de la patrie.

Je me résume donc : ce soir, organisation du tribunal,

organisation du pouvoir exécutif; demain, mouvement militaire; que demain vos commissaires soient partis; que la France entière se lève, coure aux armes, marche à l'ennemi; que la Hollande soit envahie; que la Belgique soit libre; que le commerce de l'Angleterre soit ruiné; que les amis de la liberté triomphent de cette contrée; que nos armes, partout victorieuses, apportent aux peuples la délivrance et le bonheur, et que le monde soit vengé.

§ 3. — La Gironde et la Montagne. — Vergniaud et Robespierre. — Lanjuinais. — Le 31 Mai.

La lutte des **Girondins** et des **Montagnards** continuait dans la **Convention**. De nombreuses séances furent remplies par les attaques des uns et les réponses des autres.

Le 10 avril, la pétition de la **section de la Halle-au-Blé** fut l'occasion d'une bataille définitive. Ce fut **Pétion**, qui, en dénonçant cette pétition audacieuse et anticonstitutionnelle, commença à déchirer les voiles :

Depuis longtemps, qu'entendons-nous sans cesse? Des calomnies, des outrages, des dénonciations. Il n'en coûte rien pour dire : Vous êtes un complice de Dumouriez, de d'Orléans.... C'est une tactique constante. On cherche sans cesse à diviser la Convention en deux partis, le parti patriote et le parti qui n'est pas patriote.... C'est encore le but de l'*adresse* d'aujourd'hui, dont les signataires devraient être envoyés au tribunal révolutionnaire.

Danton adjure l'Assemblée de négliger ces accusations, de s'élever au-dessus de ces querelles, et de ne songer qu'au salut de la patrie :

Que devez-vous répondre au peuple quand il vous dit des vérités sévères? Vous devez lui répondre en sauvant la République. Et depuis quand vous doit-on des éloges?... La calomnie, dans un État vraiment libre, n'est rien pour l'homme qui a la conscience intime de son devoir. Tout ce qui a rapport à la calomnie ne peut être l'objet d'une délibération dans la Convention. Il existe des lois, des tribunaux ; que ceux qui croient pouvoir poursuivre cette adresse l'y poursuivent....

Vous seriez indignes de votre mission si vous n'aviez pas constamment devant les yeux ces grands objets : vaincre les ennemis, rétablir l'ordre à l'intérieur, et faire une bonne constitution. Nous la voulons tous, la France la veut : elle sera d'autant plus belle qu'elle sera née au milieu des orages de la liberté !... N'allons pas nous faire la guerre, animer les sections, les mettre en délibération sur des calomnies, tandis que nous devons concentrer leur énergie pour la diriger contre les Autrichiens....

La discussion est insignifiante. Je ramène l'Assemblée au rapport que le comité de Salut public va vous faire. Notre marine ne peut se présenter encore d'une manière imposante.... Quand l'Europe est liguée contre nous, ne devons-nous pas former une phalange pour la vaincre ou pour mourir ensemble ?

Je demande la question préalable sur la motion de Pétion.

Le rapport du **Comité** lu, on revient à la motion de **Pétion**. « L'improbation de l'adresse et l'ordre du jour ! » s'écrient quelques membres. Mais après un discours de **Boyer-Fontrède**, et un autre de **Lahaye**, **Robespierre** demande la parole et déclare qu'il va dénoncer les vrais coupables.

On vous a parlé souvent de conspirations, et, tout en parlant, on feint de ne pas en connaître les auteurs ; elles éclatent cependant sous vos yeux ; les conspirations nous environnent, tout le monde en aperçoit la nature et l'étendue ; c'est une chaîne qui circule dans tous les cabinets de l'Europe, et dont l'anneau aboutit dans cette enceinte sacrée.... Quand on veut connaître la conspiration, il faut embrasser l'ensemble des événements, l'objet et les moyens des conspirateurs.... Si vous voulez, je vais lever une partie du voile. . . . .

Je demande, dit **Vergniaud**, que ceux que va accuser

Robespierre, soient entendus après pour le confondre. Je demande qu'il parle; quoique nous n'ayons pas de discours artificieusement préparés, nous saurons répondre et confondre les scélérats.

Il faut que tout s'éclaircisse, dit **Lasource**; je demande que Robespierre soit entendu.

Et en effet, dans un discours très long, très habilement composé, **Robespierre** développe son acte d'accusation contre la **famille d'Orléans**, les complices de **Dumouriez** et les **Girondins**.

Oserais-je nommer ici, dit-il avec une perfide ironie, des patriotes aussi distingués que MM. Vergniaud, Guadet et autres? Je n'ose pas dire qu'un homme qui correspondait jour par jour avec Dumouriez doit être au moins soupçonné de complicité; car, à coup sûr, cet homme est un modèle de patriotisme, et ce serait une espèce de sacrilège que de demander le décret d'accusation contre M. Gensonné. Aussi bien je suis convaincu de l'impuissance de mes efforts à cet égard, et je m'en rapporte, pour tout ce qui concerne ces illustres membres, à la sagesse de la Convention.

Robespierre est applaudi et félicité par un grand nombre de députés. Le président veut clore ces débats, mais **Vergniaud** réclame la parole.

Je rends grâces aux membres de cette Assemblée, qui, en applaudissant la dénonciation de Robespierre, ont si évidemment manifesté leur impartialité entre l'homme qui s'érige en accusateur et les hommes qu'on voudrait faire regarder comme accusés. Je les supplie, pour leur honneur et pour le mien, de m'en continuer les témoignages.

J'oserai répondre à M. Robespierre. . . . .

Des murmures l'interrompent; le président intervient. Enfin, après un échange d'observations avec le président et quelques membres de l'Assemblée, **Vergniaud** reste maître de la tribune, et, dans une large improvisation, reprenant une à une toutes les accusations de **Robespierre**, il défend victorieusement l'honnêteté et le patriotisme de son parti.

Laissez-moi enfin parler.
J'oserai répondre à M. Robespierre qui, par un roman perfide, artificieusement écrit dans le silence du cabinet et par de froides ironies, vient provoquer de nouvelles discordes dans le sein de la Convention. J'oserai lui répondre sans méditation; je n'ai pas, comme lui, besoin d'art : il suffit de mon âme.
Je parlerai non pour moi; c'est le cœur navré de la plus profonde douleur que, lorsque la patrie réclame tous les instants de notre existence politique, je vois la Convention réduite, par des dénonciations où l'absurdité seule peut égaler la scélératesse, à la nécessité de s'occuper de misérables intérêts individuels. Je parlerai pour la patrie, au sort de laquelle, sur les bords de l'abîme où on l'a conduite, les destinées d'un de ses représentants qui peut et qui veut la servir ne sont pas tout à fait étrangères; je parlerai non pour moi, je sais que, dans les révolutions, la lie des nations s'agite, et, s'élevant sur la surface politique, paraît quelques moments dominer les hommes de bien. Dans mon intérêt personnel, j'aurais attendu patiemment que ce règne passager s'évanouît; mais puisqu'on brise le ressort qui comprimait mon âme indignée, je parlerai pour éclairer la France qu'on égare. Ma voix, qui, de cette tribune, a porté plus d'une fois la terreur dans ce palais, d'où elle a concouru à précipiter le tyran, la portera aussi dans l'âme des scélérats qui voudraient substituer leur tyrannie à celle de la royauté.
Je vais d'abord réfuter les ridicules accusations de M. Robespierre. Je parlerai ensuite de la pétition qui vous a été dénoncée par Pétion, et que M. Robespierre a su si bien vous faire perdre de vue; et, à mon tour, je ferai connaître à la France les véritables complices de Dumouriez. Je déclare, au reste, que, dans les accusations, tout étant personnel, je n'entends point ravir à mes collègues dénon-

cés l'avantage de se défendre eux-mêmes et que je réponds pour moi seul.

Je déclare enfin que je parlerai avec toute l'énergie qui convient à un homme libre, mais que je veillerai sur moi pour me préserver des passions qui pourraient amortir le feu de celle qui doit nous animer tous, de l'amour de la République.

En vain on cherche à m'aigrir. Je ne seconderai pas les projets infâmes de ceux qui, pour faciliter le triomphe des puissances liguées contre nous, travaillent à distraire notre attention des mesures nécessaires à notre défense et s'efforcent de nous faire entr'égorger, comme des soldats de *Cadmus*, pour livrer notre place vacante au despote qu'ils ont l'audace de vouloir nous donner.

1° Robespierre nous accuse de nous être opposés, dans le mois de juillet, à la déchéance de Louis Capet.

Je réponds que, dans un discours que j'ai prononcé le 3 juillet, moi le premier, à cette tribune, j'ai parlé de déchéance, et si, sous le poids de la grande accusation de M. Robespierre, il m'était permis de dire quelque bien de moi, j'ajouterais que peut-être l'énergie de mon discours ne contribua pas peu à préparer les mouvements révolutionnaires. A la vérité, des patriotes ardents, dont le zèle était inconciliable avec aucune espèce de réflexion, sans avoir étudié l'opinion publique, sans avoir pris les moyens qui pouvaient la former et la mûrir, sans s'être assurés que, dans les départements, on ne regarderait pas la seule mesure qui pût les sauver comme un parjure de la part de l'Assemblée législative, sans avoir combiné aucune des précautions qui devaient assurer le succès de cette mesure extraordinaire, crièrent avec emportement : *A la déchéance!* Je crus devoir modérer l'impétuosité d'un mouvement qui, bien dirigé, faisait triompher la liberté, qui, désordonné, comme celui du 20 juin, la perdait à jamais. Où d'ailleurs nous aurait menés la déchéance, si, comme ils le demandaient, on l'eût prononcée en vertu de la Constitution? A tous les désordres qui auraient pu naître de la minorité d'un nouveau roi et du despotisme d'un régent; au maintien de la Constitution et de la royauté. Eh bien! dans la commission des Vingt-Un, dont j'étais membre, nous ne voulions ni d'un nouveau roi, ni d'un nouveau régent : nous voulions la *République*. Ce motif nous détermina, après de grandes discussions, à préférer la mesure de la simple suspension et de la Convocation d'une Convention qui, chargée de donner un gouvernement à la France, la délivrât enfin du fléau de la royauté sous lequel elle gémissait depuis tant de siècles : et cette mesure, ce fut moi qui, après avoir présidé toute la nuit du 9 au 10 août, au bruit du tocsin, vins, pendant que Guadet présidait le matin, au bruit du canon, la proposer à l'Assemblée législative.

Je le demande, citoyens, est-ce là avoir composé avec la cour? Est-ce à nous qu'elle doit de la reconnaissance, ou bien à ceux qui, par les persécutions qu'ils nous font éprouver, la vengent avec tant d'éclat du mal que nous lui avons fait? (*On applaudit.*)

2° Robespierre nous accuse d'avoir inséré dans le décret de suspension un article portant qu'il serait nommé un gouverneur au prince royal. Il prétend que c'était là une pierre d'attente que nous avions posée pour la royauté.

Le 17 août, je quittai le fauteuil du président sur les neuf heures du matin. Je me rendis à la commission des Vingt-Un, où je rédigeai en dix minutes le projet de décret que je présentai ensuite à l'Assemblée. Je suppose que les motifs sur lesquels je me fondai pour y insérer l'article qu'on me reproche aient été de ma part une opinion erronée : peut-être dans les circonstances graves où nous étions, peut-être au milieu des inquiétudes qui devaient m'agiter pendant le combat que les amis de la liberté livraient au despotisme, peut-être serais-je excusable de n'avoir pas été infaillible. Au moins ne conviendrait-il pas à M. Robespierre, qui alors s'était prudemment enseveli dans une cave, de me témoigner tant de rigueur pour un moment de faiblesse. Mais voici mes motifs : que l'Assemblée les juge.

Lorsque je rédigeai à la hâte le projet de décret, la

victoire flottait incertaine entre le peuple et le château. Si le château eût triomphé, Louis eût sans doute réclamé contre la suspension, qu'il eût soutenu être contraire à la Constitution; mais il n'eût pas pu réclamer contre la nomination d'un gouvernant à son fils qui était textuellement prescrite par la Constitution. Cette nomination isolait sur-le-champ et constitutionnellement le fils du père, et livrait ainsi entre les mains du peuple un otage contre les vengeances d'un tyran vainqueur et irrité; et remarquez que, les destinées du peuple l'ayant emporté, que la victoire ayant couronné son courage après un très court combat, il ne fut plus question de nommer un gouverneur au fils de Louis, et que, le lendemain ou le surlendemain, la commission des Vingt-Un demanda elle-même le rapport de l'article du décret qui ordonnait cette nomination. Ce n'était donc pas pour rétablir la royauté que je l'avais proposé.

Cette conduite ne vous semble-t-elle pas franche et courageuse? (*Applaudissements dans une partie de la salle.*)

3° Nous avons loué La Fayette et Narbonne.

Je déclare que je n'ai parlé de Narbonne qu'une seule fois; ce fut lorsqu'on demanda l'insertion au procès-verbal d'un discours qu'il avait prononcé, mais ce fut pour m'opposer à cette proposition, en disant que, si Narbonne avait parlé patriotiquement, il n'avait fait que son devoir, et qu'il ne fallait pas faire du patriotisme une chose si étrangère aux ministres qu'on regardât comme digne d'une mention particulière un discours écrit dans les principes de la liberté.

Et nous avons loué La Fayette!

Eh! qui donc a parlé contre lui, si ce n'est les membres qu'on accuse? C'est Guadet et moi, qui, malgré les murmures et les huées d'une grande partie de l'Assemblée législative, l'avons attaqué, lorsque dans ses lettres ou à cette barre il a tenté de faire le petit César. Je n'ai pas parlé dans la grande discussion qui s'éleva pour savoir s'il serait mis en état d'arrestation. Plus de vingt orateurs étaient déjà inscrits lorsque je me présentai pour demander la parole ; mais on ne contestera pas sans doute que j'aie voté pour le décret d'accusation ; or, je prie M. Robespierre de développer tout son talent pour prouver que c'est là un panégyrique.

4° Robespierre nous accuse d'avoir fait déclarer la guerre à l'Autriche.

La Convention n'exigera pas sans doute que, pour me justifier, je lui développe les motifs d'après lesquels l'Assemblée législative vota à l'unanimité pour la déclaration de guerre. Je ne ferai qu'une seule observation.

De toutes parts nous étions cernés par les troupes prussiennes et autrichiennes et par les émigrés à qui l'Autriche et la Prusse avaient permis de se former en corps d'armée. La question n'était pas de savoir si nous aurions la guerre ; elle nous était déjà déclarée par le fait : il s'agissait de savoir si nous attendrions paisiblement qu'ils eussent consommé les préparatifs qu'ils faisaient à nos portes pour nous écraser ; si nous leur laisserions transporter le théâtre de la guerre sur notre territoire, ou si nous tâcherions de le transporter sur le leur. L'Assemblée législative se décida pour l'attaque, et, si quelques revers ont signalé le commencement de la campagne, les victoires qui l'ont terminée justifient assez la résolution courageuse de l'Assemblée législative.

Nous étions trompés, il est vrai, par les rapports des ministres ; mais nous avions lieu de croire que nos armées seraient bientôt en mesure ; et, j'ose le dire, le courage avec lequel ont combattu les Français aurait rendu cette guerre encore heureuse, si de nouvelles trahisons ne nous avaient empêchés d'en recueillir les fruits.

5° On a parlé de l'histoire des six millions accordés à Dumouriez pour dépenses secrètes.

Je vais, à cet égard, donner à la Convention une explication sur ce qui peut m'être personnel.

Dumouriez ayant présenté un mémoire à l'Assemblée législative pour obtenir les six millions, ce mémoire fut renvoyé à l'examen du Comité diplomatique ; on convint, dans l'assemblée des deux comités, que les dépenses secrètes étaient une source de grands abus et de grandes dilapidations, mais qu'une distribution patriotique des six millions demandés, d'après notre position avec la Belgique et les puissances ennemies, pouvait, au commencement de la campagne, produire de grands avantages, et, après avoir calculé les diverses chances, il fut décidé de proposer à l'Assemblée législative d'accorder les six millions. Alors il fut question de nommer un rapporteur. Personne ne voulut l'être. Un instinct secret avertissait tous les membres présents qu'un jour on tenterait, pour se populariser, de flétrir l'honneur de celui qui aurait fait le rapport. Ils s'adressèrent tous à moi; ils me dirent : vous seul ici avez assez de popularité pour présenter le projet de décret; vous seul n'avez pas le droit de refuser de vous en charger. Je résistai d'abord; on me pressa : ce fut aux risques d'une popularité qui m'était aussi chère qu'elle peut l'être à mes accusateurs que, consultant plus l'intérêt public que mon intérêt personnel, je vins proposer ce décret à l'Assemblée législative.

J'en ai pris sur moi les dangers; je déclarai seulement que je ne ferais le rapport qu'autant qu'il y aurait unanimité dans les opinions des deux comités, et que, si le projet de décret était attaqué, tous les membres des deux comités se lèveraient pour le défendre et pour soutenir le rapporteur, qui n'était que leur organe. On me le promit; je fis le rapport; les six millions furent accordés; et comme, pendant son ministère, je n'ai vu Dumouriez qu'au Comité; comme, dans l'Assemblée législative, j'ai été étranger à la partie des finances, aux redditions de comptes, j'ai toujours ignoré de quelle manière les six millions furent remis à la disposition de Dumouriez, quel usage il en a fait.

6° Robespierre nous accuse, comme membres de la commission des Vingt-Un de l'Assemblée législative, d'avoir laissé, pendant les mois d'août et de septembre, les armées de la République dans le plus grand dénûment.

Et ici il n'est pas inutile de rappeler que, sans doute pour donner plus d'activité à notre surveillance, Robespierre, entouré d'assassins, nous dénonçait, le 2 septembre, comme les agents de Brunswick; qu'il n'est pas de moyens, de calomnies, de menaces que lui ou ses amis n'aient employés pour dissoudre cette Commission qui, j'ose le dire, servait bien la patrie. C'est cette Commission, aujourd'hui accusée d'avoir négligé l'organisation ou l'approvisionnement de nos armées, qui, s'occupant jour et nuit, prépara tous les travaux de l'Assemblée législative et les moyens de réparer, autant qu'il était possible, les désordres que les trahisons de Louis et de ses perfides ministres avaient introduits dans nos armées; et ces travaux, insuffisants peut-être, si on les compare aux circonstances, furent cependant immenses et ont concouru, avec l'énergie du peuple, à préparer nos succès; et ces succès, dont la Convention nationale est venue recueillir le fruit, ont été assez éclatants pour être une réfutation suffisante des reproches de M. Robespierre.

7° Après le 10 Août, nous avons calomnié le conseil général de la Commune révolutionnaire de Paris qui a sauvé la République.

Ma réponse sera simple.

Pendant l'administration de ce conseil général, des dilapidations énormes ont été commises sur les biens nationaux, sur le mobilier des émigrés, sur celui trouvé dans les maisons ci-devant royales, sur les effets déposés à la Commune. Pour mettre un terme à ces dilapidations, je demandai que le conseil général fût tenu de rendre ses comptes. Cette demande était juste; je la fis sans aucune espèce de déclamation. Un décret ordonna que les comptes seraient rendus. Était-ce calomnier le conseil général de la Commune? N'était-ce pas plutôt lui fournir une occasion de prouver avec quel zèle il avait administré la fortune publique? Cependant, c'est à cette époque principalement que l'on a commencé à me ravir ma popularité. Tous les hommes qui craignirent de voir leurs brigandages découverts se répandirent en calomnies contre moi, et je fus bientôt un mauvais citoyen, pour n'avoir pas voulu être le complice des fripons.

8° Robespierre nous accuse *d'avoir calomnié Paris.*

Lui seul et ses amis ont calomnié cette ville célèbre. Ma pensée s'est toujours arrêtée avec effroi sur les scènes déplorables qui y ont souillé la Révolution ; mais j'ai constamment soutenu qu'elles étaient l'ouvrage, non du peuple, mais de quelques scélérats accourus de toutes les parties de la République pour vivre de pillage et de meurtre dans une ville dont l'immensité et les agitations continuelles ouvraient la plus grande carrière à leurs criminelles espérances : et, pour la gloire même du peuple, j'ai demandé qu'ils fussent livrés au glaive des lois.

D'autres, au contraire, pour assurer l'impunité des brigands et leur ménager sans doute de nouveaux massacres et de nouveaux pillages, ont fait l'apologie de leurs crimes et les ont tous attribués au peuple. Or, qui calomnie le peuple, ou de l'homme qui le soutient innocent des crimes de quelques brigands étrangers, ou de celui qui s'obstine à imputer au peuple entier l'odieux de ces scènes de sang? (*Applaudissements.*)

MARAT. — Ce sont des vengeances nationales.

9° Nous avons voulu faire fuir de Paris l'assemblée législative.

Je suis étonné que cette imputation se trouve dans la bouche de Robespierre, lui qui avait voulu fuir à Marseille.

Nous avons voulu fuir de Paris! C'est une calomnie infâme.

Je ne sais si quelques membres de la Commission ont eu ce projet (car il y avait alors des Feuillants, il y avait des âmes agitées par une terreur excusable peut-être, lorsque les Prussiens étaient en Champagne) ; je ne sais si quelques membres du Conseil exécutif se livrèrent, comme l'a dit Robespierre, aux mêmes frayeurs et aux mêmes rêves; mais je sais que, cette idée ayant été jetée dans le Comité d'une manière vague, je la repoussai avec la plus grande énergie ; je déclarai que c'était à Paris qu'il fallait assurer le triomphe de la liberté ou périr avec elle ; je déclarai que, si l'Assemblée législative sortait de Paris, ce ne pourrait être que comme Thémistocle sortit d'Athènes, c'est-à-dire avec tous les citoyens, en ne laissant à nos ennemis pour conquêtes que des cendres et des décombres, en ne fuyant un instant devant eux que pour mieux creuser leur tombeau. La proposition fut, en effet, repoussée par la Commission d'une voix unanime. (*Quelques rumeurs s'élèvent dans une extrémité de la salle.*) Je défie ceux qui murmurent de prouver la fausseté de cette assertion, dont deux cents membres de l'Assemblée législative furent témoins.

PANIS. — Moi, je la nie.

VERGNIAUD. — Vous n'étiez pas alors dans la Commission.

10° Robespierre nous accuse d'avoir corrompu, par notre correspondance, l'esprit des départements.

J'adjure celui auquel je me fais gloire d'appartenir, et qui, je l'espère, ne maudira pas ma mémoire, le département de la Gironde, j'adjure ce département qui, dans les commencements de la Révolution, a le premier donné l'exemple à la France de la formation d'une armée marchant à ses propres frais pour secourir, à cinquante lieues de ses foyers, les patriotes opprimés à Montauban sous le joug de l'aristocratie; qui, malgré les pertes immenses qu'il a faites dans les colonies, n'a cessé de multiplier des sacrifices pour la grande querelle des peuples contre les rois; qui a fourni dix bataillons à nos armées; qui, à la première nouvelle des troubles de la Vendée, a fourni quatre mille hommes; qui, dans le dernier recrutement, au lieu de deux mille huit cents hommes que la loi lui demandait, en a donné cinq mille; qui, dans un court espace de temps, a fait une collecte en dons patriotiques de plus de 600 000 francs; qui fournit à notre marine six mille matelots et harcèle le commerce de nos ennemis par ses corsaires; je l'adjure, ce département, qu'on voudrait bien appeler feuillantin parce qu'il a su se préserver des horreurs de l'anarchie, mais contre l'énergie duquel toutes les calomnies viennent ignominieusement échouer, je l'adjure de déclarer si j'ai tenté en quelque manière d'égarer ses opinions. Ce n'est pas que je veuille faire entendre que j'ai influé par ma correspondance sur le bon esprit qui s'y est maintenu sans qu'il soit besoin d'impulsion étrangère. Les hommes de la Gironde trouvent dans leur cœur l'amour de la liberté et la haine des brigands. Quant à ma correspondance, en voici en deux mots tout le secret : *Je n'écris jamais de lettres.* (*On applaudit*).

11° Nous avons sans cesse dénoncé et suscité des divisions dans le sein de la Convention.

Je ne sais si c'est à moi que s'adresse ce reproche; j'avoue que j'en serais fort surpris, car peut-être ne m'a-t-on appelé modéré que parce que je n'ai jamais fait une seule dénonciation.

12° Nous avons détourné les députés belges de la réunion à la France.

Je ne sais ce que mes collègues ont pu faire; je n'ai vu qu'une fois deux députés belges. Ils vinrent me demander l'admission à la barre, et je les fis sur-le-champ introduire. Si c'est là les éloigner de la réunion, j'avoue que je suis grandement coupable.

13° Robespierre nous accuse d'avoir voté pour l'appel au peuple.

Lui devais-je le sacrifice d'une opinion que je croyais bonne? J'ai voté pour l'appel au peuple parce que je pensais qu'il pourrait nous éviter une nouvelle guerre dont je redoutais les calamités; parce qu'il déjouait infailliblement les projets d'une faction dont je soupçonnais l'existence; parce qu'en votant pour la mort de Louis je ne voulais pas voter pour le couronnement d'un nouveau tyran. La guerre que je craignais est déclarée. Resterait-il encore des doutes sur l'existence de la faction d'Orléans? L'appel au peuple pouvait, sous quelques rapports, être une faute politique; mais à qui faut-il l'imputer? A ceux qui, en refusant de prononcer le bannissement des Bourbons avant d'envoyer Louis au supplice, me donnèrent ainsi le droit de soupçonner leurs intentions.

14° Robespierre nous accuse d'avoir de grandes relations avec Dumouriez, et il m'accuse nominativement de l'avoir soutenu dans le Comité de défense générale.

L'histoire de mes relations est connue.

A son retour de la Champagne, j'ai été d'un souper auquel il était invité et où il y avait au moins cent personnes.

A son retour de la Belgique, le hasard me l'a fait rencontrer dans une maison où j'ai dîné avec lui.

Je déclare que, depuis qu'il commande nos armées, nous n'avons pas eu ensemble d'autres relations. Jamais il n'a reçu de lettre de moi; jamais je n'en ai reçu de lui. Que si c'est un crime de l'avoir rencontré, même avec plaisir, lorsqu'il revenait triomphant de la Champagne ou de la Belgique, et qu'il faisait croire à son patriotisme autant par ses services que par ses discours, je demande le décret d'accusation contre la Convention nationale qui l'a reçu dans son sein avec les témoignages de la plus grande bienveillance, contre tous ceux que le hasard a fait trouver avec lui dans une maison tierce, contre toute la France qui lui votait des remerciements.

F. Boileau. — Robespierre a embrassé Dumouriez aux Jacobins.

Vergniaud. — J'ajoute, pour ceux à qui mes moyens de justification ne paraissent pas péremptoires, que Dumouriez a été couronné et embrassé par Robespierre aux Jacobins.

David. — Ce n'est pas par Robespierre, c'est par Collot d'Herbois.

Vergniaud. — Vous en avez donc été dupe comme moi!

Levasseur. — C'est Dumouriez qui alla embrasser Collot d'Herbois.

Vergniaud. — Et, ce qui sans doute est bien plus fort, je demande le décret d'accusation contre les Jacobins qui l'ont couronné et embrassé dans une de leurs séances. (*Applaudissements.*)

Pourquoi, d'ailleurs, nous reproche-t-on avec une méchanceté niaise des soupers faits avec Dumouriez dans un temps où la France le proclamait l'un de ses plus utiles défenseurs, et se tait-on sur les dîners que nos calomniateurs ont faits habituellement avec d'Orléans ? Il n'est pas indifférent que je dise que, dans les premiers jours de la Convention, je fus invité à dîner chez un député de Paris et que j'y trouvai d'Orléans.

Une voix. — Nommez le député.

Vergniaud. — C'est Robert.

Maintenant, je nie formellement que j'aie soutenu Dumouriez dans le Comité de défense générale. J'ai pu ne pas croire d'abord qu'il fût d'intelligence avec les Autrichiens ; et ni Danton, ni Camus, ne paraissaient le croire. J'invoque, à cet égard, le compte qu'ils ont rendu eux-mêmes à la Convention ; mais sur les faits, comme je ne pouvais pas les connaître, je déclarai m'en référer entièrement à ce que diraient les commissaires. Je déclarai que leur rapport seul pouvait déterminer la conduite de l'Assemblée. J'interpellerais Camus, s'il était présent, sur la vérité de ce que je dis, et je ne crains pas d'interpeller Danton.

15° Robespierre nous accuse, comme membres du Comité de défense générale, de n'avoir pris aucune des mesures convenables aux circonstances.

Rappelez-vous, citoyens, que vous aviez composé ce comité des hommes que vous supposiez les plus divisés par leurs haines. Vous aviez espéré que, sacrifiant leurs passions à la chose publique, ils consentiraient à s'entendre mutuellement ; que, s'ils s'entendaient, la raison et le danger commun les auraient bientôt mis d'accord ; et que de là il résulterait plus de calme dans les discussions de l'Assemblée, et de promptitude dans ses délibérations. Empressés de seconder vos vues, nous nous sommes rendus franchement et loyalement à ce Comité. Robespierre et ses amis n'y ont presque jamais paru ; mais s'ils ne remplissaient pas la tâche que vous leur aviez imposée, ils en remplissaient une bien chère à leurs cœurs, ils nous calomniaient. Ils ne venaient pas au

Comité, dit Robespierre, à cause de l'influence que nous y exercions! Ils sont donc bien lâches, puisqu'ils n'osaient entreprendre de la combattre!

Je dois dire comment on a paralysé ce Comité, comment on l'a contraint à se dissoudre. Lorsqu'il se réunissait, il se rendait habituellement au lieu de ses séances cinquante, cent, quelquefois deux cents membres de la Convention. Ce n'était plus un comité, c'était un club où il était impossible de travailler parce que tout le monde y parlait à la fois et que les membres du Comité étaient ceux qui souvent éprouvaient le plus de difficultés pour obtenir la parole.

Qu'arrivait-il, si, après avoir surmonté un pareil obstacle, le Comité parvenait à mettre enfin quelque objet important en discussion? Alors un des assistants venait vite à la Convention proposer en son nom le projet de décret qui se discutait au Comité; de sorte que, quand le Comité avait fait son travail, il apprenait que la Convention l'avait devancé, et on se donnait le plaisir d'accuser le Comité de ne rien faire.

A ce misérable manège, si indigne de la représentation nationale, j'ajouterai un fait qui mettra dans tout son jour le caractère de mon délateur. Le Comité avait arrêté de faire, pour l'armée, une adresse qui serait signée individuellement par les membres de la Convention. Condorcet et moi, nous fûmes nommés commissaires pour la rédaction. Je crus convenable, dans les circonstances, de nous faire adjoindre un membre de ceux sur qui repose la popularité, et dont la coopération aurait prévenu tout débat dans l'Assemblée: Robespierre était présent. Je priai le Comité de l'engager à se réunir à nous. Robespierre répondit qu'il n'avait pas le temps. Je le demande à la France entière, est-ce à l'homme qui, quand on le presse de faire quelque chose pour la patrie, répond qu'il n'a pas le temps; est-ce à un être ou aussi morose, ou aussi apathique, que peut appartenir le droit, je ne dis pas de calomnier — ce droit infâme n'appartient à personne, — mais même de censurer les hommes qui consacrent à la chose publique toute leur existence et n'ont de temps que pour elle? (*Applaudissements dans une partie de la salle. Panis interrompt.*) Je demande si les membres qui, par leur négligence, nous laissaient tout le travail du Comité, peuvent nous accuser de nous être rendus les meneurs.

PANIS, *s'avançant au milieu de la salle.* — On ne voulait pas aller dans un comité où il y avait des conspirateurs.

VERGNIAUD. — Je ne dirai qu'un mot à Panis, c'est qu'avant d'avoir le droit de m'interrompre, il faut qu'il rende ses comptes. (*Panis profère quelques paroles au milieu du tumulte et retourne à sa place.*)

Après avoir suivi Robespierre dans les détails de son accusation, je vais le suivre dans ses généralités. A son avis, nous sommes des meneurs, des intrigants, des modérés.

16° Nous sommes des meneurs!

Robespierre a-t-il voulu dire que nous dirigeons les travaux de la Convention nationale, que nous influençons ses décisions, que nous ne désemparons pas la tribune, que nous faisons rendre les décrets? Mais c'est là une imposture dont toute la Convention peut rendre témoignage. Donne-t-il un autre sens à ce mot *meneur*? Qu'il s'explique, ou qu'il me dispense de lui répondre.

17° Nous sommes des intrigants!

Et où avons-nous intrigué? Dans les sections? Nous y a-t-on vus exciter les passions du peuple par des discours bien féroces et des motions bien incendiaires, le flatter pour usurper sa faveur et le précipiter dans un abîme de misères en le poussant à des excès destructeurs du commerce, des arts et de l'industrie? Non, nous n'avons pas été jaloux de cette gloire; nous l'avons laissée à nos adversaires. Est-ce dans le sein de la Convention, pour faire passer tel ou tel décret, nommer tel ou tel président, tel ou tel secrétaire? Eh bien! s'il est un membre dans cette Assemblée dont il me soit arrivé dans une seule occasion de solliciter le suffrage, soit pour une opinion, soit pour une personne, qu'il ose se lever et m'accuser.

Pourquoi avons-nous intrigué? Pour satisfaire notre

ambition personnelle? Mais, le 10 Août, nous a-t-on vus proposer de prendre les ministres dans le sein de l'assemblée législative? Nous jouissions cependant d'une grande popularité; l'occasion était belle; nous pouvions croire, sans présomption, que le choix tomberait sur quelqu'un d'entre nous : nous ne l'avons pas fait. Où donc sont les preuves de cette passion de fortune ou de pouvoir dont on nous accuse? Aurons-nous au moins intrigué pour faire donner des places à nos parents, à nos amis? Danton s'est glorifié d'avoir sollicité et obtenu des places pour des hommes qu'il croyait bons citoyens. Si, ce que j'ignore, quelqu'un de nous a suivi la même règle de conduite, comment pourrait-on lui faire un crime de ce qui n'a pas paru blâmable en Danton? Quant à moi, à l'exception de cinq ou six attestations de civisme que j'ai signées, et auxquelles il est possible que les ministres aient eu quelque égard, je n'ai sollicité individuellement ni auprès d'eux, ni auprès de leurs agents, ni dans les comités de l'Assemblée législative, ni dans ceux de la Convention nationale, et je n'ai pas fait donner même une place de garçon de bureau. (*Applaudissements.*) Ceux qui m'accusent d'intrigue ou d'ambition pourraient-ils faire la même déclaration?

18° Enfin Robespierre nous accuse d'être devenus tout à coup des modérés, des Feuillants.

Nous, modérés! Je ne l'étais pas le 10 Août, Robespierre, quand tu étais caché dans la cave. Des modérés! Non, je ne le suis pas dans ce sens que je veuille éteindre l'énergie nationale. Je sais que la liberté est toujours active comme la flamme, qu'elle est inconciliable avec ce calme parfait qui ne convient qu'à des esclaves. Si on n'eût voulu que nourrir ce feu sacré qui brûle dans mon cœur aussi ardemment que dans celui des hommes qui parlent sans cesse de l'impétuosité de leur caractère, de si grands dissentiments n'auraient pas éclaté dans cette Assemblée. Je sais aussi que, dans les temps révolutionnaires, il y aurait autant de folie à prétendre calmer à volonté l'effervescence du peuple qu'à commander aux flots de la mer d'être tranquilles quand ils sont battus par les vents. Mais c'est au législateur à prévenir autant qu'il peut les désastres de la tempête par de sages conseils; et si, sous prétexte de révolution, il faut, pour être patriote, se déclarer le protecteur du meurtre et du brigandage, je suis modéré.

Depuis l'abolition de la royauté, j'ai beaucoup entendu parler de révolution. Je me suis dit : il n'y en a plus que deux possibles : celle des propriétés ou la loi agraire, et celle qui nous ramènerait au despotisme. J'ai pris la ferme résolution de combattre l'une et l'autre et tous les moyens indirects qui pourraient nous y conduire. Si c'est là être modéré, nous le sommes tous; car tous nous avons voté la peine de mort contre tout citoyen qui proposerait l'une ou l'autre.

J'ai aussi beaucoup entendu parler d'insurrection, de faire lever le peuple, et, je l'avoue, j'en ai gémi. Ou l'insurrection a un objet, ou elle n'en a pas; au dernier cas, c'est une convulsion pour le corps politique, qui, ne pouvant lui produire aucun bien, doit nécessairement lui faire beaucoup de mal. La volonté de la faire naître ne peut entrer que dans le cœur d'un mauvais citoyen. Si l'insurrection a un objet déterminé, quel peut-il être? De transporter l'exercice de la souveraineté dans la République. L'exercice de la souveraineté est confié à la représentation nationale. Donc ceux qui parlent d'insurrection veulent détruire la représentation nationale; donc ils veulent fonder un gouvernement aristocratique ou rétablir la royauté. Dans les deux cas, ils conspirent contre la République et la liberté; et, s'il faut ou les approuver pour être patriote ou être modéré en les combattant, je suis modéré. (*On applaudit.*)

Lorsque la statue de la liberté est sur le trône, l'insurrection ne peut être provoquée que par les amis de la royauté. A force de crier au peuple qu'il fallait qu'il se levât; à force de lui parler non pas le langage des lois, mais celui des passions, on a fourni des armes à l'aristocratie; prenant la livrée et le langage du sans-culottisme, elle a crié dans le département du Finistère : Vous êtes malheureux, les assignats perdent : il faut vous lever en masse! Voilà comme ces exagérations ont nui à la République.

Nous sommes des *modérés!* Mais au profit de qui avons-nous montré cette grande modération? Au profit des émigrés? Nous avons adopté contre eux toutes les mesures de rigueur que commandaient également et la justice et l'intérêt national. Au profit des conspirateurs du dedans? Nous n'avons cessé d'appeler sur leurs têtes le glaive de la loi, mais j'ai repoussé la loi qui menaçait de proscrire l'innocent comme le coupable. On parlait sans cesse de mesures terribles, de mesures révolutionnaires. Je les voulais aussi, ces mesures terribles, mais contre les seuls ennemis de la patrie. Je ne voulais pas qu'elles compromissent la sûreté des bons citoyens, parce que quelques scélérats auraient intérêt à les perdre; je voulais des punitions et non des proscriptions. Quelques hommes ont paru faire consister leur patriotisme à tourmenter, à faire verser des larmes. J'aurais voulu qu'il ne fît que des heureux. La Convention est le centre autour duquel doivent se rallier tous les citoyens. Peut-être que leurs regards ne se fixent pas toujours sur elle sans inquiétude et sans effroi. J'aurais voulu qu'elle fût le centre de toutes les affections et de toutes les espérances. On cherche à consommer la Révolution par la terreur, j'aurais voulu la consommer par l'amour. Enfin, je n'ai pas pensé que, semblables aux prêtres et aux farouches ministres de l'inquisition, qui ne parlent de leur Dieu de miséricorde qu'au milieu des bûchers, nous dussions parler de liberté au milieu des poignards et des bourreaux. (*On applaudit.*)

Nous, des modérés! Ah! qu'on nous rende grâces de cette modération dont on nous fait un crime! Si, lorsque dans cette tribune on est venu secouer les torches de la discorde et outrager avec la plus insolente audace la majorité des représentants du peuple; si, lorsqu'on s'est écrié avec autant de fureur que d'imprudence : *Plus de trêve, plus de paix entre nous!* nous eussions cédé aux mouvements de la plus juste indignation ; si nous avions accepté le cartel contre-révolutionnaire que l'on nous présentait : je le déclare à mes accusateurs, de quelques soupçons dont on nous environne, de quelques calomnies dont on veuille nous flétrir, nos noms sont encore plus estimés que les leurs; on aurait vu accourir de tous les départements, pour combattre les hommes du 2 Septembre, des hommes également redoutables à l'anarchie et aux tyrans. Nos accusateurs et nous, nous serions peut-être déjà consumés par le feu de la guerre civile. Notre modération a sauvé la République de ce fléau terrible, et, par notre silence, nous avons bien mérité de la patrie. (*On applaudit.*)

Je n'ai laissé sans réponse aucune des calomnies, aucune des divagations de Robespierre. J'examine maintenant la pétition dénoncée par Pétion; mais, comme cette pétition tient à un complot général, permettez que je prenne les faits d'un peu plus haut.

Le 10 mars, une conjuration éclata contre la Convention nationale, je vous la dénonçai ; je nommai quelques-uns des chefs. Je vous lus des arrêtés pris aux noms des deux sections par quelques intrigants qui s'étaient glissés dans leur sein. On feignit de révoquer les faits en doute, on regarda comme incertaine l'existence des arrêtés. Cependant les faits étaient attestés même par la municipalité de Paris. L'existence des arrêtés fut confirmée par les sections qui vinrent les désavouer et vous en dénoncer les auteurs.

Vous ordonnâtes, par un décret, que les coupables seraient poursuivis devant le tribunal révolutionnaire ; le crime est avéré. Quelles têtes sont tombées? Aucune. Quel complice a été seulement arrêté? Aucun. Vous-mêmes avez concouru à rendre votre décret illusoire. Vous aviez mandé Fournier à votre barre. Fournier convint qu'il s'était trouvé dans le premier rassemblement formé aux Jacobins, que de là il avait été aux Cordeliers lieu du rendez-vous général ; que dans ce rendez-vous il avait été question de sonner le tocsin, de fermer les barrières et d'égorger une partie de la Convention. Mais, parce qu'il ajouta que, dans ces scènes où il avait été acteur, il n'avait apporté aucune mauvaise intention ; et comme si celle d'égorger une partie de la Convention n'eût pas dû être réputée mauvaise, vous lui rendîtes la liberté, en ordonnant qu'il serait entendu comme témoin, s'il y avait lieu, devant le tribunal révolutionnaire. C'est à peu près comme si, à Rome, le Sénat eût décrété que Lentulus pourrait servir de témoin dans la conjuration de Catilina.

Cette incroyable faiblesse rendit impuissant le glaive des lois, et apprit à vos ennemis que vous n'étiez pas redoutables pour eux. Aussitôt il se forma un nouveau complot qui s'est manifesté par la formation de ce comité central qui devait correspondre avec tous les départements. Ce complot a été déjoué par le patriotisme de la section du Mail, qui nous l'a dénoncé ; vous avez mandé à votre barre les membres de ce comité central : ont-ils obéi à votre décret ? Sont-ils venus ? Non. Qui êtes-vous donc ? Avez-vous cessé d'être les représentants du peuple ? Où sont les hommes nouveaux qu'il a investis de sa toute-puissance ? Ainsi on insulte à vos décrets ; ainsi vous êtes honteusement ballottés de complots en complots. Pétion vous en a dévoilé un nouveau. Dans la pétition de la Halle-aux-Blés, on prépare la dissolution de la représentation nationale en accusant sa majorité de corruption ; on y verse sur elle l'opprobre à pleine coupe ; on y annonce la volonté bien formelle de changer la forme du gouvernement, puisqu'on y manifeste celle de concentrer l'exercice de l'autorité souveraine dans le petit nombre d'hommes que l'on y représente comme seuls dignes de la confiance publique.

Ce n'est pas une pétition que l'on vient soumettre à votre sagesse, ce sont des ordres suprêmes qu'on ose vous dicter. On vous prévient que c'est pour la dernière fois que l'on vous dit la vérité ; on vous prévient que vous n'avez plus à choisir qu'entre votre expulsion ou subir la loi qu'on vous impose. Et, sur ces insolentes menaces, sur ces outrages sanglants, on vous propose tranquillement l'ordre du jour ou une simple improbation ! Eh ! comment voulez-vous que les bons citoyens vous soutiennent, si vous ne savez vous soutenir vous-mêmes ? Citoyens, si vous n'étiez que de simples individus, je vous dirais : Êtes-vous des lâches ? Eh bien ! abandonnez-vous au hasard des événements : attendez avec stupidité que l'on vous égorge ou que l'on vous chasse. Mais il ne s'agit pas ici de votre salut personnel, vous êtes les représentants du peuple : il y va du salut de la République : vous êtes les dépositaires de sa liberté et de sa gloire. Si vous êtes dissous, l'anarchie vous succède et le despotisme succède à l'anarchie. Tout homme qui conspire contre vous est l'allié de l'Autriche. Vous en êtes convaincus, puisque vous avez décrété qu'il serait puni de mort. Voulez-vous être conséquents, faites exécuter votre décret ou rapportez-le, ou ordonnez que les barrières de la France seront ouvertes aux Autrichiens et que vous serez les esclaves du premier brigand qui voudra vous enchaîner. (*Applaudissements.*) Vous cherchez les complices de Dumouriez : les voilà, les voilà : ce sont eux qui ont conjuré le 10 mars, et les hommes qui leur ont accordé protection et assuré l'impunité. Rappelez-vous la coïncidence de cette première conjuration avec les premiers désastres de la Belgique. Pensez-vous qu'elle soit un simple effet du hasard ? Ce sont eux qui ont formé le Comité central dénoncé par la section du Mail et les faux patriotes qui les ont protégés. Ce sont les provocateurs de la criminelle adresse adoptée par quelques scélérats intrigants au nom de la section de la Halle-aux-Blés, qui, j'en suis sûr, ne la connaît pas. Tous ces hommes veulent, comme Dumouriez, l'anéantissement de la Convention ; tous ces hommes, comme Dumouriez, veulent un roi.

Là, je reprends le reproche que l'on a eu l'impudence de nous adresser de complicité avec Dumouriez. Pour qui travaille Dumouriez ? Ce n'est pas pour lui ; il n'a pas la folie de vouloir être roi ; ce ne peut être que pour le fils aîné de d'Orléans, qui sert dans son armée, et dont plusieurs fois il nous a fait l'éloge, et qui s'est déclaré pour être de moitié dans l'exécution de ses complots. Quoi! nous, les complices de Dumouriez! Et c'est un Bourbon qu'il veut mettre sur le trône! On a donc oublié que nous avons demandé l'expulsion de tous les Bourbons? Nous, les complices de Dumouriez! On a donc oublié quels sont ceux qui ont combattu notre demande? Nous, les complices de Dumouriez! On a donc oublié que nous avons sans cesse dénoncé la faction d'Orléans? Nous, les complices de Dumouriez! On a donc oublié les persécutions que nous ont attirées ces dénonciations courageuses? Nous, les complices de Dumouriez! On a donc oublié qu'au milieu des orages d'une séance de plus de huit heures, nous fîmes rendre le décret qui bannissait tous les Bourbons de la République! Nous, les complices de Dumouriez! On a donc oublié quels furent ceux qui firent rapporter ce décret? Quoi! Dumouriez conspire pour un Bourbon; nous avons lutté sans cesse pour obtenir le bannissement des Bourbons; et c'est nous qu'on accuse! Quoi! Dumouriez conspire pour un Bourbon; nous avons voulu qu'on expulsât tous les Bourbons de la République; et ceux-là qui les ont ouvertement protégés accueillent avec des applaudissements scandaleux l'accusation dirigée contre nous! Non, cet excès d'audace, de méchanceté et de délire n'égarera pas l'opinion sur les vrais coupables. (*Applaudissements.*)

J'ai répondu à tout; j'ai confondu Robespierre dans chacune de ses allégations; j'attendrai tranquillement que la nation prononce entre moi et mes ennemis.

Citoyens, je termine cette discussion, aussi douloureuse pour mon âme que fatale pour la chose publique, à qui elle a ravi un temps précieux.

Je pensais que la trahison de Dumouriez produirait une crise heureuse, en ce qu'elle nous rallierait tous par le sentiment d'un danger commun. Je pensais qu'au lieu de songer à nous perdre les uns les autres, nous ne nous occuperions que de sauver la patrie. Par quelle fatalité prépare-t-on au dehors des pétitions qui viennent dans notre sein fomenter la haine et les divisions? Par quelle fatalité des représentants du peuple ne cessent-ils de faire de cette enceinte le foyer de leurs calomnies et de leurs passions?

Vous savez si j'ai dévoré en silence les amertumes dont on m'abreuve depuis six mois; si j'ai su sacrifier à ma patrie les plus justes ressentiments. Vous savez si, sous peine de lâcheté, sous peine de m'avouer coupable, sous peine de compromettre le peu de bien qu'il m'est encore permis d'espérer de faire, j'ai pu me dispenser de mettre dans tout leur jour les impostures et la méchanceté de Robespierre. Puisse cette journée être la dernière que nous perdions en débats scandaleux.

Je me propose de demander que les signataires de la pétition de la section de la Halle-aux-Blés soient traduits devant le tribunal révolutionnaire. Mais, comme je n'aime pas à accuser sans preuves, je fais motion qu'ils soient mandés à la barre pour reconnaître leurs signatures, et que les registres de la section soient apportés sur le bureau de la Convention.

Le 12 avril, **Pétion** et **Guadet** se défendaient à leur tour contre l'accusation de **Robespierre**, et demandaient avec chaleur qu'on en finit avec ces éternelles dénonciations :

Je fais le serment, s'écriait Pétion, de poursuivre les traîtres; oui, il faudra que Robespierre enfin soit marqué comme autrefois les calomniateurs. . . . .

Le 13 avril, **Marat** est décrété d'accusation; déféré au tribunal révolutionnaire, il est acquitté à l'unanimité le 24 avril, et ramené en triomphe à la **Convention.**

Pendant quelques jours, les passions semblent se calmer, mais cet apaisement est de courte durée. Le 18 avril, à propos d'une motion d'ordre intérieur, **Guadet** faisait entendre ces prophétiques paroles :

Lorsqu'on voulut dissoudre en Angleterre le Long-Parlement, on prit les mêmes moyens; ce fut d'exalter la minorité contre la majorité, de mettre le pouvoir dans les mains de la minorité. Savez-vous ce qui en arriva? Le voici : c'est qu'en effet la minorité trouva le moyen de mettre la majorité sous l'oppression.

Elle appela à son secours des patriotes *par excellence* (c'est ainsi qu'ils se qualifiaient), une multitude égarée, et à laquelle ils promettaient le pillage et le partage des terres.

Ces cris, répétés jusque dans les séances du Parlement, cet appel, motivé sur la prétendue oppression où se trouvait la minorité, et sur l'impuissance où elle était d'y résister, amenèrent l'attentat que l'histoire nous a transmis sous le nom de la *purgation du Parlement*, attentat dont Pride, de boucher devenu colonel, fut l'auteur et le chef; cent cinquante membres furent chassés du Parlement, et la minorité, composée de cinquante ou soixante membres, resta maîtresse du gouvernement.

Savez-vous, citoyens, ce qui en arriva? Ces patriotes par excellence, instruments de Cromwell, et auxquels il fit faire folies sur folies, furent chassés à leur tour. Leurs propres crimes servirent de prétexte à l'usurpateur. Il entra un jour au Parlement, et, s'adressant à ces mêmes membres, qui seuls, à les entendre, étaient capables de sauver la patrie : « Toi, dit-il à l'un, tu es un voleur; toi, dit-il à l'autre, tu es un ivrogne; toi, dit-il à celui-ci, tu t'es gorgé des deniers publics; toi, dit-il à celui-là, tu es un coureur de filles et de mauvais lieux; sus donc, dit-il à tous; cédez la place à des hommes de bien. » Ils la cédèrent, et Cromwell la prit.

Citoyens, je livre ces faits à la méditation de tous les amis de la liberté; en est-il un seul qui, ayant suivi la marche des événements, ne s'aperçoive que c'est le dernier acte de l'histoire d'Angleterre qu'on cherche à jouer? En est-il un seul qui, ayant vu la séance d'hier, ne porte au fond de son cœur cette douloureuse conviction?

Le 23 mai, le rapport fait par **Vigée** au nom de la **Commission des Douze** ravive les haines, et, le vendredi 31, pendant que le tocsin ameutait les sections, **Robespierre**, reprenant ses avantages, accusait, non plus indirectement et par voie d'insinuations ironiques, mais directement et en face, **Vergniaud** et ses amis.

Les mesures proposées par le Comité sont-elles les seules que vous deviez adopter? Les pétitionnaires ne vous en ont-ils pas présenté de capables de sauver la chose publique? Les propositions que j'ai combattues peuvent-elles empêcher l'armée d'être trahie? Non. Il faut purger l'armée; il faut. . . . .

VERGNIAUD. — Concluez donc!

ROBESPIERRE. — Oui, je vais conclure et contre vous; contre vous, qui, après la révolution du 10 Août, avez voulu conduire à l'échafaud ceux qui l'ont faite; contre vous, qui n'avez cessé de provoquer la destruction de Paris, contre vous, qui avez voulu sauver le tyran; contre vous, qui avez poursuivi avec acharnement les mêmes patriotes dont Dumouriez demandait la tête; contre vous, dont les vengeances criminelles ont provoqué ces mêmes cris d'indignation dont vous voulez faire un crime à ceux qui sont vos victimes.

Eh bien! ma conclusion, c'est le décret d'accusation contre tous les complices de Dumouriez et contre tous ceux qui ont été désignés par les pétitionnaires.

Les **1ᵉʳ et 2 juin**, la **Convention** continua à délibérer au milieu des bruits de l'insurrection.

Lanjuinais demande la parole :

Je viens vous occuper des moyens d'arrêter les mouvements qui se manifestent encore dans la ville de Paris, mouvements non moins dangereux pour la liberté que ceux qui ont éclaté depuis deux jours.

Tant qu'il sera permis de faire entendre ici sa voix, je ne laisserai pas avilir dans ma personne le caractère de représentant du peuple. Je réclamerai ses droits et sa liberté. Je vous dirai des vérités, non pas de celles qui tuent la vérité même, qui tuent la liberté….

Il n'est que trop notoire que, depuis trois jours, vous ne délibérez presque plus, que vous êtes influencés au dedans et au dehors; une puissance rivale vous commande; elle vous environne, au dedans de ses salariés, au dehors des canons français.... Une assemblée usurpatrice non seulement existe, non seulement délibère, mais elle agit, mais dans la nuit du vendredi au samedi elle a conspiré.... Si, lorsque je parlai jeudi soir des mouvements qu'on préparait, vous aviez voulu m'entendre, la scène ne serait pas arrivée. Eh bien, écoutez-moi donc. . . . . . .

Mais l'Assemblée s'agite; le tumulte grandit.... **Barère** propose que les membres dénoncés par le département de Paris soient invités à se démettre volontairement de leurs fonctions. **Isnard, Fauchet, Lanthenas, Dussaulx** offrent leur démission.

Lanjuinais. — J'ai, je crois, jusqu'à ce moment, montré quelque courage et quelque énergie; n'attendez donc de moi ni démission ni suspension. (*Rumeurs*).... Sachez qu'une victime ornée de fleurs et qu'on traîne à l'autel n'est pas insultée par le prêtre qui l'immole. On parle de sacrifice de mes pouvoirs : quel abus de mots! Les sacrifices doivent être libres, et vous ne l'êtes pas! Je vous déclare donc que je ne puis émettre aucune opinion en ce moment, et je me tais. . . . .

Enfin l'Assemblée décrète qu'elle met en état d'arrestation chez eux **Gensonné, Vergniaud**, etc.

Ce décret terminait la lutte de la **Gironde** et de la **Montagne**.

Au mois d'octobre, les **Girondins** étaient condamnés et exécutés. Ce n'était que le début des rigueurs que les partis allaient exercer les uns sur les autres. Selon le mot de **Vergniaud**, la Révolution, comme Saturne, allait dévorer ses enfants.

1794, mars. — Procès des **Hébertistes**.
1794, avril. — Condamnation et mort des **Dantonistes**.
Journée du 9 Thermidor, chute des Triumvirs (27 juillet 1794).
1795 (22 juillet). — **Paix de Bâle**.

La **Convention** triomphe au **12 Germinal** (1ᵉʳ avril 1795) de l'insurrection révolutionnaire, au **13 Vendémiaire** (4 octobre 1795) de l'insurrection royaliste.

4 brumaire an IV (26 octobre 1795). — **Clôture de la Convention.**

Constitution de l'an III[1].

---

[1] Si j'arrête mes citations à la chute des Girondins, ce n'est pas que le bon sens et le patriotisme n'aient pas eu d'interprète dans la Convention après eux; mais il faut se borner. Tallien, Bourdon de l'Oise, Thibaudeau, Carnot, Chénier, Legendre lui-même, et bien d'autres, parlèrent plus d'une fois avec sagesse et fermeté.

CHAPITRE IV

L'ÉLOQUENCE MILITAIRE. — NAPOLÉON

Apparu sur la scène le **13 Vendémiaire, Bonaparte** allait bientôt pacifier l'éloquence, et parler seul, au nom de la France, quelquefois avec assez de bonheur. — L'éloquence militaire allait, pour un temps, remplacer l'éloquence de la tribune.

§ 1. — Bonaparte à l'armée d'Italie.
27 mars 1796.

Soldats, vous êtes nus, mal nourris ; le gouvernement vous doit beaucoup ; il ne peut rien vous donner. Votre patience, le courage que vous montrez au milieu de ces

---

1. « Le jour de mars 1796, où, venant prendre le commandement à Nice des mains de Schérer, et passant en revue ces troupes délabrées, il leur dit : « Soldats, vous êtes nus, mal nourris ; le Gouver-« nement vous doit beaucoup, il ne peut rien vous donner. Je veux « vous conduire dans les plus fertiles plaines du monde,... vous y « trouverez honneur, gloire et richesse. Soldats d'Italie, manqueriez-« vous de courage ou de constance ? », ce jour-là il trouva d'instinct l'éloquence militaire dont il est le modèle ; il inventa la harangue à l'usage de la valeur française et faite pour l'électriser. Henri IV avait eu des traits d'esprit, ces saillies heureuses que répétaient Crillon et les gentilshommes, mais ici il fallait une éloquence à la hauteur nouvelle des grandes opérations, à la mesure de ces armées sorties du peuple, la harangue brève, grave, familière, monumentale. Du premier jour, au nombre de ses moyens de grande guerre, Napoléon trouva celui-là. » (Sainte-Beuve, *Causeries du Lundi*, t. I.) Tout cet article sur Napoléon écrivain et orateur est à lire.

Voyez aussi Thiers, *passim* ; — Cormenin, *le Livre des Orateurs*, chapitre consacré à Napoléon.

rochers, sont admirables; mais ils ne vous procurent aucune gloire; aucun éclat ne rejaillit sur vous. Je veux vous conduire dans les plus fertiles plaines du monde. De riches provinces, de grandes villes seront en votre pouvoir : vous y trouverez honneur, gloire et richesses. Soldats d'Italie, manqueriez-vous de courage ou de constance?

Trois semaines à peine après cette proclamation, toutes ces promesses étaient réalisées. L'armée d'Italie avait remporté les victoires de **Montenotte**, de **Millesimo**, de **Mondovi**; l'**armistice de Cherasco** était signé. Le Piémont était soumis. **Coni**, **Cortone**, **Alexandrie** étaient livrées aux Français. **Murat** allait présenter au **Directoire** les drapeaux pris sur l'ennemi.
Bonaparte félicitait ainsi son armée :

Soldats, vous avez remporté en quinze jours six victoires, pris vingt et un drapeaux, cinquante-cinq pièces de canon, plusieurs places fortes, et conquis la partie la plus riche du Piémont; vous avez fait quinze mille prisonniers, tué ou blessé plus de dix mille hommes; vous vous étiez jusqu'ici battus pour des rochers stériles, illustrés par votre courage, mais inutiles à la patrie; vous égalez aujourd'hui par vos services l'armée de Hollande et du Rhin. Dénués de tout, vous avez suppléé à tout. Vous avez gagné des batailles sans canons, passé des rivières sans ponts, fait des marches forcées sans souliers, bivouaqué sans eau-de-vie et souvent sans pain. Les phalanges républicaines, les soldats de la liberté, étaient seuls capables de souffrir ce que vous avez souffert : grâces vous en soient rendues, soldats! La patrie reconnaissante vous devra sa prospérité; et si, vainqueurs de Toulon, vous présageâtes l'immortelle campagne de 1793, vos victoires actuelles en présagent une plus belle encore. Les deux armées qui naguère vous attaquaient avec audace, fuient épouvantées devant vous; les hommes pervers qui riaient de votre misère et se réjouissaient dans leur pensée des triomphes de vos ennemis, sont confondus et tremblants. Mais, soldats, vous n'avez rien fait, puisqu'il vous reste à faire. Ni Turin, ni Milan ne sont à vous; les cendres des vainqueurs de Tarquin sont encore foulées par les assassins de Basseville! On dit qu'il en est parmi vous dont le courage mollit, qui préféreraient retourner sur les sommets de l'Apennin et des Alpes. Non, je ne puis le croire. Les vainqueurs de Montenotte, de Millesimo, de Dego, de Mondovi, brûlent de porter au loin la gloire du peuple français.

Bonaparte poursuit sa marche, accorde un armistice au duc de Parme, traverse le **Pô** à **Plaisance**, détruit une division autrichienne à **Fombio**, passe l'**Adda** à **Lodi**, s'empare de la **Lombardie**, entre à **Milan** (15 mai), reçoit la soumission des **ducs de Parme et de Modène**, résiste à Carnot, qui voulait diviser l'armée, en envoyer une partie à Rome et à Naples, et, rêvant de traverser le Tyrol et de se jeter dans la vallée du Danube, il s'avance vers l'**Adige** :

Soldats, vous vous êtes précipités comme un torrent du haut de l'Apennin; vous avez culbuté, dispersé tout ce qui s'opposait à votre marche. Le Piémont, délivré de la tyrannie autrichienne, s'est livré à ses sentiments naturels de paix et d'amitié pour la France.... Milan est à vous, et le pavillon républicain flotte dans toute la Lombardie. Les ducs de Parme et de Modène ne doivent leur existence politique qu'à votre générosité. L'armée qui vous menaçait avec orgueil ne trouve plus de barrière qui la rassure contre votre courage; le Pô, le Tésin, l'Adda n'ont pu vous arrêter un seul jour; ces boulevards tant vantés de l'Italie ont été insuffisants; vous les avez franchis aussi rapidement que l'Apennin. Tant de succès ont porté la joie dans le sein de la patrie; vos représentants ont ordonné une fête dédiée à vos victoires, célébrée dans toutes les communes de la République. Là, vos pères, vos mères, vos épouses, vos sœurs, vos amantes, se réjouissent de vos succès et se vantent avec orgueil de vous appartenir. Oui, soldats, vous avez beaucoup fait,... mais ne vous reste-t-il donc plus rien à faire? Dira-t-on de nous que nous avons su vaincre, mais que nous n'avons pas su profiter de la victoire? La postérité vous reprochera-t-elle d'avoir trouvé Capoue dans la Lombardie?... Mais je vous vois déjà courir aux armes.... Eh bien! partons! Nous avons encore des marches forcées à faire, des ennemis à soumettre, des lauriers à cueillir, des injures à venger. Que ceux qui ont aiguisé les poignards de la guerre civile en France, qui ont lâchement assassiné nos ministres, incendié nos vaisseaux à Toulon, tremblent! L'heure de la vengeance a sonné, mais que les peuples soient sans inquiétude; nous sommes amis de tous les peuples, et plus particulièrement des descendants de Brutus, des Scipions, et des grands hommes que nous avons pris pour modèles. Rétablir le Capitole, placer avec honneur les statues des héros qui le rendirent célèbre; réveiller le peuple romain, engourdi par plusieurs siècles d'esclavage, tel sera le fruit de nos victoires. Elles feront époque dans la postérité; vous aurez la gloire immortelle de changer la face de la plus belle partie de l'Europe. Le peuple français, libre, respecté du monde entier, donnera à l'Europe une paix glorieuse qui l'indemnisera des sacrifices de toute espèce qu'il a faits depuis six ans. Vous rentrerez alors dans vos foyers, et vos concitoyens diront en vous montrant : « Il était de l'armée d'Italie ».

Ces paroles étaient suivies de prompts effets. Prise de **Pavie**. Batailles de **Lonato** et de **Castiglione** (3 août-5 août 1796).

Prise de **Vérone**. Batailles de **Roveredo** (5 septembre), de **Bassano** (8 septembre), d'**Arcole** (novembre 1796), de **Rivoli** (14 janvier 1797). Prise de **Mantoue** (2 février).

Bonaparte marche contre les États du pape. **Traité de Tolentino** (19 février).

Marche sur **Vienne**. Préliminaires de **Léoben** (18 avril 1797). Traité de **Campo-Formio** (17 octobre).

Bonaparte se rend de Milan à **Rastadt**, où il échange avec les représentants de l'Empereur les ratifications du traité de Campo-Formio, et rentre à Paris (5 décembre 1797).

Cinq jours après, les **directeurs** lui offraient une fête triomphale. Le **général** les remercia en ces termes :

Citoyens, le peuple français, pour être libre, avait les rois à combattre.

Pour obtenir une constitution fondée sur la raison, il avait dix-huit siècles de préjugés à vaincre.

La Constitution de l'an III et vous avez triomphé de tous les obstacles.

La religion, la féodalité, le royalisme ont successivement, depuis vingt siècles, gouverné l'Europe; mais de la paix que vous venez de conclure date l'ère des gouvernements représentatifs.

Vous êtes parvenus à organiser la grande nation dont le vaste territoire n'est circonscrit que parce que la nature en a posé elle-même les limites.

Vous avez fait plus. Les deux plus belles parties de l'Europe, jadis si célèbres par les arts, les sciences et les grands hommes dont elles furent le berceau, voient avec les plus grandes espérances le génie de la liberté sortir du tombeau de leurs ancêtres.

Ce sont deux piédestaux sur lesquels les destinées vont placer deux puissantes nations.

J'ai l'honneur de vous remettre le traité signé à Campo-Formio et ratifié par Sa Majesté l'Empereur.

La paix assure la liberté, la prospérité et la gloire de la République.

Lorsque le bonheur du peuple français sera assis sur de meilleures lois organiques, l'Europe entière deviendra libre.

§ 2. — L'Expédition d'Égypte.

Mais **Bonaparte** méditait déjà l'**expédition d'Égypte**. Cinq mois à peine après son retour à Paris, il s'embarquait à **Toulon** et adressait à son armée cette première proclamation :

Soldats, vous êtes une des ailes de l'armée d'Angleterre. Vous avez fait la guerre de montagnes, de plaines, de siège ; il vous reste à faire la guerre maritime.

Les légions romaines, que vous avez quelquefois imitées, mais pas encore égalées, combattaient Carthage tour à tour sur cette mer et aux plaines de Zama. La victoire ne les abandonna jamais, parce que constamment elles furent braves, patientes à supporter la fatigue, disciplinées et unies entre elles.

Soldats, l'Europe a les yeux sur vous! Vous avez de grandes destinées à remplir, des batailles à livrer, des dangers, des fatigues à vaincre; vous ferez plus que vous n'avez fait pour la prospérité de la patrie, le bonheur des hommes et votre propre gloire.

Soldats, matelots, fantassins, canonniers, cavaliers, soyez unis; souvenez-vous que, le jour d'une bataille, vous avez besoin les uns des autres.

Soldats, matelots, vous avez été jusqu'ici négligés; aujourd'hui la plus grande sollicitude de la République est pour vous; vous serez dignes de l'armée dont vous faites partie.

Le génie de la liberté, qui a rendu, dès sa naissance, la République l'arbitre de l'Europe, veut qu'elle le soit des mers et des nations les plus lointaines [1].

---

1. Au milieu du XIII° siècle (1249), un roi de France débarquait, lui aussi, une armée sur la côte égyptienne. Il s'adressait, lui aussi, à ses soldats :

« Mes fidèles amis, leur disait-il, nous serons insurmontables si nous demeurons unis dans la charité. Ce n'est pas sans une permission de Dieu que nous sommes arrivés ici si promptement. Ce n'est pas moi qui suis roi de France, ni qui suis la sainte Église; je ne suis qu'un seul homme dont la vie passera comme celle d'un autre homme quand il plaira à Dieu. Toute aventure nous est sûre : si nous sommes vaincus, nous monterons au ciel en qualité de martyrs; si nous vainquons, au contraire, on publiera la gloire du Seigneur; et celle de toute la France, ou plutôt de toute la chrétienté en sera plus grande. Dieu, qui prévoit tout, ne m'a pas suscité en vain; il faut qu'il ait quelque grand dessein.

« Combattons pour Jésus-Christ, et il triomphera en nous; et ce sera à son nom et non à nous qu'il en donnera la gloire, l'honneur et la bénédiction. »

Il est inutile d'insister sur la différence du ton, comme sur la différence du but. Mais au milieu de cette parfaite dissemblance il est

Le 1ᵉʳ juillet, l'escadre arrivait à **Alexandrie**.

Découvrant ses projets, **Bonaparte**, quelques jours auparavant, avait tenu à l'armée un langage plus précis :

Soldats! vous allez entreprendre une conquête dont les effets sur la civilisation du monde sont incalculables.

Vous porterez à l'Angleterre le coup le plus sûr et le plus sensible, en attendant que vous puissiez lui donner le coup de mort.

Nous ferons quelques marches fatigantes; nous livrerons plusieurs combats: nous réussirons dans toutes nos entreprises; les destins sont pour nous.

Les beys mameluks, qui favorisent exclusivement le commerce anglais, qui ont couvert d'avanies nos négociants et tyrannisent les malheureux habitants du Nil, quelques jours après notre arrivée n'existeront plus.

Les peuples avec lesquels nous allons vivre sont mahométans; leur premier article de foi est celui-ci : « Il n'y a pas d'autre dieu que Dieu, et Mahomet est son prophète ».

Ne les contredisez pas, agissez avec eux comme nous avons agi avec les Juifs, avec les Italiens; ayez des égards pour leurs muftis et leurs imans, comme vous en avez eu pour les rabbins et les évêques.

Ayez pour les cérémonies que prescrit l'Alcoran, pour les mosquées, la même tolérance que vous avez eue pour les couvents, pour les synagogues, pour la religion de Moïse et de Jésus-Christ. Les légions romaines protégeaient toutes les religions.

Vous trouverez ici des usages différents de ceux de l'Europe; il faut vous y accoutumer.

Le pillage n'enrichit qu'un petit nombre d'hommes; il nous déshonore; il détruit nos ressources; il nous rend ennemis des peuples qu'il est de notre intérêt d'avoir pour amis.

La première ville que nous allons rencontrer a été bâtie

---

permis de remarquer le trait commun aux harangues de saint Louis et de Bonaparte : *la gloire de la France.*

par Alexandre. Nous trouverons à chaque pas des souvenirs dignes d'exciter l'émulation des Français [1].

§ 3. — L'Empire. — Austerlitz.

Napoléon à son armée, la veille de la bataille :

10 frimaire an XIV (1er décembre 1805).

Soldats, l'armée russe se présente devant vous pour venger l'armée autrichienne d'Ulm. Ce sont les mêmes bataillons que vous avez battus à Hollabrunn et que depuis vous avez constamment poursuivis jusqu'ici.

Les positions que nous occupons sont formidables ; et pendant qu'ils marcheront pour tourner ma droite, ils me présenteront le flanc.

Soldats, je dirigerai moi-même tous vos bataillons ; je me tiendrai loin du feu, si, avec votre bravoure accoutumée, vous portez le désordre et la confusion dans les rangs ennemis ; mais, si la victoire était un moment incertaine, vous verriez votre empereur s'exposer aux premiers coups ; car la victoire ne saurait hésiter, dans cette journée surtout, où il y va de l'honneur de l'infanterie française, qui importe tant à l'honneur de toute la nation.

Que, sous prétexte d'emmener les blessés, on ne dégarnisse pas les rangs, et que chacun soit bien pénétré de cette pensée, qu'il faut vaincre ces stipendiés de l'Angleterre qui sont animés d'une si grande haine contre notre nation.

Cette victoire finira notre campagne, et nous pourrons

[1]. Il faut ajouter à ces deux proclamations quelques-uns des mots célèbres prononcés par Bonaparte :
Le jour de la bataille des Pyramides :
« Soldats, quarante siècles vous contemplent. »
Et après la destruction de la flotte à Aboukir :
« Eh bien ! il faut mourir ici, ou en sortir grands comme les anciens ! » etc.

reprendre nos quartiers d'hiver, où nous serons joints par les nouvelles armées qui se forment en France; et alors la paix que je ferai sera digne de mon peuple, de vous et de moi.

Le surlendemain, 12 frimaire an XIV (3 décembre 1805).

Soldats, je suis content de vous. Vous avez, à la journée d'Austerlitz, justifié tout ce que j'attendais de votre intrépidité; vous avez décoré vos aigles d'une immortelle gloire. Une armée de 100 000 hommes, commandée par les empereurs de Russie et d'Autriche, a été, en moins de quatre heures, ou coupée ou dispersée. Ce qui a échappé à votre fer s'est noyé dans les lacs. Quarante drapeaux, les étendards de la garde impériale de Russie, cent vingt pièces de canon, vingt généraux, plus de 30 000 prisonniers, sont le résultat de cette journée à jamais célèbre. Cette infanterie tant vantée, et en nombre supérieur, n'a pu résister à votre choc, et désormais vous n'avez plus de rivaux à redouter.

Ainsi en deux mois cette troisième coalition a été vaincue et dissoute. La paix ne peut plus être éloignée; mais, comme je l'ai promis à mon peuple avant de passer le Rhin, je ne ferai qu'une paix qui nous donne des garanties et assure des récompenses à nos alliés.

Soldats, lorsque le peuple français plaça sur ma tête la couronne impériale, je me confiai à vous pour la maintenir toujours dans ce haut éclat de gloire qui seul pouvait lui donner du prix à mes yeux. Mais, dans le même moment, nos ennemis pensaient à la détruire et à l'avilir. Et cette couronne de fer, conquise par le sang de tant de Français, ils voulaient m'obliger à la placer sur la tête de nos plus cruels ennemis! Projets téméraires et insensés que, le jour même de l'anniversaire du couronnement de votre empereur, vous avez anéantis et confondus! Vous leur avez appris qu'il est plus facile de nous braver et de nous menacer, que de nous vaincre.

Soldats, lorsque tout ce qui est nécessaire pour assurer

le bonheur et la prospérité de notre patrie sera accompli, je vous ramènerai en France ; là vous serez l'objet de mes plus tendres sollicitudes. Mon peuple vous reverra avec joie, et il vous suffira de dire : J'étais à la bataille d'Austerlitz, pour que l'on réponde : Voilà un brave.

§ 4. — Les revers. — La campagne de France. La première abdication.

Bataille de la **Moskowa** (7 septembre 1812.) — **Incendie de Moscou** (15 septembre). — Bataille de la **Bérésina** (28 novembre). — Retour de **Napoléon** à Paris (19 décembre).
Le 14 janvier il ouvre la session du Corps législatif :

… La rigueur excessive et prématurée de l'hiver a fait peser sur mon armée une affreuse calamité. En peu de nuits j'ai vu tout changer. J'ai fait de grandes pertes !... A la vue des maux qui ont pesé sur nous, la joie de l'Angleterre a été grande, ses espérances n'ont pas eu de bornes. Elle offrait nos plus belles provinces pour récompense à la trahison ; elle mettait, pour condition à la paix, le déchirement de ce bel empire.... Les agents de l'Angleterre propagent chez tous nos voisins l'esprit de révolte contre les souverains. L'Angleterre voudrait voir le continent en proie à la guerre civile et à toutes les fureurs de l'anarchie ; mais la Providence l'a elle-même désignée pour être la première victime de l'anarchie et de la guerre civile. Je désire la paix ; elle est nécessaire au monde. Quatre fois depuis la rupture qui a suivi le traité d'Amiens, je l'ai proposée dans des démarches solennelles. Je ne ferai jamais qu'une paix honorable et conforme à ces intérêts et à la grandeur de mon empire....

Bataille de **Lutzen** (2 mai 1813) — de **Bautzen** (19 mai) — de **Dresde** 27 août) — de **Leipsig** (18 octobre). — Combat de **Hanau** (30 octobre) ; retraite de l'armée française.... Le 31 décembre, es troupes alliées entrent en France

Le 30 décembre, **Napoléon** répond ainsi à la députation du **Sénat**.

Sénateurs, je suis sensible aux sentiments que vous m'exprimez. Vous avez vu, par les pièces que je vous ai fait communiquer, ce que je fais pour la paix. Les sacrifices que comportent les bases préliminaires que m'ont proposées les ennemis, et que j'ai acceptées, je les ferai sans regret; ma vie n'a qu'un but, le bonheur des Français.

Cependant le Béarn, l'Alsace, la Franche-Comté, le Brabant sont entamés. Les cris de cette partie de ma famille me déchirent l'âme! J'appelle les Français au secours des Français! J'appelle les Français de Paris, de la Bretagne, de la Normandie, de la Champagne, de la Bourgogne et des autres départements au secours de leurs frères! Les abandonnerons-nous dans leur malheur? Paix et délivrance de notre territoire doit être notre cri de ralliement. A l'aspect de tout ce peuple en armes, l'étranger fuira ou signera la paix sur les bases qu'il a lui-même proposées. Il n'est plus question de recouvrer les conquêtes que nous avions faites.

Napoléon avait décrété un supplément d'impôt. Une commission du **Corps législatif** lui représenta l'inconstitutionnalité du décret. Irrité, **Napoléon** prononça la dissolution de l'assemblée, et aux députés qui vinrent prendre congé de lui il exprima ainsi sa colère (1er janvier 1814) :

Députés du Corps législatif, vous pouviez faire beaucoup de bien, et vous avez fait beaucoup de mal.

Les onze douzièmes d'entre vous sont bons; les autres sont des factieux.

Je vous avais appelés pour m'aider, et vous êtes venus dire et faire ce qu'il fallait pour *seconder l'étranger*; au lieu de nous réunir, vous nous divisez.

Votre Commission a été entraînée par des gens dévoués à l'Angleterre. M. Lainé, votre rapporteur, est un méchant homme. Son rapport a été rédigé avec une astuce et des intentions dont vous ne doutez pas. Deux batailles perdues en Champagne *eussent fait moins de mal.*

Dans votre rapport, vous avez mis l'ironie la plus sanglante à côté des reproches! Vous dites que l'adversité m'a donné des conseils salutaires. Comment pouviez-vous me reprocher mes malheurs? Je les ai supportés avec honneur, parce que j'ai reçu de la nature un caractère fort et fier, et, si je n'avais pas cette fierté dans l'âme, je ne me serais pas élevé au premier trône du monde.

Cependant j'avais besoin de consolations, et je les attendais de vous. Vous avez voulu me couvrir de boue; mais je suis de ces hommes qu'on tue, mais qu'on ne déshonore pas.

Était-ce par de pareils reproches que vous prétendiez relever l'éclat du trône? Qu'est-ce que le trône, au reste? Quatre morceaux de bois revêtus d'un morceau de velours? Tout dépend de celui qui s'y assied. Le trône est dans la nation. Ignorez-vous que c'est moi qui la représente par-dessus tout? On ne peut m'attaquer sans l'attaquer elle-même. Quatre fois j'ai été appelé par elle; quatre fois j'ai eu les votes de cinq millions de citoyens pour moi. J'ai un titre, et vous n'en avez pas. Vous n'êtes que les députés des départements de l'empire.

Est-ce le moment de me faire des remontrances, quand 200 000 Cosaques franchissent nos frontières? Est-ce le moment de venir disputer sur les libertés et les sûretés individuelles quand il s'agit de sauver la liberté politique et l'indépendance nationale? Vos idéologues demandent des garanties contre le pouvoir : dans ce moment, toute la France ne m'en demande que contre l'ennemi.

N'êtes-vous pas contents de la Constitution? C'est il y a *quatre mois* qu'il fallait en demander une autre ou attendre deux ans après la paix. Vous parlez d'abus, de vexations; je sais cela comme vous; cela dépend des circonstances et des malheurs du temps. Pourquoi parler devant l'Europe armée de nos débats domestiques. Il faut laver son linge en famille. Vous voulez donc imiter l'Assemblée constituante et recommencer une révolution? Mais je n'imiterai pas le roi qui existait alors ; j'abandonnerais le trône et j'aimerais mieux faire partie du peuple souverain que d'être roi esclave !

Malgré les prodiges de la **campagne de France**, il fallut céder au sort.
Le Sénat prononce la déchéance de **Napoléon**.
Première abdication (11 avril). Adieux de **Napoléon** à sa garde (Fontainebleau, 20 avril 1814) :

Soldats de ma vieille garde, je vous fais mes adieux. Depuis vingt ans je vous ai trouvés constamment sur le chemin de l'honneur et de la gloire. Dans ces derniers temps, comme dans ceux de notre prospérité, vous n'avez cessé d'être des modèles de bravoure et de fidélité. Avec des hommes tels que vous, notre cause n'était pas perdue. Mais la guerre était interminable ; c'eût été la guerre civile, et la France n'en serait devenue que plus malheureuse. J'ai donc sacrifié tous nos intérêts à ceux de la patrie ; je pars. Vous, mes amis, continuez de servir la France. Son bonheur était mon unique pensée ; il sera toujours l'objet de mes vœux ! Ne plaignez pas mon sort ; si j'ai consenti à me survivre, c'est pour servir encore à votre gloire ; je veux écrire les grandes choses que nous avons faites ensemble ! Adieu, mes enfants ! Je voudrais vous presser tous sur mon cœur ; que j'embrasse au moins votre drapeau !...

A ces mots, le général **Petit**, saisissant l'aigle, s'avance. **Napoléon** reçoit le général dans ses bras et baise le drapeau. Le silence que cette grande scène inspire n'est interrompu que par les sanglots des soldats. **Napoléon**, dont l'émotion est visible, fait un effort et reprend d'une voix ferme :

Adieu encore une fois, mes vieux compagnons ! Que ce dernier baiser passe dans vos cœurs !

§ 5. — Le retour de l'île d'Elbe.

Le 1ᵉʳ mars 1815, Napoléon débarquait au **golfe Juan**; le 4, il était à Digne : il y faisait imprimer les proclamations suivantes, que l'on répandit dans les villes et les garnisons :
Napoléon à l'armée :

Soldats, nous n'avons pas été vaincus. Deux hommes sortis de nos rangs ont trahi nos lauriers, leur prince, leur bienfaiteur.

Ceux que nous avons vus pendant vingt-cinq ans parcourir l'Europe pour nous susciter des ennemis, qui ont passé leur vie à combattre contre nous dans les rangs des armées étrangères, en maudissant notre belle France, prétendraient-ils commander et enchaîner nos aigles, eux qui n'ont jamais pu en soutenir les regards? Souffrirons-nous qu'ils héritent du fruit de nos glorieux travaux? qu'ils s'emparent de nos honneurs, de nos biens? qu'ils calomnient notre gloire? Si leur règne durait, tout serait perdu, même le souvenir de ces immortelles journées. Avec quel acharnement ils les dénaturent! Ils cherchent à empoisonner ce que le monde admire, et, s'il reste encore des défenseurs de notre gloire, c'est parmi ces mêmes ennemis que nous avons combattus sur le champ de bataille.

Soldats! dans mon exil j'ai entendu votre voix, je suis arrivé à travers tous les obstacles et tous les périls. Votre général, appelé au trône par le vœu du peuple et élevé sur vos pavois, vous est rendu : venez le rejoindre.

Arrachez ces couleurs que la nation a proscrites et qui, pendant vingt-cinq ans, servirent de ralliement à tous les ennemis de la France. Arborez cette cocarde tricolore que vous portiez dans nos grandes journées.

Nous devons oublier que nous avons été les maîtres des nations, mais nous ne devons pas souffrir qu'aucun se mêle de nos affaires. Qui prétendrait être maître chez nous? qui en aurait le pouvoir?

Reprenez ces aigles que vous aviez à Ulm, à Austerlitz, à Iéna, à Eylau, à Friedland, à Tudela, à Eckmühl, à Essling, à Wagram, à Smolensk, à la Moskowa, à Lutzen, à Wurtschen, à Montmirail! Pensez-vous que cette poignée de Français, aujourd'hui si arrogants, puissent en soutenir la vue? Ils retourneront d'où ils viennent; et là, s'ils le veulent, ils régneront comme ils prétendent l'avoir fait depuis dix-neuf ans.

Vos rangs, vos biens, votre gloire, les biens, les rangs et la gloire de vos enfants, n'ont pas de plus grands ennemis que ces princes que les étrangers vous ont imposés; ils sont les ennemis de notre gloire, puisque le récit de tant d'actions héroïques, qui ont illustré le peuple français combattant contre eux pour se soustraire à leur joug, est leur condamnation.

Les vétérans des armées de Sambre-et-Meuse, du Rhin, d'Italie, d'Égypte, de l'Ouest, de la Grande Armée, sont humiliés; leurs honorables cicatrices sont flétries; leurs succès seraient des crimes; ces braves seraient des rebelles si, comme le prétendent les ennemis du peuple, les souverains légitimes étaient au milieu de l'ennemi. Les honneurs, les récompenses, leur affection sont pour ceux qui les ont servis contre la patrie et contre nous.

Soldats! venez vous ranger sous les drapeaux de votre chef. Son existence ne se compose que de la vôtre; ses droits ne sont que ceux du peuple et les vôtres; son intérêt, son honneur et sa gloire ne sont autres que votre intérêt, votre honneur et votre gloire. La victoire marchera au pas de charge; l'aigle, avec les couleurs nationales, volera de clocher en clocher jusqu'aux tours de Notre-Dame; alors vous pourrez vous vanter de ce que vous aurez fait : vous serez les libérateurs de la patrie.

Dans votre vieillesse, entourés et considérés de vos concitoyens, ils vous entendront, avec respect, raconter vos hauts faits; vous pourrez dire avec orgueil : Et moi aussi je faisais partie de cette grande armée qui est entrée deux fois dans les murs de Vienne, dans ceux de Berlin, de Madrid, de Moscou, et qui a délivré Paris de la souillure que la trahison et la présence de l'ennemi y ont empreinte. Honneur à ces braves soldats, la gloire de la patrie! et honte éternelle aux Français criminels, dans quelque rang que la Fortune les ait fait naître, qui combattirent vingt-cinq ans avec l'étranger pour déchirer le sein de la patrie!

Napoléon, au Peuple Français :

Français! la défection du duc de Castiglione livra Lyon sans défense à nos ennemis; l'armée dont je lui avais confié le commandement était, par le nombre de ses bataillons, la bravoure et le patriotisme des troupes qui la composaient, à même de battre le corps d'armée autrichien qui lui était opposé et d'arriver sur les derrières du flanc gauche de l'armée ennemie qui menaçait Paris.

Les victoires de Champaubert, de Montmirail, de Château-Thierry, de Vauxchamps, de Mormant, de Montereau, de Craonne, de Reims, d'Arcis-sur-Aube et de Saint-Dizier, l'insurrection des braves paysans de la Lorraine, de la Champagne, de l'Alsace, de la Franche-Comté et de la Bourgogne, et la position que j'avais prise sur les derrières de l'armée ennemie, en la séparant de ses magasins, de ses parcs de réserve, de ses convois et de tous ses équipages, l'avaient placée dans une position désespérée. Les Français ne furent jamais sur le point d'être plus puissants, et l'élite de l'armée ennemie était perdue sans ressource; elle eût trouvé son tombeau dans ces vastes contrées qu'elle avait si impitoyablement saccagées, lorsque la trahison du duc de Raguse livra la capitale et désorganisa l'armée.

La conduite inattendue de ces deux généraux, qui trahirent à la fois leur patrie, leur prince et leur bienfaiteur, changea le destin de la guerre. La situation désastreuse de l'ennemi était telle qu'à la fin de l'affaire qui eut lieu dans Paris il était sans munitions par la séparation de ses parcs de réserve.

Dans ces nouvelles et grandes circonstances, mon cœur

fut déchiré, mais mon âme resta inébranlable. Je ne consultai que l'intérêt de la patrie; je m'exilai sur un rocher au milieu des mers : ma vie vous était et devait encore vous être utile; je ne permis pas que le grand nombre de citoyens qui voulaient m'accompagner partageassent mon sort; je crus leur présence utile à la France, et je n'emmenai avec moi qu'une poignée de braves nécessaires à ma garde.

Élevé au trône par votre choix, tout ce qui a été fait sans vous est illégitime. Depuis vingt-cinq ans, la France a de nouveaux intérêts, de nouvelles institutions, une nouvelle gloire, qui ne peuvent être garantis que par un gouvernement national et par une dynastie née dans ces nouvelles circonstances.

Un prince qui régnerait sur vous, qui serait assis sur mon trône par la force des mêmes armées qui ont ravagé notre territoire, chercherait en vain à l'étayer des principes du droit féodal, il ne pourrait assurer l'honneur et le droit que d'un petit nombre d'individus, ennemis du peuple, qui, depuis vingt-cinq ans, les a condamnés dans toutes nos assemblées nationales. Votre tranquillité intérieure et votre considération extérieure seraient perdues à jamais.

Français! dans mon exil j'ai entendu vos plaintes et vos vœux; vous réclamez ce gouvernement de votre choix qui seul est légitime. Vous accusez mon long sommeil, vous me reprochez de sacrifier à mon repos les grands intérêts de la patrie.

J'ai traversé les mers au milieu des périls de toute espèce; j'arrive parmi vous reprendre mes droits, qui sont les vôtres. Tout ce que des individus ont fait, écrit ou dit depuis la prise de Paris, je l'ignorerai toujours; cela n'influera en rien sur le souvenir que je conserve des services importants qu'ils ont rendus, car il est des événements d'une telle nature qu'ils sont au-dessus d'une organisation humaine.

Français! il n'est aucune nation, quelque petite qu'elle soit, qui n'ait eu le droit et qui ne se soit soustraite au déshonneur d'obéir à un prince imposé par un ennemi momentanément victorieux. Lorsque Charles VII rentra à Paris et renversa le trône éphémère de Henri VI, il reconnut tenir son trône de la vaillance de ses braves, et non d'un prince régent d'Angleterre. C'est aussi à vous seuls et aux braves de l'armée que je fais et ferai toujours gloire de tout devoir.

§ 6. — Les Cent Jours (20 mars-8 juillet 1815)
L'Acte additionnel. — Waterloo. — La seconde abdication.

Rentré à Paris (20 mars 1815), **Napoléon** veut faire une plus grande part à la liberté et prépare l'**Acte additionnel** aux constitutions de l'Empire :

La nation, dit-il à Benjamin Constant, s'est reposée douze ans de toute agitation politique, et depuis une année elle se repose de la guerre. Ce double repos lui a rendu un besoin d'activité. Elle veut ou croit vouloir une tribune et des Assemblées. Elle ne les a pas toujours voulues. Elle s'est jetée à mes pieds quand je suis arrivé au gouvernement. Vous devez vous en souvenir, vous qui essayâtes de l'opposition. Où était votre appui, votre force? Nulle part. J'ai pris moins d'autorité qu'on ne m'invitait à en prendre.... Aujourd'hui, tout est changé. Un gouvernement faible, contraire aux intérêts nationaux, a donné à ces intérêts l'habitude d'être en défense et de chicaner l'autorité. Le goût des constitutions, des débats, des harangues paraît revenu.... Cependant, ce n'est que la minorité qui les veut, ne vous y trompez pas. Le peuple, ou, si vous l'aimez mieux, la multitude ne veut que de moi. Vous ne l'avez pas vue, cette multitude, se pressant sur mes pas, se précipitant du haut des montagnes, m'appelant, me cherchant, me saluant. De Cannes ici je n'ai pas conquis, j'ai administré!... Je ne suis pas seulement, comme on l'a dit, l'empereur des soldats, je suis celui des paysans, des plébéiens de la France.... Aussi, malgré tout le passé, vous voyez le peuple revenir à moi. Il y a sympathie entre nous. Ce n'est pas comme avec les privilégiés. La noblesse m'a servi ; elle s'est lancée en foule dans mes antichambres. Il n'y a pas de place qu'elle n'ait acceptée, demandée, sollicitée. J'ai eu des Montmorency, des Noailles, des Rohan, des Beauvais, des Mortemart. Mais il n'y a jamais eu analogie : le cheval faisait des courbettes ; il était bien dressé, je le sentais frémir ; avec le peuple, c'est autre chose : la fibre populaire répond à la mienne. Je suis sorti des rangs du peuple ; ma voix agit sur lui. Voyez ces conscrits, ces fils de paysans ; je ne les flattais pas, je les traitais rudement ; ils ne m'entouraient pas moins ; ils ne criaient pas moins : *Vive l'empereur!*

C'est qu'entre eux et moi il y a même nature. Ils me regardent comme leur soutien, leur sauveur contre les nobles.... Je n'ai qu'à faire un signe, ou plutôt à détourner les yeux, les nobles seront massacrés dans toutes les provinces. Ils ont si bien manœuvré depuis dix-huit mois!...

Mais je ne veux pas être le roi d'une jacquerie. S'il y a des moyens de gouverner avec une constitution, à la bonne heure !... J'ai voulu l'empire du monde, et, pour me l'assurer, un pouvoir sans bornes m'était nécessaire. Pour gouverner la France seule, il se peut qu'une constitution vaille mieux.... J'ai voulu l'empire du monde, et qui ne l'aurait voulu à ma place? Le monde m'invitait à le régir. Souverains et sujets se précipitaient à l'envi sous mon sceptre. J'ai rarement trouvé de la résistance en France; mais j'en ai pourtant rencontré davantage dans quelques Français obscurs et désarmés que dans tous ces rois si fiers aujourd'hui de n'avoir pas un homme populaire pour égal....

Voyez donc ce qui vous semble possible ; apportez-moi vos idées. Des discussions politiques, des élections libres, des ministres responsables, la liberté de la presse, je veux tout cela,... la liberté de la presse surtout ; l'étouffer est absurde. Je suis convaincu sur cet article....

Je suis l'homme du peuple : si le peuple veut la liberté,

je la lui dois. J'ai reconnu sa souveraineté; il faut que je prête l'oreille à ses volontés, même à ses caprices. Je n'ai jamais voulu l'opprimer pour mon plaisir. J'avais de grands desseins : le sort en a décidé. Je ne suis plus un conquérant; je ne puis plus l'être. Je sais ce qui est possible et ce qui ne l'est pas. Je n'ai plus qu'une mission, relever la France et lui donner un gouvernement qui lui convienne.... Je ne hais point la liberté. Je l'ai écartée, lorsqu'elle obstruait ma route; mais je la comprends, j'ai été nourri dans ses pensées.... Aussi bien, l'ouvrage de quinze années est détruit; il ne peut se recommencer. Il faudrait vingt ans et deux millions d'hommes à sacrifier.... D'ailleurs, je désire la paix, et je ne l'obtiendrai qu'à force de victoires. Je ne veux pas vous donner de fausses espérances; je laisse dire qu'il y a des négociations : il n'y en a point. Je prévois une lutte difficile, une guerre longue. Pour la soutenir, il faut que la nation m'appuie; mais, en récompense, je le crois, elle exigera de la liberté. Elle en aura.... La situation est neuve. Je ne demande pas mieux que d'être éclairé. Je vieillis. On n'est plus à quarante-cinq ans ce qu'on était à trente. Le repos d'un roi constitutionnel peut me convenir. Il conviendra plus sûrement encore à mon fils [1].

1. Ces déclarations et ces promesses, où se marque si bien dans la forme le caractère de Napoléon, étaient adressées par lui à Benjamin Constant, qu'avait séduit ce nouveau programme libéral et constitutionnel, et qui s'était rapproché de l'empereur, quelques jours après avoir fait paraître dans le *Journal des Débats* le fameux article : « Il reparaît, cet homme teint de notre sang; il reparaît... », etc., article qui se terminait par cette protestation : « J'ai vu que la liberté était possible sous la monarchie, j'ai vu le roi se rallier à la nation. Je n'irai pas, misérable transfuge, me traîner d'un pouvoir à l'autre, couvrir l'infamie par le sophisme, et balbutier des mots profanes pour racheter une vie honteuse!! » — (Pour Benjamin Constant, voyez plus loin, livre III.)

On peut rapprocher de ces paroles de Napoléon à B. Constant celles qu'il adressait à M. de Narbonne.... « Ce que j'ai fait, j'ai dû le faire; et il n'y avait que moi, moi tout entier pour succéder à la Révolution et tenir la place. Mais, après moi, je comprends autre chose, un gouvernement de tempéraments et d'équilibre, comme

Mais les puissances, excitées par l'Angleterre, refusent de reconnaître **Napoléon** et de négocier avec lui. C'est de nouveau la guerre.

Napoléon présente l'**Acte additionnel** à la sanction du peuple.

Le 1ᵉʳ juin eut lieu la grande assemblée des électeurs des collèges de département et d'arrondissement, et des députés des armées de terre et de mer.

Napoléon parla ainsi :

Messieurs les Électeurs des collèges de département et d'arrondissement,

Messieurs les Députés des armées de terre et de mer au Champ de Mai,

Empereur, consul, soldat, je tiens tout du peuple. Dans la prospérité, dans l'adversité, sur le champ de bataille, au conseil, sur le trône, dans l'exil, la France a été l'objet unique et constant de mes pensées et de mes actions.

Comme le roi d'Athènes, je me suis sacrifié pour mon peuple, dans l'espoir de voir se réaliser la promesse donnée de conserver à la France son intégrité naturelle, ses honneurs et ses droits.

L'indignation de voir ces droits sacrés, acquis par vingt-cinq années de victoires, méconnus et perdus à jamais, le cri de l'honneur français flétri, les vœux de la nation

vous dites, vous autres. — Et cela, remarquez-le bien, vous en avez déjà le principe, un Sénat, un Corps législatif. Que faut-il de plus pour arriver au reste? rendre le Sénat héréditaire, comme cela se peut, comme cela viendra de soi-même; puis donner la parole au Corps législatif; c'est l'affaire d'un nouveau règne; c'est le lot de mon fils. Il sera probablement dans la moyenne de l'humanité. Eh bien! voilà votre roi constitutionnel tout trouvé, le cadre étant prêt d'ailleurs et la fondation affermie par le temps. Il sera médiocre; rien de mieux; cela n'empêche pas qu'il puisse être actif et sage, s'il a été bien élevé. C'est à vous que je pense pour cela. Tout est incertain dans ce monde, pour le plus puissant et le plus haut placé. Je ne m'attends pas à une longue vie. Je serai satisfait si, comme j'y songe depuis assez longtemps, mon fils est élevé par vous dans les sages maximes et les sentiments français que vous avez. » (Villemain, *Souvenirs contemporains*, t. I, p. 287.)

m'ont rappelé sur ce trône qui m'est cher, parce qu'il est le palladium de l'indépendance, de l'honneur et des droits du peuple.

Français, en traversant au milieu de l'allégresse publique les diverses provinces de l'Empire pour arriver dans ma capitale, j'ai dû compter sur une longue paix : les nations sont liées par les traités conclus par leurs gouvernements, quels qu'ils soient.

Ma pensée se portait alors tout entière sur les moyens de fonder notre liberté par une constitution conforme à la volonté et à l'intérêt du peuple. J'ai convoqué le Champ de Mai.

Je ne tardai pas à apprendre que les princes qui ont méconnu tous les principes, froissé l'opinion et les plus chers intérêts de tant de peuples, veulent nous faire la guerre. Ils méditent d'accroître le royaume des Pays-Bas et de lui donner pour barrière toutes nos places frontières du Nord, et de concilier les différends qui les divisent encore en se partageant la Lorraine et l'Alsace.

Il a fallu se préparer à la guerre.

Cependant, devant courir personnellement les hasards des combats, ma première sollicitude a dû être de constituer sans retard la nation.

Le peuple a accepté l'acte que je lui ai présenté.

Français, lorsque nous aurons repoussé ces injustes agressions, et que l'Europe sera convaincue de ce qu'on doit aux droits et à l'indépendance de vingt-huit millions de Français, une loi solennelle, faite dans les formes voulues par l'acte constitutionnel, réunira les différentes dispositions de nos constitutions aujourd'hui éparses.

Français, vous allez retourner dans vos départements. Dites aux citoyens que les circonstances sont grandes; qu'avec de l'union, de l'énergie et de la persévérance, nous sortirons victorieux de cette lutte d'un grand peuple contre ses oppresseurs; que les générations à venir scruteront sévèrement notre conduite; qu'une nation a tout perdu quand elle a perdu l'indépendance.

Dites-leur que les rois étrangers que j'ai élevés sur le

trône, ou qui me doivent la conservation de leur couronne, qui tous, au temps de ma prospérité, ont brigué mon alliance et la protection du peuple français, dirigent aujourd'hui tous leurs coups contre ma personne.

Si je ne voyais que c'est à la patrie qu'ils en veulent, je mettrais à leur merci cette existence contre laquelle ils se montrent si acharnés. Mais dites aussi aux citoyens que, tant que les Français me conserveront les sentiments d'amour dont ils me donnent tant de preuves, cette rage de nos ennemis sera impuissante.

Français, ma volonté est celle du peuple, mes droits sont les siens ; mon honneur, ma gloire, mon bonheur ne peuvent être autres que l'honneur, la gloire et le bonheur de la France !

« Alors l'**archevêque de Bourges** s'est approché du trône, a présenté à genoux les saints Évangiles à l'**Empereur**, qui a prêté serment en ces termes :

Je jure d'observer et de faire observer les constitutions de l'Empire.

« Le **prince archichancelier**, s'avançant au pied du trône, a prononcé le premier le serment d'obéissance aux constitutions et de fidélité à l'**Empereur**.

« L'assemblée a répété :

Nous le jurons.

« L'**Empereur**, ayant quitté le manteau impérial, s'est levé de son trône, s'est avancé sur les premières marches ; les tambours ont battu un ban, et Sa Majesté a parlé en ces termes :

Soldats de la garde nationale de l'Empire, soldats des troupes de terre et de mer, je vous confie l'aigle impériale aux couleurs nationales ; vous jurez de la défendre au prix de votre sang contre les ennemis de la patrie et de ce trône ! Vous jurez qu'elle sera toujours votre signe de ralliement ! Vous le jurez !

« Les cris universellement prolongés : « Nous le jurons ! » ont retenti dans l'enceinte.

« Les troupes ont marché par bataillons et par escadrons, et ont environné le trône. L'**Empereur** a dit :

Soldats de la garde nationale de Paris, soldats de la garde impériale, je vous confie l'aigle impériale aux couleurs nationales. Vous jurez de périr, s'il le faut, pour la défendre contre les ennemis de la patrie et du trône !

« Nous le jurons ! »

Vous jurez de ne jamais reconnaître d'autre signe de ralliement !

« Nous le jurons ! »

Vous, soldats de la garde nationale de Paris, vous jurez de ne jamais souffrir que l'étranger souille de nouveau la capitale de la grande nation. C'est à votre bravoure que je la confierai.

« Nous le jurons ! »

Et vous, soldats de la garde impériale, vous jurez de vous surpasser vous-mêmes dans la campagne qui va s'ouvrir, et de mourir tous plutôt que de souffrir que les étrangers viennent dicter la loi à la patrie.

« Nous le jurons ! »

La garde, on le sait, tint son serment.
Battu à **Waterloo, Napoléon** revient à Paris et se voit contraint d'abdiquer une seconde fois.
Le 25 juin 1815, il adresse de la Malmaison ces derniers adieux à l'armée française :

Soldats, quand je cède à la nécessité qui me force de m'éloigner de la brave armée française, j'emporte avec moi l'heureuse certitude qu'elle justifiera, par les services éminents que la patrie attend d'elle, les éloges que nos ennemis eux-mêmes ne peuvent pas lui refuser.

Soldats, je suivrai vos pas, quoique absent. Je connais tous les corps, et aucun d'eux ne remportera un avantage signalé sur l'ennemi, que je ne rende justice au courage qu'il aura déployé ; vous et moi, nous avons été calomniés.

Des hommes indignes d'apprécier vos travaux ont vu, dans les marques d'attachement que vous m'avez données, un zèle dont j'étais le seul objet : que vos succès futurs leur apprennent que c'était la patrie par-dessus tout que vous serviez en m'obéissant, et que, si j'ai quelque part à votre affection, je le dois à mon ardent amour pour la France, notre mère commune.

Soldats, encore quelques efforts, et la coalition est dissoute. Napoléon vous reconnaîtra aux coups que vous allez porter.

Sauvez l'honneur, l'indépendance des Français ; soyez jusqu'à la fin tels que je vous ai connus depuis vingt ans, et vous serez invincibles.

Napoléon part pour Rochefort, et, après bien des hésitations, se décide à demander l'hospitalité à l'Angleterre par cette lettre, adressée au **prince régent** :

Ile d'Aix, 14 juillet 1815.

Au prince régent d'Angleterre.

Altesse Royale, en butte aux factions qui divisent mon pays et à l'inimitié des puissances de l'Europe, j'ai terminé ma carrière politique, et je viens, comme Thémistocle, m'asseoir au foyer du peuple britannique. Je me mets sous la protection de ses lois, que je réclame de Votre Altesse Royale, comme du plus puissant, du plus constant et du plus généreux de mes ennemis.

Le cabinet anglais le déclare prisonnier de guerre et le déporte à **Sainte-Hélène**.

Napoléon proteste :

En mer, à bord du *Bellérophon*, 4 août 1815.

Je proteste solennellement ici, à la face du ciel et des hommes, contre la violation de mes droits les plus sacrés, en disposant par la force de ma personne et de ma liberté.

Je suis venu librement à bord du *Bellérophon*. Je ne suis pas prisonnier. Je suis l'hôte de l'Angleterre. J'y suis venu moi-même à l'instigation du capitaine, qui dit avoir des ordres du gouvernement de me recevoir et de me conduire en Angleterre avec ma suite, si cela m'était agréable. Je me suis présenté de bonne foi pour venir me mettre sous la protection de ses lois.

Aussitôt que j'eus mis le pied sur le *Bellérophon*, je fus au foyer du peuple britannique. Si le gouvernement, en donnant des ordres au capitaine du *Bellérophon* de me recevoir ainsi que ma suite, n'a voulu que tendre un piège, une embûche, il a forfait à l'honneur et flétri son pavillon.

Si un tel acte se consommait, ce serait en vain que les Anglais viendraient, à l'avenir, parler de leur loyauté, de leurs lois et de leur liberté : la foi britannique se trouverait perdue dans l'hospitalité du *Bellérophon*.

J'en appelle à l'histoire : elle dira qu'un ennemi qui fit vingt ans la guerre au peuple anglais, vint librement, dans son infortune, chercher un asile sous ses lois; et quelle plus éclatante preuve pouvait-il donner de son estime, de sa confiance? Mais comment répondit l'Angleterre à une telle magnanimité? Elle feignit de tendre une main hospitalière à son ennemi, et, quand il se fut livré de bonne foi, elle l'immola.

Cette protestation fut inutile.
Napoléon mourut à Sainte-Hélène le **5 mai 1821.**

LIVRE III

LA RESTAURATION
1815 — 1830

CHAPITRE PREMIER
DU 15 JUILLET 1815 AU 5 SEPTEMBRE 1816

---

§ 1. — **Procès du maréchal Ney.** — **Lettre du maréchal Moncey à Louis XVIII (29 août 1815).** — **L'inamovibilité des juges. Royer-Collard. (Novembre 1815.)**

Le 8 juillet 1815, **Louis XVIII** fit son entrée à Paris.
Le **24 juillet,** paraissait une **ordonnance** célèbre qui renvoyait devant les conseils de guerre compétents dix-huit officiers généraux (**Ney, La Bédoyère, Drouot,** etc.) et bannissait de Paris trente-huit personnes compromises dans les événements des **Cent-Jours.**
L'article 4 de cette ordonnance déclarait formellement qu'aucun nom nouveau ne pourrait, sous aucun prétexte, être ajouté à ces deux listes, qui demeuraient définitivement closes.
En vertu de cette ordonnance, le 21 août, le ministre de la guerre constitua le conseil de guerre chargé de juger le **maréchal Ney.** Le **maréchal Moncey,** désigné comme président, se récusa et écrivit à **Louis XVIII** la lettre suivante :

Sire, placé dans la cruelle alternative de désobéir à Votre Majesté ou de manquer à ma conscience, je dois m'expliquer à Votre Majesté. Je n'entre pas dans la question de savoir si le maréchal Ney est innocent ou coupable; votre justice et l'équité de ses juges en répondront à la postérité, qui juge dans la même balance les rois et les sujets. Ah! Sire, si ceux qui dirigent vos conseils ne voulaient que le bien de Votre Majesté, ils lui diraient que l'échafaud ne fit jamais des amis. Croient-ils donc que la mort soit si redoutable pour ceux qui la bravèrent si souvent?

Sont-ce les Alliés qui exigent que la France immole ses citoyens les plus illustres? Mais, Sire, n'y a-t-il aucun danger pour votre personne et votre dynastie à leur accorder ce sacrifice? Et, après avoir désarmé la France à ce point que, dans les deux tiers de votre royaume, il ne reste pas un fusil de chasse, pas un seul homme sous les drapeaux, pas un canon attelé, les Alliés veulent-ils donc vous rendre odieux à vos sujets en faisant tomber les têtes de ceux dont ils ne peuvent prononcer les noms sans rappeler leur humiliation?

Qui, moi, j'irais prononcer sur le sort du maréchal Ney! Mais, Sire, permettez-moi de demander à Votre Majesté où étaient les accusateurs tandis que Ney parcourait tant de champs de bataille. Ah! si la Russie et les Alliés ne peuvent pardonner au prince de la Moskowa, la France peut-elle donc oublier le héros de la Bérésina?

C'est à la Bérésina, Sire, que Ney sauva les débris de l'armée. J'y avais des parents, des amis, des soldats enfin, qui sont les amis de leurs chefs; et j'enverrais à la mort celui à qui tant de Français doivent la vie, tant de familles leurs fils, leurs époux, leurs pères! Non, Sire, et s'il ne m'est pas permis de sauver mon pays ni ma propre existence, je sauverai du moins l'honneur. S'il me reste un regret, c'est d'avoir trop vécu, puisque je survis à la gloire de ma patrie. Quel est, je ne dis pas le maréchal, mais l'homme d'honneur qui ne sera pas forcé de regretter de n'avoir pas trouvé la mort dans les champs de Waterloo? Ah! Sire, si le malheureux Ney eût fait là ce qu'il avait fait tant de fois ailleurs, peut-être ne serait-il pas traîné devant une commission militaire, peut-être ceux qui demandent aujourd'hui sa mort imploreraient sa protection!

Excusez, Sire, la franchise d'un vieux soldat qui, toujours éloigné des intrigues, n'a jamais connu que son métier et la patrie. Il a cru que la même voix qui a blâmé les guerres d'Espagne et de Russie pouvait aussi parler le langage de la vérité au meilleur des rois. Je ne me dissimule pas qu'auprès de tout autre monarque ma démarche serait dangereuse et qu'elle peut m'attirer la haine des courtisans; mais si, en descendant dans la tombe, je peux m'écrier, avec un de vos illustres aïeux : *tout est perdu, hormis l'honneur*, alors je mourrai content.

Suspendu de ses fonctions et emprisonné pour ce refus, Moncey rentra plus tard en grâce, fit la guerre d'Espagne, remplaça Jourdan comme gouverneur des Invalides, et mourut en 1842. — Il était né à Besançon en 1754.

Le 7 octobre, le roi faisait l'ouverture des Chambres. Les mois d'octobre et de novembre furent employés à la discussion de la **loi de sûreté**, de la **loi sur les cris séditieux** et de la **loi sur les cours prévôtales**.

Le 15 novembre, **M. Hyde de Neuville** proposa une loi portant :

1° Que le nombre des cours et tribunaux serait réduit;

2° Que les juges seraient inamovibles, *après un an à compter de leur installation*.

Le 21 novembre, **Royer-Collard** combattit le projet dans un discours dont voici un passage célèbre :

..... Mais on peut dégager la Chambre de cette anxiété; on peut lui prouver avec la dernière évidence et en très peu de mots que l'innovation proposée par la Commission n'est pas seulement subversive de la Charte, mais qu'elle ébranle la société jusque dans ses fondements; que, si l'inamovibilité absolue des juges n'était pas dans la Charte, il faudrait se hâter de l'y introduire, et que la société, qui a toujours besoin de ce principe, le réclame avec bien plus de force quand elle a été déchirée par les factions et troublée par de longs désordres.

Considérez, Messieurs, la société en elle-même, le but pour lequel elle existe, la nature et la diversité des pouvoirs qu'elle institue pour l'atteindre ; vous reconnaîtrez que l'action de tous ces pouvoirs vient se résoudre et se confondre dans l'action du pouvoir judiciaire. Les lois civiles et criminelles ne sont que la règle des jugements. Le pouvoir qui veille sans cesse à la sûreté de tous et de chacun ne déploie la force de la société dont il est dépositaire que pour amener ceux qui la troublent devant les tribunaux ; et, dans ce combat de la société tout entière contre quelques-uns de ses membres, les victoires de la société sont des jugements. Ce sont encore des jugements qui règlent les droits incertains, qui commandent l'exécution des promesses, qui répriment les agressions de la cupidité et de la mauvaise foi. En un mot, tous les droits naturels et civils de l'homme en société sont sous la garde des tribunaux et reposent uniquement sur l'intégrité des juges qui les composent. En vain le pouvoir législatif promulguerait des lois, si les lois ne dictaient pas les jugements ; en vain le pouvoir exécutif instituerait des tribunaux, en vain il les armerait du glaive, s'ils n'en faisaient pas l'usage indiqué par les lois, ou s'ils le tournaient contre l'innocence.

Puisqu'on peut dire avec vérité que la société existe ou qu'elle n'existe pas selon que la justice est bien ou mal administrée, il n'y a pour elle aucun intérêt aussi grand que l'équité et l'impartialité des jugements ; et, par cette raison, il n'y a pas de ministère aussi important que celui du juge. Lorsque le pouvoir chargé d'instituer le juge au nom de la société appelle un citoyen à cette éminente fonction, il lui dit : « Organe de la loi, soyez impassible comme elle. Toutes les passions frémiront autour de vous ; qu'elles ne troublent jamais votre âme ! Si mes propres erreurs, si les influences qui m'assiègent, et dont il m'est si malaisé de me garantir entièrement, m'arrachent des commandements injustes, désobéissez à ces commandements, résistez à mes séductions, résistez à mes menaces. Quand vous monterez au tribunal, qu'au

fond de votre cœur il ne reste ni une crainte ni une espérance ; soyez impassible comme la loi. » Le citoyen répond : « Je ne suis qu'un homme, et ce que vous me demandez est au-dessus de l'humanité. Vous êtes trop fort et je suis trop faible ; je succomberai dans cette lutte inégale. Vous méconnaîtrez les motifs de la résistance que vous me prescrivez aujourd'hui, et vous la punirez. Je ne puis m'élever toujours au-dessus de moi-même, si vous ne me protégez à la fois et contre moi et contre vous. Secourez donc ma faiblesse ; affranchissez-moi de la crainte et de l'espérance ; promettez que je ne descendrai point du tribunal, à moins que je ne sois convaincu d'avoir trahi les devoirs que vous m'imposez. » Le pouvoir hésite ; c'est la nature du pouvoir de se dessaisir lentement de sa volonté. Éclairé enfin par l'expérience sur ses véritables intérêts, subjugué par la force toujours croissante des choses, il dit au juge : « Vous serez inamovible ». . . .
. . . .

L'inamovibilité du juge ou l'indépendance du pouvoir judiciaire — car c'est une seule et même chose — a, dit-on, de fâcheuses conséquences. Qui en doute, messieurs ? La question n'est pas là ! Quand on aura triomphé dans l'énumération de ces conséquences, il en faudra bien venir à examiner si l'amovibilité n'en a pas de plus terribles. Telle est la condition des sociétés que les institutions les plus parfaites ne sont au fond que des calculs de probabilités dont le résultat est de préférer un moindre mal à un plus grand. Voilà tout ce qu'a pu faire la raison méditant sur l'expérience ; voilà toute la perfection permise aux sociétés humaines.... Oui, l'inamovibilité des juges entraîne après elle des conséquences que je déplore avec vous ; elles ne sont cependant pas telles qu'on se plaît à les décrire. Les méprises sont inévitables, j'en conviens ; elles sont irréparables, j'en conviens encore ; mais celles qui n'auront pu être évitées, et qui n'auront pas leur remède dans l'inamovibilité elle-même, ne seront jamais ni si funestes ni si nombreuses qu'il faille renverser la Charte et la société pour s'y soustraire. Et parmi ces erreurs je suis loin de comprendre tous les choix que la légèreté, l'envie, l'ignorance ou même le désir du mieux appelleront mauvais. La facilité de la critique est grande en cette matière; mais un bon choix, un mauvais choix ne sont pas des choses simples et absolues. Le mot même indique qu'il y a eu comparaison. En définitive, quelque jugement que l'on puisse porter sur chaque choix en particulier, l'ensemble sera relativement bon, il sera même parfait, s'il n'a pas pu être meilleur. « On fait un crime aux rois, dit l'écrivain que j'ai déjà cité, de ne pas faire de meilleurs choix. Parce qu'on voit peu de grands talents, on suppose qu'il y en a beaucoup de cachés. » Avec quelle justesse, Messieurs, cette ingénieuse remarque s'applique aujourd'hui aux réputations! Parce qu'on voit peu de caractères qui ne soient attaqués, on suppose qu'il s'en cache beaucoup d'inattaquables, et on fait un crime au gouvernement de ne pas les découvrir.

Hélas! Messieurs, en quel nombre sont-ils donc ceux qui sont restés debout, dans l'abaissement presque universel des esprits et des courages? En quel nombre ont-ils jamais été ceux qui ont réuni toutes les qualités dont notre imagination forme le caractère du juge, et qu'elle impose aujourd'hui à quiconque est produit par le gouvernement sous ce titre? Ne calomnions pas la nature humaine en lui demandant au delà de ce qui lui a été donné. Le monde a toujours été gouverné par la médiocrité en tout genre. Quand nous aurons recueilli tous les débris de la tempête, en comparant ce qui nous reste à ce qu'ont possédé nos pères, nous trouverons que nous avons beaucoup perdu, surtout en désintéressement et en courage : mais ce qui nous manque, ne l'attendons que du principe de l'inamovibilité. Seul il relèvera nos tribunaux, parce que seul il a l'admirable propriété de rendre de mauvais choix beaucoup moins mauvais, et des choix médiocres excellents....

§ 2. — La loi d'amnistie (janvier 1816).

Les lois précédemment votées ne contentaient pas la réaction : l'un des membres les plus ardents de la majorité, **M. de la Bourdonnaie**, profitant de ce que l'article 2 de l'ordonnance du 24 juillet semblait autoriser une interprétation plus conforme aux passions des royalistes, élabora une proposition faite pour étendre les proscriptions. La Chambre accueillit avec faveur ce projet et d'autres analogues. Une grande inquiétude se répandit dans le public. Aussi le ministère voulut-il détourner le coup en prenant les devants, et, vers la fin du mois de décembre (1815), il présenta à la Chambre des députés un projet de loi destiné à consacrer l'**ordonnance du 24 juillet**. Mais la Commission nommée pour l'étudier le chargea d'amendements qui le dénaturaient et faisaient d'une loi d'amnistie une loi de proscription et de vengeance.

Ces amendements [1] furent présentés et défendus par le rapporteur, M. Corbière, et combattus par plusieurs députés, parmi lesquels Royer-Collard [2] :

---

[1]. La Commission avait excepté de l'amnistie trois catégories de personnes :

1° Les titulaires des grandes charges administratives ou militaires qu'ils avaient exercées pendant les Cent-Jours ;

2° Les généraux, préfets, commandants de corps ou de places qui avaient passé à l'usurpateur, arboré son drapeau, exécuté ses ordres, ou commis des actes de violence contre l'autorité légitime ;

3° Les régicides, qui avaient accepté des emplois ou voté l'Acte additionnel.

De plus, on devait infliger aux condamnés des amendes applicables au payement des contributions de guerre.

La violence des discours prononcés par les partisans des amendements fut extrême : ... « La divine Providence, disait M. de la Bourdonnaie, toujours auguste dans ses décrets, profonde dans ses desseins, livre enfin dans vos mains les meurtriers de vos rois, les assassins de vos familles, les oppresseurs éternels de la liberté française, comme si la justice suprême les avait réservés, à travers tous nos désastres, pour prouver d'une manière irrésistible la vanité de la prudence humaine et la perfidie des cœurs sans remords.... C'est en tirant une ligne de démarcation entre le crime et la faiblesse que vous replacez la nation au rang d'où elle est descendue », etc.

[2]. Royer-Collard (Pierre-Paul) (1763-1845), né à Sompuis (Marne), avocat à Paris, secrétaire de la première commune, député de la Marne au conseil des Cinq-Cents, exclu de l'assemblée au 18 Fructidor ;

A l'égard de l'amnistie, la Commission juge les exceptions du roi insuffisantes et incomplètes, et pour remédier, dit-elle, à cet inconvénient, *elle propose de faire poursuivre pendant trois mois encore* certains crimes et non des individus.

Ainsi la Commission restreint et ajourne l'amnistie.

Je ferai à ce sujet quelques remarques :

1° Il en est de l'amnistie comme de la justice : l'une s'accorde, comme l'autre s'exerce, dans l'intérêt de la société. La nécessité de punir cesse avec l'utilité de le faire. Il ne s'agit donc point, en matière d'amnistie, d'examiner s'il échappe même des grands coupables, mais de comparer l'avantage de les atteindre à celui de hâter le rétablissement de la paix intérieure. Ce n'est pas toujours le nombre des supplices qui sauve les empires. L'art de gouverner les hommes est plus difficile, et la gloire s'y acquiert à un plus haut prix. Nous aurons assez puni, si

sous l'Empire, professeur de philosophie à la faculté des lettres de Paris; député de la Marne à la Chambre des députés pendant la seconde Restauration, il y conquit une grande autorité en défendant la doctrine libérale contre les excès de royalisme de la droite. Comme philosophe, il est le chef de l'éclectisme. Son plus illustre disciple est V. Cousin. La vie de Royer-Collard a été écrite et ses discours politiques publiés par M. de Barante (2 vol. in-8°, Paris, 1861).

« ... M. le général Foy représentait l'école militaire; M. Casimir Périer, l'école financière; M. de Serre, l'école gouvernementale; M. Benjamin Constant, l'école constitutionnelle; M. Royer-Collard, l'école philosophique. Il avait moins d'éclat que le général Foy, moins de finesse, de dialectique et de souplesse que Benjamin Constant, moins d'impétuosité et de feu que Casimir Périer, moins de science législative et d'originalité que M. de Serre. Mais il était le premier de nos écrivains parlementaires. Il avait une manière de style vaste et magnifique, une touche ferme, des artifices de langage savants et prodigieusement travaillés, et de ces expressions accouplées qui se gravent dans la mémoire et qui sont les bonnes fortunes de l'orateur. Il y a de la virilité dans ses discours, à la manière de Mirabeau, et quelques mouvements oratoires presque aussitôt retenus que lancés, comme s'il eût craint leur véhémence, une haute raison dans les sujets religieux et moraux, partout une méthode ample, sans roideur, dogmatique, sévère.... » (Timon, *Livre des orateurs. Royer-Collard*).

Voir quelques pages de Sainte-Beuve sur Royer-Collard, *Nouveaux lundis*, t. IV.

nous sommes sages et habiles; jamais assez, si nous ne le sommes pas.

En second lieu, j'ai fait voir que les exceptions de classes ou de crimes sont destructives de l'amnistie, et la rendent vaine et dérisoire. Le motif qui les fait préférer à la Commission me semble dénué de tout fondement; c'est, dit-elle — je cite les termes du rapport, — que l'objet des lois pénales doit être les crimes. Mais ni l'amnistie ni ses exceptions ne sont des lois pénales, et j'avoue que je ne conçois pas comment cette dénomination a pu leur être appliquée. Loin d'être une loi pénale, l'amnistie déroge spécialement aux lois pénales; et les exceptions qui déclarent que néanmoins le cours de ces lois subsiste, soit à l'égard de certains crimes, soit à l'égard de certaines personnes, n'impliquent rien de plus que l'action de l'autorité exécutive.

Enfin la Commission suppose évidemment que les choses sont entières, et que l'amnistie du roi n'existe pas encore, puisqu'elle la restreint et l'ajourne. J'ai une autre idée, je l'avoue, et d'une amnistie et d'un roi. Je pense que, le jour même où l'amnistie a été proposée, et proposée par le roi, elle a été acquise aux coupables comme pardon, à la France comme le signal du repos qui lui était rendu. Mais, s'il est vrai que l'amnistie existe dans sa plénitude, une seule exception ajoutée la viole manifestement et fait rétrograder la clémence du prince. Que d'autres plus hardis l'entreprennent; pour moi, je le déclare, je ne me placerai point entre le roi et les coupables; je n'intercepterai point le pardon royal, je ne lui ferai point rebrousser chemin vers le trône dont il est descendu. . . . .
. . . .

Je ne puis terminer cette pénible discussion sans élever la voix contre l'article 5 du projet de la commission, qui porte que, dans les poursuites qui auront lieu, le Trésor public interviendra pour requérir l'indemnité du préjudice causé à l'Etat, et que le produit des condamnations sera appliqué au payement des contributions de guerre.

Le préjudice causé à l'État par la rébellion du 20 mars

est tellement supérieur à toutes les fortunes particulières qu'on voit d'abord que l'indemnité de ce préjudice ne diffère point de la confiscation des biens. C'est donc de la confiscation qu'il s'agit. Si l'on vous proposait, Messieurs, de rétablir à l'avenir, pour les crimes d'État, la peine de la confiscation des biens abolie par la Charte, la Chambre, je n'en doute point, entendrait cette proposition avec effroi. Les confiscations, nous ne l'avons pas oublié, sont l'âme et le nerf des révolutions : après avoir confisqué, parce qu'on avait condamné, on condamne pour confisquer; la férocité se rassasie; la cupidité, jamais. Les confiscations sont si odieuses, Messieurs, que notre Révolution en a rougi, elle qui n'a rougi de rien; elle a lâché sa proie; elle a rendu les biens des condamnés.

Eh bien! Messieurs, que doit-on penser et que faut-il dire quand la confiscation est proposée, non pour l'avenir, mais pour le passé, contre la Charte qui abolit cette peine et qui défend de la rétablir? Et quelle sera cette loi de confiscation rétroactive? Une loi d'amnistie. Et dans quelles circonstances sera-t-elle publiée? Après que plusieurs des plus grands coupables ont subi la peine capitale. Sont-ils à l'abri de la confiscation? la justice ne permet pas que d'autres en soient frappés. La confiscation doit-elle les atteindre? qu'on les fasse donc sortir du tombeau, et qu'on les ramène devant leurs juges, afin qu'ils entendent de leurs bouches cette condamnation qui ne leur a pas été prononcée. Messieurs, la délibération de la Chambre se réduit à des termes fort simples. Le roi propose une amnistie limitée par des exceptions telles que les ont commandées les circonstances. Une amnistie et ses exceptions sont une seule et même chose. Si la Chambre s'unit au roi pour proclamer l'une et sanctionner les autres, quel que soit l'avenir, elle aura fait ce qui lui était prescrit par la prudence et par le vœu de la nation; mais si la Chambre se sépare du roi, si elle rejette ou envenime les mesures qu'il destine au rétablissement de la tranquillité intérieure, sa responsabilité sera grande devant l'Europe et devant la postérité; les malheurs lui

appartiendront. Je ne serai point plus sage que le roi. Je dépose ma responsabilité personnelle au pied du trône.
Je vote pour la loi sans amendement.

« Le discours de Royer-Collard eut beaucoup d'effet, et de ce jour data sa renommée de grand orateur. » (De Barante.)
La question accessoire de la confiscation fit naître de nouveaux débats, que termina l'éloquente parole de M. de Serre [1].

Messieurs, notre trésor peut être pauvre, mais qu'il soit pur! C'est en entretenant au sein de la nation les sentiments nobles et généreux que vous l'enrichirez d'une manière digne de vous ; méprisez de misérables dépouilles, conservez à nos lois fondamentales le caractère de noblesse et de pureté dont elles sont revêtues, et laissez

---

[1]. De Serre (François-Hercule, comte), né à Pagny-sur-Moselle, en 1776. Il émigra et fut officier de l'armée de Condé, maître d'école à Reutlingen en Souabe, avocat à Metz sous le Consulat et l'Empire, avocat général à la cour de Metz en 1811 ; cinq mois après, premier président de la cour impériale de Hambourg; en 1814, premier président de la cour de Colmar et député du Haut-Rhin à la première Chambre de la seconde Restauration. C'est de ce jour que commence sa carrière politique et oratoire, celle qui nous intéresse. Il jouait, dans cette Chambre introuvable, le rôle de modérateur au milieu des impatiences de la réaction monarchique. Il fut garde des sceaux en 1818 et en 1821. Il ne put, pour des difficultés de cens, être réélu aux élections de 1822. Il était ambassadeur à Naples, où il mourut le 21 juillet 1824. — Voy. *Correspondance du comte de Serre* (1796-1825) publiée par son fils (6 vol. in-8). — *Discours prononcés dans les Chambres par le comte de Serre* (1815-1822), 2 vol. in-8°. — *La politique modérée sous la Restauration*, par Ch. de Mazade.
« M. Guizot a la force, disait Royer-Collard, mais de Serre avait la grandeur; son éloquence à lui se passait dans une région supérieure, — que vous dirai-je? non pas la région où se forment les orages; mais quelque chose d'élevé et de grand. »
« ... M. de Serre, cette grande âme oratoire, au large essor, au coup d'œil étendu, à l'inspiration palpitante et passionnée, un de ces oiseaux de haut vol qui ne s'élèvent jamais plus haut que dans la tempête.... Il avait ce qui anime et ce qui dévore, le *pectus*. Doué d'une conception supérieure et lumineuse, fait pour embrasser et parcourir tout un ordre d'idées avec ampleur et véhémence, il y joignait des mouvements imprévus, de ces élans spontanés que peut seul suggérer le génie de l'éloquence.... » (Sainte-Beuve.)

aux Bourbons la gloire d'une grande pensée morale et politique qui leur assure la reconnaissance de la nation et la vénération de la postérité.

Après quelques paroles du comte de Vaublanc, et une protestation ultramonarchique du comte de Bethisy, réclamant pour la Chambre la sévérité que repoussait le roi, le projet de loi fut voté par 334 boules blanches contre 32 noires. Présentée à la Chambre des pairs par le duc de Richelieu, la loi d'amnistie fut combattue par le duc de Broglie [1] au nom de la justice, du repos public et de l'intérêt bien entendu de la monarchie :

Après une profession de foi aussi sincère, vous n'attendez pas, Messieurs, que je réfute l'amendement introduit par la Chambre des députés. J'ouvrirais l'histoire d'Angleterre, et je chercherais dans le procès de Strafford tout ce qu'a inspiré de réflexions éloquentes l'injustice d'assembler des faits épars, de cumuler des actions qui ne sont pas punissables avec d'autres qui sont innocentes pour en construire un crime nouveau et en écraser un ennemi. Nul n'est poursuivi en France pour avoir signé l'Acte additionnel ; tous les votes de la Révolution sont à l'abri de l'article 11 de la Charte : qu'on n'argumente pas de la nature de celui-ci ; c'est précisément là où il est indispensable, où il est sacré. S'il tombe aujourd'hui, vingt-cinq ans de révolution demeurent à découvert ; et ce n'est plus au 20 mars qu'il nous faut songer. . . . . .

§ 3. — Le budget. — De Serre.

Au mois de décembre (1815), M. de Vaublanc présentait un projet de loi électorale qui devait assurer la réélection du parti

---

1. De Broglie (Achille-Charles-Léonce-Victor), né en 1785, gendre de Mme de Staël, membre de la Chambre des pairs (1814), attaché au parti doctrinaire, fut un des plus éloquents défenseurs des principes libéraux, et des plus redoutables adversaires de l'ultraroyalisme. — Ses *Souvenirs* ont été tout récemment publiés, 4 vol., librl Lévy. — Voy. sur le duc de Broglie les articles de Sainte-Beuve, *Causeries du lundi*, t. II.

dominant et mettre les élections dans la main du gouvernement. La Chambre consacra près de trois mois à l'examen de cette loi. Royer-Collard prononça deux discours fort remarqués. Adoptée par la Chambre des députés, la loi fut rejetée par la Chambre des pairs (3 avril 1816). On dut donc, en attendant une loi définitive, s'en tenir provisoirement aux ordonnances du mois de juillet précédent pour la composition des collèges électoraux et la nomination des députés.

La session législative touchait à sa fin, et la discussion du budget était encore une occasion pour les partis de se mesurer et de se combattre. « Le budget, tel qu'il est institué en France, renferme toute la vie de l'État ; il remet en question le gouvernement, l'administration, les relations extérieures, le système des impôts, la prospérité du pays [1]. » — Deux questions, la fixation de l'arriéré et son acquittement, furent l'objet d'un débat passionné. Un orateur que nous avons déjà rencontré, de Serre, défenseur éloquent de la politique de modération, se fit l'avocat des créanciers de l'État, que la Commission ne craignait pas de frustrer des deux cinquièmes de leurs créances (18 mars 1816).

Nous ne citerons qu'un fragment du premier de ses discours :

Messieurs, je ne vous parlerai que de l'arriéré, et je n'en parlerai que dans ses rapports les plus intimes avec la loi fondamentale du pays.

... Je distingue l'arriéré antérieur à la Restauration de l'arriéré postérieur : non qu'ils ne soient également sacrés, mais parce qu'il a été fait des fonds pour le payement du premier, et qu'il reste à en faire pour le payement du second.

Sur le premier arriéré s'élève cette question : pouvons-nous renverser la loi de 1814 qui en a réglé le sort, retirer au gouvernement les valeurs mises à sa disposition pour l'acquit des dépenses légalement reconnues, retirer aux créanciers de cet arriéré le gage qui leur a été solennellement affecté? Le pouvons-nous sans la proposition du roi, contre une prohibition formelle du roi?

1. De Barante, *Vie de Royer-Collard*, t. I, p. 240.

On répond que nous le pouvons, et à plusieurs titres, savoir : par voie d'amendement; par le texte même de cette loi de finances de 1814; enfin par la nature des choses.

1° Par voie d'amendement....

2° Par le texte même de la loi de septembre 1814....

3° Nous tirons de la *nature même des choses* le droit d'abroger la loi de 1814, et, au besoin, sans notre intervention, *la force même des choses l'a déjà abrogée.*

Tel est, Messieurs, le dernier retranchement d'un système désespéré. Convaincu de la puissance de la loi, l'on s'efforce de nier son existence.

Pour moi, je l'avoue, lorsque pour échapper à la nécessité de l'initiative royale, pour arriver à la subversion d'une loi positive, j'entends évoquer cette puissance vague et mystérieuse que l'on nomme la *nature des choses*, je me rappelle avec terreur qu'au bruit de semblables arguments se sont écroulées des institutions séculaires, comme au son des trompettes tombèrent jadis les murs antiques de cette ville réprouvée du Seigneur.

Mais y a-t-on bien pensé? Qu'est-ce ici que la nature des choses? Que sont les choses elles-mêmes, si ce n'est l'arriéré que protège la loi de 1814, si ce n'est cette loi elle-même qui nous charge de veiller à son exécution, si ce n'est la volonté connue du roi qui défend cette loi de toute atteinte et veut l'exécuter? Volonté royale conforme à la loi; loi conforme à la Charte : voilà quelles sont les choses. Qu'y a-t-il, dans leur nature, qui abroge la loi de 1814, qui autorise à l'abroger?

Les orateurs de la commission attestent que la loi de 1814 est inexécutable. Je pourrais leur répondre que le ministère du roi, que le conseil du roi, chargés de ses finances, n'attestent pas seulement, mais prouvent par le calcul, prouvent mathématiquement la possibilité de l'exécution pleine, entière, plus que suffisante de la loi; et ces orateurs me pardonneront de penser que, sur ce point, la France et surtout les créanciers croiront plutôt le roi et ses conseils que la Commission, mais je leur dois une autre réponse. La loi est inexécutable, dites-vous ; mais veuillez auparavant me dire si, par hasard, vous ou la Chambre êtes chargés de l'exécuter. Vous me répondez que non. C'en est déjà trop de se passer de l'initiative royale ; vous ne voulez pas envahir la puissance exécutive. Alors je vous demande à qui il appartient de juger la possibilité de l'exécution d'une loi rendue. Est-ce à celui qui est chargé de cette exécution, qui l'a commencée, la continue, veut la continuer, ou à celui qui n'en est pas chargé et, par sa nature, n'en peut jamais être chargé ? Est-ce à l'une des branches du pouvoir législatif, du domaine duquel la loi est absolument sortie, ou bien au roi dans le domaine duquel la loi est irrévocablement entrée ?

La loi de 1814 est injuste, poursuivez-vous. Mais prouvez-moi d'abord que vous êtes constitués juges de sa justice : jusque-là je vous soutiendrai que vous devez être, comme tous les Français, sujets soumis et respectueux de la loi.

Cependant, voyons un instant quelle est cette injustice.

C'est que cette loi de 1814 sanctionne une loi de 1813 sur l'aliénation des biens des communes, qui, elle-même, était injuste.

Ici, Messieurs, le sujet est assez grave, il se rattache par lui-même à tant d'autres plus graves encore, que vous nous permettrez quelques réflexions. Je suppose que l'emprunt forcé fait en nature sur les communes, en 1813, n'a point été moins onéreux pour elles qu'un nouvel impôt de valeur égale ; je suppose qu'un emprunt forcé est toujours une mauvaise opération, que c'est toujours une iniquité de le rembourser en rentes au pair ; mais alors pourquoi la commission veut-elle consolider au pair le dernier emprunt de 100 millions qui, sans doute, n'a pas été plus également réparti ? Pourquoi, surtout, ne propose-t-elle pas de rendre aux communes ces 23 millions redus sur leurs biens, et qui en sont la représentation ? La Commission s'écriera : « La nécessité ! la loi existante ! » Mais ses prédécesseurs aussi ont dit : « La nécessité! la loi existante! » Il me semble qu'une excuse vaut l'autre, et que la Commission n'a pas le droit de censurer aussi amèrement ce qu'elle-même propose de faire.

En deuxième lieu, l'injustice du passé nous révolte; ce sentiment est louable; mais, Messieurs, si les siècles pouvaient se rapprocher devant nous; si, dépouillée de la mousse des temps, la racine de tous les droits pouvait se découvrir à nos yeux, pensez-vous que les droits le plus justement respectés aujourd'hui nous apparaîtraient purs de toute usurpation, de toute injustice? Eh bien! Messieurs, celui qui n'a pas compris que la Révolution renferme plusieurs siècles en elle; celui qui n'a pas senti que la volonté du roi, la Charte qu'il nous a donnée, avaient reculé dans le temps tous les actes antérieurs, cet homme n'a point élevé ses pensées assez haut pour concourir à donner des lois à la France actuelle....

§ 4. — **La restitution.** — **De Serre**.

Cette première discussion se termina par une concession du ministère, qui déclara que la vente des bois de l'État (garantie des créanciers) cesserait d'avoir lieu. — Nous verrons dans la session de 1818 la question des forêts reparaître et faire le sujet d'un curieux débat [1].

Mais la majorité royaliste poursuivait depuis la fin de l'année 1815 le rétablissement du clergé dans son ancien état. Le premier point était de le rendre propriétaire. On commença par un projet de loi (2 janvier 1816) *pour l'amélioration du sort du clergé*. Il s'agissait, dans la pensée du gouvernement, d'augmenter les traitements. Mais ce n'était point l'affaire du clergé, ni de la Chambre. Recevoir des traitements paraissait une condition humiliante; et le clergé ne doit pas être dépendant du vote d'une Chambre. La commission modifia le projet ministériel, et la Chambre, acceptant ses conclusions, vota (24 avril 1816) que la dotation de l'Église se composerait de 42 millions de rentes perpétuelles, et des bois et autres biens de l'ancien clergé, actuellement entre les mains de l'État. Mais

1. Voir, à la fin du volume, l'appendice n° III.

une décision aussi contraire aux principes du droit moderne ne passa pas sans protestation, et de Serre combattit dans le discours suivant les exorbitantes prétentions de la majorité. Il s'élève d'abord contre les empiétements de la Chambre sur l'initiative royale.

Je ne sais si la théorie des amendements qui s'est établie a fait encore de nouveaux progrès, si les actes, les discours ou le silence des ministres a formé une jurisprudence favorable à cette théorie; quant à nous, Messieurs, qui avons défendu jusqu'ici la prérogative royale... (*Protestations,... cris,... interruptions,... rappel à l'ordre...*), à nos yeux, les procédés de vos commissions sont éminemment abusifs, leur doctrine de l'amendement est dangereuse; elle est contraire à toute maturité d'examen, à toute sagesse dans ces délibérations; elle est enfin destructive de l'autorité royale.... Tout homme de bonne foi avouera que, de la manière dont cette théorie est entendue et appliquée, elle équivaut à la proposition pleine et entière de la loi, à l'initiative la plus illimitée.... Or nous soutenons que là où est la proposition de la loi, là est le gouvernement, là est la royauté.... Proposer la loi, c'est régner.... Et qui ne sent que pour proposer la loi il faut gouverner, il faut avoir des ministres, des administrations à ses ordres? Il faut que ces agents vous rendent compte de l'ensemble et des détails du gouvernement, de la situation générale, et particulièrement des affaires, il faut qu'ils vous fournissent les éléments de la loi. Autrement, comment jugeriez-vous de la nécessité, de l'opportunité de la loi? Comment la rédigeriez-vous? Tant il est vrai que proposer des lois et gouverner sont choses indivisibles. Aussi le gouvernement passe-t-il toujours du côté de celui qui s'arroge la proposition de la loi.

Toute l'histoire atteste cette dernière vérité.... Avec le système cher aux commissions et toléré par la Chambre, quel désordre, quel chaos ne menace pas la législation!... Nous avons vu que toutes les garanties étaient données contre l'abus de la proposition royale : le ministre, le conseil, les Chambres, les bureaux, les commissions même.

Mais lorsque le mal est dans le remède, lorsque l'usurpation est dans la garantie, à qui demandera-t-on remède et garantie? Aussi n'en est-il point contre le pouvoir usurpé : obtenu par le renversement de la règle, il la dédaigne. Ainsi font vos commissions. Dénuées des secours indispensables à la facture, à la perfection des lois, affranchies de tous délais, de toutes épreuves, agrandissant démesurément leur sphère, s'exagérant leur importance, se croisant dans leurs propositions, elles nous apportent inopinément les fruits de leur imagination; les délibérations sont brusquées, étranglées; et, d'un jour à l'autre, du soir au matin, de la minute à la minute, la Chambre est réduite à enregistrer les décrets absolus de ses commissions.

Que devient, dans cet état de choses, le gouvernement? Les commissions arrachent tour à tour le pouvoir à des ministres éperdus. Mais bientôt il leur échappe à elles-mêmes, et, dans cette lutte déplorable, le pouvoir tombe et s'anéantit.

Il est plus que temps, Messieurs, que la Chambre s'élève contre ces abus; qu'elle ramène ses commissions, qu'elle revienne elle-même à la Charte, aux règlements, à l'ordre, aux principes conservateurs de la liberté, de l'essence même de ses délibérations, conservateurs surtout de la royauté; s'il en était autrement, si l'initiative continuait à être ainsi livrée sans défense par les premiers dépositaires du pouvoir, plutôt que de suivre servilement cette marche inconstitutionnelle, antimonarchique, il nous faudrait reconnaître l'impossibilité de prendre une part ultérieure aux délibérations de la Chambre.

Dans de telles circonstances, Messieurs, et dans la sphère immense où nous a soudainement lancés votre Commission, vous n'attendez pas sans doute de nous, sur le fond de cette proposition nouvelle, cette discussion approfondie, ce résultat de l'étude, des recherches, des méditations, qu'exigerait une matière aussi vaste, aussi importante, aussi généralement peu connue que celle qu'a embrassée votre Commission.

Et, arrivant à la question elle-même, l'orateur relève les erreurs du projet :

Nous rencontrons une première erreur dans l'exclusion des ministres des cultes chrétiens non catholiques des dispositions du projet amendé. Conformément à la juste volonté de la Charte, art. 7 : « Le Trésor royal subvient également aux traitements des ministres des divers cultes chrétiens ». C'est ainsi que cela s'exécute, et, dans un même esprit, le supplément de traitement, l'amélioration de sort proposée par le roi, advenait à tous.

Mais de plus graves erreurs réclament votre attention.

La Commission dote l'Église catholique de France, à titre de *propriété incommutable*, de rentes perpétuelles montant à environ 42 millions, et de tous les biens, forêts, édifices, affectés aux différents services publics qui proviennent des anciens établissements ecclésiastiques supprimés et font actuellement partie du domaine de l'État.

Dans les termes et la pensée de la Commission, voilà donc l'Église catholique de France ou le clergé catholique, ou l'ensemble des établissements ecclésiastiques, comme l'on voudra, propriétaire actuel ; voilà donc l'Église catholique, un corps moral, un être collectif, apte à posséder, capable d'exercer des droits civils dans l'État.

Or c'est ce qui nous paraît inouï, contraire aux lois de l'Église comme aux lois de l'État.

L'Église *spirituelle* est une, catholique, universelle.

L'Église *temporelle* n'existe pas, elle n'est pas de ce monde. Les canons et les usages de l'Église n'admettent la faculté de propriété que dans les établissements ecclésiastiques individuels ; chaque titre a sa dotation ; un évêché, une cure ont un patrimoine spécial dont chaque titulaire est l'usufruitier. Ni l'Église catholique ni aucune fraction de cette Église, en tant que collection de plusieurs établissements, ne peuvent posséder des propriétés.

Cette innovation, monstrueuse dans l'Église, ne le serait pas moins dans l'État.

Vainement la Commission laisse encore pour un temps l'administration de cette propriété nouvelle dans la main du roi. S'il devait en conserver *perpétuellement* la jouissance, comme il l'a aujourd'hui, s'il devait percevoir d'une main des revenus, de l'autre répartir des traitements, comme il le fait aujourd'hui, les traitements pourraient s'accroître; mais rien d'ailleurs ne serait changé. Mais alors enfin cette propriété du clergé serait un vain nom; elle serait illusoire. Ce n'est pas là ce que veut votre commission. Elle vous propose de déclarer la propriété actuelle et collective du clergé; elle vous propose de le considérer comme corps propriétaire. Le principe décrété, les conséquences vous échapperont forcément : elles sont nécessaires, elles sont indiquées. Le roi, qui n'a plus que le droit de déterminer l'époque et l'entrée en jouissance de ce nouvel et puissant propriétaire, ne pourra la lui refuser longtemps. La jouissance n'est-elle pas la conséquence naturelle, essentielle de la propriété? Le clergé n'aurait-il pas la capacité de gérer son propre patrimoine? Je lui vois des administrateurs généraux, des chefs temporels. Cette institution, qui a des racines plus profondes qu'aucune autre, unira, dans la même main, aux leviers spirituels les plus puissants des moyens temporels déjà considérables par leur réunion et susceptibles d'un accroissement indéfini. Alors je demande s'il sera sage, s'il sera praticable de refuser des droits politiques à ce nouveau clergé! Je demande quelle place il tiendra dans notre machine politique, comment il se conciliera avec cette Charte qui n'a rien prévu de semblable. Je demande si le sort de la partie la plus nombreuse, la plus nécessaire du clergé, le sort de nos curés, de nos desservants, en sera amélioré; si le clergé inférieur ne rencontrera pas une condition pire dans la dépendance de ses chefs pour son existence temporelle, qu'il ne la trouve dans la dépendance de l'État; si cette dépendance à la fois temporelle et spirituelle ne dégénérera point en une servitude funeste à la sainteté du ministère évangélique! Mais, avant tout, je demande comment on use d'une précipitation téméraire pour nous faire résoudre de pareilles questions!

Dira-t-on, comme on pourrait le présumer d'après l'article 5 du projet de la Commission, que ces *fonds en produits de toute nature* seront répartis aux divers établissements ecclésiastiques? Mais je ne conçois guère ce morcellement de la rente de 42 millions entre toutes les cures, les vicariats, les succursales, et je n'en comprends pas l'avantage. Je conçois encore moins ce morcellement des forêts, des édifices publics entre les mêmes cures, vicariats, succursales et autres établissements. Je vois donc que, par la force des choses, tout restera dans son ensemble, tel que vous l'avez décrété en principe.

Mais au moins y a-t-il quelques avantages pour personne dans ce projet si ruineux dans ses bases?

Convient-il à l'État d'accroître ses rentes, même celles immobilisées? On peut en douter. Il ne lui convient certes pas d'aliéner ainsi ses immeubles.

Convient-il aux ministres du culte de convertir leur traitement en rentes? Y a-t-il quelque chose de plus digne, de plus noble dans la rente? Mais la dépense de ce qu'il y a de plus grand dans l'État est annuellement réglée par le budget : il n'est qu'honorable pour le clergé d'être traité de même. Mais enfin, pour appeler un traitement rente, il ne change pas de nature. C'est toujours une émanation du Trésor public. Y a-t-il plus de sécurité, plus de célérité dans le payement? Au contraire, le service courant a toujours la préférence sur le service de la dette publique; la hausse ou la baisse de la rente mobile influe sur l'opinion de la valeur, de la solidité de la rente immobilisée. Y a-t-il enfin, ce que l'on veut, plus d'indépendance? Et peut-il y en avoir plus, s'il n'y a plus de sécurité? Cette indépendance, Messieurs, si l'on entend l'indépendance temporelle de l'État et du roi, est une chose dangereuse; si l'on entend l'indépendance des malheurs de l'État, des chances des révolutions, c'est une chimère : avec le gouvernement des Bourbons, le clergé de France ne manquera ni d'un juste éclat, ni d'une sage indépendance, ni même, autant qu'il sera possible, d'une existence temporelle honorable. On peut là-dessus se reposer sur la piété connue de nos rois et s'épargner de vaines sollicitudes.

Pourrions-nous un instant soupçonner qu'une intrigue inaperçue a séduit le zèle de votre Commission? Alors nous concevrions que tous ces plans mal conçus peuvent tirer de l'ombre quelques individus, leur créer de l'importance, de la considération, une fortune; mais pour le clergé, pour l'État, nous n'y voyons rien de convenable, rien de vraiment utile.

Qu'on s'explique en effet et franchement.... Que veut-on? Que peut-on vouloir? Améliorer le sort du clergé? Nous le voulons tous, et le roi le premier, mais par des moyens praticables. Le seul, et j'en ai assez dit pour le prouver, est l'augmentation des traitements. C'est aussi la proposition du roi.

Mais ce que nous voulons, ce qui est raisonnable, le roi et la Chambre l'ont fait. Je prends les données du rapport même de votre commission : les pensions ecclésiastiques et les dépenses du culte catholique étaient en 1815 de plus de 26 millions; par le supplément de 5 millions porté au budget, par le produit des extinctions des rentes viagères, cette somme sera portée pour 1816 à 32 millions; par la suite et par l'effet de la proposition actuelle du Roi, elle s'élèvera à près de 40 millions. Il est juste d'ajouter le casuel, les suppléments de traitements alloués par la plupart des communes, les logements fournis ou payés, les donations éventuelles en faveur des ministres et établissements ecclésiastiques que nous avons votées, et que le roi va vous proposer.

Tout cela, nous avons avec vous concouru à le faire, avec empressement, et comme un devoir. Mais pouvons-nous davantage, et doit-on demander davantage?

On le fait cependant, Messieurs, et de la manière la plus urgente; on interpelle nos consciences; on nous provoque à *restitution*, on soutient que la propriété de l'État est illégitime.

Ce n'est pas moi qui ai élevé ces questions. Je sens trop combien elles sont intempestives, imprudentes. Elles le sont d'autant plus qu'elles sont inutiles; quelque opinion privée qu'on pût avoir, on pouvait se dire que si l'on évalue le revenu de ces biens à 10 millions, l'État, qui cette année en paye plus de 30 au clergé, qui, par la suite et la proposition du roi, en payera annuellement plus de 40, l'État, qui ne peut être responsable des dispositions de tous les gouvernements révolutionnaires, l'État n'était point débiteur. Ces questions étaient inutiles; car, si l'on voulait absolument que l'État dotât le clergé en immeubles, on pouvait le demander en simple titre de dotation. Mais puisque le rapport affecte de parler *restitution*, puisqu'il met sans nécessité en question les propriétés légitimes de l'État,... nous, qui sommes au moins désintéressés dans la question, ou plutôt animés du seul intérêt du pays, nous l'abordons franchement.

Mais je le dis : si, pressé d'une aussi étrange manière, il m'échappe quelques erreurs, je les impute au procédé illégal de votre Commission, à vous-mêmes, Messieurs, qui les autorisez.

Le mot de conscience est toujours imposant, surtout lorsque, comme dans cette occasion, il est proféré par une bouche pure et courageuse.

Mais enfin il faut aussi que la meilleure conscience soit la plus éclairée.

Or des personnes non moins consciencieuses dans les deux Chambres, et au dehors, des personnes peut-être plus versées dans ces matières, font une profession diamétralement contraire.

Celui qui veut remplir tous ses devoirs ne les reconnaît pas légèrement, et bien moins lorsqu'il s'agit d'imposer des devoirs aux autres, de les imposer à un État obéré, à des peuples épuisés.

Il est donc permis de douter. Les arguments sont produits de part et d'autre : ce nous est un devoir de les peser : nous l'avons fait et nous devons dire que ceux de notre rapporteur nous ont paru bien légers.

Le rapport s'appuie sur le droit positif et l'équité. Il ne fonde le droit positif que sur les usages.

Il fallait remonter plus haut, puiser à la source des principes; car les usages n'ont d'autorité qu'autant qu'ils en sont l'application.

En principe, les établissements ecclésiastiques sont fondés, au spirituel, par la puissance spirituelle; mais ils ne prennent et ne conservent pied dans un État, ils ne sont fondés, au temporel, que par le fait et la force de la puissance publique temporelle; ils sont, à son égard, dans la même position que tous les autres établissements d'utilité publique; c'est encore cette dernière puissance qui les dote, soit directement, soit qu'elle permette aux simples citoyens de les doter à sa décharge et dans l'intérêt de la société.

Souvent les deux puissances se sont entendues pour la suppression des établissements ecclésiastiques. Mais il résulte de ce que nous venons de poser que la puissance civile seule a pleinement ce droit de suppression, et les exemples sont conformes, témoin l'expulsion de différents ordres religieux et la suppression de leurs établissements en France et dans d'autres pays, par le seul fait et le seul droit de la puissance civile.

Les établissements supprimés, les biens qui n'appartenaient qu'à eux, les biens auxquels, quelle qu'en fût l'origine, personne n'avait conservé de droit, ces biens tombent nécessairement, et par droit de déshérence, dans la propriété générale, dans le domaine public.

L'usage constant est conforme à ce principe. M. le rapporteur a été frappé de ce que, à quelques époques, des biens d'établissements religieux supprimés avaient été répartis à d'autres établissements analogues. Mais ils ont été répartis en vertu de la propriété de la puissance publique, non pas en vertu d'un simple droit d'administration. Car la propriété est spéciale à chaque établissement; elle n'est et ne saurait être commune ni à toute l'Église catholique, ni à l'Église d'un royaume, d'une province : aucun autre établissement n'y a donc droit que l'établissement propriétaire. Cet établissement supprimé, la propriété, qui ne saurait jamais demeurer suspendue, passe immédiatement sur la tête de la puissance publique. Il ne fallait pas de grandes recherches pour apprendre qu'en France, depuis Charles-Martel jusqu'à Louis XV inclusivement, nombre de biens ecclésiastiques ont été affectés à différents services publics, civils et militaires, donnés, engagés, vendus à des particuliers; et cela, de notre mémoire, avant la Révolution. Dans tous les États de l'Europe on trouvera les mêmes principes en vigueur et la même suite des faits. Pour quereller la légitimité de cette portion du domaine de France, il faut faire le procès à toutes les puissances européennes.

Mais l'équité? Mais l'intention du donateur? Cette intention a été de transférer la propriété à l'établissement ecclésiastique et d'abandonner le reste au cours des siècles que ne régit la volonté d'aucun donateur. L'équité réclamerait pour les anciens établissements supprimés, s'ils pouvaient revivre, et, s'il y avait lieu à restitution, c'est à eux qu'elle irait. Mais les nouveaux établissements, fondés par le concours des deux puissances et sur des conditions toutes différentes, ne peuvent, au nom de l'équité, demander que l'accomplissement de ces conditions. L'équité d'un État consiste à remplir toutes ses obligations rigoureuses. Heureux l'État qui peut porter l'équité aussi loin!

Le rapporteur a tiré un mauvais argument du silence du Concordat sur les biens demeurés dans le domaine de l'État. Le concours de la puissance spirituelle n'était point nécessaire, nous l'avons prouvé; mais, par cela même qu'elle confirmait la suppression des anciens établissements, par cela même qu'elle les remplaçait par de nouveaux, dotés de simples traitements et non d'immeubles, elle reconnaissait, en tant que de besoin, et textuellement, la propriété légitime de l'État, comme elle a reconnu explicitement la propriété légitime des acquéreurs de ces biens.

Enfin le roi et la Chambre ont pensé comme nous, et, en ordonnant la vente, ils ont à jamais réprouvé la doctrine que nous combattons.

Aussi pensons-nous, Messieurs, que la conscience la plus timorée, lorsqu'elle voudra se dépouiller de tout préjugé, de tout alliage, — et quelle conscience humaine peut se flatter d'en être exempte? — se convaincra des vérités que nous avons développées.

Nous eussions pu respecter de vains scrupules et les ténèbres qui les entourent; mais lorsque leur manifestation indiscrète peut égarer l'opinion, lorsqu'elle tend à déprécier une masse considérable de propriétés publiques et privées, à les flétrir dans leur origine, à les marquer du sceau d'une prétendue illégitimité morale, nous avons dû rompre le silence.

A peine disons-nous un mot de la comparaison aussi fausse qu'inconvenante de ces propriétés avec celles provenant des émigrés, de la restitution des unes avec celle des autres. Le public, meilleur juge, en a fait la différence en distinguant parfaitement entre la confiscation des biens privés et la succession nécessaire de l'État aux établissements supprimés.

Si l'État ne doit ni ne peut restituer plus de 600 000 hectares de forêts, une grande partie des édifices employés aujourd'hui aux divers services publics, je dis qu'il ne peut ni ne doit les donner au clergé à titre de dotation; je dis qu'il ne doit ni ne peut les ajouter à une rente perpétuelle de 42 millions. Je dis que nous ne devons pas mettre toutes ces valeurs à la disposition des ministres pour les répartir à leur gré; je dis que nous les aurions vivement repoussés, s'ils se fussent avisés de nous les demander.

Et dans quelles circonstances présente-t-on de pareilles demandes?

Lorsqu'à la suite de tant de guerres étrangères et civiles, des ravages de deux invasions, les peuples sont écrasés sous le faix des impôts, que nous avons la douleur de reconnaître qu'ils sont insuffisants, et d'annoncer qu'il faudra y ajouter encore ; lorsque presque tous les services sont plus ou moins en souffrance, que la dette exigible est sans gage, la dette perpétuelle croissante ; lorsque la guerre, chargée de la dette sacrée des retraites et des traitements provisoires, ne suffit pas avec 180 millions à l'entretien de 40 000 hommes effectifs ; lorsqu'en rapport des autres puissances, nous sommes sans armée, sans marine, sans commerce ; lorsque les clefs de la France, son territoire, sont engagés à l'étranger, qu'il nous faut payer sa rançon... et que, pour sauver l'État, les domaines sont évidemment son unique ressource !...

Non, Messieurs, non, ce n'est point le clergé qui a fait de pareilles demandes. Le clergé de France a des sentiments plus nobles, plus désintéressés, et surtout plus français, plus patriotiques ; sa voix s'est fait entendre par ses plus nobles organes, par ses plus vertueux prélats : il attend tout du roi, du temps et de la prospérité de la France ; avec elle, avec nous, il acceptera avec reconnaissance la proposition royale ; il rejettera la proposition intempestive, exorbitante, mais surtout inconstitutionnelle et dangereuse, au fond comme dans la forme, de votre Commission.

Le budget voté, la session fut close (29 avril 1816). — La chambre *introuvable* ne devait plus se réunir. — Le 5 septembre (1816) paraissait l'ordonnance de dissolution. Le roi se séparait des royalistes exagérés, des ultras, et allait suivre, jusqu'en 1821, une politique de modération, mais non sans combat ni danger.

CHAPITRE II

DU 5 SEPTEMBRE 1816 AU 15 DÉCEMBRE 1821.

§ 1. — **Ordonnance du 5 septembre.** — **Session de 1816-1817.** — **Lois sur la liberté individuelle et sur la liberté de la presse.** — **Royer-Collard.**

L'ordonnance du 5 septembre 1816 avait prononcé la dissolution de la Chambre [1]. — Les élections donnèrent la majorité au parti modéré, et la nouvelle session s'ouvrit le 4 novembre 1816.

Le grand travail de la session fut la discussion de la loi des élections, qui, malgré une vive opposition des députés de la droite, mais très habilement soutenue par Camille Jordan, de Serre, Bourdeau, Royer-Collard, et surtout par le ministre de l'intérieur, M. Lainé, triompha à la Chambre des pairs, et fut promulguée comme loi d'État, le 5 février 1817. Elle est connue sous le nom de *loi du 5 février*. Elle se résumait en trois points essentiels :

1° Suffrage direct attaché au cens fixé par la Charte ;
2° Scrutin de liste par département ;
3° Renouvellement annuel du cinquième de la Chambre.

La Chambre des députés discuta ensuite deux projets de loi relatifs, l'un à la suspension de la liberté individuelle, le second à la suspension de la liberté de la presse.

La loi du 29 octobre 1815 donnait à tous les fonctionnaires

---

1. Cette mesure irrita profondément le parti ultraroyaliste. Chateaubriand venait de terminer sa brochure : *la Monarchie selon la Charte*. Il y ajouta en forme de post-scriptum une violente protestation contre l'ordonnance dans laquelle il représentait le roi comme dominé par le parti révolutionnaire, et exhortait *les bons Français* à ne pas perdre courage et à sauver le roi *quand même*.

du royaume le droit de faire arrêter et de détenir sans jugement tout citoyen suspect. La loi nouvelle voulait que l'ordre d'arrestation fût signé par le président du conseil des ministres et par le ministre de la police. Elle avait donc sur l'autre un avantage, et, puisqu'elle était exigée par la situation du pays, elle offrait du moins plus de garanties; néanmoins elle fut attaquée par le parti monarchiste comme violant la Charte. Royer-Collard la défendit. Voici un passage de son discours :

Il y a, Messieurs, deux manières d'attaquer la proposition du roi : l'une, c'est de soutenir qu'elle ne peut être adoptée parce qu'elle est contraire à la Charte, et qu'il n'est permis, en aucun cas, et pour quelque raison que ce soit, de s'écarter de la Charte; l'autre, c'est de prétendre que, dans les circonstances présentes, la mesure proposée n'est pas nécessaire à la sûreté du roi et à celle de l'État.

Je vais repousser successivement chacune de ces attaques.

Il est aisé, Messieurs, de triompher dans la défense des principes de la Charte, qui sont les principes éternels de la raison et de la justice. Cependant, quand on avance d'une manière absolue que ces principes ne peuvent jamais être suspendus, on affirme l'une de ces deux choses, ou bien que les nations ne tombent jamais dans un état qui leur prescrive ce douloureux sacrifice, ou bien que, quand elles y tombent, c'est un devoir pour elles de périr, ou du moins d'en courir le risque, plutôt que de s'écarter un seul jour des règles établies dans d'autres temps et pour d'autres circonstances.

La première de ces assertions, vous le savez, Messieurs, est démentie à chaque page de l'histoire; la seconde, que les nations doivent s'exposer à périr plutôt que de se sauver contre les règles, est un conseil qui semble ne pouvoir être donné aux gouvernements que par leurs plus mortels ennemis. Aussi voyons-nous dans l'histoire la doctrine des principes absolus assidûment défendue par les factions, qui, ayant amené des circonstances qui nécessitaient des mesures extraordinaires, ne voulaient pas qu'on prît ces mesures, et s'appliquaient à les flétrir par des dénominations odieuses. Je suis loin de croire qu'il n'y ait que les factions qui défendent les principes absolus; mais je dis qu'elles les défendent toujours, parce qu'elles en ont besoin, soit pour attaquer les gouvernements, soit pour les retarder quand elles en sont poursuivies; je dis que les imprudents amis de la liberté qui embrassent aveuglément les doctrines inflexibles parlent comme les factions, qu'ils parlent à leur profit, et que, sans le vouloir assurément, ils conspirent avec elles la ruine des gouvernements qu'elles menacent. Eh! la Révolution, Messieurs, ne vous l'enseigne-t-elle pas comme l'histoire? N'est-ce pas avec l'arme des principes absolus que nous avons vu les factions attaquer le trône, puis s'attaquer entre elles et s'entr'égorger? Et souvenez-vous, Messieurs, que nous les avons vues aussi, à mesure qu'elles saisissaient le pouvoir, violer avec une audace inouïe ces mêmes principes qu'elles avaient proclamés la veille avec tant de faste, et qu'elles ont poussé quelquefois l'impudence jusqu'à insulter, dans leur triomphe, à la crédulité des vaincus. Nous donc, qui avons vieilli au milieu de ces jeux cruels, nous ne pouvons plus être imposés par d'éclatants appels à la *Charte tout entière*; et quand on s'écrie: *Périssent les colonies plutôt qu'un principe!* nous savons que les colonies en périssant ne sauvent pas les principes, mais que les principes et les colonies s'abîment ensemble et s'ensevelissent dans une ruine commune.

Il reste contre le projet de loi une objection bien plus forte que les précédentes, et la seule, à mon avis, qui mérite une sérieuse attention. On peut dire au gouvernement : « Avant de demander un pouvoir extraordinaire, avez-vous fait usage de tout celui que les lois vous confient? Avez-vous épuisé son énergie? » ... Je ne répondrai point directement à cette question; mais je dirai à ceux qui la font : « Prenez garde aussi de mettre votre gouvernement à une épreuve trop rigoureuse, à laquelle presque tous les gouvernements succomberaient; ne lui imposez pas la perfection; considérez ses embarras aussi bien que ses

devoirs ». Je souhaite aussi vivement que qui que ce soit
que le gouvernement du roi connaisse sa force, et qu'il
s'enhardisse à dissiper toutes les résistances, à soumettre
tous les intérêts rebelles, à faire dominer enfin la volonté
royale au-dessus de toutes les contradictions qui osent la
démentir ; je souhaite qu'il ne tolère en lui-même aucun
principe de discorde, dans ses agents aucun prétexte de
désobéissance, et qu'on puisse dire aussi de lui que, sur
toute la surface de ce grand royaume, il se meut comme
un seul homme ; je souhaite, dis-je, toutes ces choses, et
d'autres encore ; mais, parce qu'il n'a pas tout fait en un
jour, je ne veux pas pour cela qu'il périsse ; si je lui demande encore beaucoup, je n'oublie point qu'il a déjà
beaucoup fait, qu'il a fait ce qui fera tout le reste ; et je
crois acquitter la reconnaissance publique en lui témoignant une haute confiance.

Royer-Collard soutint aussi le projet de loi restrictif — pour
un temps — de la liberté des journaux, rôle qui peut étonner
de la part d'un libéral. Il est intéressant d'entendre ses raisons :
c'est que les principes doivent fléchir devant les circonstances....

D'un côté, le roi et la nation étroitement unis, et qui
veulent s'unir plus étroitement encore ; de l'autre, des
partis visibles ou cachés, qui veulent asservir à leurs intérêts et à leurs vues le roi et la nation. Donnez maintenant
la liberté aux journaux, ou plutôt donnez les journaux
aux partis : rouvrez-leur cette arène qui leur est encore
fermée ; ne les voyez-vous pas s'y précipiter, s'y charger
avec toutes les armes que les malheurs, les fautes et les
crimes de trente années leur ont amassées? Ne les voyez-vous pas accourir entre la nation et son gouvernement,
ébranler celui-ci à coups redoublés pour usurper sa puissance, s'adresser à celle-là pour s'en emparer, et la tourner
à la fois et contre le gouvernement et contre leurs adversaires? Ne voyez-vous pas dans ce désordre la nation
elle-même immobile et muette, frappée d'étonnement et
d'effroi, suivre avec anxiété les mouvements des partis,

ressentir douloureusement les atteintes des coups qu'ils se portent, s'affaisser bientôt avec son gouvernement, et disparaître elle-même au milieu de ce triste spectacle, et de ses résultats plus tristes encore? Dira-t-on que la raison et la modération feront entendre leur voix? Mais elle sera étouffée par les clameurs des partis. Quand les partis font des journaux, on n'en lit pas d'autres; c'est là seulement qu'on cherche et le présent et l'avenir, et l'espérance et la crainte. Dira-t-on que cette nation, dont j'ai parlé, formée à l'école la plus instructive qui fût jamais, ne se laissera point égarer par des partis qu'elle saura reconnaître, et qui traînent à leur suite les mêmes calamités sous lesquelles elle a gémi si longtemps? Oui, peut-être, s'ils marchaient à découvert, s'ils parlaient le même langage, s'ils relevaient les mêmes étendards. Mais ils changeront de couleurs et de discours, de mesure et de poids, au gré des circonstances; ils ne diront rien de ce qu'ils disaient; ils diront le contraire; ils brûleront, s'il le faut, ce qu'ils ont adoré; ils adoreront ce qu'ils ont brûlé. L'hypocrisie est la vertu des partis; les embûches sont toute leur tactique; ils ne se déploient que quand ils ont gagné les hauteurs.... Au danger de la liberté des journaux on oppose ceux de leur dépendance. On dit que, s'ils sont une arme redoutable dans la main des partis, ils ne le seront pas moins dans celle du gouvernement, qui aura de plus le privilège de s'en servir seul. Il suit de là, Messieurs, que, si le gouvernement protégeait, ou même s'il favorisait un parti, il faudrait se garder de lui donner les journaux; mais s'il défend au contraire la nation contre tous les partis, il a besoin de cette arme puissante; et, loin de redouter qu'il n'en abuse, souhaitons qu'il veuille et sache s'en servir. Il s'agit donc uniquement de savoir si le gouvernement du roi sert la nation ou s'il sert un parti. C'est dans cette question que sont cachées toutes les autres.... Nous avons donc voté des restrictions temporaires à la liberté individuelle, nous sommes prêts à voter de semblables restrictions à la liberté de la presse, parce que nous avons la juste confiance que les pouvoirs extraordinaires dont nous investissons le gouvernement seront exercés, non par ou pour un parti, mais par le roi pour la nation, contre tous les partis. Voilà notre *traité*; voilà les *stipulations* dont on a parlé; elles sont publiques comme notre confiance, et nous remercions ceux qui les ont rappelées d'avoir fait remarquer à la France que nous lui sommes fidèles, et que nous ne négligeons ni ses intérêts ni nos devoirs.

Les deux lois furent votées.

Le 26 mars, la session fut close, la Chambre ajournée au mois de novembre 1817.

Aux termes de la loi du 5 février, un cinquième de la Chambre fut renouvelé.

§ 2. — Session de 1817-1818. — Loi sur le recrutement de l'armée. — Gouvion-Saint-Cyr.

La nouvelle session s'ouvrit le 5 novembre. Un projet de loi sur la liberté de la presse, un autre sur le nouveau Concordat l'occupèrent d'abord. Mais son grand travail fut la discussion de la loi sur le recrutement, loi qu'avait présentée, le 29 novembre 1817, le maréchal Gouvion-Saint-Cyr, récemment nommé ministre de la guerre.

La dernière armée impériale avait été dissoute : il s'agissait de donner à la France une force militaire en rapport avec ses besoins, et dont l'organisation répondît aux idées nouvelles. Le ministre de la guerre, le maréchal Gouvion-Saint-Cyr, présenta une loi dont les trois dispositions principales étaient :

1º Le recrutement régulier de l'armée, qui devait s'opérer de deux manières : les enrôlements volontaires, et les appels forcés ;

2º L'institution d'une armée de réserve sous le nom de « légionnaires vétérans » ;

3º Le règlement de l'avancement, qui consacrait et conciliait les droits de l'ancienneté et le choix.

Cette loi, pleine de sagesse, irrita vivement les royalistes, qui l'accusaient d'empiéter sur les prérogatives du roi. MM. de Villèle, de Bonald à la Chambre des députés, Chateaubriand à la Chambre des pairs, l'attaquèrent vivement. Elle eut aussi d'habiles et chauds défenseurs, Royer-Collard, Bignon, Camille Jordan, et surtout le ministre de la guerre lui-même, dont la parole sobre, convaincue et patriotique emporta les votes de la majorité [1] (26 janvier 1818).

Messieurs, le projet de loi que nous avons eu l'honneur de vous présenter a essuyé de nombreuses objections. Je ne me propose point de les recueillir toutes pour les résoudre. La plupart ont déjà été amplement réfutées, d'autres pourront l'être dans la discussion des articles.

Ce sont les principes mêmes de la loi que j'ai dessein de remettre dans tout leur jour.

Former une armée active française, une armée de réserve française, et assurer pour l'avenir, comme pour le présent, la bonne composition de cette double armée, soit en officiers, soit en soldats, tel est le but du projet.

Les appels obligés en cas d'insuffisance des enrôlements volontaires, l'organisation des compagnies de légionnaires vétérans, les bases légales de l'avancement, tels sont les moyens.

Je ne pense pas qu'on attaque le but. Les moyens sont-ils bons? Ceux qu'on vous a proposé d'y substituer seraient-ils meilleurs?

1° L'orateur examine et défend la première disposition de la loi : les appels forcés complétant les enrôlements volontaires.
Voici un fragment de cette première partie de son discours :

Voyons maintenant si les craintes qu'on affecte de concevoir pour l'avenir ont quelque fondement. Il semble, à entendre les adversaires du projet de loi, que l'enrôle-

1. « Sur ces deux points (le titre des vétérans et le mode d'avancement) la lutte fut violente, injurieuse, interminable. L'opposition royaliste épuisa tout son arsenal d'invectives et de récriminations. Le ministère, soutenu par le parti doctrinaire, répondit avec vigueur et autorité. La loi elle-même avait été préparée sous les yeux du maréchal par une commission que présidait M. de Barante. L'exposé des motifs avait été rédigé par M. Guizot, et le discours par lequel le maréchal termina la discussion était tout entier de la même main. Le succès en fut immense. » (De Broglie, *Souvenirs*, t. II, p. 7.)

ment volontaire n'y soit inscrit que pour voiler la conscription, et que notre dessein soit plutôt de refuser que d'accepter ce qu'il nous donnera. Pourquoi donc de telles suppositions? Est-ce parce que l'article interdit les primes en argent? Messieurs, quand tous les Français n'avaient ni les mêmes droits ni les mêmes devoirs, il a pu être nécessaire d'acheter à prix d'argent des soldats. Je ne vous rappellerai point tous les abus, toutes les violences, toutes les ruses, auxquels ce mode de recrutement donnait lieu; ses conséquences pour l'esprit et la moralité de l'armée sont évidentes en raison et notoires en fait. Si beaucoup de personnes pensent que l'enrôlé qui se donne n'est pas toujours un bon sujet, que faut-il croire de celui qui se vend? Souvent, afin de l'acheter, il fallait commencer par le corrompre. Grâce à Dieu, Messieurs, nous n'avons plus besoin de donner dans tous les villages de la France le scandale d'un tel spectacle. L'égale répartition des charges publiques nous dispense de recourir, pour satisfaire aux besoins publics, à ces funestes moyens.

Nous ne serons plus obligés, pour remplir les rangs de l'armée, de séduire la jeunesse et de provoquer une heure d'égarement. La combinaison du système de l'appel avec celui de l'enrôlement nous permet de rendre l'enrôlement à lui-même, de l'élever et de l'ennoblir; la patrie, au lieu de marchander avec ses enfants le prix de leur vie, accueillera avec reconnaissance ceux qui voudront la lui consacrer; son traité avec eux sera un contrat généreux et non point un vil marché. Il s'en présentera, Messieurs (*Mouvement général d'adhésion*), et il y aura de l'honneur à se présenter ainsi; et les Français seront estimés ce qu'ils valent, puisqu'on ne les achètera point; et, loin que de tels enrôlés soient repoussés ou méprisés, ils seront reçus avec joie : les corps d'élite leur seront ouverts!

Ainsi, Messieurs, la Charte sera accomplie; le recrutement obligé n'aura lieu qu'après l'épuisement de l'enrôlement volontaire; et en même temps l'honneur français sera respecté, la dignité de l'homme ne sera pas méconnue.

L'armée sera vraiment française, puisqu'elle ne comptera dans ses rangs que des hommes qui y ont été appelés ou par le dévouement ou par le devoir.

L'orateur continue son développement et s'applique à montrer la différence qui existe entre le mode nouveau de recrutement et l'ancienne conscription.

Il passe ensuite à la seconde disposition de la loi : les légionnaires vétérans.

Mais l'avenir, même incertain, appelle aussi nos soins. Je passe donc à l'armée de réserve.

Toute armée de réserve, Messieurs, doit remplir deux conditions : l'une de n'être ni un danger pour la liberté publique, ni un fardeau pour le Trésor, tant qu'elle n'est pas indispensable à la sûreté de l'État; l'autre d'offrir une ressource suffisante et assurée, dès que son emploi devient nécessaire. Il faut qu'elle puisse dormir paisiblement au sein de la patrie, et se réveiller tout à coup à sa voix. Le projet de loi satisfait à la fois à ces deux conditions, et il y satisfait par cela seul que la réserve qu'il crée est composée d'anciens soldats.

Quelle autre réserve en effet, Messieurs, pourrait comme celle-ci n'occasionner aucuns frais pour l'État, aucune perte de temps pour ceux qui la forment, et cependant se trouver disponible, savante, aguerrie, le jour où elle sera appelée? Ce ne sont point de simples citoyens, étrangers aux habitudes de la discipline, aux exercices de la guerre, qu'il faille nécessairement rassembler chaque mois au moins pour les instruire, et qui, au jour de péril, malgré leur dévouement et leur courage, auraient à faire, pour suffire à leur noble tâche, des sacrifices et des efforts qui entraîneraient peut-être les pertes les plus douloureuses. De vieux soldats n'ont à apprendre ni les armes ni l'obéissance militaire; ils peuvent vivre longtemps comme citoyens; ils se retrouveront toujours soldats; ainsi est épargnée une énorme dépense d'argent, de temps, d'hommes même; ainsi la vie civile n'est point troublée, et cependant la patrie conserve, au sein de la paix, une attitude guerrière imposante.

Et que la liberté publique ne s'effraye pas de cette force militaire intérieure : une loi seule peut faire marcher les légionnaires vétérans. Appelé, Messieurs, plus qu'aucun autre, à maintenir l'autorité royale, nous ne saurions voir dans cette nécessité d'une loi rien qui puisse lui porter ombrage. Parce que le roi ne peut lever aucun impôt sans le vote des Chambres, s'ensuit-il que les fonds du Trésor soient à leur disposition? L'armée active est sous les ordres du roi; il la commande et la fait mouvoir à son gré; mais l'armée de réserve n'est destinée qu'à des cas extraordinaires; il faut, pour qu'elle agisse, que la nécessité de son action ait été légalement constatée.

Je ne pense point qu'il soit sage, comme nous l'a proposé votre Commission, de réduire à quatre ans la durée du service des légionnaires vétérans. L'armée de réserve en serait trop affaiblie, puisque ses pertes ne seraient plus en proportion avec son renouvellement. Les obligations habituelles des légionnaires vétérans sont nulles; et leur secours, quand il y a lieu de le requérir, est trop important pour qu'on ne doive pas le conserver tout entier.

Cette institution ne porte non plus aucune atteinte à celle de la garde nationale, dernier et inébranlable boulevard de la France; force vraiment patriotique qu'il faut ménager avec soin, afin de ne pas l'user en vaines fatigues.

Comparez, Messieurs, au système de réserve que nous vous proposons tous ceux qui vous ont été vaguement indiqués dans la discussion; nous osons croire que vous les trouverez tous également onéreux pour tous les citoyens, et impuissants pour sauver promptement l'État en péril.

Des craintes d'une autre nature, mal déguisées, bien qu'exprimées avec une sorte d'embarras, ont porté quelques orateurs à repousser l'institution des légionnaires vétérans, non à cause de l'institution en elle-même, mais à cause des hommes qui seront les premiers à y prendre place. Messieurs, la franchise est ici un devoir, car la question que nous agitons, au sujet de l'armée, est une question nationale ; et toute la France, civile comme militaire, y est engagée. (*Ici l'attention de la Chambre redouble, et le plus profond silence s'établit.*) Il s'agit de savoir s'il existe parmi nous deux armées, deux nations, dont l'une sera frappée d'anathème et regardée comme incapable de servir le roi et la France, et, pour me renfermer dans ce qui me concerne directement, il s'agit de savoir si nous appellerons encore à la défense de la patrie les soldats qui ont fait sa gloire, ou si nous les déclarerons à jamais dangereux pour son repos. Ce dernier arrêt serait rigoureux et injuste, car ces soldats étaient admirables au jour de combat ; une ardeur infatigable les animait, une patience héroïque les soutenait ; jamais ils n'ont cessé de croire qu'ils sacrifiaient leur vie à l'honneur de la France, et, quand ils ont quitté leurs drapeaux, ils avaient encore à lui offrir d'immenses trésors de force et de bravoure. Faut-il que la France renonce à les leur demander ? Faut-il que, dans ses adversités, elle cesse de s'enorgueillir de ces hommes que l'Europe n'a pas cessé d'admirer ? (*Un très vif mouvement d'adhésion éclate.... Des applaudissements se font entendre dans les tribunes.... M. le Président rappelle à l'ordre et au silence.*)

Non, Messieurs, je ne puis le croire ; notre salut ne réside point dans l'oubli de tant de services, dans la méfiance de tant de courage, dans l'abandon d'un boulevard si sûr. Les empires, Messieurs, ne se fondent point sur la méfiance ; le roi le sait, le roi ne veut pas qu'il existe en France une seule force nationale qui ne lui appartienne, un seul sentiment généreux dont il ne fasse la conquête. Nos soldats ont beaucoup expié, car ils ont beaucoup souffert ; qui donc s'obstinerait à les repousser encore ? (*Nouveau mouvement.*)

Et ne craignez pas, Messieurs, que le service qu'on leur demande paraisse à nos vétérans une violation de la foi promise ; ils ne seront enlevés ni à leurs habitudes, ni aux liens qu'ils ont pu contracter; ils seront seulement désignés comme les premiers défenseurs de la patrie, si jamais elle était en danger; ils sauront qu'elle compte sur eux, et qu'ils doivent sa confiance à la longue épreuve qu'elle a faite de leur courage. Ainsi nous aurons une véritable armée de réserve, dont les souvenirs animeront l'armée nouvelle que nous travaillons à former.

Le maréchal traite dans la troisième partie de son discours la question de l'avancement. Tous les grades doivent être accessibles à tous les Français. Les droits de l'ancienneté doivent être respectés. Une loi seule peut conserver ces principes et en assurer toutes les conséquences, parce qu'une loi est seule au-dessus de toute volonté individuelle.

Mais on dit qu'une telle loi porte atteinte à la prérogative royale; on va même jusqu'à prétendre que le roi n'a pas le droit de la proposer.

Le roi, Messieurs, a le droit de proposer aux Chambres tout ce qu'il croit utile à l'État; la royauté est entre ses mains un trésor qu'il fait valoir pour le bien des peuples, et non un dépôt stérile qu'il soit simplement chargé de transmettre à ses descendants. J'écarte donc cette objection, et j'examine si, en effet, la fixation légale des bases de l'avancement cause quelque perte réelle à l'autorité royale.

Messieurs, il y a, dans l'intérêt de l'autorité, une première question, qui est de savoir s'il y a aujourd'hui plus de force dans la loi que dans l'arbitraire. Or, Messieurs, quand l'arbitraire répugne aux besoins, aux idées, aux mœurs de tout un peuple, il est condamné à la faiblesse, il devient aussitôt impuissant. L'autorité s'affaiblit alors de tout l'arbitraire qu'elle essaye de retenir; elle se fortifie, au contraire, de tout ce qu'elle reçoit de la loi.

Par où donc le roi aura-t-il l'armée la plus forte, la plus énergique, et en même temps la plus dévouée, la plus sûre? Sera-ce par l'arbitraire mobile ou par la fixation légale des bases de l'avancement? Si, comme je le pense, la réponse n'est pas douteuse, il y a donc profit pour l'autorité royale à chercher dans la loi une force qu'elle n'obtiendrait jamais aussi sûrement par d'autres moyens.

. . . .

Le roi, Messieurs, profondément éclairé sur les véritables intérêts de son peuple et de son pouvoir, en nous ordonnant de vous présenter et de soutenir devant vous le projet de loi que vous avez sous les yeux, a eu constamment en vue l'accomplissement de la promesse qu'il a faite à la France en ouvrant la session actuelle ; promesse bienfaisante que la France a reçue avec une vive reconnaissance, et que l'Europe entière a entendue avec admiration. L'esprit qui règne dans ce projet est donc l'esprit qui, dans ce jour solennel, a dicté les paroles royales.

On a peine à comprendre aujourd'hui que des mesures si sages et un langage si modéré aient rencontré de l'opposition et excité des colères. C'est cependant ce qui eut lieu, et l'on vit même d'anciens généraux de la république et de l'empire combattre la loi, et particulièrement le titre de l'avancement, dont les dispositions étaient si justes et si libérales. La loi passa néanmoins et à la Chambre des députés (5 février 1818) — et à la Chambre des pairs (9 mars). C'est encore le maréchal Saint-Cyr qui, par un discours plein de faits, d'une argumentation serrée et lumineuse, vainquit les indécisions des pairs et assura le triomphe de la loi. Cette loi s'est appelée, et avec justice, la loi Gouvion-Saint-Cyr.

Clôture de la session (16 mai 1818). Renouvellement du 2ᵉ cinquième. Le résultat des élections, favorable au parti libéral, inquiète le parti royaliste.

§ 3. — Session de 1818-1819. — Séance du 17 avril. — L'article 8 de la loi sur la presse. — La morale publique. — Discours de de Serre.

Ouverture de la nouvelle session (10 décembre 1818).
Crise ministérielle. Échec et retraite du **duc de Richelieu**. Formation du ministère **Dessoles** (30 décembre). C'était le triomphe de l'ordonnance du 5 septembre.

Récompense nationale décernée au duc de Richelieu.
Proposition **Barthélemy** tendant à changer la loi des élec-

tions (Chambre des pairs, février 1819), repoussée par la Chambre des députés (23 mars 1819).

Rejet de la loi sur l'année financière (4 mars 1819).

Après les premiers débats et des discussions sur quelques questions d'ordre administratif, le ministère présente un projet de loi relatif à la liberté de la presse.

« Le haut du pavé étant ainsi regagné (par le rejet de la proposition Barthélemy), il fallait, dit le duc de Broglie (*Souvenirs*, t. II), signaler son passage aux affaires, et consacrer sa victoire par quelque succès d'éclat. Le plus pressé, c'était la législation de la presse; plus d'étrangers sur le territoire, plus de prétexte pour tergiverser et remettre au lendemain; nous avions démoli, en 1818, tous les projets du ministère défunt, le temps était venu de réaliser nos principes et d'acquitter nos promesses.

« M. de Serre était, officiellement, garde des sceaux et, de fait, le représentant au ministère du parti doctrinaire. C'était à lui, en cette double qualité, de payer de sa personne; il nous prit, M. Guizot et moi, pour associés ou, si l'on veut, pour metteurs en œuvre, et définitivement, après quelques pourparlers, le travail que j'avais préparé prévalut dans ses données essentielles; j'avais divisé l'ensemble de la législation sur la presse en trois parties distinctes :

« 1° La définition des crimes et des délits;
« 2° La procédure;
« 3° Les garanties à exiger de la presse périodique.
« De là trois projets de loi....
« Le premier projet était divisé en quatre sections :
« La provocation aux crimes ou délits; — l'outrage à la morale publique; — l'offense envers les autorités constituées; — la diffamation et l'injure contre les personnes privées. »

M. de Serre défendit la loi pied à pied, combattit les amendements, soutint le poids de la discussion avec une éloquence qui ne faiblit pas pendant tout le cours de ce mémorable débat.

L'ARTICLE 8 portait : Tout outrage à la morale publique ou aux bonnes mœurs sera puni....

La commission ne le modifia pas. Mais, le jour de la discussion, plusieurs députés, parmi lesquels M. Lainé, proposèrent d'allier la *morale publique* et la *religion*. C'est au discours de M. Lainé que répondit M. de Serre :

Les divers orateurs qui ont abordé avec conscience et recueillement la matière élevée et difficile qui vous occupe n'ont pu s'accorder sur les amendements à proposer à l'article que vous présente le gouvernement. Cette circonstance seule a révélé, mieux encore que l'aveu positif qu'ils en ont fait dans leurs discours, l'embarras où ils se trouvent d'indiquer un changement qui obtienne votre assentiment, ou qui seulement les satisfasse eux-mêmes. Cet embarras avoué et cette contradiction seraient en tout cas la justification la plus éclatante du projet de loi, s'il avait besoin de justification. Vous vous rappelez que dans la dernière session un amendement analogue vous fut proposé, vous en comprîtes les difficultés, vous en pressentîtes les dangers : il fut écarté. Dans l'autre Chambre, cet amendement fut reproduit; subitement adopté, il a contribué au rejet de la loi tout entière.

Le noble orateur qui m'a précédé [1] a souvent proféré le mot religion; il ne l'a pas défini, et j'avoue que je suis encore à chercher quel sens positif il y attache. Les hommes les plus recommandables n'échappent pas tout à fait à l'influence de leur époque, et l'on ne peut se dissimuler que la tendance de la nôtre est de généraliser beaucoup le sens du mot religion, d'y voir une spéculation abstraite, un sentiment inhérent à l'âme, plutôt qu'une croyance, une pratique, une observance rigoureuse. Mais, Messieurs, si l'on s'était placé dans ce dernier point de vue, le seul véritable, à peine eût-on conçu l'idée d'une disposition qui tend tout à la fois à enchaîner tous les cultes et à les armer tous les uns contre les autres.

L'amendement de M. de Solilhac tend à punir tout outrage fait à un culte, à une religion quelconque. A cet amendement se rattachent tous les autres, qui n'en sont pour ainsi dire que les variantes; le combattre, c'est les combattre tous.

Nous savons, Messieurs, que la Charte accorde à chacun la même protection pour son culte, mais elle assure

---

1. M. Lainé.

en même temps une égale liberté à la religion de chacun.

Or qu'est-ce, dans le sens réel et positif, dans le sens où l'entendent les fidèles, qu'est-ce que la religion ? C'est à la fois ce qu'il y a de plus *libre* et de plus *fort*. Or l'amendement proposé porte atteinte à la liberté de toute religion, et il en méconnaît toute la force. Sous ce dernier aspect, il me paraît téméraire et dangereux ; sous le premier, il est tyrannique et irréligieux.

J'ai avancé que la religion, c'est-à-dire une religion positive, comme l'ont compris tous les peuples, et non cette religion générale, dont l'idée purement philosophique est entièrement moderne et n'a jamais été admise par les véritables croyants, j'ai, dis-je, avancé que la religion, ainsi entendue, est ce qu'il y a de plus libre, parce qu'elle consiste dans une croyance positive, parce que sa base est la foi, une foi qui n'est pas une tradition humaine, mais une vérité absolue que le croyant a reçue de Dieu même. Elle est ce qu'il y a de plus libre, parce qu'elle est supérieure à toutes les lois que pourraient tenter de lui donner les hommes. La foi sincère n'est, de sa nature, ni silencieuse ni stérile ; elle enjoint au croyant de ne pas cacher la lumière sous le boisseau, de prêcher son Évangile sur les toits, dans les places et dans les cités, de combattre l'erreur avec le même zèle et la même chaleur qu'il doit propager la vérité.

Or quel sera l'effet de l'amendement ? Ce sera, Messieurs, d'entraver, de menacer toute prédication, et plus particulièrement la prédication de la religion de l'État, parce que les dogmes de celle-ci sont plus absolus, ses principes plus fixes, ses doctrines plus inflexibles, le zèle de ses enfants plus vif et plus invincible.

Il est bien vrai qu'aujourd'hui les cultes différents habitent paisiblement les uns à côté des autres. Demandez, cherchez la raison de cette paix, et vous la trouverez uniquement dans la liberté parfaite dont ils jouissent tous. Leurs égards réciproques sont essentiellement volontaires ; ils tiennent à leur indépendance dans le domaine religieux, au droit qu'a chaque croyant d'exprimer entièrement sa croyance et de dire tout ce qu'il pense des croyances étrangères. Du moment que vous voudrez imposer des restrictions, montrer des châtiments à celui que Dieu même a chargé d'annoncer sa foi, il bravera les uns et franchira les autres. L'empêcherez-vous d'appeler les cultes étrangers des cultes adultères? de les traiter d'impies, de sacrilèges? d'attaquer les dogmes et les rites étrangers? de les qualifier d'abominables erreurs ou d'infâmes profanations? Voilà le langage que les ministres d'un culte, que les simples fidèles, ont, religieusement parlant, le droit de tenir. Voilà, n'en doutez pas, si vous les provoquez, le langage qu'ils tiendront, et il suffira qu'un seul ait tenu ce langage, et qu'en vertu de votre loi on ait essayé de l'en punir, pour que tous unanimement se croient obligés de répéter la même profession de foi. Vous les traînerez dans les cachots, vous les ruinerez par des amendes; chargés de vos fers, et sur le fumier où vous les aurez réduits, ils proféreront les mêmes paroles, ils prêcheront le même Évangile et combattront avec la même force les mêmes erreurs. Et quels crimes avaient commis, dans les premiers âges de l'Église, ces chrétiens expirant par milliers dans les tortures? Quels crimes, Messieurs? Ils avaient insulté aux croyances de Rome et de la Grèce, ils avaient outragé le culte de l'Empire. Je le dis avec conviction : les peines qu'on vous propose sont plus douces, mais, entre la loi qu'on vous demande et les lois de Dioclétien, je ne vois, à ne considérer que le principe, aucune différence.

Il y en aurait une cependant dans l'application; mais elle ne serait pas à l'avantage de la proposition : car les souverains d'alors essayaient de défendre tous les cultes contre un seul; et nous, sans en protéger un seul, nous les attaquerions tous; car c'est les attaquer que de vouloir leur fermer la bouche et mettre un frein à la libre expression de leurs sentiments et de leurs croyances.

On vient de citer nos lois anciennes et leur sévérité; il fallait en même temps accuser leur impuissance; il fallait, en les jugeant par leurs effets, remonter jusqu'à l'erreur de leur principe. Ces lois ont-elles réussi à étouffer la licence et les blasphèmes? ont-elles fécondé les semences de la foi? Non, Messieurs, la religion et la morale ont langui, l'incrédulité et le vice ont prospéré sous les lois oppressives. Car la liberté n'est pas moins nécessaire au perfectionnement moral et religieux des peuples qu'à leur perfectionnement politique.

On cite la loi anglaise. Cette loi dérivait du même principe et d'un état de choses analogue. En France, à l'époque où ces lois furent portées, une seule religion était reconnue par l'État, qui n'en tolérait point d'autres. Il pouvait alors paraître simple que les lois en prissent la défense. Tentative infructueuse, dont le résultat ne doit guère encourager à l'imiter. En Angleterre, quoi qu'en ait dit l'honorable orateur qui m'a précédé, il y a une religion dominante, et durement dominante, qui exclut des emplois supérieurs ceux qui ne la pratiquent point. Sans doute le caractère du siècle adoucit chaque jour cette législation, mais des lois ont été faites à une époque où cette religion n'était pas seulement dominante, mais encore tyrannique. Comment donc pourrait-on nous citer les lois de l'Angleterre ou de l'ancienne France, à nous qui avons admis en principe la liberté de tous les cultes, et par suite leur indépendance dans le domaine religieux?

J'ai dit que l'essence de la religion était méconnue sous un autre rapport. Effectivement, c'est oublier sa force que de vouloir l'armer du glaive de nos lois. Et qui est l'homme, cet être faible et passionné, pour offrir au Tout-Puissant le secours de son bras? Veut-il donc s'emparer de sa force ou lui prêter ses faiblesses? Cette vaine présomption ne s'est déjà que trop montrée. Les siècles passés et l'histoire nous enseignent dans des pages sanglantes quels en ont été les funestes résultats. Est-ce dans ces voies que nous voulons suivre nos devanciers? ou croit-on qu'il n'y ait plus parmi nous d'esprit de parti capable de venger sa querelle en affectant de prendre en main celle de la religion? Et qui nous répondra de l'avenir? qui même du présent?

Reconnaissons, Messieurs, la témérité et le danger des propositions que je combats; reconnaissons qu'elles tendent à faire sortir la loi civile de son empire pour envahir l'empire de la loi divine; que chaque loi, souveraine et indépendante dans ses limites, devient tyrannique dès qu'elle les dépasse; que la loi civile ne peut régler le domaine religieux sans devenir elle-même irréligieuse, et que, si une loi doit s'armer pour l'autre et protéger ses principes et ses dogmes, c'est à la loi divine à protéger les lois humaines et les hommes qui les font.

Je crois que ces réflexions suffisent pour repousser tous les amendements qui tendraient à insérer dans l'article le mot religion. Je demande à mon tour à ceux qui ne partageraient pas ma conviction qu'ils veuillent bien donner aux tribunaux une règle positive, et dire ce qu'ils entendent par le mot religion. Comprennent-ils sous ce nom toutes les religions positives ou révélées? L'objet de mon discours jusqu'ici a été de démontrer que, les religions positives étant essentiellement des croyances, des dogmes, des rites, la loi qu'on voudrait faire à cet égard serait tyrannique pour toutes ces religions et éminemment irréligieuse. Soutiennent-ils qu'il ne s'agit pas des religions révélées, mais d'une religion qui domine les religions positives et leur est commune à toutes, en un mot d'une religion abstraite et philosophique? Je répondrai qu'il serait très dangereux d'insérer dans la loi un mot aussi mal défini, parce que rien n'avertira les juges et les jurés que c'est de cette religion philosophique plutôt que des religions ou de l'une des religions positives que l'on entend parler. Ainsi l'on n'échappe au vague qu'on a reproché aux mots *morale publique*, que pour tomber dans un vague plus grand, et surtout accompagné de bien d'autres dangers, comme je crois l'avoir invinciblement démontré.

Sans doute il est libre de discuter toutes les propositions relatives au droit public, excepté les dogmes politiques fixés. Et ici je répète avec plaisir les paroles qu'on vient d'entendre de la bouche d'un bon citoyen et d'un loyal député, M. de Kératry. Nous avons des dogmes politiques fixés, que tout Français doit révérer, mais nous n'avons pas de dogmes religieux communs à tous les Français. Nous avons fait des lois pour mettre à couvert ces dogmes politiques communs à tous ; mais nous ne pouvons pas faire des lois pour faire respecter les dogmes religieux qui n'obligent pas tous les Français. La conclusion me paraît évidente, et ceci répond au dernier argument de M. Lainé.

Je crois avoir ainsi repoussé l'argument tiré de l'article 5 de la loi que vous avez votée sur la liberté des cultes, puisque c'est au nom de cette liberté que j'ai moi-même combattu l'amendement.

J'arrive maintenant à un amendement qui, heureusement, a trouvé moins de faveur dans cette Chambre, celui qui aurait pour objet de supprimer le mot *morale publique* de l'article, et, en combattant cet amendement, je remplirai un autre objet, c'est de m'expliquer sur le véritable sens du mot *morale publique*.

Chacun est d'accord sur le sens du mot *morale*, et il présente une acception nette à tous les esprits. Ce point accordé et le sens du mot *morale* bien entendu, il devient facile d'expliquer le sens du mot *morale publique*. La morale publique est celle que la conscience et la raison révèlent à tous les peuples, comme à tous les hommes, parce que tous l'ont reçue de leur divin auteur, en même temps que l'existence ; morale contemporaine de toutes les sociétés, que, sans elle, nous ne pouvons pas comprendre, parce que nous ne saurions les comprendre sans la notion d'un Dieu vengeur et rémunérateur du juste et de l'injuste, du vice et de la vertu, sans le respect pour les auteurs de ses jours et pour la vieillesse, sans la tendresse pour les enfants, sans le dévouement au prince, sans l'amour de la patrie, sans toutes les vertus enfin qu'on trouve chez tous les peuples, et faute desquelles tous les peuples sont condamnés à périr. L'histoire nous apprend à quelles époques divers cultes sont nés parmi les peuples; elle nous dit les noms de leurs fondateurs, elle ne peut pas nous dire l'époque à laquelle a commencé la morale publique, parce qu'elle est antérieure aux religions positives, parce qu'elle était avant elles la seule religion des peuples.

Dans quelque superstition, dans quelque abrutissement qu'un peuple soit tombé, il n'est jamais arrivé que tous les caractères sacrés de cette morale publique, de cette religion primitive aient été effacés, et toujours il a été possible de les faire revivre. Plus une religion a sanctionné cette morale commune à tous, plus elle a été sainte, et c'est l'honneur immortel du christianisme de l'avoir portée au dernier degré de pureté et de sublimité.

La morale publique n'est donc ni une chose nouvelle ni un phénomène parmi les nations, et j'ai peine à concevoir qu'on soit arrivé à élever de pareils doutes. Il est des temps de douleur et d'oppression qui en affaiblissent beaucoup le sentiment : ils ne l'éteignent jamais. Je suppose qu'un tyran ait longtemps pesé sur un pays. Si, du sein d'une longue servilité, un homme ignoré jusqu'alors s'éveille, qu'il se dévoue pour les siens, qu'il fasse entendre les premiers accents de vérité et de liberté, cet homme devient tout à coup l'honneur de son pays; il est proclamé le vengeur, l'organe de la morale publique, tous les cœurs lui répondent, et la tyrannie est ébranlée jusque dans ses fondements. Voilà à quels traits on reconnaît et on reconnaîtra toujours la morale publique. C'est pour les nations le premier des patrimoines, le plus précieux des trésors; il s'enrichit de tous les actes de vertu, de tous les dévouements, de tous les sacrifices; il n'y a pas de bon citoyen qui ne soit appelé à l'accroître; c'est aux âmes héroïques qu'il est donné de l'augmenter sans mesure. La France est riche déjà de ce patrimoine, elle est appelée à s'enrichir encore, et, lorsque vous aurez défendu par vos lois la morale publique de tout outrage, bienfaiteurs de votre pays, vous en aurez été les véritables organes.

Après une longue discussion, le mot *religieuse* fut ajoutée à *publique*.

Grâce au talent du garde des sceaux et à l'alliance du ministère et des libéraux — alliance qui ne devait pas être de longue durée, — les trois lois sur la liberté de la presse furent adoptées.

Après le vote du budget, la session de 1818-1819 fut close le 17 juillet 1819. « Elle avait été brillante, agitée, tumultueuse. **M. de Serre** avait eu tout l'honneur, bien qu'il s'y fût compromis deux fois en sens opposé par la hardiesse de son langage : l'une, en avançant que la majorité de la Convention avait toujours été saine ; l'autre, en déclarant que les régicides bannis ne rentreraient jamais en France. » (*Souvenirs du duc de Broglie*, t. II.)

§ 4. — Modification à la loi électorale du 5 février 1817. — Général Foy. — Royer-Collard. — Camille Jordan. — Benjamin Constant.

Les élections partielles amenèrent à la Chambre trente-cinq députés nouveaux appartenant au parti libéral. L'abbé Grégoire fut nommé dans l'Isère.

Ces symptômes et l'attitude des puissances inquiétèrent le ministère, qui se divisa sur la question de la loi du 5 février. Quatre membres se retirèrent. M. Decazes devint président du conseil, et l'on put croire que le gouvernement continuerait à marcher dans les voies de la sagesse et de la conciliation ; mais l'assassinat du duc de Berri (13 février 1820) arrêta le mouvement de la politique libérale. Malgré les concessions qu'il avait faites à la réaction en prenant l'initiative d'une réforme de la loi électorale du 5 février, M. Decazes fut sacrifié, et l'on eut le second ministère Richelieu. Plusieurs projets de lois rétrogrades furent présentés aux Chambres.

D'abord une loi qui suspendait la liberté individuelle ; une autre qui suspendait la liberté de la presse ; enfin et surtout la loi chère à la réaction royaliste, la nouvelle loi électorale qui allait remplacer la loi libérale du 5 février 1817 et mettre les élections dans les mains du parti de 1815 [1].

---

1. Voici quelles étaient les dispositions essentielles de la nouvelle loi : « Chaque département avait un collège de département et des collèges d'arrondissement ; chacun de ces derniers collèges se com-

Le général Foy, Royer-Collard, Camille Jordan, Benjamin Constant combattirent le nouveau projet de loi, qui fut défendu avec vigueur et talent par M. de Serre, transfuge du parti doctrinaire, que cette évolution sépara sans retour de ses anciens amis.

Le discours que prononça Royer-Collard dans la discussion générale (17 mai 1820) éleva la question dans la sphère supérieure des principes, et montra que l'inégalité électorale, telle que la proposait le ministère, était destructive du gouvernement représentatif.

... La Chambre des députés a contracté, dans la Charte, une véritable légitimité, c'est-à-dire une nature propre et inaltérable, qui se fait reconnaître à des signes non équivoques. Une inspection rapide des principes de notre gouvernement suffit pour s'en convaincre.

La différence de la souveraineté du peuple à la souveraineté constituée des gouvernements libres, c'est que, dans la première, il n'y a que des personnes et des volontés; dans l'autre, il n'y a que des droits et des intérêts; les individualités disparaissent; tout s'élève du particulier au général; la société a passé tout entière dans son gouvernement. Là, et là seulement, la souveraineté réside, parce que là, et là seulement, les intérêts ont leurs organes et les droits leur sauvegarde. Tel est notre gouvernement. L'unité morale de la société y respire dans le monarque héréditaire. Le roi n'est pas une personne; il n'est pas une institution; il est l'institution universelle dans laquelle sont placées toutes les autres. Avec le roi deux pouvoirs distincts entre eux concourent à l'exercice de la souveraineté. Ce grand fait, jamais assez remarqué, quoi-

posait de tous les électeurs domiciliés dans la circonscription, et nommait un nombre de *candidats* égal à celui des députés attribués au département; le collège de département, composé des électeurs les plus imposés en nombre égal au *cinquième* de la liste générale, mais sans pouvoir être au-dessous de cent, ni supérieur à six cents, choisissait ensuite les *députés* sur la liste des candidats nommés par les collèges d'arrondissement; enfin les électeurs, dans les collèges des deux catégories, devaient écrire publiquement leur bulletin sur le bureau du président. » (Vaulabelle.)

qu'il le soit sans cesse, ce fait éminent domine la délibération. Il atteste qu'en entrant dans le gouvernement, la société n'a pas été considérée comme homogène, ni les droits et les intérêts comme semblables. Il y a dans la théorie de la Charte pluralité d'intérêts, c'est-à-dire qu'avec les intérêts communs à tous il y a des intérêts qui ne sont pas communs à tous. En d'autres termes, il y a différence ou inégalité dans les situations sociales. L'inégalité résulte des supériorités de tout genre; la gloire, la naissance, qui n'est que la perpétuité de la gloire, la propriété ou la richesse à ce degré où elle est, comme la gloire, une dignité, une force, un empire exercé sur les hommes. Maintenant qu'est-ce que la Chambre des pairs, si ce n'est l'inégalité reconnue, consolidée, érigée en pouvoir social, et par là rendue inviolable et immortelle? Artifice admirable, par lequel le privilège vaincu a été transféré de la société qu'il opprimait au sein du gouvernement qu'il affermit! Magnifique prérogative que l'inégalité n'a pas reçue pour elle-même, ni pour sa seule défense, mais pour la protection de la société entière; parce que, les supériorités n'ayant rien à souhaiter que de se maintenir, le pouvoir où elles se concentrent devient le principe de la stabilité et le gage de la durée commune.

Mais, Messieurs, après que la société a été ainsi décomposée par la Charte, après que l'inégalité, retranchée au sommet du gouvernement, a rallié, attiré à elle tous les intérêts qui ne sont pas ceux de tous, ai-je besoin d'ajouter que ce qui reste, c'est l'égalité pure, c'est-à-dire les intérêts communs à tous; et qu'ainsi la Chambre élective ne représente plus, qu'elle n'a plus à représenter que ces intérêts....

De là découlent les lois de la composition de la Chambre à laquelle est assignée la représentation des intérêts généraux.

La Chambre des pairs se forme par le recensement des personnages en qui se rencontre la prééminence; ce recensement est fait par le roi. Mais c'est le propre des intérêts généraux de se rencontrer tous dans chacun. De même donc que la Chambre des pairs est donnée à quelques-uns, de même, et par la même nécessité des choses, la Chambre des députés est donnée à tous; la représentation des intérêts communs à tous appartient à tous, là où il n'y a pas de distinctions hiérarchiques. Dans la rigueur du droit tous sont éligibles, tous sont électeurs, à moins qu'ils ne soient jugés actuellement incapables de l'être.... La Charte ne confère pas l'éligibilité....

L'égalité des électeurs, l'égalité des suffrages, l'élection directe, c'est une même chose : d'où il suit qu'il n'y a de député légitime que le député choisi par la majorité. L'élection par la minorité est un mensonge. La légitimité des députés fait seule celle de la Chambre.

Les électeurs étant donnés, il reste à la loi de les organiser en collèges.... Que si, sous prétexte d'organiser les collèges, on va jusqu'à la vouloir charger de transférer audacieusement les élections de la majorité à la minorité, ce qu'on lui demande,... c'est un coup d'État contre la société; c'est une révolution contre l'égalité, c'est la vraie contre-révolution.. . . . .
. . . .

L'égalité des électeurs est le fait même du gouvernement représentatif. Le gouvernement représentatif, à son tour, est le fait même de la Charte; la Charte est le fait même de la société. Pour chasser l'égalité du gouvernement représentatif, il faut donc, avant tout, l'abolir dans la société. C'est là qu'il faut ramener d'abord le privilège.

Or le projet de loi, fût-il adopté, n'est pas un moyen suffisant pour opérer une révolution de cette nature. On a vu le privilège s'établir avec la conquête, comme un tribut levé par les vainqueurs sur les vaincus; le monde ne l'a pas vu entrer dans un État par la seule force des lois; il n'a jamais été imposé à un grand peuple par la délibération. L'urne des scrutins n'est pas un creuset où les sociétés se dissolvent et se décomposent. La question de la hiérarchie des conditions n'est pas du ressort de la théorie; ce ne sont pas les publicistes et les orateurs qui la tranchent. Si le privilège est dans la société, laissez-le faire; il saura bien se faire jour dans les lois; mais là où il n'existe pas, la parole des lois n'a pas la vertu de l'engendrer.

Que chacun le reconnaisse, Messieurs, notre sol politique, si longtemps le domaine du privilège, a été conquis par l'égalité, non moins irrévocablement que le sol gaulois le fut autrefois par le peuple franc. Le privilège est descendu au tombeau; aucun effort humain ne l'en fera sortir; il serait le miracle impossible d'un effet sans cause; il ne pourrait pas rendre raison de lui-même.

La loi qu'on nous propose serait en vain votée, en vain quelque temps exécutée; les mœurs publiques la fatigueraient, la consumeraient, l'éteindraient bientôt par leur résistance; elle ne régnera pas; elle ne gouvernera pas la France. Le gouvernement représentatif ne nous sera pas enlevé; il est plus fort que les volontés et les desseins de ses adversaires. Avec un 18 Fructidor, on déporte les hommes; les lois fondamentales d'un pays, quand elles ont le principe de vie, ne se laissent pas déporter. Les parlements n'étaient pas aussi robustes que le gouvernement représentatif; ils n'appartenaient pas à la France, ils ne parlaient pas en son nom; mais ils défendaient quelquefois les libertés publiques; et les plaintes éloquentes et courageuses qu'ils élevaient au pied du trône retentissaient dans la nation. Le ministère de Louis XV, nous ne l'avons pas oublié, voulut les renverser; il fut vaincu; les parlements, un moment abattus, se relevèrent aux acclamations publiques; les fantômes dont on avait garni leurs bancs révérés disparurent. Ainsi s'évanouira la Chambre éphémère du privilège.

Vous vous débattez en vain; vous êtes sous la main de la nécessité. Tant que l'égalité sera la loi de la société, le gouvernement représentatif vous est imposé dans son énergie et sa pureté. Ne lui demandez pas de concessions; ce n'est pas à lui d'en faire; le gouvernement représentatif est une garantie, et c'est le devoir des garanties de se faire respecter et de dominer toutes les résistances.

Qu'on ne s'étonne donc pas, qu'on ne s'indigne pas de ce qu'il se montre partial envers la société nouvelle, car il existe pour faire triompher la Charte. Voulez-vous qu'il vous appelle? Embrassez sa cause; défendez le droit contre le privilège. L'amour est le véritable lien des sociétés; étudiez ce qui attire cette nation, ce qui la repousse; ce qui la rassure, ce qui l'inquiète; en un mot relevez d'elle, soyez populaires. C'est depuis huit siècles le secret de l'aristocratie anglaise.

Le gouvernement représentatif est, dit-on, plein de périls; les factions sont là, prêtes à s'en emparer pour troubler l'État.

Voilà peut-être les entrailles les plus intimes de la délibération. Je vais m'y placer hardiment, sans dissimulation comme sans offense.

Une faction, dans l'acception la plus sévère du mot, c'est un parti politique qui agit contre l'ordre établi et qui veut le changer dans son intérêt.

Eh bien! oui sans doute, Messieurs, une faction peut entrer par les élections dans le gouvernement représentatif; le jour peut arriver où une majorité factieuse siégera dans cette Chambre. Cela est écrit dans la Charte.

Il est encore écrit dans la Charte que, soit la même faction, soit une autre (car là où il y en a une il y en a plus d'une), pourra surprendre le ministère et attirer le pouvoir exécutif dans ses mains. Les factions ne sont pas moins habiles ni moins ardentes à tromper les rois qu'à égarer les peuples. La Chambre des pairs elle-même ne leur est pas fermée; elles pénètrent plus lentement dans les conseils aristocratiques, mais elles s'y enracinent à une plus grande profondeur.

Le péril des factions n'est donc pas seulement dans le pouvoir électif; il est au sein de chaque pouvoir; il est partout. Si une faction démocratique, dans la Chambre des députés, peut battre de ses flots les marches du trône, une faction aristocratique dans le ministère peut asservir le prince et le peuple; dans la Chambre des pairs, elle peut frapper le gouvernement d'inertie.

Voilà l'entière vérité des choses. Faut-il, dans une sinistre prévoyance, dégrader la pairie, énerver le pouvoir royal, réduire la représentation à un simulacre, ruiner en un mot tous les pouvoirs, de peur qu'ils ne soient pervertis par les factions? Ce sont, Messieurs, les conseils de l'inexpérience, ou de la pusillanimité, ou des factions elles-mêmes; si on les suit, ce qu'on aura détruit, ce n'est pas le mal, c'est le remède. Le mal, on ne le détruira pas; il est dans la société; mais le remède toujours présent ne se trouve que dans la multiplicité et l'opposition des pouvoirs, dans leur force défensive aussi bien qu'offensive, dans la combinaison judicieuse de leur énergie réciproque. Contre une faction maîtresse de la Chambre des députés, le roi est là, avec l'immensité de ses forces et sa prérogative insurmontable; contre une faction armée du pouvoir exécutif, la Chambre des députés a moins d'avantages, et il importe que cela soit ainsi; cependant, si la confiance de la nation la soutient, elle est invincible. Témoin de ces chocs redoutables, la Chambre des pairs vient au secours de la Constitution ébranlée; elle interpose, avec sa dignité, sa haute sagesse.

Tout se tient, tout marche ensemble, tout est nécessaire à notre gouvernement; il n'y a rien à déduire, rien à déplacer. Son équilibre repose sur la distribution exacte des forces dans la balance de la souveraineté. Sans doute il est laborieux, et la vertu des hommes y a été comptée pour quelque chose. Mais espère-t-on inventer quelque machine législative qui en dispense? Les constitutions ne sont pas des tentes dressées pour le sommeil. Les gouvernements, quels qu'ils soient, sont sous la loi universelle de la création; ils ont été condamnés au travail; comme le laboureur, ils vivent à la sueur de leur front. Voyez votre histoire, les longs orages de la république féodale, vos rois sans cesse en campagne dans leurs propres États, sans cesse aux prises avec des oppositions bien plus redoutables, et surtout bien plus opiniâtres que celles qui peuvent s'élever aujourd'hui; voyez de quelle prudence, de quelle constance, de quel courage ils ont eu besoin pour prévaloir. Cependant ils ont prévalu ; et après qu'ils ont prévalu, dépourvus d'ennemis, délivrés de la contradiction, dispensés de la prévoyance, un siècle s'était à peine écoulé qu'ils sont venus à grands pas s'abîmer dans le gouffre de la Révolution.

Les craintes qui ont conseillé et qui excusent dans quelques esprits la destruction du gouvernement représentatif ne m'étonnent point ; mais je ne saurais les partager. Qu'elle vienne, cette faction à laquelle doivent être immolées nos libertés ; que les portes de la Chambre s'ouvrent devant elle ; qu'elle remplisse cette enceinte. Et tandis qu'elle agitera sa turbulence et qu'elle exhalera ses desseins dans les limites de nos attributions si peu offensives, diffamée par la publicité, trahie par les fautes qu'il est impossible à une faction de ne pas commettre ; qu'ici, à cette tribune, un ministère digne du roi et de la France l'accuse en face, et son imposture sera confondue ; que, s'il en est besoin, ce ministère donne au monarque le noble conseil de se fier à ses peuples, et de les prendre à témoin entre lui et les ennemis déclarés de sa couronne ; la France, n'en doutez pas, la généreuse France, entendra cet appel, et elle saura y répondre. Non, la France ne veut pas que le Roi rende son épée, ni qu'il soit prisonnier des factions, quelles qu'elles soient.

Ainsi, Messieurs, dans les hypothèses les plus exagérées, tout ce qui résulte véritablement du gouvernement représentatif maintenu dans son intégrité, c'est le besoin constant d'un ministère que la France avoue, et que la confiance publique, non moins que des talents supérieurs, élève au-dessus des dangers. Voilà la seule, mais inexorable condition de notre équilibre constitutionnel et de notre situation présente. Cette condition, — je l'avoue et je l'admets, — s'il était en mon pouvoir de l'éluder, je ne le voudrais pas. Il est temps que la France soit gouvernée ; elle ne l'est pas depuis six ans. Toute la discussion se réduit à ce seul mot.

Messieurs, en repoussant selon mes forces les mesures

qui vous sont proposées, je suis fidèle à toute ma vie ; je défends encore, je revendique la légitimité qui nous est si nécessaire, et que nous perdrions en quelque manière, si nous ne la conservions pure et sans tache. La légitimité est l'idée la plus profonde à la fois et la plus féconde qui soit entrée dans les sociétés modernes ; elle rend sensible à tous, dans une image immortelle, le droit, ce noble apanage de l'espèce humaine ; le droit, sans lequel il n'y a rien sur la terre qu'une vie sans dignité et une mort sans espérance. La légitimité nous appartient plus qu'à aucune autre nation, parce qu'aucune race royale ne la possède aussi pure et aussi pleine que la nôtre, et qu'aucune aussi n'a produit un si grand nombre de bons et de grands princes.

Les fleuves ne remontent pas vers leur source ; les événements accomplis ne retournent pas dans le néant. Une sanglante révolution avait changé la face de notre terre ; sur les débris de la vieille société renversée avec violence, une société nouvelle s'était élevée, gouvernée par des hommes nouveaux et des maximes nouvelles. Comme tous les peuples conquérants, cette société, je le dis en sa présence, était barbare ; elle n'avait pas trouvé dans son origine, elle n'avait pas acquis dans l'exercice immodéré de la force le vrai principe de la civilisation, le droit. La légitimité, qui, seule, en avait conservé le dépôt, pouvait seule le lui rendre ; elle le lui a rendu ; avec la race royale, le droit a commencé à lui apparaître ; chaque jour a marqué son progrès dans les esprits, dans les mœurs, dans les lois. En peu d'années, nous avons recouvré les doctrines sociales que nous avions perdues ; le droit a pris possession du fait ; la légitimité du prince est devenue la légitimité universelle. Comme elle est la vérité dans la société, la bonne foi est son auguste caractère. On la profane si on l'abaisse à l'astuce, si on la ravale à la fraude. La loi proposée fait descendre le gouvernement légitime au rang des gouvernements de la Révolution en l'appuyant sur le mensonge.

Je vote le rejet.

Benjamin Constant [1] s'appliqua à dégager avec netteté la portée de la loi nouvelle (22 mai 1820). Elle a pour but de rendre le pouvoir à la faction de 1815.

... Pour juger en connaissance de cause le projet qui nous est soumis, nous devons, avant tout, examiner quel but on s'est proposé d'atteindre par les dispositions qu'il renferme.

Ces dispositions sont dans les 1er, 2e, 3e et 4e articles....

Quand j'ai vu (art. 1er), après trois années d'élection directe exercée paisiblement, reparaître au milieu de nous deux espèces de collèges, comme sous la République, et la candidature, comme sous l'Empire, je me suis demandé quel était le but de ces résurrections simultanées. Est-ce la nécessité qui les suggère? ou bien veut-on rendre notre constitution plus populaire? ou bien encore veut-on la rendre plus monarchique?

L'orateur examine ces trois hypothèses.

J'en conclus que ce projet est dans l'intérêt d'un parti qui trouverait ou croirait trouver dans les plus imposés de dévoués auxiliaires, et qui gagnerait à ce que ce fût la minorité qui fît les choix....

On vous a beaucoup parlé d'une faction révolutionnaire qui, dès 1789, a médité la chute de la monarchie; qui, en 1792, a renversé le trône; qui a conspiré au 20 mars 1815; qui lève aujourd'hui une tête audacieuse, et que les dernières élections, on vous l'a dit positivement, ont favorisée.... Permettez-moi de vous entretenir d'une autre faction qui, dès 1789, a conspiré contre la liberté de

---

1. Benjamin Constant de Rebecque (1767-1830), né à Lausanne, publiciste, orateur, philosophe; membre du Tribunat après le 18 Brumaire; éliminé bientôt pour son opposition, il se lie avec Mme de Staël; rappelé par Napoléon, il prend part à la rédaction de l'Acte additionnel (1815); membre de la Chambre des députés (1819), il s'y fait remarquer par son attachement aux idées libérales. — Voy. Timon, *Livre des orateurs;* Sainte-Beuve, *Portraits littéraires,* III, *Nouveaux lundis,* I.

la France, qui, en 1791, a soulevé l'indignation d'un peuple passionné, en le menaçant de la force étrangère, et en faisant flotter sur ses frontières les étendards d'une coalition qui outrageait son indépendance ; d'une faction qui, rentrée sous l'Empire, s'est dévouée à l'établissement du despotisme impérial, qui a pardonné à l'usurpation d'avoir empêché la monarchie à condition qu'elle tuerait la liberté ; d'une faction qui, en 1814, a égaré le gouvernement royal à peine rétabli, qui l'a isolé de la nation en 1815, qui a vexé, incarcéré, destitué jusqu'au 5 septembre ; qui, à la même époque, a témoigné peu d'indignation pour ceux qui assassinaient, et à laquelle, depuis le 5 septembre, si l'on en juge par ses fureurs contre le système électoral actuel, les élections ont été contraires.

En disant que les élections lui ont été contraires, je ne prétends rien dire d'injurieux à ceux qui n'en ont pas ou n'en ont plus été les objets. Mais on a dit ici, Messieurs, que trois victoires successives dans les élections avaient ouvert les portes de cette Chambre à la faction libérale, dont les armes sont le fer et le poison. On ne doit pas s'irriter si je dis à mon tour que trois défaites successives ont fermé ces portes à la faction antilibérale, et j'aurai même la discrétion de ne pas qualifier les armes qu'elle a employées à Nîmes, à Avignon, à Toulouse.

Maintenant, Messieurs, il est évident que, pour rentrer dans le pouvoir, cette faction n'a qu'un moyen. Elle est en horreur à la France. Partout où les élections se feront à la majorité des votes, elle n'obtiendra jamais cette majorité. Pour qu'elle parvienne même à être élue par une minorité, il faut que cette minorité soit la plus petite possible, qu'elle se compose, s'il se peut, d'un seul suffrage. Or que doit faire cette faction pour atteindre ce but ?

Séparer d'abord la masse nationale du collège qu'elle rendra vraiment électeur unique ; c'est ce que fait l'article 1ᵉʳ du projet de loi ; composer ensuite le collège électeur de ceux qu'elle croit lui être le plus dévoués : c'est ce que fait l'article 2 ; enlever de plus aux collèges inférieurs tout droit d'élection réel : c'est ce que fera l'article 4 dans son premier paragraphe ; créer enfin, pour la plus imperceptible minorité, une chance certaine : c'est ce que fera le second paragraphe du même article.

Vous voyez que la correspondance de ces divers articles entre eux est d'une évidence non méconnaissable. Examinons-les l'un après l'autre. . . . .
. . . .

L'orateur montre que les collèges des plus imposés, ceux qui feront l'élection, « seront formés en grande majorité des classes ci-devant privilégiées auxquelles il faut joindre une sorte de clientèle que ces classes ont reconquise sous Napoléon même ».

Parmi les erreurs graves de cet homme si extraordinaire et si funeste, sa faiblesse pour la caste qu'il croyait son ennemie a été l'une des plus remarquables.

Il pensait à tort qu'il rencontrerait beaucoup d'obstacles à la conquérir, et, malgré les facilités merveilleuses qu'il a trouvées à chaque pas, cette conquête paraît toujours avoir eu pour lui le mérite d'une difficulté surmontée.

Cette caste recrutée de quelques nouveaux noms devenus illustres, dont elle s'appuyait alors, et qu'elle a voulu écarter depuis, a donc été, même sous l'Empire, remise en possession de la prééminence sociale.

Aussitôt s'est réunie à elle une portion de la classe intermédiaire, désavouant la Révolution qui l'avait enrichie et affranchie. Des vanités bourgeoises ont été charmées d'être admises, et toutes surprises d'être caressées. Ainsi s'est formée une tourbe d'auxiliaires des privilégiés, et l'on conçoit que, depuis la Restauration, ces auxiliaires n'ont été que plus dévoués et plus fidèles. Ils supportent docilement les dédains qui renaissent, les mépris qui échappent, et, de son côté, l'aristocratie, qui a encore besoin d'appuis, suspend le travail qu'elle fera bientôt pour se débarrasser avec élégance d'alliés inutiles qui lui sembleront des intrus. Ces hommes entreront avec elle dans les collèges des plus imposés; plusieurs y entreront de droit, d'autres par faveur. Car vous savez qu'à cette tribune on vous a déclaré que les droits des membres de ces collèges ne seront vérifiés que par l'autorité, et que, pour leur sûreté ou leur convenance, on les dispensera d'une publicité importune. Ainsi les collèges des plus imposés seront incontestablement dans le sens du privilège. . . . .

L'orateur montre comment fonctionneront les collèges.

... Non, je le dis sans feinte, jamais on n'insulta de la sorte à toute une nation; jamais on ne la méprisa au point de croire qu'elle assisterait, spectatrice résignée, à l'audacieux escamotage de ses droits les plus précieux, qu'elle se prêterait à la cérémonie illusoire d'élections où son vote sera toujours dédaigné, où ceux contre lesquels elle se sera formellement déclarée obtiendront constamment la préférence, et qu'elle reconnaîtra pour ses représentants légitimes les hommes d'une caste imposés par cette caste, d'après une loi faite au profit de cette caste par un ministère qu'elle a subjugué.

Ce système, Messieurs, n'est autre chose que la mise à exécution des protestations incendiaires de tous les dissidents fugitifs ou conspirateurs de l'Assemblée Constituante. C'est la révolte du privilège contre le droit qui l'a remplacé.

Cependant, je l'avoue, j'éprouve une sorte de pitié pour les gloires ternies et pour les illustrations déchues, et, au milieu de l'étonnement que me cause cette révolte aussi criminelle qu'imprudente, une considération me frappe, qui m'inspire un sentiment douloureux. Elle est donc bien tombée, cette oligarchie altière, qui déclare à la face de l'Europe que, si elle ne parvient à fausser le suffrage national, il sera toujours contre elle, que jamais elle ne pourra compter sur une seule nomination libre, que la majorité la repoussera sans cesse, et que, pour arriver au pouvoir, il faut qu'elle l'usurpe ou plutôt qu'elle le dé-

robe ; car ce n'est pas même d'une usurpation qu'il s'agit ;
il ne s'agit pas de conquête ; il s'agit d'un larcin honteux,
que déguisent misérablement d'indignes subterfuges au
prix desquels pas un citoyen qui se respecte ne s'abaisserait à accepter la puissance ou à exercer l'autorité.

Je le sais, si ces subterfuges réussissent, cette faction
fera payer cher à la nation les humiliations qu'elle se
condamne à subir en sa présence. Le temps du mensonge
sera remplacé par celui des fureurs, et ces fureurs sont
assez connues. Elle punira durant son éphémère victoire
cette majorité nationale qui la force à se dénoncer elle-même comme un objet d'exécration. Tous les abus seront
rétablis, Messieurs ; tous les abus ! je n'exagère pas et je
vais le prouver par les paroles mêmes de nos adversaires.

. . . .

L'orateur développe tous les dangers de la loi et toutes ses
menaces pour la liberté et pour la royauté.

Messieurs, j'ai vu dans ce pays une République tumultueuse, anarchique, mal organisée ; mais les vices constitutionnels n'ont pas été la cause de sa chute : la cause
de sa chute s'est trouvée dans les hommes qui se prétendaient plus républicains que la République et qui, par
leurs fureurs, leurs excès, leur démence, décréditaient
cette République qu'ils disaient défendre. Craignez pour
la monarchie les hommes qui se prétendent plus royalistes que la Charte et que le Roi. La République a péri
par les Jacobins de la République. Les Jacobins de la
royauté seraient la perte de la royauté. . . . .
. . . .

Quelques jours plus tard, Camille Jordan [1] propose un amendement qui sauvegarde les principes de liberté en donnant

1. Camille Jordan (1771-1821), né à Lyon, député au Conseil des
Cinq-Cents (1796) ; proscrit au 18 Fructidor ; député en 1816, il devint
le chef de l'opposition libérale. (Voir Sainte-Beuve, *Nouveaux lundis*, t. XII.)

« Il développa son amendement dans un discours qui emprun-

quelque satisfaction au ministère[1], et montre, lui aussi, le retour fatal du parti de 1815 comme conséquence de l'adoption de la loi nouvelle (30 mai 1820). « **Camille Jordan** mourant s'était traîné à la tribune, et **M. de Serre**, qui n'était guère en meilleur état, était revenu de Nice à la hâte. C'était entre les deux amis, l'un et l'autre un pied dans la tombe, l'un et l'autre éloquents, sincères, libéraux, dévoués à la monarchie, l'un et l'autre exempts de toute arrière-pensée qui dépassât leur parole, que la Chambre avait à se prononcer. »

Messieurs, deux motifs principaux m'ont décidé à vous présenter l'amendement dont vous avez entendu la lecture. Vous pouvez facilement les entrevoir : c'est, d'une part, la conviction que les principales dispositions du projet de loi sont complètement inadmissibles; c'est, d'autre part, la persuasion que, tout en les rejetant, il est cependant convenable et sage de faire subir quelques modifications à la loi du 5 février.

J'avais espéré vous apporter mon opinion développée sur le projet de loi au milieu de la discussion générale; des circonstances pénibles ne m'ont point permis de remplir cette tâche; je ne pourrais encore l'accomplir aujourd'hui; je trouverais probablement d'ailleurs votre attention épuisée; mais je saisis au moins avec empressement cette première occasion de faire ma profession de foi pu-

tait un vif intérêt à la position particulière de l'orateur.... Dévoré par la maladie, il penchait alors vers le tombeau. Voyant dans les nouvelles mesures le début d'une politique réactionnaire fatale à cette cause monarchique à laquelle il avait voué sa vie, et désirant arrêter la royauté sur cette pente funeste, il réunit ses forces, se rendit péniblement à la Chambre et monta à la tribune. Ses traits pâles et amaigris, son attitude affaissée, sa voix affaiblie et brisée, indices irrécusables d'une fin prochaine, donnaient à ses paroles ce caractère solennel et presque prophétique qui s'attache aux paroles des mourants. » (Vaulabelle, *Histoire des deux Restaurations*, t. V, p. 139.)
Camille Jordan mourut le 18 mai de l'année suivante.

1. Cet amendement tendait à faire nommer directement les députés par les collèges d'arrondissement formés en nombre égal aux députés à nommer. Toute la gauche et le centre gauche s'étaient ralliés à cet amendement.

blique sur cette grande question, de m'associer à presque tous les sentiments qui ont été si éloquemment exprimés par plusieurs de mes honorables amis.

Comme eux, malgré mes liens avec le ministère, malgré ma confiance aux lumières des ministres sur d'autres sujets, il m'eût été impossible de les accepter pour guides dans une question où ils n'avaient cessé de s'égarer et de se contredire depuis trois ans, où ils ne se présentaient encore que livrés aux vacillations les plus déplorables, visiblement placés sous l'influence des conseils les plus suspects.

J'ai donc dû examiner, juger par moi-même, le projet de loi avec l'indépendance la plus entière.

... C'est là ce qui m'a mis sur cette voie de l'amendement dont il est question, amendement plus important qu'on ne peut le juger au premier aspect, amendement que je n'apporte point sans l'avoir concerté avec un grand nombre de mes collègues, sans m'être assuré qu'il trouverait dans cette Chambre un imposant appui; amendement d'où peut sortir, avec l'accord de nos opinions divergentes, le salut du pays tout entier....

L'orateur examine successivement les divers avantages de son amendement.... Il remédie aux principaux abus de la loi du 5 février... et cela sans qu'aucun principe soit sacrifié.

Toutes les bases fondamentales de la loi du 5 février, l'élection directe, l'égalité de suffrage, sont maintenues;

Plus de violation de la Charte;

Plus d'atteinte à l'essence du gouvernement représentatif;

Plus de honteux artifices pour faire prédominer le vœu de la minorité;

Plus d'odieuses spoliations exercées sur les quatre cinquièmes des électeurs au profit d'un petit nombre de privilégiés.

Un tel changement ne sera pas seulement utile : mais il sera agréable, il sera accepté avec reconnaissance par la majorité des Français : les intérêts locaux seront partout flattés de se voir appelés à être spécialement représentés et défendus.

Or quel avantage inestimable qu'une réformation touchant à une loi si populaire soit elle-même populaire ; qu'en corrigeant ses principaux abus, au lieu d'aigrir l'opinion, on parvienne à la contenter, à la calmer !

Si maintenant, Messieurs, après avoir apprécié l'amendement en lui-même, nous l'examinons dans son rapport avec les opinions divergentes qu'il est destiné à concilier dans cette Chambre, on ne peut se dissimuler qu'il demande à chacun quelques sacrifices, quelques concessions qui pourront leur paraître pénibles, qui pourront les faire quelque temps hésiter.

... Mais, en résultat, quelles que soient ces répugnances, ces objections, si l'esprit de parti ne vient point les exagérer et les envenimer, pourront-elles arrêter longtemps des hommes de bonne foi? Ce que l'amendement fait sacrifier à chacune des opinions que j'ai désignées peut-il être comparé à ce qu'il leur fait conserver? Ce sacrifice lui-même, combien n'est-il pas payé par les avantages inestimables de la conciliation?...

Que des hommes de parti dont vous avez pu rechercher passagèrement la dangereuse alliance, qui ne voulaient faire de ce projet de loi qu'un instrument de leur triomphe, qui avaient besoin, pour atteindre à ce but, de le conserver dans son intégrité, s'effrayent d'entendre parler de ces modifications, et cherchent à les décrier par tous les moyens ; qu'ils redoutent même plus les conciliations de ce genre que l'opposition la plus formelle, cela se conçoit, cela est dans l'ordre, c'est la loi des partis : je n'essayerai point de les conquérir ; je ne m'y épuiserai pas en efforts superflus.

Mais vous, qui n'êtes pas des hommes de parti, vous qui n'avez voulu que secourir un gouvernement en péril, pourriez-vous, sur la foi de témoins si suspects, méconnaître l'importance de l'offre que nous vous adressons? Pour l'apprécier dans toute son étendue, n'oubliez pas que l'adoption d'un tel amendement peut être fortifiée, d'ailleurs, par quelques dispositions subséquentes, contre les simulations et les fraudes qui se glissent au sein des élections ; n'oubliez pas que ces réformes dans la loi peuvent être combinées avec un changement dans la direction administrative, qui la rende tout ensemble et plus constitutionnelle et plus ferme ; que l'opinion publique actuellement ainsi aigrie ou effrayée aura le temps de se calmer et de se rasseoir avant les élections prochaines ; qu'ainsi nous n'arriverons point sans précautions et sans préparations à cette époque redoutée ; n'oubliez pas que, sous l'influence d'un système tout nouveau qui aura fait appel à tous les intérêts de localités, qui les aura partout prévenus, armés contre l'action des intrigues partant d'un centre commun, nous avons tout lieu d'espérer un grand nombre de choix marqués d'un caractère pacifique et conservateur....

Et si nos espérances elles-mêmes étaient, sous quelques rapports, trompées, rien ne serait encore compromis par un tel mécompte ; le gouvernement se serait ménagé déjà par la conciliation actuelle un appui suffisant dans la Chambre contre les efforts de l'opposition future ; il retrouverait d'autres ressources dans sa prérogative, dans la loi, dans l'opinion ; il serait en mesure pour méditer, pour opérer de concert avec nous les réformes ultérieures dont la nécessité serait démontrée. Quelle comparaison, après tout, entre les dangers incertains, mesurés, que peut lui présenter un tel avenir, et les embarras inextricables où le jetterait dès à présent l'adoption du projet de loi dans sa plénitude ?

Pouvez-vous vous dissimuler, Messieurs, ce qu'est à présent un tel projet, à quel point l'opinion l'a réprouvé et la discussion l'a flétri, qu'il ne pourrait plus passer dans cette Chambre qu'à la majorité la plus faible et en laissant un mécontentement profond dans le cœur de la moitié de vos collègues ; qu'une telle victoire équivaudrait presque à la défaite elle-même ; que partout au dehors l'opinion se prépare à en paralyser l'exécution par une résistance passive plus redoutable peut-être que l'oppo-

sition déclarée ?... Si déjà, dans votre politique habituellement inquiète et soupçonneuse, vous paraissiez tant effrayés du parti que des factions impériales ou républicaines avaient pu tirer de quelques fautes excusables du gouvernement, de quelques déviations légères dans la marche constitutionnelle, de quelques perspectives éloignées, incertaines, du retour de 1815, comment ne tremblez-vous pas aujourd'hui de tous les aliments nouveaux que vous allez donner à ces mêmes factions par un projet tout rempli de violations positives de la Charte, d'offenses profondes à l'honneur, au caractère national, par un projet dont le résultat inévitable est le triomphe du parti si redouté qui dominait en 1815 ? Ce triomphe, je le sais, je vous rends justice, ni vous ni le ministère n'en formez le vœu ; vous n'avez cherché dans ce parti qu'un secours passager, vous avez espéré le contenir dans de justes limites ; mais en serez-vous les maîtres lorsque vous lui aurez ainsi assuré par cette loi la principale influence électorale et législative ; lorsque le gouvernement, partout abandonné de l'opinion, se verra de plus en plus contraint à s'appuyer sur un tel auxiliaire, à tomber dans son entière dépendance ?..........
. . . .

Ni les députés, ni le ministère actuel, ni l'autorité royale ne pourront arrêter les prétentions de ce parti.

... Ainsi régnera sans contradiction ce parti de 1815, modéré sans doute à son début dans le pouvoir, mais bientôt entraîné, suivant l'inévitable loi des partis, à toutes les mesures extrêmes.... Un tel règne, nous le savons, ne sera que passager, d'autant plus court qu'il sera plus violent.... Mais que de maux il aura faits dans sa courte durée ! Que de liens de confiance et d'amour il aura dénoués ! Et qui peut penser sans frémir à ce jour inévitable où, tant de ressentiments longtemps contenus éclatant à la fois, le pouvoir d'une minorité dominatrice tombera, mais ne pourra tomber sans ébranler de sa chute tous les fondements de nos institutions les plus chères, sans compromettre peut-être jusqu'à l'indépendance du pays?

Telles seraient, Messieurs, les conséquences de la loi; c'est ainsi qu'en l'adoptant il ne resterait plus qu'à graver sur les portes de ce temple des lois la terrible inscription du Dante : « Vous qui entrez ici, déposez l'espérance ». Mais il en est temps encore : engagés dans cette route funeste, vous pouvez chercher une honorable issue, vous devez l'invoquer : l'amendement proposé vous la présente; venez vous y rallier à la voix non suspecte de vos anciens amis, ceux qui ont fait avec vous les glorieuses campagnes de 1815 et 1816, dont vous connaissez l'attachement à tous les principes de la monarchie, qui n'ont pas plus que vous l'envie de devenir le jouet et la proie des factions révolutionnaires.

Si les ministres veulent entendre avec vous cet honorable appel, avec quel empressement ils seront accueillis dans nos rangs! Mais s'ils y demeurent insensibles, si, après avoir si souvent changé de projets et de vues dans ces derniers temps, ils ne retrouvent de la persévérance que pour s'obstiner dans la plus déplorable des erreurs, qu'ils soient alors abandonnés par vous et par nous; qu'ils courent seuls à leur perte; nous, sauvons une patrie si chère en écartant le projet qui la menace par l'amendement proposé. Je vote pour son adoption, et, si je n'ai point la force de revenir le défendre à cette tribune, je le confie à la garde spéciale de mes éloquents et honorables amis.

M. de Serre répondit au discours de **Camille Jordan**. « Sa réplique, dit le **duc de Broglie**, fut autant au-dessus du discours de C. Jordan pour la hauteur, l'étendue et la solidité des vues, pour la vigueur des mouvements oratoires, que l'éloquence de l'homme d'État est au-dessus de celle du simple orateur. »

L'amendement de **Camille Jordan** fut repoussé à la majorité de cinq voix (3 juin). La discussion se prolongea jusqu'au 14. **M. de Courvoisier** présenta un amendement aux termes duquel « la Chambre se composerait de 430 membres, dont

172 seraient nommés par les collèges de département et 258 par les collèges d'arrondissement ; les électeurs les plus imposés, en nombre égal au quart de la liste générale, constitueraient les collèges de département ; tous les électeurs domiciliés dans l'arrondissement formeraient les seconds collèges ». Cet amendement, abandonné par **M. de Courvoisier**, repris par **M. Boin**, en y joignant la clause du double vote, fut adopté le 9 juin, et l'ensemble du projet le 12.

Ces mémorables débats, si intéressants par l'importance des questions agitées, par le nombre, le talent, la passion des orateurs qui y prirent part, furent signalés par les mouvements populaires qui répondirent, dans les rues de Paris, au tumulte de l'assemblée ; mais ils tirèrent un intérêt tout spécial du caractère des principaux orateurs et des liens qui les unissaient. Derrière le drame public se jouait un drame intime, émouvant, compris des initiés ; au choc retentissant des opinions contraires qui se bravaient à la tribune répondaient les douleurs secrètes des liaisons rompues, des amitiés brisées. **M. de Serre, Camille Jordan, Royer-Collard** avaient jusque-là marché ensemble ; ensemble ils avaient livré les mêmes combats. Défenseurs de la liberté, ils avaient ensemble lutté contre les excès du royalisme. Or **de Serre** abandonnait le parti ; il devenait l'allié le plus utile des ennemis de la veille, le défenseur le plus éloquent des idées qu'il avait jusque-là combattues. Mais ce changement n'était point de sa part le fait du calcul ou de l'ambition ; c'était le résultat de la conviction la plus honnête, la plus sincère. Il se séparait de ses amis sans faiblesse, mais non sans regrets. Les historiens, les auteurs de mémoires ont raconté les détails de cette rupture. (Voir une page tirée du journal de Mme de Broglie : *Souvenirs du duc de Broglie*, t. II, p. 161.)

§ 5. — L'Assemblée Constituante. — La cocarde tricolore. Manuel. — Le général Foy. — B. Constant.

Le 2 février 1821, une pétition relative à l'organisation du jury avait donné lieu à une discussion dans laquelle le garde des sceaux, de Serre, avait traité légèrement l'Assemblée Constituante : Manuel[1] releva en ces termes le langage du ministre :

---

[1]. Manuel (Jacques-Antoine), né à Barcelonnette en 1775 ; volontaire en 1793. Avocat à Digne, puis à Aix ; député des Basses-Alpes

... Indépendamment des observations qui viennent d'être présentées, n'avez-vous pas vu M. le garde des sceaux chercher à comparer des législations fort différentes, préférer le régime impérial au régime établi par l'Assemblée Constituante? (*Murmures à droite.*) Ne pensez pas que je veuille, Messieurs, essayer d'ajouter ma faible voix à celle que vous avez entendue pour défendre l'Assemblée Constituante; cette Assemblée se défend bien assez par ses actes. La postérité a commencé pour elle, et, si l'on peut lui refuser ici le tribut d'admiration et de reconnaissance qu'elle a mérité, la France entière le lui a accordé, et le monde entier n'a pas démenti ce témoignage.

A DROITE. — Et nous, nous le démentons.

MANUEL. — Je sais bien que le moment est venu où tous les efforts qui ont eu pour but de donner la liberté à la France doivent être présentés comme des crimes. Ce n'est pas d'aujourd'hui qu'on a essayé de les flétrir; mais la France en juge autrement que nous; elle sait que des hommes entraînés dans un parti se déterminent bien plus par des considérations particulières que par des idées d'intérêt général.

La Révolution se consolidera en France comme en Angleterre. Vous n'empêcherez pas de reconnaître ce que nous devons à ceux qui les premiers ont immolé. . . . .

INTERRUPTION A DROITE. — Leur roi....

MANUEL. — Nul ne nous empêchera de donner publiquement notre tribut de reconnaissance à ceux qui les premiers en France ont immolé leur repos, leur fortune, exposé leur sécurité, pour arracher la France au pouvoir absolu et la donner à la liberté.

en 1814, et de la Vendée en 1818, membre de l'extrême gauche, défenseur des principes libéraux, exclu de la Chambre en 1823; mourut en 1827 à Maisons, chez M. Laffitte, son ami. « C'était un homme d'un caractère élevé, d'un grand courage et d'un désintéressement à toute épreuve, plutôt révolutionnaire de circonstance que de nature, plutôt démocrate de position que de préjugé, plutôt démagogue de talent que d'entraînement. » (*Souvenirs du duc de Broglie*, t. III. — Voy. Timon, *Livre des orateurs*.)

Quelques jours plus tard, c'était une autre pétition. Le sieur Chrétien, lieutenant en retraite, réclamait, pour lui et pour d'autres militaires qui avaient servi en Espagne dans la garde royale, la solde arriérée qui leur était due et qu'on leur refusait au ministère de la guerre. Le général Foy [1] appuya la demande des pétitionnaires. Le ministre la combattit (7 février 1821).

Le général. — Il s'agit de la solde gagnée sur le champ de bataille par des militaires qui, par ordre du chef du gouvernement, ont combattu avec nous, à nos côtés. Les boulets anglais ne regardaient pas s'ils avaient la cocarde rouge ou la glorieuse cocarde tricolore. (*Murmures à droite.*)

Oui, Messieurs, la glorieuse!... à jamais glorieuse cocarde tricolore. (*Cris violents : à l'ordre.*)

M. Dudon. — On a qualifié de glorieux un signe qu'une loi de l'État proscrit et déclare séditieux....

Le général Tarayre défend la cocarde tricolore.
Après une réplique de M. Dudon, le général Foy reprend :

Le préopinant a dit que j'avais parlé de la cocarde tricolore sans désignation. Il ne m'a pas entendu. Je n'ai parlé de la cocarde tricolore que dans son époque histo-

---

1. Foy (Maximilien-Sébastien, comte), né à Ham, 1775, prit part à une grande partie des guerres de la Révolution et de l'Empire; général de division en 1810; blessé à Waterloo, il rentra dans la vie privée. Nommé député de l'Aisne en 1819, et de Paris en 1824, il siégea à l'extrême gauche et y combattit avec chaleur la contre-révolution. Il y défendit particulièrement l'armée de la Révolution et de l'Empire contre les attaques et les méfiances de l'ultraroyalisme. Sa mort (1825) fut un deuil public. — Voy. Timon, *Livre des orateurs*; Vaulabelle, *Histoire des deux restaurations*; Villemain, *Souvenirs contemporains*, etc.

« Le général Foy, dont la réputation, toute nouvelle alors, grandissait de jour en jour, était en quelque sorte le contraire d'un pédant. Son esprit était prompt, vif, ingénieux; il comprenait à demi-mot, apprenait tout en un instant; son caractère était brillant et généreux; son éloquence, un peu travaillée, était riche de tours et d'images; tout le monde l'aimait et l'honorait; son seul vrai défaut, c'était une ardeur de popularité qui l'entraînait à des écarts, dont il s'arrachait, le moment d'après, le peu de cheveux qui lui restait sur la tête. » (De Broglie, *Souvenirs*, t. II.)

rique, dans le temps écoulé depuis 1789 jusqu'en 1814; parce que c'est alors que les pétitionnaires dont il est question combattaient dans les rangs des armées françaises; mais, Messieurs, le préopinant a dit encore que j'avais engagé la fidèle garde royale à prendre la cocarde tricolore.... Messieurs, c'est une calomnie.

La cocarde tricolore fut établie par l'Assemblée Constituante et par une loi sanctionnée par le roi; elle se rattache au plus grand développement possible de l'esprit humain, à la plus grande gloire militaire qui ait jamais été accumulée sur un peuple, à la régénération entière de l'ordre social.

Mais cette cocarde a cessé d'être la cocarde légale. Un arrêté du gouvernement provisoire de 1814, que le roi a reconnu, nous a rendu l'ancienne cocarde blanche; elle est désormais la cocarde du devoir; mais, s'il arrivait que des considérations de haute politique, de haute sagesse, qui peuvent bien ne pas échapper à l'auteur de la Charte, le déterminassent un jour à revenir aux couleurs du temps national (*Murmures, tumulte*),... assurément, Messieurs, ce ne seraient pas les ombres de Philippe-Auguste et d'Henri IV qui s'indigneraient dans leurs tombeaux de voir les fleurs de lis de Bouvines et d'Ivry sur les drapeaux d'Austerlitz. (*Mouvement. Cris. Bravos à gauche.*) Je reviens à la question elle-même : ou les militaires qui réclament ont servi la France, et alors elle doit les payer; ou ils ont servi l'Espagne, et alors c'est auprès de l'Espagne que le gouvernement français doit intervenir en leur faveur.

. . . .

Après une protestation d'un membre de la droite, une réplique de Manuel et un discours de M. de Serre, plein de provocations, Benjamin Constant fit appel à la concorde :

Vous chercheriez en vain à vous le déguiser : nous voulons ce qui existe, et nous saurons le défendre. Mais, comme Français, nous ne devons pas souffrir qu'on veuille

flétrir le passé. Dites, et vous aurez raison, que ceux qui aujourd'hui arboreraient un autre signe que la cocarde blanche seraient en révolte ; mais ne murmurez pas quand on dit que la cocarde tricolore a été portée avec gloire dans l'intérieur et à l'extérieur. N'essayez pas de rattacher à ces couleurs des excès épouvantables qui, comme on l'a très bien dit, n'ont pas plus de rapport avec la cocarde tricolore que la Saint-Barthélemy avec la cocarde blanche, ou, pour mieux dire, que la Saint-Barthélemy avec la religion. Car la liberté est aussi étrangère aux épouvantables excès qui ont souillé quelques époques de la Révolution que la religion l'a été aux assassinats de la Saint-Barthélemy et à des assassinats plus récents. . . . .
. . . .

Eh! Messieurs, ne finirons-nous jamais d'accuser le passé? Les membres qui tombent dans cette imprudence ne reconnaîtront-ils pas que ce n'est pas là le moyen d'arriver à un ordre stable? On ne déshérite pas une nation de ce qu'elle a conquis avec tant de gloire. On ne peut pas lui faire mépriser un signe qu'elle a porté et sous lequel, je le répète, elle s'est élevée à une immortelle renommée. Respectez le passé, si vous voulez donner à nos successeurs la leçon de respecter le présent. Nous, nous voulons défendre et le présent et la mémoire du passé, parce que le présent est une espérance, parce que nous croyons que si nous pouvons consolider ce présent et le préserver de l'imprudence des hommes qui l'attaquent sans cesse avec tant d'inconsidération et, j'oserai le dire, avec tant d'extravagance, si, dis-je, nous pouvons le préserver de leurs attaques, nous aurons la liberté sous laquelle il existe plus de calme, plus de douceur, et une heureuse réunion de toutes les opinions; mais ne croyez pas rallier les opinions de la nation, si vous méprisez sa force et sa gloire. . . . .

§ 6. — L'armée française. — Manuel. — Le général Foy.
25 mai 1821.

Le domaine extraordinaire avait été réduit par le traité de 1814 à 4 millions, et bientôt à 2 400 000 francs, dont 600 000 francs étaient affectés à des dotations particulières. Les 1 800 000 francs libres devaient être distribués à tous les donataires que le traité de 1814 avait dépouillés. Ces donataires furent d'abord répartis en six classes, qui devaient recevoir 1000 francs de rente dans la première classe, 100 dans la dernière. Cette mesure était du moins proposée à la Chambre, et elle y rencontra l'opposition de la droite, qui osa demander l'entière dépossession des titulaires, tous soldats de la République ou de l'Empire. Un orateur surtout, M. Duplessis de Grénédan, se distingua par la violence et l'impudence de ses attaques.

Les membres de la gauche ne laissèrent pas sans réponse de si odieuses prétentions.

Les morts, dit Manuel, les mourants, les absents, les présents, nul n'a trouvé grâce auprès de certains orateurs ; et, parmi les généraux contre lesquels on a cherché à exciter votre indignation, il en est un qui, après sa mort, n'a pas laissé autre chose que ce testament : *Je confie à M. le ministre de la guerre le soin de pourvoir à la misère de ma veuve et de mes trois enfants.* L'auteur de ce testament est le lieutenant général Darricau.

Et, comme l'orateur poursuivait sa plaidoirie, une voix ironique l'interrompit :
« Courage ! très bien plaidé ! vous serez bien payé ! »

Oui, Messieurs, répliqua Manuel en se tournant vers la droite, ce discours me sera bien payé, mais dans une monnaie inconnue de ceux qui m'interrompent : quand on parle justice et raison, quand on défend les intérêts de son pays, il est impossible qu'on ne trouve pas tôt ou tard sa récompense dans l'estime publique, et c'est là le seul prix que j'ambitionne.

Mais ce fut surtout le général Foy qui, par le discours suivant, vengea l'honneur des soldats si indignement attaqués.

Hier M. le rapporteur (le marquis de Bouthillier) a commis une grande erreur; il vous a dit : « On peut fort bien servir l'État avec gloire, sans que l'État doive une récompense à ses serviteurs; et je ne vois dans aucun document ni sur le Grand-Livre de la Dette publique la moindre trace d'une dotation accordée aux vainqueurs de Rocroi et de Fontenoy ». La citation n'est pas heureuse; ce sont précisément les vainqueurs de Rocroi et de Fontenoy qui ont reçu les dotations les plus considérables. Qui ne se rappelle qu'en 1648 on donna au grand Condé le Clermontois, domaine immense, dont les seuls droits régaliens furent rachetés par le gouvernement de 1784 pour 2 millions, et qui, malgré toutes les dévastations de la Révolution, produit encore 150 000 francs de rente à la maison de Condé? Qui ne sait, Messieurs, que Chambord a été la récompense du vainqueur de Fontenoy, récompense accordée aux acclamations de toute la France? Eh! Messieurs, ce n'étaient pas seulement les grands services rendus à l'État qui se trouvaient ainsi récompensés! Ne connaissez-vous pas ce *livre rouge* qui fut déroulé devant l'Assemblée Constituante? (*Murmures à droite.*) Une bonne action, souvent même une action mauvaise, a fait accorder à toute une famille des récompenses pécuniaires immenses qu'on touchait encore au moment de la Révolution et qu'on touche peut-être aujourd'hui.

La différence entre les temps anciens et les temps modernes est celle-ci : dans les temps anciens on s'occupait beaucoup moins des officiers inférieurs et des soldats; n s'en est occupé davantage depuis la Révolution. Et cependant croyez-vous qu'on ait fait beaucoup pour eux? Ces malheureux amputés portés sur la liste des donataires surnagent au milieu de leurs nombreux compagnons tombés sur le champ de bataille! Savez-vous que, dans nos dernières guerres, la chance de mort contre nos soldats était de 60 à 1?

Et nos officiers inférieurs, comme ils resplendissaient de pureté et de gloire! Vaillants comme les plus vaillants, généreux, sobres, endurcis à la fatigue, parce qu'ils étaient fils de laboureurs, ils marchaient à pied à la tête des compagnies, toujours les premiers à la brèche, les premiers sur le champ de bataille. L'administration militaire ne pouvait que rarement, incomplètement, satisfaire à leurs besoins; mais, doués d'un cœur trop franc pour participer aux pillages que la nécessité imposait souvent aux soldats, leur vie se consumait en de cruelles souffrances, en d'éternelles privations. Et qu'attendaient-ils au bout de tant de maux? La mort sur une terre inconnue, la mort loin de leurs amis, loin de leurs parents, sans avoir même l'espérance que leurs noms du moins pourraient retentir dans la postérité!

Si de cette classe d'officiers vous passez à ceux que leurs talents avaient placés dans une sphère supérieure, Messieurs, ils sont là ces hommes! La puissance française a passé, et tous ces généraux qui ont envahi des empires, gouverné des royaumes ou des provinces sont rentrés dans la classe des simples citoyens. Où sont donc leurs richesses, leurs champs fertiles, leurs palais bâtis, comme on l'a prétendu, avec les larmes des nations? A peine en pourrait-on citer vingt qui aient conservé quelque chose des largesses du chef du dernier gouvernement : tous les autres n'ont pas un asile pour abriter leurs têtes.

Voix a droite. — C'est faux!

Le général Foy. — C'est vrai; je suis prêt à citer les noms. Les trois quarts des donataires de la première classe n'ont pas un pouce de propriété, je le répète, et je peux vous montrer sur la liste nombre de généraux ayant eu 50 000 francs de rente qui, aujourd'hui, sont réduits à leur solde de retraite.

Les détracteurs de notre gloire nationale ont beau dire. Qu'ils citent un pays où, après une guerre aussi opiniâtre et aussi longue, avec un maître aussi indulgent par nature, il y ait eu tant de Décius et si peu de Verrès!

La Commission qui représente la majorité de cette Chambre a comparé notre armée, dans ses rapports avec les citoyens, à l'armée de César; on l'a représentée comme ayant servi d'instrument à l'oppression de son pays. Cela n'est point. L'armée de César, licenciée par le sénat romain, a passé avec lui le Rubicon, et, avec lui, a poursuivi les débris de la liberté expirante, en Italie, en Espagne, en Afrique, en Asie! Je vous le demande, qu'a fait de semblable l'armée française?

Voix nombreuses a droite. — Le 20 Mars! le 18 Fructidor! le 18 Brumaire!

Le général Foy. — Je demande si jamais, à aucune époque, il exista une armée plus obéissante aux pouvoirs civils, plus dévouée aux intérêts nationaux et à la patrie! Et savez-vous pourquoi? C'est que cette armée était citoyenne et qu'elle ne se composait plus, comme autrefois, du *trop-plein* des campagnes et de l'écume des villes, que des recruteurs débauchés allaient attaquer sous les drapeaux. Elle était la fleur de la population, le plus pur sang de la France. Ces hommes, sortis de dessous terre à l'appel de la patrie en danger, bravaient toutes les fatigues, tous les périls. Inaccessibles à la cupidité comme à la crainte, c'était en chantant qu'ils allaient au combat, à la mort, à une mort trop souvent certaine.

On vous a parlé de la Terreur; elle pesait sur l'armée comme sur tous ceux qui étaient restés en France, fidèles au sol de la patrie; car la Terreur n'épargnait que ceux qui étaient allés sur la rive droite du Rhin, au milieu des rangs de l'étranger.

M. de la Fayette *et une foule de députés de la gauche.* — Bravo! Bravo!

Voix a droite. — Le roi y était!

Le général Foy. — Le roi était en France et vous avait officiellement sommés d'y rentrer. (*Nouveaux cris de bravo! à gauche.*) N'avons-nous pas vu les Custine, les Biron, les Houchart, nos chefs les plus illustres, traînés à l'échafaud? D'autres officiers, dans un rang inférieur, ont eu le même sort, ou bien ont couru les plus grands dangers. Moi-même, Messieurs, — et on peut parler de soi dans de pareilles circonstances, surtout quand on est nominativement interpellé — je fus arraché de l'avant-garde de l'armée du Nord, où je combattais l'ennemi, pour être traîné dans les cachots de Joseph Lebon à Cambrai. Sans le 9 Thermidor, j'aurais péri comme tant d'illustres victimes.

Une voix a droite. — C'est, en vérité, trop modeste!

Le général Foy. — Savez-vous quel était mon crime? C'était alors, comme aujourd'hui, de ne pas savoir dire mollement ce que je sens avec chaleur, ce que je pense avec énergie. Mon crime alors, comme aujourd'hui, était de poursuivre avec une indignation égale les Jacobins de la guillotine et les Jacobins de la potence. (*Nouvelles acclamations et nouveaux applaudissements à gauche.*)

On a rappelé le 18 Fructidor. Cette journée a été l'ouvrage d'une partie du gouvernement : l'armée n'y a été pour rien. Quant au 18 Brumaire, bien qu'il ait été fait au bénéfice d'un des chefs de l'armée, c'est la garde seule des consuls qui a marché; et elle n'a été mise en mouvement que sur l'ordre des inspecteurs de la salle.

Dira-t-on que sous le régime impérial l'armée a opprimé la France? Mais elle n'y était pas, Messieurs. Il n'y avait alors en France que des vétérans.

Voix a droite. — Et les colonnes mobiles!

Le général Foy. — Les colonnes mobiles étaient composées de vétérans, de gardes nationaux et des conscrits de quelques dépôts; elles obéissaient uniquement aux préfets et ne pouvaient pas composer une force militaire capable de comprimer l'opinion.

Messieurs, on a constamment exécuté sous le régime impérial la loi de la Révolution qui plaçait le pouvoir militaire bien au-dessous du pouvoir civil. Un maréchal d'empire, quelque illustre et puissant qu'il fût, n'aurait pu, dans aucune ville de France, faire arrêter le coupable le plus obscur, tandis que le préfet pouvait disposer de la fortune et souvent de la liberté des citoyens les plus marquants. Partout le pouvoir militaire était subordonné au pouvoir civil, et, dans tous les conflits entre ces deux autorités, le chef du gouvernement prenait à tâche de donner raison à l'autorité civile, et il faisait bien. C'est donc par la plus fausse des locutions que l'on a dit que, pendant quinze ans, la France avait été régie par un despotisme militaire. Autant vaudrait dire que le despotisme sous lequel était placée la France sous le cardinal de Richelieu était un despotisme ecclésiastique.

A droite. — A la question.

Le général Foy. — Cette discussion, Messieurs, ne sera pas sans intérêt pour la France ; si son résultat n'était pas le triomphe de la cause des donataires, elle servirait du moins à montrer à la nation où sont ses ennemis, où sont les ennemis du roi et de la France. (*Violent tumulte à droite.*)

Cette discussion se poursuivait au milieu des invectives, des injures que les partis se lançaient l'un à l'autre, la droite passionnée, insolente dans ses rancunes, la gauche intrépide dans son attitude de défense. Le ministère se taisait. La Commission, toute-puissante, introduisit dans la loi les modifications les plus injurieuses pour les soldats de la République et de l'Empire. Elle changea le caractère de la mesure proposée en faisant une indemnité viagère de ce qui était une rente héréditaire transmissible de mâle en mâle. Elle appela les officiers et les soldats des armées de l'émigration et de la Vendée au partage des pensions, et éleva le maximum de leurs pensions à 3000 francs, celui des officiers les plus favorisés des armées républicaines et impériales étant maintenu à 1000 francs. Cette impudente affirmation des tendances les plus contre-révolutionnaires rallia la majorité, qui adopta le projet de loi en se contentant d'abaisser le chiffre des pensions accordées (juin 1821).

La session fut close le 30 juillet.

CHAPITRE III

MINISTÈRE VILLÈLE

§ 1. — **Session de 1821-1822.** — **La loi sur la presse (janvier 1822).** — **Royer-Collard.**

Le second ministère Richelieu était enfin tombé sous les attaques de la droite et avait été remplacé par le ministère Villèle [1], tout dévoué aux passions royalistes (décembre 1821). La session législative de 1821-1822 fut surtout employée à discuter un projet de loi sur la presse que le garde des sceaux du précédent ministère (de Serre) [2] avait légué à son successeur, et qui modifiait profondément la loi de 1819. La loi nouvelle était oppressive et pleine de menaces pour la liberté de la presse. Royer-Collard prit part à la discussion générale et prononça le remarquable discours suivant :

Messieurs,

La loi proposée contient un grand nombre de dispositions ; et telle est leur diversité qu'on peut dire que chaque article est une loi qui a ses motifs, ses principes, son but particulier. Les amendements inattendus de la Commission sont encore d'autres lois qui dépassent singulièrement le projet auquel elles s'appliquent. Dans cette irré-

---

1. M. de Villèle n'avait pas le titre de président du Conseil ; mais, en réalité, il était le véritable chef du ministère.
2. M. de Serre prêta au nouveau ministère l'appui de son éloquence. Il avait préparé la loi ; il la défendit, ce fut son dernier succès : abandonné par le parti royaliste qui lui devait tant, il ne fut pas réélu, et alla s'éteindre dans les loisirs d'une ambassade lointaine.

médiable confusion, la discussion générale ne peut que saisir et caractériser l'esprit qui a dicté toutes ces innovations. Je ne les calomnie pas en avançant au moins qu'elles ont pour but commun et qu'elles doivent avoir pour effet certain de restreindre et de comprimer, autant qu'il est possible, par une répression à la fois plus arbitraire et plus sévère, la liberté dont la presse jouit en ce moment............................

Pour apprécier l'importance politique de ce dessein, il faut considérer la liberté de la presse bien moins en elle-même que dans ses rapports avec le gouvernement et la société. Car, s'il était reconnu que, dans le gouvernement, la liberté de la presse a la vertu d'une institution, et que, dans la composition actuelle de la société, elle est une nécessité, les atteintes qui lui seraient portées ne seraient pas seulement une violation des droits privés; elles changeraient encore l'état du gouvernement, et elles opprimeraient la société entière.

Que la liberté de la presse ait ce double caractère, d'une institution politique et d'une nécessité sociale, c'est ce qui ne peut être révoqué en doute.

L'orateur démontre que la liberté de la presse est une institution politique.

Elle forme seule en ce moment, elle formera avec le jury, quand il sera vrai, le système entier de nos libertés. La société ne possède plus, ou elle ne possède pas encore une seule institution qui soit son ouvrage. Il n'y a pas de vérité qui ait retenti plus souvent et avec plus d'éclat à cette tribune.

Nous avons vu la vieille société périr, et, avec elle, une foule d'institutions domestiques et de magistratures indépendantes qu'elle portait dans son sein, faisceaux puissants de droits privés, vraies républiques dans la monarchie. Ces institutions, ces magistratures, ne partageaient pas, il est vrai, la souveraineté; mais elles lui opposaient partout des limites que l'honneur défendait avec opiniâtreté. Pas une n'a survécu, et nulle autre ne s'est élevée à leur place ; la Révolution n'a laissé debout que des *individus*. La dictature qui l'a terminée a consommé sous ce rapport son ouvrage. De cette société en poussière est sortie la centralisation : il ne faut pas chercher ailleurs son origine. La centralisation n'est pas arrivée comme d'autres doctrines, le front levé, avec l'autorité d'un principe ; elle a pénétré modestement comme une conséquence, une nécessité. En effet, là où il n'y a que des individus, toutes les affaires qui ne sont pas les leurs sont les affaires publiques, les affaires de l'État. Là où il n'y a pas de magistrats indépendants, il n'y a que des délégués du pouvoir. C'est ainsi que nous sommes un *peuple d'administrés*, sous la main de fonctionnaires irresponsables, centralisés eux-mêmes dans le pouvoir dont ils sont les ministres. La société a été léguée dans cet état à la Restauration. La servitude publique, sans autre résistance que la générosité des mœurs, sans autre consolation que l'honneur immortel de nos armes, voilà l'héritage que Louis XVIII a recueilli, non de ses glorieux ancêtres, mais de l'Empire, qui l'avait lui-même recueilli de la Révolution.

La Charte avait donc à constituer à la fois le gouvernement et la société. La société a été, non oubliée ou négligée, sans doute, mais ajournée ; la Charte n'a constitué que le gouvernement ; elle l'a constitué par la division de la souveraineté et la multiplicité des pouvoirs. J'omets à dessein d'examiner en ce moment quels sont ces pouvoirs ; je me hâte de dire qu'il ne suffit pas, pour qu'une nation soit libre, qu'elle soit gouvernée par plusieurs pouvoirs, quelle que soit leur nature et quelle que soit leur origine. Le partage de la souveraineté est sans doute un fait important, et qui a de fort grandes conséquences relativement au pouvoir royal, qu'il modifie ; mais le gouvernement qui en résulte, quoique divisé dans ses éléments, est *un* dans son action, et, s'il ne rencontre au dehors aucune barrière qu'il doive respecter, quelque nom qu'on lui donne, il est absolu ; la nation et ses droits sont sa propriété. Je ne déclame point; c'est la doctrine avouée de l'omnipotence parlementaire, doctrine funeste sortie des ruines de la société, vraie théorie de despotisme et de révolution, puisqu'elle implique qu'il n'y a ni lois fondamentales ni droits nationaux. Ai-je besoin de dire encore que toute l'histoire de la monarchie la désavoue? Toujours nous avons eu des droits réputés inviolables et supérieurs à la puissance législative; et c'est pourquoi, Messieurs, nous avons été capables de reconnaître nous-mêmes dans l'auguste dynastie qui nous gouverne depuis tant de siècles des droits non moins sacrés, des droits qui ont la vertu d'ennoblir l'obéissance par le devoir, et de l'élever à la fidélité volontaire et à la loyauté.

La Charte aurait donc peu fait, trop peu pour relever la société, si elle s'était arrêtée à la division des pouvoirs. A la place d'un despotisme simple nous aurions un despotisme composé; l'omnipotence parlementaire après l'omnipotence d'un seul. Devant l'une comme devant l'autre, la société désarmée d'institutions serait restée sans défense. Ce n'est qu'en fondant la liberté de la presse comme droit public que la Charte a véritablement fondé toutes les libertés et rendu la société à elle-même. La liberté de la presse doit fonder à son tour la liberté de la tribune, qui n'a pas un autre principe ni une autre garantie. Ainsi, selon la Charte, la publicité veille sur les pouvoirs, elle les éclaire, les avertit, les réprime, leur résiste. S'ils se dégagent de ce frein salutaire, ils n'en ont plus aucun; les droits écrits sont aussi faibles que les individus. Il est donc rigoureusement vrai, ainsi que je l'ai dit, que la liberté de la presse a le caractère et l'énergie d'une institution politique; il est vrai que cette institution est la seule qui ait restitué à la société des droits contre les pouvoirs qui la régissent; il est vrai que, le jour où elle périra, ce jour-là nous retournons à la servitude. Les abus de la presse doivent être réprimés; qui est-ce qui en doute? Mais on peut abuser aussi de la répression; et si l'abus va jusqu'à détruire la liberté, la répression n'est que la prévention avec l'hypocrisie de plus.

L'autre caractère sous lequel la liberté de la presse doit être envisagée dans toutes les discussions dont elle est l'objet, c'est qu'elle est une nécessité. Ce mot porte sa force avec lui ; les privilèges de la nécessité sont connus ; elle ne les tient pas des lois, et les lois ne peuvent pas les lui ravir.

La nécessité de la presse résulte de l'état, de la composition, de l'esprit actuel de la société ; c'est pourquoi j'ai dit que c'était une nécessité sociale. L'état, la composition, l'esprit actuel de la société sont des faits éclatants qui ne peuvent être ignorés ni dissimulés ; je ne les décrirai pas autrement qu'on ne l'a fait dans l'exposé des motifs de la loi ; je ne serais pas plus exact, et je ne dirais pas si bien.

« La démocratie chez nous, est-il dit dans cet exposé, est partout pleine de sève et d'énergie ; elle est dans l'industrie, dans la propriété, dans les lois, dans les souvenirs, dans les hommes, dans les choses. Le torrent coule à pleins bords dans de faibles digues qui le contiennent à peine. »

A mon tour, prenant, comme je le dois, la démocratie dans une acception purement politique et comme opposée ou seulement comparée à l'aristocratie, je conviens que la démocratie coule à pleins bords dans la France, telle que les siècles et les événements l'ont faite. Il est vrai que, dès longtemps, l'industrie et la propriété ne cessant de féconder, d'accroître et d'élever les classes moyennes, elles se sont si fort approchées des classes supérieures que, pour apercevoir encore celles-ci au-dessus de leurs têtes, il leur faudrait beaucoup descendre. La richesse a amené le loisir ; le loisir a donné les lumières ; l'indépendance a fait naître le patriotisme. Les classes moyennes ont abordé les affaires publiques ; elles ne se sentent coupables ni de curiosité ni de hardiesse d'esprit pour s'en occuper ; elles savent que ce sont leurs affaires. Voilà notre démocratie telle que je la vois et la conçois; oui, elle coule à pleins bords dans cette France plus que jamais favorisée du ciel! Que d'autres s'en affligent ou s'en courroucent; pour moi, je rends grâces à la Providence de ce qu'elle a appelé aux bienfaits de la civilisation un plus grand nombre de ses créatures.

Il faut accepter cet état ou il faut le détruire, et, pour le détruire, il faut dépeupler, appauvrir, abrutir les classes moyennes. L'aristocratie, la démocratie ne sont pas de vaines doctrines livrées à nos disputes; ce sont des puissances qu'on n'élève point, qu'on n'abat point par la louange ou par l'injure; avant que nous parlions d'elles, elles sont ou ne sont pas. Toute l'œuvre de la sagesse est de les observer et de les diriger. Sans doute, et j'aime à le dire en ce moment, le monde doit beaucoup à l'aristocratie : elle a défendu le berceau de presque tous les peuples; elle a été féconde en grands hommes; elle a honoré par de grandes vertus la nature humaine. Mais, de même qu'elle n'est pas de tous les lieux, elle n'est pas de tous les temps, et ce n'est pas lui insulter que de demander si elle est du nôtre. J'entends le mot, je ne vois pas la chose; des différences ne sont pas des supériorités. Où sont les patriciens de la vieille Rome que des milliers de clients héréditaires accompagnaient sur la place publique? Où sont les seigneurs de la vieille France avec leurs armées de vassaux? Les souvenirs de l'histoire, c'est tout ce qui en reste. La voix du commandement aristocratique ne se fait pas entendre au milieu de nous. Un peu d'aristocratie de convention, fiction indulgente de la loi; point d'aristocratie véritable; la démocratie partout, dans l'industrie, dans la propriété, dans les lois, dans les souvenirs, dans les choses et dans les hommes, voilà, on en convient, le fait qui domine aujourd'hui la société et qui préside à notre politique.

Ayant reconnu l'aristocratie et la démocratie dans la société, ayant comparé les influences, pesé les forces respectives, je vais au gouvernement, et je cherche quelle place chacun y occupe. Je vois d'abord que, des deux pouvoirs qui concourent à l'exercice de la souveraineté, l'un a été donné aux intérêts aristocratiques ; je vois ensuite que, dans le pouvoir qui représente exclusivement les intérêts démocratiques, et qui, par cette raison, est électif, la moitié des élections, peu s'en faut, est encore adjugée sans débat à l'aristocratie, ou du moins à ce que l'on appelle ainsi, la démocratie dispute l'autre moitié au ministère ; c'est toute sa part dans le gouvernement. Ainsi le *gouvernement* est constitué *en sens inverse de la société* ; on dirait qu'*il existe contre elle*, et comme pour la démentir et la braver. Certes ce n'est pas là que le torrent démocratique nous emporte.

Je sors du gouvernement ; je retourne à la société. La démocratie y possède-t-elle quelque institution tutélaire, quelque magistrature, ouvrage de ses mains, élevée dans son intérêt et pour sa défense ? Non ; la société, si riche autrefois de magistratures populaires, n'en a plus une seule ; elle est centralisée ; son administration tout entière a passé dans le gouvernement ; pas un détail de police locale n'a échappé : ce sont les délégués de la souveraineté qui nettoient nos rues et qui allument nos réverbères. La démocratie n'est pas encore là.

Où donc est-elle ? Ruinée dans les pouvoirs, dénuée dans la société d'institutions qui résistent pour elle, quel est son patrimoine légal ? Elle n'en a point d'autres que la contradiction ou l'opposition. Or elle ne contredit et s'oppose que par la libre manifestation des opinions qui la défendent. Ainsi, dans l'état des choses, la démocratie, sujette de l'aristocratie, ne se protège que par la liberté de la presse. Si elle la perd, elle tombe dans l'esclavage politique le plus absolu.

Je ne demande pas si cela est juste et conforme à la Charte ; mais je demande si cela est possible. Que la Charte, que les droits se taisent, et que la prudence seule réponde. Qu'elle dise s'il faut faire d'une démocratie puissante une faction ; qu'elle dise d'où viennent les révolutions, ce qui les prépare, les fomente et les rend inévitables et irrésistibles.

La démocratie a fait des révolutions, comme l'aristocratie, comme la monarchie, comme la religion, et tout ce qui a eu de la puissance sur la terre; elle a fait la nôtre. Elle a voulu changer l'état intérieur de la société, et elle l'a changé. A travers beaucoup de malheurs, l'égalité des droits (c'est le vrai nom de la démocratie, et je le lui rends) a prévalu; reconnue, consacrée, garantie par la Charte, elle est aujourd'hui, la seule pairie noblement exceptée, la forme universelle de la société; et c'est ainsi que la démocratie est partout. Elle n'a plus de conquêtes à faire; elle touche les colonnes d'Alcide. L'esprit de la Révolution a donc passé tout entier dans la crainte de perdre les avantages obtenus, tout entier dans la ferme et unanime volonté de les conserver à l'abri de la violence, à l'abri de l'insulte. La prudence conseille-t-elle d'inquiéter, de tourmenter, d'exaspérer ce terrible esprit, et de rendre à nos sanglantes discordes leurs champs de bataille? Les situations relatives sont-elles changées?

La démocratie est-elle plus faible qu'il y a quarante ans, ou bien ses adversaires sont-ils plus forts? Les masses sont-elles moins riches, moins éclairées, moins nombreuses, moins jalouses de leurs droits? L'égalité a-t-elle cessé d'être un besoin irrésistible, inexorable? En un mot, les instincts de la Révolution sont-ils émoussés ou sont-ils moins redoutables?

Nous sommes, Messieurs, dans une situation critique, et le danger s'accroît d'année en année, de ministère en ministère, de jour en jour. Deux garanties avaient été données aux droits reconnus : le gouvernement représentatif et la liberté de la presse. La première s'est dénaturée : le gouvernement représentatif a *changé de mains*. Une seule crainte a dominé, quand il fallait en avoir, en écouter plus d'une; si l'on me dit que, sans cela, nous périssions, je répondrai que cela même c'était périr. L'autre garantie est maintenant en question. Ainsi la monarchie légitime si nécessaire à la France, cette monarchie qui est à nous aussi bien qu'à nos adversaires, serait amenée par leur imprudence au seul risque véritable qu'elle ait à courir, celui d'être regardée comme *incompatible avec les libertés qu'elle a promises.* La destruction des garanties suppose que les droits qui ne sont pas défendus ne laissent pas d'être en sûreté, ou bien que les gouvernements doivent trouver la même facilité à les enfreindre ou à les respecter. Quand de telles maximes seraient écrites dans les lois, comme elles n'en seraient pas plus vraies, elles n'en auraient pas plus d'autorité. Les peuples barbares font tout avec les armes; les gouvernements corrompus des peuples civilisés s'imaginent qu'ils peuvent tout faire avec les lois; ils se trompent. Les lois qui s'adressent à une nation éclairée et attentive ont besoin de l'acceptation tacite de la raison; si elles ne l'obtiennent pas, elles n'ont pas le principe de vie, elles meurent.

La discussion approfondie des articles fera voir que le projet de loi opprime la liberté de la presse, et que les amendements de la commission la détruisent entièrement. Convaincu que cette liberté est aujourd'hui enracinée dans toutes les nécessités politiques et sociales de la France, et que les nécessités sont inébranlables, dans l'intérêt de la monarchie, dans celui de la paix publique, les yeux fixés sur l'avenir, je vote le rejet.

La discussion devenait chaque jour plus orageuse. Les députés de la gauche luttaient pour la liberté, sans espoir, sans succès. L'intolérance de la majorité n'avait plus de limites. Malgré les courageux efforts de B. Constant, de Manuel et d'autres, la loi fut adoptée (6 février 1822). Portée à la Chambre des pairs, elle y fut très vivement, mais inutilement attaquée par le duc de Broglie.

Une seconde loi sur la police des journaux, loi connue sous le nom de **loi de tendance**, compléta la législation de la presse. Elle fut combattue : à la Chambre des députés, par Royer-Collard, Manuel, B. Constant, le général Foy; à la Chambre des pairs, par M. Pasquier et le comte Siméon; elle passa néanmoins.

Après la discussion d'une loi sur la police sanitaire et celle du budget, la session fut close (4 mai).

Une seconde session s'ouvrit, le 4 juin, spécialement destinée à voter le budget de 1823. Outre les passions ordinaires que le plus léger incident suffisait à émouvoir, la conspiration et le procès du général Berton furent l'occasion de violentes interpellations. La situation de l'Espagne avait donné lieu aussi à quelques escarmouches de tribune, prélude des débats qui allaient remplir la session de 1823.

Le 17 août, la 2e session de 1822 était close.

§ 2. — Session de 1823. — La guerre d'Espagne. Royer-Collard.— Général Foy. — Manuel. — Duc de Broglie.

Le 28 janvier 1823, le roi ouvrait la session des Chambres et prononçait un discours où se trouvait ce paragraphe :

« J'ai tout tenté pour garantir la sécurité de mes peuples et préserver l'Espagne elle-même des derniers malheurs. L'aveuglement avec lequel ont été repoussées les représentations faites à Madrid laisse peu d'espoir de conserver la paix. J'ai ordonné le rappel de mon ministre, cent mille Français sont prêts à marcher en invoquant le Dieu de saint Louis pour conserver le trône d'Espagne à un petit-fils de Henri IV, préserver ce beau royaume de la ruine, et le réconcilier avec l'Europe. »

C'était l'annonce officielle de la guerre d'Espagne. Ce fut l'objet d'un des plus mémorables débats de la Restauration. La discussion s'engagea à propos de la rédaction de l'adresse à la Chambre des députés et à la Chambre des pairs [1]. Mais elle

---

[1] Le prince de Talleyrand parla ou plutôt devait parler contre la guerre ; car il ne put prononcer son discours et le fit imprimer. On y lisait cette phrase : « Messieurs, il y a aujourd'hui seize ans qu'appelé par celui qui gouvernait alors le monde à lui dire mon avis sur une lutte à engager avec le peuple espagnol, j'eus le malheur de lui déplaire en lui dévoilant l'avenir, en lui révélant tous les dangers qui allaient naître en foule d'une agression non moins injuste que téméraire. La disgrâce fut le fruit de ma sincérité. Étrange destinée que celle qui me ramène, après ce long espace de temps, à renouveler auprès du souverain légitime les mêmes efforts, les mêmes conseils. »

La lecture de ce discours, dont on attendait beaucoup, produisit peu d'effet; on savait bien à quoi s'en tenir sur les motifs de la disgrâce de Talleyrand, et qu'il ne s'était pas opposé aux desseins de l'Empereur.

s'éleva et s'agrandit lorsque les Chambres délibérèrent sur le projet de loi relatif à l'ouverture d'un crédit extraordinaire de cent millions. M. de Martignac fut chargé du rapport ; il conclut à l'adoption. Royer-Collard parla le premier dans la séance du 24 février 1823.

Messieurs, la loi qui vous est présentée engage pleinement, et dans toute son étendue, la question de savoir si la guerre pour laquelle on vous demande des subsides est juste, nécessaire, avantageuse à la nation. C'est un point si clair qu'il n'a pas besoin d'être établi....

J'envisage moins, je l'avoue, dans cette grave délibération, la question extérieure que la question domestique ; je suis touché sans doute des avantages de la paix au dehors ; je le suis plus encore des intérêts et des besoins de notre paix intérieure : ceux-là me semblent dominer tous les autres. Il s'agit d'une guerre par laquelle nous intervenons dans les affaires d'un État voisin, et dont le but avoué est de dicter à cet État des lois ; car, Messieurs, c'est dicter des lois à un peuple, et la plus tyrannique des lois, que de lui imposer pour législateur le pouvoir absolu. Or je vois dans une guerre de cette nature quelque chose de plus funeste que la guerre elle-même : il y a, dans cette profonde atteinte à la loi des nations, une atteinte non moins profonde aux principes de notre gouvernement et à l'esprit généreux de notre restauration....

Veuillez, Messieurs, arrêter votre attention sur le principe et le caractère de cette guerre [1]. A l'exception des dernières années, où elle n'appartient plus qu'à l'ambition désordonnée d'un despote, non seulement elle a été constamment nationale, mais elle est peut-être tout ce qu'il y a eu de véritablement national depuis 1789. Pourquoi ? parce qu'elle était soutenue par le sentiment le plus vif et le plus général qu'il y ait chez nous, l'horreur de la domination étrangère. Est-ce donc pour le Comité de salut public ou pour le Directoire que nous avons vaincu à Fleurus, à Zurich et sur tant d'autres champs

---

1. La guerre soutenue par la France contre l'Europe.

de bataille? Non, la France s'indignerait qu'on pût le croire; non, elle ne défendait pas des gouvernements atroces ou méprisables; elle défendait son indépendance; elle combattait les Prussiens, les Russes, les Autrichiens. Elle le ferait encore aujourd'hui. C'est la cause de notre indépendance, et aucune autre cause, qui a triomphé dans toute l'Europe par les armes et par les traités. C'est cette cause qui a consacré notre gloire, et qui l'a fait accepter, reconnaître, honorer par les souvenirs et par les peuples. La gloire est pure, parce que la cause fut juste. Les souvenirs de cette grande guerre ne s'effaceront jamais au milieu de nous, parce qu'elle a été pour chaque famille un événement domestique : il n'y en a pas une qui n'y ait donné de son sang.

Jugez maintenant, Messieurs, la guerre qui vous est proposée; je dis : qui vous est proposée, puisqu'on vous demande des subsides pour l'entreprendre. Si cette guerre que vous allez faire à l'indépendance de l'Espagne est juste, celle que nous fit l'étranger il y a trente ans l'était donc aussi; il avait le droit de brûler nos villes, de ravager nos campagnes, d'envahir nos provinces, et nous n'avions pas, nous, celui de nous défendre; nous avons eu tort de battre les Autrichiens! Voilà, Messieurs, ce qu'il faut faire comprendre à une nation qui s'estime, et qui ne manque pas de mémoire. Qu'ajouterais-je à ce rapprochement? Les paroles sont ici superflues; nous vivons dans un temps où les peuples sont plus éclairés que les gouvernements qui le sont le plus, où ils aperçoivent les conséquences obscures des choses aussi distinctement que leurs conséquences les plus claires. Ne vous étonnez donc pas de ce que la guerre d'Espagne est si profondément impopulaire; ce ne sont pas seulement les sacrifices qu'elle exigerait qui attristent cette généreuse nation; elle saurait bien les supporter, elle irait au-devant dans une cause qui serait la sienne; mais elle sent instinctivement que cette guerre se fait contre elle et sur son territoire, et qu'à chaque victoire elle reperdra les batailles qu'elle avait gagnées. De là cet embarras du patriotisme le plus décidé; de là ces alarmes sincères qui implorent la sagesse royale.

Et qu'y a-t-il de plus propre à les justifier que le motif avoué de l'intervention dont il s'agit? Ce motif, réduit à ses véritables termes, ne déclare-t-il pas, sans aucune ambiguïté, que les gouvernements seuls ont des droits naturels, éternels, imprescriptibles, dont l'origine n'est pas sur la terre; que les peuples, au contraire, n'ont que des droits acquis, et que, si les gouvernements ne leur en accordent point, ils n'en auront point; ou, en d'autres termes, que les gouvernements ont précédé les sociétés, et que celles-ci sont leur ouvrage? Je n'ai rien à dire de cette maxime dans le cas présent et dans les limites où je me renferme, si ce n'est qu'elle n'est pas française et que, avant d'être démentie par la Charte, elle l'était par toute notre histoire. Certes nous possédons, et nous en sommes heureux et fiers, la plus antique des races royales, comme la plus féconde en bons et sages princes; cependant sa source n'est pas cachée, comme celle du Nil, dans des déserts inaccessibles; nous la découvrons et nous voyons au delà d'autres races de rois, et la France avec un droit public, très imparfait sans doute, mais qui était à elle, qu'elle ne tint pas de son nouveau roi, et qu'il n'aurait pas pu lui ravir. Ce droit public, vous le savez, reposait tout entier sur la doctrine du contrat et de la réciprocité; il a traversé les longs âges de la monarchie féodale, et, quelque progrès qu'ait fait le pouvoir royal dans les derniers temps, il n'a jamais été entièrement détruit. Eût-il péri dans les lois, il se serait conservé dans les esprits, asile inexpugnable de la dignité de l'homme contre les entreprises de l'autorité. Nous sommes, Messieurs, nous serons toujours dociles et fidèles, mais comme l'ont été nos pères, avec quelque discernement, selon les lois de la morale et de l'honneur, et sans abdiquer notre juste participation aux affaires de notre pays. Nous croyons avoir des droits que nous ne tenons que de la nature et de son auteur, et c'est nous imposer un sacrifice au-dessus de nos forces que de nous demander notre sang pour le triomphe du pouvoir absolu.

Non, elle n'a point été conçue dans la pensée royale, une guerre qui blesse la dignité héréditaire de la nation et qui semble rétracter les principes de la Charte. Elle appartient tout entière, dirai-je, à un parti ou à un système qui, n'ayant jamais compris la Restauration que comme un châtiment, s'est constamment appliqué à la faire tourner à l'humiliation de la France. Mal réprimé par les uns, mal combattu par les autres, ce système a prévalu ; il règne, il est partout, il corrompt tout, la Charte, le gouvernement représentatif, l'administration ; il corromprait, si cela était possible, jusqu'à la religion, qu'il excite à la défense des passions qu'elle condamne. Il attaque aujourd'hui l'indépendance de l'Espagne, parce que la cause de l'indépendance des nations fut longtemps la nôtre ; il fait de cette injuste agression la cause du pouvoir absolu, parce que le pouvoir absolu lui est cher, et qu'il lui est nécessaire pour accomplir ses desseins. Faible et décrié au dedans, il est allé chercher au dehors l'appui des gouvernements absolus, et c'est d'eux qu'il emprunte, il s'en glorifie, ce droit d'intervention dont ils ont créé, il y a cinquante ans, la facile théorie et la terrible pratique. Comment ces gouvernements protègent les peuples, la Pologne, sanglant berceau de la Sainte-Alliance, est là pour le dire. L'Italie le dira un jour.

Et moi aussi, Messieurs, je suis Français sans doute, et c'est à ce titre que je viens m'opposer à une guerre qui menace la France autant que l'Espagne, et que je m'élève contre le système auquel je l'impute. De tous les devoirs que j'ai pu remplir envers la monarchie légitime, aucun ne m'a jamais paru plus sacré, plus pressant. Puis-je me taire quand d'aveugles conseils la précipitent ? Comme elle a été la pensée, le vœu, l'espérance, je pourrais presque dire l'action de toute ma vie, elle est aujourd'hui le premier de mes intérêts, si l'on doit donner ce nom d'intérêt aux affections les plus désintéressées, les plus inaliénables. Et quel autre sentiment pouvait m'amener à cette tribune ? Puisque j'ai vu la Restauration s'accomplir, qu'ai-je à souhaiter, si ce n'est qu'elle s'affermisse et s'enracine chaque jour davantage dans les intérêts publics, si ce n'est qu'elle aime la France pour en être aimée ?

Je vote contre le projet de loi.

MM. de Saint-Géry, de Castelbajac soutinrent le projet de loi. MM. de la Borde, Delessert le combattirent.

Le 24 février, le général Foy prit la parole. Il recherche d'abord qui veut la guerre : ce n'est ni la France, ni le roi, ni même le gouvernement.

La nation ? Eh quoi ! la nation voudrait voir ses ports et ses ateliers fermés, son commerce anéanti, son industrie dépérir, sa richesse passer à d'autres mains ! La nation supplierait qu'on ajoutât, aujourd'hui et toujours, de nouveaux emprunts, de nouveaux impôts aux impôts et aux emprunts dont elle est déjà surchargée ! La nation demanderait que, le lendemain du jour où ils ont touché le seuil de la maison paternelle, on lui enlevât encore ceux de ses enfants qui ont déjà payé leur dette à la patrie, tandis que le sang de ses autres enfants coulerait sans honneur pour elle dans de ternes combats !

Messieurs, vous arrivez récemment de vos départements ; c'est à votre loyauté que j'en appelle : sur mille citoyens que vous avez rencontrés, avec lesquels vous avez des rapports, dites, la main sur la conscience, dites s'il s'en est trouvé un sur mille qui désire que la France fasse la guerre à l'Espagne !

Le gouvernement ? Mais, si le gouvernement eût voulu la guerre, il y a cinq mois que les hostilités seraient commencées ; il y a cinq mois que le ministre des finances eût négocié à 98 ou à 100 les 19 millions de rentes que vous avez mis l'an dernier à sa disposition.

Et pourquoi M. de Montmorency, le duc de Vérone [1],

---

1. Du 20 octobre au 11 décembre 1822, les membres de la Sainte-Alliance tinrent un Congrès à Vérone. — L'état de l'Europe fut l'objet des délibérations des diplomates qui y prirent part ; la guerre

aurait-il quitté le portefeuille des affaires étrangères ? Pourquoi, lors de la retraite de ce ministre, aurait-on suspendu l'achat des chevaux en Allemagne ? Pourquoi, vers le même temps, aurait-on fait sortir des régiments cette masse de vieux soldats qu'on veut rappeler aujourd'hui et que l'article 20 de la loi du recrutement autorisait à retenir quelque temps encore sous les drapeaux ? Si le gouvernement voulait la guerre, pourquoi laisser aux Espagnols le temps d'organiser leur défense, de mettre en déroute les tristes auxiliaires qu'on promet à nos soldats ?

Non, M. le ministre n'a pas voulu la guerre. Au moment même où je parle, il ne la veut qu'à demi. J'en atteste les formes dubitatives du discours du trône ; j'en atteste la récente promotion à la dignité de pair de France de notre ambassadeur en Espagne, qui s'est constamment prononcé pour la conservation de la paix ; j'en atteste par-dessus tout les angoisses ministérielles, dont nous avons été témoins pendant la séance secrète pour la discussion de l'adresse. Non, certes, M. le président du conseil n'est pas un partisan de la guerre. Son esprit, très positif et très dégagé des prestiges de l'imagination, le porte à partager, au moins sur ce point, l'opinion de mes honorables amis. Il apprécie aussi bien que moi l'énormité de l'entreprise ; mais nous sommes dans des positions différentes. Je n'ai pas de portefeuille à perdre ou à garder. Je ne crois pas qu'on puisse en conscience autoriser de son nom une parade belliqueuse, qui, n'allât-elle pas plus loin que de simples préparatifs, est déjà par elle-même une effroyable calamité.

... Lorsque le roi et la France sont animés du désir de

d'Espagne y fut décidée. M. de Montmorency, le ministre des affaires étrangères, y représentait la France ; il y était assisté de Chateaubriand. Pendant l'absence de Montmorency, le roi avait fait M. de Villèle comte et président du conseil. — Quelque temps après son retour, M. de Montmorency fut remplacé par Chateaubriand comme ministre des affaires étrangères. — Chateaubriand a écrit l'histoire du Congrès de Vérone. — Voir le détail dans les histoires de la Restauration. — Vaulabelle, t. VI. — Voir aussi pour toute cette période les *Souvenirs du duc de Broglie*, t. II.

conserver la paix, qui osera provoquer la guerre au nom de la France et du roi? Qui est-elle, où est-elle, cette puissance qui dépasse et rapetisse les ministres, qui leur fait mener de front, depuis six mois, une diplomatie conciliatrice et des hostilités souterraines; qui leur a imposé une déclaration pompeuse dont le moindre défaut est d'avoir paru trop tard ou trop tôt?....

Il m'importe peu de savoir si la faction mystique qui gouverne notre France, qui a sa direction, ses confréries, son organisation complète, si cette faction a, comme on l'assure, mendié près des souverains réunis à Vérone la permission d'attaquer, en commençant par l'Espagne, les tribunes, les chartes et la raison humaine, ou bien si ce sont les étrangers qui nous poussent et qui veulent que nous leur soyons ce que seront pour nous les bandes de la foi, avec cette différence que nous payons Quesada et le Trappiste, et qu'à coup sûr les étrangers ne nous apporteront pas de l'argent.

Ce qui me suffit, c'est qu'une volonté et des passions qui n'ont rien de français nous entraînent où nous ne voulons pas aller; c'est que, à force de fatiguer les ministres et d'irriter les Espagnols, la faction finira par rendre la guerre inévitable. Voyons donc quelle sera la nature de notre attaque, quelles seront les ressources de la défense.

Il s'attache particulièrement à la question militaire.

La France sera seule engagée : dans cette hypothèse, il est contre le vœu de mon cœur et contre la prévision de mon esprit de seulement entrevoir la possibilité d'une défaite; mais je n'hésite pas à dire que ce qu'on appellerait des victoires sera pour la France, non moins que pour l'Espagne, la source d'effroyables désastres.

Cette guerre d'Espagne a un caractère particulier. Ce n'est pas ici une guerre que l'on puisse finir en gagnant dix batailles, en prenant dix forteresses, même en envahissant une capitale. Loin de moi le projet de déprimer les jeunes courages de nos soldats; tout au contraire, je saisirai les chances qui mettent le plus à couvert l'honneur de nos armes. Je veux bien admettre que l'armée de la Foi, cette armée, le triste et tardif produit de l'intrigue et de la corruption,... je veux admettre qu'elle retrouvera, sous l'égide de nos troupes et aux dépens de notre trésor, une espèce d'organisation.

Je pousse plus loin ma supposition. Les défilés des Pyrénées resteront sans défense; le passage sera facile sur tous les points; les Espagnols, si vous le voulez, ne tiendront point dans ces réduits fortifiés, dans ces châteaux restaurés, dans ces blockhaus qu'ils attaquèrent et défendirent tant de fois pendant la guerre de leur indépendance; les villes ouvriront leurs portes; les alcades et les curés publieront les proclamations françaises. Je prends les 60 ou 70 000 combattants que vous pouvez jeter dans la péninsule; je les prends et je les transporte à Madrid sans coup férir.

Voilà assez de concessions aux partisans de la guerre pour qu'à leur tour ils veuillent bien en faire quelques-unes, non pas à moi, mais à la puissance irrésistible des événements.

Vous accorderez, par exemple, que les troupes, les milices et tant de citoyens qui, dans l'île de Léon et dans le reste du royaume, ont embrassé avec passion la cause nationale, ne se donneront pas le mot pour être tous le même jour des lâches ou des traîtres.

Vous accorderez que toutes les places indistinctement ne baisseront pas leurs ponts-levis devant des sommations envoyées de loin, et que l'armée constitutionnelle formera contre vos auxiliaires des masses imposantes, contre vous de nombreuses guérillas que grossiront sans cesse les Espagnols compromis dans la révolution, ceux que fatiguera la présence de l'étranger, et jusqu'aux déserteurs de l'armée de la Foi.

Vous accorderez aussi que le gouvernement central établi par vous à Madrid, dans l'absence du roi, n'exercera qu'une autorité nominale sur des provinces accoutumées à se régir elles-mêmes dès que la guerre commence, et auxquelles d'ailleurs il n'aurait à demander que des sacrifices; car vous savez que Madrid est loin d'être à l'Espagne ce que Paris est à la France, ce que Londres est à l'Angleterre, ce que Naples est au royaume des Deux-Siciles. Ce n'est pas un des points dont l'occupation détermine ou même prépare la possession du reste du pays. Madrid n'est une capitale que de nom. Les principales et les plus vivaces agglomérations de peuple sont à Valence, à Barcelone, à Cadix, dans les Andalousies, en Galice, hors de votre portée et sous la protection immédiate et facile de l'Angleterre.

Vient ensuite un royaume dont il semblerait que nos ministres ont oublié l'existence. Vous serez cependant forcés de reconnaître qu'outre la révolution d'Espagne il y a encore à combattre et à vaincre 3 millions de Portugais, qui sont plus près de Madrid que nous; que ces Portugais ont une armée vétérane fortement constituée, et qu'ils savent fort bien quels sont leurs ennemis et où est leur champ de bataille.

Laisserez-vous vos troupes autour de Madrid, ou bien les répandrez-vous dans le pays? Ici commence une grave et féconde révélation. Vous étiez forts sur un point; vous serez faibles sur tous. Votre front et vos flancs seront sans cesse harcelés, vos communications interceptées. Vingt places de guerre restées sur vos derrières vous empêcheront de jamais asseoir une base d'opérations. Vous serez réduits à vivre des ressources du pays et, par conséquent, à opprimer les habitants. Vous essayerez de traiter avec l'ennemi, et qui vous dit que l'ennemi, ayant fait d'emblée tous ses sacrifices, ne recevra pas avec dédain vos offres et vos négociations?

Cependant la France versera une autre fois dans la péninsule son sang et ses trésors. Notre état militaire, qui, au 1er janvier 1824, sera loin d'avoir atteint le complet de paix, n'aura pas de quoi réparer les brèches de l'armée d'Espagne. Elle s'amoindrira de jour en jour, sinon en valeur, du moins en nombre et en moyens organiques.

On finira par s'apercevoir qu'après avoir été vainqueurs dans toutes les rencontres, la campagne est manquée, et le but de la guerre indéfiniment reculé. Tout le monde dira alors que la paisible occupation d'un vaste royaume dépasse de beaucoup nos ressources et nos forces; et bientôt le moment arrivera où, après des pertes douloureuses, une retraite nécessaire couronnera dignement une folle et coupable entreprise.

Ce n'est pas à ceux qui ont parcouru l'Espagne dans tous les sens, qui ont étudié le caractère espagnol dans tous ses replis, ce n'est pas à ceux-là qu'on peut rien apprendre sur tous les résultats inévitables d'une guerre d'Espagne qui, après tout, ne diffère de l'invasion de 1808 que par l'extrême infériorité des moyens avec lesquels on l'entreprend.

Je répondrai, lors de la discussion des articles, à ceux qui en douteront; mais il était nécessaire de présenter dans leur simplicité des faits propres à frapper les yeux les moins exercés et les esprits les moins méditatifs! Et plût à Dieu que j'eusse le droit de me complaire dans un avenir plus consolant! Vieux soldat, je ne peux me défendre de faire des vœux pour l'honneur de nos armes, alors même que l'emploi de nos armes est désavoué par le sentiment national. Citoyen, je pleurerai sur une guerre de parti, sur une guerre où sont forcés de mentir à leur destinée mes anciens compagnons de guerre et cette noble et jeune génération qui, nourrie dans l'amour de la liberté, était si digne de combattre un jour les véritables ennemis de la France.

Je vote contre le projet de loi.

Directement mis en cause par le **général Foy,** le chef du cabinet répondit et justifia la guerre d'Espagne par des considérations générales tirées de l'honneur et de la sécurité de la France. Le paragraphe suivant de son discours est le meilleur résumé de son argumentation :

L'honorable orateur auquel je succède a eu raison et m'a rendu justice quand il a dit : « Le président du conseil des ministres aurait désiré conserver la paix, éviter cette guerre.... » Oui, et je l'ai dit à cette tribune dans le comité secret : oui, ce n'est qu'à regret, ce n'est que parce que l'honneur et la sûreté l'exigent que nous avons recours aux armes ; s'il eût été possible d'éviter la guerre, nous l'aurions fait. Nous avons tout tenté pour éviter les calamités de la guerre ; mais, les choses amenées au point où elles sont, et tant que l'état de l'Espagne restera ce qu'il est, je le déclare, je ne connais qu'un moyen d'attaquer la proposition du gouvernement : c'est de prouver qu'on peut avec honneur, avec sûreté, avec moins de dommages que ceux résultant des intérêts qu'on nous présente comme compromis par la guerre, qu'on peut, dis-je, conserver la paix avec ce pays.... L'état de paix me paraît cent fois préférable à l'état de guerre ; mais aussi l'état de guerre plutôt que la honte ! l'état de guerre plutôt que de voir compromis les intérêts les plus solides de mon pays ! et certes c'est la position dans laquelle nous a placés la révolution espagnole.... Par quelque point que vous preniez la discussion, il arrivera nécessairement que la véritable question sera traitée, et cette question est celle-ci : L'état actuel de l'Espagne, dont vous ne sauriez vous dissimuler les conséquences relativement à la France, peut-il subsister sans qu'il y ait pour nous danger et déshonneur? Vous connaissez les faits ; vous avez vu la réponse qui demande à la France de retirer son armée d'observation des Pyrénées. C'est là une condition de la paix. Examinez-la, Messieurs, et dites-nous s'il y avait à prendre, pour conserver l'honneur de la couronne et la sûreté du pays, d'autre parti que celui pour lequel le roi s'est déterminé!...

Le lendemain (25 février), après un discours de **M. Bignon**, **M. de Chateaubriand** monta à la tribune et défendit le projet dans un discours écrit très long et très étudié :

... Suivant dans leurs objections les orateurs qui siègent sur les bancs de l'opposition, j'examinerai : 1° le droit d'intervention, puisque c'est là la base de tous les raisonnements ; 2° le droit de parler des institutions qui peuvent être utiles à l'Espagne ; 3° le droit des alliances et les transactions de Vérone ; et enfin quelques autres objections.

1° J'adopte le principe émané du droit civil : je me range au parti des politiques modernes et je dis comme eux : nul gouvernement n'a le droit d'intervenir dans les affaires intérieures d'un autre gouvernement.

... Mais si je me présente à cette tribune pour soutenir la justice de notre intervention dans les affaires d'Espagne, comment vais-je me soustraire au principe que j'ai moi-même si nettement énoncé ? Vous allez le voir, Messieurs....

C'est que nul gouvernement n'a le droit d'intervenir dans les affaires intérieures d'une nation, excepté dans le cas où la sûreté immédiate et les intérêts essentiels de ce gouvernement sont compromis.

C'est le cas de la France vis-à-vis de l'Espagne. **Chateaubriand** invoque l'autorité des exemples, et particulièrement celui de l'Angleterre vis-à-vis de la France :

... Il faut être juste pourtant ; quand l'Angleterre publia cette fameuse déclaration, Marie-Antoinette et Louis XVI n'étaient plus. Je conviens que Marie-Joséphine n'est encore que captive, et que l'on n'a encore fait couler que ses larmes ; Ferdinand n'est encore que prisonnier dans son palais, comme Louis XVI l'était dans le sien avant d'aller au Temple et de là à l'échafaud. Je ne veux point calomnier les Espagnols, mais je ne veux point les estimer plus que mes compatriotes. La France révolutionnaire enfanta une Convention ; pourquoi l'Espagne révolutionnaire ne produirait-elle pas la sienne ? Ce juge qui a condamné don Carlos aux galères serait un digne membre de ce tribunal. La révolution espagnole n'a-t-elle pas pris la nôtre pour modèle ? Ne la copie-t-elle pas servilement ? Ne proclame-t-elle pas les mêmes principes ? N'a-t-elle pas déjà dépouillé les autels, assassiné les prêtres dans les prisons, élevé des instruments de supplice, prononcé des confiscations et des exils? Nous qui avons eu cette terrible maladie, pouvons-nous en méconnaître les symptômes et n'avoir pas quelques alarmes pour les jours de Ferdinand? Direz-vous qu'en avançant le moment de l'intervention on rend la position de ce monarque plus périlleuse? Mais l'Angleterre sauva-t-elle Louis XVI en différant de se déclarer? L'intervention qui prévient le mal n'est-elle pas plus utile que celle qui le venge? L'Espagne avait un agent diplomatique à Paris lors de la sanglante catastrophe, et ses prières ne purent rien obtenir. Que faisait là ce témoin de famille? Certes il n'était pas nécessaire pour constater une mort connue de la terre et du ciel. Messieurs, c'est déjà trop dans le monde que le procès de Charles Ier et celui de Louis XVI. Encore un assassinat juridique, et on établira par l'autorité des précédents une espèce de droit de crimes et un corps de jurisprudence à l'usage des peuples contre les rois.

Ce paragraphe posait du moins la question avec netteté et découvrait sans détour la vraie pensée du gouvernement. **Chateaubriand** développa ensuite la théorie de la contagion morale.

Le lendemain, **Manuel** réfuta le discours du ministre.

Messieurs, nous vivons sous un gouvernement dont les formes du moins sont celles d'un gouvernement représentatif. S'il est un principe incontestable, c'est celui qui fait dépendre de l'opinion publique toutes les mesures d'un tel gouvernement et, plus que tous les autres, les déclarations de guerre, les traités de paix. Convaincus, mes honorables amis et moi, que cette opinion s'élève contre la guerre projetée, nous n'éprouvions qu'une crainte : c'était d'entendre le ministère contester cette désapprobation.

Mais depuis que M. le président du conseil des ministres en a fait l'aveu positif, depuis qu'il a déclaré qu'en se prononçant pour la paix il eût été accompagné dans sa retraite d'une immense popularité, il reste officiellement avéré que la guerre est impopulaire.

Dès lors on se demande comment le ministère peut insister auprès de vous pour vous faire voter en faveur d'une mesure si universellement désapprouvée, auprès de vous qui êtes d'une manière plus spéciale les interprètes et les représentants de l'opinion publique.

De telles circonstances lui ont du moins fait sentir le besoin de faire les plus grands efforts pour essayer de lutter contre le dissentiment public et vous déterminer à adopter l'avis d'une faction contre l'avis national. Nous l'avons vu enfin confier le soin difficile de justifier devant vous les motifs de la guerre à celui de ses membres qui, par ses fonctions comme par ses talents, était le plus en état de les connaître et le plus capable de les faire valoir.

Maintenant que tout ce qui pouvait être dit en faveur de la guerre vous est connu et vous a été présenté avec autant de succès qu'on pouvait l'espérer, voyons si les motifs qu'on a fait valoir sont de nature à faire impression sur des hommes qui cherchent avec bonne foi les intérêts de leur pays.

Une division bien simple se présente à mon esprit : les causes de la guerre et ses inconvénients.

Dans le discours que vous avez entendu hier, et auquel je regrette que l'ordre de la parole ne m'ait pas permis de répondre sur-le-champ, on a distingué les causes de la guerre en motifs ordinaires et en motifs d'intervention.

Quant aux motifs ordinaires, on a parlé de bâtiments français pillés par des vaisseaux qui naviguaient sous pavillon espagnol; — de consuls menacés; — de violations du territoire français trois fois renouvelées; enfin des intérêts des départements limitrophes lésés. — L'orateur réduit ces arguments à leur juste valeur.

Examinons les motifs d'intervention. Vous les trouvez, dites-vous, dans la constitution des Cortès, dans les excès des révolutionnaires, dans les dangers qui menacent le monarque espagnol, en un mot dans les circonstances tout à fait extraordinaires au milieu desquelles se trouve la péninsule.

Manuel examine et combat la théorie de Chateaubriand sur le principe d'intervention.

Sans doute une nation est bien fondée à se défendre contre le dommage dont la menacerait une nation voisine; mais en résulterait-il qu'elle ait le droit de commencer les hostilités avant que le mal ait dépassé ses frontières? de prendre ses alarmes vraies ou fausses pour des réalités? d'adopter la guerre comme une simple mesure de prévention? de dire à cette nation voisine : je vais ravager votre territoire dès aujourd'hui, parce qu'il serait possible qu'un jour vous me donnassiez de justes motifs de vous combattre? Et quel serait, je le demande, quel serait, dans ce système, le juge, le seul juge de cette prétendue exception, c'est-à-dire de l'existence du mal, du danger de son extension et de la nécessité de la prévenir? Ne serait-ce pas la nation même se prétendant menacée? Et dès lors où seraient les garanties du respect dû aux principes? En deux mots, ou le principe est juste, ou il ne l'est pas : s'il est juste, s'il est nécessaire pour fonder l'indépendance des nations, et c'est ce qu'a formellement reconnu le ministre, il faut le laisser en son entier; une seule exception le renverse, et celle-ci surtout, car l'arbitraire et les principes sont incompatibles.

L'exemple tiré de l'Angleterre (déclaration de White-Hall, 1793) est isolé; il est mal choisi.

Je demande comment M. le ministre pourrait, dans un poste aussi élevé, savoir assez peu de diplomatie pour ignorer, autrement que par l'effet d'un oubli, la vérité sur un fait historique aussi remarquable. En effet, ce n'est pas l'Angleterre qui, à cette époque, a déclaré la guerre à la France; la déclaration citée par le ministre est du mois de novembre 1793, et, dès le 1er janvier de cette année, la France avait elle-même déclaré la guerre à l'Angleterre.

... Maintenant je suppose pour un moment que j'eusse été moins heureux dans l'examen des doctrines de M. le ministre des affaires étrangères; je suppose qu'il me fallût accorder une exception au principe de la non-intervention : voyons si nous sommes dans le cas de cette exception, s'il y aurait pour la France des motifs suffisants d'intervenir dans les affaires de l'Espagne et de s'exposer ainsi à toutes les chances de la guerre.

De l'aveu même du ministre, les puissances, réunies à Vérone, n'imposent pas la guerre à la France.

Nous sommes donc les maîtres; nous pouvons choisir de la guerre ou de la paix; aucune nécessité ne nous est imposée par une volonté étrangère. Puisqu'il en est ainsi, examinons froidement les motifs que nous avons de nous décider.

La *contagion morale*. Examen de cette théorie....

... La constitution des Cortès, nous dit-on, ne donne pas assez de garanties à l'ordre public; elle laisse trop dominer l'esprit démocratique; enfin il faut combattre en elle la révolution dont elle est le code, pour qu'elle ne franchisse pas les Pyrénées et ne vienne pas mettre en péril les destinées de la France. Ainsi, c'est en portant la guerre dans la péninsule, pour y établir l'ancien ordre de choses, que vous vous proposez de comprimer l'esprit révolutionnaire.

Ici, Messieurs, tâchons de nous entendre; car la question est importante; elle ne l'est pas seulement pour la péninsule, mais pour tous les États dans lesquels la réformation politique a éclaté.

Je le demande, dans la situation où se trouve l'Europe, quel est le danger qui la menace davantage? L'esprit révolutionnaire est redoutable sans doute; mais l'esprit contre-révolutionnaire l'est-il moins? Les révolutions rétrogrades ne sont-elles pas au contraire de toutes les plus funestes? Celles qui marchent en avant peuvent entraîner des malheurs, favoriser des excès; mais du moins on avance, on arrive; les résistances finissent par être vaincues, les résultats par s'établir; et certes on ne le niera pas en France, où une révolution a eu lieu, où ses résultats ont été consacrés par le gouvernement actuel. Mais lorsqu'il s'agit d'une contre-révolution, le mal et le danger sont bien autres. Dans ce cas, en effet, il faut détruire ce qu'on avait fait d'abord; il faut replacer la nation où elle se trouvait auparavant, c'est-à-dire dans la situation où une révolution lui a paru le seul remède à ses maux; et alors vous avez à ajouter aux douleurs que la révolution a produites celles que vous allez causer dans ce mouvement rétrograde, et celles encore que vous préparez en mettant le peuple dans la nécessité de recommencer.

Voilà les inconvénients ordinaires de toute contre-révolution; mais il y en aurait de bien plus graves encore à vouloir l'opérer en Espagne. Quelle est, par exemple, l'espèce de gouvernement que vous comptez imposer à la péninsule en échange de celui que vous voulez abattre?

A DROITE. — Aucun.

MANUEL. — Jusqu'à ce jour le ministère avait eu l'adresse de laisser croire que son projet consistait, non point à replacer les Espagnols dans l'état où ils se trouvaient avant la révolution, mais à leur donner une constitution mitigée qui pût balancer plus ou moins équitablement les droits du monarque et du peuple : eh bien, ce prétexte, assez heureusement imaginé, est perdu pour le ministère; des dissensions intestines l'ont forcé de s'expliquer, et l'illusion s'est évanouie. On lui a demandé de quel droit il voulait imposer une Charte à l'Espagne et l'empêcher de reconquérir tout le pouvoir légitime. Docile à cet avertissement, le ministère a déclaré qu'il ne voulait imposer aucune Charte. La conséquence est frappante. C'est donc le pouvoir absolu que vous allez rétablir en Espagne, tel qu'il existait en 1820; vous allez la livrer ainsi de nouveau à l'inquisition, aux jésuites et à leur tyrannie. Ainsi les amis d'une liberté conquise au prix de leur sang devront s'attendre encore une fois à l'exil, aux tortures, aux supplices! et cette étrange justice leur sera de nouveau dispensée sur de simples notes administratives, sans que les tribunaux interviennent pour leur offrir une garantie quelconque!

Voilà, Messieurs, l'âge d'or que vous promettez à la péninsule. Et vous pourriez vous flatter que votre seule apparition, que toutes les forces même de la France suffiraient pour imposer ce joug au peuple espagnol!

Mais je veux adopter les suppositions les plus favorables aux succès de vos projets; j'admettrai, s'il le faut, que vous envahirez l'Espagne sans résistance, que les Espagnols négligeront tous les avantages de leur position et oublieront en un instant, devant quelques milliers de Français, leur fierté et leur gloire passée. Vous voilà vainqueurs; vous voilà possesseurs de Madrid, de Cadix même; mais enfin vous n'y resterez pas éternellement; et, lorsque vous aurez été forcés de vous éloigner, qui empêchera une nouvelle révolution d'éclater? Consultez l'histoire : elle vous apprendra que les révolutions faites pour la liberté tôt ou tard produisent la liberté; que le premier élan peut être comprimé, mais qu'il reprend bientôt de nouvelles forces et renverse enfin tous les obstacles. Voyez les pâtres de l'Helvétie se soustraire au joug de l'Autriche, quelques pêcheurs de la Hollande triompher de toutes les forces de l'Espagne, quelques marchands américains résister à celles de l'Angleterre, et la France elle-même, bravant celles de l'Europe, assurer à la fois sa liberté et sa gloire.

Et c'est lorsque l'expérience vous parle ainsi, que vous vous proposez de sacrifier nos intérêts les plus chers, notre repos, notre commerce, notre sang et nos trésors pour comprimer la révolution espagnole! Et vous nous parlez du besoin de porter à ce peuple les bienfaits de la paix, quand c'est une guerre atroce et interminable que vous allez exciter dans son sein!

Cette révolution, que vous voulez combattre au prix de tant de sacrifices, est pourtant, de toutes celles dont l'histoire a conservé le souvenir, la moins coupable de violence et d'excès! Mais quand bien même elle eût entraîné des malheurs, ceux que vous préparez à l'Espagne seraient bien plus terribles encore.

Vous en fierez-vous à la volonté de Ferdinand pour les prévenir par une constitution? Mais on sait, lorsqu'il s'agit de sacrifier le pouvoir absolu, comment les souverains tiennent parole à leurs peuples. En 1814 le roi de Prusse et le roi de Naples avaient promis une constitution à leurs sujets; l'archiduc Regnier en avait promis à l'Italie, lord William Bentinck aux Génois; toutes ces promesses sont authentiques : où sont les constitutions?

Ferdinand n'a rien promis, et il a des vengeances à exercer. Son ancien gouvernement était terrible, il était atroce....

Explosions a droite. — A l'ordre! à l'ordre!

A gauche. — Atroce! atroce!

Le président se lève et répond aux cris : A l'ordre! en disant :

Si un pareil langage avait été adressé à la personne du souverain, j'aurais cru de mon devoir de rappeler l'orateur à l'ordre; mais il a parlé du gouvernement....

Manuel. — L'observation de M. le président me dispense de toute autre justification.... J'ai donc eu raison de dire que le gouvernement de Ferdinand VII était atroce de 1815 à 1819; que sera-ce donc lorsqu'il aura des injures personnelles à poursuivre? Pourra-t-il se défendre de ses propres passions, quand les affaires seront confiées à des hommes qui auront à venger leur exil et leur ambition déçue?

De ces réflexions concluons, Messieurs, que ce n'est pas en parlant de la nécessité de comprimer la révolution espagnole que le ministère nous fera reconnaître le besoin des sacrifices que la guerre exigerait.

Mais, ajoute-t-on, les Espagnols s'égorgent entre eux, resterons-nous spectateurs tranquilles? *quelle féroce neutralité!*

Etrange manière de diminuer les maux de la guerre civile que d'y ajouter ceux de la guerre étrangère! La guerre civile est une calamité sans doute; mais du moins elle se termine par la défaite du vaincu; et vous, vous allez rendre au vaincu des forces nécessaires pour recommencer le combat; le sang a coulé, vous allez le faire couler encore; et, comme si vous craigniez que ce ne fût pas assez du sang espagnol pour le verser sur la tombe du pouvoir absolu, vous voulez que le sang français y ruisselle aussi! Est-ce là, je le demande, l'amour de l'ordre et de l'humanité?

Je dirai plus, Messieurs : la guerre civile n'existe en Espagne que parce que le parti insurgé compte sur la guerre étrangère; que parce que les soldats de la foi ont toujours pensé que vous étiez là prêts à les défendre et à les soutenir. Et ici même des reproches ne vous ont-ils pas été adressés parce que vous n'aviez pas suffisamment répondu à cette confiance? Comment pouvez-vous donc motiver la nécessité de la guerre étrangère par l'existence de la guerre civile que vous-même avez sourdement provoquée? Vous justifieriez donc une violence par une perfidie? En vérité, si de pareils motifs peuvent suffire pour entraîner au parti de la guerre des têtes ambitieuses ou exaltées par l'esprit de parti, on a de la peine à concevoir qu'ils puissent être présentés sérieusement à une assemblée législative.

On prétend que Ferdinand est prisonnier, qu'il faut se hâter d'intervenir pour sauver ses jours et empêcher qu'un troisième exemple ne vienne offrir *un code de jurisprudence à l'usage des peuples contre les rois.* Messieurs, ce motif est grave sans doute; il commande toute votre attention et en même temps toute votre prudence.

Il s'agit, dites-vous, de sauver les jours de Ferdinand. Ne renouvelons donc pas des circonstances qui ont conduit à l'échafaud ceux qui, dans ce moment, vous inspirent un si vif intérêt... (*Rumeurs à droite*) et j'ajoute, pour exprimer toute ma pensée, un si vif et si légitime intérêt. Eh quoi! Messieurs, auriez-vous donc oublié que ce fut parce que les Stuarts cherchèrent un appui dans l'étranger qu'ils furent renversés de leur trône? que ce fut parce que les puissances étrangères envahirent la France sous prétexte de venir défendre les jours de Louis XVI que Louis XVI fut précipité? (*Mouvement dans l'assemblée. Interruptions à droite.*)

Je ne sais si c'est l'analogie de ces faits ou leur vérité qui peut être contestée; mais, à moins d'ignorer les pages les plus solennelles de l'histoire, comment ne pas savoir que ce qui a fait le malheur des Stuarts, c'est précisément la protection que Louis XIV leur a accordée dans la lutte engagée entre eux et le peuple anglais? Cette protection clandestine et perfide, des fonds assez considérables, des promesses séduisantes, voilà ce qui les a déterminés à se mettre en révolte contre l'opinion publique, et cette opinion les a renversés! C'est un malheur sans doute; mais il eût été évité si les Stuarts avaient cherché leur appui dans le sein de la nation.

Ai-je besoin de dire maintenant que chez nous le moment où les dangers de la famille royale sont devenus plus graves est celui où la France révolutionnaire, alarmée par l'invasion des étrangers, sentant le besoin de se défendre par des forces et une énergie nouvelles....

A ces mots, la plus violente agitation se produit : le président se couvre, puis suspend la séance pendant une heure, enfin la lève.

Manuel, désespérant de se faire écouter, écrit et fait remettre au président une lettre d'explication :

« Monsieur le président, l'état d'irritation dans lequel se trouve une partie de l'assemblée me fait craindre de ne pouvoir trouver, dans cette séance, un moment de silence pour achever l'expression d'une pensée qui, je l'espère, ne trouvera plus d'improbateurs de bonne foi dès l'instant qu'elle sera connue telle que j'ai voulu l'émettre, telle que devait la faire présumer d'avance ce que je venais de dire, telle enfin que vous n'eussiez pu, sans injustice, me blâmer vous-même, si vous m'eussiez cette fois, comme dans une autre circonstance, permis d'achever ma phrase....

« ... Je demandais si l'on avait oublié qu'en France ce malheur (la mort de Louis XVI) avait été précédé par l'intervention armée des Prussiens et des Autrichiens, et je rappelais, comme un fait connu de tout le monde, que *c'est alors que la France révolutionnaire, sentant le besoin de se défendre par des forces et par une énergie nouvelles....* C'est ici que j'ai été interrompu ; si je ne l'eusse pas été, ma phrase eût été prononcée ainsi : *Alors la France révolutionnaire, sentant le besoin de se défendre par des forces et une énergie nouvelles, mit en mouvement toutes les masses, exalta toutes les passions populaires, et amena ainsi de terribles excès et une déplorable catastrophe au milieu d'une généreuse résistance....*

« Je ne veux pas qu'il soit permis, même à la mauvaise foi, de me supposer l'absurde projet d'insulter lâchement, sans motif, sans intérêt, aux malheurs d'augustes victimes dont la destinée affligea tous les cœurs généreux. »

Le lendemain, M. de la Bourdonnaie propose à la Chambre l'expulsion de Manuel. Cette proposition est appuyée par plusieurs députés, combattue par d'autres. Manuel est admis à s'expliquer.

Au moment où il monte à la tribune, un membre du côté droit s'écrie : *Nous n'en finirons donc pas!*

Messieurs, dit Manuel, il paraît que le peu de mots que j'ai à vous dire trompe l'impatience de quelques-uns de mes honorables adversaires. Cette impatience pourrait donner lieu à d'étranges rapprochements. Mais je ne viens point ici pour rappeler des jours de terrible mémoire ; ce qu'il m'importe qu'on sache au moment où je parais à cette tribune, c'est que je n'y suis monté ni dans l'espoir ni avec le désir de conjurer l'orage qui gronde sur ma tête. Je ne prends la parole que pour établir et constater, autant qu'il dépendra de moi, que la mesure qu'on vous propose est un acte de tyrannie, sans prétexte, sans excuse, comme sans justice.

Vous avez entendu le développement des motifs de la proposition sur laquelle vous avez à délibérer. Mon accusateur a senti qu'il serait difficile de trouver dans les phrases sorties hier de ma bouche l'espèce de crime qu'il m'impute ; et, par un artifice que je ne veux pas qualifier, il s'est abstenu de les reproduire devant vous. Il s'en rapporte, dit-il, à votre *sentiment* : c'est ainsi, Messieurs, que se sont exprimés tous les accusateurs qui ont voulu se dispenser de donner des preuves de leurs accusations. Toutefois le mien a senti qu'il ne suffirait pas, pour exciter *ce sentiment*, c'est-à-dire la passion dont il a besoin, de rappeler ce qui s'est passé hier : il a fait un appel à d'anciens souvenirs et a reproduit devant vous une question qu'on avait été forcé d'abandonner. Tout le monde sait qu'avant l'ouverture de la session une partie des membres de cette Chambre s'était proposé de renverser le résultat des élections de la Vendée, résultat qui avait trompé tant d'efforts et de machinations. Ce projet avait été proclamé ; et c'est pour en préparer le succès que l'on avait mendié ou commandé en cent lieux des protestations contre les nombreux suffrages qui m'avaient rappelé dans cette Chambre ; mais un sentiment de pudeur ne permit pas sans doute qu'une telle proposition vous fût faite. On a dû sentir que les collèges électoraux qui m'ont réélu avaient ainsi approuvé et justifié et mes discours et ma conduite politique pendant les sessions précédentes ; qu'avec un tel témoignage les déclamations de quelques individus, et même d'une faction tout entière, ne pouvaient sans scandale me faire descendre de cette tribune où j'étais appelé par un droit que la Charte a consacré.

Et pourtant c'est dans les anciens discours qu'aujourd'hui l'on cherche des prétextes pour motiver mon exclusion. Ces discours, Messieurs, sont désormais à l'abri de votre critique. Ont-ils donné lieu à un rappel à l'ordre, la juridiction établie par votre règlement se trouve épuisée. La Chambre et M. le président ont-ils au contraire gardé le silence, il faut nécessairement en conclure qu'il n'y avait rien à reprendre dans mes paroles. Et ce n'est pas là seulement une présomption légale : toute la France sait si c'est de moi qu'on peut dire que j'ai été écouté avec indulgence par la majorité. Je n'ai donc point à justifier aujourd'hui ce que j'ai dit autrefois. Je n'en ferais rien lors même que mon accusateur n'aurait pas rendu toute justification impossible en ne précisant ni les phrases ni même les discours supposés coupables.

Un nouveau fait se présente. Il importe sans doute peu que j'aie été à l'abri du reproche dans les circonstances antérieures, si dans celles-ci j'ai pu mériter l'animadversion publique, si j'ai provoqué la réprobation d'une majorité capable de juger d'après sa conscience et non d'après ses passions; mais est-ce par des déclamations vagues et injurieuses qu'on devrait établir l'accusation portée contre moi?

Quel est donc le tort qu'on m'impute? J'ai, dit-on, prêché la doctrine du régicide. Messieurs, je pourrais me dispenser d'exprimer ici une opinion sur un triste événement, car nous avons le droit de citer à cette tribune des faits sans être obligés de les qualifier. Il en est, on le sait, que la sagesse commande de rapporter avec une extrême réserve, parce qu'ils tiennent à des questions graves et compliquées qui, pour être jugées sainement, ont besoin de l'être à une grande distance de l'événement qu'il s'agit d'apprécier. Il en est même sur les causes desquels le parti le plus sage est souvent de jeter un voile, afin de ne pas fournir aux passions, encore mal apaisées, l'occasion de tristes et dangereux débats. C'est ainsi, Messieurs, qu'un des ministres de Sa Majesté, rappelant la déplorable catastrophe dont le souvenir a été hier le prétexte contre moi d'une si absurde calomnie, a écrit ce mot heureux, parce qu'il exprime une noble et sage pensée : « Comme Œdipe, Louis XVI a disparu au milieu d'une tempête ».

Eh bien, Messieurs, c'est une semblable tempête qu'il importe de prévenir, afin d'éviter un semblable malheur; c'est à ce but que doivent tendre tous les efforts des amis de l'ordre et de l'humanité; et les paroles que j'ai prononcées hier en avaient-elles un autre?

N'ai-je pas applaudi au désir manifesté par M. le ministre des affaires étrangères d'épargner à l'Espagne la catastrophe à laquelle n'ont échappé ni la France ni l'Angleterre? et si je n'ai pas été d'accord avec lui sur les moyens, mon intention en était-elle moins évidente et moins pure? Il vous proposait de recourir à une invasion, tandis que l'histoire est là pour attester que c'est l'intervention des étrangers qui a surtout précipité du trône les augustes victimes dont il fallait éviter le sort. N'ai-je pas dû le dire? pouvais-je ne pas m'écrier qu'on allait augmenter les dangers qu'on paraissait vouloir prévenir?

Et c'est lorsqu'en parlant de ces victimes je venais de dire, pour exprimer toute ma pensée, qu'elles inspiraient un légitime intérêt, c'est lorsque je venais de donner un gage si complet et si authentique de ma manière d'envisager ces terribles événements, qu'on a pu supposer qu'en rappelant un fait incontestable j'ai eu l'intention de proclamer la doctrine du régicide! Une telle imputation n'est pas seulement sans prétexte, elle est encore sans la moindre bonne foi.

Quel intérêt, d'ailleurs, pouvait me porter à soutenir cette doctrine? Mais les termes dont je me suis servi ne vous laissent pas même cette triste ressource. Je disais qu'au moment où l'invasion des Autrichiens et des Prussiens vint menacer notre pays, la France révolutionnaire sentit qu'elle avait besoin de se défendre par de nouvelles forces et par une énergie nouvelle.

Voix nombreuses de la droite. — Formes! formes! vous avez dit formes!

Voix de la gauche. — Non! non! forces!

Manuel. — Je suis bien aise de déclarer à la Chambre qu'avant d'écrire hier à M. le président la lettre dont vous avez refusé d'entendre la lecture, j'avais consulté, sur le texte précis de mes paroles, bon nombre de mes collègues ainsi que les notes de plusieurs journalistes; tous, à l'exception du rédacteur du *Moniteur*, ont entendu *forces*, et je suis sûr, en effet, d'avoir employé ce mot. Mais peu importe : j'accepte l'une ou l'autre expression. Il est évident que je préparais, par des prémisses, la conclusion à laquelle je voulais arriver. Je disais qu'il fallait écarter, à l'égard de l'Espagne, l'emploi de moyens qui, en effrayant les révolutions, les font recourir, pour se défendre, aux plus terribles ressources, les poussent à exaspérer toutes les passions, à soulever les masses, et les entraînent ainsi dans une voie où les intelligences les plus fermes n'aperçoivent pas le point où l'on pourra s'arrêter. Voilà ce que constatent les écrits mêmes de nos adversaires. Lisez les mémoires de M. de Rivierre, ceux du marquis de Ferrières, et vous verrez que l'un et l'autre attribuent la mort du roi à l'invasion étrangère, et qu'ils font dériver le mal du remède même qu'on voulait lui opposer. Mais, en admettant que mes expressions eussent présenté la moindre équivoque, l'usage, la sagesse, la justice exigeaient du moins qu'avant de me condamner sur une phrase commencée au milieu d'un discours improvisé, dans une question aussi grave et compliquée de tant d'incidents, je fusse entendu jusqu'au bout : vous ne l'avez pas voulu; vous avez refusé de me laisser continuer; vous appartient-il, dans de telles circonstances, d'interpréter une phrase interrompue?

Mais cette explication même était-elle donc nécessaire? Le but de cette partie de mon discours, les phrases précédentes, le commencement même de celle qu'on ne m'a pas permis de finir, laissent-ils matière à quelque doute raisonnable sur mes intentions? Tout ne se réunissait-il pas pour attester que cette prétendue doctrine du régicide était en ce moment aussi loin de mon esprit que des vôtres?

S'il en est parmi vous qui me l'aient prêtée de bonne foi, ils ne réfléchissent donc pas que je suis plus qu'aucun d'eux étranger aux événements de la Révolution? Trop jeune pour y prendre une part active, je me trouvais alors dans les rangs de l'armée française, où l'on a dit que *l'honneur de la France s'était réfugié.*

Non que j'accepte assurément pour ces armées un hommage qu'on leur rend aux dépens de la nation. L'honneur français était partout, et, à quelques excès que la Révolution se soit portée, nous n'oublierons jamais qu'appelée par les vœux de la France, défendue par elle au prix de son sang et d'immenses sacrifices, cette Révolution lui a laissé en échange une gloire impérissable et d'immortels bienfaits; nous n'oublierons jamais que nous n'existons, et vous-mêmes avec nous, que par les résultats qu'elle a produits, résultats sacrés que tous les efforts de ses ennemis n'ont pu et ne pourront nous enlever. (*Bravos à gauche.*)

Je le répète, loin de moi la pensée de reporter sur l'armée seule les titres glorieux acquis à cette grande, à cette généreuse nation tout entière; mais, du moins, est-il vrai de dire que, pendant tout le cours d'une Révolution qui a été sanglante, l'armée n'a versé d'autre sang que le sien et celui de l'ennemi? (*Nouveaux et longs applaudissements à gauche.*)

Ma vie entière répondrait donc, au besoin, à vos reproches. Mais j'ai combattu avec énergie, à cette tribune, le parti ennemi de la Révolution. Voilà mon véritable tort, voilà mon crime. Loin de moi la pensée de m'en défendre. Si j'avais déployé moins de chaleur, moins de courage, peut-être vous auriez laissé passer des phrases plus répréhensibles, je le sais. Mais je suis résigné depuis longtemps à toutes les conséquences de mon langage : je n'ai jamais eu qu'un but, faire mon devoir, et je l'ai rempli, quoi qu'il pût advenir.

Voulez-vous, Messieurs, que je vous donne la preuve que l'esprit de parti seul, et non un esprit de justice, me poursuit en ce moment? Dans une de vos précédentes séances, un orateur a pu déclarer à cette tribune que la Charte était une garantie odieuse; et vous l'avez écouté en silence.

Nombreuses voix de la droite. — Personne n'a dit cela.

Manuel. — Cet orateur est celui-là même qui demande mon exclusion.

M. de la Bourdonnaie. — Ma phrase s'appliquait à l'Espagne.

Manuel. — Je vais la lire.

Se tournant vers M. de la Bourdonnaie :

Vous apparaissez, vous, à cette tribune sans oser lire les phrases que vous incriminez; moi, je lis les vôtres. (*Bravos à gauche.*) Vous avez dit : « Dois-je accorder au gouvernement de nouveaux moyens de soutenir un système funeste et d'imposer à un roi captif, à une nation asservie, *une charte, garantie odieuse* des intérêts matériels de la Révolution? » Vous avez dit Charte, vous l'avez dit!

Nombreuses voix de la droite. — Il n'a été question que de l'Espagne!

Manuel. — C'est en répondant à ce discours que M. le président du conseil a dit que le gouvernement ne comptait nullement imposer la Charte au peuple espagnol.

Les mêmes voix. — Il n'a pas dit la Charte, mais une charte; ce qui est bien différent!

Manuel. — Comme mon but n'est pas d'incriminer notre collègue....

Les mêmes voix. — C'est fort heureux!

Manuel. — Je lui laisse la ressource de dire que par charte il a entendu désigner la Constitution des Cortès. (*Violents murmures à droite.*)

Voix nombreuses. — Quelle mauvaise foi! Sa propre citation le condamne!

Manuel. — Vous parlez d'exclusion : il ne faut pas chercher le droit monstrueux qu'on veut vous attribuer dans des règles de conservation et de justice : il faut le chercher dans l'esprit de parti, dans les monuments de l'histoire de toutes les factions; il faut le chercher surtout dans les traditions de l'histoire de notre Révolution que je rappelais tout à l'heure. Ce droit est celui en vertu duquel les Montagnards proscrivaient, en 93, ceux de leurs collègues qui, bravant leurs fureurs, essayaient de défendre une sage liberté contre les efforts de l'anarchie; c'est celui que s'arrogent tous ceux qui ont le pouvoir quand il n'y a plus de règle; celui dont s'empare toute faction qui sent que, réduite à un petit nombre, il faut qu'elle supplée par la violence à la force qui lui manque, à la raison qu'elle n'a pas.

Que mes amis cessent donc de chercher à prouver à nos adversaires que ce droit, la raison et la loi le leur refusent. Ces Messieurs ne l'ignorent pas; ils savent tous aussi bien que moi que je n'ai usé que d'un droit légitime. Ils ne doutent même pas, je ne crains pas de le dire, de la pureté de mes intentions. Non, Messieurs, vous n'en doutez pas, et, malgré vous, votre conscience prend soin de me justifier; malgré vous, elle vous crie que ce n'est pas avec des intentions coupables qu'on apporte ici une aussi loyale franchise et une aussi profonde conviction. Mais vous voulez m'éloigner de cette tribune!... Eh bien, prononcez votre arrêt; je ne chercherai pas à l'éviter. Je sais qu'il faut que les passions aient leur cours. Je sais qu'il peut arriver aujourd'hui ce que nous avons vu il y a trente ans. Les passions sont les mêmes. Je serai votre première victime. Puissé-je être la dernière! Et, si un désir de vengeance pouvait arriver jusqu'à moi, victime de vos fureurs, je confierais à vos fureurs mêmes le soin de me venger!

L'expulsion de Manuel fut l'objet d'un vif débat dans les séances du 2 et du 3 mars, et, malgré les efforts du général Foy, de Royer-Collard, de M. de Saint-Aulaire, de Casimir Périer, la majorité, cédant à l'influence de la droite, vota l'expulsion de Manuel. Avant le vote, Manuel obtient la parole et dit :

Alors même que j'aurais formé le projet de me justifier devant vous de l'accusation portée contre moi, le zèle de mes honorables amis aurait d'avance rempli ma tâche : l'absence de droit, l'usurpation, l'arbitraire, l'innocence de mes intentions, tout a été parfaitement établi par eux; et, si l'un de mes défenseurs, égaré sans doute par d'anciennes préventions, a laissé échapper quelques mots improbateurs au moment où je viens braver tant de colères, je peux dédaigner un acte de faiblesse ou de rancune. Mais ce n'est pas moi qui donnerai à mes adversaires la satisfaction de me voir placé sur une sellette où ils n'ont pas le droit de me faire descendre. Que d'autres cherchent à avilir la représentation nationale : ils y ont sans doute un coupable intérêt; mais, poussé par un sentiment bien différent, je ferai tout ce qui dépendra de moi pour lui conserver son lustre.

Je déclare donc que je ne reconnais à personne ici le droit de m'accuser ni de me juger. J'y cherche vainement des juges; je n'y trouve que des accusateurs. Je n'attends pas un acte de justice; c'est à un acte de vengeance que je me résigne. Je professe du respect pour les grands pouvoirs de ce pays ; mais je respecte bien plus encore la loi qui les a fondés ; leur puissance cesse pour moi dès l'instant qu'au mépris de cette loi ils usurpent les droits qu'elle ne leur a pas donnés.

Dans un tel état de choses, je ne sais si « la soumission est un acte de prudence » ; mais je sais que, dès que la résistance est un droit, elle devient un devoir. Elle est surtout un devoir pour ceux qui, comme nous, doivent connaître mieux que personne la mesure de leurs droits ; elle l'est pour moi, qui dois me montrer digne de ces citoyens de la Vendée qui ont donné à la France un si noble exemple de courage et d'indépendance en m'accordant deux fois leurs suffrages.

Arrivé dans cette Chambre par la volonté de ceux qui avaient le droit de m'y envoyer, je ne dois en sortir que par la violence de ceux qui n'ont pas le droit de m'en exclure, et, si cette résolution doit appeler sur ma tête de plus grands dangers, je me dis que le champ de la liberté a été quelquefois fécondé par un sang généreux. (*Longs bravos à gauche.*)

Après cette protestation, le général Foy et Casimir Périer prononcèrent quelques éloquentes paroles, mais en vain ; l'expulsion fut votée, et, le lendemain 4 mars, Manuel, étant venu prendre sa place, fut expulsé par un piquet de gendarmerie. Toute la gauche le suivit et quitta avec lui la salle des séances.

La discussion du projet de loi continua les jours suivants, et la loi fut votée (5 mars 1823).

Le projet de loi, porté à la Chambre des pairs, y fut l'objet d'une longue et remarquable délibération. Le maréchal Jourdan, le duc de Narbonne-Pelet, le baron de Barante, le comte de Saint-Roman, le comte de Catellan, le comte de Polignac soutinrent avec honneur la discussion. Mais le duc de Broglie atteignit la véritable éloquence en soutenant le principe de la non-intervention (14 mars 1823) [1].

1. Voici comment le duc de Broglie raconte dans ses *Souvenirs* la part qu'il prit à la discussion :

« La retraite de la gauche et le silence du centre gauche ayant

Messieurs, ce n'est pas l'espoir d'ébranler dans sa conviction l'honorable préopinant (le comte de Polignac) qui me détermine à prendre la parole; il semble dès longtemps et invariablement décidé; on ne saurait donc, sans présomption, se flatter de le ramener à d'autres idées. Ce n'est pas non plus le dessein de me confesser vaincu par la force de ses arguments; car je les crois douteux en principe, inexacts quant aux faits, hasardés dans les inductions qu'il en tire. Le but que je me propose est de détruire, autant qu'il est en moi, l'impression que son discours aurait pu faire sur vos esprits; de rétablir sous leur vrai jour les sentiments de la minorité dont je fais partie, sentiments auxquels il n'a pas rendu peut-être une entière justice; d'affermir surtout dans leurs résolutions généreuses ceux d'entre vous que nous avons le malheur de compter trop souvent parmi nos adversaires,

éteint toute discussion à la Chambre des députés, ce fut à la Chambre des pairs que passa le dé; elle eut tous les honneurs de la fin de la session. J'eus ma part et ma grosse part du fardeau, ou plutôt je la pris volontairement. J'étais résolu à me commettre à fond et sans ménagement dans le débat, à le pousser à toute extrémité légale, à faire entendre, dans une assemblée grave, honnête et modérée par raison plus encore que par timidité, le langage qui avait été odieusement et honteusement étouffé dans la bouche de Manuel.

« La discussion s'ouvrit le 14 mars, sur le rapport de M. Laforêt, rapport aussi plat que son auteur, ce qui n'était pas peu dire. Elle s'ouvrit par un discours du maréchal Jourdan, que nous avions, contre son usage, déterminé à se porter en avant. Le choix était bon; le nom ne rappelait que des souvenirs de gloire et de liberté; le discours fut bon; il fut grave, ferme, sensé. Le maréchal Jourdan en était bien lui-même l'auteur, sans qu'aucun de nous fût complice à aucun degré. Ce fut la seule fois, si je ne me trompe, que son patriotisme sincère fit violence à sa modestie naturelle.

« Il fut soutenu habilement et hardiment par M. de Barante; les réponses furent insignifiantes comme les répondants; aucun ministre ne prenant la parole, nous vîmes clairement qu'on entendait renouveler la tactique qui avait si bien réussi précédemment; qu'en laissant flotter et languir la discussion, on espérait précipiter la clôture. Le piège éventé, je résolus, cette fois, de l'éviter et de charger sur le premier qui me tomberait sous la main, sauf à m'en débarrasser en quelques mots, et sûr de forcer M. de Chateaubriand dans le retranchement de son silence, en prenant à partie le lourd

mais qui, cette fois, penchent de notre côté; que sais-je enfin? de nourrir le doute, d'entretenir de salutaires appréhensions chez ceux-là mêmes qui voteront aujourd'hui les mesures ministérielles, moins par certitude de leur sagesse que dans la crainte, honorable sans doute, de déserter le gouvernement en cette conjoncture critique, et de l'abandonner à lui-même. L'opinion de ces derniers, et le nombre en est grand, si je ne m'abuse, l'opinion de ces derniers, dis-je, ne nous est point indifférente : contraires à notre cause aujourd'hui, ici, dans leur caractère public, demain dans leurs rapports privés ils peuvent la servir avec autorité; et leurs alarmes sincères, leurs représentations, exemptes de tout soupçon d'opposition ou d'esprit de parti, peuvent verser un grand poids dans cette balance où se pèsent aujourd'hui et la vie des hommes et la destinée des nations.

Devez-vous prêter assistance à un semblable projet?

factum auquel il n'avait pas été permis à Manuel de répondre en suivant jusqu'au bout sa pensée.

« Mon adversaire donc, mon adversaire de hasard plutôt que de choix, ce fut M. de Polignac, tristement célèbre depuis, alors notre ambassadeur à Londres, et qui s'efforçait, un peu niaisement, de nous persuader que la résistance du ministère anglais à notre expédition d'Espagne était simulée, qu'elle n'avait d'autre but que de donner le change à la pédanterie des Whigs et aux criailleries de John Bull.

« Je ne m'arrêtai point à réfuter une argumentation puérile que la Chambre écoutait ou plutôt entendait sans l'écouter; j'entrai de plein saut dans le fond même de la question, et je me pris corps à corps avec l'ennemi commun, avec le véritable auteur de la guerre d'Espagne, avec le seul homme qui valût, dans cette affaire, qu'on le comptât pour quelque chose.

« Je rétablis contre lui les vrais principes du droit de paix et de guerre sous un régime représentatif, les vrais principes du droit d'intervention selon les règles du droit des gens, et, plaçant en regard de ces principes la double série des griefs allégués contre l'Espagne, tant ceux qu'on prétendait puiser, terre à terre, dans nos intérêts matériels, que ceux qu'on prétendait faire descendre du ciel, au nom de la religion et de la morale, je fis ressortir l'inanité puérile des uns, et l'inanité déclamatoire des autres, avec un degré d'évidence sans réplique, à mon avis, et qui, du moins, n'en reçut aucune. » (*Souvenirs*, t. II, p. 335.) — Voir l'appréciation de ce discours dans Sainte-Beuve, *article cité*.

Devez-vous remettre au gouvernement les moyens, je ne dirai pas d'achever (car qui peut prévoir, grand Dieu! la fin de tout ceci?), mais de commencer une pareille entreprise?

A cette question la réponse est simple :

Oui, si la guerre est légitime, nécessaire, avouée par la raison; par conséquent non, si la guerre est injuste, inutile, insensée.

Le duc de Broglie, dans une argumentation serrée et lumineuse, prenant successivement toutes les raisons qu'on peut invoquer et qu'on invoque en faveur de la guerre, les détruit victorieusement et arrive à la partie la plus élevée de son discours :

Ici finit la série des motifs que l'on assigne à la guerre d'Espagne quand on se borne à l'envisager uniquement dans ses rapports avec la France; mais ici commence, en revanche, un tout autre ordre d'idées; la question change de face, s'agrandit et s'élève.

Il s'agit bien, nous dit-on, d'insister sur des minuties. Nous propose-t-on de prendre les armes pour quelques-uns de ces griefs plus ou moins frivoles qui trop souvent ont porté les peuples à s'entre-détruire? Est-il question de s'assurer la possession de quelque méchante bicoque, de quelque pêcherie sur un rivage lointain, le monopole du sucre, de l'indigo, de la cochenille? Non, c'est une véritable croisade qu'il nous faut entreprendre.

L'ordre social est ébranlé dans ses fondements : il faut le raffermir. L'hydre des révolutions relève l'une de ses têtes : il faut l'abattre à l'instant. Près de ces grands intérêts, que sont les sacrifices? Ce n'est pas la France qui attaque l'Espagne; c'est la société, menacée dans son existence, qui prend sa propre défense; c'est l'avant-garde de la civilisation qui s'ébranle pour exterminer la barbarie.

Voilà certes de magnifiques paroles; elles retentissent merveilleusement à l'oreille. Gardons-nous cependant de nous y laisser surprendre; ne nous livrons pas sans examen au premier entraînement.

C'est une guerre de principes que nous allons faire. Quel est-il ce principe qui doit nous embraser d'un saint zèle? C'est une guerre de doctrine que nous allons entreprendre. Quelle est-elle cette doctrine qui doit illuminer soudain les Français, les arracher au repos et à leurs foyers et les précipiter en avant, en criant : Dieu le veut?

Ce principe, le voici.

Entrevu de très bonne heure, lors même de la formation de la Sainte-Alliance, par des esprits clairvoyants, il a été déposé par elle dans la circulaire de Laybach, et mis en exécution en son nom sur Naples et sur le Piémont. Reproduit sans doute au congrès de Vérone, il a été recueilli par les ministres du roi de France, qui l'ont placé dans la bouche de leur auguste maître à l'ouverture de la session.

Le voici, dis-je, dépouillé du langage emphatique et doucereux qui l'enveloppe, réduit à son sens positif, et commenté par la conduite des puissances alliées envers l'Espagne.

Toute révolution, quelle qu'elle soit, est non seulement un désordre à l'égard du gouvernement qui la subit; c'est un attentat contre la civilisation en général. Tout peuple qui revendique des droits, une liberté que son gouvernement lui refuse, est un peuple de forbans, de pirates, qui doit être mis au ban de l'Europe. Les constitutions n'ont de source légitime que le pouvoir absolu. — Le pouvoir absolu les donne quand il lui plaît, comme il lui plaît. — S'il n'en donne point, les peuples n'en auront point. Tout gouvernement issu d'une révolution est un monstre qu'il faut étouffer dès qu'on le peut.

Et ceci nous est enseigné, sans restriction, sans limites, sans réserve. Point de distinction entre une révolution et une autre; quelque injuste, quelque oppressif, quelque destructeur des droits et du bonheur de l'humanité que puisse être un gouvernement; quelque sages, quelque prudents que puissent être des réformateurs, n'importe : ils sont enveloppés dans le même anathème. Washington ne vaut pas mieux que Catilina; nulle différence entre

Guillaume Tell et le farouche scélérat qui conduisait les sections au 31 Mai ou au 10 Août; aucune entre le prince d'Orange, libérateur des Pays-Bas, et Robespierre ou Babeuf : eux et leurs imitateurs sont également des révolutionnaires qu'il faut exterminer au même titre.

Ce n'est pas tout.

Envers un gouvernement né d'une révolution il n'est aucune obligation qu'on doive regarder comme sacrée. — Un souverain qui a prêté serment à une constitution qu'il n'a pas faite lui-même n'est pas tenu de son serment. Des souverains étrangers qui, volontairement, librement, se sont établis en rapport avec ce gouvernement, ne sont pas liés par la foi des traités. Aucun engagement ne prévaut. Aucun laps de temps ne prescrit. Des ambassadeurs envoyés et reçus ne prouvent rien. On peut reconnaître de tels gouvernements, même en termes formels, même pendant des années; on peut les encourager et les caresser tant qu'on y trouve son intérêt : dès que cet intérêt cesse, on est en droit de les renier et de les détruire.

Tel est, Messieurs, le principe raisonnable, humain, magnanime, que les puissants de la terre ont entrepris depuis deux ans de mettre en lumière. Telle est la doctrine pour laquelle nous devons, à ce qu'on suppose, nous prendre d'enthousiasme, nous, Français, nous qui avons traversé trente ans de révolution, nous qui devons pourtant à cette révolution, quels que soient d'ailleurs ses erreurs et ses crimes, et les lois qui nous régissent, et la plupart des établissements publics qui font notre gloire et notre prospérité; nous qui avons vécu, servi, administré, rendu la justice sous des gouvernements nés de cette révolution. Si les Espagnols, en repoussant aujourd'hui notre agression, sont des rebelles ou des traîtres, qu'avons-nous été pendant trente ans?

Je n'insisterai pas sur ce sujet; il a été traité avec une noble hardiesse par l'honorable maréchal qui a ouvert aujourd'hui la discussion. Il appartenait au vainqueur de Fleurus de protester, au nom de ses frères d'armes, contre une guerre qui serait la condamnation de notre résistance et de nos victoires; nous l'avons entendu avec le respect dû à ses éclatants services et à la pureté de son caractère. Ce qu'il a dit, je ne pourrais le dire aussi bien, ni surtout de si haut; mais ce qu'il n'a pas dit, je le dirai.

Si, sur les débris du droit des gens qui règle les rapports des nations entre elles, je voulais inaugurer audacieusement le droit de la force, c'est le principe énoncé par la Sainte-Alliance que j'invoquerais. Si, sur les débris du droit public, qui règle dans chaque État les rapports du souverain et des sujets, je voulais établir audacieusement le droit de la force, c'est la doctrine de la Sainte-Alliance que je mettrais en avant.

Ce principe, en effet, quel est-il, sinon la consécration du droit du plus fort, tant à l'extérieur qu'à l'intérieur des États?

C'est le droit du plus fort à l'extérieur; car, puisqu'il n'existe aucun gouvernement sur la terre qui ne remonte de près ou de loin à une usurpation, puisqu'il n'en est pas un seul qui soit, *de mémoire d'homme*, descendu du ciel, il n'en est aucun non plus auquel son voisin ne soit le maitre d'imputer à crime son origine. C'est un sujet perpétuel d'agression entre les États. Si la Russie, qui, depuis deux siècles, compte presque autant de révolutions que de règnes; qui a reconnu en termes positifs et non équivoques la constitution des Cortès en 1812; qui, depuis 1820, a reçu un ministre d'Espagne et en a entretenu un à Madrid; si la Russie, dis-je, est en droit subitement de rompre avec l'Espagne, de travailler à la destruction du gouvernement des Cortès, sous prétexte que ce gouvernement est issu d'une révolution, et, partant, indigne de figurer dans la confédération des États policés, qui peut se croire en sûreté?

Malheur donc aux États-Unis d'Amérique si les forces de la Sainte-Alliance peuvent jamais traverser l'Atlantique; car les États-Unis ont secoué, il y a quarante ans, par la force des armes, le joug de l'Angleterre! — Malheur à l'Angleterre elle-même si la Manche et sa puissante marine cessent d'être pour elle un boulevard inexpugnable;

car il y a cent trente ans environ qu'elle a expulsé par la force des armes la famille des Stuarts! — Malheur aux Provinces-Unies et aux Pays-Bas! Qui empêche le roi de Prusse, leur voisin, de les attaquer, puisqu'ils se sont soustraits jadis, par la force des armes, à la domination d'un maître barbare? — Malheur aux républiques helvétiques! L'empereur d'Autriche va s'en emparer sans doute, puisqu'elles se sont rendues coupables du même crime envers ses ancêtres! — Malheur enfin à la Suède, qui se trouve sous la main de la Russie; car il n'y a pas quinze ans qu'elle a placé sur son trône un soldat français, et son roi dépossédé erre encore, en ce moment, dans les cités de l'Allemagne!

Tel est le sort qui attend tous les États constitutionnels, si la Sainte-Alliance se montre conséquente à elle-même. Quant aux gouvernements despotiques, je n'oserais dire que le danger soit le même pour eux; non sans doute que les révolutions y soient rares, mais il semble convenu que le pouvoir absolu purifie tout ce qu'il touche.

Quant à l'intérieur des États, que faut-il penser de ce principe? En quoi diffère-t-il du dogme insensé du droit divin?

Quoi! le pouvoir de donner aux peuples des institutions politiques, de les détruire ou de les refuser réside exclusivement et perpétuellement dans les rois! Un roi est le maître en tout temps, et par sa seule volonté, d'abolir le droit public de son pays, d'en substituer un autre ou de n'en substituer aucun! — Le roi d'Espagne, rentrant dans ses États après cinq ans d'exil, s'empare du pouvoir absolu et soumet au joug le plus humiliant le peuple qui a délivré l'Europe : il fait bien; nulle voix parmi les souverains ne s'élève pour le contredire; il reçoit même, de toutes parts, des félicitations et des éloges! Ce pouvoir périt dans ses mains par ses propres fautes : aussitôt grande rumeur; il faut que toute l'Europe s'arme pour le lui restituer dans sa pureté et sa plénitude. Que s'il consent ensuite à en céder quelque chose à ses sujets, on en sera bien aise; mais s'il prétend le conserver tout entier, il ne faut pas lui imposer de conditions. Quelque usage d'ailleurs que ses conseillers en fassent, à quelques excès qu'ils se portent, de quelques inepties ou de quelques violences qu'ils se rendent coupables, ils n'en seront responsables qu'à Dieu ; et, si la nation espagnole, ruinée, persécutée, réduite aux abois, poussée au désespoir, se relève enfin et, sans attenter à la personne de son roi, sans porter atteinte à ses droits héréditaires, invoque et consacre un nouvel état de choses, cette nation ne sera plus qu'un assemblage de bandits qu'il faudra châtier et museler de nouveau ! Le droit de résistance à la tyrannie a donc disparu de la terre ?

« Ici, dit le **duc de Broglie** dans ses *Souvenirs*, M. de Chateaubriand m'interrompt d'un ton dédaigneux. « De quel droit parlez-« vous ? me dit-il. — Du droit de résistance à la tyrannie », lui répliquai-je en le regardant en face et en élevant la voix, et, reprenant :

Messieurs, c'est avec un profond regret que je prononce ces paroles. Je sais que je marche sur des charbons ardents.

Autant qu'un autre, d'ailleurs, je sais que ce droit délicat et terrible, qui sommeille au pied de toutes les institutions humaines, comme leur triste et dernière garantie, ne doit pas être invoqué légèrement. Autant qu'un autre, je sais que, surtout à l'issue des grandes commotions politiques, la prudence conseille de n'en pas frapper incessamment l'oreille des peuples, et de le laisser enseveli sous un voile que la nécessité seule ait le droit de soulever. Je suis prêt, pour ma part, à me conformer aux conseils de la prudence ; je suis prêt à me taire ; mais c'est à cette condition qu'on ne prétendra pas me contraindre à approuver par mes paroles, à tolérer par mon silence, à sceller du sang de mes concitoyens des maximes de pure servitude ; car enfin ce droit de compter sur soi-même et de mesurer son obéissance sur la justice, la loi et la raison, ce droit de vivre et d'en être digne, c'est notre patrimoine à tous, c'est l'apanage de l'homme qui est sorti libre et intelligent des mains de son Créateur ; c'est parce qu'il existe imprescriptible, inexpugnable, au dedans de chacun de nous, qu'il existe collectivement dans les sociétés ; l'honneur de notre espèce en dépend. Les plus beaux souvenirs de la race humaine se rattachent à ces époques glorieuses où les peuples qui ont civilisé le monde, et qui n'ont point consenti de passer sur cette terre en s'ignorant eux-mêmes, et comme des instruments inertes entre les mains de la Providence, ont brisé leurs fers, attesté leur grandeur morale, et laissé à la postérité de magnifiques exemples de liberté et de vertu. Les plus belles pages de l'histoire sont consacrées à célébrer ces généreux citoyens qui ont affranchi leur pays. Et lorsque, des hauteurs où cette pensée nous transporte, on abaisse les regards sur l'état actuel de l'Europe, lorsqu'on songe que ce sont les mêmes cabinets que nous avons vus pendant trente ans si complaisants envers tous les gouvernements nés de notre Révolution, qui ont successivement traité avec la Convention, recherché l'amitié du Directoire, brigué l'alliance du dévastateur du monde; lorsque l'on songe que ce sont ces mêmes ministres que nous avons vus si empressés aux conférences d'Erfurt, qui viennent maintenant, gravement, de leur souveraine science et pleine autorité, flétrir de noms injurieux la cause pour laquelle Hampden est mort au champ d'honneur, et lord Russel sur l'échafaud; en vérité le sang monte au visage; on est tenté de se demander : qui sont-ils enfin ceux qui prétendent détruire ainsi, d'un trait de plume, nos vieilles admirations, les enseignements donnés à notre jeunesse, et jusqu'aux notions du beau et du juste? A quel titre oseraient-ils nous dire, comme le pontife du Très-Haut disait au Sicambre qui s'est assis le premier sur le trône des Gaules : Brûle ce que tu as adoré, adore ce que tu as brûlé? . . . .

. . . .

Contenons-nous cependant, et soyons justes. Bien que les ministres du roi de France aient adopté et consacré dans un document officiel le principe posé dans la circulaire de Laybach, il est vrai de dire qu'aucun d'eux n'en a osé tirer les conséquences rigoureuses et légitimes ainsi que je viens de le faire; aucun des partisans de la guerre n'a osé nous dire que nous devions attaquer la révolution espagnole uniquement parce que c'était une révolution, quels qu'en aient été d'ailleurs les causes ou les résultats; aucun d'eux n'a osé nous dire qu'il fallait détruire le gouvernement espagnol uniquement parce qu'il était l'œuvre d'une insurrection, qu'il fût d'ailleurs bon ou mauvais, sage ou insensé, n'importe. Tous se sont efforcés, au contraire, de nous représenter la révolution d'Espagne sous les couleurs les plus sinistres, comme un assemblage monstrueux de tous les genres de violence, comme souillée et prête à se souiller de tous les crimes, faisant ruisseler le sang par torrents, et nourrissant dans l'ombre le régicide, qui lève déjà sa tête hideuse.

Si ces assertions étaient fondées, si notre expédition en Espagne n'avait d'autre but que d'arrêter l'effusion du sang humain; surtout si l'invasion étrangère n'était pas infiniment plus propre à précipiter et à redoubler de tels malheurs qu'à les prévenir, j'y réfléchirais.

Mais quand on nous dépeint la révolution d'Espagne sous un aspect si terrible, de quels crimes nous parle-t-on? Est-ce de ceux qu'elle aurait déjà commis, ou de ceux que, selon nos adversaires, elle est destinée à commettre un jour? Si c'est des derniers, je proteste. Je ne reconnais à nul homme sur la terre le droit d'imputer à des hommes, à ses semblables, des forfaits abominables, parce que, dans la préoccupation et les préventions de son esprit, il présume que de tels crimes, ces hommes les commettront quelque jour! Je ne reconnais à nul homme sur la terre le droit d'accabler des hommes, ses semblables, des noms les plus odieux, uniquement parce qu'il conjecture, à tort ou à raison, que de tels noms, ces hommes les mériteront à l'avenir!

Quoi! parce que vous croyez remarquer quelques rapprochements entre la constitution des Cortès et celle de 1791, parce que vous trouvez quelque ressemblance entre deux ou trois événements plus ou moins marquants de notre Révolution et deux ou trois autres événements de celle d'Espagne, vous vous croyez en droit de conclure que le règne de la terreur va commencer en Espagne et y étaler toutes ses atrocités! Et que diriez-vous si des esprits pervers, signalant entre la restauration de France et celle d'Angleterre quelque analogie plus ou moins frappante, osaient en induire que les excès qui ont souillé les dernières années du règne des Stuarts nous sont réservés, que nous verrons quelque jour la liberté civile et religieuse étouffée, les échafauds dressés dans toutes les provinces, les *Jefferies* et les *Kirkes* insultant à leurs victimes avant de les immoler? Vous repousseriez avec indignation une semblable prophétie; vous auriez raison; je ferais comme vous; mais ne tombez pas dans la même faute.

J'ai lu, dans un document officiel qui porte le nom d'un ministre du roi, cette phrase, qui, je l'avouerai, m'a confondu : « *Je ne veux pas calomnier les Espagnols, mais je ne veux pas les estimer plus que mes compatriotes. La France révolutionnaire enfanta une Convention nationale; pourquoi l'Espagne révolutionnaire ne produirait-elle pas la sienne?* » Quel incroyable abus de l'antithèse! Quel étrange emploi de la similitude et de l'induction!

Et moi aussi je suis Français, non pas meilleur sans doute, mais aussi bon que le ministre auteur de cette sentence; mais je suis homme avant tout; et je ne désespère point de mes semblables : je ne les crois pas destinés à tourner éternellement dans un même cercle de fureurs et de forfaits. Mais je suis citoyen d'un pays libre; et, à ce titre, je proteste, non sans quelque émotion, contre cette proposition inouïe : « Parce que je présume, bien ou mal à propos, que tu commettras un jour quelque crime, je me crois en droit, moi qui n'ai aucune autorité sur toi, moi à qui tu n'as fait aucun mal et qui te suis étranger, de te saisir et de t'exterminer dès à présent ».

J'ajouterai que si, ce dont nous préserve le ciel! les pressentiments de nos adversaires étaient fondés, si les jours du roi d'Espagne étaient réellement en danger, si sa personne était effectivement livrée à des hommes aussi violents, aussi emportés, aussi exaltés dans leurs passions qu'on nous les représente, je ne connaîtrais rien de plus imprudent ni de plus immoral que de faire ainsi retentir sans cesse ces horribles mots de régicide et de parricide; je ne connaîtrais rien de plus imprudent ni de plus immoral que d'accabler ces hommes des épithètes de traîtres, de scélérats, que de les représenter à eux-mêmes comme placés sous le joug d'une aveugle fatalité et entraînés vers l'abîme par une pente irrésistible. Ah! gardez-vous, si vos appréhensions sont sincères, de façonner ainsi leurs oreilles à ces noms abominables; gardez-vous d'étouffer dans leurs âmes ce frémissement involontaire que le seul aspect du crime excite toujours chez l'homme qui ne l'a pas résolu; gardez-vous surtout de déguiser à leurs yeux fascinés, sous les idées de danger, de résistance, d'indépendance, sous ces idées qui ne sont jamais sans quelque grandeur, l'épouvantable idée d'un épouvantable forfait!

Je ne tomberai pas du moins dans cette faute. Je n'insisterai pas sur ce déplorable sujet. Je ne rappellerai ni l'invasion de la France en 1793 ni ses horribles conséquences. Le cœur se serre à de tels souvenirs. Il est des paroles qu'il suffit de laisser tomber : la pensée s'achève d'elle-même.

Que si enfin c'est des crimes que la révolution espagnole aurait déjà commis que l'on entend nous parler, si l'on prétend nous représenter le gouvernement des Cortès comme comparable déjà au gouvernement du Comité de Salut public, si c'est déjà dans le passé que l'on prétend voir le règne de la terreur à Madrid, à qui pense-t-on faire illusion?

Je puis le dire en effet avec confiance, en présence de l'ambassadeur de France, témoin des diverses scènes de cette révolution; je puis le dire avec confiance, parce que je répète les propres paroles d'un homme qu'on n'a, du moins jusqu'ici, accusé ni d'exaltation ni de jacobinisme, du premier lord de la Trésorerie en Angleterre : jamais, jusqu'au moment où les menaces de la Sainte-Alliance sont venues exalter les esprits, révolution ne s'était manifestée avec autant de caractères de modération et d'équité ; jamais commotion politique n'avait coûté moins de sang ; et depuis cette époque même, si le langage est devenu violent, les actions, en général, n'ont pas ressemblé au langage. Les hommes qui ont dirigé cette révolution et qui la dirigeraient encore, si elle eût été abandonnée à elle-même, sortis des cachots ou des galères, tous mutilés de tortures, n'ont-ils pas donné l'exemple de cette magnanimité qui convient au citoyen, et de cet oubli des injures que prescrit notre religion ? Cette insurrection militaire a-t-elle livré la puissance à des généraux et à des prétoriens ? Cette révolution démocratique ne compte-t-elle pas dans ses rangs la plupart des grands seigneurs qui n'ont eu à lui sacrifier ni leurs titres ni leur rang ? On a parlé d'assassinats juridiques ; mais les tribunaux espagnols n'admettent-ils pas aujourd'hui la liberté dans la défense et la publicité dans les débats ? Ces améliorations dans la procédure ne datent-elles pas de l'époque même de la révolution ? Depuis trois ans qu'elle dure, a-t-il été prononcé dans toute la péninsule autant de condamnations politiques qu'en France pendant les six derniers mois de l'année dernière ? On me rappelle enfin en ce moment un horrible massacre commis dans les rues de Madrid ; à coup sûr, ce n'est pas ici, ce n'est pas de ma bouche que vous en entendrez la justification ; ce crime, je l'abhorre comme vous : le meurtre n'a d'excuse ni dans la violence des passions, ni dans le malheur des temps. Mais qui pourrait soutenir qu'un crime unique (et jusqu'ici c'est le seul qui soit constaté), qui pourrait soutenir qu'un crime unique soit une raison suffisante d'intervention ? Quel est le peuple qui pourrait, sans frémir pour lui-même, proclamer un tel axiome ? Quelle est la nation assez pure pour jeter la première pierre ? Par malheur, du moins, ce n'est pas la France. Notre patrie compte aussi ses jours de deuil et de misère ; l'époque n'en est pas encore loin de nous, et, s'il en était besoin, nos départements du Midi déposeraient douloureusement contre cette maxime, qu'il suffit du sang innocent une seule fois répandu sur la terre pour légitimer de la part des étrangers l'invasion du pays où le crime a été commis.

Je n'ai plus que quelques mots à dire ; et ce peu de mots contiendra en résumé toute ma pensée.

Vous voulez déclarer la guerre à l'Espagne parce que l'Espagne est pauvre, misérable, sans ressources ; mais cet état de misère et de dénuement ne date pas de la révolution de 1820 : l'Espagne était misérable sous le pouvoir absolu, par le pouvoir absolu. Vous voulez déclarer la guerre à l'Espagne parce que l'Espagne est divisée, déchirée, en proie aux dissensions ; mais ces dissensions, ces divisions ne datent pas de la révolution de 1820 : l'Espagne était en proie aux dissensions sous le pouvoir absolu, par le pouvoir absolu. Vous voulez déclarer la guerre à l'Espagne parce que l'anarchie règne dans les conseils ; mais cette anarchie régnait dans les conseils de Ferdinand VII longtemps avant la révolution de 1820 : il changeait de ministres et de système aussi souvent qu'aujourd'hui. Vous voulez déclarer la guerre à l'Espagne parce qu'il s'y commet, selon vous, des assassinats juridiques ; mais, en admettant ces faits, les assassinats juridiques ne datent pas de 1820 : le pouvoir absolu en commettait chaque jour. Vous voulez déclarer la guerre à l'Espagne parce qu'il s'y est commis des assassinats sans jugement ; mais les assassinats sans jugement ne datent pas de la révolution de 1820 : le pouvoir absolu ne les épargnait pas. A Dieu ne plaise qu'il entre dans ma pensée d'imputer de tels excès au roi d'Espagne lui-même ! Je sais ce qu'il est dû de respect au rang qu'il occupe, et d'égards à sa position actuelle. Ses conseillers l'ont trompé ; je l'admets ; mais on ne me persuadera pas non plus que le roi de France ait contemplé six ans de tels excès d'un œil indifférent. Sans doute, comme homme, il s'en indignait; comme parent, il en gémissait; comme roi, sa prudence en calculait les suites inévitables. Cependant il n'est pas intervenu dans les affaires d'Espagne; ni sa position comme souverain d'un pays limitrophe, ni sa qualité de chef de la maison de Bourbon n'ont suffi pour l'y déterminer. Il n'a pas cru devoir interposer sa médiation ni ses armes entre des ministres coupables et un peuple au désespoir. Qui l'a retenu? Sans doute le respect de la loi des nations; sans doute il a pensé que le principe sacré de l'indépendance des États demeurait debout malgré tant d'assauts, et que le temps n'était pas venu de l'abaisser devant d'autres principes d'un ordre encore plus élevé. Messieurs, cette conduite est la condamnation de la guerre qu'on nous propose. Qu'on ne dise pas dans la postérité que le gouvernement français, indifférent aux crimes que le despotisme commet de sang-froid, ne s'indigne que des excès et des désordres qui accompagnent les efforts tentés au nom de la liberté. Ce droit que nous n'avions pas alors, comment l'aurions-nous acquis depuis? N'ayons deux poids ni deux mesures. Ce que nous n'avons pas fait hier, ne le faisons pas aujourd'hui[1].

---

1. « Je descendis de la tribune sans avoir été interrompu par le moindre signe d'improbation; la Chambre m'avait écouté avec ce frémissement involontaire et contenu qu'on éprouve en regardant un homme marcher sur une rive escarpée; lorsque l'impression de mon discours fut demandée, selon l'usage, le président la mit aux voix en balbutiant; pas une main ne se leva pour la refuser.

« M. de Chateaubriand remit sa réponse au lendemain. Cette réponse, il ne m'appartient point de l'apprécier; mais il m'est permis de rappeler que, à tort ou à raison, elle fut trouvée, d'un commun aveu, faible, vague et désultoire; j'ajouterai, ce qui est caractéristique, que, de toutes les attaques dirigées par moi contre sa politique, c'est-à-dire contre la politique dont il était le principal auteur et l'organe officiel, une seule parut l'avoir touché au défaut de la cuirasse : c'était le reproche d'avoir employé des phrases sonores et des arguments de rhéteur. Je m'empressai, comme il convenait, de panser la plaie, en désavouant un peu ironiquement toute allusion personnelle; il en prit acte et fit insérer ce certificat de bon lan-

On sait que tous les efforts de l'opposition furent inutiles, et la guerre fut faite.

Le **24 mai**, les Français entraient à Madrid.

Le **1er octobre**, Cadix, où les Cortès avaient emmené le roi, capitulait. — **Ferdinand VII** rentrait en triomphe dans sa capitale le **13 novembre**, et, le **2 décembre**, le **duc d'Angoulême** et l'armée française rentraient à Paris.

Le succès de nos armées en Espagne allait donner au parti de la contre-révolution une hardiesse et une confiance funestes à la liberté.

Cédant aux impatiences de la congrégation que le royalisme de la Chambre ne satisfaisait pas encore, le ministère, par ordonnance du **24 décembre**, la déclarait dissoute, et convoquait les collèges électoraux. Les collèges d'arrondissement se réunirent le **25 février 1824**, ceux de département le **6 mars**. « Le ministère, disaient les journaux, n'a pas l'intention d'agir par surprise; il avoue hautement ses desseins; ce qu'il veut, c'est dissoudre la Chambre, faire procéder à de nouvelles élections et demander à l'assemblée prochaine de fixer son existence à une durée de sept ans, laps de temps nécessaire à la confection de toutes les lois et à l'adoption de toutes les mesures réparatrices qui doivent enfin asseoir le gouvernement sur des bases sérieusement religieuses et monarchiques. » Les élections furent telles que les souhaitaient les congréganistes et que contribuèrent à les faire les manœuvres de l'administration. L'opposition libérale fut réduite à 17 voix. — Le roi ouvrit la session le 23 mars. — Deux projets de loi occupèrent presque entièrement la session : l'un, sur la **conversion des rentes**, fut repoussé par la Chambre des pairs grâce à l'intervention de l'archevêque de Paris, **M. de Quélen**; l'autre, sur la **septennalité**, fut adopté par les deux Chambres (8 mai 1824). La session fut close le 4 août; mais, avant de se séparer, les députés purent entendre l'un d'eux, **M. Ferdinand de Berthier**, esquisser le programme religieux et monarchique que la Chambre aurait à réaliser dans sa prochaine session.

gage dans une note insérée au pied de son discours, et soigneusement reproduite dans ses œuvres complètes....

« Tout étant désormais dit, redit, contredit, le gant jeté de ce côté-ci des Pyrénées ayant été résolument relevé de l'autre, restait à passer de la parole à l'action.... » (*Souvenirs du duc de Broglie*, t. II, p. 360.)

§ 3. — La loi sur le sacrilège. — Le milliard d'indemnité. Royer-Collard. Le général Foy.

Louis XVIII était mort le 16 septembre 1824. Son frère, le comte d'Artois, lui succéda sous le nom de Charles X. Le nouveau roi avait une certaine bonté naturelle, une aménité de caractère et de manières qui auraient pu le rendre populaire; mais, malheureusement pour la France et pour lui, il appartenait tout entier au parti ultra-royaliste, clérical, ennemi passionné de la Révolution et de la liberté, que Louis XVIII avait contenu pendant quelque temps, mais dont, à la fin de sa vie, il avait subi la domination. On ne tarda pas à être fixé sur la politique du nouveau gouvernement. La session de 1825 était à peine ouverte que le ministre des finances demandait à la Chambre des députés un **milliard d'indemnité** pour les émigrés, et le ministre de la justice proposait à la Chambre des pairs la **loi sur le sacrilège**.

La loi sur le sacrilège fut votée par la Chambre des pairs, malgré l'éloquente opposition de plusieurs pairs, parmi lesquels Lally-Tollendal et le duc de Broglie. Elle revint en discussion au mois d'avril à la Chambre des députés et fut combattue par Royer-Collard.

Pendant que la Chambre des pairs discutait la loi du sacrilège, la Chambre élective discutait la loi sur le **milliard d'indemnité**. Cette discussion fut très animée; car elle soulevait une des questions les plus irritantes, celle de l'émigration. Le **général Foy** attaqua le principe même de la loi, et soutint que la confiscation avait été légale et irréparable (21 février 1825).

Messieurs, le droit et la force se disputent le monde, le droit qui institue et conserve la société, la force qui subjugue et pressure les nations. On nous propose un projet de loi qui a pour objet de verser l'argent de la France dans la main des émigrés. Les émigrés ont-ils vaincu?... Non. Combien sont-ils?... Deux contre un dans cette Chambre, un sur mille dans la nation. Ce n'est donc pas la force, c'est le droit qu'ils peuvent invoquer.

Aussi disent-ils, et les ministres avec eux, que le droit

de propriété a été violé à leur égard. Mais s'il en est ainsi, Messieurs, ce n'est pas seulement leur propriété immobilière qui appelle l'indemnité ; ce sont aussi les effets mobiliers, les droits utiles, les rentes de toute espèce ; c'est enfin, pour me servir d'un mot qui serait encore fameux, si certains discours ne l'avaient effacé, c'est tout ce qui a été *volé*.... Et pour les biens-fonds, il importe peu de savoir à quel prix les spoliateurs les adjugèrent en 1793, ou les évaluèrent en 1795 ; c'est la valeur de 1823 qu'il faut rendre ; et, sur ce point, les émigrés et les ministres n'ont pas tout dit. Ils n'ont pas poussé jusqu'au bout les conséquences du principe qu'ils ont posé.

En effet, Messieurs, s'il y a eu spoliation, elle ne s'est pas faite à huis clos ; elle a été projetée, commencée, achevée à la face du ciel et de la terre ; pas un Français ne l'a ignorée. Le vendeur n'a pu transférer au premier acquéreur, ni celui-ci aux acquéreurs successifs, ce qu'il ne possédait pas lui-même à titre légitime ; le contrat est passé de main en main, entaché de son impureté originelle ; le détenteur actuel, comme tous ceux qui l'ont précédé, n'est et ne fut jamais qu'un possesseur de mauvaise foi. Or, Messieurs, la condition du possesseur de mauvaise foi est écrite dans votre législation. Quelque amélioration, quelque métamorphose qu'il ait fait subir au sol, il n'a pu asseoir sur ce sol un droit légal ; il n'a pu rendre siens les fruits de la terre et de son travail ; il est tenu de restituer les produits avec la chose au propriétaire qui la revendique ; et, justement dépouillé de biens injustement acquis et injustement retenus, il ne lui reste qu'à subir le châtiment réservé aux complices d'une spoliation criminelle.

Ainsi parlerait le droit dans l'hypothèse ministérielle ; ainsi il jugerait, dût la société être bouleversée jusque dans ses fondements.... Mais que les amis de l'ordre se rassurent : le droit a parlé, et son langage est autre que le langage des émigrés et des ministres ; le droit est évident, il est palpable, il met au néant les prétentions que formeraient les anciens propriétaires dépossédés. Le vendeur a bien vendu, l'acquéreur a légalement acheté ; il a acheté à un prix qui sera jugé exorbitant, si l'on fait entrer en ligne de compte les chances d'avanies et de désastres qu'il a courues depuis trente-deux ans. Oui, Messieurs, il est devenu non pas seulement possesseur de bonne foi, mais incontestable propriétaire.

Qu'est-ce, en effet, que le droit ?... C'est pour les actes des gouvernements, comme pour ceux des particuliers, la conformité aux lois positives et à ces principes d'éternelle raison qui sont la base des lois de tous les pays. Ces lois — et je n'entends parler que des anciennes lois du royaume, — ces lois, on les a citées à la tribune, et devant elles il n'y a que deux questions à résoudre :

L'émigration fut-elle volontaire ou forcée ? Qu'allaient demander les émigrés aux étrangers ?

Sur la première question ils diront que la grande émigration de 1790 et de 1791, celle qui forme à elle seule les neuf dixièmes de l'émigration totale, a été volontaire. Ils le diront parce que c'est la vérité, et parce que déclarer que l'émigration aurait été forcée, ce serait enlever à leur cause le mérite de leur sacrifice.

A la seconde question : qu'allaient demander les émigrés aux étrangers ? Ils répondront : la guerre !... la guerre à la suite des envahisseurs de la France ! la guerre sous des chefs et avec des soldats dont, après la victoire, ils n'eussent pu maîtriser l'ambition et la colère !

Messieurs, il est dans ma nature de chercher des motifs généreux à la plupart des mouvements qui se font d'entraînement et d'enthousiasme. Mais les nations ont aussi l'instinct et le devoir de leur conservation. Les nations veulent croire à leur éternité. Toutes et toujours, aujourd'hui comme autrefois, elles ont combattu, elles combattent encore l'émigration ennemie des peines les plus terribles dont leurs codes soient armés. Ainsi le veut la loi de la nature, la loi de la nécessité; et, si cette loi n'existait pas, il faudrait l'inventer au jour des calamités de la patrie; et la nation qui dérogerait la première à ce principe de durée et de vie ne serait plus une nation : elle abdiquerait l'indépendance, elle accepterait l'ignominie, elle consommerait sur elle un détestable suicide.

Parmi les peines terribles dont sont armés les codes des nations, se présente, des premières, la confiscation des biens, peine atroce et parfaitement en harmonie avec les idées féodales qui, ne voulant voir dans l'État que des familles, tantôt les grandissent et les enrichissent outre mesure, en mémoire des services d'un individu, tantôt punissent l'innocence des enfants en réparation du crime de leur père. La confiscation était de droit commun en France.

Preuves et exemples tirés de l'histoire.

Cette peine, la Charte l'a abolie, et grâces en soient rendues à la mémoire de son auguste auteur! Mais, en créant sur ce point une législation nouvelle, elle n'est pas revenue sur les effets de l'ancienne, pas plus pour les émigrés de la Révolution que pour les religionnaires de la Révocation de l'édit de Nantes. La Charte a rendu à la noblesse des titres, des rangs, des honneurs; mais elle ne lui a pas rendu ses droits utiles supprimés, ses privilèges effacés, ses biens confisqués. Bien plus, elle a frappé d'anathème, dans son article 9, toutes les prétentions possibles des anciens propriétaires à ce qui fut autrefois leur propriété; elle les a frappés sans même leur permettre l'espoir d'une compensation éventuelle : en effet, et pour les empêcher de réclamer le bénéfice de l'article 10, qui assure des indemnités à ceux dont la propriété est prise pour cause d'utilité publique, elle a eu soin de déclarer que ces indemnités devront toujours être préalables; et comment serait-elle préalable et conforme à la Charte, l'indemnité qu'on accorderait aujourd'hui pour un sacrifice consommé depuis trente ans?

De cet exposé de la législation et des faits il résulte que l'émigration n'est pas créancière de la France.... C'est donc aux intérêts généraux, à la paix publique, à la bienveillance nationale, que doivent se recommander les mesures législatives de l'espèce de celle qu'on nous propose....

Et le général montre que la loi proposée n'est ni sage, ni juste, ni réparatrice.

La réparation, toute de munificence, toute de patriotisme, devrait être demandée à la nation et non pas imposée par ceux qui sont juges et parties dans leur propre cause. Elle devrait être sagement mesurée sur les ressources du pays. Elle s'adresserait à tous les malheurs; elle irait chercher les premiers ceux qui ont été et qui sont encore les plus malheureux. Elle consolerait le dépossédé, ses fils, ses petits-fils, peut-être ses frères, ses sœurs, mais elle n'appellerait pas des collatéraux éloignés ou des légataires inconnus à recueillir un héritage sur lequel ils n'ont pas compté. Elle se complairait à reconstruire les fortunes modérées qui, en même temps qu'elles procurent amplement l'aisance de la vie, confèrent la notabilité locale ; mais elle fixerait une limite à la quotité des allocations individuelles, et elle se garderait de refaire de l'opulence et de la grandeur ; elle se garderait surtout d'exhumer les haines du passé ; elle ne demanderait pas si les naufragés se sont précipités de gaieté de cœur dans les écueils, s'ils ont appelé, s'ils ont excité la tempête, ou si c'est la tempête qui est venue les assaillir et les briser ; elle serait, en un mot, la loi de l'union et de l'oubli.

Le milliard ira aux riches, à des étrangers ;... il ne suffira pas ;... il provoquera de nouvelles réclamations ;... où trouvera-t-on les ressources nécessaires ?.. Et ce n'est pas tout....

La dernière plaie des révolutions, comme aussi la première des contre-révolutions, c'est la discorde civile ; mais cette plaie, toujours ouverte, toujours saignante, vous ne ferez que l'enflammer davantage en adoptant la loi qu'on vous propose ; loi de déception s'il en fut jamais : car elle annonce fastueusement une véritable indemnité, et elle ne donnera pas aux intéressés le tiers, pas le quart de ce qu'elle leur promet;... loi de servilité : car la distribution des fonds sera faite par des commissions administratives, dans l'ombre, sans recours aux tribunaux;... loi d'abnégation politique : car, au moment où les intérêts vitaux des nations se débattent sur la scène du monde, la France, désarmée de son crédit, va consumer dans des luttes intestines ses trésors et sa force; loi d'injure au peuple français : car, en proclamant que les 30 000 qui sont partis ont fait leur devoir, elle accuse et condamne les 30 000 000 qui sont restés; loi d'irritation et de haine;... loi de menaces pour les acquéreurs des domaines nationaux.... Et c'est ici, Messieurs, le vice capital de la mesure.... Ainsi, en même temps qu'elle accablera l'État de charges monstrueuses, cette grande mesure de l'indemnité ne procurera aucun des biens que l'esprit de conciliation en attendait. Je n'y vois que désordre dans le présent et trouble dans l'avenir : ce n'est pas moi qui m'associerai à cette œuvre de malheur. Je vote contre le projet de loi [1].

Un orateur avait proposé de rendre les biens aux émigrés et de donner l'indemnité aux acquéreurs. Mais un des plus fougueux royalistes demanda la restitution des biens vendus, sans indemnité pour les acquéreurs, et, dans son argumentation, il ne craignait pas d'employer l'expression de « propriétés volées ». — Bien des jours après, un député proposait de soumettre à un droit fixe de trois francs l'enregistrement des actes translatifs de propriété qui, dans les cinq années suivantes, pourraient intervenir entre les détenteurs actuels de biens confisqués pendant la Révolution et l'ancien propriétaire ou ses héritiers.

Cet article, s'écria le général Foy, viole l'article 2 de la Charte, qui établit l'égalité des charges entre tous les Français; il viole l'article 9, qui défend toute distinction

---

[1]. Parmi les nombreux discours prononcés à l'occasion de ce projet de loi, je signalerai celui de M. Devaux, l'un des quatre députés du centre gauche. Ce discours, prononcé deux jours avant celui du général Foy, développe les mêmes arguments dans un style particulièrement remarquable par sa simplicité sobre et nerveuse. (*Archives parlementaires.*)

entre les propriétés, quelle que soit leur origine. Vous faites de votre loi une déclaration de guerre, un instrument de haine et de vengeance. (*Bruit, exclamations à droite.*)

Ce n'est plus seulement l'indemnité que veut l'émigration ; elle veut ravoir ses biens ; elle veut les ravoir par l'influence ou par la force. Il nous reste un devoir à remplir. Les possesseurs de biens nationaux sont presque tous les fils de ceux qui les ont achetés. Qu'ils se souviennent que, dans cette discussion, leurs pères ont été appelés voleurs et scélérats! Qu'ils sachent que transiger avec les anciens propriétaires, ce serait outrager la mémoire de leurs pères et commettre une lâcheté. (*Violent tumulte.*)

Oui, je le déclare, ce serait de la part des fils des nouveaux propriétaires une véritable lâcheté! Ce serait convenir eux-mêmes que leurs pères furent des scélérats et des voleurs! (*Clameurs violentes.*) Et si l'on essayait de leur arracher par la violence les biens qu'ils possèdent légalement, qu'ils se souviennent qu'ils ont pour eux le roi et la Charte, et qu'ils sont vingt contre un!

Tous les efforts des députés libéraux devaient être inutiles. La majorité était acquise d'avance, et la loi fut votée par la Chambre des députés (15 mars 1825) et un mois après, avec quelques modifications, par la Chambre des pairs (21 avril 1825).

Le général Foy était toujours sur la brèche pour défendre les conquêtes de la Révolution contre les impatiences des royalistes outrés. Il était encore et surtout le défenseur naturel de l'armée, objet des haineuses défiances et souvent des attaques iniques de la droite. On l'a vu à propos de la guerre d'Espagne, du domaine extraordinaire et en plusieurs autres occasions. — C'est ainsi qu'il avait appuyé (26 janvier 1825) avec énergie une pétition de certains membres de la Légion d'honneur qui avaient été privés d'une partie de leur traitement de 1814 à 1821.

Le rapport de la Commission est bref, cette fois ; le style en est sec, la conclusion est tranchante. Et cependant il s'agit d'une portion honorable de l'armée française, tant de celle qui n'existe plus aujourd'hui que de celle qui sert le roi et la patrie.

S'il n'était question pour les pétitionnaires que d'un acte de simple munificence, je m'adresserais à votre honneur et à votre délicatesse, et je vous dirais qu'au moment du splendide festin que vous allez servir aux émigrés, il serait bien de laisser du moins tomber quelques miettes de pain sur de vieux soldats mutilés, réduits à l'infortune, qui ont porté jusqu'au bout du monde la gloire du nom français.... Mais, Messieurs, ce n'est pas un acte de munificence qu'ils réclament, c'est l'acquittement d'une dette, de la dette la plus sacrée, la plus positive, la mieux écrite dans les lois. En effet, l'article 72 de la Charte a consacré cette dette : la loi du 15 mars 1815 l'a de nouveau rendue exécutoire. Depuis ce temps-là, des événements malheureux ont suspendu le payement, mais n'ont pu altérer le principe. Depuis ce temps-là, l'État obéré, les finances épuisées, la charge de l'invasion, ont fait que tous les hommes qui s'étaient voués au bien de la patrie ont dû s'imposer des sacrifices, et les membres de la Légion d'honneur se les sont imposés les premiers, parce que leur vie a été un continuel sacrifice à la patrie.

Aujourd'hui, Messieurs (et c'est le gouvernement qui le dit), que les finances sont dans un état prospère, que l'avenir est meilleur, ils réclament le payement d'une dette contractée;... la somme n'est pas énorme; et d'ailleurs la dette est positive.

Le dernier discours du général Foy fut une protestation contre un décret du 1ᵉʳ décembre 1825 qui avait réformé cent soixante-sept officiers supérieurs.

Une mesure acerbe, impolitique, je dirais même subversive de l'honneur de nos armes, a été prise dernièrement dans le département de la guerre. Le 2 décembre, jour anniversaire de la bataille d'Austerlitz, 150 officiers généraux de notre vieille armée ont appris qu'ils avaient cessé de faire partie de l'armée française.

Quoi de plus déchirant pour des hommes honorables

que d'être frappés, du même coup, dans leur considération sociale et dans leurs moyens d'existence! J'ai été le témoin de leur douleur et de leur désespoir ; je les ai vus, je les vois tous les jours retirant leurs enfants des maisons d'éducation où ils ne peuvent plus les entretenir, cherchant pour eux-mêmes des lieux écartés où ils cachent leur changement de fortune et la misère de leurs familles, rompant les anciennes relations, défaisant leur vie, forcés de descendre brusquement dans les habitudes d'une position inférieure....

Et cette détresse n'est pas venue les assaillir le jour ou le lendemain des désastres de nos armes ; elle ne leur a pas été immédiatement apportée par la vengeance d'un vainqueur impitoyable ; non, c'est un coup de canon échappé de Waterloo, mais un coup de canon qui arrive au but dix ans après la bataille, dix ans après la proclamation auguste de l'union et de l'oubli.

La mesure est injuste. Et que l'on ne dise pas que les officiers généraux frappés l'ont été par la loi. La loi des retraites a été faite en faveur des militaires fatigués, auxquels elle accorde le prix de leurs services, et non pas au détriment des militaires valides, qu'elle condamnait à un repos prématuré! Est-ce du moins les chefs les moins capables qu'on a voulu exclure? Eh! Messieurs, cinq cents champs de bataille, dans les quatre parties du monde, diraient ce qu'ils ont fait, s'il était un Français qui pût l'ignorer. Est-ce les plus vieux? J'ouvre la liste, et j'y vois inscrit le premier, dans l'ordre alphabétique, un lieutenant général qui n'a pas quarante-sept ans et qui a encore toute la vigueur de la jeunesse; et, après lui, d'autres qui sont âgés de cinquante, cinquante-quatre et cinquante-deux ans, tandis que, parmi les officiers généraux conservés, je trouve des infirmes, des hommes sans habitude de la guerre et de la vie des camps, des sexagénaires....

Vous êtes pressés, Messieurs, de terminer cette session. Je n'entreprendrai donc pas de relever les calculs inexacts et les faits hasardés sur lesquels repose l'édifice du budget ministériel. Mon objet principal, en ce moment, est d'appeler l'attention des futures commissions du budget sur les projets ruineux dont on vous a présenté le programme. S'il arrivait qu'on fût tenté de les reproduire dans les sessions prochaines, je regarderais comme un devoir de combattre pied à pied, article par article, cette administration qui fait verser aux guerriers des larmes si amères, et qui a pris au Trésor 348 874 000 francs pour faire, dans un pays presque ami, une campagne de huit mois.

C'est à propos de la discussion du budget de la guerre que le général Foy prononçait ces paroles émues, derniers et nobles accents d'une voix qui allait s'éteindre.

Le général mourut le 29 novembre suivant, après une cruelle maladie, stoïquement supportée. Sa mort fut un deuil public. Paris entier assista à ses funérailles, et la France adopta sa famille, qu'il laissait sans fortune. Une souscription nationale la dota d'un million.

§ 4. — La loi de justice et d'amour. — Royer-Collard, 1827.

La session de 1826 n'offrit rien de remarquable que la discussion à la Chambre des pairs de la loi sur le droit d'aînesse que le gouvernement voulait rétablir. De nombreux orateurs prirent part à la discussion : M. de Montalembert, pour défendre la loi ; MM. Molé, Pasquier, de Broglie, pour la combattre. Elle fut repoussée, moins un article.

Mais la session de 1827 devait être marquée par une loi sur la presse, œuvre du parti extrême qui dominait le roi et le ministère.

Dans l'intervalle avait paru un ouvrage célèbre de M. de Montlosier qui mettait en pleine lumière les agissements et les progrès des jésuites et d'une association célèbre connue sous le nom de Congrégation. Mais le livre de Montlosier, s'il signalait le danger, ne le conjurait pas. L'intolérance religieuse ne connaissait plus de bornes; l'ambition et l'audace du clergé croissaient avec ses succès; il allait tout envahir.

Les lois qui réglementaient la presse, sa grande ennemie, ne lui parurent pas une suffisante garantie, et M. de Peyronnet, le ministre de la justice, présenta aux Chambres un projet de loi qui équivalait à la suppression pure et simple de la presse. On la désigne sous le nom de « loi de justice et d'amour ». Royer-Collard la combattit (février 1827).

Dans cette discussion préliminaire, où les considérations les plus générales peuvent seules trouver place, je dois négliger les dispositions particulières du projet de loi, ainsi que les amendements qui s'y rapportent pour remonter à leur principe commun. C'est ce principe seul qui caractérise la loi, qui exprime les desseins dont elle est l'instrument, la face des temps, et le système dans lequel la France est aujourd'hui gouvernée.

S'agit-il encore d'opposer la Charte à quelque nouvel empiétement de la prévention sur la répression? Non; nous sommes rejetés bien loin de ces débats qui ont rempli les premières années de la Restauration; l'invasion que nous combattons n'est pas plus préventive que répressive; ce n'est pas contre la licence qu'elle est dirigée, mais contre la liberté; ce n'est pas contre la liberté de la presse seulement, mais contre toute liberté naturelle, politique et civile, comme essentiellement nuisible et funeste. Dans la pensée intime de la loi, il y a eu de l'imprévoyance, au grand jour de la création, à laisser l'homme s'échapper libre et intelligent au milieu de l'univers; de là sont sortis le mal et l'erreur. Une plus haute sagesse vient réparer la faute de la Providence, restreindre sa libéralité imprudente, et rendre à l'humanité, sagement mutilée, le service de l'élever enfin à l'heureuse innocence des brutes. Ce ne sont pas, Messieurs, des conséquences qu'il faille comme arracher au projet de loi; elles se produisent d'elles-mêmes, et elles sont proclamées, vantées comme d'honorables découvertes dans des apologies officielles, non par une jactance étourdie, mais par nécessité. Juste punition d'une grande violation des droits publics et privés, qu'on ne puisse la défendre qu'en accusant la loi divine!

Suit le résumé des dispositions de la loi :

Plus d'écrivains, plus d'imprimeurs, plus de journaux ; ce sera le régime de la presse. « Vous regrettez le sort des bons journaux et des bons écrits, nous répondent les apologistes officiels ; et nous aussi, nous en sommes affligés ; mais le mal produit cent fois plus de mal que le bien ne produit de bien. » C'est-à-dire, Messieurs, qu'il faut poursuivre à la fois, qu'il faut ensevelir ensemble, sans distinction, le bien et le mal. Mais, pour cela, il faut étouffer la liberté, qui, selon la loi de la création, produit nécessairement l'un et l'autre. Une loi de suspects, largement conçue, qui mettrait la France entière en prison, sous la garde du ministère, ne serait qu'une conséquence exacte et une application judicieuse de ce principe ; et, comparée à la loi de la presse, elle aurait l'avantage de trancher d'un seul coup, dans la liberté de se mouvoir, d'aller et de venir, toutes les libertés. Le ministère, en la présentant, pourrait dire avec plus d'autorité : « Le mal produit cent fois plus de mal que le bien ne produit de bien ; l'auteur des choses a cru autrefois le contraire ; il s'est trompé ».

Avec la liberté étouffée doit s'éteindre l'intelligence, sa noble compagne. La vérité est un bien ; mais l'erreur est un mal. Périssent donc ensemble l'erreur et la vérité ! Comme la prison est le remède naturel de la liberté, l'ignorance sera le remède nécessaire de l'intelligence. L'ignorance est la vraie science de l'homme et de la société.

Il m'est pénible de le dire : mais cette égalité de destinée entre l'erreur et la vérité, cette confusion superbe du bien et du mal, c'est, dans l'ordre de la justice, la confusion de l'innocent et du coupable. Depuis qu'à la lumière de la civilisation le genre humain a recouvré ses titres, les gouvernements, les peuples, les magistrats et les écrivains proclament à l'envi qu'il vaut mieux laisser échapper cent coupables que de risquer de punir un innocent. Eh bien, Messieurs, le projet de loi n'exprime pas, il est vrai, mais il respire tout entier la maxime contraire. Je ne dis pas — à Dieu ne plaise ! — je crois encore moins qu'elle ait été distinctement aperçue et envisagée; mais elle est écrite dans la loi. N'était-il pas animé et comme illuminé de l'esprit de la loi cet inquisiteur qui, dans la guerre des Albigeois, jetait dans les mêmes flammes les orthodoxes avec les hérétiques, pour se mieux assurer que pas un seul de ceux-ci ne serait épargné?

Et que serait-ce si j'éclairais de cet horrible flambeau toute la législation révolutionnaire? C'est qu'il y a au fond de toutes les tyrannies le même mépris de l'humanité; et, quand elles daignent philosopher, ce mépris se déclare par les mêmes sophismes.

La loi ne proscrit que la pensée; elle laisse la vie sauve. C'est pourquoi elle n'a pas besoin de faire marcher devant elle, comme les barbares, la dévastation, le massacre et l'incendie : il lui suffit de renverser les règles éternelles du droit. Pour détruire les journaux, il faut rendre illicite ce qui est licite, et licite ce que les lois divines et humaines ont déclaré illicite; il faut annuler les contrats, légitimer la spoliation, inviter au vol. La loi le fait.

Messieurs, une loi qui nie la morale est une loi athée. Une loi qui se joue de la foi donnée et reçue est le renversement de la société. L'obéissance ne lui est pas due; car, dit Bossuet, il n'y a pas sur la terre de droit contre le droit. Hélas! nous avons traversé des temps où, l'autorité de la loi ayant été usurpée par la tyrannie, le mal fut appelé bien, et la vertu crime. Dans cette douloureuse épreuve, nous n'avons pas cherché la règle de nos actions dans la loi, mais dans nos consciences : nous avons obéi à Dieu plutôt qu'aux hommes. Fallait-il, sous le gouvernement légitime, nous ramener à ces souvenirs déplorables? Nous y serons fidèles. Nous sommes les mêmes hommes qui ont fabriqué des passeports et rendu peut-être de faux témoignages pour sauver des vies innocentes. Dieu nous jugera dans sa justice et dans sa miséricorde. Votre loi, sachez-le, sera vaine, car la France vaut mieux que son gouvernement. Il y a parmi nous assez de nobles sentiments, assez de religion, d'honneur et de probité, pour que vos corruptions soient repoussées. Les contrats seront exécutés; chacun payera religieusement sa dette. Quel est celui de vous, Messieurs, qui, dans sa pensée, n'imprime la note de l'infamie sur le front du dépositaire infidèle qui userait de l'odieux privilège qu'on lui offre? Ah! qu'il est dangereux de mettre en opposition la conscience publique et la loi! Quel avenir cette imprudence prépare!

. . . .

Nos règles, dites-vous, sont rigoureuses; mais elles sont indispensables; ce mot suffit pour répondre à tout.

Non, ce mot ne suffit pas; non, la nécessité politique, fût-elle pressante, ne dispense pas de la justice; non, le but, fût-il saint, ne sanctifie pas tous les moyens indistinctement. Si on lui attribue cette vertu, on se charge de tous les crimes commis au nom de la religion comme de la liberté. Tournez les yeux en arrière, et vous verrez cette nécessité politique, qu'on allègue aujourd'hui, dressant les échafauds, et vous entendrez dire : « Cela est rigoureux, mais cela est indispensable ». Messieurs, la justice est la loi des lois, la souveraine des souverains. Elle oblige les gouvernements absolus aussi étroitement que les gouvernements libres. Il n'y a point de nécessité contre la justice, parce que, selon les belles paroles de Bossuet, il n'y a point de droit contre le droit. Est-il vrai que vous ne puissiez assurer votre loi que par la fraude? Je ne veux pas d'autre preuve que votre loi est mauvaise; mais, fût-elle bonne, renoncez-y mille fois plutôt que de faire ce pacte solennel avec l'iniquité.

Maintenant purgez, j'y consens, la loi de son principe; dépouillez-la de ses incontestables conséquences; par cela qu'elle étouffe un droit et qu'elle viole la morale, elle reste une loi de tyrannie. Or, Messieurs, il en est de la tyrannie comme de la liberté; il ne suffit pas de l'écrire : elle a ses précédents et ses conditions. Deux fois en vingt ans, nous ne l'avons pas oublié, la tyrannie s'est appesantie sur nous la hache révolutionnaire à la main ou le front brillant de l'éclat de cinquante victoires. La hache est émoussée; personne, je le crois, ne voudrait la ressaisir, et personne aussi ne le pourrait. Les circonstances qui l'aiguisèrent ne se reproduiront pas, ne se réuniront pas dans le cours de plusieurs siècles. C'est dans la gloire seule, guerrière et politique à la fois, comme celle qui nous a éblouis, que la tyrannie doit aujourd'hui tremper ses armes. Privée de la gloire, elle serait ridicule. Conseillers de la couronne, auteurs de la loi, connus ou inconnus, qu'il nous soit permis de vous le demander : qu'avez-vous fait jusqu'ici qui vous élève à ce point au-dessus de vos concitoyens que vous soyez en état de leur imposer la tyrannie?

Dites-nous quel jour vous êtes entrés en possession de la gloire, quels sont les immortels services que vous avez rendus au roi et à la patrie. Obscurs et médiocres comme nous, il nous semble que vous ne nous surpassez qu'en témérité. La tyrannie ne saurait résider dans vos faibles mains; votre conscience vous le dit encore plus haut que nous.

La tyrannie est si vaine de nos jours, si folle, si impossible, qu'il n'y a ni un seul homme, ni plusieurs qui osassent en concevoir, je ne dis pas l'espérance, mais même la pensée. Cette audace insensée ne se peut rencontrer que dans les factions. La loi que je combats annonce donc la présence d'une faction dans le gouvernement, aussi certainement que si cette faction se proclamait elle-même et si elle marchait devant nous enseignes déployées. Je ne lui demanderai pas qui elle est, d'où elle vient, où elle va : elle mentirait. Je la juge par ses œuvres. Voilà qu'elle vous propose la destruction de la liberté de la presse; l'année dernière elle avait exhumé du moyen âge le droit d'aînesse; l'année précédente, le sacrilège. Ainsi, dans la religion, dans la société, dans le gouvernement, elle retourne en arrière. Qu'on l'appelle la contre-révolution ou autrement, peu importe : elle retourne en arrière; elle tend, par le fanatisme, le privilège et l'ignorance, à la barbarie et aux dominations absurdes que la barbarie favorise.

L'entreprise est laborieuse, et il ne sera pas facile de la consommer. A l'avenir, il ne s'imprimera pas une ligne en France, je le veux : une frontière d'airain nous préservera de la contagion étrangère; à la bonne heure. Mais il y a longtemps que la discussion est ouverte dans le monde entre le bien et le mal, le vrai et le faux ; elle remplit d'innombrables volumes, lus et relus, le jour et la nuit, par une génération curieuse. Des bibliothèques les livres ont passé dans les esprits. C'est de là qu'il vous faut les chasser. Avez-vous pour cela un projet de loi ? Tant que nous n'aurons pas oublié ce que nous savons, nous serons mal disposés à l'abrutissement et à la servitude.

Mais le mouvement des esprits ne vient pas seulement des livres. Né de la liberté des conditions, il vit du travail, de la richesse et du loisir ; les rassemblements des villes et la facilité des communications l'entretiennent. Pour asservir les hommes, il est nécessaire de les disperser et de les appauvrir ; la misère est la sauvegarde de l'ignorance. Croyez-moi, réduisez la population, renvoyez les hommes de l'industrie à la glèbe, brûlez les manufactures, comblez les canaux, labourez les grands chemins. Si vous ne faites pas tout cela, vous n'aurez rien fait ; si la charrue ne passe pas sur la civilisation tout entière, ce qui en restera suffira pour tromper vos efforts.

Ce sont là, Messieurs, les beaux jours dont la loi de la presse est la brillante aurore. Quelques modérés amollis par les délices de la vie sociale, à qui le privilège suffirait sans la domination, s'arrêteraient peut-être au milieu du xviii° siècle ; mais déjà la Révolution est aux portes ; il faut marcher ; il faut remonter de ruine en ruine jusqu'au jour qui a précédé le premier affranchissement des communes, sinistre précurseur de la liberté de la presse, et frappé dans le temps des mêmes anathèmes. Alors, comme aujourd'hui, les sages s'écrièrent : « Le mal produit cent fois plus de mal que le bien ne produit de bien ». Ils ne furent pas écoutés ; les rois trahirent la cause sacrée ; ils préparèrent ce que nous voyons.

La société ne succombera pas, je le sais ; elle est assez forte, assez éclairée, assez glorieuse dans l'opinion du monde entier, pour braver ses ennemis, et elle les brave ; et si le pouvoir aussi se fait son ennemi, elle ne se sentira pas encore vaincue, et ce n'est pas pour elle que je craindrai. Mais je déplorerai cette inexplicable fatalité qui repousse la confiance par la menace, l'affection par l'injure, qui, d'une main infatigable, va ranimant sous toutes les formes des combats éteints, et sollicite avec une aveugle ardeur de nouvelles victoires et de nouvelles défaites. N'est-ce donc pas assez qu'une fois déjà la monarchie ait péri sous nos yeux pour une cause qui n'était pas la sienne? Qu'a-t-elle besoin, pour sa sécurité ou sa splendeur, des périls de la contre-révolution? La France libre est-elle indigne d'être gouvernée?

Messieurs, je rends justice aux intentions de votre Commission et au travail de son digne rapporteur; mais je ne saurais adopter les amendements qu'elle vous propose, ni aucun amendement. La loi n'en est ni digne ni susceptible. Il n'est point d'accommodements avec le principe de tyrannie qui l'a dictée. Je la rejette purement et simplement, par respect pour l'humanité qu'elle dégrade, pour la justice qu'elle outrage. Je la rejette encore par fidélité à la monarchie légitime, qu'elle ébranle peut-être, qu'elle compromet du moins, et qu'elle ternit dans l'opinion des peuples, comme infidèle à ses promesses.

C'est le seul gage que je puisse lui donner aujourd'hui d'un dévouement qui lui fut connu aux jours de l'exil et de l'infortune. Et vous aussi, Messieurs, vous la rejetterez, parce que vous vous devez à vous-mêmes de témoigner à la France, dans cette crise peut-être salutaire, ce qu'elle est pour vous et ce que vous êtes pour elle [1].

La loi fut votée par la Chambre des députés. Portée à la Chambre des pairs, elle devait y être l'objet d'une vive discussion et de redoutables attaques, quand, le 17 avril, le gouvernement déclara qu'il la retirait.

Ce retrait du projet de loi fut salué par les démonstrations de la joie publique, signe évident des sentiments de l'opinion pour le ministère, et présage de sa chute.

La discussion d'une loi sur la **composition du jury** termina la session.

1. Voyez le détail de la délibération, *Souvenirs du feu duc de Broglie*, t. III.

CHAPITRE IV

LES ORDONNANCES

§ 1ᵉʳ. — **La déclaration faite par la Chambre des députés. La régence.**

Le **ministère Villèle** avait jeté trop de défis à l'opinion publique : il tombait à la suite des élections de novembre 1827, qui envoyaient à la Chambre des députés hostiles à la Congrégation.

Le 5 janvier 1828 il était remplacé par le **ministère Martignac**, qui gouverna jusqu'au mois d'août 1829, et dont les tendances libérales étaient impatiemment supportées par le roi.

Le 8 août 1829 on apprit avec effroi l'arrivée aux affaires du **prince de Polignac**. « Un tel ministère ne se comprend pas, s'écria Royer-Collard. Allons! Charles X est toujours le comte d'Artois de 1789. » — L'émotion fut très vive dans le public et parmi les députés. — Les Chambres sont convoquées; la session s'ouvre le 2 mars 1830; un paragraphe menaçant du discours du trône annonce la résolution de briser les résistances du parti libéral. 221 membres de la Chambre votent une adresse respectueuse et ferme, qui déclare au roi que l'accord du gouvernement avec les vœux du peuple n'existe pas. Le roi reçoit l'adresse, en écoute la lecture, répond que ses résolutions sont immuables. La Chambre, d'abord prorogée, est dissoute (mai 1830). Le ministère est modifié (19 mai 1830). Un grand mouvement se produit à Paris et dans les départements en faveur des 221.

L'opposition l'emporte dans les élections nouvelles; les 221 sont élus.

Le roi et son conseil se décident à prendre des mesures extralégales. — Le 25 juillet, les **ordonnances** sont signées. — Paris se soulève, chasse Charles X, et proclame le duc d'Orléans roi sous le nom de **Louis-Philippe**. — C'en était fait des Bourbons de la branche aînée.

Cependant Charles X, à Rambouillet, avait **abdiqué** en faveur du **duc de Bordeaux** (2 août).

Le 3 août, les Chambres se réunirent.

Le 6 août, M. **Bérard** soumit à la Chambre des députés une proposition [1] déterminant les conditions auxquelles le duc

---

1. Voici les dispositions essentielles de la proposition Bérard :

« Une loi suprême, celle de la nécessité, a mis au peuple de Paris les armes à la main afin de repousser l'oppression. Cette loi nous a fait adopter pour chef provisoire, et comme unique moyen de salut, un prince ami sincère des institutions constitutionnelles. La même loi veut que nous adoptions sans délai un chef définitif de notre gouvernement. Mais, quelle que soit la confiance que ce chef nous inspire, les droits que nous sommes appelés à défendre exigent que nous établissions les conditions auxquelles il obtiendra le pouvoir. Odieusement trompés à diverses reprises, il vous est permis de stipuler des garanties sévères.... Dans cet état de choses, prenant en considération la situation grave et pressante dans laquelle se trouve le pays, l'indispensable besoin qu'il éprouve de sortir d'une position précaire, et les vœux universels émis par la France pour obtenir le complément de ses institutions, j'ai l'honneur de vous proposer les résolutions suivantes :

« La Chambre des députés... déclare que le trône est vacant, et qu'il est indispensablement besoin d'y pourvoir.

« La Chambre des députés déclare secondement que, suivant le vœu et dans l'intérêt du peuple français, ce préambule et les articles suivants de la Charte constitutionnelle doivent être supprimés ou modifiés de la manière qui va être indiquée.

« Supprimer les articles 6, 39, 56, modifier les articles 14, 15, 19, 20, 21, 26, 28, 30, 31, 32, 36, 37, 38, 40, 41, 43, 46, 47, 63, 74.

« La Chambre des députés déclare troisièmement qu'il est nécessaire de pourvoir successivement par des lois séparées et dans le plus court délai possible : 1° à l'extension du jury aux délits correctionnels, et notamment à ceux de la presse; 2° à la responsabilité des ministres et des agents secondaires du pouvoir; 3° à la réélection des députés promus à des fonctions publiques; 4° au vote annuel du contingent de l'armée; 5° à l'organisation de la garde nationale avec intervention des gardes nationaux dans le choix des officiers; 6° à un code militaire assurant d'une manière légale l'état des officiers de tout grade; 7° à l'administration départementale et municipale avec intervention des citoyens dans leurs fonctions; 8° à l'instruction publique et à la liberté de l'enseignement; 9° à l'abolition

d'Orléans serait appelé au trône. — M. Dupin aîné fut nommé rapporteur de la commission chargée d'examiner la proposition Bérard. La commission adoptait avec quelques modifications la proposition. Le 7 août la discussion s'engagea : **M. de Conny** en combattit les conclusions ; **Benjamin Constant** les soutint :

... Je ne veux pas anticiper sur votre délibération ; mais je dis : tous les hommes modérés, et même cette population qui, n'ayant pu encore analyser la question, la juge pourtant avec un instinct admirable, tout le monde veut une monarchie limitée. Après avoir stipulé toutes les conditions indiquées par le vœu public, portons au trône un autre prince que celui qui fut précédé chez nous par des événements si fâcheux, que des actes si déplorables ont signalé sur le trône d'où enfin il a été précipité. Le prince qu'on a en vue est un prince citoyen, qui a porté les armes dans la plus noble des causes, disposé à tout faire pour mériter l'insigne honneur que la nation lui destine.

Je me résume. Les événements ont été glorieux et non pas funestes ; sans les événements, vous ne seriez pas ici, et la nation serait avilie peut-être pour longtemps. La doctrine de la légitimité ne peut plus être tolérée. Dans les circonstances actuelles, c'est le vœu du peuple, exprimé par ses représentants, qui doit donner le trône.

J'ajouterai, pour répondre à une réflexion de l'orateur, que l'Europe n'est pas menaçante. Tous les cabinets savent que nous voulons être libres chez nous, libres d'une liberté constitutionnelle qui ne donne d'alarmes à personne. Nous avons renoncé à un système d'attaque provoqué d'abord par l'agression étrangère et qui nous

du double vote et à la fixation des conditions électorales et d'éligibilité....

« Moyennant l'acceptation de ces dispositions et propositions, la Chambre des députés déclare enfin que l'intérêt du peuple français appelle au trône S. A. R. Louis-Philippe d'Orléans, duc d'Orléans, et ses descendants à perpétuité de mâle en mâle, par ordre de primogéniture, à l'exclusion perpétuelle des femmes et de leurs descendants.... »

devint si funeste par l'excès d'un pouvoir trop étendu. Ce système est loin de nos vœux. L'Europe, qui s'est prononcée en désapprobation des absurdes et criminelles ordonnances, source de trouble en ce pays, l'Europe admirera la noblesse de notre résistance et ne craindra rien de notre ambition.

Je conclus donc, au contraire du préopinant, qu'il faut pourvoir au trône vacant en stipulant toutes les libertés qu'il est possible de donner à une nation sage, et je repousse cette doctrine de la légitimité au nom de laquelle on a inondé de sang le pavé de Paris.

M. Hyde de Neuville succéda à **Benjamin Constant** :

J'ai peu de paroles à adresser à la Chambre; mais je suis trop profondément ému pour ne pas solliciter de vous, Messieurs, un moment d'attention et de silence.

Je commence par déclarer que je n'entends juger personne; je sais qu'en politique, comme en religion, les consciences ne sont pas toutes soumises aux mêmes influences, aux mêmes impressions, et qu'ainsi des hommes voulant, cherchant également le bien, peuvent sans faillir, au moins devant Dieu, suivre des directions opposées.

Que chacun de nous consulte sa conscience : la mienne seule est mon guide. Si donc, Messieurs, vous ne partagez pas tous mes sentiments, aucun de vous, j'aime à le croire, ne me refusera son estime.

J'ai fait tout ce qu'un homme de cœur et d'honneur, tout ce qu'un bon Français pouvait faire pour éviter à sa patrie d'épouvantables calamités.

J'ai été fidèle à mes serments comme à mes affections, et certes je n'ai jamais trompé cette royale famille que de faux amis, des insensés, des êtres bien perfides, bien coupables, viennent de précipiter dans l'abîme.

Messieurs, je n'ai point trahi la fortune de ceux que j'ai servis depuis mon enfance avec un zèle que rien n'a pu décourager; je ne trahirai pas leur malheur; ce serait trahir ma vie et me déshonorer à vos propres yeux. C'est vous dire, Messieurs, que lors même que je pourrais croire que j'ai mission de briser un trône et de faire un roi, je laisserais à d'autres le soin de fixer par de si grands changements les nouvelles destinées de la France. Mais, Messieurs, je ne me reconnais pas un tel droit; je ne puis donc que repousser la souveraineté dangereuse que votre Commission m'appelle à exercer.

Je crois en outre, Messieurs, que la mesure que vous allez prendre est bien grande, qu'elle aurait dû, dans l'intérêt même de ces libertés nationales que je chéris et dont je fus toujours le défenseur, être soumise à un examen plus long, plus approfondi, du patriotisme et de la raison. Je crois qu'il peut y avoir péril à vouloir fonder l'avenir, tout l'avenir d'un peuple, et surtout d'un grand peuple, sur les impressions et les préventions du moment. Mais enfin je n'ai pas reçu du ciel le pouvoir d'arrêter la foudre, je ne puis rien contre un torrent qui déborde, je n'opposerai donc à ces actes que je ne puis seconder, approuver, que mon silence et ma douleur.

Je ne finirai point, Messieurs, sans adresser au ciel des vœux ardents pour le repos, le bonheur et les libertés de ma patrie. Dieu sait si ces vœux sont sincères.

Quelques orateurs appuient ou combattent la proposition. **Berryer** demande la division de la proposition. **Villemain** déclare cette division inacceptable....

La puissance publique, devenue tout à coup violente et meurtrière, a été frappée, brisée sur la place par la foudre populaire; cet événement n'est arrivé qu'une fois; laissons-le isolé dans notre histoire; empressons-nous de relever les bannières de l'ordre public et les garanties des libertés; lions-les dans un faisceau indispensable, pour que le besoin de l'ordre public appelle un principe; qu'il soit proclamé dans un acte public, où toutes les garanties soient prises, où toutes les précautions, toutes les conditions contre les réactions, contre les abus et les vengeances possibles soient en même temps stipulées; c'est ainsi seulement qu'un trône peut être sûrement et noblement offert.

M. de Podenas regrette que la violation de la Charte constitutionnelle, des lois du pays par le dernier roi ne soit pas plus catégoriquement indiquée dans le préambule de la proposition comme la cause première des nécessités et des résolutions actuelles.

Oui, sans cette violation du pacte fondamental, tout serait resté dans l'ordre accoutumé, et nous n'aurions pas à gémir aujourd'hui sur les épouvantables massacres commandés au nom d'un roi qui, héritier de la férocité de Charles IX, n'a pas eu comme lui le courage de se montrer au jour du danger....

A cette accusation, **M. de Martignac** proteste :

.... Moi qui, dans l'intimité, ai connu le caractère d'un homme malheureux, qui l'ai vu dans les moments les plus critiques, je ne puis l'entendre accuser de férocité en présence de la Chambre.
Non, Messieurs, croyez-moi, cet homme n'était pas féroce. Non certes, ce n'est pas son cœur qui a dicté les funestes ordonnances qui ont plongé la France dans le deuil. Ce sont des conseillers perfides, des conseillers que je vous abandonne, contre lesquels je partage votre juste indignation, qui ont pu l'égarer; il a été indignement trompé. Mais lui féroce! lui cruel! non.... Je ne juge pas le mouvement qui l'a renversé; je ne m'étonne pas de la résistance, que je déclare moi-même héroïque, qui s'est levée dans Paris contre d'infâmes ordonnances : c'est le nom que je leur ai donné quand elles ont paru. Mais, encore une fois, pourquoi insulter au malheur? Pourquoi, lorsque cette famille est tombée, faire entendre à cette tribune, où la modération et la sagesse doivent prévaloir avant tout, des paroles qui iront droit à un cœur flétri par le malheur? Voilà ce que je voulais dire à la Chambre....
Je suis convaincu qu'au fond de votre âme vous ne vous étonnerez pas de ma conduite en cette occasion.

§ 2. Chateaubriand à la Chambre des Pairs (7 août 1830).

L'ensemble de la proposition fut adopté presque à l'unanimité et porté à la Chambre des Pairs. Chateaubriand seul prit la parole.

Messieurs,

La déclaration apportée à cette Chambre est beaucoup moins compliquée pour moi que pour ceux de Messieurs les Pairs qui professent une opinion différente de la mienne. Un fait, dans cette déclaration, domine à mes yeux tous les autres, ou plutôt les détruit: Si nous étions dans un ordre de choses régulier, j'examinerais sans doute avec soin les changements qu'on prétend opérer dans la Charte. Plusieurs de ces changements ont été par moi-même proposés. Je m'étonne seulement qu'on ait pu entretenir cette Chambre de la mesure réactionnaire touchant les pairs de la création de Charles X. Je ne suis pas suspect de faiblesse pour les *fournées*, et vous savez que j'en ai combattu même la menace; mais vous rendre les juges de nos collègues, mais rayer du tableau des pairs qui l'on voudra, toutes les fois que l'on sera le plus fort, cela ressemble trop à la proscription! Veut-on détruire la pairie? Soit : mieux vaut perdre la vie que de la demander.

Je me reproche déjà ce peu de mots sur un détail qui, tout important qu'il est, disparaît dans la grandeur de l'événement : la France est sans direction, et j'irais m'occuper de ce qu'il faut ajouter ou retrancher aux mâts d'un navire dont le gouvernail est arraché ! J'écarte donc de la déclaration de la Chambre élective tout ce qui est d'un intérêt secondaire, et, m'en tenant au seul fait énoncé de la vacance vraie ou prétendue du trône, je marche droit au but.

Une question préalable doit être traitée : si le trône est vacant, nous sommes libres de choisir la forme de notre gouvernement.

Avant d'offrir la couronne à un individu quelconque, il

est bon de savoir dans quelle espèce d'ordre politique nous constituerons l'ordre social. Établirons-nous une république ou une monarchie nouvelle?

Une république ou une monarchie nouvelle offre-t-elle à la France des garanties suffisantes de durée, de force et de repos?

Une république aurait d'abord contre elle les souvenirs de la république même. Ces souvenirs ne sont nullement effacés; on n'a pas oublié le temps où la mort, entre la liberté et l'égalité, marchait appuyée sur leurs bras. Quand vous seriez tombés dans une nouvelle anarchie, pourriez-vous réveiller sur son rocher l'Hercule qui fut seul capable d'étouffer le monstre? De ces hommes fastiques, il y en a cinq ou six dans l'histoire; dans quelque mille ans, votre postérité pourra voir un autre Napoléon; quant à vous, ne l'attendez pas.

Ensuite, dans l'état de nos mœurs et dans nos rapports avec les États qui nous environnent, la république, sauf erreur, ne me paraît pas exécutable. La première difficulté serait d'amener les Français à un vote unanime. Quel droit la population de Paris aurait-elle de contraindre la population de Marseille, ou de telle autre ville, à se constituer en république? Y aurait-il une seule république, ou vingt ou trente républiques? Seraient-elles fédératives ou indépendantes? Passons par-dessus ces obstacles; supposons une république unique; avec notre familiarité naturelle, croyez-vous qu'un président, quelque grave, quelque respectable, quelque habile qu'il puisse être, soit un an à la tête de l'État sans être tenté de se retirer? Peu défendu par les lois et par les souvenirs, avili, insulté soir et matin par des rivaux secrets et par des agents de trouble, il n'inspirera pas la confiance si nécessaire au commerce et à la propriété; il n'aura ni la dignité convenable pour traiter avec les gouvernements étrangers, ni la puissance nécessaire au maintien de l'ordre intérieur; s'il use de mesures révolutionnaires, la république deviendra odieuse, l'Europe inquiète profitera de ces divisions, les fomentera, interviendra, et l'on se trouvera de nouveau engagé dans des luttes effroyables. La république représentative est peut-être l'État futur du monde, mais son temps n'est pas arrivé.

Je passe à la monarchie.

Un roi nommé par les Chambres ou élu par le peuple sera toujours, quoi qu'on fasse, une nouveauté. Or je suppose qu'on veut la liberté, surtout la liberté de la presse, par laquelle et pour laquelle le peuple vient de remporter une si étonnante victoire. Eh bien, toute monarchie nouvelle sera forcée, ou plus tôt ou plus tard, de bâillonner cette liberté. Napoléon lui-même a-t-il pu l'admettre? Fille de nos malheurs et esclave de notre gloire, la liberté de la presse ne vit en sûreté qu'avec un gouvernement dont les racines sont déjà profondes. Une monarchie bâtarde d'une nuit sanglante n'aurait-elle rien à redouter de l'indépendance des opinions? Si ceux-ci peuvent prêcher la république, ceux-là un autre système, ne craignez-vous pas d'être bientôt obligés de recourir à des lois d'exception, malgré les huit mots supprimés dans l'article 8 de la Charte.

Alors, amis de la liberté réglée, qu'aurez-vous gagné au changement qu'on vous propose? Vous tomberez de force dans la république, ou dans la servitude légale. La monarchie sera débordée et emportée par le torrent des lois démocratiques, ou le monarque par le mouvement des factions.

Dans le premier mouvement d'un succès, on se figure que tout est aisé : on espère satisfaire toutes les exigences, toutes les humeurs, tous les intérêts; on se flatte que chacun mettra de côté ses vues personnelles et ses vanités; on croit que la supériorité des lumières et la sagesse du gouvernement surmonteront les difficultés sans nombre; mais, au bout de quelques mois, la pratique dément la théorie.

Je ne vous présente, Messieurs, que quelques-uns des inconvénients attachés à la formation d'une république ou d'une monarchie nouvelle. Si l'une et l'autre ont des périls, il restait un troisième parti, et ce parti valait bien la peine qu'on en eût dit quelques mots.

D'affreux ministres ont souillé la couronne, et ils ont

soutenu la violation de la foi par le meurtre ; ils se sont joués des serments faits au ciel, des lois jurées à la terre.

Étrangers, qui deux fois êtes entrés à Paris sans résistance, sachez la vraie cause de vos succès : vous vous présentiez au nom du pouvoir légal. Si vous accouriez aujourd'hui au secours de la tyrannie, pensez-vous que les portes de la capitale du monde civilisé s'ouvriraient aussi facilement devant vous ? La race française a grandi depuis votre départ sous le régime des lois constitutionnelles ; nos enfants de quatorze ans sont des géants ; nos conscrits à Alger, nos écoliers à Paris, viennent de vous révéler les fils des vainqueurs d'Austerlitz, de Marengo et d'Iéna, mais les fils fortifiés de tout ce que la liberté ajoute à la gloire.

Jamais défense ne fut plus juste et plus héroïque que celle du peuple de Paris. Il ne s'est point soulevé contre la loi, mais pour la loi ; tant qu'on a respecté le pacte social, le peuple est demeuré paisible ; il a supporté sans se plaindre les insultes, les provocations, les menaces : il devait son argent et son sang en échange de la Charte ; il a prodigué l'un et l'autre. Mais lorsqu'après avoir menti jusqu'à la dernière heure, on a tout à coup sonné la servitude ; quand la conspiration de la bêtise et de l'hypocrisie a soudainement éclaté ; quand une terreur de château, organisée par des eunuques, a cru pouvoir remplacer la terreur de la république et le joug de fer de l'empire, alors ce peuple s'est armé de son intelligence et de son courage ; il s'est trouvé que ces *boutiquiers* respiraient assez facilement la fumée de la poudre, et qu'il fallait plus de quatre soldats et un caporal pour les réduire. Un siècle n'aurait pas autant mûri les destinées d'un peuple que les trois derniers soleils qui viennent de briller sur la France. Un grand crime a eu lieu ; il a produit l'énergique explosion d'un principe : devait-on, à cause de ce crime et du triomphe moral et politique qui en a été la suite, renverser l'ordre de choses établi ? Examinons.

Charles X et son fils sont déchus ou ont abdiqué, comme il vous plaira de l'entendre ; mais le trône n'est pas vacant :

après eux venait un enfant : devait-on condamner son innocence ?

Quel sang crie aujourd'hui contre lui ? Oseriez-vous dire que c'est la faute de son père ? Cet orphelin, élevé aux écoles de la patrie, dans l'amour du gouvernement constitutionnel et dans les idées de son siècle, aurait pu devenir un roi en rapport avec les besoins de l'avenir. C'est au gardien de sa tutelle que l'on aurait fait jurer la déclaration sur laquelle vous allez voter ; arrivé à sa majorité, le jeune monarque aurait renouvelé le serment. Le roi présent, le roi actuel aurait été M. le duc d'Orléans, régent du royaume, prince qui a vécu près du peuple, et qui sait que la monarchie ne peut être aujourd'hui qu'une monarchie de consentement et de raison. Cette combinaison naturelle m'eût semblé un grand moyen de conciliation, et aurait peut-être sauvé à la France ces agitations qui sont la conséquence des violents changements d'un État.

Dire que cet enfant, séparé de ses maîtres, n'aura pas le temps d'oublier jusqu'à leurs noms avant de devenir homme ; dire qu'il demeurera infatué de certains dogmes de naissance après une longue éducation populaire, après la terrible leçon qui a précipité deux rois en deux nuits, est-ce bien raisonnable ?

Ce n'est ni par un dévouement sentimental, ni par un attendrissement de nourrice, transmis de maillot en maillot, depuis le berceau de saint Louis jusqu'à celui du jeune Henri, que je plaide une cause où tout se tournerait de nouveau contre moi, si elle triomphait. Je ne vise ni au roman, ni à la chevalerie, ni au martyre. Je ne crois pas au droit divin de la royauté, et je crois à la puissance des révolutions et des faits. Je n'invoque pas même la Charte ; je prends mes idées plus haut : je les tire de la sphère philosophique, de l'époque où ma vie expire. Je propose le duc de Bordeaux tout simplement comme une nécessité d'un meilleur aloi que celle dont on argumente.

Je sais qu'en éloignant cet enfant, on veut établir le principe de la souveraineté du peuple ; niaiserie de l'ancienne école qui prouve que, sous le rapport politique, nos vieux démocrates n'ont pas fait plus de progrès que les vétérans de la royauté. Il n'y a de souveraineté absolue nulle part; la liberté ne découle pas du droit politique, comme on le proposait au xviiie siècle; elle vient du droit naturel, ce qui fait qu'elle existe dans toutes les formes de gouvernement, et qu'une monarchie peut être libre et beaucoup plus libre qu'une république; mais ce n'est ni le temps ni le lieu de faire un cours de politique.

Je me contenterai de remarquer que, lorsque le peuple a disposé des trônes, il a souvent aussi disposé de sa liberté; je ferai observer que le principe de l'hérédité monarchique, absurde au premier abord, a été reconnu, par l'usage, préférable au principe de la monarchie élective. Les raisons en sont si évidentes que je n'ai pas besoin de les développer. Vous choisissez un roi aujourd'hui : qui vous empêchera d'en choisir un autre demain? La loi, direz-vous. La loi? Et c'est vous qui la faites!

Il est encore une manière plus simple de trancher la question; c'est de dire : nous ne voulons plus de la branche aînée des Bourbons. Et pourquoi n'en voulez-vous plus? Parce que nous sommes victorieux; nous avons triomphé dans une cause juste et sainte : nous usons d'un double droit de conquête.

Très bien : vous proclamez la souveraineté de la force. Alors gardez soigneusement cette force; car, si dans quelques mois elle vous échappe, vous serez mal venus à vous plaindre. Telle est la nature humaine! Les esprits les plus éclairés et les plus justes ne s'élèvent pas toujours au-dessus d'un succès. Ils étaient les premiers, ces esprits, à invoquer le droit contre la violence; ils appuyaient ce droit de toute la supériorité de leur talent, et, au moment même où la vérité de ce qu'ils disaient est démontrée par l'abus le plus abominable de la force et par le renversement de la force, les vainqueurs s'emparent de l'arme qu'ils ont brisée! Dangereux tronçons qui blesseront leurs mains sans les servir.

J'ai transporté le combat sur le terrain de mes adversaires; je ne suis point allé bivouaquer dans le passé sous le vieux drapeau des morts, drapeau qui n'est pas sans gloire, mais qui pend le long du bâton qui le porte, parce qu'aucun souffle de la vie ne le soulève. Quand je remuerais la poussière des trente-cinq Capets, je n'en tirerais pas un argument qu'on voulût seulement écouter. L'idolâtrie d'un nom est abolie; la monarchie n'est plus une religion, c'est une forme politique préférable dans ce moment à toute autre, parce qu'elle fait mieux entrer l'ordre dans la liberté.

Inutile Cassandre, j'ai assez fatigué le trône et la pairie de mes avertissements dédaignés; il ne me reste qu'à m'asseoir sur les débris d'un naufrage que j'ai tant de fois prédit. Je reconnais au malheur toutes les sortes de puissances, excepté celle de me délier de mes serments de fidélité. Je dois aussi rendre ma vie uniforme. Après tout ce que j'ai fait, dit et écrit pour les Bourbons, je serais le dernier des misérables si je les reniais au moment où, pour la troisième et dernière fois, ils s'acheminent vers l'exil.

Je laisse la peur à ces généreux royalistes qui n'ont jamais sacrifié une obole ou une place à leur loyauté, à ces champions de l'autel et du trône qui, naguère, me traitaient de renégat, d'apostat et de révolutionnaire. Pieux libellistes, le renégat vous appelle! Venez donc balbutier un mot, un seul mot avec lui pour l'infortuné maître qui vous combla de ses dons et que vous avez perdu. Provocateurs des coups d'État, prédicateurs du pouvoir constituant, où êtes-vous? Vous vous cachez dans la boue du fond de laquelle vous leviez vaillamment la tête pour calomnier les vrais serviteurs du roi : votre silence d'aujourd'hui est digne de votre langage d'hier. Que tous ces preux dont les exploits projetés ont fait chasser les descendants de Henri IV à coups de fourche, tremblent maintenant accroupis sous la cocarde tricolore : c'est tout naturel. Les nobles couleurs dont ils se parent protégeront leur personne, et ne couvriront pas leur lâcheté.

Au surplus, en m'exprimant avec franchise à cette tribune, je ne crois pas du tout faire un acte d'héroïsme :

nous ne sommes plus dans ces temps où une opinion coûtait la vie; y fussions-nous, je parlerais cent fois plus haut. Le meilleur bouclier est une poitrine qui ne craint pas de se montrer découverte à l'ennemi. Non, Messieurs, nous n'avons à craindre ni un peuple dont la raison égale le courage, ni cette généreuse jeunesse que j'admire, avec laquelle je sympathise de toutes les facultés de mon âme, à laquelle je souhaite, comme à mon pays, honneur, gloire et liberté.

Loin de moi surtout la pensée de jeter des semences de division dans la France, et c'est pourquoi j'ai refusé à mon discours l'accent des passions. Si j'avais la conviction intime qu'un enfant doit être laissé dans les rangs obscurs et heureux de la vie, pour assurer le repos de trente-trois millions d'hommes, j'aurais regardé comme un crime toute parole en contradiction avec le besoin des temps : je n'ai pas cette conviction. Si j'avais le droit de disposer d'une couronne, je la mettrais volontiers aux pieds de Mgr le duc d'Orléans. Mais je ne vois de vacant qu'un tombeau à Saint-Denis, et non pas un trône.

Quelles que soient les destinées qui attendent M. le lieutenant général du royaume, je ne serai jamais son ennemi, s'il fait le bonheur de ma patrie. Je ne demande à conserver que la liberté de ma conscience et le droit d'aller mourir partout où je trouverai indépendance et repos.

Je vote contre le projet de déclaration [1].

---

1. Œuvres de Chateaubriand, t. XVII.
« Un seul membre, M. de Chateaubriand, demanda la parole : son discours, le dernier, est le plus remarquable de tous ceux qu'il a composés; toutes les forces de son intelligence et de son talent se trouvent résumées, concentrées dans cette harangue suprême; elle réunit toutes les qualités de son style sans en avoir les défauts. Chose remarquable! il y reste constamment dans la réalité des choses, et l'éclat poétique qui en rehausse la forme ne fait que mieux ressortir la netteté, la fermeté du fond. » (Vaulabelle, VIII, 434.)

Le duc de Broglie est plus sévère : « M. de Chateaubriand récite pompeusement son discours d'adieu que tout le monde connaît, mélange de bon sens et d'outrecuidance, de haine contre les vaincus, de modération envers les vainqueurs, voire même de compliments hyperboliques, de préoccupations de lui-même; en un mot, la vivante image de son orgueil en personne. » (*Souvenirs*, t. III, p. 405.)

APPENDICES

I

(Voir page 13.)

A notre très haut et très excellent prince, notre souverain seigneur et père : s'ensuivent les points et les articles lesquels votre très humble et très dévote fille, l'université de Paris, vos très humbles et obéissants sujets le prévôt des marchands, les échevins et bourgeois de votre bonne ville de Paris, ont fait à vous bailler avis, confort et ayde, comme vous le requerez, pour le profit, honneur et bien de vous, et pour la chose publique de votre royaume.

Premièrement, sur le premier point touchant l'entretenement de la paix entre aucuns seigneurs de votre sang, laquelle chose de Votre Majesté royale a été exposée, disent les devantdits : que ceux des bonnes villes et les autres qui, à présent, sont venus à votre mandement, ont ce bénignement juré et promis, et toujours jusques à maintenant entretenu, et, si Dieu plaît, entretiendront. Mais il semble que vous devez autres seigneurs de votre sang et leurs principaux serviteurs mander pour semblablement en votre main jurer et promettre l'entretenement de ladite paix, pour plusieurs causes : premièrement, pour ce qu'ils ne la promirent oncques en votre main ; secondement, pour ce qu'il y en a qui ne l'entretiennent pas.

Item, et qu'il soit vrai ; il est notoire que les Anglais sont en votre royaume, et plusieurs autres gens, tant du royaume comme d'autres pays, et sont ensemble par manière de compagnies, détruisant votre pays et vos sujets ; dont plusieurs plaintes et clameurs sont venues, et de jour en jour viennent en plusieurs parties de votredit royaume auxquelles choses on mit trop petit remède, et la cause sera déclarée ci-après :

Item, et aussi le comte d'Armagnac, qui est votre sujet, n'a eu cure de la paix, et ne l'a pas entretenue, mais a toujours maintenu guerre en votre royaume.

Item, et afin que la paix soit mieux entretenue, il semble que vous devez vos lettres royaux ordonner, èsquelles soit la cédule de ladite paix incorporée, adressant à vos officiers et autres à qui bon vous semblera à promulguer, et les transgresseurs punir comme il appartiendra.

Item, et quant est au second point, où vous, notre souverain seigneur, demandez avis, confort et aide, votre très humble fille et vos loyaux sujets, de toute leur affection, et, considérant votre bien et l'utilité et honneur de votre royaume, et aussi la continuation et conservation de votre seigneurie et domination, plusieurs fois ont été sur ce assemblés; et, voyant qu'il est très grand nécessité de vous exposer les défauts qui sont en votre royaume, commencent à parler de vos finances, dont vous devez soutenir et maintenir votre fait et votre royaume.

Et premier, sur le fait des finances de votre domaine, qui se doivent distribuer en quatre manières : premièrement, en payer les aumônes; secondement, en la dépense de vous, de la reine et du duc d'Aquitaine, votre aîné fils; troisièmement, en le salaire de vos serviteurs, et ès réparations des ponts, moulins, fours, chaussées, ports, passages, châteaux et autres édifices; et le remanant (le restant) mis en l'épargne du roi, comme on faisait anciennement.

Item, il appert clairement comment lesdites finances ne sont point employées ès choses dessusdites; laquelle chose est à la charge de vos trésoriers, par lesquels vos finances dessusdites sont distribuées; et voit-on souvent les pauvres religieux et religieuses, tant des abbayes comme des hôpitaux, dépendre (dépenser) la leur en poursuites, sans avoir due expédition, dont leurs églises chéent (tombent) en ruines, et est délaissé le service divin à être fait, au préjudice des âmes de vos prédécesseurs et en la charge de votre conscience.

Et premièrement, quant aux aumônes, vrai est que de ce peu ou néant est payé.

Item, et quant est à la dépense de vous, de la reine et du duc d'Aquitaine, qui est gouvernée par messire *Pierre de Fontenay,* et est payée par les maîtres des chambres aux deniers, appelés *Raimond Raguier* et *Jean Pied,* il est trouvé que, par la dépense de vous et du duc d'Aquitaine, on lève, tant sur le domaine comme sur les aides, 400 000 francs, et pour icelle n'était levé au temps passé que 93 000 francs; et adonc vos prédécesseurs menaient un bel état, et les marchands et les autres gens étaient payés de leurs denrées; mais maintenant, nonobstant ladite somme, les marchands dessusdits ne sont point payés de leurs denrées, et souvent advient que vos hôtels, les hôtels de la reine et du duc d'Aquitaine chéent (tombent) en ruines; et jeudy dernier chéyt (tomba) un grand pan du mur de l'hôtel de la reine, dont il appert que ladite somme n'est pas toute employée à votre dépense, comme il fut montré en temps et lieu, mais elle est au profit de vos gouverneurs ou de ceux que bon leur semble. — Et pareillement en l'hôtel de la reine, pour la dépense de laquelle on ne soulait (avait coutume) lever que 36 000 francs, et maintenant on lève sur lesdites aides 104 000 francs, nonobstant ses domaines et ses aides; et procède cette dépense du défaut des officiers qui sont commis au gouvernement de ladite dépense; desquelles finances de la reine *Raimond Raguier* est principal gouverneur et trésorier, qui s'est audit office tellement gouverné, que de l'argent de la reine il a grands acquits et édifices, comme il appert, aux champs et à la ville.

Item, et il faut savoir où est cette finance; car outre et sur la somme on prend certaine quantité de finances par forme et mandement extraordinaire.

Item, et pareillement y a une grande défaute des offices de l'argentier et de la chambre des deniers : car, par les officiers qui tiennent lesdits offices, plusieurs grandes sommes d'argent sont levées et mises en autre usage qu'en votre profit, et moult de vos dettes et de vos officiers les salaires sont retardés à être payés; et plusieurs de qui on prend les vins et autres denrées pour vous ne sont pas payés. Et est très vrai qu'ils appliquent à leur profit toutes les choses dessusdites, comme il appert par les grands états qu'ils mènent, par les chevaux qu'ils ont, par les excès et inconvenables édifices qu'ils font de jour en jour, et qu'ils ont fait par cidevant; prouvé par *Raimond Raguier*, qui a édifié châteaux et grandes maisons, où il a dépendu (dépensé), comme on dit, plus de 30 000 francs. Et aussi *Charlot Poupart*, argentier, et maître *Guillaume Bude*, maître des garnisons, ont édifié grands rentes et possessions, et ont acquis grosses et larges substances, et dépens; lesquelles choses ils ne pourraient faire des salaires de leurs offices, ni aussi de la richesse qu'ils avaient quand ils entrèrent èsdits offices. Et aussi y a-t-il defaute en votre écurie, qui est office (charge) de très grand recette, et y sont faites plusieurs grandes dépenses qui peu tournent à votre honneur et profit.

Item, et quant est aux salaires des serviteurs de votre hôtel, ils sont très mauvaisement contentés en la chambre des deniers, ni les serviteurs n'en peuvent avoir nouvelles, pourquoi ils ont grands pauvretés et souffretés, et ne peuvent être entour vous si honnêtement qu'il appartient; nonobstant qu'il y en a aulcuns qui ont port, lesquels sont très bien payés desdits salaires.

Quant à la réparation de vosdits fours, et moulins, et châteaux, tout va à ruine et à perdition. Et quant à l'épargne dudit domaine, il n'y a pas un denier au temps présent, jaçoit ce que (quoique) au temps passé il y eût une grande somme, et espécialement au temps du roi Philippe, du roi Jean et du roi Charles, auquel temps était gouverné bien autrement que maintenant.

Item, et quant au fait des finances, il faut dire, nécessairement, que le gouvernement de présent a eu cours depuis trente ans en ça, et par avant a été dévoré par plusieurs officiers qui n'ont point eu regard au bien de vous et de votre royaume, mais seulement à leur singulier profit. Et à déclarer les officiers de votre royaume èsquels il y a grand excès, votre fille (l'université) et vos sujets vous exposent les choses qui s'ensuivent.

Premièrement, vous avez très grand et excessif nombre de trésoriers, qui toujours ont été puis le temps dessusdit; et par la grand pratique qui est audit office, plusieurs hommes se sont efforcés d'y entrer; et tant qu'il n'est guère année qu'ils ne soient mués, remués, et déposés à la requête des autres qui ont eu la voix en votre royaume. Et Dieu sait pourquoi ils y entrent si volontiers, sinon pour les lopins et larcins qu'ils font et trouvent èsdits offices; car si un trésorier n'amende de vous chacun an de 4 ou 5000 francs, ce ne leur semble rien; et quoiqu'au temps passé il n'y en eût que deux, toutefois y en a maintenant quatre ou cinq pour la pratique qu'ils y trouvent, et a été telles fois qu'il y en avait six ou sept; et ainsi appert plus clair que le jour que vous avez dommage chacun an audit office de 16 ou 20 000 francs, par le particulier défaut desdits trésoriers.

Et quant est après des finances dudit trésor, ils n'ont eu nul regard à payer les choses nécessaires, ni de tenir les sermens qu'ils font à l'entrée desdits offices; mais ils ont entendu à payer les grands et excessifs dons à ceux qui les ont soutenus, par plusieurs voies, lesquels s'y lèvent tant sur le fait des coffres comme sur le fait susnommé.

Et quant est aux autres offices, c'est à savoir au gouvernement des finances et au clerc, il est à savoir que toutes les finances sont passées par leurs mains, tant qu'ils en ont acquis innumérables et hautes possessions, comme il appert. Et sont les trésoriers pour le présent *Andrieu Guiffart, Burel de Dammartin, Regnier de Bouligni, Jean Guérin*, et le gouverneur *Nicole Bonnet*, qui fut clerc de *Jean Chau* son prédécesseur, et le clerc maître *Gui Brocher*, qui sont inutiles, et coupables du mal (mauvais) régime devantdit, excepté *Jean Guérin* qui est nouvel et ne s'est pas encore méfait.

Item, et spécialement en est coupable *Andrieu Guiffart*, lequel, quoiqu'il eût gâté (dissipé) tout ce que son père lui avait acquis, néanmoins par la procuration du prévôt de Paris, duquel il est cousin à cause de sa femme, il a été fait trésorier, où il a été tellement rempli de deniers, qu'il est maintenant plein de rubis et de diamans, de saphirs et d'autres pierres précieuses, et de vêtures et de chevaux; et tient un excessif état rempli de vaisselle, c'est à savoir de plats, d'écuelles, de pots, de tasses et de hanaps.

Item, et quoiqu'il ne soit point nécessaire d'avoir trésorier sur le fait de la justice dudit trésor, mais il soit de coutume d'y tenir un clerc conseiller, toutefois y a quatre conseillers qui emportent grands finances, au préjudice de votre trésor.

Quant au régime des aides, il y a officiers ordonnés qui s'appellent généraux, par l'ordonnance desquels passent toutes les finances des aides, ordonnées pour la guerre, qui montent à 12 000 francs par les communs ans. Et si est que les devantdits trésoriers se sont mauvaisement gouvernés et font encore, encore se gouvernent si (ainsi) lesdits généraux; car ils sont premièrement mis audit office par force d'amis, à qui lesdits généraux font excessifs dons en votre préjudice.

Item, et le profit que lesdits généraux prennent quand ils entrent èsdites offices, montent pour chacun d'eux, par chacun an, à 2 ou à 4000 francs; et si un général est deux ans audit office, sans faute il acquêtera (acquerra) 9 ou 10 000 francs, ou autre grand somme, par dons couverts, dont aucunes fois les dons sont levés au nom des seigneurs, sans leur su; et les particularités des défauts seront trouvées ès extraits qui furent faits pour la réformation dernièrement faite.

Item, et après ledit office, est venu un autre office, qu'on appelle l'épargne, mal nommée, laquelle tient *Antoine Des Essarts*, à cause de laquelle on lève desdites aides la somme de 12 000 francs, ou environ. Quoique ladite finance fût gardée et mise en l'épargne sous deux clefs, dont vous devez porter l'une, pour secourir à votre nécessité et votre royaume, néanmoins ceux qui l'ont en gouvernement l'ont tellement disposée qu'il n'y en a croix (pièce, écu); et ne sait-on qu'il en soit mieux à homme du monde; sinon à aucuns, qui l'ont soustrait de votre main, par le consentement de ceux qui ont trouvé ledit office, dont ils mènent excessifs états en votre préjudice.

Item, et avec ce ledit *Antoine* a en garde vos livrées et vos joyaux; et dit-on qu'en ce a très pauvre gouvernement, et en ce qui est de jour en jour acheté pour votre corps; et ce par la coulpe dudit *Antoine*.

Item, et après cet office est venu autre office, qui est nommé la garde des coffres, lequel tient *Maurice de Ruilly*, pour lequel il reçoit, chacun jour, pour l'ordinaire, dix écus d'or en monnaie, qui se doit bailler en votre main pour faire ce que bon vous semble. Mais il n'y a croix (pièce, écu), car il la distribue à son plaisir; et sous ombre de cet office sont dissipées plusieurs sommes de monnaies, desquelles on parlera en temps et en lieu.

Item, est à démontrer comment vous, la reine et le duc d'Aquitaine êtes mangés et dérobés, c'est à savoir que, quand vous avez affaire de promptes finances pour la cause de votre guerre, ou pour vos autres grandes besognes, il faut aller à certaines personnes, marchandes d'argent, qui, par usures et rapines illicites, trouvent et font finance de monnaie, moyennant ce qu'ils ont en gage de votre vaisselle et de vos joyaux d'or et d'argent, à grandes et claires pertes, et tant que ce qui ne vaut que 10 000 francs, vous coûte 15 ou 16 000, et tant faut que vous en perdez par an telles usures, qui se font par les changes feints; et par cette manière peut-on juger clairement qu'il y en a aucuns de vos serviteurs et officiers qui sont participants et compagnons des susdits frais et usures illicites, et par ainsi avez-vous croix, et sont les serviteurs de vos officiers pauvres, et obligés et tempêtés; et pareillement sont gouvernés les autres seigneurs de votre lignée, sans nul excepter.

Item, il est à savoir comment subtilement et malicieusement les généraux officiers, eux entremettans de vos recettes, vous gouvernent; car puis que (après que) un receveur vous aura prêté pardessus la recette 5 ou 6000 écus ou autre somme, ils sont démis de leurs offices, afin qu'ils ne s'en puissent rembourser sur leur recette, et en son lieu met-on un autre receveur, qui recevra presque toute la recette; et quand il aura peu ou néant à recevoir, adonc sera remis le premier receveur en son office, moyennant ce que ledit receveur s'obligera en une grand somme d'argent, c'est à savoir aux dessus-dits officiers. Et par ce ne peut le devantdit receveur être payé, ni payer ce qu'il doit. Et ainsi font chevaucher an sur autre; en quoi votre finance est dégâtée (dissipée, gaspillée) avant que le terme soit venu; et par ainsi buvez vos vins en verjus.

Item, et quand il y a une ambassade à faire, ou quand il faut envoyer un simple chanoine dehors, il faut emprunter l'argent aux usures, et souvent en advient que ledit ambassadeur ne peut être expédié par défaut d'argent, dont aucunes fois advient que vos ambassadeurs sont inutiles; et pour ce advient aucunes fois que vous en avez excessifs dommages.

Item, il est nécessaire que vous sachiez où est l'argent de votre royaume de deux ou trois ans en çà dessus, et outre le domaine et les aides, auquel temps ont été levés plusieurs tailles, dixièmes, demi-dixièmes, impositions, maltôtes, réformations et autres plusieurs manières d'avoir finance; desquelles choses le prévôt de Paris s'est entremis, comme il est notoire, et s'est fait appeler souverain maître des finances et gouverneur général.

Item, n'est pas à oublier comment aucuns grands officiers, comme le prévôt de Paris et autres, qui ensemble ont tenu grand nombre d'offices, et vendu et reçu les deniers, ont mis iceux en leur sac à votre préjudice, et contre vos ordonnances royaux, et aussi de la chose publique, dont il s'ensuit maintes fois que gens inutiles et non sachans, et de mauvais gouvernement, sont mis èsdits offices.

Item, et naguères ledit prévôt de Paris, qui, depuis un peu de temps tenait l'office de général, maître, et gouverneur des eaux et des forêts, a résigné ledit office en la main du *seigneur d'Ivry*, et à la cause d'icelles sont levées charge de 6000 francs, au nom du roi, si comme on dit, mais toutefois ledit argent est levé au profit dudit prévôt; et avec, ledit prévôt de Paris tient les capitaineries de Cherbourg, dont il a par an 6000 francs, et de Nemours, dont il a par an 2000 francs.

Item, votredite finance est gâtée et perdue par une autre manière; car un grand nombre de receveurs, greneticrs, quatrièmiers (collecteurs de la *quatrième*, droit sur les boissons) et leurs clercs, et aussi certains poursuivants généraux, et avec ce, leurs clercs et serviteurs, ont obtenu chacun an, comme si ce fût leur rente, lettres et grands dons, outre les dons lesquels ont les autres officiers; et est trouvé que par ce moyen dudit prévôt et des autres gouverneurs desdites finances, ils ont été de ce très bien payés, au grand préjudice de vos besognes, et à la retardation du paiement de plusieurs prudhommes, tant chevaliers, conseillers, comme autres officiers. Et voit-on communément que quand un jeune homme vient au service d'un général, receveur ou grenetier, quoiqu'il fût de petit état et de peu de science, en peu de temps il est fait riche et mène un grand et excessif état, et achète grands offices et héritages à vos dépens. Et par les trésoriers de vos guerres ont été commises plusieurs grandes fraudes au fait de vos finances; et ont une manière de prendre de vos écuyers et chevaliers, blancs-scellés, desquels ils ont très mauvaisement usé, si comme savent lesdits chevaliers, et de ce vous sauront mieux informer que nous. Et est grand pitié d'ouïr les complaintes desdits chevaliers et écuyers sur le fait de leurs paiemens, qui ont été toujours petits, voire envers la plus grande partie; car maintenant c'est une règle générale aux gens d'armes, qui vivent sur le pays sans être payés, de dire qu'ils ne sont pas payés de leurs gages, et qu'il faut qu'ils vivent en leur service.

Item, et pour ce que lesdits généraux et le souverain maître des finances, prestement (aussitôt) qu'il vous plaira à les reprendre, ils diront, pour éviter et passer les temps, qu'ils sont près de montrer leur état; comme si ce fût réponse profitante ou suffisable, et jà sont venus en requérant qu'on leur baille commissaires, qui visitent leur état; mais, sous correction, quand ce vient au fait, telle réponse est inutile; mais qui voudrait savoir qui mangea le lard, il faudrait enquerre (rechercher) quelle substance ils pouvaient avoir quand ils entrèrent èsdites offices, et quels gages ils avaient en leurs offices, et combien ils peuvent dépenser raisonnablement, et quelle substance ils ont de présent, et les grands rentes et possessions qu'ils ont acquises, et les grands édifices qu'ils font faire.

Item, soit notoire au régime de généraux qu'ils sont riches et larges; et quand ils entrèrent èsdites offices, ils étaient pauvres. Mais ils ont maintenant acheté maisons de grands seigneuries, si comme maître *Jean Châtenier, Guillaume Luce* et *Nicaise Buges*. Et, pour vérité dire, chacun votre loyal sujet se doit bien émerveiller de tel gouvernement, et bien leur doit douloir le cœur, quand vous, qui êtes notre souverain seigneur et prince, êtes ainsi dérobé de votre finance, et que toutes les finances chéent (tombent) en une bourse trouée à votre égard; et les devantdits, tant passés comme présents, sont riches, pleins et garnis, et vous mettent et laissent en cette nécessité, et n'ont nulle pitié de vous, ni du bien commun.

Item, et pour ce que ici dessus est faite mention des états, il semble à votre fille que généralement en cedit royaume, au regard de toutes gens, les états sont trop excessifs; et est fort à douter (craindre) que, pour les inconvénients qui viennent chacun jour, Dieu ne se courrouce à son peuple.

Item, et quant au grand conseil, on n'y tient pas telle ordonnance qu'il appartiendrait bien; car chacun y est avec peu reçu; et toutefois n'y doivent être reçus que prud'hommes et sages, tant clercs comme chevaliers, en nombre compétent, prenant pension et gages de vous, et non de quelque autre seigneur, ayant l'œil à votre profit et à votre honneur et de votre royaume, et à la confirmation de votre couronne et seigneurie; et advient maintes fois que, pour la grand multitude qui y est, les requêtes qui vous sont faites et vos besognes sont délaissées. Et quand une bonne conclusion y est prise, comme il advient aucunes fois, elle demeure à être exécutée et sans être mise à fin, combien que souverainement vous touche; et aussi devraient les ambassadeurs, tant étrangers comme autres, être expédiés; et quand une conclusion est prise par mûre délibération, elle ne devrait pas être rompue par un peu de gens, conme il advient souvent.

Item, et est grand inconvénient d'*ouïr* les complaintes pour longue expédition en vos besognes, regardant la débilité de votre royaume; et mêmement on voit le seigneur *Momberon*, le *vicomte de Murat*, et ceux de *la Rochelle*, eux complaignant sur ce que votre conseil ne leur fait pas bonne expédition; et ce qu'ils poursuivent est pour le bien de votre royaume. Et disent les anciens que, si autre provision n'y est mise, faudra nécessairement qu'ils fassent paix avec vos ennemis; et par ainsi êtes-vous en voie de perdre plusieurs de vos bons vassaux.

Item, quant est au fait de la justice de votre royaume, et premièrement au regard de votre cour de parlement, qui est souveraine cour de votre royaume, n'est pas ainsi gouvernée comme elle soulait (avait coutume); car on y soulait mettre hauts et excellents clercs et notables prud'hommes de mûr âge, mûrs et experts en droit et en justice. Et pour le grand nom du droit qui était gardé en icelle cour, sans faveur d'aucune personne, non pas seulement les chrétiens, mais les Sarrasins y sont venus recevoir jugement aucunes fois. Et depuis un peu de temps, par la faveur d'amis, de parents et de prières, aucuns jeunes hommes, ignorant le fait de justice, et indignes de si haut et si excellent office, y ont été mis; dont le nom, autorité et bonne renommée de ladite cour est amoindri. Et aussi il y a autres inconvénients; c'est à savoir qu'en icelle cour sont plusieurs fils, frères germains, neveux et affins (alliés) ensemble; et tel y a qui ainsi est du lignage, conme le premier président; et par telle affinité se peuvent ensuivre plusieurs périlleux inconvénients en ladite cour.

Item, en la cour sont plusieurs causes de pauvres gens comme mortes; et n'en font point ceux de parlement telle expédition comme ils devraient par raison.

Item, quant est de la Chambre des comptes, ils sont trouvés tous mauvais accidents; car ils sont tous ensevelis. Et combien que depuis un peu de temps y eussent été mis aucuns nouveaux, toutefois ne s'aperçoit-on point que aucune réparation y ait été faite; entre lesquels nouveaux y a été mis *Alexandre Boursier*, qui, par plusieurs fois, a été receveur général des aides; et n'a pas encore clos ses comptes, comme on dit; et là pouvez-vous être grandement fraudé; car celui qui devrait être réformé est mis à réformer les autres.

Item, et à mieux faire la besogne, ledit Alexandre a tant pratiqué que *Jean Vautier*, qui était son clerc, a été mis audit office de la recette générale.

Item, et quoique par les ordinations royales, et par les sermens que font les receveurs, vicomtes, trésoriers et autres officiers du domaine, néanmoins par eux doivent être payées les aumônes; mais par les dissimulations et tolérations desdites offices des comptes, ladite ordination est souvent enfreinte, comme on dit.

Item, et quant est au fait de l'état des généraux de justice, il semble et appert que telle multiplication d'officiers pour le fait des aides est inutile en la grand dissipation de la substance de votre royaume; et finalement le grand nombre des élus et des sergens, qui sont dessous lesdits officiers, qui reçoivent grands dons et grands gages, sont cause pourquoi toute votre substance est dissipée et amoindrie.

Item, et pareillement est des autres officiers qui, sans nombre, sont mis en plusieurs offices, par force (influence) d'amis. Et semblablement faut parler des généraux de justice; car au temps du roi Charles il n'y en avait qu'un ou deux au plus, et maintenant il y en a sept, dont chacun a cent livres de gages, sans les greffiers.

Item, et qui voudrait parler des maîtres des requêtes de l'hôtel du roi, et des autres officiers, Dieu sait s'il y aurait à dire; car au temps passé on y mettait anciens hommes et experts, connaissant les coutumes de ce royaume; et si avaient à répondre à toutes les supplications et requêtes, et signer celles qui se faisaient à signer, pour quoi elles étaient expédiées à la chancellerie; et maintenant on n'y met que jeunes gens non sachants et non experts, qui n'expédient rien si ce n'est par la voie du chancelier; et à cette cause advient qu'on met plusieurs autres officiers extraordinaires pour suppléer leurs défauts, lesquels ont grands gages en votre préjudice.

Item, et quant est au fait de votre chancellerie, il est bien su que votre chancelier de France a soutenu maintes grandes peines, et est bien digne d'avoir grands profits, voire sans préjudice du bien commun; mais combien que pour ses gages il ne doive avoir que 2000 livres parisis, néanmoins depuis vingt ans en ça il en a pris, outre lesdits 2000, autres 2000 livres parisis, et outre le don de 2000 francs sur les émoluments du scel.

Item, et outre ce il a pris le registre des privilèges et rémissions, qui montent sur chacune 20 sous parisis, et peuvent monter par an en une grande somme d'argent.

Item, et avec ce il a pris autres 2000 francs sur les aides ayant cours pour le fait de la guerre.

Item, et avec ce il prend chacun an 200 francs pour ses vêtements.

Item, il a pris et prend chacun an sur le trésor, pour sa chancellerie, de 5 à 600 livres parisis.

Item, et outre les choses dessusdites il a eu sur les tailles et impositions plusieurs grands dons qui se peuvent estimer à une grande somme d'argent.

Item, il a légèrement passé et scellé lettres de dons excessifs, sans faire quelque résistance; et les particularités (les détails) seront trouvées par les comptes de *Michel*, de *Sabulon*, d'*Alexandre Boursier* et de plusieurs autres, qui ne se sont pas feints (épargnés) d'y mouiller leurs soupes.

Item, et à (pour) plus à plein déclarer le précédent article, on trouverait plus de 6000 francs de dons particuliers, qui voudrait visiter les comptes des dessusdits et des autres receveurs généraux; desquels dons ledit chancelier a scellé lettres, nonobstant qu'il sût bien que ladite finance était ordonnée pour le fait de la guerre.

Item, en ladite chancellerie est venu un grand émolument d'argent, lequel émolument est à grand somne de deniers; et sont gouvernées les finances dudit scel par maître *Henri Malachienne* et par maître *Jean Bude*, contrôleur dudit scel de ladite chancellerie; et sur le droit du roi prennent doubles gages, c'est à savoir du notaire et du secrétaire, sans leurs bourses; et en prennent aussi dons et pensions excessives; et ainsi est la chancellerie tellement gouvernée qu'il n'en vient pas grand profit à vous, quoique l'émolument dudit scel soit bien grand. Et quant est du droit des notaires, quoiqu'ils prennent aucuns avec eux tels que bon leur semble, comment ils se gouvernent, il sera plus à plein déclaré au long, quand besoin sera.

Item, et aussi on trouve plusieurs officiers de votre royaume qui tiennent plusieurs offices incompatibles, lesquels ils font servir (gérer) par procureur, que par diverses manières extraient les finances de vos sujets. Et n'est pas à oublier comment, depuis un peu de temps en ça, votre monnaie est grandement diminuée en poids et en valeur, en tant que (au point que) un écu est de moindre valeur qu'il ne soulait, de deux sous; et les blancs de deux blancs, chacun de trois mailles, laquelle chose est au préjudice de vous et de votre royaume; et par ainsi est la bonne monnaie expurgée; car les changes et les Lombards cueillent tout le bon or, et font tous leurs paiements de nouvelle monnaie. Et faut savoir par laquelle procuration cette monnaie est ainsi diminuée. Et est la commune renommée que c'est par le prévôt de Paris, par le prévôt des marchands, et par *Michel Laillier*, qui ont attrait (attiré) à eux la connaissance des monnaies.

Item, et supposé que les devantdits vous fassent aucun (quelque) profit à l'occasion de ladite diminution, toutefois ce n'est pas comparaison à la perte que vous et la reine y avez, comme ce sera plus à plein déclaré par gens qui à ce se connaissent.

Item, et quoique votre fille et vosdits sujets vous aient en bref exposé les défauts et coulpes des devantdits, toutefois il ne suffit pas; car plusieurs jours ne suffiraient pas à vous exposer le mauvais régime des dessusdits et de leurs semblables. Et pour ce que plusieurs autres personnes en sont coupables, desquelles personnes et de plusieurs autres choses votredite fille et vosdits sujets s'en passent pour le présent, en espérance de vous le déclarer autre fois plus clairement pour le bien de vous et de votre royaume.

Et pour venir, notre très souverain seigneur, aux dessusdits aide, confort et conseil que vous avez requis de vos dessusdits nobles et bourgeois, que vous pour le présent avez mandés, votre fille et vos sujets voudraient bien qu'il plût à Dieu de eux donner grâce de vous bien conseiller et conforter; car à ce faire sont prêts de, pour vous, exposer leurs corps et leur avoir de bon et loyal cœur, et ils y sont tenus. Et ainsi ont-ils dernièrement conclu solennellement en la dernière congrégation (réunion); car ils se réputent être grandement obligés à votre royale Majesté, tant de naturelle et légale obligation, comme pour les innumérables biens que vous leur avez fait.

Premièrement pour vous aviser, et afin qu'il vous plaise à remédier aux choses dessusdites, il nous semble que, pour avoir une bonne et juste finance, le plus tôt que faire se pourra, il est expédient que vous cloyez (fermiez) la main auxdits gouverneurs, sans nul excepter, et qu'ils soient démis de leurs offices; et avec ce, tous leurs biens meubles et non meubles pris et mis en votre main; et que soyez sûr des personnes jusqu'à ce qu'ils vous aient rendu compte de leur régime (gestion).

Item, et il est nécessaire que vous anichillez (annuliez) tous dons assignés et pensions extraordinaires, et incontinent vous mandiez tous vos receveurs et vicomtes, tant du domaine comme des aides, et aussi des grenetiers, et que vous leur défendiez que dorénavant, sur peine de confiscation de corps et de biens, ils vous apportent tout l'argent qu'ils pourront avoir, et que, par quelconque assignation, ils ne baillent à homme, de quelque état qu'il soit, fors à ceux tant seulement que vous ordonnerez de nouvel, et aussi qu'ils apportent leurs états et toutes choses dont ils se voudraient aider; et quand ils seront venus, qu'ils ne parlent à nuls des gouverneurs dessusdits sur la peine dessusdite.

Item, et pour avoir autre et prompte finance, il est expédient et nécessaire, vu que les aides ont été ordonnées pour le fait de la guerre et défension de votre royaume, et non pour autre usage, que vous les retrayez par devers vous dorénavant, et mettiez en votre main toutes aides de votre royaume; ce que vous pouvez et devez faire, attendu qu'elles sont vôtres et qu'elles ne doivent tant seulement fors être employées en vos défensions quand le cas le requiert. Et, considéré que vous en avez grand nécessité, comme il appert, quelconque personne n'en devrait être mal contente. Et sur ce veuillez avoir en mémoire le bon gouvernement de votre père le roi Charles, à qui Dieu fasse merci, qui noblement employa lesdites aides, en tant qu'il chassa les Anglais, ses adversaires, de son royaume, et recouvra les forteresses qui étaient hors de son gouvernement. Et étaient ses officiers bien payés; et si lui demeuraient grandes finances, dont il a laissé plusieurs beaux joyaux.

Item, et si ces choses devantdites ne suffisent à vous aider, il nous semble que, considéré que vous avez vos finances en plusieurs lieux, vous pouvez prendre icelles finances, car elles viennent de vous, si, comme on dit, sur plusieurs personnes qui vous seront dénommées, jusques au nombre de mille et six cents, qui sont riches et puissants, et qui doivent supporter (aider) les pauvres, desquels il n'y en a mille qui ne puissent bien, sans lui grever, l'un par l'autre payer 100 francs; auxquels restitution sera faite par certaine manière qui bien peut être avisée.

Item, que à recevoir vos finances, tant du domaine que des aides, fussent ordonnés notables personnes prud'hommes craignant Dieu, sans avarice, qui ne se fussent oncques mais (jamais) entremis desdits offices, qui eussent gages licites sans dons extraordinaires, et par lesquels lesdites finances fussent distribuées selon ce qui est nécessaire et l'autre (le reste) mis en épargne.

Item, qu'auxdites personnes ainsi élues seront contraints lesdits receveurs et vicomtes de montrer leurs états, conme dit est.

Item, il soit requis que toutes les cédules de la dépense ordinaire de vous, de la reine et du duc d'Aquitaine soient diligemment visitées; et par ce pourra-t-on savoir à combien montent lesdites dépenses pour an, qui ne montent pas à 200 000 francs, autant que les gouverneurs en lèvent, tant sur le domaine conme sur les aides.

Item, quant au regard de la cour de parlement, il est nécessaire que ceux qui seront trouvés non suffisants soient déposés, et en leur lieu mises certaines personnes notables, et qu'on y garde les conditions anciennes.

Quant aux généraux des finances à la justice, trésoriers, greffiers, leurs clercs, y soit notablement pourvu et réduit selon le nombre et usage anciens.

Item, en la Chambre des comptes pareillement, combien qu'en icelle soient aucuns bons prud'hommes anciens, qui vous dussent avertir de ce.

Item, quant aux élus de votre royaume, et aussi aux receveurs des aides, il nous semble que, pour le bien de vous et de votre peuple, et afin que vous ayez plus de finances, si les juges eussent eu la charge desdites finances, vous eussiez gagné une grand somme de deniers, lesquels emportent les dessusdits élus.

Item, il nous semble qu'on devrait élire par bonne et vraie élection certains sages hommes, afin qu'ils soient seuls et pour le tout à votre conseil avec ceux de votre lignage, afin de vous loyaument conseiller et avertir de vos besognes et de votre royaume, non ayant l'œil à quelconque chose fors tant seulement au bien de vous et de votre royaume, et qu'en ce faisant fussent gardés et substantés de vous et de votre justice, en telle manière que tout ce qu'ils aviseraient pour le bien dessusdit fût mis à exécution, sans contradiction nulle, et qu'ils fissent à vous les serments qui ont été faits, avec encore autres serments solennels, conme il est dessusdit.

Item, et nous semble qu'on devrait pourvoir aux frontières de

Picardie et d'Aquitaine et des autres pays, en donnant à chacune partie raisonnablement somme d'argent pour la défension desdites frontières, pour contester (s'opposer) à la malicieuse occursion de ce royaume, tellement et si convenablement que nuls inconvénients ne s'en puissent ensuivir.

Item, et à pourvoir aux inconvénients qui viennent chacun jour par les prévôts, fermiers, et espécialement sur les pauvres et simples gens, il est expédient d'aviser bonnes et suffisantes personnes, ayant gages raisonnables, pour, de votre partie, avoir regard sur les prévôts et amendes irraisonnables.

Item, et pour ce que lesdits inconvénients sont moult grands, et qu'il n'y a plusieurs autres inconvénients et larcins, qui ont jà grand temps duré, auxquels ne pourrait être sitôt pourvu, votre fille et vos sujets devantdits comprennent et promettre d'eux y employer à leur pouvoir.

Item, votre fille et vos sujets devantdits vous supplient tant humblement que faire le peuvent, que vous veuillez remédier aux choses devantdites, c'est à savoir à ceux qui ont eu excessivement vos trésors sans cause raisonnable, et que vous veuillez ordonner aucunes personnes de votre sang, avec autres bonnes personnes qui ne soient point de l'appartenance des devantdits, qui puissent réformer tous ceux qui ont délinqué (failli), de quelconque état qu'ils soient.

Item, et qu'il vous plaise commander aux prélats et bourgeois des provinces ici étant, qu'ils nomment tous ceux de leurs provinces qui ont commis aucune (quelque) défaute ès choses devantdites.

Desquelles choses, notre très souverain seigneur, votre fille devantdite et vosdits sujets exposent très humblement, comme ceux qui entre toutes les choses désirent votre bien et honneur, à la conservation de votre couronne et domination. Et ne l'a pas dit votredite fille pour en amender (bénéficier) temporellement, mais pour faire son devoir; car chacun sait bien qu'elle n'a pas accoutumé d'avoir les offices ni les profits, ni de soi entremettre sinon de son étude, et vous remontrer ce qui est à votre profit et à votre honneur, quand les cas le requièrent. Et quoiqu'elle soit par plusieurs fois venue devers vous, pour vous remontrer plusieurs des dessusdites choses, toutefois provision n'y a pas été mise, dont votre royaume est en si grand danger que plus ne peut. Et faut cette fois que vos bons et loyaux sujets s'acquittent devers vous. Et à demener ladite besogne, votre fille et sujets dessusdits requièrent l'aide de votre fils aîné le duc d'Aquitaine et le duc de Bourgogne qui pieça a encommencé ladite besogne et prosécution, sans épargner cœur ni chevance, avec lesquels s'est ajoutée votre dite fille, considérant les choses être raisonnables; mais tant par grands empêchements que par diverses manières y ont été naguères mis par aucuns des gouverneurs dessusdits, doutant être repris, ladite prosécution a été délaissée; car ils se sont enforcés de l'empêcher de tout leur pouvoir, comme font ceux qui présentement sont.

Requièrent aussi les dessusdits à nos très redoutés seigneurs, c'est à savoir de Nevers, de Vertus, de Charolais, de Bar et de Lorraine, aux connétable et maréchal de France, au grand maître de Rhodes, à l'amiral, au maître des arbalétriers, et généralement à toute la chevalerie et écuyerie de votre royaume, qui est ordonnée pour la conservation de votre couronne, aussi à vos conseillers et à tous vos autres sujets, que pareillement, chacun selon son état, se veuille acquitter devers Votre Majesté. Et pour ce qu'aucuns des dessusdits ont dit publiquement que ce que votre fille dessusdite vous expose, c'est par haine et par relation de peu de gens, c'est à savoir de cinq ou six, plaise vous savoir qu'elle n'a pas accoutumé de soi informer par cette manière; mais elle a été informée parce que la chose est toute claire et notoire, et cuide (croit) qu'il n'y ait (i)ci homme de si petit entendement qui ne connaisse bien la défaute des dessusdits. Et aussi en a été avertie par plusieurs personnes aimant votre bien. Mais par telles paroles n'ont-ils pas gagné leur cause; car pour quelconque leur volonté, elle ne se taira pas, sauve votre volontaire audience.

Et conclut votredite fille que vous poursuiviez diligemment les choses devantdites, sans quelque dilation (remise); et à ce poursuivre se veut elle employer sans faire quelque faute envers vous; car autrement votredite fille ne s'acquitterait pas envers votredite Majesté royale [1].

---

[1]. A la suite de ces doléances, des officiers désignés par l'Université, les uns prirent la fuite, d'autres furent emprisonnés. — Une commission d'enquête fut nommée. — Après la violente sommation du peuple conduit par Jean de Troyes, l'*ordonnance du 26 mai* fut promulguée en séance solennelle. — Mais, quelques mois après, elle fut révoquée.

« Ce discours ressemble moins à une harangue du xve siècle qu'à ces grandes remontrances des États que produisirent, sous le nom de « cahiers », les célèbres assemblées de la fin du xvie siècle. » (G. Picot.)

II

(Voir page 162.)

Lettres du roi de Navarre à Messieurs des trois états de la France, et à Messieurs de la ville de Paris.

A MESSIEURS DU CLERGÉ

Messieurs, je me plains à vous en corps et en commun.... Vous ne pouvez ignorer de quelle modération j'ai toujours usé en votre endroit, même en la rigueur des armes. N'ignorez aussi les justes nécessités qui m'y auraient quelquefois réduit, et m'assure qu'en vos âmes vous en savez bien donner le blâme à qui il appartient. Tant y a que je n'ai oncques troublé la paix de gaieté de cœur; ains puis dire avec vérité que j'ai donné mes justes douleurs et mécontentements (et en beaucoup de sortes) au bien et repos de cet État. Ceux, Messieurs, que vous assistez de vos moyens pour ma ruine, n'ont pas procédé de même sorte. D'une ambition particulière, ils ont fait un zèle de l'Église; de leurs mécontentements privés, une guerre publique.... Dieu vous veuille ouvrir les yeux et vous faire voir le fond de leurs intentions. Je ne crains (et Dieu le sait!) le mal qui me peut venir ni de vos deniers, ni de leurs armes. L'un et l'autre ont été jà employés assez de fois en vain. Je plains le pauvre peuple innocent qui souffre presque tout seul de ces folies. Je plains même un grand nombre d'entre vous, qui contribuez à l'ambition de ces perturbateurs, vous de votre pauvreté, eux à peine de leur abondance. Je plains principalement la faute que vous faites tous, les uns d'une affection, et les autres d'une autre, qui aurez un jour à répondre à ce royaume et à votre patrie des misères et des précipices où vous les jetez à vos dépens; vous qui devez être, selon votre office, les appuis de la tranquillité publique; à répondre devant Dieu de tant de sang innocent qui se répand, des désordres et des vices que la guerre que vous nourrissez amène, des pleurs et des cris et des langueurs de tant de pauvres famillles, que votre abondance devait ou nourrir ou soulager, que vous faites instrument de leur misère, cause de leur faim, et fléau de la chose publique.

Vous m'alléguerez le zèle de l'Église, et je veux bien croire qu'aucuns d'entre vous en soient poussés. Que dira donc la postérité que vous ayez négligé les offres que j'ai faites? Que vous ayez mieux aimé mettre tout en confusion, que vous disposer à un concile, comme je le demandais au roi par déclaration expresse; mieux venir au sang que conférer doucement du sens des Écritures, mieux aimé la voie de subvertir l'État, que la voie de convertir les âmes que vous pensez dévoyées, même y allant de ma personne, que certes vous eussiez dû plutôt instruire que détruire. Ceux qui abusent de votre zèle savent bien qu'il leur est impossible de tenir ce qu'ils promettent: je dis d'extirper la religion dans laquelle je vis, par la force des armes. Ils ne cherchent pas la réunion de ce royaume, ainsi sa ruine; et souvenez-vous qu'autrefois en vain ils vous ont fait vendre votre temporel sous ce prétexte, et souvenez-vous que vos deniers sont consumés, et votre dévotion de les fournir éteinte, avant que vous ayez vu tant soit peu de progrès dans vos délibérations.

On passe plus outre : aucuns du clergé (je ne veux pas croire qu'il y en ait eu beaucoup qui aient consenti à un tel monopole) ont sollicité le pape contre moi, et ont obtenu de lui certaine déclaration, par laquelle je suis exposé en proie, déclaré inhabile à la succession de ce royaume. Ne pensez, Messieurs, que ces foudres m'étonnent. C'est Dieu qui dispose des rois et des royaumes; et vos prédécesseurs, qui étaient meilleurs chrétiens et meilleurs Français que les fauteurs de cette bulle, nous ont assez enseigné que les papes n'ont que voir sur cet État. Il me déplaît seulement que, contre toutes bonnes mœurs, il se soit trouvé des gens si inconsidérés que de faire consulter et décider à Rome la succession d'un roi vivant et en fleur d'âge.... Quant à mon intérêt, Dieu me garde que mes espérances percent au delà de la vie de mon prince! Dieu confonde en sa juste fureur ceux qui fondent leurs grandeurs sur son tombeau, ceux qui sont si providens que d'anticiper sa mort par leurs conseils!

Messieurs, laissons ce propos. J'aime mieux juger de vos affections par moi que par vos actions.... Ce qui me reste à vous dire, Dieu m'a fait naître prince chrétien.... Nous croyons un Dieu, nous reconnaissons un Jésus-Christ, nous recevons un même évangile; si sur les interprétations de mêmes textes nous sommes tombés en différend, je crois que les douces voies que j'avais proposées nous pouvaient mettre d'accord. Je crois que la guerre que vous poursuivez si vivement est indigne de chrétiens, indigne, entre les chrétiens, de ceux principalement qui se prétendent docteurs de l'Évangile. Si la guerre vous plaît tant, si une bataille vous plaît plus qu'une dispute, une conspiration sanglante plus qu'un concile, j'en lave mes mains. Le sang qui s'y répandra soit sur vos têtes. Je sais que les malédictions de ceux qui en pâtiront ne peuvent tomber sur moi; car ma patience, mon obéissance et mes raisons sont prou connues. J'attendrai la bénédiction de Dieu sur ma juste défense, lequel je supplie, Messieurs, vous donner l'esprit de paix et d'union, pour la paix de cet État et l'union de son Église.

A MESSIEURS DE LA NOBLESSE

.... Je viens à moi-même, soit que vous jugiez de moi par moi ou par la comparaison de ceux de cette ligue. Je sais bien que vous ne me pouvez donner le tort; je sais même qu'en vos âmes vous le donnez à mes ennemis.... Ne pensez pas, Messieurs, que je les craigne; je sais ce que peut la force contre moi : on sera plutôt lassé de m'assaillir que je ne serai de me défendre. Je les ai portés plusieurs années plus forts qu'ils ne sont, plus faible beaucoup que je ne suis. Vous avez expérience et jugement : le passé vous résoudra de l'avenir. Je plains certes votre sang répandu, et dépendu en vain, qui devait être épargné pour conserver la France. Je le plains employé contre moi, qui me le deviez garder, étant ce que Dieu m'a fait en ce royaume, pour dessous l'autorité et le bonheur du roi joindre une France à la France, au lieu qu'il sert aujourd'hui à la chasser de France. Je plains aussi qu'il ne sera ni payé ni plaint d'aucuns; car le roi forcé en son vouloir ne se tient pas pour servi en ceux qui lui font force; ceux d'ailleurs qui lui font force ne vous sauront pas de gré de ce service, qui savent que c'est le nom du roi, et non pas le leur que vous servez.

Messieurs, Dieu doint (donne) y bien penser. Les princes français sont les chefs de la noblesse. Je vous aime tous; je me sens périr et affaiblir en votre sang : l'étranger ne peut avoir sentiment; l'étranger ne sent point d'intérêt en cette perte. J'aurais bien à me plaindre d'aucuns, j'aime mieux les plaindre; je suis prêt à les embrasser tous; ce qui me déplaît, c'est que ceux que je distingue en mon esprit, que je sais avoir été circonvenus, je ne les puis distinguer au sort des armes, mais Dieu sait mon cœur. Leur sang soit sur les auteurs de ces misères : quant à moi, Messieurs, je le prie et je le prierai incessamment qu'il lui plaise ouvrir la voie par laquelle son nom soit servi et honoré, le roi obéi, l'État en repos, tous les ordres et états de ce royaume en leur ancienne dignité, prospérité et splendeur.

A MESSIEURS DU TIERS ÉTAT

Messieurs, je n'ai point besoin de grand langage pour vous faire entendre la justice de ma cause. Ressouvenez-vous que, lorsque ces remuements sont advenus, nous vivions en paix et de jour en jour allions en mieux.... (*Il rappelle les propositions conciliantes qu'il a faites et qui ont été repoussées.*).... Je m'en plains à vous, pour vous toutefois, et non pour moi. Je plains les extrémités où l'extrême injure qu'on me fait m'aura réduit, de ne me pouvoir défendre sans que le peuple innocent en souffre. Je plains ma condition que, pour garantir ma vie, il faille que vous sentiez du mal et de la peine.... Pour vous faire applaudir à ces troubles, ces gens (les Guises et les Ligueurs) vous voulaient faire espérer qu'ils réformeraient les abus des finances, qu'ils diminueraient les tailles et subsides, qu'ils ramèneraient le temps du roi Louis XII; et déjà, qui les eût voulu croire, ils se faisaient surnommer Pères du peuple. Qu'est-il advenu? Leur guerre, après vous avoir rongés étrangement de toutes parts, s'est vue terminée par une paix en laquelle ils n'ont pensé qu'à leur particulier, et ne s'y est faite aucune mention de vous. Leur paix, qui pis est, s'est tout aussitôt tournée en une guerre contre ceux qui demeuraient paisibles.... On couvre ce mal d'un zèle de l'Église. L'ardeur de ce zèle se devait montrer en une charité, et la charité en l'union des deux religions. Quelle charité qui n'a pensé qu'à exterminer! Quelle ardeur de zèle qui embrase sa patrie!...

Cependant, sous ombre que le clergé aura payé quelques sommes d'avance, pour donner courage à commencer la guerre, la voilà en train : ce sera au pauvre peuple à courre : 200 000 écus, ou environ, l'auront obligé pour l'avenir aux millions : aucuns du clergé, au regret du roi et même de leur corps, pour leur passion particulière auront conclu le marché tous seuls, en auront fait avancer les arrhes; ce sera au pauvre peuple à le tenir; à celui qui n'en peut, mais qui en porte le dommage, et n'en attend point le fruit, à supporter tout le faix, à endurer tout le mal qui en viendra.

Messieurs, je vous répète ceci : je suis né prince chrétien; j'ai cherché et proposé les voies chrétiennes pour composer cet État et réunir l'Église; je suis né Français, je compatis à vos maux, j'ai tenté tous les moyens de vous exempter des misères civiles. Je n'épargnerai jamais ma vie pour vous les abréger. Je sais que, pour la plupart, vous êtes assujettis sous cette violence; je sais que vos volontés sont serves; je ne veux vous imputer vos actions : vous êtes Français, j'aime mieux vous imputer vos volontés.

Je ne vous demande à tous, qui, selon votre vocation, êtes plus sujets à endurer le mal que non pas à le faire, que vos vœux et vos souhaits et vos prières. Priez Dieu, Messieurs, qu'il distingue par ses jugements ceux qui cherchent le bonheur ou le malheur de cet État, la prospérité ou la calamité publique. Quant à moi, je le prends à témoin que je ne désire que le bien de ce royaume et de vous tous. Je le prends pour juge si ambition ou passion particulière a poussé ou animé aucunement mes armes.

A MESSIEURS DE LA VILLE DE PARIS

Messieurs, je vous écris volontiers; car je vous estime comme le miroir et l'abrégé de ce royaume, et non toutefois pour vous informer de la justice de ma cause, que je sais vous être assez connue; au contraire pour vous en prendre à témoins, vous qui, par la multitude des bons yeux que vous avez, pouvez voir et pénétrer profondément tout ce qui se passe en cet État. Vous savez quel jugement a fait le roi, dès le commencement, des auteurs de ces misères, quels il les a déclarés et prononcés à vos oreilles ; il vous requérait de l'assister contre eux comme ennemis publics, et c'était lors que sa volonté était entière et libre, avant que la violence eût rien gagné sur lui. Tout le changement qui est venu depuis, je sais que vous l'aurez imputé non à son vouloir, ains (mais) à leur force ; et de fait je suis bien averti qu'étant peu après requis de fournir aux frais de cette guerre, vous avez bien su répondre que ces troubles n'avaient oncques été de votre avis, que c'était à ceux qui les mouvaient, et non à vous, à en porter le faix. Réponse que vous n'avez pas accoutumé de faire quand vous pensez qu'il est question ou du service du roi ou du bien du royaume (car jamais sujets ont-ils été plus libéraux pour ce regard que vous ?) ; mais certes quand vous apercevez que vos deniers ne vont pas aux réparations, comme quelquefois on vous a fait croire, mais à la ruine du royaume ; quand vous voyez clairement qu'on ne vous demande pas vos bagues pour fournir à la rançon d'un roi français ou de ses enfants, ou d'un roi Jean, mais pour éteindre le sang et la postérité de France, pour réduire votre roi en servitude et en prison. Or je sais bien que le roi vous en aura su gré, et tous bons Français ont cette obligation à votre endroit ; mais j'y en reçois pour moi une très spéciale, pour le rang que Dieu m'a ordonné dans ce royaume, et pour être, puisqu'il lui a plu, des enfants de la maison.

Comparaison de la conduite des Guises et de la sienne.

Vous imputerez à leurs offenses tous les inconvénients que peut amener une juste défense, vous leur saurez mauvais gré des maux consécutifs, comme vous les reconnaissez auteurs et causes des premiers. De moi, je me déplairai en mon malheur de ne pouvoir déchasser le mal universel de cet État sans quelques maux. Je me plairai pour le moins en mon intégrité, qui les ai voulu racheter de ma vie, qui la sentirai toujours bien employée pour la conservation de cet État et de vous tous.

Or, Messieurs, je vous dirai pour la fin que j'attends et attendrai toujours de vous tout ce qui se peut et doit de vrais Français et de la règle exemplaire des Français. Attendez de moi pareillement tout ce qui se peut et doit d'un prince français et d'un prince chrétien pour l'union de l'Église, le service du roi mon seigneur, le bien du royaume, le soulagement du peuple, le contentement de tous les gens de bien. Je prie Dieu, Messieurs, qu'il ait pitié et compassion de ce royaume, et nous doint (donne) à tous un bon conseil pour sa gloire et notre propre bien [1].

Montauban, ce premier janvier mil cinq cent quatre-vingt-six.

[1]. *Mémoires de la Ligue*, t. I ; p. 300 et suiv.

III

(Voir page 404.)

J'ai pensé qu'on lirait avec curiosité quelques fragments des discours prononcés à la Chambre des députés par MM. de Bonald, Chateaubriand et Camille Jordan, sur les forêts, à propos du budget, dans la session de 1817.

M. de Bonald :

« Les forêts, Messieurs, ne peuvent être assimilées à aucun autre genre de propriété. Berceau des peuples naissants, asile des peuples malheureux, elles sont le plus précieux trésor des peuples policés. Tous les arts de la société, tous les besoins de la vie en réclament la conservation, parce qu'ils en exigent l'usage; la civilisation même la demande, car, si l'on supposait dans un vaste pays une disette totale de combustible, il n'est pas douteux que la seule crudité des aliments ne ramenât un peuple à la barbarie des mœurs.

« C'est là, Messieurs, la raison profonde de l'intérêt que tous les peuples ont mis à conserver une production, fille du temps plutôt que l'ouvrage de l'homme, indépendante en quelque sorte de la nature elle-même, puisqu'elle croît malgré la stérilité de la terre et l'inclémence des saisons, une production dont l'état de société ne saurait se passer, et que l'état de société tend sans cesse à détruire.

« Aussi tous les peuples ont fait de leurs forêts plutôt le domaine public que le domaine commun, comme des mers et des fleuves; les peuples idolâtres en avaient fait des temples; les païens les avaient consacrées à leurs divinités; les modernes, instruits à une autre école, en avaient fait l'apanage des établissements publics, de la royauté, de la religion, ou même de la noblesse et des communes, des corps, en un mot, qui pouvaient le mieux les défendre et avaient le moins besoin de les aliéner, ou des personnes qui attachaient à leur conservation des idées de luxe et d'agrément, plus puissantes à conserver que des idées même d'utilité personnelle.

« Les forêts, dans les mains de ces possesseurs, étaient mises sous la garde de l'inaliénabilité ou des substitutions perpétuelles, qui conservaient à toutes les générations un bien dont toutes avaient la propriété et dont chacune avait l'usufruit; et telle était l'importance que l'administration attachait à ce genre de propriété que le particulier lui-même n'en était possesseur au même titre que des autres biens, puisqu'il était soumis, dans l'usage qu'il en faisait, aux règlements de l'administration forestière.

« Ces forêts, répandues dans les provinces, étaient toutes du domaine public, et, par conséquent, comme tout ce qui est public, du domaine du pauvre, et, soit que l'usage ou la loi lui permît d'y prendre ce qu'une nature libérale laissait dépérir, soit que la bienfaisance fermât les yeux sur des larcins que la justice n'ose ni punir ni pardonner, l'indigent y trouvait le soutien de la vie aussi nécessaire que le pain lui-même, puisque la fabrication du pain ne peut s'en passer.

« Je vous le demande, Messieurs, si la France avait un ennemi acharné à sa perte, et qui cherchât péniblement les moyens de faire à son état matériel le mal qu'elle a fait elle-même à son état moral et politique, il ne pourrait, sans doute, dessécher les fleuves qui arrosent ses provinces, ni tarir les mers qui baignent ses côtes ; il ne pourrait ôter à son sol sa fertilité naturelle, ni à l'air sa salubrité ; il ferait vendre ses forêts, seule propriété publique qui lui soit restée, certain que la petite culture de l'homme s'emparerait bientôt de ces vastes ateliers de la nature et que, pour y faire croître le pain d'un jour, il ruinerait à jamais cette production destinée à soutenir les générations pendant la durée des siècles.

« Et quelle est, Messieurs, la génération qui peut s'arroger le droit de disposer ainsi d'un fonds qui appartient à toutes les générations, d'un bien que les générations de Français qui nous ont précédés, nous ont transmis pour que nous les transmettions à notre tour aux générations à venir, d'un bien enfin qui est à la fois et du domaine public et du domaine particulier ? Car, remarquez, Messieurs, qu'il n'y a pas de forêt dans laquelle ou des particuliers ou des communes n'aient, par la loi ou un usage immémorial, des droits qui sont de véritables propriétés, des propriétés inviolables, comme toutes celles dont la Charte consacre le principe et garantit le maintien. Les familles se sont fixées, les villages se sont bâtis, les contrées se sont peuplées sur la foi de cette jouissance, comme les hommes se sont placés le long des fleuves, au bord de la mer, auprès des fontaines ; c'est *le feu et l'eau* que le Créateur a donnés à l'homme et que la justice seule a le droit de ravir au coupable qu'elle condamne.

« Aussi, quand l'industrie meutrière de l'homme a dépouillé la terre de sa plus belle parure et la société de sa plus utile propriété, la nature se venge : elle chasse l'homme du domaine qu'elle a désolé ; le pays se dépeuple, et, dans l'absence de ce colon infidèle, elle relève en silence ces vastes forêts qui recevront un jour une nouvelle population.

« Car les forêts conservent la population de deux manières opposées : elles fournissent aux besoins de la population existante, et, en réduisant à une juste mesure le sol cultivé, elles préviennent un excessif accroissement de population inévitablement suivi d'une dépopulation générale. Et remarquez encore que les forêts sont presque toutes placées sur des sols sablonneux et dans des terres légères qui, bientôt épuisées par les défrichements, ne pourraient plus servir qu'au parcours des animaux.

« Et c'est, Messieurs, lorsque la France périt sous la division des terres, cause constante de la cherté toujours croissante des subsistances, et qui fait que tous mourront de faim quand chacun aura un arpent de terre à cultiver; c'est à ce moment que vous allez ajouter encore à ce morcellement par la vente des grandes masses de forêts qui nous restent. Je ne peux, je l'avoue, m'expliquer à moi-même ce luxe de destruction : nous semblons agités, comme ces grands coupables de l'antiquité, par une fureur sacrée qui nous force à nous déchirer de nos propres mains et à accomplir cette prédiction d'un de nos plus grands ministres, *la France périra faute de bois*.

« Si vous doutiez, Messieurs, de la nécessité de conserver vos forêts pour les besoins de la population, vous n'auriez qu'à considérer l'accroissement de prix de toutes les denrées de première nécessité, surtout du bois de chauffage et de construction, comparé au décroissement du prix de beaucoup d'objets d'art et de luxe, seulement depuis Louis XIV; vous y verriez la preuve et de l'énorme accroissement de la population industrielle, qui fait que les choses d'art, faites par plus de mains, se font plus vite et, par conséquent, en plus grande quantité, et la preuve de l'état plus stationnaire de la population agricole et de ses productions, obligées de fournir à la subsistance de la classe ouvrière, beaucoup plus nombreuse qu'autrefois, et d'y fournir encore, même lorsque cette classe ne peut le gagner.

« Le prix du bois devient excessif partout où la nature n'a pas placé de mines de houille; mais, là même où il peut s'en trouver, il conviendrait encore d'éloigner le moment où une moitié de la population est forcée de s'ensevelir toute vivante dans les entrailles de la terre pour fournir aux besoins de l'autre moitié, et, en vérité, heureux le pays où la nature n'a pas mis à si haut prix les nécessités d'une vie si fugitive et si troublée!

« Enfin, à considérer la vente des forêts sous un rapport plus général et plus véritablement politique, les forêts sont le dernier refuge des peuples qui habitent les plaines. Tous ceux qui existent sur le globe, dans un temps ou dans un autre, y ont trouvé un asile contre l'invasion et, en même temps que le sol inculte des forêts offre à l'ennemi moins de subsistances, elles arrêtent l'irruption des nombreuses armées de cavalerie si redoutables pour les peuples agricoles. C'est pour cette raison que les Maures n'ont pas laissé un seul arbuste dans les deux Castilles, qui sont encore aujourd'hui totalement dépouillées de bois et n'emploient d'autre combustible que la paille. Les forêts et les montagnes sont les forteresses de la nature, qui conservent les peuples qui s'y retirent bien plus sûrement que les forteresses de l'art ne défendent des armées qui s'y renferment.

« Aussi je ne crains pas de dire que le plus grand mal qu'on puisse faire à un grand peuple est de le priver de ses forêts. C'est une note d'infamie que les institutions féodales infligeaient au noble félon, et ce n'est pas à nous à nous l'infliger à nous-mêmes. Le plus grand bienfait qu'un peuple puisse attendre d'une administration prévoyante est la conservation, l'aménagement, l'extension même des forêts, et il est déplorable que les seuls biens publics qui aient échappé à la faux du temps, à la hache de la Révolution, conservés et on peut dire accrus par l'usurpateur, viennent périr sous le roi légitime, et que la Restauration soit en ce point non seulement la garantie, mais le complément de la Révolution. »

Chateaubriand :

« Mais telle est la différence des siècles : nous verrons sans émotion se former peut-être de nouveau ces compagnies connues dans la Révolution sous le nom de *compagnies noires* ; elles abattront ces bois où nos aïeux les auraient contraints de se cacher. Trop heureux alors si quelques-unes de nos montagnes gardent pour la postérité une douzaine de ces chênes, antique honneur de notre patrie, comme le Liban montre les dix-neuf cèdres restés debout sur son sommet.

« Cependant, Messieurs, on n'ignore plus l'utilité des forêts. Les peuples dans tous les temps les ont mises sous la protection de la religion et des lois, et le christianisme, qui connut mieux encore que les fausses religions la destinée des œuvres du Créateur, plaça ses premiers monuments dans nos bois. Partout où les arbres ont disparu, l'homme a été puni de son imprévoyance. Je puis vous dire mieux qu'un autre, Messieurs, ce que produit la présence ou l'absence des forêts, puisque j'ai vu les solitudes du Nouveau Monde où la nature semble naître, et les déserts de la vieille Arabie, où la création paraît expirer. Les Cévennes étaient autrefois couronnées de mélèzes, le pays chartrain conserva longtemps sa fameuse forêt; des taillis épais répandus dans les landes de Bretagne et sur la côte maritime depuis Boulogne jusqu'au Havre mettaient la France à l'abri des vents d'ouest qui la tourmentent. Par ces plantages soigneusement entretenus nous avions à peu près cinq cent mille lieues de ruisseaux intarissables, qui fécondaient des terrains dont un tiers est aujourd'hui stérile. Il manque à nos montagnes trois cent cinquante mille arpents de bois, à nos ruisseaux, étangs et rivières, six cent trente millions d'arbres, et cent cinquante millions à nos marais. C'est ignorer notre histoire que de se représenter la France gothique comme un pays sauvage parce qu'on y propageait les bois. Le roi Childebert ne désirait qu'une chose avant de mourir, c'était de voir cette Auvergne qui, selon l'expression de Grégoire de Tours, est le *chef-d'œuvre de la nature et une espèce d'enchantement*. Lorsque Édouard III vint rendre hommage à Philippe de Valois, il fut trop frappé de la beauté de notre patrie, que les forêts du domaine couvraient comme d'un manteau royal.

A son retour en Angleterre, Edouard fut reçu, dit Froissart, *moult joyeusement par sa femme, qui lui demanda des nouvelles de France. Le roi son mari lui en recorda assez et du grand Etat qu'il avait trouvé en France, auquel nul autre pays ne se peut comparer.* Il y a maintenant dans le royaume beaucoup plus de terres en labour qu'il n'y en avait vers le milieu du xiv° siècle, et cependant, sous le règne de Philippe de Valois, la population de la France était au moins égale à ce qu'elle est aujourd'hui : tant il est vrai que la nature en sait plus que les hommes. Colbert voyait la destruction de la France dans la destruction des bois : je préfère son sentiment à celui de quelques-uns de ces amis de l'égalité (mais non pas de la liberté) dont la haine s'obstine à poursuivre dans les futaies la mémoire des anciens possesseurs de ces futaies, et qui, désolés de n'avoir pu niveler les hommes, en veulent encore à la noblesse des chênes. »

Camille Jordan :

« Que peuvent signifier aussi dans une question aussi grave toutes ces frivoles doléances de plusieurs des adversaires, sur ce que nous allons être privés des divers agréments de nos forêts, sur ce que nous verrons tomber ces arbres qui ombrageaient notre enfance, sur ce que nous ne pourrons plus en composer de pompeux apanages? Leur cœur semble en vérité avoir contracté pour ces nobles arbres une sorte d'enthousiasme chevaleresque ; l'un d'eux est allé jusqu'à entrer avec eux dans un pathétique dialogue. Le chêne renfermant l'âme de Clorinde n'arracha pas plus de soupirs à Tancrède prêt à le frapper que nos forêts menacées n'en ont arraché à notre honorable collègue, M. Piet, dans tous le cours d'une *opinion*, monument singulier de ce genre de sensibilité.

« Que répondre à tout cela, si ce n'est qu'il serait très permis et même très doux de se livrer à toutes ces fantaisies pour des arbres, ou des jardins, ou des palais, si notre fortune nous le permettait, mais que, lorsqu'une banqueroute nous menace, la première direction convenable de l'imagination même la plus poétique, de la sensibilité même la plus chevaleresque, c'est d'essayer de payer nos dettes, non seulement en sacrifiant ce brillant superflu, mais encore en retranchant sur les besoins les plus habituels et les plus chers. Mais ce qui serait en effet, Messieurs, après ces vaines objections, une objection véritablement grave, si elle était fondée, c'est qu'on a déjà plus d'une fois témoigné de voir cette affectation de tous nos bois à la caisse d'amortissement détruire rapidement toutes nos forêts, nous priver des bois nécessaires à nos constructions maritimes, surtout avilir par la concurrence de ventes multipliées et le prix de ces bois eux-mêmes, et celui des bois de particuliers, et la valeur vénale de toutes les propriétés.

FIN

TABLE DES MATIÈRES

Préface.. v
Introduction. — De Philippe le Bel à Louis XII.............. 1

LIVRE PREMIER
L'ancien régime (1500-1789).

Chap. Ier. — Anne du Bourg. — Calvin. — Les Guises.......... 23
 § 1. — Anne du Bourg (1521-1559)..................... 23
 § 2. — Calvin (1509-1564)............................ 30
 § 3. — Les Guises................................... 33

Chap. II. — Michel de L'Hospital. — Les États de 1558. — L'assemblée de Fontainebleau (1560). — Les États d'Orléans (décembre 1560). — Bazin, Grimaudet. — Les États de Pontoise (aout 1561). — Le colloque de Poissy. — L'Hospital et les parlements.. 41
 § 1. — Les élections. — Grimaudet..................... 41
 § 2. — Les États d'Orléans (1560). — L'Hospital....... 49
 § 3. — Les États de Pontoise......................... 58
 § 4. — L'Hospital au colloque de Poissy............... 62
 § 5. — L'Hospital et les parlements................... 68
 § 6. — Mémoire adressé à Charles IX. — Disgrâce de L'Hospital. — Sa mort.................................. 77

Chap. III. — États de 1576. — Henri III. — Jean Bodin. — L'édit de juillet 1585. — Le Parlement. — États de 1588. — Étienne Bernard... 83
 § 1. — États de 1576. — Henri III. — Jean Bodin....... 83
 § 2. — L'édit de juillet 1585. — L'édit d'octobre 1585. — Le Parlement....................................... 91
 § 3. — États de 1588. — Étienne Bernard............... 98

CHAP. IV. — GUILLAUME DU VAIR. — LES ÉTATS DE 1593. — LA LOI SALIQUE 113

CHAP. V. — HENRI IV 139

CHAP. VI. — RICHELIEU. — LES ÉTATS GÉNÉRAUX DE 1614. — SAVARON. — ROBERT MIRON. — LES ASSEMBLÉES DES NOTABLES (1617-1626) 163

§ 1. — Les États généraux de 1614....................... 163
§ 2. — Les assemblées des notables (1617-1626).......... 184

CHAP. VII. — LE PARLEMENT. — LA FRONDE. — BROUSSEL. — LOUIS XIV. — LE XVIII° SIÈCLE................................. 190

§ 1. — Le Parlement. — La Fronde. — Broussel.......... 190
§ 2. — Louis XIV... 200

LIVRE II

La Révolution française (1789-1799).

CHAP. Ier. — L'ASSEMBLÉE CONSTITUANTE (5 MAI 1789-30 SEPT. 1791). 205

§ 1. — Mirabeau. — Les États de Provence. — Les États généraux. — M. de Dreux-Brézé. — La contribution du quart................................... 205
§ 2. — Mirabeau et l'abbé Maury........................ 224
§ 3. — Déclaration des droits de l'homme.............. 229
§ 4. — Mirabeau. — Barnave. — Le droit de guerre et de paix 231
§ 5. — Constitution civile du clergé. — Mirabeau. — L'abbé Maury. — Juin-juillet-novembre 1790............ 253
§ 6. — L'émigration 275

CHAP. II. — L'ASSEMBLÉE LÉGISLATIVE (30 SEPT. 1791-21 SEPT. 1792). 282

§ 1. — L'émigration. — Isnard.......................... 282
§ 2. — La patrie en danger. — Vergniaud. — 3 juillet 1792. 288
§ 3. — La défense. — Vergniaud et Danton.............. 307
§ 4. — Au camp. — La Commune. — Vergniaud. (16 et 17 septembre 1792.)................................... 311

CHAP. III. — LA CONVENTION (20 SEPTEMBRE 1792-26 OCTOBRE 1795). 316

§ 1. — Robespierre et Vergniaud. — Le procès du roi.... 316
§ 2. — Danton. — Le tribunal révolutionnaire. — La taxe des riches (mars 1793)................................. 327
§ 3. — La Gironde et la Montagne. — Vergniaud et Robespierre. — Lanjuinais. — Le 31 mai.......... 334

Chap. IV. — L'éloquence militaire. — Napoléon............ 363
  § 1. — Bonaparte à l'armée d'Italie (27 mars 1796)........ 363
  § 2. — L'expédition d'Égypte...................... 367
  § 3. — L'Empire. — Austerlitz..................... 370
  § 4. — Les revers. — La campagne de France. — La première abdication............................. 372
  § 5. — Le retour de l'île d'Elbe..................... 376
  § 6. — Les Cent-Jours (20 mars-8 juillet 1815). — L'Acte additionnel. — Waterloo. — La seconde abdication... 380

LIVRE III

La Restauration (1815-1830).

Chap. Ier. — Du 15 juillet 1815 au 5 septembre 1816.......... 389
  § 1. — Procès du maréchal Ney. — Lettre du maréchal Moncey à Louis XVIII (29 août 1815). — L'inamovibilité des juges. — Royer-Collard (novembre 1815). 389
  § 2. — La loi d'amnistie (janvier 1816).................. 395
  § 3. — Le budget. — De Serre...................... 400
  § 4. — La restitution. — De Serre................... 404

Chap. II. — Du 5 septembre 1816 au 3 décembre 1821......... 416
  § 1. — Ordonnance du 5 septembre. — Session de 1816 et 1817. — Lois sur la liberté individuelle et sur la liberté de la presse. — Royer-Collard........ 416
  § 2. — Session de 1817-1818. — Loi sur le recrutement de l'armée. — Gouvion-Saint-Cyr................. 421
  § 3. — Session de 1818-1819. — Séance du 17 avril. — L'article 8 de la loi sur la presse. — La morale publique. — Discours de De Serre................ 428
  § 4. — Modification à la loi électorale du 5 février 1817. — Général Foy. — Royer-Collard. — Camille Jordan. — Benjamin Constant.................... 437
  § 5. — L'Assemblée constituante. — La cocarde tricolore. — Manuel. — Le général Foy. — Benjamin Constant... 457
  § 6. — L'armée française. — Manuel. — Le général Foy (25 mai 1821).................................... 462

Chap. III. — Ministère Villèle........................ 468
  § 1. — Session de 1821-1822. — La loi sur la presse (janvier 1822). — Royer-Collard 468

§ 2. — Session de 1823. — La guerre d'Espagne. — Royer-Collard. — Général Foy. — Manuel. — Duc de Broglie 477

§ 3. — La loi sur le sacrilège. — Le milliard d'indemnité. Royer-Collard. — Le général Foy 524

§ 4. — La loi de justice et d'amour. — Royer-Collard (1827). 533

CHAP. IV. — LES ORDONNANCES 541

§ 1. — La déclaration faite par la Chambre des Députés. La régence 541

§ 2. — Chateaubriand à la Chambre des Pairs (7 août 1830). 547

APPENDICES ....

COULOMMIERS. — Typog. P. BRODARD et GALLOIS.

www.ingramcontent.com/pod-product-compliance
Lightning Source LLC
Chambersburg PA
CBHW070405230426
43665CB00012B/1257